## RECHERCHES ASIATIQUES

Cette collection accueille des thèses, mémoires et documents universitaires de haut niveau appelés à demeurer des références dans leur domaine de recherche. Ces ouvrages traitent de sociologie, histoire, droit, culture, science politique, économie d'un pays d'Asie ou de l'Asie dans son ensemble.

### Dernières parutions

Jing ZHANG, *Le pouvoir politique local en Chine. Le cas de la gouvernance rurale,* 2025.
Rong HENGYING, *L'écriture comme acte politique dans la Chine du XI^e^ siècle. Le concours de 1057*, 2025.
Hsin-I LEE, *L'internationalisation de l'enseignement supérieur chinois. Données, cadres politiques et vécus des étudiants internationaux*, 2025.
Xiaoxuan SHI, *Les soyeux lyonnais et leur expansion en Chine*, 2025.
Jacques VAN DE WALLE, *Une histoire du jardin botanique de Hanoi*, 2024.
Pierre SEVAISTRE, *Chrétiens et Japonais. Histoire du catholicisme au Japon,* 2024.
Laurent CHAZÉE, *Communautés rurales du Laos : la génération de l'oubli. Peuples ruraux parler môn-khmer du nord du Laos*, 2023.
Laurent CHAZÉE, *Communautés rurales du Laos : la génération de l'oubli. Peuples ruraux parler môn-khmer du centre du Laos*, 2023.
Laurent CHAZÉE, *Communautés rurales du Laos : la génération de l'oubli. Peuples ruraux parler môn-khmer du sud du Laos*, 2023.
Lucie France DAGENAIS, *La Chine et son Grand Ouest. Une périphérie sous tension d'hier à nos jours,* 2023.
Laurent CHAZÉE, *Communautés rurales du Laos : la génération de l'oubli. Peuples ruraux de la famille linguistique tibéto-birmane du Nord du Laos*, 2023.

Droit coutumier chinois

**5-7, rue de l'École-Polytechnique ; 75005 Paris**

http://www.editions-harmattan.fr/

ISBN : 978-2-336-57743-2
EAN : 9782336577432

Qicai Gao

# Droit coutumier chinois

Traduit du chinois
par Junrui Xie et Zhuang Han

L'Harmattan

Cet ouvrage est une traduction de la troisième édition du livre publié par Social Sciences Academic Press (China), sous le titre 中国习惯法论.

Traduit du chinois par Junrui Xie, Zhuang Han
Relu et corrigé par Emmanuel Meril

La traduction de ce livre est financée par Chinese Fund for the Humanities and Social Sciences.

Titre original :

中国习惯法论(第三版)

Résumé

Le droit coutumier chinois a une longue histoire et est d'une grande diversité. Ce livre analyse, tout en explorant la signification et les caractéristiques du droit coutumier, le contenu et le rôle du droit coutumier des clans, des villages, des religions, des métiers, des corporations, des sociétés secrètes et des ethnies minoritaires, de même que les manifestations du droit coutumier. Le livre est riche, documenté et d'un style concis.

# À propos de l'auteur

Gao Qicai, né en septembre 1964, est originaire de la ville de Cixi, dans la province du Zhejiang. Il est professeur et directeur de thèses à la faculté de droit de l'université de Tsinghua. Il exerce également des activités au sein de l'Association de droit de Chine : administrateur exécutif de l'Académie de la théorie du droit de Chine, vice-président de l'Académie du droit économique agricole et vice-président de l'Académie du droit des ethnies.

Il a obtenu en juillet 1985 une licence de droit à l'institut de sciences politiques et juridiques du Sud-Ouest à Chongqing (aujourd'hui université de sciences politiques et juridiques du Sud-Ouest), en août 1993 un master de droit à l'université de Wuhan et en mai 2002 un doctorat en droit à l'université des sciences politiques et du droit de Chine.

De juillet 1985 à novembre 1997, il a travaillé à l'institut de sciences politiques et juridiques du Centre-Sud à Wuhan (actuellement université de finances, de sciences politiques et juridiques du Centre-Sud). Depuis décembre 1997, il enseigne à la faculté de droit de l'université de Tsinghua.

Il se consacre principalement à l'enseignement et à la recherche sur la théorie du droit et sur la sociologie du droit. Il est notamment l'auteur des ouvrages suivants : *Ye xing ji — Yu fa you yuan san shi nian* (*野行集——与法有缘三十年*, « Recueil d'aventures – Trente ans de vie consacrés au droit »), *Kui bu ji — Wu shi zi shu* (*跬步集——五十自述*, « Pas à pas – autobiographie »), *Zai xiang cun lu shang* (*在乡村路上*, « Sur un chemin de la campagne »), *Xiang tu fa xue tan suo* (*乡土法学探索*, « Exploration du droit traditionnel »), *Fa li xue* (*法理学第四版*, « Théorie du droit », 4e édition), *Fa she hui xue* (*法社会学*, « Sociologie du droit »), *Zhong guo shao shu min zu xi guan fa yan jiu* (*中国少数民族习惯法研究*, « Droit coutumier des minorités ethniques de Chine »), *Yao zu xi guan fa* (*瑶族习惯法*, « Droit coutumier des Yao »), *Duo yuan si fa* (*多元司法*, « Justice pluraliste »), *Guo jia zheng quan dui Yao zu de fa lv zhi li yan jiu* (*国家政权对瑶族的法律治理研究*, « Étude de la gouvernance juridique des Yao par le pouvoir étatique »), *Xi guan fa de dang dai chuan cheng yu hong yang* (*习惯*

*法的当代传承与弘扬*, « Transmission et valorisation du droit coutumier »), *Sheng huo zhong de fa* (*生活中的法*, « Le droit dans la vie »), *Gui yao tou ren Pan Zhen Wu* (*桂瑶头人盘振武*, « Pan Zhenwu, le chef des Yao de Gui »).

Il dirige les collections *Zhong guo si fa yan jiu* (*中国司法研究*, « Étude sur la justice chinoise » ; cinq titres parus), *Xi guan fa lun cong* (*习惯法论丛*, « Droit coutumier » ; onze titres parus) et *Xiang tu fa jie* (*乡土法杰*, « Élite locale du droit » ; sept titres parus).

**À mon grand-père,**

**M. Yongzhao Gao**

Temple familial des Lei, à Xiamen, dans le Fujian (photo prise le 31 octobre 2014).

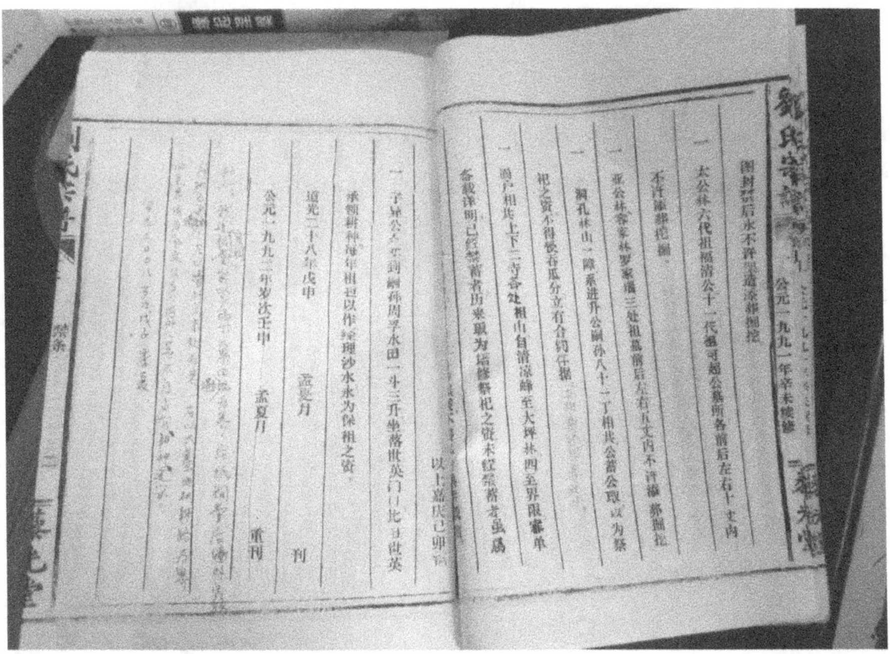

*Liu shi zong pu – jing tian (刘氏宗谱 • 禁条, Généalogie des Liu – Article sur les tabous)*, Daye, dans le Hubei (1992 ; photo prise le 6 mai 2016).

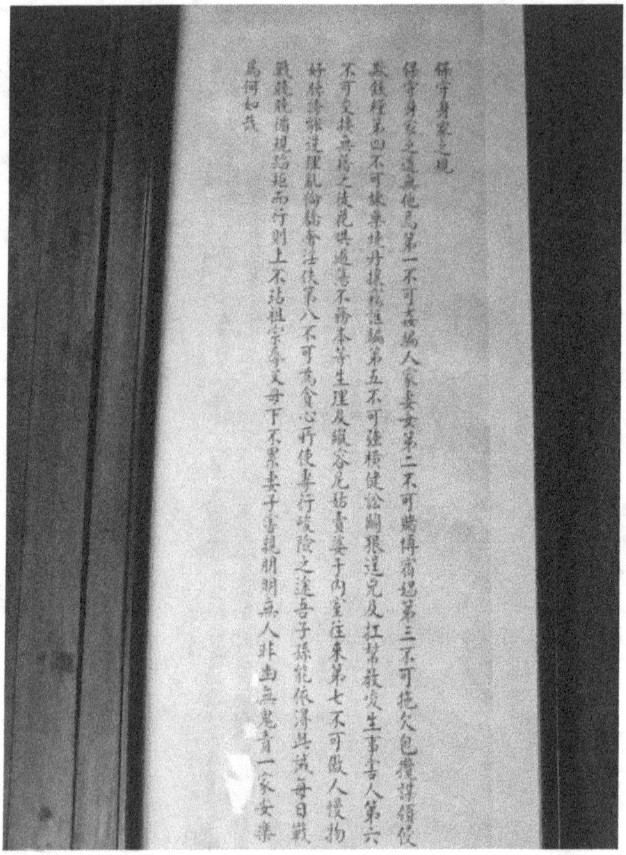

Règles familiales dans le temple des He à Yangzhou, dans le Jiangsu (photo prise le 30 mars 2014).

Artisans du village Xinhua, Heqing, dans le Yunnan (photo prise le 28 novembre 2005).

Tibétains faisant des prières, Tibet (photo prise le 27 mars 2005).

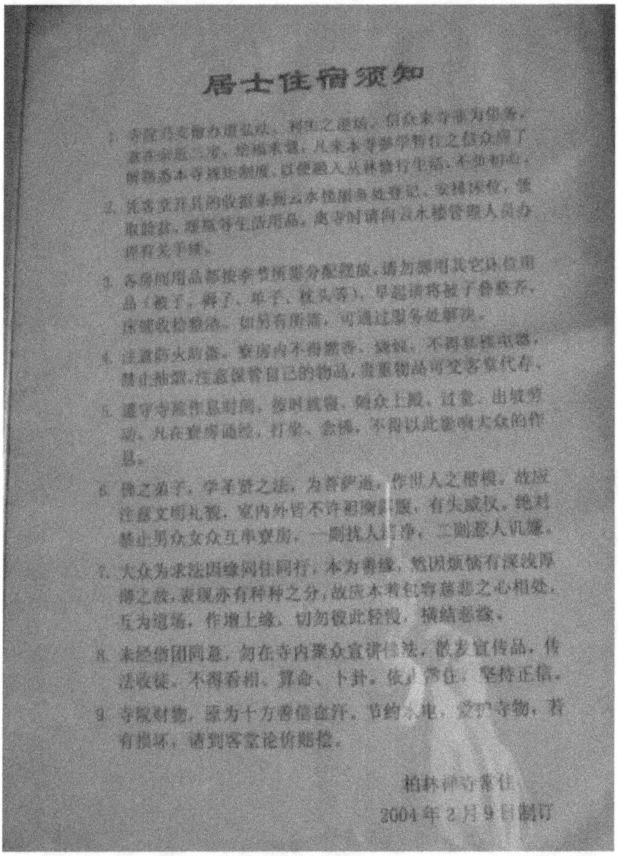


Avis aux visiteurs-résidents du temple de Bolin, dans le Hebei (photo prise le 22 mars 2014).

Laitues et poireaux accrochés au-dessus de l'entrée d'un magasin à Zhongshan lors de son inauguration dans le Guangdong (photo prise le 18 novembre 2012).

Vente de peaux de mouton à Yushu, dans le Qinghai (photo prise le 26 avril 2008).

Spectacle lors de la Fête du Printemps, campagne de Cixi, dans le Zhejiang (photo prise le 10 février 2016).

Match de basketball à Zagana, district Tewo, dans le Gansu (photo prise le 16 juillet 2017).

Piquet de marquage, Jinxiu, dans le Guangxi (photo prise le 4 juin 2017).

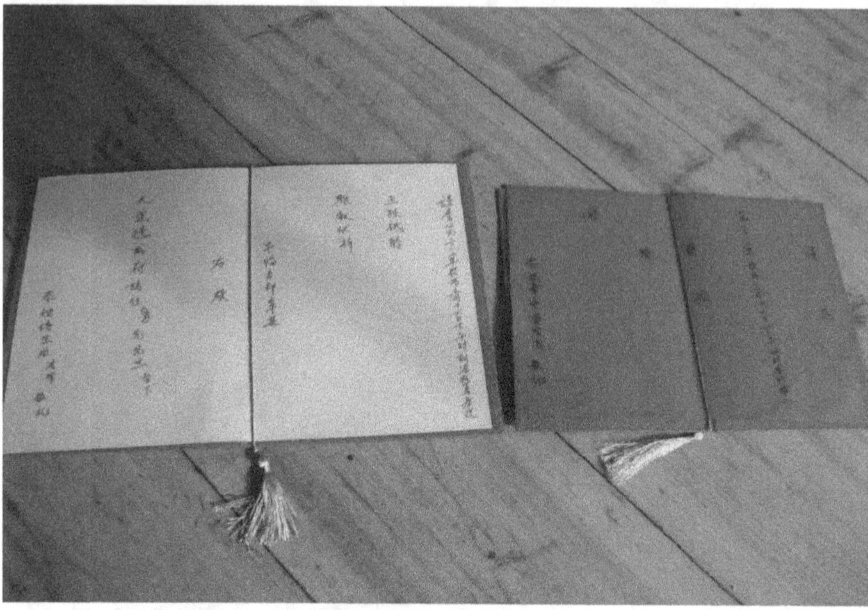

Faire-part de mariage et invitations adressées aux oncles lors des fiançailles, à Cixi, dans le Zhejiang (photo prise le 15 novembre 2009).

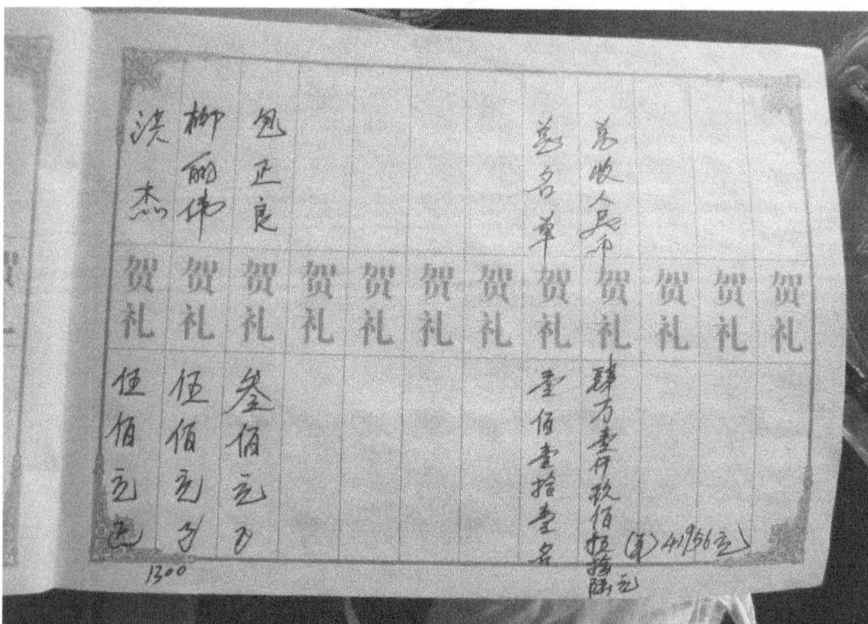


Registre des cadeaux de mariage, village Meizhu, à Yunhe, dans le Zhejiang (photo prise le 29 mai 2015).

Répartition des tâches entre les personnes venues prêter main-forte lors d'un mariage, affichée sur le mur extérieur d'une maison, village Yaotou à Xiyang, dans le Shanxi (photo prise le 31 juillet 2015).

Fête d'anniversaire au village Li, à Yibin, dans le Sichuan (photo prise le 17 novembre 2016).

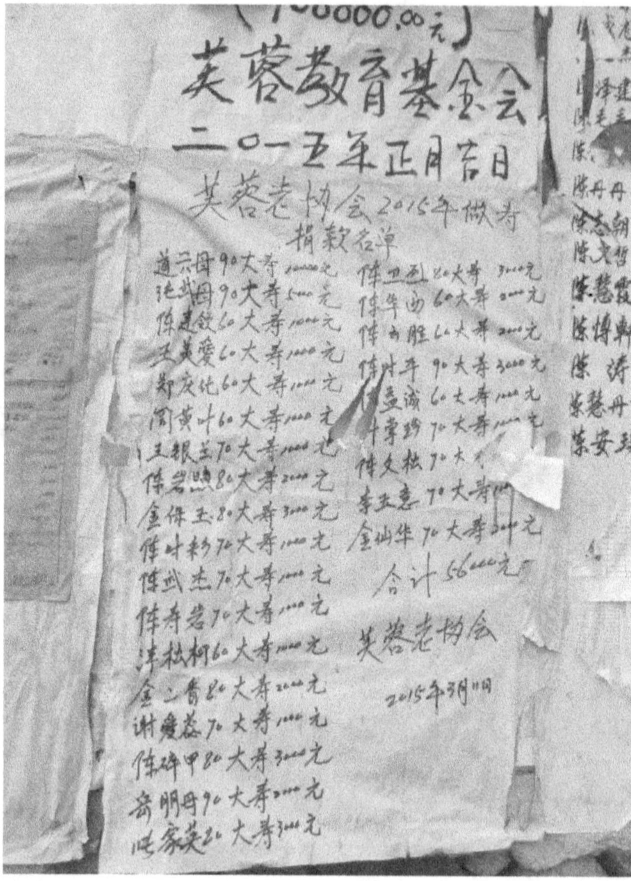


Liste des dons à l'association des seniors Furong à Yongjia, dans le Zhejiang (photo prise le 26 mai 2015).

Cérémonie populaire de bénédiction de la digue, à Liandu, dans le Zhejiang (photo prise le 30 mai 2015).

Contrat d'autogestion des villageois de Kuidan à Jinping, dans le Guizhou (photo prise le 3 octobre 2016).

Règles du village et accord des villageois de Fenzhan, à Jinxiu, dans le Guangxi (photo prise le 6 juin 2017).

# Sommaire

# Préface de la version française

Le droit coutumier est le droit le plus ancien, il a une histoire longue et un impact profond, et joue encore un rôle important aujourd'hui.

Le droit coutumier peut être compris à la fois comme des normes étatiques et non étatiques. Le droit coutumier comme normes étatiques est l'une des sources formelles du droit de l'État. Le droit coutumier, normes anciennes élevées au rang de normes juridiques par un organe spécifique de l'État, se voit conférer force légale et bénéficie ainsi des garanties de la puissance étatique. Le droit coutumier comme normes non étatiques désigne l'ensemble des règles indépendantes du droit édicté par l'État et ayant une certaine force obligatoire fondée sur l'autorité et l'organisation sociales. Les droits coutumiers étatique et non étatique se confondent et se distinguent à la fois. Le droit coutumier non étatique appartient aux normes sociales et constitue le fondement et la source du droit coutumier étatique.

Sous l'angle de la sociologie du droit et de l'anthropologie du droit, et d'un point de vue fonctionnel, ce livre se concentre sur le droit coutumier chinois non étatique, en mettant l'accent sur l'émergence et le développement, le contenu et le rôle du droit coutumier des clans, des villages, des religions, des métiers, des corporations, des sociétés secrètes et des minorités ethniques, ainsi que sur une présentation du droit coutumier actuel.

Ce livre, dont la première édition chinoise remonte à 1995, a été réédité en 2008 et en 2018 ; il a eu un écho assez favorable dans le milieu doctrinal. Financée par le Programme chinois de traduction académique en langues étrangères, l'édition française est publiée sur la base de la troisième édition, avec quelques aménagements afin que les lecteurs du monde francophone puissent avoir une compréhension plus complète du droit coutumier chinois et de la culture juridique chinoise traditionnelle. Cela permettra de contribuer aux échanges et au dialogue universitaires et culturels entre la Chine et la France.

Je me réjouis sincèrement de recevoir des critiques des lecteurs du monde francophone.

Gao Qicai,

le 26 mai 2021 à Xining, Qinghai.

# Avant-propos de la troisième édition

## La Chine du droit coutumier

Ces dernières années, en explorant et en étudiant le droit coutumier chinois, je me suis progressivement forgé un jugement sur la « Chine du droit coutumier ». Dans l'avant-propos de cette troisième édition, j'aimerais partager mes points de vue sur la signification, l'importance et la manière d'aborder la Chine du droit coutumier, dans l'espoir de susciter des réactions de la part des lecteurs et d'approfondir ma propre réflexion.

### I

Le droit coutumier peut être compris à la fois comme un droit coutumier au sens étatique et comme un droit coutumier au sens non étatique. Le droit coutumier au sens étatique réside dans le fait que le droit coutumier émane de l'État : un organe spécifique de l'État élève une norme déjà existante dans la société en norme juridique et lui confère une force juridique, la plaçant ainsi sous la garantie du pouvoir coercitif de l'État. Ce droit coutumier émane de la coutume, mais en est fondamentalement différent, car le droit coutumier appartient au domaine du droit étatique, alors que la coutume est une norme sociale générale.

Le droit coutumier auquel il est fait référence dans la « Chine du droit coutumier » est un droit coutumier au sens non étatique. Non étatique, le droit coutumier est la somme des normes comportementales indépendantes du droit édicté par l'État, fondées sur une autorité et une organisation sociale et dotées d'une certaine force contraignante.

Le droit coutumier dans la « Chine du droit coutumier » est appréhendé dans la perspective du pluralisme juridique. Selon le point de vue du pluralisme juridique, le droit ne provient pas seulement de l'État ; les organisations sociales autres que l'État, telles que les villages, les entreprises, les écoles, les églises, etc., ont également des normes qui fonctionnent de la même manière que le droit étatique, et celles-ci peuvent également former un droit – le droit coutumier, un droit non étatique. Le droit coutumier peut être établi naturellement ou convenu par accord délibéré. Il est exprimé par écrit ou sous forme matérielle ou verbale. Le droit coutumier repose principalement sur la transmission orale et comportementale de génération en génération.

Le droit coutumier dans la « Chine du droit coutumier » s'est formé progressivement et naturellement dans la vie sociale, indépendamment de la violence ou de toute forme d'autorisation ; il est l'expression de la volonté populaire. Le droit coutumier a une caractéristique endogène et publique et constitue le code de conduite quotidien de la population.

Sur la base de l'analyse ci-dessus, la « Chine du droit coutumier » implique que, dans la société chinoise contemporaine, le droit coutumier endogène non étatique régit largement les relations sociales et joue un rôle actif dans la distribution des ressources, la protection des droits et des intérêts de la population et le maintien de l'ordre social ; la population a une forte conscience du droit coutumier et a tendance à s'y conformer et à privilégier le droit coutumier pour régler les problèmes et différends nés de la vie quotidienne. Le droit coutumier constitue de fait les principales normes régissant la vie de la population. Les organisations sociales telles que les villages et les clans attachent une grande importance à la transmission et à la valorisation du droit coutumier et participent de diverses manières au rayonnement de l'influence du droit coutumier. L'État fait preuve de bienveillance à l'égard du droit coutumier non étatique dans la législation et l'application des lois, s'en inspire et s'y réfère. Le droit coutumier joue un certain rôle dans le processus législatif de l'État et dans l'application des lois.

## II

J'ai avancé l'idée de la « Chine du droit coutumier » sur la base de ma compréhension de la société chinoise. La structure sociale inhérente et le stade de développement de la société chinoise ont déterminé que le droit étatique, le droit coutumier et la jurisprudence coexistent ; le droit coutumier joue un rôle important dans la distribution des ressources, la protection des droits et intérêts individuels et le maintien de l'ordre social.

Après la proclamation de la nouvelle République populaire en 1949, la Chine a connu d'importants changements politiques, économiques et culturels, des mouvements politiques, des changements sociaux et des transformations des modes de production. Plus particulièrement, depuis la mise en œuvre de la politique de réforme d'ouverture en 1978, la Chine a obtenu des résultats remarqués par le monde entier dans le domaine du développement économique, le pays devenant en 2010 la deuxième puissance économique mondiale.

En matière de construction de l'état de droit, l'amendement à l'article 13 de la *Constitution de la République populaire de Chine*, adopté le 15 mars 1999 lors de la deuxième session de la neuvième Assemblée nationale populaire, dispose qu'un nouveau paragraphe est ajouté à l'article 5 de la *Constitution* en tant que premier paragraphe : « La République populaire de Chine pratique le gouvernement du pays par la loi et construit un pays socialiste de droit. » Cela consacre officiellement « le gouvernement du pays par la loi » dans la *Constitution*, marquant ainsi une rupture avec le mode de gouvernement par l'homme, vieux de plusieurs milliers d'années. Le 10 mars 2011, Wu Bangguo, président du Comité permanent de l'Assemblée nationale populaire, annonce, dans son rapport de travail fait devant la quatrième session de la onzième Assemblée nationale populaire, qu'un système juridique socialiste aux caractéristiques chinoises, fondé sur les conditions et la réalité de la Chine, adapté aux besoins de la réforme de l'ouverture et de la modernisation socialiste et reflétant la volonté du Parti et du peuple, s'est formé autour de la *Constitution* et est composé des lois organiques et des lois civiles et commerciales, des normes juridiques à trois niveaux dont celui des lois, des règlements administratifs, des législations locales, des règlements des zones autonomes et des règlements administratifs spécifiques. Cela montre qu'un modèle de gouvernement de l'État par la loi s'est établi en Chine.

La *Décision du Comité central du Parti communiste chinois relative à certaines questions fondamentales concernant la promotion générale du gouvernement de l'État par la loi*, adoptée lors de la quatrième session plénière du dix-huitième Comité central du Parti communiste chinois, tenue le 23 octobre 2014, a précisé que : « Depuis une longue période, en particulier à partir de la troisième session plénière du onzième Comité central du Parti, le Parti communiste chinois, en tant que parti au pouvoir, après avoir fait le bilan des expériences et des leçons de la construction de l'état de droit socialiste en Chine, a énoncé que, pour préserver la démocratie populaire, il faut renforcer l'état de droit et institutionnaliser et légaliser la démocratie ; il faut que le gouvernement par la loi soit la stratégie fondamentale du Parti pour diriger le peuple dans l'administration du pays ; il faut que la gouvernance par la loi soit la méthode de base du Parti pour gouverner le pays afin de construire activement l'état de droit socialiste et d'accomplir des réalisations historiques. À l'heure actuelle, un système juridique socialiste aux caractéristiques chinoises s'est formé ; la construction d'un gouvernement fondé sur l'état de droit progresse régulièrement ; le système judiciaire s'améliore sans cesse ; la conscience de l'état de droit s'est largement renforcée dans toute la société. »

Toutefois, d'un point de vue social et culturel, je pense que la Chine contemporaine n'est pas encore totalement entrée dans l'ère de l'état de droit. La société chinoise traditionnelle pratiquait l'autoritarisme centralisé ; l'État était gouverné principalement par la vertu, les rites et la politique des hommes intègres, et les circonscriptions de base au-dessous du district fonctionnaient de manière autonome. Par conséquent, la législation nationale jouait un rôle limité dans la gouvernance de la société. Depuis la fondation de la République populaire de Chine, la construction d'un système juridique a connu un processus de développement sinueux dans ce pays ; la proposition de gouverner le pays par le droit ne date pas de longtemps, et la véritable construction d'un État de droit n'a commencé que depuis vingt ou trente ans. La place de la législation étatique prend une importance croissante, mais il faut réunir nombre de conditions pour que le droit puisse jouer son rôle ; la population doit aussi avoir une meilleure conscience du droit. La Chine contemporaine se trouve dans un processus de construction de l'état de droit, d'un gouvernement et d'une société fondés sur le droit. Même si, grâce à des efforts soutenus, la Chine entre dans l'ère de l'état de droit et de la performance de sa législation, la population aura toujours tendance à s'appuyer, dans la vie quotidienne, sur le droit coutumier qui reste un code de conduite très important et n'entre pas en conflit avec un haut niveau de développement de l'état de droit.

En même temps, en termes d'effectivité du droit, j'estime que la Chine contemporaine n'est pas vraiment entrée dans l'ère du droit étatique, et que le droit coutumier, d'un certain point de vue, régit les relations sociales de manière plus large, plus complète et plus profonde et encadre le comportement quotidien de la population. Au niveau national et au niveau social, le droit coutumier pourrait jouer un rôle plus pratique, et avoir plus de force contraignante et d'efficacité dans la vie sociale. La population s'appuie fortement sur le droit coutumier dans l'exercice quotidien de ses droits, dans les échanges et le règlement des litiges. Le droit coutumier traditionnel et le droit coutumier émergent sont d'une grande importance pour répondre aux attentes de la population en termes de sécurité, de préoccupations quotidiennes et de développement de la production. La vie des gens, leurs relations et leurs joies et peines sont étroitement liées au droit coutumier qui leur est familier et inséparable. Le développement économique, l'industrialisation et l'urbanisation ne pourront pas faire disparaître le droit coutumier en Chine qui évoluera sous de nouvelles formes. La construction de l'état de droit en Chine ne se fera pas et ne pourra pas se réaliser sans le droit coutumier.

La « Chine du droit coutumier » est à la fois une compréhension de la Chine contemporaine sur le plan culturel et une analyse de la société chinoise contemporaine sur le plan normatif.

## III

La « Chine du droit coutumier » est l'illustration de la transmission des normes inhérentes à la Chine. Depuis les premières réformes du droit à l'époque moderne, les règles et ordres sociaux ont connu des changements en Chine ; le système juridique hérité du passé a disparu sur le plan formel. Cependant, les réformes de la législation et des réglementations au niveau national n'ont pas été suivies de manière aussi importante par des changements de la notion du droit et de la conscience du droit ; il y a beaucoup moins de changements en termes de valeur et d'esprit du droit. Le système traditionnel garde sa vitalité. Au niveau social, les normes traditionnelles, constituées principalement du droit coutumier, exercent toujours une profonde influence dans la Chine d'aujourd'hui et ont une force contraignante sur le comportement quotidien des gens. La « Chine du droit coutumier » prend en compte l'héritage des normes traditionnelles, constate l'influence du droit coutumier, et souligne la continuité et la transmission de la tradition juridique chinoise. La « Chine du droit coutumier » met en évidence la culture chinoise qui se perpétue, illustre le lien et la parenté entre la modernité et la tradition.

La « Chine du droit coutumier » illustre la nature de la société de la Chine contemporaine. Concrètement, en tant que communauté, la société chinoise contemporaine est une société fondée sur le droit coutumier qui fait naître un certain consensus social au sein de la population, sur les intérêts, le droit et la justice. Le droit coutumier permet aux individus et aux familles, dispersés et divisés, de former des groupes soudés, des corps sociaux ayant les mêmes valeurs ; de réduire les différences entre les membres de la société afin qu'ils agissent avec mesure, observent les règles, aient la conscience du respect, reçoivent du soutien en cas de besoin, bénéficient de la sécurité et soient confiants en l'avenir, afin de former la base solide pour l'équilibre, la stabilité et l'unité de la société. Ainsi se distingue la société chinoise contemporaine caractérisée par l'unité de la population.

La « Chine du droit coutumier » résulte de la compréhension des normes et de l'ordre de la société chinoise contemporaine. La « Chine du droit coutumier » reflète la coexistence, dans la Chine contemporaine, entre les normes étatiques et les normes non étatiques, et témoigne du codéveloppement des normes de sources multiples dans la création de l'ordre social. Le droit coutumier, conforme à la pratique, efficace et populaire, a une fonction dans le maintien de l'ordre social dans la Chine contemporaine, fonction qui ne peut pas être remplacée par le droit étatique. Le droit coutumier, avec sa spécificité, son endogénéité, sa pertinence et son efficacité, soutient le développement de la société.

La « Chine du droit coutumier » met en lumière le caractère transitoire et complexe de la construction de l'état de droit dans la Chine contemporaine. À propos de la « Chine du droit coutumier », nous devons revoir la façon de construire l'état de droit selon des idées et stratégies simplistes, émotionnelles et précipitées. Il faut prendre conscience des difficultés considérables de la construction de l'état de droit dans la Chine contemporaine ; il faut faire le bilan de la construction du système juridique au cours du siècle passé et ajuster la relation entre l'héritage et les emprunts, entre ce qui est endogène et ce qui est importé, et entre l'État et la société, afin de réfléchir sur la voie à emprunter pour la construction de l'état de droit dans la Chine contemporaine, selon la réalité de la société chinoise.

## IV

La construction de l'état de droit dans la Chine contemporaine a globalement poursuivi la voie de l'époque moderne, à savoir une voie focalisée sur la législation, basée sur la transplantation de droits étrangers, menée de haut en bas sous l'égide de l'État. La demande intrinsèque de l'état de droit a été faible, mais l'acceptation passive du gouvernement de la loi a laissé place à une entreprise volontaire. Cette voie présente des avantages non négligeables pour former rapidement un système juridique, mais elle comporte également des défauts tels que le manque de considération des normes endogènes et de base sociale ; elle se heurte à des conflits en termes de culture et de valeurs. Nous devons examiner la pratique actuelle de la construction de l'état de droit dans la Chine contemporaine, en dresser un bilan, corriger la vision utopique et irréaliste, enfin nous baser sur la réalité chinoise et sur la « Chine du droit coutumier » pour bâtir l'état de droit.

Face à la « Chine du droit coutumier », nous devons nous appuyer sur la réalité et la vie afin d'analyser sérieusement les problèmes auxquels fait face la construction de l'état de droit dans la Chine contemporaine. Ces problèmes ont des points communs, mais également des différences avec les problèmes historiques chinois et ceux des pays étrangers. Nous devons cerner les problèmes de la Chine contemporaine selon une vision « tradition vs modernité » et « Chine vs Occident », prendre en compte l'aspiration ultime des Chinois et le besoin de la population en termes de droit, examiner de manière globale le rapport entre la régulation des rapports sociaux et la capacité de faire face au besoin de la société actuelle, appréhender les moyens et chemins pour garantir les droits et intérêts de la population au cours de l'évolution sociétale, étudier en profondeur les enjeux de la construction du système juridique durant la nouvelle étape historique, et clarifier l'orientation du développement de la société chinoise contemporaine et de son système juridique.

Dans le cadre de la « Chine du droit coutumier », nous devons, d'un point de vue factuel, accepter la pluralité des autorités et des normes juridiques pour examiner les sources de légitimité des différentes autorités publiques en Chine, comprendre la signification de l'ordre polycentrique de la société chinoise, et aborder la construction d'un état de droit et d'une société régie par le droit sous divers angles et formes. Une société équilibrée, harmonieuse, vivante et dynamique est nécessairement une société plurielle et tolérante. Nous devons explorer la relation entre les normes juridiques et l'ordre social, afin, d'une part, que le droit coutumier et le droit positif soient clairement distingués et dotés de mécanismes de coopération et, d'autre part, de trouver la voie menant à la résolution des contradictions et des conflits.

Face à la « Chine du droit coutumier » et dans le cadre de la gouvernance du pays selon la loi et de la mise en œuvre de l'état de droit socialiste, il faut avoir une approche rationnelle à propos du droit coutumier, il faut enquêter sur les normes du droit coutumier, appréhender la conscience du droit coutumier, analyser les événements et faits du droit coutumier et dresser le bilan des personnalités du droit coutumier ; il faut reconnaître l'existence objective du droit coutumier et respecter la valeur de cette existence, comprendre sa réalité et son fonctionnement, analyser son environnement endogène, promouvoir ses principes louables et restreindre ses normes inappropriées, donner au droit coutumier un statut qui lui revient dans la construction de l'état de droit et de la société de droit et valoriser les effets positifs du droit coutumier.

La « Chine du droit coutumier » exige que la Chine construise l'état de droit sur la base du droit coutumier. Au cours de la conduite du gouvernement de l'État selon la loi et de construction d'un état de droit socialiste, nous devons privilégier le besoin du peuple, comprendre ses attentes en termes de droits, donner de l'importance aux sources traditionnelles du droit, accepter la conscience du droit de la population, respecter les normes juridiques originelles, dresser le bilan du fonctionnement du droit autochtone et bâtir un système juridique moderne à partir du bilan et de l'héritage du droit coutumier. Pour légiférer, nous ne devons pas seulement tourner le regard vers l'extérieur, mais aussi vers l'intérieur et vers la base, mener des investigations d'ensemble sur le droit coutumier, s'inspirer et récupérer les règles louables du droit coutumier afin que la nouvelle législation de l'État ait une base sociale solide. Dans la mise en œuvre de la législation étatique, nous devons être attentifs au rôle positif du droit coutumier, ajuster la relation entre la législation et le développement social, et être attentifs à l'adaptation, l'harmonisation et l'intégration de la législation aux conditions sociales.

# Avant-propos de l'édition révisée

## À la recherche des caractéristiques chinoises relatives à la préservation de l'ordre

## -- Mes recherches sur le droit coutumier et mes réflexions

Il s'agit ici de mes propres expériences et réflexions vécues au cours de mes recherches dans le domaine du droit coutumier. Un tel sujet aurait dû être traité par des experts plus âgés et plus accomplis : je n'en ai pas les qualités ni les compétences suffisantes. Cela étant, j'étudie le droit coutumier et fais des recherches depuis 1988, soit depuis près de vingt ans. Bien que je n'aie pas obtenu de résultats extraordinaires, cela peut être utile pour les lecteurs de faire un rappel historique et de dresser le bilan des vicissitudes que j'ai traversées. J'espère donc que vous me critiquerez et me corrigerez, sans retenue.

C'est le bilan de ma carrière scientifique, marqué par des considérations personnelles évidentes et très subjectives, ce qui ne lui donne pas un caractère universel. Cependant, si une goutte d'eau n'est pas l'océan, elle en constitue néanmoins une partie et permet de le comprendre.

Ce compte rendu, ce résumé, est pour moi un souvenir de voyages, une prise de conscience, avec bonheur et peines. L'écrivain anglais Dickens écrivait dans *Le Conte de deux cités* : « C'était la saison de lumière, c'était la saison d'obscurité. » Je voudrais voir plus de lumière et d'espoir.

### I

Mon apprentissage et mes recherches sur le droit coutumier ont parcouru un chemin qui, lié à mes propres expériences et à mon éducation, a été impacté par des hasards, mais aussi des facteurs prévisibles. La vie est faite de surprises et de hasards et ce sont peut-être ceux-ci qui déterminent le destin d'une personne.

(I) Choix de la discipline

Je suis né dans une famille de paysans à Cixi, dans la province du Zhejiang. J'ai commencé très tôt à travailler dans les champs et j'ai ainsi beaucoup appris sur la société rurale.

En septembre 1981, je suis entré à l'institut de sciences politiques et juridiques du Sud-Ouest à Chongqing (aujourd'hui université de sciences politiques et juridiques du Sud-Ouest) pour étudier le droit. J'ai choisi les études de droit sur les conseils d'un professeur de sciences politiques au lycée, diplômé de la même université. À l'époque, je pensais, comme beaucoup de gens, à changer de vie en quittant le milieu rural, pour « remplacer les chaussures de paille par des souliers de cuir », et je n'avais aucune idée claire et précise de ce que je voulais étudier. J'étais naïf.

Au cours de mes études à la faculté de droit du Sud-Ouest, je me suis progressivement intéressé aux études au contact des enseignants. En mai 1983, j'ai participé à la création de l'association des étudiants de la faculté et en ai été le premier président. L'association organisait des conférences en invitant des enseignants de l'université et d'autres établissements et elle menait des enquêtes de terrain et animait des débats. En novembre 1983 et avril 1985, l'association des étudiants de droit a édité deux recueils d'articles de doctrine et un recueil de cas pratiques. Ces activités ont été utiles pour ma carrière d'enseignant et de chercheur.

Pendant mes études universitaires, j'ai lu et j'ai été impressionné par l'*Enquête sur la situation du district Ding* (1928-1937) de Li Jinghan[①], le *Rapport d'investigation du mouvement paysan dans le Hunan* (1927) de Mao Zedong et les enquêtes menées par Mao Zedong dans les districts Xuanwu et Xingguo, dans les cantons Caixi et Changgang au début des années 1930 (*Recueil des enquêtes rurales de Mao Zedong*[②]). J'ai compris

---

① *Enquête sur la situation du district Ding*, rédigée par Li Jinghan en 1932, fut publiée par l'Association chinoise pour la promotion de l'éducation civile en 1933, et réimprimée par l'université populaire de Chine en 1986. Le livre fut écrit pendant le mandat de l'auteur en tant que directeur du département d'enquêtes de la zone expérimentale du district Ding de l'Association chinoise pour la promotion de l'éducation civile. L'enquête a duré huit ans, avec près de trente participants. Le livre contient dix-sept chapitres couvrant divers aspects de la société dans le district Ding, notamment la géographie, l'histoire, la politique, l'économie, la culture, l'éducation, l'organisation sociale, la population, la santé et l'hygiène, le coût de la vie des paysans, les loisirs dans les campagnes, les coutumes et les habitudes. L'ouvrage comprend trois cent quatorze tableaux et soixante-deux photographies. La version que j'ai vue à la librairie date de 1933, éditée par l'Association chinoise pour la promotion de l'éducation civile.

② Le *Recueil des enquêtes rurales de Mao Zedong* est une nouvelle édition réalisée par le Bureau de recherche sur les archives du Comité central du Parti communiste chinois à partir des *Enquêtes rurales* publiées à Yan'an en 1941. Le livre a été publié par la maison d'Éditions du peuple en décembre 1982. Le recueil contient entre autres dix-sept publications, rapports

que même les outils agricoles et les dépenses d'une famille pouvaient aussi faire l'objet d'études et retenir l'attention des érudits et des hommes politiques. Dans la préface et le post-scriptum des *Enquêtes rurales*, Mao Zedong a analysé l'importance des enquêtes et de la recherche, soulignant la nécessité de faire bon usage des méthodes d'analyse des conflits et des classes, et a réussi à combiner la spécialité et la généralité, la représentativité et la globalité, associant les méthodes d'analyse et de synthèse, afin de saisir de manière globale et concrète l'essence et le fonctionnement des phénomènes. Ces traités et idées m'allaient droit au cœur et ont eu une forte influence sur moi.

Pendant mes études universitaires, un petit livre de M. Shen Zongling, *Philosophie moderne du droit de l'Occident*[1] m'a éclairé et m'a donné la direction à suivre. Les parties du livre sur le solidarisme juridique de Duguit et la sociologie du droit de Pound m'ont ouvert une porte et ont déclenché chez moi une vive curiosité. Dans un monde dominé par la lutte des classes et centré sur la politique, le fait d'être en contact avec de telles théories a été pour moi un véritable « choc ».

La publication d'une enquête que j'avais réalisée a été un facteur déterminant dans le choix de mon orientation. Pendant mes années universitaires, j'ai beaucoup voyagé. À l'exception des vacances d'hiver de la première année où je suis rentré chez moi, j'ai passé les autres vacances d'hiver à l'université à lire des livres et à participer à des activités sociales telles que des patrouilles avec des policiers. Pendant le festival du printemps de 1983, j'ai mené moi-même une enquête sur la prostitution et les jeux d'argent à Chongqing. Mon rapport d'enquête, intitulé « D'importantes causes de criminalité – Une enquête sur les jeux d'argent à Chongqing » fut publié dans la revue *Law Quarterly*, 1983, n° 4[2]. Ce rapport traitait de l'étendue et des spécificités des jeux d'argent, du danger qu'ils représentaient, de leurs causes, des recommandations et d'autres éléments les concernant qui peuvent paraître ordinaires aujourd'hui, mais ce fut un encouragement et une reconnaissance extraordinaire pour moi ! Il m'a

---

d'enquête et documents rédigés par Mao Zedong entre 1926 et 1941.

[1] *Philosophie moderne du droit de l'Occident* a été publié par la maison Law Press en 1983 et je l'ai acheté en septembre 1983.

[2] Signé Gao Qicai et Wu Xiaozhu, celle-ci étant rédactrice et ayant contribué à l'amélioration de la présentation de l'article.

montré une voie possible !

Dans ce même numéro de la revue, il y avait un article de Ma Weiya, intitulé « Il faut commencer l'étude de la sociologie marxiste du droit » qui m'a fait réfléchir davantage sur la direction à prendre. J'ai apprécié ce que l'article préconisait, à savoir : la sociologie du droit met l'accent sur l'interconnexion entre les phénomènes juridiques et les autres phénomènes, sur l'effectivité du droit et sur le recours à diverses méthodes sociologiques spécifiques et à des outils techniques centrés sur l'enquête sociale.

À partir de là, je me suis intéressé à la sociologie du droit et ai commencé à avoir quelques idées. J'en ai fait part dans un article intitulé « Étude préliminaire de l'objet de la sociologie marxiste du droit » publié dans *Law Quarterly*, 1985, n° 3 [①], et un autre article intitulé « La méthodologie de la sociologie du droit » publié dans *Journal de l'École normale de Sichuan*, 1985, n° 4[②]. Pour moi, la sociologie du droit doit inclure la sociologie de la législation, la sociologie de l'application du droit, la sociologie du respect du droit et la sociologie des comportements anormaux.

De là, j'ai acquis une conviction plus claire et plus consciente de la discipline de la sociologie du droit comme orientation pour mes études et recherches, et j'ai ainsi fixé la direction de ma carrière scientifique[③].

(II) Le choix de la thématique

Après avoir obtenu mon diplôme universitaire en juillet 1985, j'ai été affecté au département de droit de l'institut des sciences politiques et du droit de Zhongnan à Wuhan. Mon souhait d'enseigner la théorie du droit a été exaucé.

Au cours des premières années, j'ai surtout lu toutes sortes de livres, des biographies, des histoires populaires, ou des romans-journaux. Influencé par *Autobiographie de cent Chinois* de Zhang Xinxin et *Les dix années de*

---

[①] Article reproduit dans les revues *Science juridique*, 1985, n° 11 et *Sociologie* 1985, n° 5.

[②] Cet article a été coécrit avec M. Wen Zhengbang et a été reproduit par la revue *Science juridique*, 1985, n° 11.

[③] Parmi mes articles sur la sociologie, il y aussi « Les comportements anormaux et la sociologie des comportements anormaux », dans Groupe de travail sur la sociologie du droit, faculté de droit de Beijing, *Sociologie du droit*, Shanxi People's Publishing House, octobre 1988 ; « L'état de la recherche sur la sociologie du droit en Chine », dans Su Meifeng et autres, *La sociologie du droit*, Wuhan Publishing House, janvier 1990.

*cent personnes* de Feng Jicai[1], j'ai interviewé plus de 70 personnes de tous milieux à Wuhan, ce qui m'a beaucoup aidé à comprendre la société. Les souvenirs de bavardages et d'échanges dans les rues et les ruelles avec des personnes que je n'avais jamais rencontrées auparavant sont encore profondément gravés dans ma mémoire. C'étaient des échanges rares et précieux. J'aime bien sortir de ma bibliothèque pour voyager et expérimenter toutes sortes de choses. L'écrivain français Proust disait : « Mon habitude qui était sédentaire et n'était pas matinale, faisait défaut, et toutes mes facultés étaient accourues pour la remplacer, rivalisant entre elles de zèle – s'élevant toutes, comme des vagues, à un même niveau inaccoutumé – de la plus basse à la plus noble, de la respiration, de l'appétit, et de la circulation sanguine à la sensibilité et à l'imagination[2]. »

En 1988, j'ai visité le musée de l'Institut des nationalités de Zhongnan et, après avoir fait la connaissance de son conservateur, je suis allé consulter des livres à la salle des archives du département d'ethnologie où travaillait son épouse. Les documents d'enquêtes sociales concernant les minorités ethniques dans les années 1950 et 1960 ont retenu mon attention. Une partie considérable de ces documents contenait des éléments de « droit coutumier » dont certains étaient très détaillés. J'avais le sentiment que peu de personnes s'étaient intéressé à ce sujet ou l'avaient étudié, et que ces matériaux n'avaient pas été utilisés de manière systématique. Au fond de moi, j'ai jugé qu'il s'agissait d'une mine riche, digne d'y consacrer du temps et des efforts. J'ai ainsi décidé de me spécialiser dans le domaine de la sociologie du droit et ai commencé à réfléchir et à mener des recherches sur le droit coutumier.

Après cette rencontre, j'ai passé près d'un an à fréquenter la salle des archives du département d'ethnologie, en dehors de mes cours. C'était une période dure, mais enrichissante !

J'ai ainsi terminé un manuscrit sur le droit coutumier des minorités

---

[1] *Autobiographie de cent Chinois* a été publié par Shanghai Literature and Art Publishing House en mars 1986. *Les dix années de cent personnes* a été écrit entre 1986 et 1996 et publié par Jiangsu Literature and Art Publishing House en juillet 1991.

[2] Proust est l'auteur d'*À la recherche du temps perdu*. Il considérait que le sujet n'était pas important ; ce qui importait était plutôt la manière dont le « monde objectif » se reflétait dans la « subjectivité » à l'intérieur. Il inventait, grâce à son style narratif particulier, un univers personnel unique. Sa narration, souvent interrompue, est parsemée de discussions, de réflexions et d'analyses psychologiques. La marque de fabrique de Proust est la finesse de sa description de chaque perception, de chaque personnage, de chaque allégorie, et le sentiment de vérité fluide que l'on peut ressentir dans son livre.

ethniques de Chine.

Plus tard, sur la recommandation de la maison d'édition Overseas Chinese Press qui préparait une collection sur la culture chinoise, j'ai entamé une réflexion sur d'autres domaines du droit coutumier, comme le droit coutumier clanique①.

Le manuscrit a ensuite été envoyé à Taïwan avant de m'être retourné deux ans plus tard pour diverses raisons. Au cours de cette période, j'ai publié des réflexions sur le droit coutumier, comme « L'étude préliminaire sur le droit coutumier en Chine » dans *Politics and Law*, 1993, n° 2 ; « L'étude préliminaire sur le droit coutumier des religions dans le monde » dans *Modern Law*, 1993, n° 2 ; « De l'émergence, du développement et des caractéristiques du droit coutumier des corporations en Chine » dans *Legal Science*, 1993, n° 6 ; « Introduction au droit coutumier des minorités ethniques en Chine » dans *Journal de l'institut des nationalités de Zhongnan*, 1994, n° 3. Ces publications ont eu des échos dans la communauté scientifique et ont renforcé ma confiance en moi.

J'ai publié en avril 1995 : *Droit coutumier chinois*, édité par Hunan Publishing House. Ce fut mon premier ouvrage②.

(III) Évolution par rapport à l'objet

Mes recherches sur le droit coutumier ont évolué avec le temps.

Je me suis rendu compte que mener une étude sur le droit coutumier chinois dans son ensemble avait du sens, mais risquait d'être trop général si l'on se limitait à cet aspect. J'ai donc choisi de me concentrer sur certains aspects spécifiques. Pour moi, le droit coutumier des minorités ethniques était l'une des principales composantes du droit coutumier chinois. C'est l'élément le plus riche et le plus influent du droit coutumier chinois et il a encore un impact important dans les régions des minorités ethniques. Étudier le système juridique chinois et la culture juridique chinoise en ignorant le droit coutumier des minorités ethniques ne peut présenter le développement du système juridique chinois dans sa globalité, ni identifier l'essence et les

---

① J'ai mené une enquête sur la renaissance des clans dans le Hubei rural dont le résultat a été consigné dans un manuscrit de deux cent mille mots.

② Parmi les publications postérieures à 1995 : « De la culture juridique des ethnies minoritaires en Chine », dans *Science juridique de Chine*, 1996, n° 1 ; « Recherche sur le droit coutumier des villages en Chine », dans *Études juridiques et commerciales*, 1997, n° 1.

caractéristiques des divers systèmes juridiques dans des sociétés différentes, ni comprendre la culture juridique des minorités ethniques au cours des périodes historiques et des étapes du développement social, ainsi que les conditions de coexistence entre diverses cultures juridiques ethniques au sein de la culture commune de la Chine. Par conséquent, j'ai orienté mes recherches vers le droit coutumier des minorités ethniques. Certaines de mes réflexions ont été publiées : « Le droit coutumier et le droit coutumier des minorités ethniques », publié dans *Yunnan University Journal of Law*, 2002, n° 3 ; « Une introduction au droit coutumier des minorités ethniques dans la Chine contemporaine », publié dans *Ethnic Law Review*, vol. 2 (Éditions Huaxia Culture and Art Publishing House, Hong Kong, décembre 2002) ; « Du rapport entre le droit coutumier des minorités ethniques chinoises et le droit étatique », publié dans *Tsinghua Jurisprudence*, n° 2 (Éditions Tsinghua University Press, juillet 2003).

Le fruit de mes recherches sur le droit coutumier des minorités ethniques se trouve dans le livre intitulé *Étude sur le droit coutumier des minorités ethniques de Chine* publié par Tsinghua University Press, en octobre 2003.

Après une réflexion globale sur le droit coutumier des minorités ethniques, j'ai commencé à réfléchir spécialement sur le droit coutumier de l'ethnie Yao. Au cours de mes recherches sur le droit coutumier des minorités ethniques, j'ai ressenti le besoin d'une compréhension et d'une réflexion plus spécifiques, ainsi que d'études de cas. J'ai donc choisi l'ethnie Yao pour une analyse en profondeur. Lors de mes recherches sur le droit coutumier de l'ethnie Yao, j'ai mené plusieurs enquêtes dans les régions Yao. Je me suis rendu, du 19 au 25 avril 2004, dans le district autonome Jinxiu des Yao dans le Guangxi ; du 25 avril au 2 mai 2004, à Nanning dans le Guangxi, dans le district Lianshan des Zhuang et Yao dans le Guangdong, dans le district autonome Liannan des Yao, dans le district autonome Jianghua des Yao et dans le district Jiangyong dans le Hunan; dans le district autonome Gongcheng des Yao dans le Guangxi ; du 6 au 10 août 2005, à Nanning, dans le canton Qibainong du district Dahua des Yao et dans le district autonome Duan des Yao dans le Guangxi ; du 5 au 6 juillet, à Nanning et dans le canton Nanping des Yao du district Shangsi dans le Guangxi ; du 12 au 22 décembre 2006, dans le canton Liuxiang du district autonome de Jinxiu des Yao dans le Guangxi. Maintenant, j'ai globalement terminé l'étude du droit coutumier des Yao. Certaines observations ont fait l'objet de publications comme « L'exploration des caractéristiques du droit coutumier des Yao » publié dans *Comparative Law Research* 2006, n° 3. Dans mon livre (à paraître) intitulé *Histoire du droit des Yao*, le droit coutumier occupe une place importante. Dans le cadre d'un prochain travail, je vais enquêter et réfléchir sur la transmission du droit coutumier Yao ainsi que les évolutions de celui-ci.

Au cours de ces deux dernières années, j'ai mené en parallèle une réflexion sur le régime des procès au sein des clans dans la société ancienne. Mon article « Analyse préliminaire du système des procès au sein des clans dans la société traditionnelle chinoise » a été publié dans *Journal of Huazhong Normal University* (Éditions Humanities and Social Sciences), 2006, n° 1.

Je me suis également intéressé à l'ordre social chinois, et j'ai mené quelques enquêtes et réflexions qui ont abouti à l'article intitulé « Le facteur relationnel dans l'exercice des activités d'avocats en Chine – une analyse sous l'angle de la théorie du capital social ».

En outre, j'ai étudié la relation entre le droit étatique et le droit coutumier dans le monde rural d'aujourd'hui. C'est ainsi que le champ et l'étendue de mes réflexions sur le droit coutumier ont connu des changements avec le temps. Voici le résumé de cette évolution.

(1) De la théorie aux régimes. J'ai d'abord réfléchi à la signification de l'étude du droit coutumier, en examinant les concepts, les caractéristiques et les doctrines qui s'y rapportent, et en analysant le système du droit coutumier chinois. Ensuite, j'ai centré mes travaux sur les normes et les institutions du droit coutumier, en étudiant notamment le contenu principal du droit coutumier des villages, les organisations sociales et le droit coutumier des minorités ethniques, ainsi que le droit coutumier pénal, l'accent étant mis sur les études normatives.

(2) De la généralité au concret. Au début, je m'intéressais davantage au droit coutumier chinois dans sa globalité, puis j'ai progressivement réduit le champ et me concentre maintenant sur des recherches concrètes. De manière générale, ma réflexion et mes recherches sur le droit coutumier ont été un cheminement allant du droit coutumier chinois vers le droit coutumier des

minorités, le droit coutumier des Yao et le droit coutumier des Yao de Jinxiu Liuxiang.

(3) Du passé au présent. J'ai commencé mon travail sur le droit coutumier à partir d'archives historiques. Je voulais comprendre les règles historiques du droit coutumier et leurs fonctionnalités sociales à travers les archives d'enquêtes sociales sur les minorités ethniques. Maintenant, je m'intéresse davantage au droit coutumier chinois moderne, à l'étude de la réalité du droit coutumier, à l'analyse de la transmission et aux changements du droit coutumier, à la réflexion sur le droit coutumier au cours du processus de modernisation et au mécanisme moderne d'autogénération du droit coutumier.

(4) De la globalité à la spécialité. Alors que dans le passé, je me concentrais sur la compréhension globale et l'appréhension générale du droit coutumier, ces dernières années, j'ai davantage réfléchi sur des questions spécifiques telles que les concepts de droit coutumier chez les Yao, la relation entre le droit coutumier et la religion ainsi que la superstition, et d'autres thématiques.

(5) Du droit coutumier rural au droit coutumier urbain. Mes recherches sur le droit coutumier étaient principalement concentrées sur le droit coutumier des régions rurales. Maintenant, je m'oriente vers le droit coutumier des zones urbaines.

(6) Des analyses historiques aux enquêtes de terrain. En termes de méthodologie, je suis passé des analyses historiques à la combinaison des analyses historiques et des enquêtes de terrain. Les enquêtes de terrain ont pour but de vérifier et de compléter les matériaux historiques, d'interpréter les matériaux historiques de manière exhaustive, de découvrir les problèmes se trouvant dans les matériaux historiques et de rechercher de nouveaux domaines et objets de recherche.

## II

Rétrospectivement, mes réflexions et recherches m'ont permis d'acquérir des expériences et des convictions.

### (I) Les convictions

Au cours de mes recherches sur le droit coutumier, j'ai acquis des convictions sur l'attitude, le questionnement, le point de vue, la méthode, les matériaux et les théories①.

1. Attitude

La recherche sur le droit coutumier doit être entreprise avec simplicité et sincérité, et un sens de la responsabilité sociale. La recherche académique peut, certes, contribuer à la résolution de problèmes concrets liés à la subsistance ou à l'utilité pratique, mais ce n'est pas le point de départ de la recherche, tout au plus un sous-produit.

La recherche sur le droit coutumier exige un esprit d'innovation et de courage, mais nous devons éviter autant que possible d'être impétueux et téméraire. En cette période de transition sociale, il faut observer avec calme et lucidité les évolutions. Les anciens disaient : « La simplicité rend lucide », « L'absence de désir rend puissant » et « La tranquillité mène au loin », ces devises sont toujours utiles de nos jours. « Faire face à l'immensité des vagues, aller à la rencontre du vent », c'est cela la vraie élégance.

Nous sommes des chercheurs, pas des sauveurs. Dans la recherche sur le droit coutumier, il faut savoir rester honnête et avoir un esprit tranquille afin de mettre en avant la simplicité, d'emprunter une voie solide, de bâtir la réflexion sur du réel, de mener des études solides et de découvrir la vérité.

2. Problématique

La société humaine avance en passant par des problèmes et leur résolution. La sensibilité aux problèmes est le point de départ de la réflexion : tout processus de réflexion commence par un problème particulier. La sensibilité aux problèmes est le préalable à l'innovation ; l'innovation commence par des problèmes. L'histoire du développement de la science est l'histoire de l'exploration des mystères et des solutions trouvées aux problèmes. La sensibilité aux problèmes est l'âme de la recherche ; sans elle, il ne peut y avoir de véritable réflexion②. La sensibilité

① En 1971, les universitaires américains R. M. Thomas et D. L. Brubaker ont proposé les « six étapes » pour identifier, analyser et résoudre les problèmes, à savoir : premièrement, identifier le problème central à étudier ; deuxièmement, décomposer le problème en parties ; troisièmement, collecter et synthétiser les informations nécessaires ; quatrièmement, décrire les informations de manière à résoudre le problème ; cinquièmement, énoncer la conclusion ; et sixièmement, commenter les réalisations du processus de résolution du problème.

② J. W. Getzels, professeur de psychologie à l'université de Chicago, a divisé les « problèmes » que l'on peut rencontrer en trois grandes catégories : problèmes présentés, problèmes découverts et problèmes créés. Les problèmes présentés sont des problèmes qui sont donnés (par l'enseignant ou par le manuel) et pour lesquels les réponses sont souvent

aux problèmes est la force motrice de la pensée et la pierre angulaire de l'esprit d'innovation ; elle constitue une sûreté pour nous dans la recherche juridique, dans l'analyse et la résolution des problèmes. La sensibilité aux problèmes rappelle le doute et la perplexité suscités par les difficultés rencontrées au cours des activités cognitives. Cet état d'esprit pousse à réfléchir, à explorer, à se poser constamment des questions et à y répondre. Cette qualité psychologique de la pensée est appelée en psychologie « la sensibilité aux problèmes », qui est la reconnaissance de certaines hypothèses ou contradictions scientifiques à résoudre ; elle traduit non seulement le dynamisme et la profondeur de la pensée, mais également l'indépendance et la créativité.

Sous les Song, Cheng Yi dit : « Les lettrés doivent d'abord apprendre à douter. » Zhang Zai estimait : « Ceux qui ne doutent pas n'ont pas vraiment étudié ; pour étudier, il faut douter. » Plus récemment, Gu Jiegang a dit : « Le doute n'est pas seulement une étape nécessaire pour identifier et combattre passivement les contrevérités, c'est aussi la condition élémentaire pour bâtir activement de nouvelles théories et de nouvelles idées. » Tao Xingzhi écrit dans un poème : « Il y a des milliers d'inventions, le point de départ est un problème[①]. » Le philosophe et scientifique britannique Popper pensait que la première caractéristique de la science est qu'« elle commence par des questions, pratiques et théoriques » ; dans *Conjectures et réfutations*, il affirme que le développement de la science et de la connaissance commençait toujours par des questions et se terminait par des questions qui, en s'approfondissant de plus en plus, suscitaient de nouvelles questions.

Nous devons interroger les résultats des recherches de nos prédécesseurs, découvrir les problèmes, et développer une sensibilité aiguë aux problèmes. En raison de l'importance accordée à l'approche systémique,

---

toutes faites, tout comme les pistes des solutions. Il suffit de « suivre le schéma » et respecter les règles pour obtenir le même résultat que la réponse standard, « sans avoir besoin ou la possibilité d'imaginer ou de créer ». Certains problèmes découverts ont également des réponses connues, mais les questions sont posées ou découvertes par les élèves eux-mêmes, et non proposées par l'enseignant ou le manuel. Ce type de problèmes, dont certains peuvent également ne pas avoir de formule, de solution ou de réponse connue, conduisent souvent à la découverte et à la création. Les questions créatives sont celles qui n'ont jamais été posées auparavant et qui sont totalement nouvelles.

① Il existe un dicton parmi les professeurs et les étudiants de l'université de Harvard : « *The one real object of education is to have a man in the condition of continually asking questions.* »

on a tendance à donner plus d'importance à la doctrine et à concevoir la recherche avec une vision hermétique, statique et étroite. La réalité sociale qui constitue pourtant les conditions préalables au développement de la science ne reçoit pas une considération méritée, voire est totalement occultée. Dès lors, il est difficile de découvrir les problèmes, de s'éclairer et de s'inspirer de la réalité, et d'avancer avec son époque[①]. Par conséquent, il faut cultiver l'esprit d'ouverture et avoir une vision large, pour pouvoir découvrir les aspects cachés et inexpliqués des phénomènes et prendre conscience des aspects extraordinaires des phénomènes ordinaires.

Il me semble que les universitaires chinois devraient se préoccuper davantage des problèmes chinois. M. Liang Shuming dit que nous sommes confrontés à deux types de problèmes majeurs, l'un étant les problèmes de la Chine et l'autre les problèmes de la vie. Les problèmes de la vie visent à savoir si la culture chinoise a un sens et si l'interprétation des valeurs fournie par la culture chinoise peut être adaptée à notre époque. Concernant les problèmes de la Chine, M. Liang Shuming estimait que nous devrions d'abord résoudre les problèmes de survie de la nation, puis transformer notre système politique, le compléter par un cadre juridique moderne, afin de construire un pays moderne. La Chine est certainement confrontée aux mêmes problèmes que rencontrent les autres pays, mais elle a aussi ses propres difficultés. Il est utile et nécessaire pour nous d'étudier les problèmes communs à l'humanité, mais les conditions n'en sont pas réunies en raison des limites liées au stade de développement. Les chercheurs chinois devraient contribuer davantage à l'amélioration de la vie du peuple chinois et au progrès de la société. Nous devons avoir un sens aigu de la « conscience culturelle », car nous vivons tous dans une réalité sociale et une tradition historique et culturelle spécifiques. Le droit coutumier a un caractère endogène, constitué des règles inhérentes à la société chinoise, liées aux questions culturelles et existentielles.

Bien sûr, nous devons nous concentrer sur les vrais problèmes de la

---

[①] Selon Liu Dachun, en résumant le développement des sciences humaines et sociales en Chine depuis la fondation de la Chine nouvelle, on peut facilement constater une indifférence de la problématique et un manque de faisabilité qui limitent le développement de la discipline. Pour y remédier, il est d'abord nécessaire de corriger les tendances d'enfermement, l'utilitarisme et l'interférence de facteurs non scientifiques. Voir Liu Dachun, « La recherche en science littéraire doit mettre en avant la conscience de la problématique », dans *Guangming Daily*, 4 février 2004.

Chine, plutôt que sur les pseudo-problèmes. La clé de l'identification des problèmes est qu'il faut poser les bonnes questions, celles qui ont du sens. Les vrais problèmes ont une solution logique et doivent avoir un point de départ logique fiable. Les bonnes questions sont enrichissantes en termes de connaissances, innovantes théoriquement et instructives dans la pratique. Un problème qui peut être résolu par l'instinct est un pseudo-problème ; un problème qui ne peut être vérifié est un pseudo-problème ; un problème qui n'est pas à résoudre ou qui est insoluble est un pseudo-problème. Un pseudo-problème, un faux problème, a certainement peu d'intérêt et ne mérite pas d'être étudié.

La sensibilité aux problèmes doit être continuellement cultivée à travers la lecture, la recherche vivante et savante, le dialogue et les échanges.

3. Angle de vue

L'angle de vue est un terme d'optique couramment utilisé pour désigner l'angle de visibilité. Il s'agit d'un espace maximal dans lequel un objet peut être vu. C'est l'angle formé par la périphérie du champ de vision et le point de focus de l'objectif. Lorsqu'une personne se trouve en difficulté, elle se limite à un angle de vue étroit qui l'empêche d'avoir une vision globale. Si elle change de perspective et observe l'objet sous tous les angles, elle fera des découvertes surprenantes.

Il existe différents angles de vue : horizontal, plongeant, en contre-plongée, etc. Les perceptions peuvent déterminer la perspective d'un observateur de sorte qu'il ne puisse voir que cette perspective. Dans les sciences sociales, historiquement complexes, il existe aussi de multiples angles de vue. En raison des différences entre les objets étudiés, les théories des sciences sociales n'ont pas pu, jusqu'à présent, et ne pourront peut-être jamais, atteindre la précision et l'uniformité de celles des sciences naturelles. Des angles de vue différents dans l'interprétation des faits sociaux donnent lieu à une présentation différente des phénomènes sociaux. Par conséquent, dans l'étude du droit coutumier, il convient d'observer l'objet avec une pluralité de vue, sous un angle global et un angle spécial, sous l'angle de la production et de la consommation, de l'économie et de la société, des normes et de la culture, de l'histoire et de l'actualité, avec souplesse et appréhension[①].

---

① Il existe également les points de vue affirmatif ou infirmatif, historique ou prospectif,

Le philosophe allemand Schopenhauer a dit que notre mode de vie était un tableau. Pour l'apprécier, il faut prendre de la distance. Lorsque l'on réfléchit sur le droit coutumier, il est aussi important de l'observer de l'extérieur avant de s'en approcher graduellement pour l'examiner de l'intérieur. Nous rappelons souvent l'importance des observations objectives ou des comptes rendus d'expériences ; mes propres réflexions et recherches penchent pour une observation externe qui exige la maîtrise de son sentiment personnel, car le chercheur n'est pas, après tout, un porte-parole. La recherche exige un point de vue neutre, celui de tierces personnes, et de ceux qui sont l'objet de la recherche ainsi que le respect de ces derniers. Le recours à l'angle de vue interne exige une vigilance afin d'éviter la perte de la capacité de jugement du chercheur.

Dans la recherche juridique, le droit coutumier est sans doute un domaine marginal. Cela ne signifie pas pour autant qu'il faille le placer à la périphérie de l'observation ; le droit coutumier peut également occuper le centre de notre angle de vue.

En même temps, il convient de distinguer la vision populaire de la vision gouvernementale. La vision populaire n'est ni un bilan des réalisations du gouvernement ni une analyse scientifique des chercheurs, mais une observation concrète et détaillée de la vie réelle. Dans l'existence simple des gens se trouve l'essence même de la vie.

Les perspectives statiques et dynamiques sont également pertinentes. Cependant, je pense qu'il est plus pertinent et plus utile d'aborder le droit coutumier à travers son développement et son évolution.

Il est à noter que l'étude du droit coutumier, tout comme d'autres études

---

personnel ou impersonnel, convergeant ou divergeant, ordonné ou désordonné, positif ou négatif, etc. Le point de vue historique consiste à examiner l'origine, l'histoire et le développement passé des phénomènes, à saisir le passé pour mieux penser le présent. C'est le principe de base de l'historicisme. Le point de vue prospectif consiste à imaginer le développement futur des phénomènes, à prédire leur orientation et leur trajectoire, et à utiliser les résultats de cette prédiction pour penser le présent. Le point désordonné signifie que lorsque nous pensons de manière créative, surtout dans les premiers stades de la réflexion, nous devrions nous débarrasser de tous les carcans, y compris les lois, les théorèmes, les codes, les connaissances générales et faire une réflexion chaotique et désordonnée afin de stimuler pleinement notre imagination et d'obtenir de meilleurs résultats. Le point de vue ordonnée signifie que nos réflexions doivent suivre une logique stricte afin d'argumenter de manière réaliste la faisabilité des idées et des solutions, d'observer l'essence des phénomènes en perçant l'apparence, d'éliminer les éléments de hasard pour saisir ceux qui sont déterminants, de sorte que les nouvelles idées dans nos esprits correspondent à la réalité.

en sciences humaines et sociales, est influencée par les doctrines occidentales. Les sciences humaines et sociales occidentales se sont principalement développées à partir des traditions culturelles européennes et des solutions pour résoudre les problèmes rencontrés dans les sociétés européennes et elles présentent donc consciemment et inconsciemment une vision du monde eurocentrique et occidentalocentrique. On a tendance à étudier et évaluer le droit coutumier chinois avec une vision occidentale et à se contenter de copier les concepts et les discours que les Occidentaux ont l'habitude d'utiliser. La transposition simple des systèmes occidentaux des sciences humaines et sociales a effectivement joué un rôle clé dans la transformation de la recherche chinoise, mais il existe toujours un écart entre cette transposition et le droit coutumier chinois ainsi que la vie, les émotions et le vécu du peuple chinois. Il faut en être conscient.

Il faut également éviter la tendance « aristocratique » dans la recherche en droit coutumier.

Bref, « observer les monts de long en large » est une vision ; « surplomber les monts depuis le sommet » en est une autre. L'essentiel est faire « face aux faits ».

3. Méthodologie

La méthode, en grec ancien, signifie « poursuite ou recherche d'une voie ». Le philosophe français Descartes a dit : « La connaissance la plus précieuse est la connaissance de la méthode. » Bernard, physiologiste français, a dit un jour : « Une bonne méthode nous permet de mieux utiliser nos talents naturels, tandis qu'une mauvaise méthode peut les entraver. »

Les principales méthodes que j'ai utilisées dans l'exploration et l'étude du droit coutumier sont l'analyse des sources documentaires, les enquêtes par entretiens, l'observation sur le terrain, l'analyse fonctionnelle ainsi que l'analyse normative. Les méthodes sont au service des objectifs et des pistes de la recherche. D'une manière générale, il existe deux grandes directions de recherche : l'une est la recherche sur une période, l'autre est l'étude de cas limitée à des groupes ou communautés ethniques.

Le choix de la méthode est étroitement lié à la nature de la recherche. L'étude du droit coutumier peut inclure la recherche qualitative et la recherche quantitative. La « qualité » est la nature intrinsèque d'une chose qui la distingue des autres. La recherche qualitative dont le but est d'« expliquer » consiste à réaliser des analyses et interprétations théoriques. Les principales méthodes de la recherche qualitative comprennent la recherche historique, la recherche documentaire, la recherche par observation, l'analyse logique, l'analyse de contenu, le travail de terrain, les études de cas, etc. La recherche quantitative consiste à réaliser des analyses et examens « quantitatifs » sur les relations internes et externes d'un phénomène afin de tirer des conclusions utiles à des prises de décision. La recherche quantitative est principalement « empirique » : elle vise à décrire, déduire et prédire « ce qui est » et le « pourquoi ». Les principales méthodes de la recherche quantitative comprennent les statistiques, les mesures, les méthodes expérimentales, etc. Concrètement, la recherche qualitative utilise principalement les études de cas, les observations participatives et les entretiens, les consultations libres ; la recherche quantitative recourt principalement aux enquêtes et aux analyses de questionnaires, et aux statistiques à l'aide de modèles informatiques.

La maîtrise de la méthodologie doit s'effectuer dans la pratique de l'exploration du droit coutumier, elle n'est pas facile à obtenir sur le papier. Les enquêtes et la recherche en droit coutumier exigent d'entretenir des relations avec des personnes de tous horizons, et le fait de gagner leur confiance est un facteur clé pour le succès des enquêtes et de la recherche ; la sincérité, l'égalité et la confiance sont particulièrement importantes dans les relations.

Il faut aussi être capable de s'adapter à l'environnement. Les enquêtes sur le droit coutumier exigent la capacité de se mettre au travail le plus vite possible quel que soit le contexte, d'ajuster les programmes en fonction de l'évolution des conditions et d'adopter des méthodes raisonnables et réalistes

4. Matériaux

La recherche en droit coutumier étant basée sur des matériaux vastes et minutieux, leur importance est évidente pour l'exploration du droit coutumier chinois. Sans matériaux et informations, c'est à l'instar du dicton : « Il est difficile pour une bonne cuisinière de faire un repas sans riz » (il n'y a aucun moyen de bien mener la recherche).

Pour l'accès aux matériaux, il faut rester ouvert. Outre les annales historiques et les documents officiels, les codes et régimes, les documents politiques, les archives locales, les stèles, les registres généalogiques, les contrats, les annales locales, les journaux et récits, les romans et les opéras, ainsi que les sources orales peuvent tous constituer des matériaux nécessaires pour travailler sur le droit coutumier et l'ordre social en Chine.

Il faut explorer en profondeur pour découvrir de nouveaux matériaux, faire ainsi preuve d'une grande vigilance sur le terrain et exploiter les indices sur de nouveaux matériaux en recueillant les documents historiques et les sources orales.

Nous devons faire bon usage des documents disponibles. Par exemple, il existe de nombreux documents sur le droit coutumier des corporations dans les documents historiques sur l'économie chinoise. Étudier le droit coutumier exige une capacité à collecter des matériaux interdisciplinaires. L'acquisition et l'utilisation des données fondamentales sont indispensables.

Il faut vérifier soigneusement l'authenticité et l'originalité des données pour déterminer si elles sont représentatives ou typiques et analyser leurs limites. Il ne faut pas s'arrêter uniquement sur l'aspect superficiel des données sans en analyser le fond. M. Hu Shi dit qu'un historien doit avoir deux capacités essentielles, la précision et l'imagination. Sans précision, on ne peut pas effectuer le travail de recherche et de vérification sur les documents historiques ; sans imagination, on ne peut pas comprendre l'histoire de manière systémique. Cette remarque est tout aussi instructive pour notre réflexion et notre recherche sur le droit coutumier.

5. Doctrine

L'aspect le plus important de la réflexion et de la recherche sur le droit coutumier est d'avoir une théorie étayée et innovante, en termes d'originalité ou de contribution aux théories existantes, ou en termes de critique des théories.

Les concepts sont primordiaux. De nombreux débats sont provoqués par des compréhensions différentes d'un concept. Nous devons avoir une définition et une compréhension claires des concepts.

Dans notre étude en droit coutumier, nous devons nous concentrer sur la construction des hypothèses. Les hypothèses déterminent l'orientation de notre recherche, nous guident vers une plus grande profondeur, et jettent la base de nos modèles interprétatifs et de la formulation des conclusions.

Il faut s'atteler à proposer de nouvelles interprétations, à faire de nouvelles analyses et à présenter de nouvelles théories sur le phénomène du droit coutumier. Dans mes recherches, par exemple, j'ai soutenu que le droit coutumier des minorités ethniques a pour fonction de maintenir l'ordre social, de satisfaire les besoins individuels, de développer le sens social et de transmettre la culture.

Nous devons oser remettre en question les conclusions de nos prédécesseurs lorsqu'elles ne correspondent plus à la réalité, et oser proposer de nouvelles théories.

L'application de nouvelles théories à l'analyse du droit coutumier est un aspect important de la réflexion et de la recherche sur le droit coutumier. Nous devons prêter attention au développement des théories et maîtriser la capacité à les interpréter.

En bref, la recherche exige que l'on pose de nouvelles questions, découvre de nouveaux matériaux, développe de nouvelles méthodes et propose de nouvelles théories et des travaux dignes d'intérêt.

(II) Observations

Après vingt ans de pratique, de réflexion et de recherche sur le droit coutumier, j'ai quelques observations personnelles.

1. « La doctrine du livre unique ».

« La doctrine du livre unique » fut d'abord le chef d'accusation contre l'écrivaine Ding Ling en 1957, lors de la critique publique du « groupe réactionnaire de Ding Ling et Chen Qixia ». On lui reprochait d'avoir prétendu qu'un écrivain a un statut privilégié. L'enquête montra qu'en réalité, Ding Ling, lors d'un entretien avec de jeunes écrivains, avait dit : « Un écrivain doit d'abord écrire un livre digne d'une œuvre ; celui qui est incapable d'écrire un livre n'est pas un vrai écrivain. » Dans son allocution devant les étudiants des première et deuxième années de l'institut central de Formation littéraire, Ding Ling avait indiqué : « Il ne faut pas écrire de livres médiocres ; il vaut mieux écrire un seul et bon livre. » En fait, Ding Ling voulait dire qu'un livre devait être écrit de manière que les lecteurs ne l'oublient pas de sitôt, car écrit avec cœur et passion et avec des personnages qui tiennent la route. On voit bien que Ding Ling entendait prôner la qualité et non la quantité.

Cao Xueqin est devenu célèbre avec un seul livre : *Le Rêve dans le pavillon rouge*. *La Romance des trois royaumes* de Luo Guanzhong, *Au bord de l'eau* de Shi Nai'an et *Le Voyage vers l'ouest* de Wu Cheng'en sont des exemples de livres uniques qui ont traversé le temps. Ces « livres uniques » sont des œuvres de toute une vie. Nietzsche dit dans *Le Crépuscule des idoles* : « Mon ambition est d'exprimer en dix phrases ce qu'il faudrait à quelqu'un d'autre de nombreux livres pour le dire – voire ce que quelqu'un d'autre n'a pas dit dans ces nombreux livres. »

Lorsque je parle de « un livre » ici, je veux aussi insister sur « le premier livre ». Le « premier livre » est le point de départ de la recherche et doit occuper le centre de la vie scientifique. Le « premier livre » doit être solide et présenter une certaine originalité et inspiration, de sorte qu'il devienne le livre de référence pour le domaine couvert. Bien que mon premier livre, *Le Droit coutumier chinois* ne réponde pas à ces exigences, je leur accorde toujours une grande importance.

2. Capacité de jugement.

La recherche, comme la vie, est confrontée à des choix et à des jugements. Un jugement attentif et précis permet de tirer parti des avantages et d'éviter les inconvénients, de prendre une longueur d'avance et d'occuper une position dominante dans le champ académique.

Au cours de mes lectures et de mes réflexions, à mesure que les informations s'accumulent et que la pensée se précise, des idées jaillissent. Cette période de confrontation des idées est très précieuse, mais celles-ci sont encore éparpillées, et il est difficile de déterminer si elles sont pertinentes et dans quelle mesure elles sont utiles pour la recherche. Il faut donc mettre en place un processus de sélection, d'identification, de regroupement et de centralisation. Au cours de ce processus, grâce à une pensée logique allant du particulier au général, de l'analyse à la synthèse, de l'induction à la déduction, notre capacité de jugement se renforce progressivement et nous acquérons des connaissances si bien que la recherche prend une direction plus claire et plus judicieuse, pour aboutir finalement au sujet central. Einstein disait : « J'ai vite appris à identifier ce qui mène à la connaissance profonde, en laissant de côté beaucoup d'autres choses qui remplissent la tête et la détournent de son objectif principal. » Avoir cette capacité de jugement doit être notre objectif.

Nous avons besoin de juger de l'étendue de la recherche. Dans les débats scientifiques, nous évaluons l'importance théorique et la valeur pratique de la recherche, examinons l'ampleur et la portée de la recherche ainsi que sa place dans la discipline.

Nous avons besoin de juger de la largeur de la recherche. La marge de créativité potentielle et la soutenabilité de la recherche sont des facteurs importants auxquels nous devons nous atteler dans notre travail.

Nous avons besoin de juger du degré de difficulté de la recherche. La conduite d'une recherche nécessite la prise en compte des difficultés, des problèmes à résoudre ainsi que des conditions nécessaires pour les résoudre.

Pour ma part, la sociologie du droit a été à la base de mon jugement et a jeté les fondations de mon exploration du droit coutumier.

3. Cadre et classification.

Dans ma propre pratique de la recherche, j'estime qu'il est important d'identifier le cadre de la recherche et de veiller à la classification.

La détermination du cadre de la recherche comprend le choix du sujet de la recherche, des objectifs à atteindre et l'estimation de la portée de la recherche.

La classification est liée à la pensée de l'être humain. Il permet de catégoriser les différents types de règles coutumières et d'en extraire les caractéristiques générales afin d'en approfondir la compréhension.

4. Persévérance.

La persévérance est fondamentale pour la recherche. Une fois l'objectif choisi, il faut réfléchir et étudier sans relâche, comme dit le poète Zheng Banqiao sur le bambou : « Il s'accroche sur la colline verte, s'enracine dans les rochers fissurés ; toujours debout malgré les coups, portés par les vents, de l'est, de l'ouest, du sud ou du nord. » Nous devons nous inspirer de la force et de la persévérance du bambou.

Pour moi, l'étude du droit coutumier nécessite une compréhension et une maîtrise adéquates des rapports entre ce qui est « souhaitable », ce qui est « possible » et ce qui est « faisable ».

(III) Lacunes

Rétrospectivement, je constate que ma réflexion et ma recherche sur le droit coutumier présentent de nombreux problèmes, insuffisances et défauts qu'il faut corriger.

Il me manque la profondeur théorique. Je dois continuer à réfléchir et à travailler sur l'analyse théorique, la synthèse et l'abstraction en droit coutumier, en me concentrant sur la découverte de son évolution et de ses mécanismes et règles de fonctionnement, sur l'analyse du rapport intrinsèque entre divers facteurs dans l'évolution du droit coutumier, ou sur la synthèse des caractéristiques de l'évolution du droit coutumier dans un espace particulier (national ou régional, ethnique) et à un moment donné, ou sur la théorisation des modes, des normes et des théories de l'évolution du droit coutumier.

Mes limites ne m'ont pas permis de travailler suffisamment sur la comparaison en droit coutumier. Je ne me suis presque pas intéressé au droit coutumier d'autres pays ou régions, et je n'ai donc pas mené d'études sur les points communs et les différences entre le droit coutumier chinois et le droit coutumier d'autres pays et régions.

Par ailleurs, je n'ai pas étudié suffisamment les cas concrets. Pour diverses raisons, je n'ai pas consacré assez de temps pour enquêter sur le droit coutumier lié à une région, un événement, un processus ou une activité spécifique, ce qui a limité d'une certaine façon ma compréhension globale du droit coutumier.

La méconnaissance des aspects historique, culturel et linguistique est souvent à l'origine d'erreurs. Par exemple, la méconnaissance de la langue des Yao rend obligatoire le recours à la traduction qui peut être source d'altérations ou d'omissions.

## III

Selon le *Livre des Han – des arts et des lettres*, Confucius aurait dit : « Lorsque des rites sont perdus, il faut les retrouver auprès du peuple » et « Les habits sont modestes parce qu'ils sont d'un style ancien ». Le droit coutumier se cache dans les couches sociales modestes ; la société civile est la véritable source du développement culturel. Malgré la modernité, le droit coutumier conserve son espace et sa fonction spécifiques.

M. Wang Guowei dit, dans la *Poésie humaine*, que tous ceux qui ont accompli de grandes causes, ainsi que les grands savants, ont tous traversé trois états : « Le vent d'ouest de la nuit flétrit les arbres verts, monter seul en haut de l'immeuble pour scruter le chemin à l'horizon », c'est le premier état, celui de la solitude. « Les vêtements et la ceinture deviennent larges, je m'épuise à cause d'eux », c'est le deuxième état, celui de la souffrance. « Après l'avoir recherché mille fois, quand je me retourne et le vois juste à côté des lumières », c'est le troisième état[①]. La vie est un parcours d'efforts et de combats, une traversée qui passe par plusieurs états. Qu'il s'agisse de la recherche, de la vie, les succès et les échecs, la satisfaction et le doute de soi, le bonheur et la douleur sont parfois au détour d'un regard !

[①] Wang Guowei a rassemblé les trois vers des poètes Yanshu, Ouyang Xiu Xin Jiaxuan de la dynastie Song pour inventer la théorie des « Trois états ».

# Préface

Je connais l'auteur de ce livre depuis plus de dix ans. Il était mon étudiant et m'a laissé une forte impression en raison de son assiduité, de sa persévérance et de sa simplicité. Pendant ses études universitaires, il faisait déjà de la recherche juridique et a publié des articles, en montrant toujours un fort désir d'apprendre et une capacité à entreprendre des recherches scientifiques.

Ce qui est le plus réconfortant, c'est que l'auteur a toujours maintenu cet esprit de recherche et s'est engagé dans des études de sociologie du droit et de la construction du système juridique rural et a obtenu des résultats. Grâce à ses efforts, sa vision s'est élargie et ses compétences théoriques ont été renforcées de jour en jour. Cette monographie, *Le droit coutumier chinois* en est la meilleure preuve.

En tant que jeune chercheur, il mérite des félicitations, car en quelques années seulement, il a pu avancer dans ses recherches. Grâce à ses efforts, l'auteur a trouvé sa propre voie, et son style de recherche empirique prend progressivement forme. Je fais l'éloge de son esprit d'initiative et de sa persévérance et j'espère que l'auteur obtiendra de nouveaux résultats, d'où cette préface.

Yu Ronggen,
le 16 juillet 1992,
Maison de la culture au pied du Mont Gelé à Chongqing.

# Préface de l'auteur

L'envie d'explorer et d'écrire est sans aucun doute indispensable pour la rédaction d'un livre. Cette envie s'est renforcée chez moi après des années d'étude et de réflexion et a fini par se focaliser sur un seul thème : le droit coutumier chinois.

Ce choix ne s'est pas imposé naturellement. J'ai mené successivement des enquêtes sur les comportements anormaux du point de vue de la sociologie du droit, sur la réalité et la tendance du développement de la justice dans le monde rural en Chine et sur le phénomène de clans dans les campagnes chinoises de nos jours. J'ai eu l'occasion d'appliquer des méthodes empiriques pour examiner directement et en profondeur les phénomènes les plus répandus et les plus populaires, ce qui a suscité mon intérêt pour comprendre l'état de droit entre la Chine de l'antiquité et la Chine d'aujourd'hui, entre traditions et évolutions. Après m'être débarrassé de tous stéréotypes et de toutes conclusions dogmatiques et archaïques, je me suis permis de toucher directement aux phénomènes juridiques, posant ma première pierre fondatrice là où les théories juridiques idéalistes avaient laissé des zones d'oubli et où l'École des glossateurs se révélait impuissante à fournir une explication.

Ma décision de travailler sur le droit coutumier chinois était la conséquence d'une sensibilisation graduelle et d'une prise de conscience rationnelle.

Le droit est un phénomène universel et organique de la société humaine. Toutes les civilisations sur terre, dès qu'elles ont quitté l'état sauvage, ont commencé à recourir à diverses formes de droit pour régler les relations sociales à l'intérieur comme à l'extérieur de la communauté, et ainsi éviter une destruction mutuelle par la violence. Là où il y a une société humaine, il y a le droit, et le droit fait partie de l'héritage de l'humanité.

Cet héritage est le fruit d'un long processus d'accumulation de la culture de l'humanité ; l'homme en tant qu'être doté d'une intelligence unique vivant sur terre est capable d'apprendre de son passé et du présent, de tirer des enseignements de son héritage et de les perpétrer. Aucune civilisation n'a jamais rompu ses liens avec le passé ; ces liens ne peuvent être rompus ou séparés par aucune force. Tout comme le fœtus est relié à sa mère par le cordon ombilical, nous, êtres humains, sommes dépendants de notre héritage pour évoluer. Nous ne pouvons pas nous déconnecter des civilisations et des traditions de nos prédécesseurs, tout comme nous ne pouvons pas nous passer des ressources de la nature. La Chine est un pays où la tradition occupe une très grande place. La tradition est si profonde que la destruction du Temple de Confucius et des coutumes anciennes n'a pas eu pour conséquence de changer les esprits. En réalité, de tels changements ne sont pas heureux. Au cours des deux derniers siècles, la culture chinoise s'est fragmentée après de nombreux bouleversements. Dans notre aveuglement, nous avons brisé l'ordre originel sans distinction, et, dans la hâte, nous avons, pour concocter hasardeusement la soutane culturelle d'aujourd'hui, amassé les cadres spirituels, théoriques et institutionnels des civilisations étrangères sans une bonne compréhension ni un juste discernement de ces derniers. Mais dans la profondeur et les recoins de la société (comme les régions des minorités ethniques) qui restent intacts ou qui n'ont pas été touchés de manière significative, la tradition existe toujours et joue son rôle. Le droit coutumier constitue une part importante de cette tradition, il régit et influence durablement le comportement et l'esprit des gens. Le droit coutumier n'a pas été interrompu par la sophistication de la législation de l'État. Au cours de nos recherches, nous avons même constaté que de nombreuses lois coutumières ont survécu à travers les âges sans le moindre changement. Après l'étonnement, il faut se demander s'il est nécessaire d'approfondir la compréhension de ce phénomène pour l'expliquer et l'évaluer.

L'eurocentrisme et son opposition aux autres sphères culturelles sont contestés par un nombre croissant de personnes lucides. L'existence et la valeur originale du droit traditionnel chinois sont davantage reconnues. Le modèle de droit chinois se compose traditionnellement de deux parties : le droit étatique et le droit coutumier, lesquels coexistent et se complètent depuis des milliers d'années. Depuis les réformes d'ouverture sur l'extérieur, le droit chinois étatique a été influencé par le droit continental et a progressivement acquis une supériorité formelle absolue, tandis que le droit coutumier a été continuellement mis à l'écart et minimisé. Les juristes qui ont grandi dans cet environnement sont habitués aux modes de pensée orthodoxe et classique, et ont focalisé leur attention et leurs efforts presque entièrement sur le droit promulgué par l'État. Ils sont devenus des cultivateurs assidus du jardin de l'exégèse autour du code écrit de l'État. Sommes-nous capables d'envisager les problèmes sous un angle différent ? Sommes-nous capables d'ouvrir les yeux sur la situation actuelle des classes sociales les moins favorisées et sur la réalité du droit, pour chercher les facteurs rationnels des règles de droit coutumier existantes et éparpillées, afin que le droit puisse intervenir et emprunter une voie multiple et conforme à la tendance du développement social et à la réalité de la vie sociale sur laquelle la législation étatique trouve également sa pleine efficacité ? Nous pourrons peut-être trouver ainsi un ordre dans le chaos, et c'est l'une des principales motivations de mon engagement dans ce travail.

Je suis prêt à prendre mon courage à deux mains et à tenter d'ouvrir le chemin dans la recherche de la nouvelle voie de la science juridique chinoise. Ce livre n'est qu'un début, et non un bilan de mes travaux. Dans de nombreux domaines couverts par le livre, je n'ai fait que réunir des informations, relater objectivement les faits ou poser des questions, et il est encore trop tôt (et c'est au-delà de mes capacités) d'effectuer des recherches et des évaluations plus approfondies, ce travail étant laissé à ceux qui souhaitent poursuivre mes travaux.

# Introduction

Le droit coutumier, en tant que composante importante du droit, est un objet fondamental de la science juridique. Toutefois, la recherche sur la définition du droit coutumier et sur son véritable contenu est insuffisante et il y a un désaccord sur l'existence d'un droit coutumier en Chine. La réalité est que, dans le développement de la société chinoise, le droit coutumier a joué un rôle fondamental et fait partie intégrante de la culture juridique chinoise. Une étude systématique et complète de ce droit est nécessaire, tant en théorie qu'en pratique.

## *I. La définition du droit coutumier*

### 1. Les contours du droit coutumier

La *Grande encyclopédie de Chine – science juridique* définit ainsi le « droit coutumier » : « Le droit coutumier désigne les coutumes reconnues par l'État et dont l'application est garantie par son pouvoir coercitif... Les coutumes primaires existant avant la création de l'État ne sont pas de nature juridique[①]. » Selon *Théorie du droit*, livre rédigé sous la direction du professeur Sun Guohua : « Le droit coutumier est un droit au sens plein du terme, reconnu et doté d'une puissance coercitive étatique[②]. » Le manuel universitaire *Théorie du droit*, rédigé sous la direction du professeur Shen Zongling, est également de cet avis[③]. *Théorie du droit* (nouvelle version), édité par le département de droit de l'université de Beijing, considère également le droit coutumier comme « un droit issu des coutumes et reconnu par l'État[④] ». L'ensemble de ces travaux sur le droit coutumier ont un point

---

[①] *Grande encyclopédie de Chine - science juridique*, Encyclopedia of China Press, septembre 1984, p. 87.

[②] Sun Guohua (sous la direction de), *Théorie du droit*, Chinese People's Publishing House, juillet 1987, p. 41.

[③] Shen Zongling (sous la direction de), *Théorie du droit*, Peking University Press, juin 1988, p. 89.

[④] Département de droit de l'université de Beijing, *Théorie du droit*, Peking University Press, juillet 1984, p. 37.

commun : le droit coutumier est formé des coutumes en relation avec l'État, propres à une société de classes, reconnues par l'État et dont l'application est garantie par le pouvoir coercitif de l'État. Ce point de vue reflète la vision moniste du droit qui a longtemps régné dans le milieu doctrinal chinois.

Le courant dominant de la doctrine considère depuis longtemps que le droit est né de la volonté de l'État et est étroitement lié à une société de classes et à l'État, mais également qu'il est l'incarnation de la volonté de la classe dominante et que c'est un système de normes formulé ou reconnu par l'État et dont l'application est garantie par le pouvoir coercitif de celui-ci, son but étant de maintenir les relations sociales et l'ordre social qui favorisent la classe dominante. Ceci est certes un point important permettant de comprendre le droit dans une société de classes. Cependant, j'estime qu'il ne correspond pas tout à fait aux idées fondamentales de Marx et Engels ni à l'évolution réelle de la société chinoise. Premièrement, la recherche sur l'origine du droit ou sur les concepts juridiques ne doit pas commencer par l'élaboration d'un cadre restreint ; il est erroné de dire que le droit ne désigne que les normes comme outils de lutte des classes et incarnation de la volonté de la classe dominante. Une telle vision du droit traduit une perception subjective et non la réalité. Deuxièmement, Marx et Engels ont souligné que ce sont les rapports de production qui déterminent et façonnent le droit : « À un certain stade très primitif du développement de la société, le besoin se fait sentir de rassembler sous une règle commune les actes se renouvelant quotidiennement de la production, de la répartition et de l'échange des produits, et de veiller à ce que chacun se soumette aux conditions communes de la production et de l'échange. Cette règle, d'abord coutume, devient bientôt une loi. Avec elle surgissent nécessairement des organismes chargés de son maintien : les pouvoirs publics, l'État. Au cours de l'évolution ultérieure de la société, la loi se développe en une législation plus ou moins étendue[①]. » En d'autres termes, ce sont la production, la distribution et les échanges dans la société qui sont à l'origine de l'émergence du droit. Le droit ne résulte pas de la lutte des classes ni de l'État. La vision moniste selon laquelle le droit provient uniquement de l'État ne trouve pas de fondement dans les ouvrages classiques marxistes-

---

[①] Engels, « La question du logement », dans Marx Engels, *Œuvres choisies*, vol. 3, Maison d'édition du peuple, juin 1995, p. 211.

léninistes. Troisièmement, l'évolution de la société chinoise prouve que le droit n'est pas propre aux sociétés de classes, il existe aussi dans les sociétés primitives. Le droit n'existe pas uniquement sous forme de droit positif lié à l'État, il existe aussi sous différentes formes comme le droit coutumier qui n'est pas moins efficace que le droit étatique ; bien au contraire il peut être supérieur au droit étatique car extrêmement contraignant pour les membres dans certaines régions et certains groupes sociaux. Nous ne pouvons pas ignorer son existence et exclure du système juridique les règles claniques et familiales, les accords de villages, les règles des sociétés secrètes, les préceptes des religions ou les normes des corporations professionnelles.

De mon point de vue, le droit doit être compris au sens large du terme : toutes les normes de conduite, fondées sur une certaine autorité et sur une organisation sociale et ayant une certaine coercition dans le but de maintenir l'ordre et le fonctionnement d'une société, appartiennent au système juridique ; en font donc partie le droit positif de l'État et les différentes normes coutumières.

2. Consécration du droit coutumier

À la lumière de ce qui précède, j'estime que le droit coutumier est une partie importante du système juridique de la société humaine, et qu'il ne se réfère pas seulement aux coutumes reconnues et sanctionnées par l'État. Le droit le plus ancien de la société humaine est justement le droit coutumier. À mesure que la société se développe, le droit coutumier gagne divers domaines de la société et encadre la conduite des membres de la société. Certains éléments du droit coutumier sont peut-être reconnus par l'État avec la même force obligatoire et contraignante que le droit étatique, mais l'essentiel du droit coutumier est indépendant du droit étatique et s'adosse à une certaine organisation et autorité sociale pour sa mise en œuvre. Ainsi, le droit coutumier est un ensemble de normes de conduite indépendant du droit étatique, adossé sur une certaine autorité et organisation sociale et doté d'une certaine contrainte. Dans *The Oxford Companion to Law*, on peut lire : « Lorsque certaines coutumes, certains usages et certaines pratiques courantes ont été établis dans une partie considérable du pays, et reconnus comme juridiquement contraignants, comme s'ils étaient fondés sur des règles législatives écrites, ils peuvent à juste titre être appelés droit coutumier[1]. »

Nous pouvons approfondir notre connaissance et compréhension du droit coutumier de la manière suivante : tout d'abord, le droit coutumier est à l'opposé du droit étatique, car il émane de diverses structures et autorités sociales et régit tous les membres d'une organisation sociale ou d'une zone sociale et est respecté comme tel. L'État, en tant qu'organisation sociale spéciale, peut approuver le droit coutumier et le rendre doublement plus efficace et peut même incorporer dans le droit étatique certains aspects du droit coutumier, mais le droit coutumier est globalement différent du droit étatique et a des frontières très nettes avec celui-ci, voire s'y oppose. Concrètement :

(1) Le droit coutumier est l'expression de la volonté commune d'un groupe déterminée dans le but de protéger les intérêts du groupe. Il est né sur la base des comportements habituels des membres du groupe dans une communauté de vie de longue durée ; il est conforme à la volonté du plus grand nombre de personnes et répond aux besoins communs de tous les membres ; il est appliqué avec la participation de tous les membres que ce soit pour l'audition ou la sanction des personnes ou des actes en violation du droit coutumier.

(2) Le droit coutumier, distinct du droit écrit, a ses propres règles, son propre champ d'application, ses propres effets et ses propres modes d'exécution. Il peut être influencé par le droit étatique ou inspiré par celui-ci, mais cela ne signifie pas que le droit coutumier soit subordonné au droit étatique ; il a son propre statut et sa propre existence.

(3) Par rapport au droit étatique, le droit coutumier se démarque du caractère général et abstrait du droit étatique par sa vivacité et son réalisme. Parce que le droit étatique n'envisage que des individus abstraits comme sujets de droit et ne répond pas toujours aux besoins des groupes d'individus ; le droit coutumier est bien placé pour jouer un rôle intermédiaire, d'où sa longévité.

(4) Alors que le droit étatique est étroitement lié à la politique, le droit coutumier est moins affecté par les changements de l'environnement extérieur et est donc plus stable. En effet, la formation du droit coutumier

---

[1] David M. Walker, *The Oxford Companion to Law*, traduction organisée par l'Institut de développement social et scientifique de Pékin, Guangming Daily Press, août 1989, p. 236.

résulte d'une communauté de vie dans la durée : tant que la communauté subsiste, le droit coutumier produit ses effets, s'affirme et se stabilise par une pratique répétée. En un sens, la stabilité du droit coutumier est liée à son point d'ancrage fondamental – la nature de l'être humain. Si la nature humaine ne change pas, le droit coutumier reste immuable.

Par ailleurs, le droit coutumier n'est pas né du néant, mais des pratiques existantes dans la société ; sans pratiques, il n'y a pas de droit coutumier. Lorsque les membres d'une communauté « commencent à observer de manière générale et constante certaines coutumes et pratiques qui sont considérées comme juridiquement contraignantes, le droit coutumier est né »[1]. Plus précisément, les caractères constitutifs du droit coutumier sont :

- La stabilité : le droit coutumier est nécessairement ancien, a une longue histoire et a été approuvé par une pratique sociale persistante. Bien entendu, cette longévité est relative, vue dans sa globalité.

- La spontanéité : le droit coutumier ne peut se former que progressivement et naturellement dans la vie d'une société à travers des ententes ; il ne peut pas être le résultat de la violence ou d'une homologation ; il ne peut être que l'expression de la volonté commune, reconnue publiquement.

- La continuité : le droit coutumier est continuel, sans interruption des droits. Ses effets sont constants et ne s'interrompent ni ne se perdent par défaut d'exercice.

- Le caractère contraignant : une obligation établie par le droit coutumier doit être exécutée ; les normes de conduite qui laissent le choix d'exécuter ou non une obligation ne sont pas du droit coutumier. La non-exécution d'une obligation entraîne des mesures de contrainte ou des sanctions prévues par le droit coutumier.

- Le caractère certain : le droit coutumier est certain, non ambigu, connu de tous, avec son contenu, sa portée, des droits et obligations bien déterminés.

- La rationalité : il est très important que le droit coutumier soit conforme à l'éthique, sinon il ne sera pas reconnu comme tel. Cette rationalité est appréciée au regard d'une communauté donnée.

---

[1] E. Bodenheimer, *Jurisprudence: The Philosophy and Method of the Law*, traduit par Deng Zhenglai, Huaxia Publishing House, décembre 1987, p. 371.

- L'homogénéité : le droit coutumier doit être cohérent et ne doit pas comporter de contradictions. Il s'agit ici du droit coutumier d'un même système et d'une même zone géographique. Il peut en effet y avoir des différences et des contradictions entre les droits coutumiers de différentes régions ou systèmes.

Enfin, le droit coutumier peut se former naturellement selon l'usage ou par commun accord entre les membres d'une organisation sociale particulière ; il peut être oral ou écrit, car le droit coutumier ne se manifeste pas uniquement que sous une forme non écrite, même s'il se transmet principalement par la tradition orale et le comportement.

## *II. Examen historique de la formation du droit coutumier*

L'examen de la trajectoire de l'émergence et du développement du droit coutumier est indispensable pour mieux comprendre l'histoire ainsi que le contenu et l'étendue du droit coutumier.

### 1. La formation du droit coutumier

Le droit coutumier est le droit le plus ancien de la société humaine. Au cours de son long développement, la société humaine a progressivement engendré des coutumes qui se sont transformées en droit coutumier pour encadrer les relations sociales, maintenir l'ordre social et favoriser le développement de la société.

La société primitive, qui a duré longtemps, était la première forme de société dans l'histoire de l'humanité. Au départ, en raison du très faible niveau de la productivité, les individus ne pouvaient produire que pour satisfaire leur propre consommation, sans aucune division du travail ni échange. Le mode primitif de production, coopératif ou collectif, était évidemment lié à la capacité trop faible des individus et non à la propriété collective des moyens de production. Plus tard, avec le développement de la productivité, la première grande division du travail s'opéra avec la séparation de l'élevage et de l'agriculture, puis la séparation de l'artisanat et de l'agriculture, si bien que des excédents de production apparurent et que les échanges occasionnels se transformèrent en échanges réguliers. Plus particulièrement, avec l'émergence des propriétés privées, les échanges entre individus se sont substitués aux échanges effectués au nom des chefs de clans et se sont progressivement imposés comme la principale forme d'échange.

Ces échanges, de plus en plus répandus, ainsi que les actes de production, d'appropriation et de consommation qui y étaient associés, générèrent progressivement des règles au fur et à mesure qu'ils se répétaient année après année. Par exemple, les Germains de l'Antiquité pliaient leurs doigts en signe de serment et récitaient une incantation lorsqu'ils troquaient des objets. Ce serment se déclinait en plusieurs catégories selon la nature et la cérémonie de l'incantation. Les Romains troquaient leurs objets en rompant un bâton de bois en deux morceaux, un pour chaque partie. Certains peuples échangeaient des bâtons ou des lances en même temps que les marchandises. Karl Marx, dans *Le Capital*, cite le journal de bord du capitaine Parry, lequel journal relatait que les habitants de la rive occidentale de la baie de Baffin léchaient deux fois les articles qui leur étaient remis pour sceller l'opération. Marx ajoute que les Esquimaux orientaux léchaient également les objets obtenus à la suite d'un troc. Hegel, dans *Principes de la philosophie du droit*, évoquait également un peuple qui échangeait sans gestes ni parole, mais qui plaçait l'objet à troquer à un endroit précis et attendait qu'une autre personne vienne placer un objet en face[①].

À cet égard, Engels, dans « La question du logement », fit l'analyse suivante : « À un stade très primitif du développement de la société, le besoin se fit sentir d'encadrer par des règles communes les actes quotidiens de production, de distribution et d'échange de produits, et de veiller à ce que chacun se soumette aux conditions communes de la production et des échanges. Ces règles, d'abord coutumières, devinrent plus tard la loi[②]. » En d'autres termes, lorsque la coutume ne suffit plus à sécuriser la production, les échanges et la distribution, des normes juridiques reconnues ou convenues par la communauté deviennent nécessaires, et c'est ainsi que le droit coutumier apparaît et prend forme. C'est, bien entendu, un long processus.

Les premières lois coutumières étaient plus vastes, avec des dispositions précises et spécifiques sur les droits et les obligations. D'après les données

---

① Hegel, *Principes de la philosophie du droit*, traduit par Fan Yang et Zhang Qitai, The Commercial Press, juin 1961, p. 85.

② Engels, « La question du logement », dans Marx Engels, *Œuvres choisies*, vol. 3, Maison d'édition du peuple, juin 1995, p. 211.

historiques disponibles, elles comprenaient principalement : (1) celles relatives aux mariages et successions, telles que l'interdiction stricte des mariages au sein du clan, la mise en place d'un système de mariages en dehors du clan ; l'héritage des biens se faisait à l'intérieur du clan, et il était strictement interdit de sortir les biens du défunt du clan. (2) Celles relatives à l'organisation et à l'encadrement de la production et de la vie quotidienne, comme la division du travail organisée au sein du clan en fonction du sexe et de l'âge des membres pour les activités de pêche, de chasse, de cueillette et de culture primitive, et de distribution des biens. (3) Celles relatives à l'organisation et à l'encadrement de la vie publique, en matière d'élection ou de destitution des chefs de clan conformément aux principes de la démocratie primitive et de l'égalité ; les décisions les plus importantes étant prises après délibération par l'assemblée des membres. (4) Celles relatives à la protection mutuelle, au maintien de l'ordre et à la vengeance par le sang en cas de préjudice causé à un membre de la communauté par un membre d'une autre communauté et en cas d'échec de la médiation, cette vengeance devenant plus tard la loi du Talion. (5) Celles relatives aux croyances, aux adoptions et aux funérailles.

Avec le développement de la productivité, la vie sociale devenant plus complexe, le droit coutumier a connu des évolutions permanentes.

Au début, le droit coutumier n'était pas écrit, avec le développement socio-économique, politique et culturel, le droit coutumier a progressivement acquis une forme écrite. Au regard de l'histoire du droit, on peut constater que les premières lois écrites étaient souvent des recueils ou compilations du droit coutumier. Par exemple, le *Code d'Hammourabi*, la *Loi des Douze Tables*, etc.

2. Le droit coutumier dans les pays occidentaux

« Les sociétés primitives qui n'avaient pas encore connu d'écriture vivaient nécessairement sous un système de droit coutumier[①]. » Pendant cette période, le droit coutumier était la principale norme de conduite de l'être humain. Sous l'influence de la religion, le droit coutumier se revêtit d'un mysticisme puissant et contraignant pour les membres de la société.

---

① Henri Lévy-Bruhl, *Sociologie du droit*, traduit par Xu Jun, Shanghai People's Press, mars 1987, p. 49.

Tous les pays occidentaux sont passés par cette période.

Dans l'Europe médiévale, les tribus germaniques étaient régies par des pratiques coutumières et des lois. En France, depuis l'époque franque, le droit coutumier était appliqué dans le nord, connu sous le nom de régions de droit coutumier, qui différaient sensiblement des régions du sud très influencées par le droit romain. Les documents de droit coutumier les plus importants de cette période sont notamment : le « droit coutumier » des domaines aristocratiques français, le « Miroir saxon » en Allemagne, la compilation à caractère juridique en Espagne et l'ordonnance de Montils-lès-Tours de 1454 en France. Durant les XIII^e^ et XIV^e^ siècles, des compilations basées principalement sur le droit coutumier apparurent en Scandinavie au détriment de l'influence du droit romain.

En Angleterre, avant l'instauration de la monarchie et la création de la *Common Law* par la justice itinérante, les lois n'étaient que des coutumes dont la plupart étaient des pratiques locales propres à certaines tribus. Il existait des lois coutumières commerciales qui étaient des « lois de statuts ». Cette situation a duré plusieurs siècles. Jadis, les « country courts » et les « hundred courts » n'appliquaient que les coutumes locales, et même les tribunaux féodaux qui les ont remplacées plus tard appliquaient principalement le droit coutumier local. La *Common Law*, établie par les juges royaux des époques ultérieures, au prix d'années d'efforts et grâce à la jurisprudence, était aussi basée sur d'innombrables coutumes.

Le droit coutumier russe s'est formé entre les XI^e^ et XIV^e^ siècle, à l'époque de la Rus' de Kiev. Ces coutumes donnent l'image d'une société plus avancée que les sociétés germaniques et scandinaves à l'époque du « droit barbare ». Ce droit coutumier s'appliquait à un territoire et non plus seulement à des tribus. À bien des égards, il comportait déjà des éléments de féodalisme. Jusqu'à la seconde moitié du XIX^e^ siècle, les paysans vivaient selon le droit coutumier. Par exemple, le droit local ne reconnaissait que la propriété de la communauté villageoise ou de la famille à l'exclusion des individus.

Une grande partie de l'Afrique pratiquait également le droit coutumier, bien que certaines régions fussent également parées de lois de style occidental. En Indonésie, le droit coutumier a constitué le socle sur lequel le droit musulman et les concepts du droit civil introduits par les colonisateurs néerlandais ont pu exercer leur influence. Les communautés de droit coutumier en Indonésie sont diverses et les communautés villageoises ou les communautés de sang se maintiennent grâce au droit coutumier.

De nos jours, dans les systèmes occidentaux, le droit coutumier, dans certains domaines, est constitué de règles spécifiques reconnues depuis longtemps et qui produisent des effets juridiques. L'essentiel de la législation relative aux lettres de change, aux instruments négociables, aux connaissements, aux assurances maritimes, provient des pratiques des personnes exerçant ces activités. De même, dans de nombreux cas, des pratiques coutumières spécifiques ont acquis un caractère officiel. De nombreuses pratiques commerciales et professionnelles, des pratiques portuaires et maritimes, sont souvent reconnues comme règles ayant une valeur juridique entre les parties dans des affaires particulières.

3. Le droit coutumier dans l'histoire chinoise

Le droit le plus ancien en Chine est également le droit coutumier. Auparavant, « les jeunes menaient les aînés qui craignaient les plus forts, les puissants étaient pris pour des sages, les arrogants étaient vénérés[①] », « les malins escroquaient les candides, les puissants écrasaient les faibles[②] », « la force l'emportait sur la faiblesse, la foule violente sur les personnes isolées[③] », avec des disputes et des heurts toujours plus féroces. C'est pourquoi l'Empereur Jaune (vers le début du XXVI^e^ siècle avant J.-C.) établit les rites pour poser des limites et discipliner les uns et les autres. À l'époque de Yu et de Shun (de la fin du XXIII^e^ siècle avant J.-C. au milieu du XXII^e^ siècle avant J.-C.), les « crimes » furent évoqués et pour les punir, des « peines » furent créées, connues sous le nom de « peines affichées ». Ce type de rites et de peines relève du droit coutumier.

Les rites constituaient le principal contenu du droit coutumier de la société chinoise : « Les rites sont adaptés pour les conformer à la coutume. » « Les rites servent à déterminer les liens de proximité, à dissiper les doutes, à discerner les différences, à séparer le bien et le mal. (...) La moralité et la bienveillance ne peuvent pas exister sans les rites ; les us et coutumes ne

① *Lü Shi Chun Qiu – Shi Jun Lan* (*吕氏春秋・恃君览*, « Printemps et Automnes de Lü – Considération sur la Dépendance envers le Souverain »)

② *Guanzi – Jun Chen Xia* (*管子・君臣下*, « Guanzi – Souverains et Ministres » II)

③ *Shang Jun Shu – Huace* (*商君书・画策*, « Livre du seigneur Shang – Stratagèmes »).

peuvent pas être bien enseignés sans les rites ; les procès ne peuvent pas être jugés sans les rites ; les rapports entre souverains et ministres, entre pères et fils, entre frères, ne peuvent être fixés sans les rites ; l'apprentissage auprès d'un maître ne peut pas se faire en douceur sans les rites ; la conduite des affaires de l'État ou de l'armée, l'application des lois ne sont pas solennelles sans les rites, les prières et les sacrifices ne sont pas sincères sans les rites. C'est ainsi que l'homme vertueux se comporte de façon respectueuse, mesurée et humble pour illustrer les rites[1]. » Les rites étaient les principales normes sociales de la Chine traditionnelle et jouaient un rôle important dans la vie sociale. Après l'ère de l'empereur Wu de la dynastie des Han occidentaux, le « rejet des cent écoles pour ne vénérer que le confucianisme » et le « jugement selon le dogme confucéen » furent consacrés. Les sanctions étaient destinées à soutenir la vertu qui était le principe ; les rites furent introduits dans le corpus pénal et élevés au rang de la législation étatique. Plus tard, les rites perdirent leur caractère coutumier et s'apparentèrent à des règles juridiques.

Sous le règne des dynasties impériales, notamment celles issues des ethnies minoritaires comme les Yuan et les Qing, le droit coutumier avait une plus grande importance. Par exemple, dans l'empire de Gengis Khan, le droit coutumier (Yasa ou Grand Yasa) était de première importance en tant que base des institutions étatiques et des relations sociales. Gengis Khan imposait aux Mongols le strict respect des lois coutumières ancestrales qui constituaient le fondement de l'État. Le mot « Yasa » signifie droit basé sur les coutumes ethniques. On dit que le Grand Yasa fut compilé selon le droit coutumier ethnique. Malheureusement, l'original n'est plus disponible, et seuls des fragments peuvent être trouvés ici et là dans des livres d'auteurs musulmans. Lorsque le nouveau code de Gengis Khan fut élaboré, le droit coutumier demeura en vigueur selon les dispositions du Code.

Le droit coutumier folklorique était encore plus riche comme le révèlent les archives. *Livre sur les barbares*, écrit par Fan Chuo, relatait les peines encourues pour adultère selon le droit coutumier folklorique : « À la veille du mariage, l'amant peut venir faire ses adieux. Après le mariage, il sera tué sur le champ s'il transgresse les interdits, de même que la femme. Si sa famille puissante et riche rachète leur faute, il sera exilé, sans pouvoir la

---

[1] *Liji – Qu Li Shang* (*礼记 • 曲礼*, « Classique des rites – rites mineurs » ).

revoir. » La biographie des barbares du *Livre des Tang* relate également : « L'homme qui est riche sera épargné de la peine de mort, mais sa maison sera brûlée et ses terres confisquées. Le voleur remboursera neuf fois la valeur du bien volé. En cas d'adultère, la famille du coupable doit préparer de l'argent pour rechercher une conciliation, la femme est répudiée, à l'exception des vierges et des veuves. Celui qui n'a pas les moyens de se venger peut compter sur les siens. » Sous les dynasties Ming et Qing, un certain nombre de documents relatait des coutumes de jugement divin. *Chronique des coutumes Miao* de Fang Hengcheng et *Récit de la rivière Dong* de Lu Ciyun, écrits au début des Qing, ont consigné des affaires dans lesquelles on demandait à l'intéressé de plonger sa main tenant une hache dans de l'eau ou de l'huile bouillante et le verdict était prononcé en fonction de l'état de la brûlure. *Nouveaux propos du Guangdong* de Qu Dajun et *Notes sur le sud Yue* de Li Diaoyuan sous le règne de l'empereur Qianlong, citaient des exemples de jugement divin rendus avec des serpents venimeux dans le Guangdong. *Nouvelle harmonie* de Yuan Mei racontait un litige opposant des habitants de Hangzhou pour une histoire de prêt : ils devaient saisir une pièce d'argent se trouvant au fond d'une poêle à frire remplie d'huile bouillante. Le droit coutumier chinois, riche et varié, formait un système original.

## *III. L'essentiel du droit coutumier chinois*

La société chinoise traditionnelle connaissait des coutumes très diverses, riches et originales. Il existait des coutumes claniques, fondées sur le principe *ratione personae* ; des coutumes villageoises fondées sur le principe *ratione loci* ; des coutumes religieuses s'appuyant sur les divinités ; et des coutumes des métiers et des corporations basées sur les relations professionnelles. Les coutumes des ethnies minoritaires et les coutumes des sociétés secrètes étaient plus complexes, avec des facteurs géopolitiques, religieux, mais aussi des liens de sang, et s'appuyant sur une variété d'autorités sociales.

### 1. Le droit coutumier clanique

Dans la société chinoise traditionnelle, « le clan est en réalité une entité politique et juridique ; les organisations politiques et juridiques ne sont que des groupements de ces entités. Il est au cœur de la doctrine politique qui se base sur les clans, et aussi de la théorie sur la gouvernance de l'État et de la famille selon laquelle si chaque clan maintient l'ordre en son sein vis-à-vis de l'État, l'ordre de toute la société est ainsi assuré[1] ». Dans la société traditionnelle dominée par les clans, l'organisation de ces derniers occupait une place prépondérante, et le droit coutumier clanique avait une large couverture : les instances claniques sous l'égide d'un chef, la construction du temple du clan, les commémorations, la mise à jour du registre généalogique, les cérémonies et le rassemblement des membres du clan, la gestion et la protection des biens du clan, le règlement des relations matrimoniales et successorales, le maintien de l'ordre et de la moralité, avec des sanctions très précises. Le droit coutumier d'un clan n'était applicable qu'aux membres ou aux familles du clan et ne liait que ces derniers. Exceptionnellement, des personnes extérieures ayant porté atteinte aux intérêts d'un clan pouvaient être soumises au droit coutumier de ce dernier. Le droit coutumier clanique était souvent reconnu par la législation de l'État, et avait une double nature qui le caractérisait. La plupart des coutumes claniques étaient transmises par écrit, le plus souvent enregistrées dans le registre généalogique. Ce type de coutumes basées sur les liens du sang forme une grande originalité du droit coutumier chinois.

2. Le droit coutumier villageois

Il s'agit d'un droit coutumier fondé sur les liens locaux. D'une manière générale, on distingue les villages familiaux des villages géographiques. Comme les règles coutumières des villages familiaux ne sont guère différentes des coutumes claniques, le droit coutumier ici se réfère uniquement aux règles des villages géographiques.

Le district (Xian) étant le dernier échelon de l'organisation administrative de l'Empire, le droit coutumier villageois était fondamental pour maintenir l'ordre dans de vastes zones rurales et assurer le fonctionnement d'une société traditionnelle. Le droit coutumier villageois promouvait la vertu et sanctionnait les vices, préservait l'ordre dans le village en punissant les actes de vol et de brigandage, protégeait les forêts et

[1] Qu Tongzu, *La Loi et la société chinoises*, Zhonghua Book Company, décembre 1981, pp. 26-27.

les cultures, organisait les œuvres de bien-être commun et assurait l'entretien des installations publiques, protégeait également les propriétés collectives du village. Il reflétait la volonté commune des villageois et préservait les intérêts collectifs. Le droit coutumier villageois était principalement constitué de pactes de villageois adoptés à l'unanimité par eux. Les propriétaires terriens et les notables du village jouaient un rôle central dans l'élaboration et l'exécution du droit coutumier sur lequel ils exerçaient une influence déterminante.

3. Le droit coutumier des corporations

Il s'agit d'un droit coutumier soutenu par une autorité corporative. Ce sont des règles élaborées par les corporations pendant le développement de l'économie de marchandises, à un certain stade de la société féodale chinoise, pour renforcer le contrôle et la solidarité internes, empêcher la concurrence venant de l'extérieur ou de l'intérieur et maintenir les monopoles. Il s'agit essentiellement de statuts écrits, mais aussi d'accords tacites et de pratiques internes à une corporation.

Le droit coutumier des corporations apparut sous les dynasties Sui et Tang ; après un développement sous les deux dynasties Song et la dynastie Ming, il atteignit son apogée sous les Qing. Il régissait principalement : l'ouverture des boutiques, le recrutement des apprentis et des compagnons, les salaires et les rémunérations, les prix de vente, la qualité et les spécificités des produits, les matières premières, les œuvres caritatives, les cérémonies rituelles, la structure organisationnelle, les règles disciplinaires et leur application. Le droit coutumier des corporations a une forte connotation patriarcale. Le droit coutumier des corporations dans la société chinoise traditionnelle était principalement celui des corporations marchandes, le droit coutumier des corporations industrielles, notamment le droit coutumier des corporations ouvrières, étant peu abondant et moins influent.

4. Le droit coutumier des métiers

Ce droit coutumier était fondé sur des liens professionnels. Contrairement au droit coutumier des corporations, le droit coutumier des métiers n'était pas lié à une période de l'histoire ou à un stade du développement économique ; il s'est formé à mesure que divers métiers émergeaient en raison de la division du travail. Avec le développement de la société, la division du travail était de plus en plus avancée, le droit coutumier des métiers était également de plus en plus riche. Il est apparu naturellement, essentiellement sous forme non écrite. Ses dispositions portaient principalement sur les classements professionnels, les modes d'exercice et les techniques des activités, les règles et les tabous des métiers, le culte des anciens, les règles disciplinaires comme les blâmes, la rupture des liens ou l'exclusion. La société chinoise traditionnelle étant moins mobile, le droit coutumier des métiers avait une portée géographique assez limitée.

5. Le droit coutumier religieux

Le droit coutumier religieux est fondé sur le culte de la divinité. Dans la société chinoise traditionnelle, les religions n'étaient pas en mesure de s'opposer au régime séculier et avaient une influence limitée. Le droit coutumier religieux présentait malgré tout des originalités. Le droit coutumier bouddhiste concernait essentiellement les immeubles, les règles monastiques et initiatiques, les règles de purification et les rituels bouddhistes. Le droit coutumier du taoïsme, religion autochtone, comportait des règles de conduite des moines taoïstes, des rituels monastiques et cérémonieux, ainsi que des règles disciplinaires. Le droit coutumier islamique, le droit coutumier catholique et le droit coutumier protestant avaient également leurs propres règles. Le droit coutumier des religions jouait un rôle important dans la sauvegarde du statut de la religion et sa promotion, dans le renforcement de la croyance religieuse et le maintien de l'ordre dans les lieux de culte. Le droit coutumier religieux était principalement constitué de textes sacrés et de développements ultérieurs, souvent sous forme écrite, contraignants pour les croyants.

6. Le droit coutumier des sociétés secrètes

Le droit coutumier des sociétés secrètes était constitué de règles fondées sur diverses considérations telles que les liens géographiques, les liens de sang, les liens professionnels ou religieux et il était pratiqué dans le milieu des sociétés secrètes. Il se déclinait notamment en droit coutumier des sociétés clandestines et droit coutumier des sectes. Le droit coutumier des sociétés secrètes visait à maintenir l'unité interne et à atteindre les objectifs spécifiques du groupe.

Le droit coutumier des sociétés secrètes organisait la structure de l'organisation, les rituels d'initiation, les règlements internes, l'argot et les sanctions des contrevenants au droit coutumier. Érigé contre les autorités, le droit coutumier des sociétés secrètes était extrêmement contraignant pour leurs membres et marqué par la superstition et la cruauté.

7. Le droit coutumier des minorités ethniques

En Chine, le droit coutumier des minorités ethniques a été le plus riche et le plus influent ; il joue encore un rôle important dans les régions ethniques. Chaque groupe ethnique a progressivement élaboré, au cours d'une longue pratique de la production et de la vie sociale, son propre droit coutumier, afin de sauvegarder les intérêts collectifs du groupe, de maintenir l'ordre interne et de favoriser la stabilité et le développement régional.

Le droit coutumier des minorités ethniques couvre un champ extrêmement vaste de la vie sociale et comporte des règles relatives à la vie sociale et à la gouvernance de la communauté, des règles disciplinaires, des règles matrimoniales, familiales et successorales, des règles régissant les propriétés, les obligations, la production et la distribution, des règles funéraires, religieuses et sociétales, des règles de médiation et de jugement. Chaque volet comporte de nombreuses normes spécifiques. Le droit coutumier des minorités est principalement non écrit, mais il existe des formes écrites comme les gravures sur des stèles chez les Yao.

L'adoption, la modification et l'abrogation des coutumes des minorités ethniques sont généralement soumises à l'accord de tous les membres et au principe de l'unanimité, le but étant de maintenir les relations sociales et l'ordre social favorables à la vie du groupe. Le système a un caractère démocratique primitif. Bien sûr, avec le développement et l'évolution du droit coutumier des minorités ethniques, celui-ci a également revêtu, dans une certaine mesure, un caractère de classe et des traits de privilèges hiérarchiques.

Le droit coutumier des minorités ethniques joue un rôle important pour maintenir l'ordre social, pour satisfaire les besoins individuels et pour transmettre la culture. Le droit coutumier des minorités est caractérisé par l'ethnicité, la territorialité, la contrainte, la stabilité, la diversité, la normativité, la généralité et la prévisibilité.

Les sept droits coutumiers ci-dessus se sont influencés et se sont affrontés ; ils forment le système de droit coutumier chinois et ont joué un rôle prépondérant dans la société chinoise traditionnelle. Ils occupent une place importante dans la culture juridique chinoise[①].

## *IV. L'importance de l'étude du droit coutumier chinois*

Étudier le droit coutumier chinois et explorer son impact sur la vie sociale permet d'étendre les domaines de la recherche juridique, d'enrichir la théorie du droit, d'approfondir l'étude du droit et de mieux appréhender la culture juridique locale dans le contexte actuel.

Le système juridique traditionnel chinois comportait à la fois le droit écrit et le droit coutumier. Dans le passé, la recherche qui se concentrait sur le droit écrit tentait de construire une théorie du droit selon l'exégèse de celui-ci, ce qui, à proprement parler, relève plutôt de la technique du droit plutôt que de la recherche juridique. Le manque d'intérêt pour le droit coutumier est, en un sens, la cause et le résultat de la prévalence de cette exégèse. On peut expliquer le retard de la recherche juridique en Chine, et son incapacité à fournir une orientation théorique pour la construction du système juridique, par le fait qu'elle n'est pas fondée sur la réalité et qu'elle n'a pas réellement respecté le principe marxiste selon lequel il faut se baser sur la pratique et respecter les faits. Le champ de recherche juridique est trop étroit et ses méthodes de recherche obsolètes. L'étude du droit coutumier permettrait de contribuer à élargir et approfondir la recherche juridique. Il faut sortir de sa bibliothèque et aller sur le terrain afin d'effectuer des enquêtes et mener une étude complète sur la culture juridique autochtone de la Chine, y compris sur le droit coutumier.

L'étude du droit coutumier peut contribuer aux sciences ethnojuridiques, juridico-religieuses, et juridico-territoriales qui ont été injustement négligées par les juristes par le passé. C'est regrettable de se focaliser uniquement sur le droit de l'ethnie Han, le droit séculier, le droit positif, en négligeant le droit des minorités, des religions et des territoires. Si la société traditionnelle chinoise, avec un vaste territoire et une situation

---

[①] Bien entendu, le droit coutumier comprend également le droit coutumier des groupes sociaux en général, comme les règlements scolaires.

sociale complexe, s'est maintenue pendant des milliers d'années sans changement fondamental, c'est parce que, outre le droit écrit, les coutumes des minorités ethniques, des clans, des villages et des religions ont joué un rôle fondamental. Étudier en profondeur le droit coutumier chinois permet de mieux traiter les problèmes ethniques, religieux et régionaux.

Nous avions pour habitude de nous focaliser sur le droit écrit pour aborder le droit autochtone de la Chine qui était ainsi réduit au seul droit écrit. En réalité, le développement du droit écrit ne constitue qu'un des aspects de l'évolution de la société et, d'un certain point de vue, le droit coutumier et la culture du droit coutumier méritent plus d'égard que le droit écrit, car le droit coutumier est plus proche de la vie du peuple et a un impact plus important et plus direct. Le droit écrit est souvent obscur et abstrait, tandis que le droit coutumier est en prise directe avec le comportement de chaque individu de manière concrète et directe. Par conséquent, à l'heure où la société chinoise connaît sa modernisation, nous avons toutes les raisons d'accorder une grande importance au droit coutumier.

En termes de méthodologie, l'étude du droit coutumier doit combiner l'analyse des données historiques et le travail de terrain, ce dernier étant particulièrement important et primordial. Avec les changements rapides de la société, de nombreuses coutumes traditionnelles disparaissent vite. Par conséquent, l'enquête sur le terrain a aussi une fonction de sauvetage pour éviter des pertes définitives. Les théories, techniques et méthodologies de la sociologie, de l'anthropologie, de la culture populaire, de l'histoire, de l'économie et d'autres disciplines peuvent être utilisées pour combler les lacunes de la recherche juridique. Les études comparatives sont également extrêmement importantes pour l'étude du droit coutumier.

# Chapitre 1 Le droit coutumier clanique

La société chinoise traditionnelle était nettement marquée par un caractère patriarcal. Les clans ont longtemps occupé une place importante et joué un rôle majeur dans la vie sociale. Le clan contrôlait ses membres et les différentes relations au sein du clan par des règles claniques et des lois familiales, afin de maintenir l'ordre interne. Ces règles claniques et lois familiales constituent le droit coutumier clanique de Chine, lequel droit, composé des normes claniques, des règles et des instructions familiales, réglementait de manière globale et concrète les comportements de chaque membre du clan, avec une force contraignante extrêmement forte. Le présent chapitre traite de l'élaboration et de la naissance du droit coutumier clanique, de son contenu, de ses caractéristiques et de son rôle, pour une compréhension et une connaissance complètes du droit coutumier clanique chinois.

## *I. L'émergence et le développement du droit coutumier clanique et ses modes d'élaboration*

### 1. L'émergence et le développement du droit coutumier clanique chinois

Le droit coutumier clanique chinois est né avec l'apparition des structures claniques.

Les prémices des clans apparurent à la fin de la période des sociétés primitives. Les clans, comme organisations et groupes sociaux, virent le jour sous la dynastie Shang[1]. À cette époque, il existait en effet déjà des règles claniques fragmentées et le droit coutumier commençait à apparaître. On peut donc supposer que le droit coutumier clanique chinois a débuté sous la dynastie Shang.

Plus tard, à mesure que la société évoluait, la structuration et le fonctionnement du clan se sont améliorés et le droit coutumier du clan s'est

[1] L'existence d'une organisation clanique sous la dynastie Shang peut être prouvée par des textes de divination, des inscriptions sur du bronze ainsi que par des sources documentaires. Pour plus de détails, voir Yin Falu et Xu Shu'an (sous la direction de), *Histoire de la culture chinoise ancienne 1*, Beijing University Press, novembre 1989, pp. 84-87.

développé. Sous les Zhou occidentaux, le droit clanique était déjà plus riche. Par exemple, il disposait que le « fils du clan » (l'héritier en ligne directe de l'ancêtre du clan) avait autorité pour conduire les rituels, célébrer les mariages et les autres affaires du clan conformément au droit coutumier, donner des instructions, sanctionner, voire punir de la peine capitale un membre du clan. Sous les dynasties Wei, Jin et Nord-Sud, des clans de noblesse héréditaire firent leur apparition, renforçant ainsi la puissance des clans et impactant le droit clanique. Le droit clanique, en particulier les règles coutumières des clans appartenant à la noblesse, en confirmant la hiérarchie entre les clans et au sein même des clans appartenant à la noblesse, interdisait le mariage entre les clans de rangs différents et prévoyait l'élaboration des registres généalogiques des clans et des familles. Sous la dynastie Song, le développement des clans entra dans une nouvelle phase, formant un système clanique féodal constitué des registres généalogiques, de l'édification des temples des ancêtres, de la création des terres claniques, de la désignation du chef de clan et de la mise en place des règles claniques. Le droit clanique atteignit ainsi un nouveau stade de complexité, de spécification et de sévérité. Par la suite, le droit clanique sous les dynasties Ming et Qing n'a pas beaucoup changé et est resté dans la continuité du droit de l'époque des Song.

Jusqu'à la veille de la Libération de 1949, les clans et le droit coutumier clanique n'ont pas évolué de manière significative, ce dernier suivant pour l'essentiel celui de la dynastie Song et occupant un rôle important dans la vie sociale.

<u>2. L'élaboration, la modification et l'enrichissement du droit coutumier clanique chinois</u>

Le droit clanique était composé de règles diverses propres à chaque clan ; chaque corpus clanique et familial avait son propre processus d'élaboration et de modification.

Le droit clanique s'exprimait initialement sous une forme non écrite, et se constituait naturellement par la transmission orale ou par des actes de comportement, de génération en génération, c'est-à-dire une formation coutumière. À partir de la dynastie Song, le droit coutumier clanique prit la forme écrite, et l'accord entre les membres du clan devint le principal moyen pour la production des règles coutumières.

Le droit clanique avait sa propre procédure de délibération, était modifié et complété au fur et à mesure que la société se développait et évoluait. L'élaboration du droit coutumier clanique commençait généralement par une convocation envoyée par le chef du clan pour réunir les anciens, notables et lettrés du clan, pour mettre sur pied un organe temporaire de délibération qui rédigeait un projet de règles claniques en fonction des spécificités locales, en s'inspirant des règles d'autres clans, et en résumant les traditions historiques du clan et selon les besoins du clan. Le chef de clan jouait un rôle décisif.

Le projet des règles du clan était discuté et adopté par l'assemblée des membres du clan. La discussion et la cérémonie d'adoption se déroulaient généralement dans le temple des ancêtres du clan. Après son adoption, le projet devenait contraignant et s'imposait à chaque membre du clan.

Une fois entrées en vigueur, les règles du clan étaient communiquées aux membres du clan sous diverses formes[①].

Au fil du temps, le droit clanique pouvait prendre du retard par rapport au développement et aux changements de la société ou du clan, d'où la nécessité de le réviser et de le compléter constamment. Ces révisions et enrichissements étaient généralement effectués lors de la mise à jour du registre généalogique du clan. Les modifications des règles claniques devaient obéir au principe de « respect des lois ancestrales », et devaient être menées avec prudence ; il s'agissait le plus souvent de renouvellements qui conservaient les règles existantes, autrement dit, l'enrichissement devait l'emporter sur la révision.

Les élaborations et modifications des règles claniques devaient suivre certaines cérémonies solennelles et avaient souvent lieu en même temps que la célébration de la mémoire des ancêtres ; l'autorité et l'efficacité du droit coutumier clanique se trouvaient ainsi renforcées par le culte des ancêtres.

## *II. Le contenu du droit coutumier clanique*

Le droit clanique couvrait un champ extrêmement vaste, comme les institutions claniques et leur personnel (en particulier le chef de clan), les

---

① Pour plus de détails, voir Zhu Yong, *Étude du droit clanique sous la dynastie Qing*, Hunan Education and Education Press, décembre 1987, p. 81.

rituels de commémoration des ancêtres, les propriétés du clan, les mariages et les successions des membres du clan, l'ordre interne du clan et les sanctions.

1. Le chef de clan et les institutions claniques

Par ses instances, le clan maintenait l'ordre, gérait les affaires et remplissait ses diverses fonctions. Le clan était doté d'une assemblée et d'un chef de clan ; chaque famille du clan avait aussi un chef. Certains clans avaient également des organes chargés de gérer des affaires spécifiques.

L'assemblée du clan était la plus haute autorité pour traiter les affaires et gérer les biens du clan. Certains clans n'avaient pas d'organe permanent, tandis que d'autres avaient un conseil pour les propriétés claniques ou l'école clanique, organe permanent composé de notables proposés par les familles du clan.

La plupart des chefs de clan étaient élus parmi les membres de leur clan selon le droit coutumier et en fonction de leur situation dans le clan, de leurs ressources financières et de leurs compétences. Parfois, le chef de clan était nommé par l'ancien chef.

Le chef de clan disposait d'importants pouvoirs qui lui étaient conférés par les règles claniques, notamment la conduite des rituels et des cérémonies, la gestion des biens du clan, le règlement des conflits au sein du clan, l'instruction des membres du clan et le pouvoir de sanctionner les membres qui violent les règles du clan. Le droit clanique donnait au chef du clan de larges pouvoirs pour diriger les membres et gérer les affaires du clan.

En raison des pouvoirs importants du chef de clan, de nombreux clans avaient prévu des dispositions ayant pour but de prévenir les abus de pouvoir par le chef ou pour le remplacer ou le révoquer.

Le chef de clan pouvait, selon le droit coutumier, être assisté par d'autres membres au sein des organes claniques.

2. Le temple du clan, le registre généalogique, les cérémonies commémoratives et le renforcement des liens claniques

Le droit clanique prévoyait systématiquement la construction d'un temple du clan et la mise en place d'un registre généalogique, afin de « rassembler les membres et honorer le clan », de maintenir l'unité et la solidarité au sein du clan et de renforcer la cohésion.

(1) Le droit clanique comportait des règles précises sur le lieu, les participants et les rituels des commémorations. Le lieu de commémoration des ancêtres était le temple du clan, considéré comme un symbole du clan. La construction du temple du clan et la décoration intérieure obéissaient à des règles rigoureuses.

Seuls les hommes adultes du clan participaient aux commémorations des ancêtres, les femmes en étant exclues conformément au droit coutumier. Pour les membres du clan, c'était à la fois un droit et une obligation d'assister aux commémorations, et ils étaient tenus d'être présents, sauf autorisation du chef de clan pour causes légitimes. Sinon, ils étaient passibles de sanctions pour violation des règles du clan. Chaque participant devait respecter les rituels prescrits par le droit coutumier du clan sous peine de sanctions.

Les rituels des clans étaient réglementés de manière détaillée par le droit coutumier clanique. La commémoration du trisaïeul, de l'arrière-grand-père, du grand-père et du père avait lieu chaque saison ; il y avait aussi des rituels spéciaux comme le rituel du solstice d'hiver pour commémorer le premier ancêtre, le rituel du printemps pour commémorer les autres ancêtres, le rituel de l'équinoxe d'automne pour commémorer le père et d'autres rituels pour les commémorations spécifiques. Il y avait également des rituels à l'occasion des fêtes annuelles dont les plus importantes restaient la fête du printemps et de l'automne.

De nombreux clans se réunissaient autour d'un banquet après la commémoration selon la coutume ; chacun avait droit à des boissons (alcool d'offrande) et de la viande (viande d'offrande).

Outre la commémoration des ancêtres, le droit clanique prévoyait que le temple du clan était un lieu où les affaires du clan étaient menées et où les règles claniques et familiales étaient appliquées. Le temple du clan était également le lieu d'instruction des enfants du clan grâce à l'école clanique.

Le droit clanique organisait en détail le culte des ancêtres dans le temple, ce qui était important pour unir les membres du clan, renforcer la communication et consolider l'autorité du chef de clan.

(2) Le droit clanique comportait également des règles détaillées sur le registre généalogique pris comme moyen de clarifier le lignage et de

rassembler les membres du clan, comme l'autorité compétente pour l'élaboration du registre, le contenu de celui-ci, la procédure et les rituels.

L'élaboration du registre généalogique était généralement entre les mains du chef de clan ; les membres du clan suivaient habituellement les procédures cérémonielles prescrites par le droit coutumier lors de la lecture du registre généalogique, comme se purifier les mains et le visage.

Habituellement, le registre généalogique se divisait en trois parties : la première partie composée de l'objectif, des principes, de la préface ou du post-scriptum, de la notice et de la table des matières ; la deuxième partie composée de l'arbre généalogique, des biographies, des épitaphes, des images posthumes et des fonctions officielles exercées, des poèmes et des essais ; la troisième partie composée des règles ancestrales, des règles claniques, des règles du temple, de l'histoire du temple, des propriétés du temple, du registre des tombes, du plan des tombes, des pactes interdits, des contrats, des règles de la « ferme de charité », de l'histoire de la « ferme de charité », de l'histoire des champs de charité[1]. C'était une compilation de règles et une encyclopédie du clan.

Le droit coutumier clanique exigeait également que le registre généalogique soit complété périodiquement. Lors de la révision du registre généalogique, il fallait exclure ceux qui étaient coupables d'infractions graves aux règles du clan et ceux qui avaient quitté le clan. De même, le droit coutumier clanique comportait certaines dispositions sur la conservation des registres.

Les dispositions du droit clanique avaient pour but de perpétrer l'histoire du clan, d'illustrer les rapports entre les membres du clan, de mettre en évidence les rangs et les honneurs, d'identifier l'emplacement des tombes, d'enregistrer les femmes et concubines ayant rejoint le clan et les jeunes filles ayant quitté le clan pour se marier, d'honorer les personnes considérées comme modèles de la piété filiale et de la morale et de louer les personnes généreuses.

### 3. La gestion et la protection des biens du clan

Les biens du clan, principalement les terrains du clan, constituaient la

[1] Shi Fengyi, *Mariage et famille dans la Chine ancienne*, Hubei People's Publishing House, juillet 1987, p. 218.

base économique de l'existence et des activités du clan. Par conséquent, les règles régissant le temple clanique faisaient de la gestion et de la protection des biens du clan un élément important du droit coutumier, et prévoyaient des dispositions spécifiques relatives aux origines des biens, à la gestion et l'utilisation des produits de ces derniers, et leurs cessions.

Selon le droit clanique, les biens du clan étaient des biens communs constitués notamment des collines et des forêts, des terrains, des maisons acquises de diverses manières, y compris des achats faits par des membres du clan, des dons des membres fortunés ou des fonctionnaires, de l'annexion des biens des membres disparus sans héritier, des acquisitions dans le cadre de la gestion et de la confiscation de biens des membres ayant commis des infractions.

Les biens du clan étaient principalement utilisés pour financer l'organisation des rituels, la gestion quotidienne, l'éducation des jeunes et l'aide aux indigents du clan. Par exemple, les loyers provenant de la location des terrains étaient utilisés pour financer les rituels, ceux des terrains de charité pour porter secours aux indigents du clan, et ceux des terrains d'études au profit de l'école gérée par le temple.

Le droit coutumier limitait la gestion des terrains claniques à des usages strictement définis au profit des membres du clan. Toutefois en étaient exclus ceux ayant violé des règles morales ou ayant eu un comportement inapproprié, même s'ils étaient démunis.

En même temps, le droit clanique conférait la gestion des biens du clan au chef de clan avec un personnel dédié. Afin de consolider les ressources financières du clan, le droit coutumier interdisait la vente de terrains.

Le droit clanique protégeait les biens communs du clan, punissait les atteintes ou menaces contre les biens et renforçait ainsi le sentiment d'appartenance et de dépendance au clan.

4. La réglementation du mariage, de la famille et des successions

Le droit clanique régissait les relations de mariage, de famille et de succession par le biais d'un grand nombre de règles, afin de garantir l'ordre et l'unité du clan.

(1) En matière de mariage, le droit coutumier comportait un certain nombre de normes de fond et de forme.

Le droit coutumier contenait des dispositions concernant les fiançailles et l'âge du mariage. Les familles des futurs époux devaient appartenir à des milieux semblables. Il existait également un certain nombre de règles concernant les arrangements et la mise en relation entre les familles en vue d'un mariage.

Le mariage ayant pour effet d'intégrer un étranger dans le clan pour en devenir membre, le droit coutumier prévoyait donc un certain nombre de dispositions à cet égard. Fondamentalement, rendre hommage au temple du clan était une condition nécessaire pour la reconnaissance du mariage.

(2) Le droit clanique réglementait les relations conjugales, le comportement du mari et de la femme, ainsi que l'autorité au sein de la famille. Parallèlement, dans les relations entre parents et enfants, le droit clanique assurait l'autorité parentale et exigeait des enfants l'obéissance à leurs parents, en particulier à leur père, et le respect du principe selon lequel « le père est le guide du fils » et « la piété filiale est la première de toutes les bonnes actions ».

(3) Le droit clanique réglementait également les successions et l'ordre de succession afin de garantir que les biens du clan demeurent au sein du clan.

En vertu du droit clanique, seuls les fils avaient le droit d'hériter des biens du père ; les filles perdaient le droit à l'héritage après leur mariage. Les fils participaient à la succession à parts égales. Le fils aîné, en raison de son statut dans la lignée familiale, avait généralement droit à une part supplémentaire destinée à assurer les rituels familiaux. Il était interdit de désigner un héritier portant un nom de famille différent.

Afin d'éviter les conflits entre héritiers, le droit clanique prévoyait l'ordre successoral.

Dans certains clans, l'instance clanique jouait un rôle de supervision sur l'héritage afin de s'assurer du partage des biens selon les principes et la manière établis par le clan d'une part, de maintenir l'ordre interne du clan d'autre part.

5. Le maintien de l'ordre moral, de l'ordre intraclanique et de l'ordre public

Le droit clanique fournissait de nombreuses règles pour le maintien de l'ordre moral, intraclanique et social, régulant ainsi le comportement de chaque membre du clan, renforçant le contrôle intraclanique et contribuant au maintien de l'ordre public.

(1) Préservation de la hiérarchie et des statuts au sein du clan

Le droit clanique régissait le classement des membres, exigeait un ordre selon l'ancienneté, l'honorabilité, afin de promouvoir la morale et la piété filiale. Il existait des règles formelles régissant les relations entre aînés et cadets.

En lien avec ces règles d'ancienneté, le droit coutumier prévoyait la distinction entre hommes et femmes et la supériorité des hommes sur les femmes. De nombreux clans prévoyaient *L'éducation des femmes*, les *Commandements pour les femmes* ou le *Livre des jeunes mariées* destinés à discipliner les femmes. Afin de prévenir les scandales, de nombreuses règles claniques réservaient une place importante aux comportements à adopter dans les relations entre hommes et femmes.

(2) Maintien de l'ordre interne du clan

Afin de maintenir l'harmonie et l'ordre du clan, le droit coutumier prévoyait l'entraide entre les membres du clan pour les activités économiques et le secours mutuel dans la vie quotidienne.

Le droit clanique interdisait de manière stricte le vol, les jeux d'argent, les rixes, l'inceste, l'adultère, l'escroquerie et tous autres actes mettant directement en danger l'ordre du clan, et imposait diverses sanctions aux contrevenants. Ainsi, le clan Wei, de Huangcheng à Nanchang, avait pour règles « d'interdire tous banditismes, grands ou petits, le vol d'arbres autour des tombes ancestrales, les procès, l'escroquerie des petites familles, le ravage des semis et le vol de bois, l'abattage clandestin de bétail, les jeux de hasard ».

De nombreux clans imposaient l'interdiction de l'alcool, des sectes, des querelles de voisinage, de l'intimidation, du gaspillage et du luxe, de la noyade des petites filles, du mariage forcé, de l'exploitation excessive de la forêt, de l'abattage clandestin de bétail, de la consommation de tabac, du mariage à des fins uniquement pécuniaires. Ces aspects étaient positifs pour le maintien de l'ordre social et l'amélioration du mode de vie et le développement social.

(3) Maintien de l'ordre public

Le droit coutumier clanique accordait une grande importance à la

« vénération du souverain » et à l'« observation de la loi », et faisait tout son possible pour maintenir l'ordre étatique. De nombreuses règles claniques réservaient une place privilégiée aux instructions morales des empereurs des dynasties Ming et Qing, et prévoyaient des séances publiques dans le temple du clan pour « étudier les instructions impériales » afin de montrer leur soutien au souverain.

Dans le même temps, le droit coutumier clanique exigeait des membres du clan de remplir leurs obligations envers l'État, notamment le paiement des impôts.

Le droit coutumier clanique était vaste. Outre ce qui précède, il y avait aussi les règles relatives au travail (qui exigeaient des membres du clan de travailler avec diligence et sans relâche), les règles relatives à l'apprentissage (création de l'école pour encourager les enfants du clan à étudier), les règles relatives à l'éducation (éducation familiale), les règles relationnelles (entre membres du clan), les règles morales (respect des rites, droiture, intégrité et honte comme principes fondamentaux), les règles funéraires (funérailles), les règles relatives aux tombes ancestrales (pour protéger les tombes ancestrales et claniques), les règles de l'éducation et de l'instruction (pour protéger les enfants du clan), les règles pour annoncer une naissance, un décès ou pour rendre visite à une personne malade. On peut dire que le droit coutumier clanique contenait des normes couvrant les aspects politiques, économiques, sociaux, religieux, éducatifs, productifs et quotidiens.

### *III. L'application du droit coutumier clanique et les sanctions en cas de violation*

Le droit coutumier clanique arrêté et entré en vigueur devint contraignant pour tous les membres qui devaient s'y conformer.

Afin d'assurer la mise en œuvre du droit coutumier, les chefs de clan et de famille et les institutions claniques avaient des pouvoirs de supervision pour inciter les membres du clan à respecter consciencieusement le droit coutumier. Certains clans possédaient des organes de surveillance spécifiques.

Les violations du droit coutumier clanique étaient punies sévèrement. Sous la dynastie Qing, par exemple, la *Loi familiale des LI* du district Taiping, dans la région de Ningguo, prévoyait qu'un descendant qui

« entr[ait] en conflit avec un parent du même nom de famille [était] considéré comme un délinquant. La victime qui a des preuves se plaindra au temple et des blâmes ou des punitions seront infligés sans indulgence ». « Les parents d'une personne lascive (...) prodigue (…) doivent l'empêcher immédiatement de continuer et la punir sévèrement. »

La mise en œuvre du droit clanique était assurée à travers une procédure comprenant l'instance d'audition, la procédure de jugement et les sanctions.

1. L'instance d'audition

Afin d'assurer l'application du droit coutumier du clan, les chefs de clan, de famille et les autres institutions avaient le pouvoir de superviser et d'exhorter les membres du clan à respecter le droit coutumier. Bien que les chefs de clan et de famille soient issus d'une succession et non d'une élection, ils détenaient le pouvoir de gérer, d'éduquer et de punir les membres du clan ou des familles, notamment en ce qui concerne l'audition et le règlement des conflits au sein du clan ou d'une famille. Certains clans disposaient également d'organes et de personnels dédiés à la supervision et au jugement.

L'esprit fondamental du droit coutumier et du droit étatique étant le même, tous deux avaient des dispositions qui s'intégraient et étaient complémentaires dans leur rôle. Ainsi, le pouvoir étatique de la Chine ancienne reconnaissait tacitement ou ouvertement le pouvoir disciplinaire des clans. Dans la Chine ancienne, surtout après le milieu de la période Ming, les clans prirent progressivement le contrôle du pouvoir judiciaire dans les campagnes. Le clan avait le pouvoir de décision de premier ressort et le pouvoir de punition ; l'instance présidée par le chef de clan était une étape indispensable pour régler les différends. Les membres d'un clan n'étaient pas autorisés à se plaindre directement auprès des autorités publiques sans passer par les instances claniques, et la justice du clan était de fait le premier niveau de la procédure judiciaire[①].

---

[①] Voir Chen Keyun, « Le renforcement du contrôle des campagnes par les clans dans le comté de Huizhou sous les Ming et Qing », dans *Studies in Chinese History*, 1995, n° 3. Une autre preuve supplémentaire est le fait que la jurisprudence compilée par les autorités sur l'ordre de l'Empereur comprend un grand nombre de cas tranchés par des patriarches des clans. Voir Zheng Ding et al, « Le système clanique et la culture juridique traditionnelle », dans *The*

Dans de nombreux clans, les règles prévoyaient que les rixes intraclaniques, les affaires matrimoniales, les litiges fonciers devaient être réglés par le chef de clan et ne pouvaient être portés devant les autorités gouvernementales sans autorisation. À une époque où tout procès devait être évité, il était naturel que les institutions claniques règlent elles-mêmes les différends internes et traitent directement les diverses violations du droit coutumier clanique.

Dans de nombreux clans, les règles coutumières étaient souvent communiquées aux fonctionnaires locaux pour homologation avant d'être appliquées, leur conférant plus d'efficacité. Les règles claniques homologuées avaient un effet juridique général sur le clan : les règles claniques devinrent, de plein droit, la base pour l'exercice du pouvoir disciplinaire du chef de clan. En réalité, que les règles des clans soient ou non rapportées aux officiels, les clans pouvaient toujours compter sur le soutien du gouvernement dans l'application des règles claniques, dans la mesure où ces règles étaient conformes à la défense accordée par l'État aux dogmes confucéens, et que le pouvoir des fonctionnaires locaux dépendait aussi du soutien des clans et des notables.

À certaines périodes de la Chine ancienne, lorsque les règles claniques étaient entérinées par l'empereur ou par le gouvernement, le droit clanique acquérait alors une base judiciaire légitime. En même temps, les édits de l'Empereur, tels que les « Six instructions morales » de l'empereur Ming Taizu et les « Seize instructions impériales » de l'empereur Qing Kangxi, étaient intégrés dans nombreux statuts des clans[①].

Dans la Chine ancienne, les fonctionnaires considéraient le principe de « non-procédure » comme une bonne façon de gouverner, et encourageaient les clans à régler en interne les différends et à calmer les belligérants. De nombreux fonctionnaires locaux soutenaient fortement les chefs de clan dans l'application des règles claniques.

2. Les procédures de règlement

Les cas de violation du droit coutumier portés à la connaissance du clan

---

*Jurist*, 2002, n° 2.

[①] Par exemple, à Qianyang, dans l'Anhui, la généalogie du clan Cheng, datant de la trente-neuvième année du règne de l'empereur Kangxi, indique que « les seize instructions impériales ont été enregistrées, afin que les enfants puissent les respecter ».

étaient traités par le chef de clan et les chefs de famille du clan, ensemble avec les anciens du clan de haut rang. Les chefs de clan et de famille se devaient d'être justes et de jouer le rôle de médiateur, plutôt que de défendre l'une des parties ou de prendre parti.

Dans la plupart des cas, il n'existait pas de procédure déterminée pour traiter les cas de violation du droit coutumier ; certains clans avaient toutefois des dispositions à cet égard. Parfois, tout le clan était convoqué pour une audience publique.

Le plus souvent, l'audience avait lieu dans le temple du clan afin de marquer le caractère solennel du droit du clan. Le temple du clan symbolisait la représentation du clan. C'était à la fois le lieu sacré pour le culte des ancêtres, le lieu de rassemblement des membres du clan et de délibération des affaires du clan, et le lieu où les règles claniques et familiales étaient appliquées. Le temple du clan était un lieu de punition des membres indignes et c'était le « tribunal » du clan. En cas de transgression par un membre du clan de règles claniques ou familiales, le chef du clan convoquait le contrevenant et le faisait amener au temple pour y être sanctionné en présence de sa fratrie. Afin de mettre en garde leurs membres, certains clans inscrivaient les règles claniques « sur des panneaux suspendus dans le temple du clan ». Des planches de bambou étaient ainsi suspendues dans le temple du clan. Les membres du clan ayant violé les règles claniques ou familiales étaient blâmés, réprimandés ou sanctionnés plus sévèrement. Le chef de clan infligeait les sanctions devant les esprits des ancêtres, afin de démontrer la légitimité et l'autorité de la procédure clanique.

Une décision rendue par le chef de clan était définitive et ne pouvait être contestée ; il n'y avait généralement pas de procédure de second degré.

### 3. Les sanctions

Le droit coutumier clanique chinois prévoyait de manière détaillée les sanctions en fonction de la gravité des infractions et afin de maintenir l'autorité du droit clanique : avertissement, blâme, station debout ou agenouillement, amendes ou privation de « l'allocation de subsistance », châtiment corporel, expulsion du clan, renvoi devant la justice ou peine capitale. Des sanctions solidaires pouvaient être prononcées dans certains cas.

## *IV. Les caractéristiques du droit coutumier clanique*

En tant que droit coutumier fondé sur les liens du sang, le droit coutumier clanique possédait ses propres caractéristiques, principalement en termes de liens du sang, de degrés de parenté, de complexité et de caractère contraignant.

### 1. Les liens du sang

Fondé sur les liens de sang, le droit coutumier clanique s'efforçait de maintenir, par toutes exigences formelles, tous moyens de contrainte, d'interdiction et de sanction, l'identification et le sentiment d'appartenance des membres du clan à une communauté de liens de sang.

Sur la base de ce trait culturel, le clan imposait la lecture et la mise à jour régulière du registre généalogique selon le droit coutumier afin de clarifier les lignées. Des rituels de commémoration des ancêtres étaient organisés à des moments précis, d'une manière grandiose et solennelle, afin de rappeler leur autorité, de sorte que les membres du clan se sentent protégés par leurs ancêtres et reconnaissants envers eux dans un état d'esprit paisible et soumis. Du contenu et de la mise en œuvre du droit coutumier clanique, il ressort que l'individu en tant que membre du groupe voyait son sort lié à celui du groupe auquel il appartenait. L'expulsion du clan signifiait, en quelque sorte, la perte du droit à la vie et du droit à la protection, voire la mort.

Cette appartenance en droit coutumier clanique se manifestait également dans les relations entre l'individu et le groupe. Le droit coutumier exigeait que les individus agissent de manière respectueuse de l'harmonie du clan et selon les exigences du clan pour maintenir l'unité du clan. À cette fin, chaque membre du clan devait faire preuve d'un haut degré de retenue et de contrôle de soi et, si nécessaire, d'abnégation.

### 2. Le degré de parenté

Le clan étant une communauté fondée sur les liens du sang, le droit clanique, tout en soulignant l'unité et l'harmonie de ces liens, insistait sur le fait que les individus au sein du clan devaient maintenir un ordre et une hiérarchie stables ; les relations entre les membres et les droits et obligations correspondants dépendaient de leur proximité avec les ancêtres, à savoir leur degré de parenté.

Le contenu et la mise en œuvre du droit coutumier clanique montrent qu'il existait une distinction claire entre les aînés et les cadets au sein d'un clan, l'accent étant mis sur la distinction entre les générations et les sexes. Les anciens (surtout les hommes) étaient très respectés dans la vie sociale. Selon le droit coutumier, les paroles et les actions des ancêtres et des anciens constituaient les lignes directrices et les modèles que les membres du clan se devaient de suivre dans la vie sociale ; les jeunes générations devaient vivre en suivant les pas de leurs ancêtres et de leurs aïeux.

Dans le règlement des litiges, le droit coutumier clanique attachait également une grande importance aux degrés de parenté. Par exemple, la punition pour l'adultère entre individus appartenant à différentes générations était beaucoup plus lourde que celle entre les personnes de la même génération, et l'adultère entre parents proches était également puni plus sévèrement que celui commis entre parents éloignés. En cas de litige opposant des personnes appartenant à des générations différentes, les jeunes étaient souvent traités d'irrespectueux. L'inceste et l'outrage constituaient de graves menaces pour la stabilité du clan et étaient strictement interdits par le droit coutumier clanique.

3. La complexité du contenu

Le contenu du droit coutumier clanique était extrêmement vaste et couvrait tous les aspects de la vie des membres du clan, notamment la politique, l'économie, la religion, l'éducation, la production ou la vie quotidienne.

Le droit coutumier clanique comprenait des normes d'organisation, des normes attachées aux rituels, ainsi que des normes relatives au mariage et à la succession, à la propriété et aux obligations, au règlement des litiges et aux sanctions ; il existait des normes substantielles ainsi que des normes procédurales. Une telle richesse est sans équivalent dans le système de droit coutumier chinois, à l'exception du droit coutumier des minorités ethniques.

4. Le caractère contraignant

En tant que code de conduite, le droit coutumier clanique était très contraignant. Chaque membre était lié par le droit coutumier de son clan, sous peine de sanctions.

Dans la grande majorité des cas, les membres du clan devaient d'abord appliquer le droit coutumier du clan et ne pouvaient pas s'adresser directement aux autorités de l'État, sinon il s'agissait d'une violation du droit coutumier, passible de sanctions même si la demande était bien fondée. Le droit étatique était bien moins efficace que le droit coutumier clanique qui liait ses membres partout et à tout moment, y compris dans la vie de tous les jours.

Le droit coutumier clanique produisait ses effets partout. Il s'agissait de *lex personalis* : tout membre du clan était protégé par le clan et était tenu des obligations prévues par les coutumes du clan. Ainsi, lors de la commémoration des ancêtres, il fallait revenir, quelle que soit la distance.

Le droit coutumier clanique ne régissait pas uniquement le comportement de chaque membre, mais avait également une grande influence sur la pensée de chaque membre. On peut dire que chaque membre du clan était gouverné par le droit coutumier, dans ses paroles et dans ses faits et gestes.

### 5. L'indépendance relative par rapport à la législation étatique

Le droit coutumier clanique disposait de ses propres institutions et procédures de délibération, de modification et de mise à jour, ainsi que de ses propres institutions de supervision et d'exécution des sanctions, d'un contenu extrêmement complet, avec son propre système disciplinaire. À l'exception de certaines régions et de certaines périodes où le chef de clan devait déposer les dossiers auprès du gouvernement, communiquer le droit coutumier du clan au gouvernement, ou informer le gouvernement des sanctions infligées à ses membres, le droit coutumier clanique interférait rarement avec les autorités ou les réglementations étatiques. Il fonctionnait ainsi selon ses propres règles en dehors de la législation étatique. Il formait un système autonome pour régler les conflits intraclaniques, sanctionner les violations du droit coutumier et maintenir l'ordre clanique.

Cette indépendance relative se constatait également entre les droits coutumiers de clans différents. Les droits coutumiers étaient très différents, voire contradictoires et conflictuels, et chacun fonctionnait à sa manière avec peu de liens entre eux. Par conséquent, les conflits entre clans se terminaient souvent dans des affrontements violents.

## *V. Le rôle du droit coutumier clanique*

Le droit coutumier clanique maintenait l'ordre social, préservait les dogmes rituels et protégeait les petites exploitations en réglementant le comportement des membres.

### 1. Le maintien de l'ordre social

Le droit coutumier clanique maintenait l'ordre clanique et l'ordre social par l'endoctrinement et la contrainte. Feng Guifen disait : « Ce que le gouverneur ne peut pas faire, le chef de clan le peut, car le gouverneur est loin et le clan est proche. Le père et les frères peuvent être indulgents alors que le clan peut être sévère. Le chef de clan est en effet capable de combler les lacunes laissées par le gouverneur et par le père et les frères[①]. » Cela illustre parfaitement la valeur et le fondement de l'existence des clans et du droit coutumier clanique. Le clan, par le biais du droit coutumier, punissait les infractions au droit coutumier pour montrer l'exemple aux autres membres du clan. L'autorité du droit coutumier jouait un rôle important pour le maintien de l'ordre social et de la sécurité.

### 2. La préservation des dogmes rituels et de la culture patriarcale

Le droit coutumier clanique mettait l'accent sur la préservation des rites et des lois et assurait la mise en œuvre de la gouvernance par les rites. On peut en trouver un grand nombre d'exemples dans les coutumes claniques. L'article 1 des *Règlements du clan* de Wang Shijin disposait que « [l]e pacte du village doit être observé : vénérer les parents, respecter les aînés, rester courtois dans le village, éduquer les enfants, travailler bien et ne pas transgresser la loi. Ces six phrases englobent toutes les règles d'un être humain, et elles sont la base pour être un ministre loyal, un fils digne, un petit-fils obéissant, et un sujet exemplaire ». Les édits de l'empereur Zhu Yuanzhang étaient inscrits dans le droit coutumier pour que les membres du

---

① Feng Guifen : « Fu Zong Fa Yi » (*复宗法议*, « Proposition pour le rétablissement du système clanique »), dans *Xiao Ban Lu Kang Yi*, vol. 2 (*校颁庐抗议*, « Protestations du Pavillon Xiaobin », vol. 2).

clan les observent.

De nombreuses règles coutumières claniques prévoyaient également la mise en place de deux registres pour enregistrer pour l'un les bonnes actions et pour l'autre les sanctions contre les mauvais comportements, ainsi que la construction de deux pavillons, respectivement pour louer ou punir les comportements des membres du clan, le but étant de promouvoir et de maintenir les rites et les lois féodales.

3. La protection des petites exploitations

Le droit coutumier protégeait les petites exploitations qui étaient la base économique de l'existence des clans. Les règles familiales et claniques protégeaient le bétail, interdisaient l'abattage clandestin du bétail, protégeaient les collines et les terrains, encourageaient l'entraide dans la production, permettant ainsi à l'économie autosuffisante d'exister et de se développer tout en maintenant et renforçant la base économique de l'existence des clans.

4. La préservation de l'unité et de la solidarité du clan

Le clan, en tant qu'organisation sociale et collective, survivait et se développait selon un certain ordre. Le maintien de cet ordre de l'unité et de la solidarité s'obtenait précisément grâce au droit coutumier qui était d'une grande importance pour maintenir l'harmonie au sein du clan et préserver l'unité du clan dans son ensemble.

En un sens, le droit coutumier clanique jouait un rôle quasi religieux. Le maintien de l'unité et de la solidarité du clan par le droit coutumier clanique se concentrait davantage sur la spiritualité des membres du clan grâce au culte de leurs ancêtres, comme le démontrent les dispositions relatives aux commémorations des ancêtres, que sur l'ordre du clan ou ses sanctions.

## *VI. La manifestation du droit coutumier clanique*

Après la fondation de la République populaire de Chine en 1949, le système clanique a cessé d'exister et les activités claniques ont été supprimées, de sorte que le droit coutumier clanique chinois, sous sa forme normative a perdu sa base d'existence, mais la forme conceptuelle du droit coutumier clanique existe encore dans les esprits.

La période allant de l'époque du « Mouvement de la coopération agricole » à la dissolution des Communes populaires a été une période où l'activité des clans était faible. Depuis 1978, date de la mise en œuvre de la politique de réforme et d'ouverture, et surtout depuis 1983, date de l'introduction du système de responsabilité de la production familiale dans les zones rurales, les activités claniques sont redevenues visibles et ont acquis une grande importance dans de nombreuses régions.

La première manifestation du renouveau de la vie clanique en Chine contemporaine a été le mouvement de la recherche des racines et de mise à jour des registres généalogiques. Dans de nombreuses régions sont apparus des élans de renouvellement généalogique : des personnes ont été choisies pour l'édition, la collecte de fonds, l'impression et la mise en relation, afin de « mettre de l'ordre dans les règles du clan, de retrouver les racines, de classer les générations et d'établir les biographies » pour renouer les liens. Les commémorations des ancêtres sont une autre manifestation du dynamisme des clans dans la Chine contemporaine. Dans de nombreuses régions, les anciens temples de clans ont été ou sont en train d'être restaurés, parfois rendus plus grands qu'auparavant. Chaque année, à la fête Qingming, des clans élisent des représentants pour rendre hommage aux ancêtres et profitent de cette occasion pour réunir leurs membres. On observe que les divertissements festifs constituent de nos jours un aspect important des activités des clans. Pendant les fêtes traditionnelles telles que la fête du printemps, la fête de Qingming, la fête des bateaux-dragons et la fête de la mi-automne, les jeux de dragons, les courses de bateaux, le jeu des lanternes du clan et les danses de drapeaux du clan sont fréquents pour montrer la puissance du clan et renforcer le sentiment d'appartenance. Dans la Chine contemporaine où la construction économique est au centre des préoccupations, de nombreuses associations économiques du même nom de famille et du même clan ont vu le jour, reflétant l'intérêt des clans pour les activités et pour la participation ; les clans ont ainsi acquis une touche de modernité.

Les clans, de plus en plus actifs, constituent une autorité sociale émergente dans la Chine contemporaine visant à contrôler et diriger leurs membres. Un système normatif (le droit coutumier clanique), permettant de contrôler, de gérer les membres du clan, est réapparu et a été progressivement enrichi et amélioré pour jouer un rôle croissant.

Bien que le degré de développement des organisations claniques contemporaines varie et que le contenu des règles claniques ne soient pas identiques, l'esprit du droit coutumier clanique est presque le même. Le droit coutumier contemporain des clans couvre essentiellement le mode de désignation du chef de clan et ses droits et devoirs, les normes relatives au culte des ancêtres et au registre généalogique, la construction du temple du clan, les mariages, les funérailles, les fêtes et les loisirs, ainsi que l'entraide dans la production et dans la vie courante.

En outre, le droit coutumier clanique contemporain dans les campagnes prévoit souvent des sanctions contre les contrevenants : avertissement, amendes, châtiments corporels, l'exclusion du registre généalogique ou du cimetière du clan. Par exemple, les règles de la famille Wu, dans le village de Lijiamen, dans la province de l'Anhui, disposent que le vol et l'inceste sont passibles de coups de fouet ou de la peine de mort.

Les coutumes dans les campagnes rappellent parfois des slogans modernes, comme « adhérer aux quatre principes fondamentaux » et appellent à développer des connaissances scientifiques et technologiques pour sortir de la pauvreté et devenir prospère.

Dans l'ensemble, l'effet du droit coutumier clanique dans la Chine rurale est de nos jours précaire et n'est pas vraiment contraignant, mais son existence en tant que normes sociales est indiscutable. Il a certains côtés conformes à la législation étatique, mais peut également constituer des infractions, ce qui mérite une attention particulière.

# Chapitre 2 Le droit coutumier des villages

Un village est une communauté de vie sociale formée sur un territoire donné par un certain nombre de clans, de groupes familiaux ou de familles. Les villages ont des statuts et coutumes destinés à les protéger et à maintenir l'ordre. Ces statuts et coutumes constituent le droit coutumier des villages. Dans la société chinoise traditionnelle, notamment sous les dynasties Ming et Qing, le droit coutumier des villages jouait un rôle important et avait un champ d'action étendu et une grande force contraignante. Il était étroitement lié à la vie et aux activités de production des villageois. Dans ce chapitre, nous tenterons de donner une présentation du droit coutumier villageois sous les aspects de son émergence, de son développement, de son contenu, de ses caractéristiques et de ses fonctions.

## *I. L'émergence et le développement du droit coutumier des villages*

Les villages se forment à partir de nombreuses petites familles séparées de leurs clans pour devenir des unités indépendantes de production et de consommation. Elles se sont fixées dans un lieu spécifique. Elles ont ensuite évolué vers un village de type parental et mixte. Dans la Chine ancienne, le district était le dernier échelon de l'administration locale et l'ordre social de la vaste zone de sa juridiction était assuré par les organisations villageoises qui géraient aussi les relations internes et externes des villages. Ainsi, les dynasties Qin et Han avaient le système « Xiang Ting Li » (*乡亭里*) ; les dynasties Wei, Jin, Sud et Nord avaient le système « Sanzhang » (*三长*) ; les dynasties Sui et Tang avaient le système « Linbao » (*邻保*), la dynastie Song avait les « Baojia » (*保甲*) et « Xiangyue » (*乡约*) ; la dynastie Yuan avait le système « Shejia » (*社甲*) ; la dynastie Ming avait le système « Lijia » (*里甲*) et la dynastie Qing avait le système « Lijia » et « Baojia » [1]. L'apparition des villages s'est accompagnée de la naissance des organisations villageoises, ainsi que du droit coutumier des villages.

L'époque spécifique durant laquelle le droit coutumier villageois est

---

[1] Voir Zhang Zhelang, « Les anciennes règles Xiang Sui – structure des villages », dans *Scholars from Hong Kong, Taiwan and Overseas on Chinese Culture* (I), Shanghai People's Publishing House, juin 1988, pp. 238-264.

apparu remonte à la dynastie Zhou. Il est généralement admis que la gestion et le contrôle systématiques des villages ont commencé à cette époque. Dans *Les Rites des Zhou*, la région centrale de la dynastie était appelée « État » (Guo, 国) et les zones périphériques « campagnes » (Ye, 野). Le système de subdivision fut mis en place dans la campagne : « Cinq familles forment un Lin, cinq Lin forment un Li (里), Quatre Li forment un Cuo (酇), cinq Cuo forment un Bi (鄙), cinq Bi forment un Xian (县), cinq Xian forment un Sui (遂)[1]. » Chaque entité était administrée par un chef. Le responsable du Li s'appelait Li Yin, Li Zheng, Li Jun ou Li Zai. Le chef du bourg était Xiangfulao (乡父老), abrégé en Xianglao (乡老). Les règles relatives à la désignation et aux attributions des chefs, celles relatives à la composition des groupes ainsi qu'aux pactes de défense commune contre les attaques extérieures et les inondations, ainsi que celles relatives au partage des ressources hydrauliques formaient les premiers éléments du droit coutumier villageois.

Plus tard, avec le développement des villages et l'amélioration de leur organisation, le droit coutumier a également évolué, notamment sous les dynasties Song, Ming et Qing durant lesquelles le droit coutumier villageois s'est diversifié dans sa forme et s'est enrichi dans son contenu et a joué un rôle croissant dans la société villageoise. Par exemple, sous la dynastie Ming, l'ouvrage de Xiong Yinji *Chidu Shuangyu* (volume 7) a formalisé le droit coutumier villageois sous forme de « pacte local des interdictions », « interdiction des déplacements nocturnes », « interdiction de fouler les champs et les cultures », « interdiction de cueillir sans autorisation des légumes et des fruits ». Dans la Chine rurale moderne, ces règles coutumières villageoises constituent toujours un code de conduite important pour les villageois, après avoir connu des changements au fil du temps.

## *II. La nature et la classification des coutumes de village*

### 1. La nature des coutumes de village

Le droit coutumier des villages était un système normatif d'autonomie locale, élaboré par l'ensemble des villageois ou formé naturellement au cours du temps ; son but était de réglementer les relations internes au village,

---

[1] *Les Rites des Zhou.*

de maintenir l'ordre et de sauvegarder les intérêts communs du village.

2. La classification des coutumes villageoises

Il existe plusieurs types de coutumes villageoises.

(1) Le droit coutumier villageois a évolué au fil du temps. Il s'est distingué sous les dynasties Zhou, Song, Ming, Qing, ainsi qu'à l'ère moderne, notamment le droit coutumier villageois de la République de Chine.

Durant chacune de ces dynasties et époques, le droit coutumier villageois pouvait présenter des aspects différents. Par exemple, le droit coutumier villageois sous la dynastie Qing a été fortement influencé par les règnes de Jiaqing et de Daoguang. Cela nous incite à analyser avec plus de minutie l'évolution du droit coutumier villageois et à saisir les caractéristiques de chaque époque.

(2) Selon les localités, on distingue le droit coutumier villageois de la province de l'Anhui, du Hunan, de Taiwan, etc. Au sein de ces localités, il y avait le droit coutumier du bourg, le droit coutumier du village, le droit coutumier du groupement de villages, etc.

(3) Selon la nature des villages, le droit coutumier villageois peut être divisé en droit coutumier des villages de sang et droit coutumier des villages géographiques. Dans les villages composés de personnes de la même lignée, les coutumes étaient issues des règles claniques. Le droit coutumier villageois visé dans le présent chapitre se réfère exclusivement au droit coutumier des villages géographiques, c'est-à-dire au droit coutumier des villages composés de noms de famille multiples sans lien de parenté entre eux, contrairement au droit coutumier des villages de sang.

(4) Selon le contenu, le droit coutumier villageois peut également être divisé en droit coutumier villageois général et droit coutumier villageois spécial. Le droit coutumier villageois général est plus riche et couvre un éventail plus large. Le droit coutumier spécial des villages était par exemple constitué des « Interdictions de fouler les champs et les cultures », des « Interdictions des déplacements nocturnes », du « Pacte de protection des bois », des « Règles de préservation des collines » et du « Pacte de défense contre les envahisseurs ». Ce sont des normes spécifiques qui réglementaient un aspect ou un domaine particulier de la vie du village.

En outre, le droit coutumier villageois chinois peut être divisé en droit coutumier villageois écrit et droit coutumier villageois non écrit.

## *III. Le contenu du droit coutumier des villages*

D'après les archives, le contenu du droit coutumier des villages couvrait un champ large avec des règles précises ; il consistait principalement à promouvoir le bien et punir le mal, à interdire le vol pour maintenir l'ordre social, à protéger les monts et les bois ainsi que la production agricole, à organiser la charité et les œuvres pour le bien-être collectif.

### 1. Promouvoir le bien et punir le mal

Le droit coutumier des villages chinois consistait principalement à persuader les gens de se comporter comme de bons citoyens, de respecter les lois et les pactes, de promouvoir les bonnes mœurs. Par exemple, lors de la neuvième année de règne Xining de l'empereur Shenzong de la dynastie des Song du Nord (en 1076), deux notables, Lü Dalin et Lü Dafang de Lantian, dans la province de Shaanxi, créèrent une organisation locale d'autogestion, le Pacte du village des Lü, auquel les gens adhéraient sur la base du volontariat. Le Pacte du village des Lü comportait quatre règles de base : promouvoir la vertu, corriger les erreurs, respecter les rites dans les relations et s'entraider en cas de difficultés. Ce type de droit coutumier était marqué par le dogme de la moralité et il mettait l'accent sur l'éthique et la morale traditionnelles et exigeait que chacun des membres s'y conforme.

La ville de Huizhou, dans la province de l'Anhui où est né le néoconfucianisme, était la pionnière dans le domaine de l'éducation. Les coutumes villageoises en étaient naturellement influencées. Dès la première année du règne de Longqing de la dynastie des Ming, sous l'impulsion des fonctionnaires locaux, la ville de Huizhou organisait des rassemblements en vue de délibérer sur les pactes de village afin d'améliorer les coutumes.

Le droit coutumier de nombreux villages comportait non seulement des dispositions substantielles, mais aussi des dispositions formelles. Par exemple, les coutumes du clan Chen à Qimen, Xixiang Wentang, à Huizhou, comportaient des détails concernant les rituels de lecture du pacte de village, pour garantir la réalisation de l'objectif du droit coutumier.

Le droit coutumier des villages de la dynastie Qing était fortement influencé par les seize directives de l'empereur Kangxi. « L'Édit des seize articles », également connu sous le nom de « L'Édit des seize chapitres », fut prononcé par Kangxi sur le modèle de Zhu Yuanzhang, fondateur de la dynastie Ming. Voici le contenu de cet édit : « Promouvoir la piété filiale afin d'élever les relations humaines ; servir votre clan afin que son harmonie s'illustre ; être harmonieux avec les autres villageois afin d'éviter les procès ; prendre soin de l'agriculture afin d'avoir suffisamment de vêtements et de nourriture ; faire valoir la parcimonie afin d'apprécier l'utilisation de l'argent ; donner de l'importance à l'éducation afin de cultiver les habitudes d'érudition ; combattre l'hérésie afin d'exalter les véritables doctrines ; expliquer les lois pour mettre en garde les sots et les ignorants ; expliciter les rites afin d'améliorer les coutumes ; consolider les activités pour renforcer les aspirations ; exhorter les jeunes afin d'éviter les mauvais comportements ; empêcher les dénonciations afin de ne pas nuire aux personnes bonnes et honnêtes ; ne pas abriter les fugitifs pour éviter d'être impliqué ; payer ses impôts afin d'éviter d'être poursuivi ; s'unir pour vaincre le banditisme ; apaiser les querelles afin de respecter la vie humaine[①]. » On peut observer que le rôle principal du droit coutumier villageois était d'encourager les bons et punir les méchants et de promouvoir les bonnes mœurs, en soulignant l'importance de l'éthique traditionnelle pour le maintien de l'ordre dans le village.

2. L'interdiction du vol et du brigandage pour maintenir l'ordre

Le droit coutumier villageois s'est formé et s'est développé dans un contexte de détérioration de l'ordre social. La sécurité des biens et la vie des villageois étaient menacées et leurs droits et intérêts légitimes mis en danger. Par conséquent, le droit coutumier des villages visait essentiellement le maintien de l'ordre.

Le vol et le brigandage étaient des violations graves des droits de propriété privée et entraînaient l'instabilité sociale, c'est pourquoi ils étaient strictement interdits par le droit coutumier des villages. Par exemple, l'« Accord public du groupe » stipulait : « Les céréales, les poissons des étangs, les légumes, les bois et bambous, les branches d'arbres, la viande

---

① *Sheng Zu Ren Huang Di (1) Shi Lu* [*圣祖仁皇帝(一)实录*, « Histoire de l'Empereur Kangxi (I) »], vol. 34.

fumée, les céréales ont leurs propres propriétaires, mais nous devons tous les surveiller. En cas de vol, on appelle les voisins pour aider à attraper le voleur qui sera puni publiquement. Les frais engendrés sont pris en charge par tous les membres du groupe non par des individus[①]. » Ces normes coutumières sont assez complètes en ce sens qu'elles punissaient à la fois les voleurs et les complices. Non seulement le droit coutumier interdisait le vol entre les villageois, mais il exigeait également que tous les villageois se défendent contre les voleurs venus d'ailleurs.

Le droit coutumier villageois contenait des dispositions destinées à maintenir l'ordre social, comme l'interdiction stricte des jeux d'argent, du pillage, des harcèlements et de la violence. Ces dispositions avaient un effet positif sur l'encadrement du comportement des villageois, sur la réduction des conflits entre eux et donc sur le maintien de l'ordre social.

Les règles coutumières étaient souvent gravées dans la pierre pour être portées à la connaissance des villageois afin qu'elles soient connues et observées par eux ; elles avaient ainsi une plus grande autorité.

3. La protection des bois et collines et de la production agricole

La Chine a été pendant longtemps un pays rural marqué par une économie naturelle de subsistance. Les villageois dépendaient de la terre pour leur survie. La terre était au cœur de la vie. Cette caractéristique sociale et économique a été traduite dans le droit coutumier des villages. Un élément important du droit coutumier des villages était la protection des collines, des bois et de la production agricole, pour préserver la base de survie des villageois.

Huizhou, dans la province de l'Anhui, est une région montagneuse où « toutes [les] montagnes sont boisées, toute la campagne [est] cultivée ». Comme la production de bois avait une relation très étroite avec la vie économique des gens, la plantation d'arbres et la protection des bois étaient une longue tradition, et de nombreux villages avaient des organisations, telles que l'Association de préservation des collines, qui élaboraient des règles coutumières sur la protection des forêts. L'an vingt-six du règne Jiajing, sous les Ming, à Qimen, Sansidu, les villages Houtan, Taoshu,

[①] Cité dans Dai Yanhui, *Gouvernance des villages sur Taiwan sous les Qing*, Taiwan Lianjing Publishing Company, juillet 1979, p. 147.

Lingshankou, Chuxi et Ke Li formèrent une association de protection des forêts et élaborèrent un droit coutumier en la matière. Selon ce dernier, les familles des villages étaient regroupées en douze « Jia » dirigés par un chef. Douze registres furent créés et remis à tous les chefs qui se réunissaient trimestriellement pour y inscrire les infractions constatées, ainsi que les sanctions prises par eux. Chaque personne recevait une palanche de bois marquée ; le fait de couper du bois sans la palanche marquée était considéré comme du vol en violation du droit coutumier, et passible de poursuite devant les instances villageoises. Les familles étaient autorisées à ramasser des branches mortes pour installer leur palissade, mais elles ne pouvaient pas couper d'arbres ; idem pour la cueillette du bois de chauffage. Toute personne ayant délibérément détruit de jeunes arbres était tenue de dédommager la collectivité. Afin de mettre fin à l'abattage sauvage et aux ventes clandestines de bois et de protéger la forêt, le droit coutumier interdisait aux commerçants de bois d'acheter de jeunes arbres. Le droit coutumier des villages interdisait strictement le vol d'arbres dans les forêts. Toute personne ayant transgressé cette règle était tenue de payer une amende pour chaque arbre abattu. Afin de rendre ce pacte de protection des forêts plus contraignant, une pétition commune pouvait être soumise au district pour demander au sous-préfet d'y apposer son sceau et de l'afficher à un endroit fréquenté, afin que tout le monde s'y conforme[①].

Le droit coutumier de Wentang, de Xixiang, à Qimen, spécifiait : « Les collines de près ou de loin de notre juridiction sont plantées de pins et de bambous, il est interdit d'en abattre et d'en vendre sans autorisation ; on ne peut ramasser des arbustes sous peine de punitions en public[②]. »

Dans certains villages, des associations de protection de jeunes pousses étaient mises en place pour protéger la production agricole. Selon le *Recueil complet des coutumes civiles chinoises*, « [l]es associations de jeunes pousses (dont les règles s'imposaient aux villageois en général) étaient des associations créées volontairement entre les agriculteurs à l'approche des récoltes, afin de prévenir les dommages pouvant être causés par les animaux et êtres humains. Les membres qui délibéraient sur les mesures de sanctions

---

① *Accord de villageois sur la protection des bois de Qimen 34 Du*, dont l'original est conservé à l'institut d'histoire de l'Académie chinoise des sciences sociales, sous le n° 003793.

② *Pacte de villageois du bourg de Wentang*, sixième année du règne de Longqing.

sont des habitants des villages et des bourgs[1] ». On constate que cette coutume a été très efficace.

4. L'organisation des œuvres d'intérêt commun et l'entretien des équipements collectifs

Le droit coutumier villageois prévoyait l'organisation des œuvres d'intérêt commun et l'entretien des équipements collectifs, traduisant ainsi les caractéristiques du village en tant que groupe social territorial. Étaient notamment concernés la construction et l'entretien des ressources hydrauliques, des routes et des ponts et l'organisation des commémorations et de l'éducation. Par exemple, certaines règles coutumières prévoyaient l'organisation de la fête du dieu de la terre au début de février et d'août de chaque année, c'est-à-dire la prière de printemps et le remerciement d'automne. Un sanctuaire dédié au dieu de la terre était édifié. Le jour de la fête, les villageois présentaient leurs offrandes et se réunissaient autour d'un banquet festif.

La manifestation collective la plus courante dans les villages était la « prière de la pluie » en période de grande sécheresse. Selon le droit coutumier, une fois la décision prise en commun, les personnes chargées de diriger la manifestation, de porter les dieux et de diriger la prière devaient s'atteler aux préparatifs. Des familles fabriquaient des chapeaux avec des branches de saule, tandis que d'autres préparaient les branches de saule. L'invocation et l'accompagnement des dieux au début et à la fin du festival, ou la « Tour d'inspection du dieu de la terre », se déroulaient selon les coutumes.

Les divertissements collectifs constituaient un aspect important des activités du bien-être collectif des villageois, et le droit coutumier comportait un certain nombre de dispositions relatives à l'organisation de spectacles folkloriques. Lors du passage d'un groupe de spectacle itinérant, il fallait prévoir l'hébergement et la nourriture de l'équipe, les accessoires de spectacle, l'installation des décors et la collecte des sommes pour payer la prestation. Lors du réveillon du Nouvel An ou des fêtes, il était de coutume d'inviter des équipes de danse folklorique ou de théâtre et d'opéra. Dès lors,

---

[1] Shi Peisheng, *Recueil complet des coutumes civiles de Chine* (Partie VI : Divers, Livre VIII), Shanghai Bookstore Press, mars 2002, p. 19.

il existait donc des règles coutumières sur l'apprentissage, la pratique, la transmission de l'art du spectacle et la représentation.

Le droit coutumier des villages contenait des dispositions relatives au bien-être des villageois. De nombreux villages avaient des « granges publiques » et des « granges de charité » pour apporter de l'aide aux villageois en cas de calamité ou pour d'autres raisons particulières. Il existait également des dispositifs pour apporter de l'aide régulière aux veuves, orphelins, vieillards et invalides du village. Les villages disposaient également de « terrains de charité » pour fournir des lieux de sépulture aux personnes mortes dans la pauvreté.

5. La protection des propriétés collectives

Le droit coutumier villageois protégeait les biens communs du village en interdisant aux personnes extérieures de porter atteinte à la propriété des biens communs et en exigeant de tous les villageois qu'ils entretiennent les biens et les utilisent avec bienveillance.

Les biens communs du village, principalement les cours d'eau et les installations hydrauliques, les routes et les temples, étaient protégés par le droit coutumier. Selon les coutumes, les cours d'eau appartenaient au village, et la personne qui en tirait profit devait payer une somme au village pour financer les dépenses publiques. Un exemple similaire se trouve dans *La vie des paysans chinois* de Fei Xiaotong : le lac et la rivière du village de Kaixiangong étaient la propriété collective du village, et le droit coutumier prévoyait qu'il était interdit à toute personne de se les approprier. La distribution de l'eau était décidée en commun entre les villageois, d'une manière équitable. Les produits naturels des cours d'eau (poissons, crevettes, plantes aquatiques) appartenaient également aux villageois qui y avaient accès à parts égales, à l'exclusion des villageois d'autres villages.

Le droit coutumier des villages permettait d'identifier, de protéger et de gérer les biens communs du village, principalement les ressources naturelles dont les produits étaient utilisés dans l'intérêt commun du village. Le droit coutumier protégeait les droits des villageois en termes de surveillance des frontières du village, des terrains, des collines, des forêts et des cours d'eau appartenant au village.

6. L'assistance mutuelle dans les activités et dans la vie quotidienne

L'assistance mutuelle entre les villageois, qui était une norme de base du droit coutumier villageois, leur permettait de s'entraider dans de nombreux aspects des activités et dans la vie quotidienne.

En pleine saison agricole, chaque famille participait à des « échanges de labour » ou de « transformation de labour », comme sorte d'assistance mutuelle (« prêt du bétail » dans les campagnes du nord de la Chine). Plusieurs familles d'agriculteurs s'organisaient pour s'entraider : le savoir-faire contre la force physique, le travail contre le labeur de bétail, ou des ouvrages faits par des femmes contre des travaux faits par des hommes. Le plus souvent, les gens se regroupaient pour travailler successivement pour les uns et les autres. L'assistance mutuelle selon les règles coutumières réglaient fondamentalement le problème de l'insuffisance des moyens pour les uns et de l'insuffisance de la main-d'œuvre pour les autres.

Les règles coutumières régissaient un champ d'entraide très étendu, allant des mariages et des funérailles à la construction de maisons et au besoin au financement, pour résoudre les difficultés que rencontraient les villageois et répondre à leurs besoins d'échanges.

Le mariage était un événement majeur de la vie, mais sa complexité dépassait la capacité d'une seule famille. L'entraide était donc essentielle. Le jour du mariage, les villageois venaient spontanément donner un coup de main. Les personnes expérimentées participaient selon leurs compétences : comptabilité, achats, cuisine, réception, animation… Il y avait même des personnes qui se chargeaient spécialement de couper du bois, de chercher de l'eau ou de porter des messages. De cette façon, chacun contribuait à sa manière afin que la fête du mariage se passe dans la joie et dans l'ordre.

De même, le droit coutumier jouait un rôle extrêmement important pour l'organisation des funérailles. L'entraide était de mise entre la période de déclaration de la maladie et l'enterrement. Lorsque le malade était mourant, les villageois âgés expérimentés se rendaient à son domicile pour veiller ensemble avec les membres de sa famille. Après le décès, les gens s'organisaient pour informer les proches du défunt, nettoyer et habiller le corps du défunt, le déplacer à l'endroit prévu, faire fabriquer le cercueil, accompagner les proches du défunt pour veiller, creuser la tombe, porter le cercueil à la tombe et recevoir les parents et les amis du défunt.

La construction d'une maison était un autre événement majeur de la vie, et elle était également réalisée avec l'aide des autres villageois. Lors de la construction d'une maison, les voisins allaient se charger de l'abattage du bois, de l'extraction des pierres, du transport du sable, de la terre, des briques et des tuiles et, après le début des travaux, de la fabrication du ciment, du transport de l'eau et des matériaux. Le propriétaire de la future maison offrait des cigarettes, de l'alcool, du thé et des repas, et lorsque d'autres construisaient des maisons, c'était alors à lui de donner un coup de main.

Dans la vie quotidienne, il était extrêmement courant que les villageois s'offrent des fruits et des légumes ; les échanges entre eux étaient constants. Dans de nombreux endroits, la tontine constituait une forme importante d'entraide financière. La tontine est une forme de crédit mutuel, où une personne qui joue le rôle de chef réunit certaines personnes pour créer une association. Les membres de celle-ci se réunissent périodiquement en apportant une somme d'argent à l'association. Le chef bénéficie des fonds réunis lors de la première réunion, les autres membres recueillent les fonds réunis plus tard selon un ordre convenu en fonction de leurs besoins. Dans certains cas, un tirage au sort est organisé par le chef pour désigner la personne qui récupère les fonds réunis. De cette façon, chaque participant a la possibilité d'utiliser le crédit sans intérêt. La durée de la tontine varie d'un à trois ans.

## *IV. L'adoption et la mise en œuvre du droit coutumier des villages*

### 1. L'adoption du droit coutumier villageois

La plupart des coutumes de village étaient naturellement formées par tous les villageois au cours de leurs activités de production et des actes de la vie sur une longue période. Les coutumes étaient transmises de génération en génération et observées consciencieusement par les villageois dans l'intérêt commun du village. Il s'agissait pour la plupart de formes non écrites, transmises oralement et par le comportement. Il existait également des « accords » dans un but précis : protéger un certain type de droits et d'intérêts (comme la lutte contre les vols, la protection du village) ; tous les villageois se réunissaient pour délibérer et se mettre d'accord sur des règles spécifiques, les adoptaient à l'unanimité et les mettaient en application. Ces règles étaient souvent écrites, gravées sur des pierres et des stèles, ou affichées, afin que tout le monde, à l'intérieur comme à l'extérieur du village, les connaisse et les respecte.

Le droit coutumier villageois était considéré comme un acte d'autogestion par les membres d'un groupe territorial. Le gouvernement pouvait préconiser, apprécier, encourager et parfois renforcer ces actes et activités en les revêtant de l'autorité officielle, mais ne pouvait généralement pas les imposer ou en ordonner l'application explicitement. Les accords de village étaient adoptés spontanément par les villageois, et avaient un caractère fondamentalement démocratique. Le droit coutumier de nombreux villages traduisait également une certaine hiérarchie, en se concentrant sur la protection des intérêts de ceux qui ont des biens, mais ceci était d'importance secondaire. L'adoption du droit coutumier avait pour but de protéger les intérêts de tout le village et de maintenir l'ordre dans l'ensemble du village, ce qui était propice à la production et à la subsistance de tous les villageois ainsi qu'au développement et au progrès social du village.

Parfois, l'adoption de règles coutumières répondait à certaines exigences formelles, comme l'« interdiction de fouler les champs et les cultures » citée ci-dessus, qui était un serment avec des connotations divines. Dans certains cas, le droit coutumier était signé par les villageois (ou au moins par le chef de chaque clan ou des familles) et les notables avant qu'il n'entre en vigueur. Cela signifiait que chaque membre était d'accord avec le droit coutumier, assumait désormais l'obligation de maintenir les effets du droit coutumier et de le respecter, et bénéficiait également des droits prévus par le droit coutumier.

## 2. La mise en œuvre du droit coutumier

Dans la société chinoise traditionnelle, l'administration étatique s'arrêtant au niveau du district, les vastes zones rurales étaient administrées de façon autonome. Les organisations villageoises avaient donc des fonctions extrêmement importantes, dont l'application du droit coutumier, le traitement de litiges civils et la sanction des violations du droit coutumier.

(1) Institutions et personnel chargés de la mise en œuvre du droit coutumier

Les institutions chargées de l'application des coutumes variaient en fonction de l'adoption et du champ d'application du droit coutumier. Les coutumes générales adoptées par un village ou un groupement de villages étaient appliquées par l'organe du village ou des villages, alors que les règles coutumières spécifiques convenues entre certains villageois étaient appliquées par un organisme et un personnel spécialement dédiés.

Comme indiqué précédemment, l'organisation du village varie selon les époques : le système Li sous les Zhou, Xiang-ting-li sous les Qin et les Han, le système de trois chefs (chef de Lin, de Li et de Dang) sous les Wei et les Jin du Nord et du Sud, le système de solidarité de voisinage sous les Sui et les Tang, Baojia et Xiangyao sous les Song, She sous les Yuan, Lijia et personnalités âgées sous les Ming, et Liji et Baojia sous les Qing. Le but initial de l'organisation était la collecte des impôts, puis, plus tard, la promotion de l'agriculture, l'éducation et le maintien de l'ordre l'ont emporté. Le personnage principal était « Aîné du village », « Chef de l'ordre », « Chef de Bao », « Chef de Li », « Ancien », « Chef de Jia », ainsi de suite. Mais, quel que soit le type d'organisation du village ou le nom de son chef, que ce dernier soit élu par les villageois ou nommé par le gouvernement, sa responsabilité était de faire respecter les coutumes du village.

Les pouvoirs des instances villageoises étaient considérables. Pour les litiges civils et les infractions mineures au droit coutumier, l'organisation du village avait autorité pour assurer la médiation et le traitement de ces litiges en vertu du droit coutumier. Les *Instructions impériales au peuple*, promulguées lors de la trente et unième année de règne Hongwu de l'empereur des Ming, prévoyaient dans son article 2 la compétence des instances du village concernant les affaires relatives aux mariages, les familles, les terrains, les querelles, les incendies, les vols, les injures, les créances, les jeux de hasard, les cueillettes de fruits et légumes d'autrui sans autorisation, les abattages clandestins de bétail, les destructions de biens et de cultures, les blessures dues à des morsures d'animaux, les détournements de fonds familiaux par les descendants, les violations de dogmes, la sorcellerie, les dommages causés par des animaux aux cultures, les partages des ressources hydrauliques et les blasphèmes. Ces affaires étaient généralement réglées selon la législation de l'État par la médiation à la charge des organisations villageoises. Il était interdit de porter l'affaire directement devant le gouvernement et les instances villageoises étaient dotées des pouvoirs d'exécution.

Les affaires criminelles importantes étaient en général du ressort des organisations villageoises, à l'exception des dix crimes dits « abominables » et des meurtres. Cela étant, il arrivait même que les organisations villageoises statuent sur ces derniers cas extrêmement graves selon le droit coutumier.

Bien que le titre de la personnalité chargée de la mise en œuvre du droit coutumier dans les institutions villageoises varie d'une époque à une autre, on en distinguait deux catégories : le chef de village, le chef de Li ou le chef de Jia d'une part, et les anciens (aînés du village) d'autre part. Les chefs de village, de Jia et de Li étaient en général élus par les villageois ; certains étaient toutefois nommés par le gouvernement. Les anciens (aînés du village) étaient principalement élus par les villageois ou choisis en fonction de leur expérience, de leur vertu et de leur réputation, et ils pouvaient aussi cumuler un poste de fonctionnaires. Il y a un chef par Jia et Li, mais le nombre des « aînés » variait entre deux et trois, voire quatre ou cinq, car il n'y avait pas de limite. La durée du mandat des chefs de village, de Li et de Jia était aussi variable. Outre la collecte des impôts, leur principale tâche consistait à faire respecter le droit coutumier, à savoir : instruire les villageois, maintenir l'ordre, régler les litiges et sanctionner les contrevenants au droit coutumier, afin d'assurer la paix au sein du village. Les villages étaient généralement dotés d'un personnel chargé de missions spécifiques. Par exemple, sous la dynastie Song, le pacte du village des Lu prévoyait l'élection d'une personne âgée et vertueuse comme responsable de l'application du pacte, et de deux lettrés pour l'assister. En outre, une autre personne était élue chaque mois pour assurer la mise en œuvre concrète du pacte. Il existait une pratique similaire dans le village Wentang de Xixiang, à Qimen dans la province de l'Anhui. Un chef était désigné parmi les « Aînés et vertueux » chargés de gérer les hommes.

En outre, l'application des règles coutumières spécifiques était confiée à une instance unique.

(2) Procédures de règlement des litiges et sanctions

Lors du règlement d'une affaire de violation du droit coutumier, les chefs et les anciens du village convoquaient les parties et les autres personnes intéressées devant un conseil. Il était interdit par le droit coutumier que l'affaire soit réglée par une seule personne. Seuls les cas graves, comme les meurtres ou ceux qui mettaient en jeu les intérêts de tous les membres, nécessitaient la réunion de l'assemblée des villageois ou de tous les membres d'une organisation particulière.

En général, le droit coutumier interdisait la saisine directe des autorités, car l'affaire devait d'abord être traitée au niveau du village. En ce qui concerne les violations du droit coutumier, l'accent était mis sur la réprimande et l'éducation. Dans le cas de litiges civils, l'accent était mis sur la médiation dans le but de résoudre le problème de manière pacifique, principalement pour éduquer les personnes.

Les affaires se terminaient en général par des sanctions punitives, très rarement par des récompenses. Les principales punitions étaient les suivantes :

(i) Réprimande et éducation. Pour les violations mineures du droit coutumier, l'objectif principal était de faire comprendre l'erreur à l'auteur, de le critiquer, l'éduquer et le réprimander. Dans certaines régions, il existait une pratique dite de « mauvaise bouche » selon laquelle les villageois se rassemblaient pour réprimander et humilier en public le contrevenant au droit coutumier.

(ii) Amendes et réparation. Une indemnisation était généralement exigée pour réparer les dommages causés ou la destruction des biens causée consécutivement à la violation des coutumes, le montant dépendant des dommages et des circonstances de la violation. La forme la plus courante de punition était l'amende (ou le paiement en nature : de l'alcool ou une pièce de théâtre).

(iii) Châtiment corporel. Les personnes prises en flagrant délit de violation des coutumes, comme le vol, étaient passibles de la torture ou du passage à tabac en guise de leçon. Toutefois, la plupart des sanctions étaient assorties de restrictions, comme l'interdiction des punitions excessives et lourdes pouvant entraîner des blessures graves ou la mort.

(iv) Expulsion. De nombreuses coutumes villageoises prévoyaient la déchéance du statut de villageois et l'expulsion du village en cas d'une violation du droit coutumier suffisamment grave pour susciter un sentiment d'insécurité parmi la population locale ou causer de graves préjudices à la communauté. Par exemple, dans le village Wentang de Xixiang, à Qimen, dans la province de l'Anhui, il existait une punition d'« exclusion à vie de la communauté ou exclusion du temple après la mort ». La personne ainsi bannie était rejetée par tout le village et condamnée ainsi à la mort dans une société d'économie de subsistance. Cependant, ce type de punition était très rare.

Il existait également d'autres peines telles que la mort et la dénonciation du délinquant au gouvernement.

## *V. Caractéristiques du droit coutumier des villages*

Le droit coutumier des villages, comme tout code de conduite pour un groupement social, avait une influence importante sur la société villageoise et les membres du village ; il jouait un rôle important dans le contrôle de la société. Les caractéristiques du droit coutumier des villages sont principalement les suivantes :

### 1. La ruralité

Il est évident que le champ d'application du droit coutumier résidait dans les villages qui étaient constitués sur la base de relations locales, ces villages étant éparpillés dans de vastes campagnes. Le mode de vie des villageois était celui d'une société rurale où l'agriculture était le pilier de l'existence et où tout dépendait de la terre. Le droit coutumier villageois, qui était la cristallisation même de la culture rurale, se développait dans les vastes communautés rurales et déterminait le comportement des villageois depuis des générations. L'objectif principal des coutumes rurales était de protéger la continuité de la culture rurale centrée sur la production agricole et la vie des paysans. Par exemple, l'« Interdiction de fouler les cultures » était destinée à protéger les collines et la production agricole, et les sanctions étaient infligées contre « le vol et le brigandage » parce que ces derniers perturbaient la production agricole et la vie quotidienne. La mise en œuvre du droit coutumier avait également une connotation rurale et adaptée au besoin des activités agricoles ; c'est la raison pour laquelle les délibérations et leur mise en œuvre avaient lieu pendant la basse saison agricole, pour ne pas rater les saisons.

2. La territorialité

Dû à sa ruralité, le droit coutumier villageois se caractérisait également par sa territorialité. Un village se formait selon des considérations géographiques et constituait une organisation territorialement autonome ; par conséquent, le droit coutumier villageois présentait des caractéristiques locales. Il variait fortement d'un village à l'autre, selon les conditions sociales et économiques ainsi que les usages et traditions propres à chaque région. L'adoption du droit coutumier était influencée par les traditions locales, tout comme les rituels étaient profondément liés à l'histoire et à la mentalité locales. L'application des coutumes et les modalités d'exécution des sanctions pour violation des coutumes étaient adaptées au contexte local afin de sauvegarder plus efficacement les intérêts collectifs et maintenir l'ordre existant. Entre villages, les coutumes pouvaient être déconnectées les unes des autres, à cause de leur isolement. On peut dire que le droit coutumier d'un village était un système autonome et hermétique. Comme le dit Fei Xiaotong dans son analyse des caractéristiques des villages : « L'unité de la communauté rurale chinoise est le village. La vie de la société rurale (…) a un fort caractère local. Le caractère local signifie que le champ d'action est géographiquement limité, que la vie est compartimentée dans un cercle social isolé[①]. » Ainsi, lorsque les intérêts de deux villages s'affrontaient et que ces derniers ne parvenaient pas à trouver une solution appropriée dans leurs coutumes respectives, la solution la plus extrême – la lutte armée – était généralement utilisée au nom de leurs intérêts suprêmes respectifs. Ainsi, il est facile de comprendre pourquoi, lorsqu'il s'agissait de litiges entre les membres d'un village, l'approche de la médiation et de l'éducation était la plus souvent adoptée et, quand le conflit dépassait les limites d'un village, c'était l'affrontement. À cet égard, le droit coutumier des villages montrait son étroitesse, et ce droit coutumier, qui prenait le village comme objet suprême de l'ordre et des intérêts à protéger, était fondamentalement exclusif et focalisé sur le village. Il convient de prêter attention à cette caractéristique, car elle peut conduire au désordre et à l'agitation dans toute la société.

---

[①] Fei Xiaotong, *La Chine rurale*, Librairie Sanlian, juin 1985, p. 4.

### 3. La primauté des devoirs

Le droit coutumier villageois, en termes de valeurs, mettait l'accent sur l'ordre et favorisait le maintien des structures et des modèles de contrôle existants. Pour les villageois, l'accent était davantage mis sur le devoir et la responsabilité ; ils devaient donner la priorité à l'intérêt collectif et faire preuve de retenue lors de la défense des intérêts privés. Dans certains cas, les villageois étaient même tenus de sacrifier leurs intérêts individuels pour montrer leur sens de la responsabilité. On l'observe sur divers panneaux de bois et des stèles de pierre dans les villages, sur lesquels sont gravés des textes de coutume. Cette caractéristique est liée à l'orientation du droit coutumier villageois. Le droit coutumier villageois visait l'intérêt général du village en tant qu'unité sociale. Il est essentiel de noter que le droit coutumier villageois était indispensable pour maintenir l'ordre existant dans l'ensemble du village, afin qu'il ne soit pas perturbé par des actes impulsifs et irrationnels. La préservation de l'ordre du village profitait aux intérêts particuliers des villageois. Par conséquent, les intérêts individuels des villageois n'étaient protégés que dans la mesure où ils étaient compatibles avec les intérêts du village dans son ensemble, mais cela ne signifiait aucunement que le point de départ et l'objectif du droit coutumier villageois étaient dictés par les intérêts et les droits individuels des membres du village. En un sens, les villageois n'étaient que les dépositaires du droit coutumier du village, et ils n'étaient valorisés qu'en tant que dépositaires des devoirs et obligations du droit coutumier. La véritable question n'était pas de savoir de quels droits ou avantages chaque membre bénéficiait, et même s'il y en avait, ils n'étaient que la récompense et la faveur de l'accomplissement de leurs devoirs et leurs obligations. C'est-à-dire que les villageois pouvaient ainsi vivre en paix dans la communauté. Autrement, ils étaient punis ou en étaient chassés. À ce stade, les droits et intérêts individuels des membres étaient insignifiants face aux intérêts du village dans son ensemble. C'est la véritable nature du droit coutumier villageois.

### 4. Le rôle des notables locaux

En examinant le droit coutumier des villages, il est facile de constater l'influence significative des notables et des grands propriétaires du village sur le droit coutumier. Dans les vastes zones rurales, il existait un grand nombre de notables ayant un certain patrimoine, un bon niveau d'éducation voire l'expérience de la fonction publique. Ces personnes étaient très influentes dans leur village et jouissaient d'un statut élevé ; ils avaient un droit de regard et de décision sur les affaires du village. Il en allait de même pour les coutumes du village. Qu'il s'agisse de l'adoption des règles du droit coutumier ou du traitement des comportements qui y contrevenaient, qu'il s'agisse de son contenu ou de ses formes, ils avaient un important pouvoir de décision. Dans un sens, on peut dire que le droit coutumier des villages était entre les mains des notables. C'est à travers le droit coutumier qu'ils participaient au contrôle et à l'administration de la société locale. Sans le droit coutumier, les notables auraient eu du mal à exercer leur influence ou à jouer un rôle dans les villages ; leurs pouvoirs auraient manqué de support.

De nombreux chercheurs se sont penchés sur les privilèges des notables et ont publié de nombreux ouvrages[①], mais il semble que le point de vue juridique ait été peu pris en compte. En effet, le droit coutumier villageois était la garantie et l'incarnation des pouvoirs des notables ; il était aussi le mode d'action de leurs pouvoirs. Les notables exerçaient leur influence par le biais du droit coutumier, consolidaient leur statut social et protégeaient leurs intérêts économiques grâce au droit coutumier. Bien entendu, cela ne signifiait pas que les notables du village pouvaient utiliser arbitrairement le droit coutumier dans leur intérêt, ce qui mérite d'être précisé.

---

[①] Pour plus de détails, voir *La Chine rurale* de Fei Xiaotong (Librairie Sanlian, juin 1985) ; Wu Han et Fei Xiaotong, *Autorité de l'empereur et autorité des notables* (Tianjin People's Publishing House, octobre 1988) ; John King Fairbank, *The Cambridge History of China – Late Qing* (China Social Science Press, février 1985).

# Chapitre 3 Le droit coutumier des corporations

Les corporations ou encore les corporations professionnelles, les « guilds » en anglais, sont des organisations sociales nées pendant la période féodale à un moment où le développement de l'économie marchande a atteint un niveau significatif. Elles étaient créées par des marchands ou des artisans grâce à leur richesse, selon le droit coutumier, dans le but de réprimer la concurrence, de monopoliser le marché et de protéger les intérêts professionnels. Ces corporations se déclinent en corporations d'artisans et corporations de marchands.

Le droit coutumier a joué un rôle important au cours de l'émergence et du développement des corporations en Chine. Les corporations, par le biais du droit coutumier, renforçaient le contrôle interne et les liens de solidarité, rendaient impossible toute concurrence, qu'elle vienne de l'extérieur ou de l'intérieur, et maintenaient leur monopole[①]. Le droit coutumier des corporations chinoises était formé principalement de règles et statuts écrits, mais aussi de règles tacites et de pratiques professionnelles ; il faisait partie intégrante du droit coutumier chinois.

L'étude de l'émergence et du développement du droit coutumier des corporations chinoises, de son contenu et de ses caractéristiques revêt une importance significative pour mener des études sur le droit coutumier chinois et pour étendre le champ de la recherche au régime des corporations chinoises[②].

## *I. L'émergence et le développement du droit coutumier des corporations*

Le droit coutumier des corporations chinoises est né et s'est développé avec l'émergence et le développement des corporations. L'évolution du droit coutumier des corporations dépendait de la quantité, des structures et du

---

[①] Selon Quan Hansheng, les corporations avaient une fonction positive en encourageant l'assiduité, la confiance, l'assistance mutuelle et l'amélioration du statut personnel. Voir Quan Hansheng, *Histoire des institutions corporatives de Chine*, Taipei, 1978, pp. 197-198.

[②] Pour une étude de l'histoire des guildes chinoises, voir Zhu Ying, « Rappel et perspective de la recherche sur les corporations en Chine », *Historical Studies*, 2003, n° 2.

dynamisme des corporations.

1. Le droit coutumier des corporations sous les dynasties Sui et Tang

Le droit coutumier des corporations est né en Chine au cours de la période des dynasties Sui et Tang[①]. Cette période a notamment été marquée par le développement de l'artisanat et l'apparition des ateliers dans les villes, grâce à la stabilité intérieure et au développement du commerce. Les corporations ont vu le jour avec pour objectif de repousser les nouveaux concurrents toujours plus nombreux, de protéger le marché dont le potentiel était limité et de s'unir contre l'oppression des forces conservatrices. Le droit coutumier est donc né pour maintenir l'unité au sein des corporations et leur puissance, et pour assurer la réalisation de leurs objectifs. Il était contraignant pour les membres de la corporation, mais était rudimentaire et avec un contenu limité. Durant cette période, le droit coutumier des corporations contenait essentiellement des dispositions relatives à la gestion interne, par exemple la désignation du « chef », du « patron » ou du « doyen » ainsi que leurs attributions et les conditions d'adhésion, avec une portée assez restreinte.

Le droit coutumier des corporations de cette période était également le reflet des relations entre les corporations et le gouvernement. Dès le début, le régime autocratique féodal exerça un contrôle strict sur les corporations, le but étant de contrôler l'artisanat et le commerce dans les villes.

2. Le droit coutumier des corporations sous les dynasties Song et Ming

Pendant les périodes Song et Ming, le droit coutumier des corporations chinois connut un essor important. Les corporations se répandirent dans presque toutes les grandes et moyennes villes, et se diversifièrent progressivement avec le développement de la division du travail. Le droit coutumier des corporations prévoyait des systèmes d'organisation plus stricts, révélant une mainmise plus importante sur les professions par les corporations. À l'instar des dynasties Sui et Tang, le droit coutumier des corporations continuait de définir, en position centrale, les relations entre les

---

[①] Liu Yongcheng affirme que les corporations chinoises ont vu le jour sous la dynastie Tang et ont connu une prospérité sous la dynastie Song avec le développement de l'économie féodale. Voir Liu Yongcheng, « Sur les corporations artisanales de la ville de Suzhou sous les Qing », *Historical Studies*, 1959, n° 11.

corporations et le pouvoir féodal. Par le biais du droit coutumier, les corporations exerçaient un contrôle multiforme sur les activités, en organisant et en distribuant les sources d'approvisionnement à l'intérieur, et en repoussant les non-membres à l'extérieur. Les marchands utilisaient leurs corporations pour peser auprès des autorités et le droit coutumier pour transformer les corporations en outils de contrôle au profit des autorités féodales.

À partir du milieu de la dynastie Ming, des maisons de corporation commencèrent à apparaître. Le droit coutumier des corporations permettait aux marchands de résider dans les maisons de corporation, d'y entreposer des marchandises. Les prix publics étaient fixés par la corporation, mais les affaires de celle-ci étaient souvent contrôlées par des personnes influentes de la corporation. L'objectif des corporations, consacré par le droit coutumier, était de protéger les membres contre les atteintes venues de l'extérieur, de servir les intérêts des pairs, de développer progressivement des œuvres caritatives telles que l'assistance mutuelle professionnelle.

3. Le droit coutumier des corporations sous la dynastie Qing

Sous la dynastie Qing, le droit coutumier des corporations chinoises atteignit son apogée. Au cours de cette période, les maisons et hôtels des corporations se généralisaient au-delà des limites géographiques. Une nouvelle page s'ouvrit. Le droit coutumier des corporations s'y était adapté pour former un système structuré, rigoureux et autonome.

Apparues au milieu de la dynastie Ming, les maisons de corporation se sont généralisées sous la dynastie Qing. Une maison de corporation était, à l'origine, le lieu de vie où se regroupaient les migrants originaires de la même région pour se lier d'amitié, former des associations et s'entraider. Les maisons de corporation relevaient de deux catégories : celles d'une association de membres hébergés dans un hôtel, souvent réservé aux fonctionnaires ou aux candidats à l'examen impérial. Dans la deuxième catégorie, on trouvait les maisons de marchands ou de groupes de marchands, lieux où les marchands « discutent des prix », « entreposent des marchandises », « tiennent des réunions », « rendent hommage aux ancêtres » et « font des affaires ». Dans les villes, il y a non seulement des maisons de corporation des marchands locaux exerçant la même profession, mais également des maisons ouvertes par des marchands originaires d'une autre région et résidant dans la ville, pour unir leurs membres et défendre leurs intérêts. Le groupe des marchands immigrés prenait souvent la forme d'une « bande » qui était à la fois une association de membres et une organisation de métier. Les artisans de certains métiers s'organisaient également en bande.

En accord avec ce type d'organisation, le droit coutumier des corporations de cette période présentait les aspects suivants : tout d'abord, le contenu était plus complexe et détaillé. Le contenu du droit coutumier des corporations sous la dynastie Qing concernait :

- Le lancement des affaires : l'ouverture d'entreprises devait respecter les normes coutumières et satisfaire à certaines conditions et formalités ;
- Marché, prix, qualité et caractéristiques des produits, matières premières : restriction de la dimension du marché et interdiction de se faire concurrence ; limitation stricte du nombre des apprentis et des compagnons ;
- Droits et obligations : relations entre les membres de la profession, salaires, assistance en cas de faillite, de maladie ou de décès ;
- Sanctions et leur exécution : sanctions en cas de violation du droit coutumier de la corporation et choix de la personne pour exécuter les sanctions.

Étaient ainsi réglementés tous les aspects des activités commerciales et artisanales.

En second lieu, les relations entre le gouvernement, les marchands, les artisans et les corporations, reflétées et entérinées par le droit coutumier, ont connu d'importants changements. Avec le développement de l'économie marchande et l'émergence du capitalisme, ainsi que la lutte de la population citadine contre la féodalité, les corporations, qui étaient des instruments de contrôle et de collecte fiscaux, se sont dotées progressivement d'une fonction économique pour protéger les intérêts des artisans et des marchands, assurer le monopole et empêcher la concurrence. Alors que les corporations sous les Tang et Song étaient contraintes de se mettre au service du gouvernement, les corporations sous les Qing s'associaient volontairement aux autorités, motivées par des intérêts convergents. Par conséquent, sous les Qing, bon nombre des règles coutumières locales des corporations étaient soumises pour approbation aux autorités locales. Par exemple, l'interdiction aux compagnons de créer leur propre « compagnonnage », « gang », « parti » ou « maison » ou de faire grève par « coalition » était imposée par les corporations en étroite collaboration avec les autorités locales. Des règles étaient promulguées par le gouvernement et soutenues ainsi par la force étatique ; leur mise en œuvre était assurée par l'État.

Troisièmement, l'objectif du droit coutumier des corporations, qui était principalement de restreindre la concurrence entre les pairs, s'est progressivement transformé en instrument de lutte contre les compagnons ainsi que leurs alliances pour faire grève. Cela témoigne de l'intensification des luttes entre les compagnons, entrepreneurs et marchands et des divisions au sein des corporations. Dans les corporations d'artisans qui donnaient une grande importance à la formation des apprentis, en revanche, le droit coutumier traitait essentiellement des salaires, de l'amélioration des conditions de travail et présentait une opposition directe contre les entrepreneurs et les marchands. Cette opposition entre les deux types de règles coutumières est révélatrice de l'effondrement qui guettait les corporations chinoises.

Enfin, le droit coutumier des corporations a traversé une série de revers. Le développement de l'économie marchande et l'expansion du marché n'ont pas manqué d'inciter les artisans et les marchands à accroître leur production et à rechercher plus de profit. Mais pour améliorer la qualité et la quantité de la production, il fallait recruter plus d'artisans et améliorer les outils et les techniques de production, ce qui impliquait la suppression des barrières imposées par le droit coutumier des corporations. En même temps, le développement de l'artisanat et du commerce suscitait davantage d'appétit des chefs de corporation. Ainsi, sous la dynastie Qing, le droit coutumier des corporations a subi une série de revers dans des domaines tels que le recrutement des apprentis et des compagnons, la concurrence et les extorsions exercées par les chefs de corporation, et s'est affaibli sans cesse. L'autorité du droit coutumier des corporations a diminué et est devenue ouvertement contestée, chose inimaginable auparavant.

À la fin de la dynastie Qing, le développement de l'économie marchande, de la division du travail et de la concurrence entre les artisans, ainsi que la lutte contre l'intensification des restrictions et contre-restrictions au sein des corporations, ont conduit à la « désuétude » et à l'affaiblissement progressif du droit coutumier des corporations et finalement à son déclin. Par exemple, pendant le règne de Jiaqing, la corporation Jianing, des fabricants de fils d'or à Suzhou, fit face à des contestations[①], car le droit coutumier « tombait progressivement en désuétude ». Des groupes de compagnons et d'apprentis, pour pouvoir développer leurs propres affaires, se sont révoltés contre les règles coutumières de leurs corporations qui limitaient l'ouverture de nouveaux ateliers. Il y a aussi eu des mouvements de lutte contre le droit coutumier sur la restriction des prix de vente et sur celle des instruments de mesure.

Au début de la République, l'État se mit à élaborer des règlements régissant les organisations professionnelles et à incorporer dans la législation écrite les maisons ou hôtels de métier ainsi que d'autres organisations de métier. Le 24 novembre de l'an 29 du règne Guangxu (11 janvier 1903), le ministère du Commerce décréta, à l'instar des chambres de commerce des pays européens, américains et japonais, la *Charte concise des chambres de commerce,* qui comprenait vingt-six articles, et ordonna aux autorités locales de transformer toutes les corporations de métier et organismes similaires en chambres de commerce. Les corporations de métier, à la suite de cette réforme, allaient progressivement perdre leurs caractéristiques traditionnelles pour devenir des organisations à forte connotation bourgeoise.

Pendant la période de la République de Chine, les *Règles d'application de la loi sur les Chambres de commerce* furent élaborées pour les différents corps de métier industriels et commerciaux existants ou nouvellement établis. Plus tard, la Chambre de commerce fut rebaptisée « Association professionnelle de l'industrie et du commerce », et le *Règlement relatif aux associations professionnelles de l'industrie et du commerce* ainsi que les *Modalités d'application* furent promulgués le 27 avril 1918. Ce fut bientôt le tour du *Règlement amendé relatif aux associations professionnelles de l'industrie et du commerce* du 14 avril 1923 et du *Règlement relatif aux associations professionnelles de l'artisanat* du 27 novembre 1927. Les corporations chinoises traditionnelles se retirèrent alors de la scène, remplacées par les chambres de commerce. Le droit coutumier des

[①] Musée provincial de Jiangsu, *Inscriptions des stèles choisies de la province de Jiangsu depuis les dynasties Ming et Qing*, Librairie Sanlian, mai 1959, p. 169.

corporations termina alors sa mission historique, même s'il jouait encore un certain rôle dans certaines industries de certaines régions. Le droit coutumier des corporations, avec son caractère féodal, était un obstacle pour l'économie marchande, il ne répondait plus aux besoins du développement social et était voué à disparaître en même temps que la disparition des corporations.

## *II. Le contenu du droit coutumier des corporations*

Le contenu du droit coutumier des corporations a varié d'une période à l'autre, d'une région à l'autre et d'une corporation à l'autre. Pris dans son ensemble, il portait essentiellement sur la production et la commercialisation des marchandises, l'organisation interne et les institutions, les droits et obligations des membres, les causes d'intérêt collectif ou les cérémonies de culte. Concrètement, il s'agissait essentiellement des aspects suivants :

### 1. L'inauguration des activités

Selon le droit coutumier des corporations, aucune entreprise ne pouvait commencer ses activités si elle ne remplissait pas certaines conditions et n'effectuait pas certaines formalités. La condition la plus importante pour commencer une activité professionnelle était la cotisation à la corporation. Pour la corporation de la soierie et des tissus à Guangzhou : « L'ouverture de l'activité n'est autorisée qu'après le versement de 50 taels. » La corporation des marchands de tissu cyan à Shanghai prévoyait des règles similaires : « En cas d'ouverture d'un nouveau magasin, un premier paiement de 50 taels est versé préalablement, et le reste est à régler par la suite sans remise possible[1]. » Les règles coutumières de la corporation des charpentiers à Suzhou disposaient que les entrepreneurs venus d'ailleurs devaient verser une somme de 4,8 taels, tandis que la somme à payer était divisée par deux pour les entrepreneurs locaux. Cette somme était doublée en cas d'ouverture sans autorisation[2]. C'est ainsi que le droit coutumier des corporations limitait, par des moyens pécuniaires, l'entrée de capitaux extérieurs sur le marché, afin de ralentir le nivellement du taux des profits et de perpétuer les

---

[1] Bibliothèque du musée de Shanghai, *Inscriptions des stèles choisies de Shanghai*, inscription n° 118, Shanghai People's Publishing House, juin 1980.

[2] Musée provincial de Jiangsu, *Inscriptions des stèles choisies de la province de Jiangsu depuis les dynasties Ming et Qing*, inscription n° 66, Librairie Sanlian, mai 1959.

privilèges et le monopole de la corporation.

Dans le même temps, le droit coutumier des corporations interdisait toute activité à ceux qui n'avaient pas adhéré à la corporation ou qui n'avaient pas payé leur cotisation. Selon *Wen xian tong kao* (« Recherche générale sur les documents historiques ») : « Une personne qui n'appartient pas à une corporation est interdite de vente sur le marché et ne peut entrer en concurrence avec ceux qui ont payé leurs droits. Que chacun se présente à l'administration, adhère à une corporation et paye les droits pour être autorisé à faire du commerce sur le marché. » « Pendant une dizaine de jours, dans les rues de la capitale, ceux qui tiennent des bouteilles sur le marché rejoignent la corporation du thé ; d'autres petits commerçants - ceux qui transportent de l'eau pour vendre de la bouillie, vendent des chaussures en chanvre ou recueillent des cheveux - n'osent pas refuser de rejoindre la corporation correspondante à leur activité[1]. »

En ce qui concerne l'emplacement et le nombre des magasins, le droit coutumier des corporations imposait une certaine distance entre un nouveau magasin et un magasin existant. Selon les règles coutumières du métier des balanciers de Changsha : « Une nouvelle boutique doit être séparée des boutiques existantes ; entre eux, il doit y avoir sept magasins d'un côté, et huit de l'autre côté. S'il y a deux boutiques dans un seul immeuble, celles-ci sont comptées comme une seule, toute violation sera poursuivie[2]. »

Le droit coutumier de certaines corporations interdisait aux entrepreneurs venus d'ailleurs d'ouvrir des ateliers. Ce fut le cas de nombreuses corporations à Changsha. Les règles coutumières du métier des bottes et des chapeaux de Changsha disposaient que « quiconque ouvrait une boutique en partenariat avec un étranger serait condamné à une amende de cinq taels et au paiement d'un spectacle, et la boutique serait fermée[3] ».

2. Le recrutement d'apprentis et de compagnons

Limiter strictement le nombre des apprentis et des compagnons était

---

[1] *Wen Xian Tong Kao* (文献通考, « Étude générale des documents historiques »), vol. 20, *Shi Di Kao* (市籴考, « Traité sur les marchés et l'approvisionnement en grains »).

[2] Peng Zeyi, *Archives documentaires sur l'histoire de l'artisanat chinois moderne*, vol. 1, Librairie Sanlian, septembre 1957, p. 195.

[3] Peng Zeyi, *Archives documentaires sur l'histoire de l'artisanat chinois moderne*, vol. 1, Librairie Sanlian, septembre 1957, p. 180.

l'une des règles de base du droit coutumier des corporations chinoises. Le droit coutumier fixait strictement le nombre d'apprentis qu'on pouvait recruter et la durée durant laquelle on pouvait les garder. Ce fut le cas du droit coutumier du métier du cuivre de Wugang dans la province du Hunan : « Tous les métiers ont leurs propres règles pour assurer leurs affaires. Sans règle, il n'y aura pas d'harmonie et les conflits se multiplieront. Dans notre région, on compte des dizaines d'ateliers qui exercent notre métier du cuivre. Ceux qui ont des apprentis et des ouvriers se disputent de plus en plus, ce qui entraîne beaucoup de médiation. Nous nous réunissons pour discuter des règles de la profession pour nous unir et retrouver la paix et la bonne entente, de sorte que nos affaires ne seront plus inquiétées[①]. » Le droit coutumier du métier de la papeterie dans le comté Wu, province du Jiangsu, prescrivait « la durée maximale de l'apprentissage », et « il [était] autorisé de prendre un seul apprenti tous les six ans[②] ».

Certains moyens pécuniaires étaient mis en avant pour limiter le recrutement d'apprentis et l'accès à la profession. Par exemple, la corporation des fabricants de coiffes à Suzhou exigeait que le maître paie une somme de 3,2 taels par apprenti et le double aux personnes qui rejoignaient la profession à la fin de leur apprentissage[③]. Des corporations limitaient le nombre d'apprentis par boutique ou atelier. Avec ces mesures, les corporations restreignaient l'expansion des boutiques et des ateliers, ainsi que la libre concurrence.

En même temps, le droit coutumier des corporations fixait l'âge, l'origine ou la durée de formation de l'apprenti. Dans certaines régions, le droit coutumier des corporations contenait des règles spéciales d'accueil des apprentis.

Le droit coutumier des corporations encadrait également les relations entre les compagnons ou salariés et leur patron, de même que les obligations des compagnons, des salariés et des apprentis. Le droit coutumier des corporations intimait également que les compagnons et apprentis aient une

---

① Peng Zeyi, *Archives documentaires sur l'histoire de l'artisanat chinois moderne*, vol. 1, Librairie Sanlian, septembre 1957, p. 190.

② Musée d'histoire de Suzhou, *Inscriptions des stèles à caractère industriel et commercial de Suzhou sous les dynasties Ming et Qing*, Jiangsu People's Publishing House, février 1981, p. 104.

③ Musée provincial de Jiangsu, *Inscriptions des stèles choisies de la province de Jiangsu depuis les dynasties Ming et Qing*, inscription n° 73, Librairie Sanlian, mai 1959.

bonne attitude au travail et fassent preuve de professionnalisme ; étaient ainsi interdits toutes fraudes, malfaçons, malhonnêtetés ou autres comportements blâmables.

3. Les salaires et rémunérations

Dans le but de motiver les compagnons et de les dissuader de se mettre en grève pour réclamer des augmentations de salaire, le droit coutumier des corporations fixait généralement le niveau des salaires et de rémunération de manière uniforme. Ainsi, selon les règles du métier des épingles de cheveux de Changsha : « Les compagnons qui travaillent chez le client sur des cornes perçoivent trente sapèques par jour comme frais de nourriture ; ceux qui travaillent sur des cornes et des os perçoivent un litre de riz et quatre sapèques par jour ; une compensation sera faite selon le prix du marché lorsqu'il retourne à l'atelier. Constitue une infraction toute désobéissance, malfaçon, sous-traitance à bas prix, toute demande de repas supplémentaire, toute tentative ayant pour but de se faire embaucher plus longtemps. La personne concernée sera exclue de la profession à vie. Celui qui l'aura protégée ou ses complices seront punis d'une amende de huit cents sapèques[①]. »

Le droit coutumier de nombreuses corporations fixait également des niveaux de salaire différents pour les compagnons, en fonction de leur spécialité et des difficultés techniques, de la charge et de la durée du travail. En 1870, le droit coutumier de la corporation des teinturiers de Suzhou comportait les réglementations suivantes sur les salaires : (1) Les salaires de l'entreprise de teinturerie sont déterminés en fonction des compétences et des types de travaux. Les salaires mensuels sont classés en quatre niveaux, allant de mille huit cents à trois mille wens. 2) En plus du salaire fixe, une rémunération supplémentaire est payée à la pièce et selon la qualité. 3) Des frais de bouche de vingt sapèques sont dus chaque jour[②]. En uniformisant les salaires et les rémunérations, le droit coutumier des corporations renforçait ainsi le contrôle et l'exploitation des compagnons.

---

① Peng Zeyi, *Archives documentaires sur l'histoire de l'artisanat chinois moderne,* vol. 1, Librairie Sanlian, septembre 1957, pp. 189-190.

② Musée provincial de Jiangsu, *Inscriptions des stèles choisies de la province de Jiangsu depuis les dynasties Ming et Qing*, inscription n° 37, Librairie Sanlian, mai 1959.

4. Le marché, le prix, les spécifications de qualité des produits, modèles et matières premières

Le droit coutumier des corporations limitait l'accès au marché et interdisait la concurrence. Les corporations marchandes divisaient le marché en zones géographiques afin d'installer un monopole. Dans le même temps, pour protéger leur marché, ces corporations interdisaient à leurs membres « toutes contrefaçons et toutes fabrications et commercialisations sans autorisation ». Certaines corporations interdisaient en outre à leurs membres « d'augmenter la production sans autorisation » à des fins concurrentielles ou d'allonger le travail de nuit ou les heures supplémentaires. Dans les secteurs où un allongement des heures de travail était indispensable pendant les périodes de pointe, les corporations établissaient des règles spécifiques sur le début et la fin du travail de nuit dans l'année, ainsi que le montant de la rémunération supplémentaire liée au travail de nuit. Dans certaines régions, les corporations utilisaient le droit coutumier pour empêcher l'arrivée de produits extérieurs sur les marchés locaux.

Les prix étaient également régis par le droit coutumier dans la plupart des cas. Ils étaient généralement « fixés publiquement » au sein de la corporation sans que les membres ne puissent les modifier. Comme le précise le droit coutumier du métier des tuiles à Changsha : « Une fois le prix arrêté, il doit être respecté par tous et il est interdit de l'augmenter sous peine d'une amende de 2000 sapèques[①]. »

Le droit coutumier des corporations accordait une grande importance à la qualité, aux spécifications et aux modèles des produits, et prévoyait des dispositions détaillées sur ces points. Le droit coutumier de la corporation des prêteurs à Suzhou stipulait que : « La manière de revitaliser les intérêts consiste à éliminer les mauvaises pratiques. La contrefaçon, la diffamation, les ventes ou les conversions frauduleuses sont les pires ennemis de notre réputation et de nos affaires. De tels comportements, une fois découverts, donnent lieu à une amende si le cas est léger, et à des poursuites devant la justice si le cas est grave[②]. »

---

① Peng Zeyi, *Archives documentaires sur l'histoire de l'artisanat chinois moderne*, vol. 1, Librairie Sanlian, septembre 1957, p. 193.

② Musée d'histoire de Suzhou, *Inscriptions des stèles à caractère industriel et commercial de Suzhou sous les dynasties Ming et Qing*, Jiangsu People's Publishing House, février 1981, p. 175.

Le droit coutumier des corporations réglemente aussi les poids et les mesures qui faisaient l'objet d'un calibrage en public et ne pouvaient être augmentés ou réduits librement. Ainsi, la corporation du soja à Shanghai fut mandatée par le préfet de Shanghai afin de rendre publiques les normes relatives au Hu, un récipient de mesure de référence : « L'ordre est donné aux courtiers d'en fabriquer conformément au modèle, en vue de l'utiliser dans les affaires pour garantir l'équité dans les achats et ventes. À la suite des délibérations publiques au sein de la profession, le récipient de référence est conservé au siège de la corporation et sert de modèle pour les membres de la profession pour la reproduction. Une réunion semestrielle sera organisée pour le contrôle afin de préserver la confiance du public[①]. »

Par le biais du droit coutumier, les corporations interdisaient strictement à leurs membres d'augmenter les prix, d'abuser de leur position dominante sur le marché ou de monopoliser les matières premières. Elles réglementaient la qualité des produits et la distribution équitable des matières premières, l'objectif étant de restreindre la libre concurrence et l'écart trop important entre les membres de la profession.

5. Les œuvres caritatives et les célébrations des dieux

Le droit coutumier des corporations comportait des dispositions d'aide et d'assistance afin de porter secours aux membres en difficulté, de préserver les intérêts de la profession et de renforcer « l'assistance mutuelle » et la solidarité interne. De nombreuses corporations d'artisans à Suzhou, sous la dynastie Qing, considéraient « les actions de charité » comme leur « priorité », et certaines professions n'avaient créé leurs corporations que dans le but de « s'entraider ». Les bénéficiaires de l'aide étaient les artisans et les marchands de la corporation démunis, mais aussi les compagnons.

Les œuvres de charité prévues par le droit coutumier des corporations couvraient les cas de chômage et de faillite, de décès et de maladie, de veuvage et d'orphelinage. Selon les règles convenues en l'an 4 du règne Guangxu (1878) par la corporation marchande du riz à Suzhou : « Les compagnons viennent pour moitié de l'Anhui, de Shaoxing du Zhejiang, de Xuan et de Hu ou d'autres endroits très éloignés. Ceux qui se trouvent au chômage ou dans la pauvreté, ou ceux qui sont âgés et sans famille doivent

---

[①] *Chronique du Cui Xiu Tang de la corporation de la filière de soja de Shanghai.*

être secourus convenablement. En cas de décès, une aide funéraire de 10 000 sapèques est accordée. Si la personne décédée est sans famille, elle sera enterrée par nos soins. Les frais sont pris en charge par des dons de confrères, sans faire appel à l'extérieur, c'est un acte de bienfaisance. » Le droit coutumier de la corporation des coiffeurs de Suzhou prévoyait également ce qui suit :

- si les compagnons, âgés, isolés, handicapés ou sans domicile, étaient dans l'incapacité de travailler, la corporation leur versait une pension mensuelle ;
- un compagnon malade était soigné au siège de la corporation qui lui offrait aussi des médicaments ;
- en cas de décès d'un compagnon sans famille, ses vêtements funéraires, cercueil et charbon étaient payés par la corporation.
- un compagnon mort était inhumé provisoirement par la corporation dans le cimetière collectif, avec une stèle érigée comme repère, en attendant que sa famille le récupère.

En 1843, le métier de la soie de Suzhou créa l'office public Qixiang, pour « aider » ceux de la profession qui étaient « au chômage et dans la misère, décédés ou incapables de retourner au pays », en prenant en charge « les frais funéraires, les frais de voyage, l'achat d'une tombe[①] ». Le droit coutumier de certaines corporations prévoyait l'entretien à vie des compagnons âgés sans famille. Ainsi, la corporation du cuivre à Suzhou prévoyait que « les personnes âgées indigentes, handicapées de membres du corps et celles qui sont sans famille [soient] hébergées dans les locaux de la corporation et inhumées en cas de décès ». Certaines corporations procédaient chaque année à un rituel sur les tombes collectives : « à la fin du printemps, les membres se rassemblent pour inspecter l'ensemble du site, et au début de l'automne, ils y font une offrande de nourriture, afin que les esprits ne manquent de rien[②] ». Le droit coutumier de certaines corporations stipulait également que la corporation devait créer des écoles de bienfaisance au bénéfice des enfants de ses membres. La bande de Ningbo a transformé

---

① Musée provincial de Jiangsu, *Inscriptions des stèles choisies de la province de Jiangsu depuis les dynasties Ming et Qing*, inscription n° 18, Librairie Sanlian, mai 1959.

② Li Hua, *Sélection d'inscriptions des stèles concernant les corporations industrielles et commerciales de Beijing depuis les dynasties Ming et Qing*, Cultural Heritage Press, juin 1980, p. 14.

pendant le règne de Guangxu le « temple des compatriotes de Shaoxing du Zhejiang », construit au nord-est de Tianjin par les gens du Zhejiang sous la dynastie Ming, « en Maison de la corporation de Zhejiang et y ont ouvert l'école Zhejiang[①] ».

Dans le règlement de la corporation de la restauration Liangxi à Suzhou, on peut lire ceci : « Ceux qui exercent notre métier sont tous d'origine du comté de Xi et vivent à Suzhou. Par manque de capitaux, neuf familles sur dix sont pauvres et menacées par le chômage et l'exil. C'est pour cette raison que les anciens ont invité des confrères à fonder la Maison Liangxi. La Maison accueille spécialement les pauvres et les chômeurs qui ne peuvent pas retourner chez eux. Les malades sont soignés et les morts sont enterrés. Ce n'est que de la charité au profit de la profession. Quant à la corporation, comme le commerce génère peu de bénéfices, il faut être prévoyant. Cela fait déjà plus de cent ans, depuis la dynastie Qing jusqu'à nos jours, et personne n'a pensé à modifier ce commerce, donc aucune réglementation n'a été édictée. » Cette corporation se consacrait presque exclusivement à la charité et ne connaissait pas d'autres coutumes. À travers les dispositions du droit coutumier, les corporations prirent des mesures pour assurer une certaine sécurité à leurs membres, ce qui permettait d'adoucir la relation d'exploitation entre patrons et compagnons, et de maintenir une solidarité interne.

D'une manière générale, toutes les corporations avaient leurs propres dieux protecteurs, des dieux de leur industrie ou de leurs villages, comme Guan Yu pour les fabricants de bougies, Gui Guzi pour les cordonniers, Lu Ban pour les charpentiers, les trois Empereurs – Fuxi, Shennong Youxiong – pour les médecins, etc. Ceux qui venaient de la province du Jiangxi vénéraient Xu Zhenren, le sage du pays ; ceux originaires de la province du Fujian vénéraient la déesse Matsu ; ceux de la province Shaanxi vénéraient les trois Saints – Liu Bei, Guan Yu et Zhang Fei ; ceux du Hunan et du Hubei vénéraient Da Yu et ceux du Guangdong vénéraient Guan Yu. Le droit coutumier des corporations contenait également des dispositions relatives aux cérémonies d'accueil des dieux, à la célébration de l'anniversaire du fondateur de leur métier, afin d'obtenir leurs bénédictions,

---

① Wang Xiushun et Zhang Gaogeng, *L'ancien centre commercial de Tianjin*, dans Selected Literary and Historical Materials of Tianjin, vol. 16, Tianjin People's Publishing House, août 1981, p. 66.

de nouer des liens d'amitié et de renforcer l'unité entre les membres.

6. La structure d'organisation

Le droit coutumier des corporations fixait généralement la dénomination, le siège, les conditions d'adhésion et les dispositions relatives à l'organisation et au fonctionnement de la corporation, comme la désignation des dirigeants et le recrutement des employés, la tenue de l'assemblée générale des membres, les droits et les obligations de ces derniers, les budgets, les sanctions et les mesures d'exécution.

Selon le droit coutumier, l'adhésion à la corporation était généralement obligatoire, c'est-à-dire tous les chefs des ateliers et des magasins qui exerçaient leurs activités dans une certaine profession dans une région donnée étaient tenus d'adhérer à une corporation. Des dispositions spécifiques imposaient aux professionnels de choisir d'adhérer à une seule corporation.

L'assemblée générale, l'organe suprême de la corporation, avait des fonctions différentes selon les corporations. Elle était dotée du pouvoir de prendre les décisions importantes au sein de la corporation, comme l'élection des dirigeants, l'accueil de nouveaux membres, la délibération sur les dépenses et le budget, l'approbation et l'application du droit coutumier et la gestion des relations avec l'extérieur.

Le dirigeant d'une corporation était appelé le « chef », le « maître », le « doyen », ou le « chef de l'année » ou le « chef du mois », selon les régions. En règle générale, il était élu par ses pairs conformément au droit coutumier, mais il pouvait aussi être désigné par certains grands ateliers ou grandes boutiques. Sa responsabilité était de gérer, sur délégation de l'assemblée générale, les affaires internes et externes de la corporation telles que la définition de la politique commerciale, la coordination de la production et de la commercialisation des produits, la gestion de la qualité des produits et des normes techniques, la médiation des litiges au sein de la corporation et le traitement des cas de violation des règles coutumières, ainsi que de présider les entreprises de charité et d'organiser les cérémonies religieuses. En outre, la corporation disposait d'un certain nombre de commis pour aider le chef dans les affaires quotidiennes.

Les immeubles des corporations étaient généralement financés par des dons. Le droit coutumier prévoyait le financement des dépenses quotidiennes.

7. Les sanctions et leur exécution

Le droit coutumier des corporations prévoyait des sanctions et des organes d'exécution, afin de garantir son autorité et son efficacité, de manière que tous les professionnels du métier s'y conforment. Outre les blâmes, le droit coutumier des corporations prévoyait en général des sanctions telles que des amendes, le paiement d'un spectacle, l'expulsion de la corporation, la poursuite judiciaire, et, dans certains cas, des châtiments corporels, voire la condamnation à mort, en fonction de la gravité de l'infraction, de l'attitude du contrevenant et de l'impact social. Par exemple : « L'industrie de l'orfèvre à Suzhou compte un petit nombre de professionnels et génère d'importants profits. Un seul apprenti est autorisé par boutique, parce que la règle veut que le savoir-faire ne soit pas largement diffusé. Un certain Dong Si a transgressé cette règle en recrutant deux apprentis. On lui a demandé d'en renvoyer un, mais il a refusé, au mécontentement de tous. Dong a ensuite été convoqué au siège de la corporation. À son arrivée, une centaine de personnes l'attendait. Les quatre chefs de la corporation ont déclaré à la foule que Dong avait rompu le règlement et il a été condamné à être dévoré pour apaiser la colère de la communauté. Dong a été aussitôt attaché nu à un poteau. Les quatre chefs ont donné l'ordre de le mordre avec acharnement. La foule s'est mise à mordre Dong jusqu'au sang pendant qu'il criait[①]. » Quelle punition cruelle !

Les corporations mettaient en place des organes d'exécution dotés d'un personnel spécialisé, divers moyens de sanction, en particulier l'interdiction d'exercer la profession, afin de garantir la mise en œuvre du droit coutumier et le maintien de l'ordre de ces organisations.

Le droit coutumier de certaines corporations contenait des dispositions relatives à la langue et aux gestes pratiqués (principalement des gestes) au sein de la profession. Certaines corporations stipulaient dans leur droit coutumier les missions d'aide à la formation, aux affaires publiques et au financement des forces d'autodéfense pour garantir la sécurité de la

---

[①] Huang Junzai : *Jin Bo Zuo* (*金箔作*, « Orfèvre en feuilles d'or »), *Jin Hu Yi Mo* (*金壶逸墨*, « Encre oisive du Pot d'Or »), *Jin Hu Qi Mo* (*金壶七墨*, « Sept Encres du Pot d'Or »).

communauté. D'autres incluaient dans le droit coutumier les corvées, les missions et services pour le compte du gouvernement. Un certain nombre de corporations prévoyaient dans leur droit coutumier une hiérarchie au sein de l'organisation afin que chacun se tienne à sa place.

## *III. Les caractéristiques du droit coutumier des corporations*

Tout comme les corporations chinoises, le droit coutumier de celles-ci revêt des aspects particuliers et occupe une place significative dans le système des droits coutumiers chinois.

### 1. La restriction de la concurrence

L'objectif principal du droit coutumier des corporations était de restreindre la concurrence, à l'intérieur comme à l'extérieur de la profession, afin de protéger les intérêts de la profession. L'élaboration et la mise en œuvre du droit coutumier des corporations obéissaient à cet objectif. Par le biais du droit coutumier, les corporations empêchaient la création de nouvelles entreprises, prélevaient des sommes significatives aux nouveaux entrants, limitaient les zones pouvant accueillir de nouveaux ateliers et boutiques, exerçaient un contrôle strict sur le recrutement des apprentis, fixaient les prix de vente, répartissaient le marché et les matières premières et établissaient des normes techniques relatives à la qualité des produits, afin de garantir le monopole de leurs exploitations et de se procurer des bénéfices monopolistiques. Des dispositions spécifiques pour atteindre cet objectif étaient prévues dans le droit coutumier de nombreuses corporations.

### 2. Une forte couleur patriarcale

Comme dans les corporations européennes, les corporations chinoises (celles de la dynastie Qing en particulier) comportaient en leur sein des liens hiérarchiques de nature patriarcale entre les membres, ce qui se reflète clairement dans le droit coutumier des corporations. Le droit coutumier organisait les compagnons et les apprentis de la manière la plus favorable aux intérêts du maître. Les relations qui les unissaient conféraient à ce dernier une double puissance. Premièrement, le maître exerçait une influence directe sur tous les aspects de la vie des compagnons. Deuxièmement, le travail était le lien entre les compagnons sous le contrôle d'un même maître, ce qui les éloignait des compagnons d'autres maîtres. Dans ce système, les compagnons devenaient ultérieurement eux-mêmes des maîtres. Le lien patriarcal entre les compagnons, les apprentis et les maîtres (ou les patrons) faisait que les compagnons et les apprentis n'étaient pas de véritables travailleurs indépendants, mais plutôt des personnes exploitées et asservies par leurs maîtres dans un système patriarcal. Le droit coutumier des corporations entérinait cette hiérarchie stricte.

3. La prédominance du droit coutumier des corporations régionales et du droit coutumier des corporations marchandes

Les différents métiers n'ayant pas formé une corporation unifiée au niveau national, les corporations étaient essentiellement régionales, marquées par une forte couleur féodale et locale. En conséquence, le droit coutumier des corporations était aussi fondamentalement local. Dans chaque localité, les corporations avaient leurs propres coutumes ; les pratiques entre les professions s'opposaient mutuellement et avaient peu de liens entre elles ; le caractère exclusif du droit coutumier était manifeste.

En Chine, il existait des corporations des marchands régionaux, inconnues en Europe. Ces corporations étaient constituées selon des considérations à la fois professionnelles et régionales, la couleur régionale étant plus forte dans la mesure où les marchands se regroupaient davantage par affinités régionales. Les marchands étaient mobiles et pouvaient déménager vers les régions voisines, urbaines et rurales. Loin de leur terre natale, à des centaines ou des milliers de kilomètres, ils créaient leurs propres bandes ou corporations pour protéger leurs intérêts économiques et politiques et pour s'opposer aux autres marchands ou corporations. Ils avaient leur propre droit coutumier propice à leur développement. Le caractère féodal et exclusif du droit coutumier de ces bandes et corporations était beaucoup plus prononcé que celui des corporations purement professionnelles.

Le droit coutumier des corporations marchandes occupait une place prépondérante dans le système des coutumes corporatives, et ce, même vers la fin du système féodal, au milieu de la dynastie Qing, où l'économie marchande s'était considérablement développée et où le capitalisme avait atteint niveau de développement élevé.

Les corporations d'artisans se sont séparées très tardivement des corporations marchandes et en suivant un processus lent. Dans certaines villes, la séparation entre les corporations marchandes et celles d'artisans ne s'est pas produite avant la veille de la guerre de l'Opium. Prenons l'exemple de Suzhou, qui a connu, depuis les dynasties Ming et Qing, un développement industriel et commercial rapide dans le sud-est de la Chine. Parmi une centaine de corporations, on ne comptait que quelques corporations d'artisans à proprement parler, comme la corporation Yunjing de l'industrie textile, la corporation Shaoxing (Zhejiang) de la teinturerie, la corporation Chuaibu des tissus, la corporation Xianweng de la papeterie. Dans une telle situation, le droit coutumier des corporations marchandes jouait naturellement un rôle dominant.

Cette prédominance du droit coutumier des corporations marchandes reflétait la situation dans laquelle étaient les marchands qui exerçaient le contrôle sur la distribution, la vente et même la production des marchandises. De nombreuses corporations marchandes regroupaient non seulement des marchands, mais aussi des artisans. C'étaient donc des corporations de production et de commercialisation. Cette forme de production contrôlée par la commercialisation permettait de verrouiller plus efficacement la concurrence et de monopoliser le marché.

4. Un système distinct subordonné à la législation étatique, mais doté d'une certaine autonomie

Les corporations chinoises, subordonnées à l'État dès leur apparition, n'ont jamais réussi à gagner l'autonomie des cités. De même, le droit coutumier, depuis son apparition, n'a jamais été en mesure de concurrencer la législation étatique et de se libérer de son contrôle. Un décret du gouvernement de la dynastie des Song du Nord en est une illustration. Selon ce décret, les hommes d'affaires devaient « rejoindre une corporation par le biais du gouvernement et payer les cotisations pour pouvoir opérer sur le marché ; sont coupables ceux qui adhèrent à une corporation sans passer par le gouvernement ». En d'autres termes, tous les marchands devaient d'abord se rendre auprès des autorités pour verser leur cotisation avant de pouvoir s'affilier à la corporation (l'accomplissement des formalités emportait l'adhésion à la corporation) et être considérés comme en règle. L'adhésion à une corporation sans paiement préalable des cotisations était une infraction au règlement. Sous la dynastie Qing, les règles de la corporation de la papeterie à Suzhou étaient promulguées via le gouvernement.

Comme la législation étatique ne comprenait pas de manière exhaustive et concrète la régulation de la production et de la circulation des marchandises, elle ne pouvait pas être directement invoquée par les corporations, n'ayant pas elles-mêmes de personnalité morale distincte avec un statut juridique propre. Les corporations ne pouvaient donc s'appuyer que sur les coutumes pour réglementer la production et la circulation des marchandises, ainsi que pour régir les relations entre les acteurs commerciaux.

Le droit coutumier formait un ensemble autonome et avait ses propres modalités de délibération, ses organes d'exécution et ses moyens de sanctions, jouissant d'une indépendance relative. Le droit coutumier des corporations avait un caractère strictement contraignant pour les membres de la même profession et, dans un sens, se substituait à la législation étatique.

5. La démocratie primitive

Le droit coutumier des corporations était élaboré par l'ensemble des membres de la profession ; les dirigeants étaient élus par eux ; les sanctions et leur exécution étaient prononcées et mises en œuvre conjointement par les membres, ce qui traduisait une forme de démocratie primitive. Cependant, cette démocratie était enveloppée dans une forte aura patriarcale, féodale et hiérarchique. Il s'agissait de la forme la plus rudimentaire et incomplète de la démocratie, fragile face aux marchands et artisans riches et puissants.

Le droit coutumier des corporations chinoises est né avec l'apparition des corporations et s'est développé pour s'adapter aux exigences de l'économie marchande. Dans les conditions historiques de l'époque, il a joué un rôle positif pour la promotion de la production et de la distribution des marchandises, ainsi que pour le développement de l'artisanat et du commerce. Mais en raison de sa nature féodale et de son caractère anti-concurrentiel, le droit coutumier des corporations a aussi empêché le développement de l'économie marchande et a représenté une force conservatrice. Avec le développement de la production de marchandises, l'expansion du marché, et en particulier l'émergence de relations de production capitalistes, les corporations apparaissaient de plus en plus comme un obstacle à la production et à la distribution des marchandises et elles ont eu tendance à décliner, pour finir par être rejetées par l'histoire. Le droit coutumier des corporations chinoises a également disparu. Cependant, il a, dans une certaine mesure, influencé du point de vue de la conscience juridique les commerçants et les artisans chinois et ce, d'une manière durable.

# Chapitre 4 Le droit coutumier des métiers

Outre le droit coutumier des corporations, le droit coutumier des métiers est également issu des activités économiques. Alors que le droit coutumier des corporations était constitué des normes de l'artisanat ou du commerce d'une période donnée, le droit coutumier des métiers a existé dans tous les secteurs d'activité et à toutes les époques. Dans ce chapitre, nous allons explorer l'émergence et le développement du droit coutumier des métiers, décrire ses principaux éléments, analyser sa mise en œuvre et ses caractéristiques, afin de l'aborder dans une perspective panoramique.

Il est important de noter que certains métiers décrits et analysés dans ce chapitre, tels que celui des voleurs, de la sorcellerie et de la prostitution, n'étaient pas des professions légales, mais des métiers dits « vilains », voire criminels. Nous les étudions afin de les dénoncer, de tenter de les limiter et de les contrôler.

## *I. L'émergence et le développement du droit coutumier des métiers*

Les métiers résultaient de la division sociale du travail. Au début et au milieu de la période de la société primitive, le niveau de productivité étant faible, on comptait sur les hommes pour la chasse et les femmes pour la cueillette afin de survivre. Il n'y avait qu'une simple division du travail entre les sexes. Avec l'amélioration des outils de travail et du niveau de productivité, il commençait à y avoir un certain surplus de produits, de sorte qu'à la fin de la société primitive, il y eut la première grande division du travail entre l'élevage et l'agriculture, la deuxième grande division du travail entre l'artisanat et l'agriculture, et plus tard le commerce se sépara de l'agriculture et de l'artisanat pour former la troisième grande division du travail. En conséquence, différents métiers ont émergé dans la société.

Au cours de la période féodale, en particulier vers le milieu et la fin de la société féodale, la division du travail devenant de plus en plus élaborée, le nombre de métiers a augmenté et les professionnels ont diversifié leurs activités en conséquence. Sous la dynastie Han en Chine, il y avait déjà des marchands et la distinction était faite entre marchands ambulants et marchands sédentaires. Sous la dynastie Tang, il existait une organisation commerciale d'entremise, le « Di Dian » (邸店, ou « Yahang » depuis la dynastie Ming). La division du travail au sein du commerce devint de plus en plus élaborée. Sous la dynastie Ming, on parlait de « 360 métiers ».

La fréquence des échanges, la complexité de la division du travail et la diversification des métiers entraînèrent inévitablement une augmentation du nombre de gens de métier, ce qui conduisit à une situation concurrentielle qui était, dans une certaine mesure, défavorable à l'ensemble des membres d'un même métier. En particulier, cette concurrence menaçait les privilèges des anciens, les privait de leurs profits lucratifs et de parts de marché. C'est pourquoi le droit coutumier a progressivement émergé et s'est formé pour encadrer les relations entre les gens de métier et pour réglementer leur comportement, afin de protéger les privilèges, les intérêts communs des métiers, de maintenir l'ordre et d'assurer le développement stable des métiers.

Ce type de droit coutumier, dont la portée était initialement limitée, concernait principalement les tabous et les normes de comportement des gens de métier. Avec le développement des métiers, le droit coutumier était constamment enrichi et amélioré, son contenu devenant plus complet, que ce soit concernant les enseignes, les conditions d'exercice, le classement des membres et le savoir-faire. Sa mise en œuvre fut plus normalisée. Le droit coutumier formait ainsi un système autonome et occupait une place importante dans le système de droit coutumier chinois.

Bien entendu, l'émergence et le développement du droit coutumier des métiers dans les différentes régions de Chine ont, en fonction des conditions socio-économiques et culturelles, été inégaux.

## *II. Le contenu du droit coutumier des métiers*

En raison de la vaste étendue du territoire chinois et de la variété des métiers, le droit coutumier était assez riche et varié selon les régions. Dans ce qui suit, nous allons principalement aborder les enseignes des métiers, les conditions d'exercice et le classement des gens de métier, les modalités d'exercice des activités, les règles professionnelles et les interdits, ainsi que le culte des anciens.

1. Les enseignes des métiers

Les enseignes, marques figuratives destinées à attirer des clients, existent en Chine depuis très longtemps. À l'époque des Royaumes combattants, Yanzi dit : « Votre Majesté autorise le port de certains habits à l'intérieur, mais interdit de la Cour et à l'extérieur, comme si on affiche le bœuf pour vendre la viande de cheval①. » « Il y a un marchand de vin (...) qui hisse haut son enseigne②. » Au cours des activités commerciales dans le temps, des enseignes finissaient par être généralement acceptées pour devenir des marques distinctives des métiers.

La forme et l'ornementation des enseignes variaient en fonction des métiers, des caractéristiques des entreprises et des produits et des services fournis. Le droit coutumier comportait quatre aspects en la matière :

(1) Enseignes littérales : elles étaient constituées de planches de bois rectangulaires, carrées ou en forme de calebasse, dont les deux faces étaient peintes en noir et sur lesquelles étaient écrits ou gravés les caractères représentatifs du métier, par exemple, le mot « dang » pour le métier de prêteurs sur gages. Ce type d'enseignes était également courant pour les métiers de vente de « thé » ou d'« alcool », le plus souvent avec un seul ou deux caractères.

(2) Enseignes représentant les objets vendus : il s'agit du type d'enseigne le plus ancien et le plus direct prescrit par le droit coutumier professionnel. Les boutiques accrochaient un échantillon de leurs articles mis en vente, afin que les clients puissent facilement identifier les marchandises. L'enseigne pouvait être, par exemple, des brins de chanvre pour les magasins de chanvre, des chaussures pour les magasins de chaussures, des ciseaux pour les magasins de couteaux et de ciseaux, des flanelles de différentes couleurs, des serviettes, des bandes, des bouts de tissu pour les magasins de flanelle, ou un fagot de paille au bout d'un bambou pour les marchands de paille.

(3) Enseignes figuratives : selon le droit coutumier, ce type d'enseigne utilisait un élément figuratif pour représenter les marchandises mises en vente. L'enseigne ne reprenait pas nécessairement la forme naturelle des

---

① *Yanzi Chun Qiu* (*晏子春秋*, « Annales de Yanzi »).

② *Hanfeizi – Wai Chu Shuo You Shang* [*韩非子 • 外储说右上*, « Maître Hanfei : Recueil d'anecdotes extérieures » (Partie supérieure droite)].

marchandises, mais une figure utilisée depuis une période liée à la pratique, souvent vive et en couleur. Par exemple, l'enseigne des pharmaciens était une planche de bois avec le contour peint en blanc et un cœur noir au milieu, borné d'un triangle en haut et un autre en bas, représentant respectivement la moitié d'un patch, un losange au milieu, représentant un patch en entier, relié par une chaîne au milieu. Les boutiques de nouilles utilisaient des boucles de rubans colorés en guise d'enseigne. L'enseigne des magasins de coton était composée de quatre boules de coton liées par des bandes rouges, accompagnées d'un arc fleuri et de franges rouges.

(4) Enseignes symboliques : Les coiffeurs installaient devant leurs entrées un poteau rotatif tricolore : rouge, blanc et bleu. Des boutiques accrochaient une écumoire ou des anneaux en osier. Ce type d'enseigne n'était pas directement lié à l'activité, mais au résultat d'une longue pratique[①].

Les enseignes permettaient non seulement d'identifier les métiers, mais aussi de distinguer le classement des entreprises ou de leur spécialisation. Par exemple, le droit coutumier de l'hôtellerie prévoyait que le tissu rouge sous l'anneau d'osier indiquât un restaurant ordinaire, l'anneau d'osier avec des franges bleues indiquât un restaurant musulman, un anneau d'osier simple indiquât une pâtisserie, un anneau d'osier double indiquât un petit restaurant, des anneaux d'osier quadruple indiquassent un grand restaurant pouvant servir des banquets.

Outre les enseignes, le droit coutumier des métiers réglementait également les cris des marchands. Ces cris comprenaient en fait les cris et les sons. C'étaient les petits vendeurs qui criaient pour annoncer les caractéristiques de leurs marchandises, avec des détails séduisants et une voix rythmée. Le cri pouvait être remplacé par un instrument. Sous la dynastie Song, le poète Song Qi écrit : « La mélodie du Xiao réchauffe le jour de vente de caramel », ce qui suggère que les cris étaient remplacés par le Xiao. Les marchands utilisaient souvent des instruments de percussion, comme les cloches des récupérateurs de ferraille, le tambour des marchands de campagne, le chapelet de cloches des médecins, et le tambour à fente des

---

[①] Hui Xicheng et Shi Zi, *Vue générale sur les folklore chinois* (I), Guangdong Tourism Press, mars 1988, pp. 276-277. Pour plus de détails, voir Chen Liping, *Enseignes des boutiques anciennes*, Liaoning University Press, 2001, pp. 3-39.

vendeurs d'huile[1]. Le « tambour-hochet », également connu sous le nom de « Jinggui », était, selon *Qingbai leichao,* un « instrument que tenaient les merciers. En forme de tambour et joints d'un petit gong, ils sonn[ai]ent ensemble lorsqu'on les secou[ait]. Ils rempla[çai]ent ainsi les cris et atteign[ai]ent les boudoirs. Plus tard, on appel[a] les gens de ce métier les 'Jinggui', c'est-à-dire des colporteurs[2] ».

Le droit coutumier comportait des dispositions relatives aux aménagements des locaux. Le comptoir des prêteurs sur gages était surélevé ; les employés s'installaient sur des tabourets à marches ; les emprunteurs devaient soulever l'objet gagé pour le déposer sur le comptoir. Cet aménagement était une coutume qui s'imposait à tous les membres du métier.

2. Les conditions d'exercice et le classement des gens de métier

Le droit coutumier des métiers prévoyait essentiellement les conditions d'exercice des activités et les classements professionnels, afin de réglementer les relations au sein du métier et de déterminer la rémunération de chacun.

Les commerçants sédentaires avaient des boutiques et des employés de différents grades ; ces derniers étaient soumis aux coutumes. Selon le droit coutumier, l'entrée dans la profession commence par l'apprentissage d'une durée de deux ou trois ans. Pendant cette période, l'apprenti était nourri par le commerçant, mais ne recevait pas de salaire ou seulement une petite somme pour ses dépenses personnelles, appelée « argent d'usure des chaussures ». Ceux qui avaient terminé l'apprentissage touchaient un salaire mensuel. Lorsqu'ils étaient jugés bons ou avaient acquis une certaine ancienneté, le patron leur versait un supplément en fin d'année. Lorsqu'ils avaient participé à des activités plus importantes, le patron leur cédait un certain pourcentage des bénéfices à la fin de l'année.

Le secteur du prêt sur gage connaissait des classements très précis des personnels en vertu du droit coutumier. Chaque prêteur sur gage embauchait environ vingt ou trente personnes. Les actionnaires désignaient un

---

[1] Zhong Fulan, *Essai sur le folklore et la culture*, Shanghai Education Press, avril 1992, pp. 206-209.

[2] *Qingbai leichao : Wupinglei : Jinggui* (*清稗类钞・物品类・惊闺*, « Tambour-hochet, Catégorie Objets », *Anthologie catégorisée des petites choses de la période Qing*).

« directeur général » pour superviser toutes les affaires internes et externes, réunir les fonds, superviser les livres de comptes et rendre compte des activités aux actionnaires. Le manager, communément appelé le « chef », supervisait les activités du comptoir, et était responsable de la nomination et de la révocation du personnel, du maniement des fonds, du développement des affaires et des relations avec l'extérieur. Lorsqu'une demande de prêt était trop importante pour qu'elle soit accordée par un simple employé, c'est le manager qui décidait. Le chef du comptoir était spécialement embauché par le gérant, bénéficiait d'un statut élevé et ne s'occupait que de l'évaluation des biens et de la négociation avec l'emprunteur. Au cours des deux repas journaliers, la place d'honneur lui était réservée pour montrer son importance. Le responsable des services généraux était chargé de la gestion de toutes les petites affaires et de l'assistance aux employés et au comptable lorsque ceux-ci étaient débordés. Le « grand gardien » gérait l'entrepôt et la chambre des bijoux. Les rédacteurs étaient chargés d'écrire les étiquettes, les enregistrements dans les livres, les numérotations.

La voyance se divisait en plusieurs branches qui, selon le droit coutumier, étaient principalement les suivantes : (1) les échoppes Yin qui exerçaient leurs activités dans une salle de voyance installée dans un local loué ; une enseigne était accrochée à l'extérieur ; (2) les échoppes Yang : l'activité était exercée dans une salle louée à l'intérieur du temple de la ville ou à d'autres endroits où les voyants se rassemblaient habituellement, ou à découvert au coin d'une rue ; (3) les échoppes au sol qui exerçaient généralement en plein jour plus que durant la nuit, à un endroit où se rassemblaient les oisifs ; (4) Baliu : la voyance de rue, souvent exercée par des non-voyants qui sonnaient un grelot pour s'annoncer ; (5) Dengge : voyance exercée dans des maisons de thé, des pubs, des auberges ou des fumoirs d'opium ; (6) Caipiao : voyance exercée sur des bateaux.

La prostitution concernait principalement des prostituées choisies pour leur beauté, pour leur aisance dans les échanges, leur santé et leur tempérament docile. Elles étaient achetées très jeunes, âgées de 8 à 10 ans. Les jeunes filles dans les maisons closes de luxe étaient formées dès leur plus jeune âge ; elles apprenaient diverses compétences (instruments de musique, jeux d'échecs, calligraphie, peinture, etc.), l'art de la drague (l'entraînement des postures corporelles, de la voix et du sourire), et le travail secret (techniques de communication). En outre, elles apprenaient le toilettage, le déguisement et les techniques du désir. Le droit coutumier prévoyait différentes classes de prostituées. En prenant Shanghai comme exemple, les prostituées étaient classées en Shuyu, Zhangsan, Ersan, Yaoer (classes supérieure et moyenne), Yeji (troisième classe), Huayanjian, Dingpeng (dernière classe), ainsi que Laoju, Xianshuimei, Ningbotangzi, Taiji, Xianggongtangzi (prostituées), prostituées étrangères, et prostituées déguisées (serveuses et masseuses dans les salles de danse, salons de thé, cafés ou restaurants). Il existait des frontières nettes entre les classes, en particulier entre les classes supérieures – moyennes et les classes inférieures[①].

En ce qui concerne les exigences et les conditions d'exercice du métier, le droit coutumier exigeait généralement que l'entrée dans le métier soit réservée aux personnes ayant été introduites par des intermédiaires de confiance et que des formalités soient accomplies, notamment les rituels de salutation du maître. Le métier du théâtre exigeait que le candidat ait une certaine expérience et un certain degré de formation.

3. Les modes et techniques d'exercice

Dans tous les domaines d'activité en Chine, des règles plus ou moins coutumières relatives aux modes et aux techniques professionnels ont été élaborées au fil du temps pour préserver les intérêts économiques du métier et promouvoir son développement.

Le droit coutumier du commerce divisait les marchands en marchands ambulants et marchands sédentaires. Les marchands ambulants parcouraient les rues et les régions pour transporter leurs marchandises. Les marchands sédentaires, en revanche, étaient installés à un endroit, avaient une boutique, des horaires d'ouverture fixes, des marchandises portant une marque. Ils pratiquaient la division du travail dans l'exercice de leurs activités. Faisaient partie des techniques commerciales, la pesée, le calcul, le mesurage, la découpe, la publicité, mais aussi l'observation des clients et l'analyse de leur psychologie. Les techniques de publicité étaient très importantes et largement enseignées dans le cadre de la formation familiale ou par le maître

---

① Chen Feng et Liu Jinghua, *Histoire d'une société malade en Chine*, Henan People's Publishing House, janvier 1991, pp. 361-364.

à l'apprenti.

L'exercice de la médecine de rue (Jianghu, 江湖) et la vente de médicaments ont progressivement fusionné pour former un seul métier. Celui-ci comptait un grand nombre de praticiens très hétérogènes et le milieu était gangrené par des fraudes. Parmi les personnes qui pratiquaient la médecine dans le Jianghu, par exemple, il y avait un groupe de personnes qui n'avaient avec eux que des médicaments tels que des pilules, des onguents, des gélules et des poudres dans de petits sachets. Vêtus d'habits luxueux et bijoux, tels que des bagues en or, ils se déguisaient en lettrés ou médecins et ciblaient les femmes et enfants dans les rues ; d'autres se déguisaient en prêtres taoïstes ou en moines bouddhistes pour pratiquer la médecine ; d'autres encore se déguisaient en étrangers, avec un chapeau de paille sur la tête et un long sac en tissu sur les épaules et parlaient un patois. Il y avait aussi une catégorie de médecins du Jianghu qui se spécialisaient dans les ecchymoses et les blessures. Ils se mettaient en scène à deux et installaient trente-deux flacons de médicaments : à la première ligne étaient placés deux flacons représentant les deux ancêtres de Jianghu, Huang et Lu ; derrière étaient installées respectivement des lignes de trois, cinq, quatre et dix-huit flacons, pour représenter les trois fleuves, les cinq lacs, les quatre mers et les dix-huit provinces.

Le métier des physiognomonistes avait également ses propres techniques d'exercice, et le droit coutumier comportait un certain nombre de dispositions. Parmi les physiognomonistes, il existait une « école Jiang Xiang » avec un ensemble de « méthodes » et de « techniques » transmises par le maître. La « Méthode » était une brochure secrète appelée « Chapitre Ying Yao » (英耀篇) et qui n'était transmise qu'à des apprentis sélectionnés selon des critères très stricts. L'apprenti choisi se soumettait à un ensemble de rituels : saluer l'ancêtre du métier, brûler la feuille d'engagement et formuler un serment avant que le maître ne lui transmette oralement le livre secret. Le « Chapitre Ying Yao » enseignait comment observer le vécu et la psychologie d'une personne à partir de son apparence et de ses propos, et comment l'amener à révéler sa situation familiale et son parcours. Il existait également un chapitre « Zha fei » (扎飞篇, pour enseigner comment faire semblant d'entrer en contact avec les esprits, par exemple en dessinant des figures magiques, récitant des incantations, effectuant une écriture inspirée, ou encore priant les dieux et les esprits) et un chapitre « A Bao » (art de la tromperie). Selon le droit coutumier, les physiognomonistes devaient prêter attention aux points suivants : (1) être prudent et ne pas se précipiter ; (2) être sans honte ; (3) être taiseux pour ne pas commettre d'erreur ; (4) s'adapter en toutes circonstances et sonder le client ; (5) renvoyer rapidement le client en cas de risque de se compromettre.

Le droit coutumier du métier du spectacle comportait un certain nombre de règles relatives aux techniques, telles que : « La moindre technique ne sera révélée, même à sa femme ou à ses enfants. » Si la transmission du savoir-faire s'imposait, ce serait « au profit des hommes et non aux femmes, à leurs belles-filles et non leurs filles », afin d'éviter que le savoir-faire ne passe entre les mains d'étrangers et que le gagne-pain de la famille ne soit menacé. L'apprentissage se faisait à huis clos, à l'abri des regards indiscrets. Le droit coutumier du spectacle était principalement axé sur les dispositions concernant les déguisements et les chants. Pour ceux qui pratiquaient le métier sans passer par un apprentissage auprès d'un maître, les gens du métier pouvaient les chasser manu militari ou saboter leur spectacle afin de les empêcher d'exercer leurs activités[①].

Le droit coutumier de la médecine et de la pharmacie, de la brasserie et de l'artisanat accordait une grande importance au savoir-faire et prévoyait de nombreuses dispositions à cet égard. Par exemple, en médecine, « le médicament est donné, mais pas l'ordonnance » afin de protéger le savoir-faire et de préserver le monopole.

4. Les rescriptions et interdictions

Les éléments les plus importants du droit coutumier des métiers et donc ceux qui avaient le plus d'impact étaient les prescriptions et les interdictions. Au cours de leur développement, les différents métiers ont progressivement accumulé et formé de nombreuses prescriptions et interdictions pour réglementer leurs activités internes et encadrer leurs membres.

Les prescriptions et les interdictions dans le commerce étaient très courantes et avaient une forte connotation professionnelle. Tout était focalisé sur les intérêts économiques. Les règles étaient fixées autour du mot « argent ». Le droit coutumier interdisait aux marchands sédentaires de se

[①] Ren Pin, *Tabous du folklore chinois*, Writers' Publishing House, décembre 1990, p. 363.

quereller avec les clients, même si les clients avaient tort. Face à un client, l'employé devait d'abord lui proposer une marchandise de seconde qualité, et ne proposait la meilleure qualité que si le client le demandait, ceci afin de ne pas embarrasser le client.

Les coutumes exigeaient que lors de l'ouverture d'une boutique, il fallait afficher à l'entrée le caractère « bonheur » en grandes lettres rouges, allumer des pétards, recevoir les mots de félicitation, faire des dons aux mendiants, accrocher le Biane. Il était interdit aux employés de s'asseoir dos à l'entrée, de s'affaisser sur les comptoirs ou les tables-bureaux, de s'allonger sur les bancs réservés à la clientèle, de s'accouder à la table du comptable, de s'assoir sur un boulier, d'uriner sur la porte de la boutique, enfin de balayer la poussière vers l'extérieur[①]. Ces coutumes reflétaient la mentalité des hommes d'affaires qui voulaient attirer les profits et éloigner les pertes.

En termes de paroles, il existait également de nombreuses prescriptions coutumières. Par exemple, à la pharmacie ou dans un magasin de cercueils, il ne fallait pas dire : « À la prochaine », ou : « Bienvenue », pour ne pas offenser les clients. Les vendeurs de raviolis ne prononçaient jamais le mot « casser », mais « gagner » à la place. Les vendeurs de vers à soie ne vendaient jamais par quatre, car « quatre » et « mort » ont la même prononciation. Les enseignes portaient toujours des mots de bon augure.

Dans de nombreuses régions, il était de coutume de négocier avec les doigts dans les manches pour cause de confidentialité. Les gens avaient l'habitude de profiter de leurs vêtements longs et de leurs manches larges, en relevant les revers du devant, ou en cachant la main sous les vêtements ou la manche, pour se serrer mutuellement les doigts au cours du marchandage. L'index signifiait « un », l'index avec le majeur traduisaient le « deux », l'index, le majeur et l'annulaire indiquaient « trois », ajouter le petit doigt à ces derniers correspondait à « quatre », les cinq doigts ensemble et infléchis exprimaient le « cinq », le pouce symbolisait le « six », le petit doigt infléchi représentait le « sept », le pouce et l'index écartés intimaient le « huit », l'index infléchi manifestait le « neuf ». Ils se serraient les doigts, tout en murmurant « ceci de ceci ».

Le métier du spectacle du Henan connaissait « dix interdictions

---

[①] Chen Sheng, *Tabous chinois*, Guangxi Ethnic Publishing House, juin 1995, pp. 222-223.

professionnelles » et « dix interdictions de spectacle ». Les « dix interdictions professionnelles » étaient :

1) diffamer le métier ;
2) manquer de politesse envers l'ancêtre et/ou le maître ;
3) toutes offenses et désobéissances ;
4) achats et ventes clandestins ;
5) se soulager devant l'entrée ;
6) jeter de la nourriture ;
7) draguer les femmes ;
8) s'attrouper ou coucher dans les rues ;
9) faire irruption chez les habitants ;
10) voler ou escroquer les gens[①].

Ces prescriptions strictes s'appliquaient à l'apprentissage du métier, aux performances et même au comportement quotidien et à la morale. Les coutumes du métier du spectacle interdisaient à ses membres de toucher librement aux armes utilisées sur scène (comme les fouets, les cannes, les couteaux, les bâtons, les lances) ; de « fouiller la scène » ou de « harceler depuis la scène » (épier les femmes depuis la scène) ; de faire de l'ombre aux autres collègues ; de faire irruption dans les coulisses ; de s'allonger ou s'asseoir n'importe où ; de toucher à tout. Il était interdit de heurter la niche de l'ancêtre, le carrosse, la table des offrandes, les accessoires, pour éviter de les endommager ; les caisses d'habits ou de casques devaient être rangées selon les rôles ; dans les coulisses, il était interdit d'ouvrir le parapluie, de jouer aux échecs, de joindre les mains, d'envelopper les genoux ; il était interdit de passer la nuit à l'extérieur, de se coucher avec du maquillage, de changer de lit, ou de placer ses chaussures vers l'extérieur.

Le métier du spectacle connaissait des règles et des tabous pour régir certains noms. Par exemple, il était tabou de nommer directement les renards, les belettes, les hérissons, les serpents et les rats ; il fallait les appeler « Grand Maître », « Maître Jaune », « Maître Blanc », « Maître Liu Qi » et « Maître Gris ».

Le métier de la pêche avait aussi de nombreuses prescriptions et tabous. Lors de la construction d'un bateau, la coutume indiquait qu'il ne fallait « pas de mûrier pour la proue, pas d'acacia sur le pont », car « mûrier » et

[①] Ren Pin, *Tabous du folklore chinois*, Writers' Publishing House, décembre 1990, p. 364.

« deuil » sont homophones et l'acacia est un symbole de la bonne fortune. À bord du bateau, les mots tabous étaient « renverser, couler, casser, fixer, quitter, disperser, verser, feu » ; il fallait les remplacer par d'autres mots à la place. Les personnes à bord ne pouvaient pas retrousser leur pantalon ; il était interdit de retourner le poisson dans le plat ; il fallait poser son chapeau le bord vers le haut[①].

Le droit coutumier des métiers comportait généralement des prescriptions de nature numérologique que l'on retrouve dans presque tous les métiers, en particulier dans le commerce, le spectacle et les métiers occultes.

5. Le culte des anciens

Les membres d'un métier devaient accorder une attention particulière au culte des anciens pour obtenir la bénédiction de ces derniers et des esprits grâce aux rituels.

Le métier du commerce vénérait les dieux de la richesse. Selon le droit coutumier, les dieux de la richesse étaient le dieu civil (Bigan, *比干*), le dieu martial (Zhao Gongming ou Guan Gong, *关公*) et les dieux assistants (Wu Lu Cai Shen, *五路财神*). Le dieu civil était élégant, avec un teint clair et une longue barbe, il tenait un Ruyi en jade dans la main gauche et dans la main droite un bol à trésor portant l'inscription : « Invitation à la richesse et au trésor. » Le dieu martial avait un teint sombre et une barbe épaisse, un corps épais et une bouche large, il portait un casque de fer, tenait un fouet en acier et chevauchait un tigre noir puissant et distingué. À l'occasion de l'anniversaire des dieux de la richesse, des fêtes et de l'ouverture de boutiques, les marchands offraient des animaux et de l'alcool, allumaient des pétards, brûlaient des feuilles dorées comme sacrifices aux dieux de la richesse afin d'obtenir leurs bénédictions et la richesse[②].

Le culte des anciens dans le métier du spectacle était un système complexe de croyances et de prescriptions. Dans ce métier, les anciens étaient vénérés, car ils permettaient de s'améliorer grâce aux « instructions divines ». Parmi les anciens du spectacle figurent « Lao Lang Shen » (*老郎*

---

① Voir Chen Laisheng, *Les Chaînes invisibles – la mystérieuse culture des tabous en Chine*, Shanghai Sanlian Bookstore, septembre 1993, pp. 194-197.

② Voir Wang Jing et Xu Xiaoya, *Les Courtiers – les marchands – les banques*, Sichuan People's Publishing House, mai 1993, pp. 181-183.

神), « Tang Ming Huang » (*唐明皇*), « Zhou Zhuang Wang » (*周庄王*), « Guanyin Da Shi » (*观音大士*), « Jiu Huang Ye » (*九皇爷*), « Geng Meng » (*耿梦*), « Yi Suo Xing Jun » (*翼宿星君*), « Erlang Shen » (*二郎神*), « You Meng » (*优孟*), etc. Les folklores populaires considéraient comme les dieux-ancêtres les « Trois Empereurs » (*三皇*), le « Roi Zhuang » (*庄王*), l'« Empereur Tangming » (*唐明皇*), « Dongfang Shuo » (*东方朔*), Confucius, « Wei Zheng » (*魏征*), « Qiu Chiji » (*邱处机*), « Fan Dan » (*范丹*). Pour entrer dans le métier, les nouvelles recrues devaient saluer les anciens : « Saluer Tang Ming Huang, pour se sentir fort sur scène et pour ne pas paniquer. » À chaque sortie, à chaque apparition sur la scène et après la scène, il fallait présenter ses respects aux anciens, sinon : « On ne jouera jamais bien. » En outre, le métier du spectacle vénérait généralement les « cinq esprits » (hérisson, renard, serpent, belette, souris) ou les « huit immortels » (les « cinq esprits » plus l'aigle, la tortue et le faisan), et le droit coutumier interdisait la consommation de bœuf, de cheval, de chien, de mulet, d'oie, de pigeon, de caille et de faisan[1].

Les voleurs vénéraient leur ancêtre, un dénommé Shiqian (*时迁*). Avant et après le vol, il fallait brûler de l'encens afin de demander la bénédiction de l'ancêtre. Le sociologue Yan Jingyao racontait : « Un voleur m'a dit : 'Avant de devenir un voleur, je ne connaissais rien de ces règles. Une nuit, je suis allé voler avec un ami. Je l'ai vu aller à la porte d'une maison, s'agenouiller et faire trois kotow (*磕头*) respectueusement, après quoi, il s'est appuyé contre la porte et a écouté attentivement. Je ne voyais pas de quoi il s'agissait et j'ai ri. Il m'a reproché de gâcher sa chance et que j'aurais pu faire échouer son action. Plus tard, j'ai appris que ce rituel pouvait prédire si le vol serait réussi ou non. Si le voleur entend un bruit dans la maison, comme un chat qui court, cela signifie que le vol va réussir ; s'il n'entend rien, il n'ira pas[2].' »

Les charpentiers et les maçons vénéraient Lu Ban, les forgerons Tai Shang Lao Jun, les teinturiers deux immortels Mei et Ge, et les brasseurs du Kang. Le fait de ne pas rendre hommage aux anciens ou de les trahir était considéré comme une violation du droit coutumier. Les anciens étaient

---

[1] Ren Pin, *Tabous du folklore chinois*, Writers' Publishing House, décembre 1990, pp. 359-361.

[2] Yan Jingyao, *Criminalité et l'évolution de la société chinoise*, Peking University Press, août 1986, p. 190.

salués lors de l'acceptation d'apprentis et à leurs anniversaires[1].

### *III. La mise en œuvre et les caractéristiques du droit coutumier des métiers*

1. L'application du droit coutumier des métiers

Le droit coutumier des métiers n'a cessé de se développer avec l'évolution de la productivité sociale et de la division de plus en plus complexe du travail dans la société. Durant la longue pratique de la production et de l'exploitation des services professionnels se sont formées des règles sur l'application et les sanctions qui ont enrichi le droit coutumier.

Le droit coutumier des métiers était spontanément observé par les membres du métier dans leur pratique quotidienne, et il n'y avait généralement pas d'organisation d'exécution dédiée ou de personnel d'exécution à plein temps. En cas de violation du droit coutumier des métiers, les membres locaux appliquaient collectivement les sanctions. Dans un très petit nombre de cas seulement, des sanctions spécifiques étaient décidées collectivement. Dans les cas les plus courants, les sanctions par les pairs étaient imposées sans réunion, ni délibération ou décision, et les sanctions étaient infligées par la rupture des liens avec celui qui avait transgressé le droit coutumier. Dans de nombreux cas, les sanctions étaient imposées par les maîtres et les patrons. Par exemple, les maîtres des métiers artisanaux pouvaient réprimander et punir physiquement leurs apprentis pour violation du droit coutumier.

Les sanctions infligées aux contrevenants au droit coutumier variaient d'une profession à l'autre et d'une région à l'autre, on peut les résumer comme suit :

(1) Blâme et réprimande. Dans le cas de violations mineures du droit coutumier, la personne qui a une haute moralité, une ancienneté respectable, de riches expériences et du prestige dans le métier, ou le maître ou le patron de la personne en cause, devait la réprimander, blâmer, lui signaler l'erreur commise et l'exhorter à comprendre la leçon pour ne pas réitérer sa faute. Il s'agissait de la forme la plus courante des punitions.

[1] Ren Pin, *Tabous du folklore chinois*, Writers' Publishing House, décembre 1990, pp. 366-367.

(2) Excuses. Des excuses publiques, sous une forme ou une autre (par exemple, offrir une buvette gratuite), pouvaient être imposées à la personne qui a enfreint le droit coutumier. Il s'excusait dans un cercle restreint afin de demander pardon à ses pairs et de conserver le droit de rester dans le métier. Dans certains cas, la personne devait demander pardon à l'ancêtre, se confesser à lui et lui demander de continuer à être bénie par lui.

(3) Rupture des liens. Celui qui avait enfreint le droit coutumier du métier était rejeté par les autres membres qui coupaient tout contact avec lui dans la vie, dans le travail et dans le domaine de la solidarité. Il risquait même le rejet par des personnes extérieures au métier, mais qui avaient des liens avec celui-ci.

(4) Exclusion du métier. C'est l'une des formes les plus graves de punition. Celui qui a commis une violation grave du droit coutumier était interdit d'exercice du métier.

(5) Torture. Elle était utilisée pour punir les apprentis qui avaient commis des violations graves des règles coutumières ; elle était couramment utilisée dans l'artisanat, la prostitution et les métiers occultes.

La peine capitale pouvait être imposée, bien que très rarement, pour des violations graves du droit coutumier ayant suscité l'indignation générale.

L'application du droit coutumier des métiers était basée sur l'autodiscipline, et ce n'est que lorsque l'autodiscipline réussissait à empêcher la violation du droit coutumier que l'adhésion des pairs pouvait être préservée. Par conséquent, de manière générale, l'application des règles coutumières ne nécessitait pas de véritable intervention extérieure. En outre, l'observation des coutumes était soumise à une forte contrainte spirituelle. En raison des limites de la productivité, les membres des différents métiers et industries en Chine étaient incapables de contrôler leur propre destin, et ils associaient souvent leur sort aux esprits. Le respect des coutumes était le signe qu'ils se conformaient à la volonté des esprits, tandis que le non-respect de celles-ci était non seulement sanctionné par les pairs, mais aussi par les dieux, ce qui était encore plus dissuasif. La peur des divinités jouait un rôle important dans la mise en œuvre du droit coutumier des métiers en Chine.

2. Les caractéristiques du droit coutumier des métiers

En tant que droit coutumier basé sur la considération professionnelle, le droit coutumier des métiers avait ses propres caractéristiques ; celles-ci peuvent être résumées comme suit :

(1) Le droit coutumier professionnel était le résultat d'un héritage ancestral. Il était principalement formé oralement ; il s'appuyait sur la transmission et l'enseignement par oral. Dans son processus de formation et de développement, le droit coutumier a été profondément influencé par le culte des dieux et des esprits, et avait une forte couleur religieuse et superstitieuse. Par conséquent, le droit coutumier des métiers avait une forme juridique assez primitive.

(2) Sur le contenu, le droit coutumier contenait principalement des règles prohibitives et obligatoires, avec très peu de normes d'habilitation ; leur orientation était principalement axée sur la création d'obligations pour l'ensemble des membres du métier afin d'encadrer leur comportement. Les normes du droit coutumier étaient éparpillées, subtiles et concrètes ; elles manquaient de dimension générale et avaient une dimension régionale : peu de normes étaient véritablement reconnues et observées par tous les membres du même métier à l'échelle nationale. Toutefois, avec l'émergence de nouveaux métiers, le champ des relations sociales réglementé par le droit coutumier s'était étendu et son contenu s'était enrichi.

(3) Les métiers étaient structurés par des intérêts économiques et la survie de leurs membres et il était donc crucial de maximiser les acquis et les monopoles pour être en position favorable de concurrence. C'est autour de cela que prenait place le droit coutumier des métiers. Qu'il s'agisse des enseignes, des conditions requises pour exercer un métier ou du culte des anciens, tous les aspects du droit coutumier des métiers étaient inextricablement associés à « l'argent » et au « profit », dans l'objectif de protéger les membres dans le partage des ressources limitées. C'était grâce au droit coutumier professionnel qu'une profession pouvait fonctionner dans un ordre normal et que ses membres pouvaient bénéficier d'une sécurité de base pour survivre et apporter ainsi leur propre contribution au développement et au progrès de la société.

# Chapitre 5 Le droit coutumier religieux

La religion n'est pas seulement une idée et une croyance ; elle comprend aussi tout un ensemble de règles et de normes concernant l'architecture, l'organisation, les adeptes, les préceptes et les rituels religieux, destinées à réguler l'ensemble des croyants et à assurer la réalisation des objectifs religieux. Ce système normatif, fondé sur l'autorité divine et distinct du droit établi par l'État, constitue le droit coutumier religieux.

La société chinoise ayant été influencée par des religions pendant des milliers d'années, les institutions religieuses occupaient une certaine importance dans la société et le droit coutumier religieux, en particulier le droit coutumier bouddhiste et taoïste, y a joué un rôle unique. L'étude des principaux éléments du droit coutumier religieux chinois et l'analyse de l'émergence, de la formation, des caractéristiques et du rôle de ce droit coutumier sont sans aucun doute nécessaires et précieux pour une compréhension complète des religions en tant que partie importante de la civilisation humaine et pour une compréhension complète du droit coutumier religieux chinois.

## *I. L'émergence et le développement du droit coutumier religieux*

Le droit coutumier religieux chinois est un droit formé sur la base du droit divin et constitue une partie importante du droit coutumier chinois. En tant que droit coutumier, le droit religieux a connu un processus d'émergence, de formation, de développement et de perfectionnement.

L'émergence du droit coutumier religieux chinois fait référence à l'émergence du droit coutumier du taoïsme qui est la religion endogène à la Chine. Depuis que des religions étrangères, telles que le bouddhisme, le christianisme et l'islam, sont arrivées en Chine, leurs droits coutumiers ont également été introduits après un processus d'acculturation, pour former le droit coutumier bouddhiste chinois, le droit coutumier islamique chinois, le droit coutumier catholique chinois et le droit coutumier protestant chinois.

Tout au long de l'histoire, toute religion a été fondée sur la base d'une opposition aux religions existantes et se caractérise par une opposition frontale aux croyances traditionnelles, ce qui a conduit à une lutte acharnée entre les anciennes et les nouvelles religions. Les fondateurs des nouvelles religions, afin de préserver leur foi et d'obtenir le droit d'exister, ont établi leurs propres organisations religieuses sur la base de leur nouvelle croyance, et ont créé des systèmes religieux et des rituels religieux selon les principes doctrinaux qu'ils ont créés, donnant ainsi naissance à un droit coutumier religieux. C'est ainsi que sont nés le droit coutumier issu des trois grandes religions mondiales introduites en Chine et le droit coutumier des temples taoïstes chinois.

### 1. L'émergence et le développement du droit coutumier taoïste

Religion inhérente au peuple Han, le taoïsme trouve ses racines dans la sorcellerie antique et dans les sciences occultes sous les Qin et Han. Les dogmes de Huang Lao (*黄老道*) précèdent le taoïsme. Sous le règne de l'empereur Shun (*顺帝*) de la dynastie des Han orientaux (125-144 après J.-C.), l'École des Cinq boisseaux de riz, défendue par Zhang Ling (*张陵*), reconnut Laozi comme son maître et prit les *Cinq mille mots de Laozi* (nom donné au *Livre de la voie et de la vertu* à l'époque) comme son texte sacré. Le taoïsme commença à se former progressivement. Le terme « taoïsme » apparut pour la première fois dans *Lao ze xiang er zhu* (*老子想尔注*, « Commentaire du Livre de la voie et de la vertu de Laozi »). Dans le même temps, le droit coutumier taoïste commença également à émerger. Le droit coutumier du taoïsme de cette époque était principalement issu des *Cinq mille mots* de Laozi et du *Taiping Jing* (*太平经*, « Écritures de la Grande Paix »). Bien que les Cinq mille mots de Laozi ne soient pas très éloquents, ils traitaient des changements du Yin et du Yang, de la culture du corps et du gouvernement de l'État, des figures de Yijing (*易经*) et de la divination, du Neidan (*内丹*) et du Waidan (*外丹*), et sont d'une grande subtilité. Le droit coutumier taoïste a été extrait de ces classiques pour former un certain nombre de préceptes comportementaux taoïstes, de méthodes ascétiques ou de rituels religieux.

À la fin de la dynastie Han orientale, le droit coutumier taoïste fut enrichi par le classique « Taiping Dao » (*太平道*, *Taoïsme Taiping*) de Zhang Jiao (*张角*), le *Taiping Qinglingshu* (*太平清领书*). Sous la dynastie des Jin oriental, Ge Hong (*葛洪*) écrivit le chapitre intérieur du *Baopu Zi* (*抱朴子*), enrichissant la partie sur les méthodes ascétiques du droit coutumier taoïste. Sous les dynasties du Nord et du Sud, avec le soutien de l'empereur Taiwu de Wei (*魏太武帝*) adepte du taoïsme, Guan Qianzhi (*冠谦之*), un prêtre taoïste du mont Song, « purgea le taoïsme, élimina les pseudo-lois des trois Zhang », élabora une nouvelle manière musicale, ainsi qu'un code de conduite. Lu Xiujing (*陆修静*), un prêtre taoïste du mont Lushan sous la dynastie Song du Sud, rétablit les « Trois Zhang » et les « Deux Ge », remit de l'ordre dans les classiques des « Trois grottes » et compila le modèle de rituel de jeûne. Ainsi, le droit coutumier taoïste chinois s'est globalement formé, y compris en ce qui concerne l'organisation, les préceptes quotidiens, les techniques ascétiques et les rituels religieux. Avec le développement du taoïsme et sa scission en école Quanzhen (*全真派*) et école Zhengyi (*正一*), le droit coutumier taoïste s'est continuellement enrichi. Chaque temple et institut taoïste, en particulier les plus importants, ont adopté leurs propres règles et préceptes, rendant le contenu du droit coutumier taoïste plus complet.

2. La formation du droit coutumier bouddhiste chinois.

Le bouddhisme chinois est originaire de l'Inde, et le bouddhisme indien a été fortement influencé par le brahmanisme indien antique, si bien que l'étude du droit coutumier bouddhiste chinois doit commencer par le droit coutumier brahmanique indien.

(1) Le brahmanisme se serait formé autour du septième siècle avant J.-C. Il tire son nom du culte de Brahma (Brahma, le « Créateur »), le *Veda* (terme générique désignant l'ensemble des textes religieux et la littérature les plus anciens de l'Inde et qui deviendra plus tard le terme désignant le savoir classique du brahmanisme) étant le classique le plus ancien.

Avec la formation du brahmanisme, le droit coutumier brahmanique fit son apparition, composé principalement du *Kalpasutra*, du *Dharma sutra* et de la compilation de l'*Arthashastra*. Le *Kalpasutra* encadrait la vie de l'adepte et chef de famille, spécifiait en détail les devoirs d'une personne depuis la naissance jusqu'à l'enterrement, prescrivait les rites avant la naissance, lors de la naissance, de la nomination, de l'initiation à la religion, de l'éducation ou du mariage. Il constituait les règles du mariage et de la famille du droit coutumier brahmanique. Le *Dharma Sutra,* qui traitait divers aspects des coutumes sociales, était un code de règles civiles et pénales, de conduite et de relations sociales, et constituait le noyau du droit coutumier brahmanique. Les écoles brahmaniques, comme l'école Apastamba, l'école Gautama et l'école Yajnavalkya, ont compilé et modifié le *Dharma Sutra* pour former le *Dharma Sutra Apastamba*, le *Dharma Sutra Chodarma* et le *Yajnavalkya Smriti.* L'*Arthashastra,* compilé par Chanakya, faisait également partie du droit coutumier brahmanique. Le *Code Manu*, quant à lui, était la partie principale du *Dharma Sutra* et le cœur du droit coutumier brahmanique.

Le *Code Manu*, dont on dit qu'il a été formulé par Manu, fils du Dieu (Brahma), l'ancêtre de l'humanité, était issu du droit brahmanique de l'époque védique, mais il s'agissait en fait d'une compilation par les prêtres du droit coutumier de l'époque immémoriale, couvrant les coutumes, les pratiques et les enseignements védiques. Le *Code Manu* était principalement dérivé du *Srautasutra* (veda), des *Smrti Sutra* (sanscrit), des coutumes des « saints » et de la volonté de l'homme.

Le *Code Manu*, la partie centrale du droit coutumier brahmanique de l'Inde antique, était extrêmement vaste et couvrait tous les aspects de la vie sociale, traitant du système des castes, du mariage et des relations familiales, des successions, des crimes et des punitions, ainsi que d'une série de domaines tels que la propriété, les obligations, le rôle des juges et les contentieux.

Le *Code Manu*, en tant que droit coutumier du brahmanisme, s'appliquait non seulement au sein du brahmanisme, mais aussi à l'ensemble de la société indienne antique et a posé les principales normes juridiques de la société esclavagiste de l'Inde antique. Il a eu un impact profond sur le développement religieux, juridique et philosophique de la société indienne dans tous ses aspects.

(2) Le droit coutumier bouddhiste chinois s'est progressivement formé et affiné après l'introduction du bouddhisme en Chine.

Sous les deux dynasties Han, le bouddhisme fut introduit en Chine continentale depuis l'Ouest. Cependant, le bouddhisme à cette époque était rattaché au culte de Huanglao (*黄老*), et dans l'esprit des gens, les enseignements bouddhistes étaient assimilés à la doctrine de Huanglao.

C'était l'époque embryonnaire du droit coutumier bouddhiste chinois. À la fin de la dynastie Han et des Trois Royaumes, An Shigao (*安世高*), un moine venu de la Parthie, a traduit et présenté les classiques de l'Hinayana et du bouddhisme Zen. Lokakshema, un moine venu de Yuezhi, a traduit les classiques Prajna du Mahayana. Mais à la fin de la dynastie Han, peu de gens étaient adeptes du bouddhisme. De la fin de la dynastie Han aux dynasties Wei Jin et celles du Sud et du Nord, le bouddhisme a émergé en Chine, ainsi que le droit coutumier bouddhiste chinois. Sous la dynastie des Jin orientaux, le moine Dao An (*道安*) instaura pour les moines et les nonnes trois premières règles qui peuvent être considérées comme le début du droit coutumier bouddhiste. À cette époque, outre les préceptes, leçons et rituels prescrits par les doctrines et les classiques bouddhistes, il existait de nombreuses autres restrictions, telles que les règles de délibération des moines par Zhidun (*支遁*), la discipline collective par Huiyuan (*慧远*), la construction du temple Guangzhai à Jinling sur l'ordre de l'empereur Wu de la dynastie Liang qui nomma Fayun comme abbé du temple et établit le système monastique qui deviendra un modèle par la suite.

Durant la dynastie Tang, le bouddhisme a prospéré et le droit coutumier bouddhiste devint plus élaboré. Au milieu de la dynastie, le moine bouddhiste zen Baizhang Huaihai (*百丈怀海*) estimait qu'il fallait organiser la vie monastique. Il créa un nouveau régime monastique : l'« abbé » devint le maître de transformation et habitait la salle Fangzhang (*方丈*), une « salle du Dharma » fut mise en place, tous les disciples vivaient dans la « salle de méditation » selon l'ordre de leur ordination. Des lits de méditation étaient installés pour méditer et se reposer, toute la communauté se saluait le matin et se réunissait le soir. Lorsque le maître entrait dans la salle, les disciples se levaient. Les discussions s'engageaient avec passion sur les principes zen. La soupe était servie à volonté deux fois par jour. En outre, des travaux collectifs étaient organisés, de sorte que tous fournissaient des efforts de manière équitable. Les affaires étaient expédiées par dix « cabanes » dirigées respectivement par un chef. Tout cela forma les nouvelles règles d'Aranya, différentes des normes originales. Les *Règles monastiques Baizhang* (*百丈*) marquèrent la formation du droit coutumier bouddhiste chinois.

Les *Règles monastiques Baizhang* étaient populaires jusqu'au règne Chongning (*崇宁*) de la dynastie des Song du Nord, où elles furent révisées.

Parmi les textes modificatifs, il y avait notamment les *Règles monastiques Chongning*, les *Règles monastiques Xianchun* (咸淳) et les *Règles monastiques Zhi Da* (至大). Pendant le règne de l'empereur Shun de la dynastie Yuan, afin de réduire les divergences, Dehui (德辉), l'abbé du mont Baizhang dans la province du Jiangxi, entreprit une nouvelle compilation. Bien que celle-ci ait conservé le titre *Règles monastiques Baizhang ordonnées par l'empereur*, l'esprit de son contenu était très éloigné de la version originale. Malgré cela, la nouvelle version fut promulguée et appliquée pendant des centaines d'années, de la dynastie Ming à nos jours. Les *Règles monastiques Baizhang ordonnées par l'empereur* étaient divisées en chapitres sur la prière, le retour de la faveur, les principes fondamentaux, le respect des anciens, l'abbé, les deux ordres, la masse, la retenue et les instruments. Elles étaient très complètes et détaillées et constituaient le recueil le plus complet des règles coutumières du bouddhisme chinois. Plus tard, divers monastères et communautés bouddhistes ont également formulé des normes, enrichissant aussi le contenu du droit coutumier bouddhiste chinois[①].

### 3. La formation du droit coutumier islamique chinois

La formation du droit coutumier islamique chinois a été concomitante à l'introduction de l'Islam en Chine ; le phénomène de l'acculturation n'a pas été très important après l'introduction, et le droit a conservé globalement son contenu original. Par conséquent, l'histoire de l'Islam permet de saisir la trajectoire de la formation du droit coutumier islamique chinois.

L'Islam est un ensemble de règles de conduite que doit observer tout musulman et il constitue le droit des pays arabes qui ignorent la séparation de la religion et de l'État. Il est fondé sur le Coran et a pour noyau la charia (loi islamique). Le droit islamique coutumier est issu du Coran, des hadiths, de l'ijmâ, des analogies et des coutumes arabes historiques.

Le droit coutumier islamique est inséparable de l'émergence et du développement de l'Islam ; il est apparu au cours de la formation de l'Islam et des États arabes. Muhammad créa les normes de conduite fondamentales pour les croyants à l'époque de la fondation de l'Islam. Ces normes de

---

[①] Voir Li Tianbao, « L'élaboration des Règles monastiques Baizhang ordonnées par l'empereur et leur valeur », dans *Books and Information*, n° 4, 2009.

conduite, ainsi que les normes d'organisation et d'institutions concernant le comportement des croyants constituèrent le droit coutumier islamique originel.

Entre le septième siècle et le milieu du huitième siècle, le droit coutumier islamique commença à se former. Le Coran, source fondamentale du droit coutumier islamique, fut compilé et codifié. Les hadiths furent diffusés et les grands principes et les normes de base du droit coutumier furent progressivement établis. Plus tard, les préceptes des fondateurs des différents courants islamiques et les théories de la jurisprudence religieuse sont devenus des sources du droit coutumier islamique, et l'ont enrichi et développé. Après l'effondrement de l'Empire arabe, l'islam continuait à être pratiqué dans de nombreux pays, de même que le droit coutumier islamique[1].

La Chine a longtemps entretenu des relations avec l'Arabie. L'Islam commença à se répandre en Chine sous les dynasties Tang et Song. Pendant les périodes des Cinq Dynasties et des Song du Nord, certains groupes ethniques vivant au nord et au sud des montagnes du Tianshan, dans le Xinjiang, se sont convertis à l'Islam. « Les Hui étaient partout pendant la dynastie Yuan. » Les musulmans vivaient donc dans toute la Chine, et des mosquées furent construites dans toutes les régions chinoises. Sous les dynasties Ming et Qing, les communautés musulmanes ont connu un grand développement socio-économique. Dans le même temps, le droit coutumier islamique chinois s'est progressivement formé.

4. La formation du droit coutumier catholique et protestant chinois

Le christianisme introduit en Chine se divise en deux grandes branches, le catholicisme et le protestantisme. En Chine, le christianisme fait généralement référence au protestantisme, également connu sous l'appellation de l'« Église de Jésus ». La formation du droit coutumier catholique chinois et du droit coutumier protestant chinois s'est accompagnée de la propagation du catholicisme et du protestantisme en Chine et la compréhension du processus de leur formation repose sur une compréhension globale du processus de formation du droit coutumier

[1] Voir Wu Yungui, *Introduction au droit musulman*, China Social Science Press, février 1993, pp. 3-95.

chrétien.

Le droit coutumier chrétien était connu en Occident sous le nom de « droit canonique » et en Chine sous le nom de « droit ecclésiastique » (mais il ne désigne généralement que le droit de l'Église catholique médiévale en Europe occidentale). Il s'agit d'un ensemble de normes et de principes de conduite établis par les autorités chrétiennes pour l'organisation et l'administration des églises chrétiennes et principalement exprimés sous forme écrite.

L'histoire du droit canonique est celle de l'emprunt et de l'assimilation de divers systèmes juridiques, notamment du droit romain. Ses sources étaient l'Ancien et le Nouveau Testament, les coutumes, la collection de décrétales et les normes issues des conciles, ainsi que la jurisprudence. Le droit coutumier chrétien est né et s'est développé au cours de la formation et de l'évolution du christianisme et de l'Église.

Depuis au moins le début du troisième siècle, là où il y avait une communauté chrétienne, il y avait un système d'administration. Au troisième siècle, Tertullien et Cyprien commencèrent à construire la structure et le vocabulaire du droit coutumier monastique ; de nombreux écrits pseudo-apostoliques et documents juridico-rituels furent diffusés à une très large échelle. Le droit coutumier canonique primitif se limitait toutefois à prescrire une discipline religieuse au clergé, à réglementer son comportement et à complexifier les rituels religieux chrétiens.

À l'époque du royaume des Francs, le statut de l'Église s'est accru et son pouvoir judiciaire s'est étendu. En 511 après J.-C., le roi des Francs, Clovis, convoqua le concile d'Orléans qui établit le droit coutumier canonique, les modalités de conversion des Francs et reconnut à l'église un statut sacré. Les évêques eurent le pouvoir de réviser les jugements des magistrats locaux et de sanctionner ceux qui abusaient de leurs pouvoirs. Le droit avait toutes les caractéristiques du droit étatique. À l'époque de Charlemagne, l'Empereur nommait souvent des membres du clergé aux fonctions de magistrats ; le pouvoir des tribunaux ecclésiastiques s'accroissait sans cesse. La position de l'Église se renforça après 750 après J.-C., lorsque le roi des Francs, Pépin, offrit au pape, en guise de remerciement pour avoir soutenu son intronisation, des terres pour y établir un État pontifical. L'Église plaidait vigoureusement pour la délimitation des juridictions par l'objet du procès, arguant que seule l'Église avait le droit de juger les fidèles, et puisque toute la population était croyante, le droit coutumier canonique s'appliquait de fait à tous les habitants.

Entre le XI^e^ et le XV^e^ siècle, avec le triomphe du pouvoir ecclésiastique dans la lutte contre l'autorité royale, l'Église romaine atteignit son apogée. Les tribunaux ecclésiastiques formaient un système judiciaire autonome dans l'Europe médiévale, la compétence des tribunaux ecclésiastiques et le pouvoir législatif de l'Église s'étendirent et le droit coutumier canonique devint plus complet. Vers 1140, Gratien rassembla les canons « apostoliques », textes patristiques, décrétales pontificales, décrets conciliaires, pour former le *Corpus juris canonici* qui laissera une influence durable. Ces lois coutumières canoniques devinrent des lois communes à tous les pays d'Europe au Moyen Âge. En 1580, le pape Grégoire XIII approuva une nouvelle édition du *Corpus juris canonici* révisé par les « Correctores Romani ». Le *Corpus* contenait les *Décrétales du pape Grégoire IX*, le *Liber Sextus*, le *Clementinae*, les *Extravagantes* du pape Jean XXII et les *Communes Extravagantes*. Jusqu'en 1917, cette édition romaine de 1580 était l'unique corpus du genre. La Réforme protestante du XVI^e^ siècle vint cependant ébranler la théocratie et réduire la portée du droit coutumier canonique.

Malgré l'établissement du capitalisme en Europe aux XVII^e^ et XVIII^e^ siècles, le droit coutumier canonique conservait une certaine influence dans divers pays. En 1904, le pape Pie X forma une commission de codification canonique à la demande des évêques pour préparer une révision du corpus. Cette révision fut achevée sous Benoît XV et publiée le 27 mai 1917 pour entrer en vigueur le 19 mai 1918, sous le titre : *Code de droit canonique*. Le *Code de droit canonique* comprenait 2414 canons répartis en cinq volumes et s'appliquait uniquement aux catholiques utilisant le latin comme langue liturgique, d'où le titre de *Code de l'Église catholique*. Le *Code* proclama sa force juridique suprême et la nullité de tous les décrets, oracles, coutumes qui le contrediraient. Une commission de cardinaux fut constituée en 1917 pour l'interpréter. Une commission pontificale fut créée en 1963 pour réviser le droit canonique.

Compte tenu de l'évolution de la société, le pape Jean XXIII ordonna en 1954 une révision du droit canonique. En novembre 1965, son successeur,

Paul VI, inaugura la révision du droit canonique, en précisant que le but de la révision n'était pas de restructurer l'ancien droit canonique, mais de l'adapter aux changements de l'époque et d'établir de nouveaux canons qui répondraient aux nouvelles idées et aux nouveaux besoins. Quinze ans plus tard, le nouveau *Code de droit canonique* fut élaboré et soumis en juin 1980 au pape pour approbation. Il fut promulgué le 25 janvier 1983. Le nouveau code canonique contient sept livres : *Normes générales, Le Peuple de Dieu, La Fonction d'enseignement de l'Église, La Fonction de sanctification de l'Église, Les Biens temporels de l'Église, Les Sanctions dans l'Église, Les Procès*. Ce code est actuellement en vigueur①.

L'esprit fondamental et les dispositions principales du droit catholique et du droit protestant chinois se sont formés avec la propagation du christianisme en Chine. Au cours de la neuvième année du règne Zhenguan, de la dynastie Tang (635 après J.-C.), le nestorianisme arriva en Chine sous l'appellation de « Religion Jing ». Au cours de la cinquième année du Règne Huichang de la dynastie Tang (845 après J.-C.), victime collatérale d'un édit interdisant le bouddhisme, le nestorianisme essuya un revers dans la région de Chine centrale. Le catholicisme et le nestorianisme furent introduits en Chine sous la dynastie Yuan et étaient communément appelés « Yelikowinisme » ou « Religion de la Croix », mais ils n'étaient pas très répandus et connurent un arrêt à la fin de la dynastie Yuan. Le catholicisme reviendra en Chine avec les missionnaires jésuites au cours de la dixième année du règne Wanli de la dynastie Ming (1582). Après la signature du Traité de Chakotu entre la Russie et la Chine en 1727, le Tsar envoya des missionnaires orthodoxes russes en Chine. Le christianisme protestant fut introduit en Chine à l'époque de la guerre de l'Opium de 1840. Au cours de l'expansion du catholicisme et du protestantisme en Chine, les droits coutumiers catholique et protestant chinois se sont également formés et développés.

### *II. Le contenu du droit coutumier des institutions religieuses*

Au cours de son long développement, la société chinoise traditionnelle a vu naître ou introduire le taoïsme, le bouddhisme, l'islam, le catholicisme et

① Voir Zhang Mengmei et Zheng Zhujun (sous la direction de), *Nouvelle histoire des systèmes juridiques étrangers*, China University of Political Science and Law Press, mars 1991, pp. 142-147.

d'autres religions qui ont eu un impact profond sur la société. Ces religions, dans leur évolution et leur développement constants, ont formé et enrichi le droit coutumier chinois des religions.

1. Le contenu du droit coutumier des temples bouddhistes chinois

Le droit coutumier bouddhiste désigne l'ensemble des régimes, des règles et des codes de conduite devant être observé par les moines, nonnes et adeptes afin de maintenir l'ordre de la vie collective des moines bouddhistes et d'assurer la vie et la culture physique et mentale des adeptes.

(1) Le régime des halls et des salles. Les halls du temple sont les endroits où sont installées des statues du Bouddha pour les prières, et les salles sont les endroits où les moines évoquent et pratiquent la voie. Le droit coutumier bouddhiste prévoit les appellations, l'agencement, les aménagements et l'usage des halls et des salles.

Nom des halls et des salles. Le nom des halls et des salles est fonction du Yidam et de l'usage. Ceux où sont installées des statues du Bouddha ou de Bodhisattva sont appelés hall Mahavira (communément appelé le hall principal), hall Pilu, hall du Bhaishajyaguru, hall des trois Saints, hall Maitreya, hall Guanyin, hall Weituo, hall des Vajras, hall de Sangharama, etc. Ceux qui abritent les reliques et les trésors du Dharma sont appelés le hall des reliques, la bibliothèque, le hall des disques rotatifs. Le portrait de l'ancêtre est installé dans le hall Kaishan, hall de l'Ancêtre, hall de l'Ombre, hall des Arhats. Sont destinés à l'étude et à la méditation, le hall Dharma, le hall de méditation, le hall Bantang, le hall Xuejie, le hall de repentance, le hall des prières, le hall Yunshui. D'autres pièces sont utilisées pour la vie quotidienne et la réception, notamment la cantine, le salon, le dortoir, le salon de thé (salle de réception de l'abbé) et la salle longue vie[①].

Architecture. Le temple bouddhiste est construit selon le droit coutumier, les bâtiments principaux tels que le hall du Bouddha, la salle du Dharma, le hall Pilu, le hall des Rois célestes, la salle de l'abbé, sont construits sur l'axe nord-sud du temple ; la cantine, la salle de méditation, le hall Sangharama, la salle des Anciens, le hall Guanyin, le hall du Bhaishajyaguru sont construits sur les deux côtés. Le hall principal doit être

[①] Voir Association bouddhiste chinoise, *Le bouddhisme chinois (II)*, Knowledge Press, août 1982, pp. 321-353.

construit en premier. La configuration des pièces ne doit pas violer le droit coutumier.

Installation des statues. Selon la coutume, au centre du hall principal sont installées la statue du Bouddha au milieu, la statue du Bhaishajyaguru à gauche et la statue de Maitreya à droite. Une statue souriante de Gautama est à gauche du Bouddha, et une statue debout d'Ananda est à droite, les paumes jointes. Les halls du Bouddha plus petits ne sont dédiés qu'aux Bouddha et aux deux vénérables, le Bhaishajyaguru et Maitreya étant dans des salles séparées. Des deux côtés du hall principal, il y a dix-huit statues d'Arhats (neuf de chaque côté). Derrière l'autel du Bouddha, se tient Guanyin avec un vase d'eau dans la main, debout entre le mont Putuo et la mer, entouré des statues des cinquante-trois section de Sudhanakumāra du Sutra de l'Avatamsaka, ou de la scène des huit épreuves dans le Sutra sur les fleurs de lotus du Dharma merveilleux et sur la porte universelle de Bodhisattva. La salle de conférence est généralement située à l'arrière du temple où sont exposés la statue du Bouddha, des sièges du Dharma, des paravents ou des panneaux du Dharma, des cloches et des tambours. Dans le hall des rois célestes, se trouve au centre la statue assise de l'incarnation de Maitreya, le moine Budai, entourée de quatre rois célestes. Derrière le Maitreya est installée la statue du général Vairocana tenant dans ses mains un pilon et un mortier. D'autres salles, comme le hall Vajra, la salle de la bonne fortune, le hall des disques rotatifs, le hall de Sangharama et la salle des anciens, ont toutes leurs propres règles concernant l'emplacement des statues du Bouddha. En plus de la statue du Bouddha, il y a également des instruments de solennité et d'offrande dans la salle, les principaux étant le baldaquin, la bannière, la banderole et la porte joyeuse. Le nombre des instruments d'offrande dépend de la taille de la salle et des besoins, comme les brûleurs d'encens, les vases et les chandeliers devant la statue du Bouddha.

(2) Les systèmes monastiques. Il s'agit du droit coutumier des temples bouddhistes concernant l'organisation, la gestion et la répartition des tâches. Sous la direction de l'abbé, l'organisation du temple comprend quatre parties : l'entrepôt, la salle des hôtes, la loge de Weinuo (dont le responsable est chargé de la discipline des moines et d'appliquer le droit coutumier) et la loge de Patta-civara, communément appelées les « quatre salles ». Les affaires importantes du temple sont discutées par l'abbé avec les chefs des

quatre salles et le moine en chef. Celui qui est responsable d'un temple est appelé « zhuchi », également « abbé » ou « chef des moines ». Sous sa responsabilité figurent des moines collaborateurs choisis par l'abbé parmi les moines compétents et respectés, à savoir les chefs de l'ordre occidental et les chefs de l'ordre oriental. Les chefs de l'ordre occidental sont : le chef des moines, le secrétaire, les responsables des écrits bouddhiques, le responsable de l'accueil des invités, le responsable du bain, le responsable du temple, de l'encens et de la lumière de la salle du Dharma. Les chefs de l'ordre oriental sont l'intendant responsable des affaires générales du temple, le Weinuo, l'adjoint responsable des finances, des affaires quotidiennes, le gestionnaire des aliments, du logement, le gestionnaire des travaux. Il y a des responsables d'une tâche spécifique, tels que les chefs du riz, du feu, des portes, de la patrouille de montagne, de la patrouille de nuit.

Les temples bouddhistes peuvent être divisés en deux catégories : les temples Zisun (子孙) et les temples Shifang (十方), selon le mode de succession de l'abbé. Le Zisun est un type de succession dans lequel la direction du temple est transmise à deux disciples à tour de rôle. On l'appelle aussi la « jungle des disciples ». Dans les temples Shifang, l'abbé est un invité extérieur choisi pour sa notoriété sous la supervision des officiels. Les temples Shifang, selon les modes de succession, se divisent en « jungle de la sélection » et « jungle de la transmission ». En 1924, les « Statuts des Shifang » furent instaurés pour organiser les modalités de la sélection de l'abbé, la durée de son mandat, sa prise de fonctions et son départ à la retraite.

(3) Cérémonie d'initiation. Il s'agit des règles coutumières des temples bouddhistes concernant l'initiation et l'ordination des moines et des nonnes. Pour devenir moine ou nonne, il ou elle doit d'abord se faire raser les cheveux ou se laisser pousser la barbe et obtenir un certificat (document délivré par l'État à ceux qui ont été ordonnés moine ou nonne et contenant des détails sur l'origine du moine ou de la nonne, son nom laïque, son âge, le monastère auquel il ou elle appartient, le nom de son maître et la signature des fonctionnaires. Ce document permet de bénéficier de la protection du gouvernement et de l'exemption des impôts fonciers et des corvées).

Pour devenir moine, il faut accepter d'observer le Vinaya. Les préceptes du Vinaya du bouddhisme Mahayana et du bouddhisme Hinayana sont classés en Cinq préceptes, Huit préceptes, Dix préceptes, et les préceptes d'Upasampada et les préceptes du Bodhisattva. Pour devenir Sanyasin (« initié »), il faut suivre dix commandements : ne pas tuer, ne pas voler, ne pas commettre d'obscénités, ne pas mentir, ne pas boire d'alcool, ne pas se parer d'encens, ne pas écouter de chants ou regarder de danses, ne pas s'asseoir sur un lit haut et large, ne pas manger hors saison, ne pas conserver de trésor. Les moines et les nonnes chinois, selon le droit coutumier, reçoivent généralement l'ordination Upasampada selon le Dharmaguptaka, c'est-à-dire qu'ils doivent remplir toutes les conditions ; le nombre des moines (dix à l'intérieur des terres et cinq en zones frontalières), les limites (marquer la frontière), et une certaine procédure (cérémonie des quatre annonces). Il y a deux cent cinquante préceptes pour les Bhikshu et trois cent quarante-huit préceptes pour les Bikunis. Ceux qui respectent ces préceptes conformément au Vinaya obtiennent le titre officiel de moine ou de nonne.

Selon le droit coutumier, le Vinaya est transmis selon un système à trois autels. Les nouveaux ordonnés doivent verser une somme d'argent pour couvrir les frais de bougies et d'encens, le certificat de moine ou de nonne et le registre d'enregistrement. Après l'enregistrement, les nouveaux ordonnés entrent dans la salle des préceptes, pour former des groupes afin de recevoir les préceptes des Bhikshu. Les préceptes de Sanyasin et ceux du Bodhisattva sont enseignés séparément. Chaque ordination est précédée d'une répétition solennelle.

Le premier autel est celui des Sanyasins. Lorsqu'ils sont rassemblés dans la salle du Dharma, après les rituels de salutation, le moine prêcheur explique la signification des dix préceptes. La cérémonie se termine par une question-réponse : « Pouvez-vous les tenir pour le reste de votre vie ? » Tous diront : « Je vais suivre les enseignements. » Le deuxième autel est celui des bhikkhus et des bhikkhunis, c'est-à-dire l'Upasampada, qui s'organise dans la salle de l'ordination. Le moine prêcheur ordonne au karmapa d'effectuer une seule annonce, et envoie les maîtres à l'autel pour interroger les Sanyasins. Après l'interrogation, le moine prêcheur enseigne les préceptes. Quatre préceptes sont proclamés sur l'autel, à savoir : ne pas commettre d'obscénités, ne pas tuer, ne pas voler et ne pas mentir. Ces préceptes feront l'objet d'études approfondies ensuite. Le troisième autel est celui de Bodhisattva, qui a lieu principalement dans le hall du Bouddha. Chaque disciple a pour instruction de se faire des cicatrices sur la tête en brûlant de l'encens. Le maître donne une conférence sur les préceptes, enseigne la repentance pour les péchés des trois générations et les quatorze grands vœux. À la fin du préceptorat, un « Certificat de préceptorat » et le « Registre des compagnons de préceptorat » sont remis par le temple.

(4) Les règles monastiques. Le droit coutumier régit l'organisation des temples bouddhistes et la conduite quotidienne de la communauté monastique. Sous la dynastie Tang, le moine Baizhang créa les « Règles monastiques Baizhang », mais le texte a disparu depuis longtemps. Ce sont les *Règles monastiques Baizhang ordonnées par l'Empereur* qui sont aujourd'hui suivies par les moines. Elles résultent de la révision entreprise par le moine Dehui sous la dynastie des Yuan du nom de Baizhang, en se référant aux règlements des différentes écoles sous les Song et Yuan. Les quatre premiers chapitres, intitulés « Prière », « Retour de la faveur », « Principes fondamentaux » et « Respect des anciens », traitent des rituels de prière pour l'Empereur, le jubilé national (commémoration des empereurs et des impératrices), l'anniversaire du Bouddha, la fête de Nirvana, le jubilé du Dharma, le jubilé de Hyakujo et le jubilé des anciens de chaque temple. Le chapitre cinq, « L'abbé », est une série de règles coutumières concernant la tenue lors des différentes séances, la prière du soir, le rassemblement général, l'admission au temple, la retraite, le décès et les funérailles, ainsi que la désignation de l'abbé. Le chapitre six, « Les deux ordres », porte sur les deux ordres de la Jungle, l'est et l'ouest. Le septième chapitre, « La masse », porte sur les règlements relatifs à l'obtention du titre de Sanyasin, l'ordonnation devant l'autel, la forme des accessoires, les voyages et réceptions, la méditation, le rassemblement général et la prise en charge des moines décédés. Le huitième chapitre, « La retenue », contient des dispositions relatives à l'accueil du public, à la rencontre de Shurangama, à la lecture autour du thé à l'occasion des quatre festivals, aux rituels Vassa, aux patrouilles de janvier et aux connaissances des saisons. Le neuvième chapitre, « Les Instruments », contient des dispositions concernant les cloches, les castagnettes, les Muyu, les bols chantants, les marteaux, les tambours et les règles sur la façon d'en jouer. En ce qui concerne le comportement général des moines, il est régi dans la plupart des temples par les *Règlements de la résidence commune*. En outre, la salle de l'abbé,

l'entrepôt, la salle des invités et la salle de méditation sont soumis à des règles spécifiques. On peut ainsi constater que le droit coutumier des temples bouddhistes concernant l'organisation et la vie quotidienne des moines est relativement complet. Plus précisément, il comprend principalement :

- Début de l'été et de l'hiver. Du 15 avril ou mai au 15 juillet ou août du calendrier d'été, c'est le « repos d'été » et il est interdit aux moines et aux nonnes de sortir afin d'étudier les Sutras. Du 15 octobre au 15 janvier de l'année suivante, c'est le « repos d'hiver » réservé à la méditation.

- Intégration de moines voyageurs. Tous les bhikkhus qui ont reçu les préceptes complets et qui ont tous leurs Yibo et leurs certificats sont autorisés à s'installer dans la salle commune pendant une période de test. Au terme de cette période, les moines dont la conduite est satisfaisante sont autorisés à accéder à la salle de méditation et à intégrer la communauté.

- Le grand recrutement. Il s'agit d'une mesure de gestion du personnel qui se tient généralement le 16 août de chaque année. Le 14 août, soit deux jours avant cette date, l'abbé convoque les chefs des quatre salles pour délibérer. Le 16 août, les moines se rassemblent sur la plateforme du hall principal. Ils entrent ensuite dans le hall en ordre et une liste des responsables est annoncée publiquement ; les nouveaux responsables se rendent à la salle du Dharma pour saluer l'abbé, avant d'accomplir les dix rites dans la salle de méditation. Ils prennent ensuite leurs fonctions.

- Comptes. Le rapport des comptes est présenté mensuellement dans la salle de l'abbé. L'abbé convoque les chefs des salles, le weinuo, le responsable de la salle des invités, le moine de garde, le superviseur de l'entrepôt et le superviseur du temple pour faire les comptes.

- Discipline. Il s'agit des punitions infligées aux moines qui ont violé le droit coutumier. Ceux qui causent des troubles dans la vie des moines sont dénoncés par le weinuo et se voient confisquer leurs habits et expulsés du temple. Certains sont punis de coups de canne, voient leurs habits brûlés avant d'être expulsés par une porte dérobée. Ceux qui ont de mauvais karmas et ne peuvent pas être gardés dans la communauté sont punis de coups de planche d'encens avant d'être renvoyés. Le droit coutumier prévoit que, à l'exception des crimes qui relèvent des autorités gouvernementales, toute agression d'un moine par un autre donne lieu à une punition selon le droit coutumier du temple : celui qui a commis une violation grave est battu et expulsé ; celui qui a commis une violation légère est puni d'une amende ou condamné à l'achat d'encens ou d'huile, le tout étant assorti d'une publication de la sanction. En cas d'expulsion, la décision est affichée sur l'entrée du temple. Le fautif est chassé par bâton sous le roulement de tambours.

- Les panneaux et affichages. Les panneaux sont utilisés pour rendre publique une notification : notification d'information, panneau d'affichage, document ou pancarte. Les affichages sont principalement utilisés pour rendre publique la liste des moines responsables et du personnel permanent d'un temple.

Il existe également des coutumes relatives aux cloches et aux tambours, à la méditation et au rassemblement.

Tous les moines sont égaux et sont soumis aux règles du droit coutumier en matière d'habillement, de nourriture, de logement et de conduite.

- Habillement. Chaque type de vêtement a une fonction spéciale : le « Sanghata » pour se rendre au palais royal et dans les villes et villages, le « moine yudra » pour chanter, suivre des conférences et donner des sermons, le « antakai » pour le travail quotidien et le repos. Seule la tenue de l'abbé échappe à ces règles.

- Nourriture. La nourriture est végétarienne. L'entrée à la cantine doit se faire en silence ; les bols, baguettes et plats sont placés dans un certain ordre de sorte qu'il n'y ait aucun bruit de boisson ou de mastication. Les services sont faits selon les règles : ce n'est que lorsque l'abbé commence à prendre le bol et à soulever les baguettes que les moines peuvent commencer à manger.

- Logement. Les moines qui méditent dans la salle de méditation y vivent aussi ; les autres moines ont des dortoirs qu'ils occupent seuls ou à plusieurs. Il leur est interdit de fréquenter les autres dortoirs pour bavarder, de se promener, de se regrouper pour discuter ou de crier sans motif légitime.

- Voyage. Les voyages sont strictement règlementés. Toute sortie doit faire l'objet d'une autorisation du maître. En chemin, il faut se conformer aux préceptes sans regarder à droite et à gauche ni faire de grandes enjambées avec la tête levée. À l'occasion d'une rencontre avec un abbé ou un chef des moines, ou une personne plus âgée et plus vertueuse, il faut leur céder la place avec des paumes jointes en signe de respect. Il existe également des règles de la vie quotidienne relatives au bain ou au lavage de linge qu'il faut respecter.

(5) Rituels bouddhistes. Il s'agit des coutumes concernant les activités bouddhistes qui comprennent les prières du matin et du soir, les trois conversions et les cinq préceptes, les trois grands préceptes de l'autel, la commémoration des festivals bouddhistes et les rituels de pujas au profit des adeptes et des bienfaiteurs. Les rituels de bénédictions pour les adeptes et les bienfaiteurs comprennent la cérémonie de repentance, le service de l'eau et de la terre, les cérémonies d'Ullambana et les Bouches de flamme, avec leurs propres rituels. En outre, il existe également des rituels pour les bouddhistes végétariens, les offrandes au Devas, le Bouddha universel, l'alimentation monastique, le service de triple contemplation et le chant des soutras[①].

2. Le contenu du droit coutumier taoïste chinois

Le taoïsme, une religion née en Chine, trouve ses racines dans l'ancienne sorcellerie et la supranaturalité sous les dynasties Qin et Han. Dans son développement, le taoïsme s'est formé progressivement et a perfectionné ses structures d'organisation, ses régimes réglementaires et ses rituels, développant ainsi le droit coutumier taoïste.

(1) Règles de conduite.

Il s'agit des règles de conduite régissant les prêtres taoïstes et les adeptes. Ge Hong parlait déjà des « préceptes taoïstes » dans son ouvrage *Baopu Zi*. Plus tard, il y a eu les cent quatre-vingts préceptes de Laozi, les trois cents grands préceptes, les mille deux cents préceptes. Influencé par le bouddhisme, le taoïsme établit également les « Cinq préceptes », « Huit préceptes » et « Dix préceptes ». Les « Cinq préceptes » étaient : ne pas tuer ; ne pas voler ; ne pas commettre d'obscénité ; ne pas mentir ; ne pas boire d'alcool. Les « Huit préceptes » étaient constitués des « Cinq préceptes » auxquels étaient ajoutés trois autres : ne pas se coucher sur un grand lit, ne pas se parer de luxe, ne pas se livrer au chant et à la danse. Ces préceptes étaient fondamentalement les mêmes que ceux du bouddhisme.

---

① Voir Feng Xiuqi, *Cloche du matin et tambour du soir – liturgie Pujas du Bouddhisme*, Sichuan People's Publishing House, avril 1995, pp. 6-139.

Le *Yu qing jing* imposait aux prêtres et aux adeptes « dix préceptes » : ne pas désobéir aux parents ni aux maîtres et ne pas se montrer ingrat ; ne pas tuer ou enlever toute forme de vie ; ne pas se rebeller contre le souverain ni nuire à la famille ou à l'État ; ne pas commettre d'inceste ; ne pas calomnier les enseignements du Tao ni révéler à la légère les saintes Écritures ; ne pas souiller l'autel ni s'y exposer dans la nudité ; ne pas intimider les pauvres et les personnes isolées ou accaparer la propriété d'autrui ; ne pas offenser les astres ou abandonner les vieux ou les malades ; ne pas se livrer à l'ivrognerie ou faire la mauvaise langue ; ne pas avoir une conduite vicieuse ou oppressante[1]. Le temple taoïste du comté de Fangcheng, dans le Henan, avait six préceptes : interdiction de trahir les saintes Écritures ; interdiction de désobéir aux instructions du maître ; interdiction de consommer des animaux impurs ; interdiction de sortir un autre jour que ceux de bon augure ; interdiction de divulguer la loi taoïste et les textes taoïstes ; interdiction de consommer de la viande, d'abuser de l'alcool et de s'approcher des femmes le jour de la pratique de l'alchimie.

(2) Prêtres taoïstes

Le droit coutumier taoïste contient, outre la réglementation du comportement des religieux, des règles spécifiques relatives aux prêtres. Un prêtre taoïste doit observer les préceptes classiques du taoïsme et être familier avec les différents rites et rituels. Le prêtre taoïste doit recevoir le talisman et les Trois préceptes, puis les Cinq préceptes et les Huit préceptes, puis recevoir le diplôme. Cinq ans après la réception du diplôme Gengling, le prêtre peut recevoir le premier diplôme général, le dixième diplôme général quatre ans plus tard, le soixante-quinzième diplôme général trois ans plus tard, et enfin le cent cinquantième diplôme général deux ans plus tard. Ceux qui sont talentueux et d'une vertu exceptionnelle ne sont pas limités par un nombre d'années, tandis que ceux qui le sont moins peuvent se voir imposer un prolongement du nombre d'années. Les anciens sont plus privilégiés. Il existe généralement six classes de prêtres taoïstes : le taoïste innocent, le taoïste immortel, le taoïste montagnard, le taoïste moine, le taoïste sédentaire et le taoïste prêtre.

En ce qui concerne l'habillement, la nourriture, le logement et le

[1] Voir Yu Minxiong, *Introduction à la culture taoïste*, Guizhou People's Publishing House, juillet 1991, pp. 171-172.

déplacement des prêtres taoïstes, le droit coutumier taoïste est extrêmement détaillé, comme le classement des coiffes portées par les prêtres taoïstes. Il en existe neuf catégories : la coiffe mixte, la coiffe Jiuliang, la coiffe Yang, la coiffe Taiji, la coiffe lotus, la coiffe penchée, la coiffe carrée, la coiffe Tang, la coiffe simple, chacune étant à porter dans des occasions différentes.

L'école taoïste Quanzhen connaît également neuf types de coiffes : la coiffe Tang était portée autrefois par Lu Dongbin, également connue sous le nom de « coiffe de l'ancêtre Lu » ; la coiffe Zhuangzi est portée par les personnes âgées ; la coiffe aisance est portée par les jeunes ; la coiffe foncée est portée lorsqu'il fait froid ; la coiffe Hao Ran est portée lorsqu'il neige ; la coiffe de soleil pourpre et la coiffe simple peuvent être portées quotidiennement. Toutes les coiffes sont faites de tissu et de satin, de couleur sombre. La coiffe à neuf plis est préférée par les pseudo-taoïstes et est faite en satin.

En termes de régime alimentaire, l'école taoïste Quanzhen connaît les règles dites de « cinq viandes majeures » et de « cinq viandes mineures ». Les « cinq alimentations carnées majeures » sont le bovin, le mouton, le poulet, le canard, le poisson ainsi que toutes autres viandes ; les « cinq alimentations carnées mineures » désignent l'oignon, le poireau, la moutarde, l'ail et les autres légumes à l'odeur piquante. Ce sont des aliments interdits pendant le jeûne. L'école Quanzhen interdit le mariage.

(3) La culture de soi et les rituels religieux

La culture de soi taoïste est originale en ce sens qu'il existe une grande variété d'activités de pratique, et le droit coutumier les prévoit en conséquence, comme la prise de pilules taoïstes, la canalisation, le souffle fœtal, l'alchimie interne, l'alchimie externe, le talisman, la chambre et le jeûne. Chaque type de pratique a sa propre règle. Par exemple, lors de la prise de pilules alchimiques, il faut d'abord bien « vider l'esprit et se débarrasser du désir ». En même temps, les pilules alchimiques doivent être prises dans un état de concentration de l'esprit et du Qi afin de se détacher du grain et de la nourriture terrestre. Il existe trois types de pilules alchimiques : les pilules célestes, terrestres et artificielles.

Le droit coutumier taoïste prescrit des rituels comme le jeûne, la prière, le chant et la confession. Chacun d'entre eux a ses propres normes. Le Zhengyi Dao associe le jeûne à la musique, les différentes cérémonies étant accompagnées de musiques taoïstes. Pour les funérailles d'adeptes, il existe des rituels religieux tels que la prière des esprits, l'élimination des catastrophes, la confession, la paix à la maison, l'initiation à la cérémonie, l'installation de l'autel et le pardon. Il existe des cérémonies collectives, comme le Cibei Daochang (*慈悲道场*, « Cérémonie de la Compassion ») ou le Shuilu Daochang (*水陆道场*, « Cérémonie des Eaux et des Terres »).

(4) Sanctions

Le droit coutumier des temples taoïstes contient des dispositions sur la punition de ceux qui violent le droit. Par exemple, les « règles de Quanzhen » prévoient dix punitions : premièrement est expulsé celui qui a violé la législation de l'État ; deuxièmement est expulsé avec destruction des habits celui qui a commis un vol ; troisièmement est puni de coups de bambou et d'expulsion celui qui a perturbé la vie collective ; quatrièmement est expulsé celui qui a abusé de l'alcool, du sexe, de l'argent, du Qi et de la viande ; cinquièmement, reçoit une amende celui qui a fait des manœuvres de ruse ou a commis des actes de jalousie ; sixièmement, est privé de nourriture celui qui a commis un péché d'orgueil effréné et/ou a été indiscipliné ; septièmement, est puni d'une amende celui qui a parlé à voix haute ou s'est agité dans son travail ; huitièmement, est puni d'une amende celui qui a parlé de choses étranges ou a quitté le temple sans raison valable ; neuvièmement, est puni d'une amende celui qui n'est pas dévoué à ses devoirs et qui s'est montré paresseux ; dixièmement, est sommé de s'excuser celui qui a commis des fautes légères.

En outre, le droit coutumier taoïste prévoit également l'organisation taoïste, l'architecture, les habits, la méditation, les prises de parole, la lecture, le sermon, les services au maître, la prière, la brûlure de l'encens, les lumières, les cloches et carillons, les mémoires, les instruments taoïstes, les ustensiles alimentaires, les instruments usuels, le logement, les équipements de couchage, les chaussures, les sources d'eau, l'usage de l'eau, le comportement et la vie dans le monastère.

### 3. Le contenu du droit coutumier islamique chinois

L'islam fut introduit en Chine au milieu du VIIe siècle et s'est développé après les dynasties Song et Yuan, principalement parmi les minorités Hui, Ouïghour, Kazakh, Ouzbek, Tadjik, Tatar, Kirghiz, Salar, Dongxiang,

Bao'an. Au cours de la diffusion de l'islam en Chine, celui-ci s'est acculturé pour former le droit coutumier islamique chinois.

Le contenu du droit coutumier islamique est très vaste et couvre tous les aspects de la vie sociale d'un musulman, puisque quatre-vingts chapitres du Coran, sur un total de cent quarante-quatre chapitres, contiennent de nombreuses normes relatives au statut des personnes, aux obligations des croyants, au mariage et à la famille, aux successions, aux infractions et aux sanctions, à l'organisation des tribunaux et des procès, et aux règles religieuses. Celles régissant le mariage, la famille et les successions sont les plus élaborées.

(1) Devoirs des musulmans.

Selon le droit coutumier islamique, les actes de tout musulman, en tant que croyant, être humain et citoyen, peuvent être divisés en cinq catégories. Premièrement, les actes obligatoires : ceux qui les accomplissent sont récompensés et ceux qui ne les accomplissent pas sont punis ; deuxièmement, les actes louables : ceux qui les accomplissent sont récompensés et ceux qui les violent ne sont pas punis ; troisièmement, les actes autorisés (actes sans importance) : il n'y a ni sanction ni récompense ; quatrièmement, les actes répréhensibles, mais qui ne sont pas punis ; cinquièmement, les actes interdits : ceux qui les violent sont punis. Ces catégories constituent en fait les modèles normatifs du droit coutumier islamique.

Selon le droit coutumier, l'obligation la plus importante d'un musulman est de croire en Allah (Dieu) et de renoncer à la croyance et au culte d'autres divinités. Les musulmans sont tenus d'accomplir cinq devoirs principaux (les cinq piliers) : la prière, la profession de foi, le jeûne, le pèlerinage et l'aumône légale. En outre, les musulmans doivent observer les commandements concernant la nourriture, c'est-à-dire s'abstenir de manger des animaux morts, du sang et du porc.

(2) Normes relatives au mariage, à la famille et aux successions.

Le droit coutumier islamique préserve le caractère polygame et patriarcal du mariage et de la famille, en prévoyant une polygamie limitée et en protégeant les privilèges absolus du mari dans la famille. Les circonstances dans lesquelles le mariage est interdit en vertu du droit coutumier islamique sont les suivantes : parents proches par le sang (à l'exception des cousins) ; parents par le lait ; parents par alliance ; l'une des parties se comporte de manière immorale ou est de croyance différente (les hommes musulmans peuvent épouser des femmes juives et chrétiennes, tandis que les femmes musulmanes ne sont pas autorisées à épouser un non-musulman).

Le divorce est autorisé par le droit coutumier musulman et, sauf dans de rares cas où le mari ne subvient pas aux besoins de sa femme et ne vit pas avec elle comme mari et femme, l'initiative revient principalement au mari. La manière la plus courante est la répudiation de la femme.

Tant les hommes que les femmes ont droit à la succession du défunt, mais la part d'une femme ne représente que la moitié de celle d'un homme. Outre les parents en ligne directe, les collatéraux peuvent également hériter, mais les non-musulmans ne peuvent pas hériter des musulmans. Chaque héritier a une part qui lui revient, et cette part est réduite proportionnellement s'il y a d'autres héritiers. Le défunt peut disposer d'un tiers de ses biens par testament, et les deux tiers restants sont dévolus selon les règles prescrites par le droit coutumier. La rédaction d'un testament doit être attestée par deux témoins musulmans réputés impartiaux.

(3) Règles relatives aux créances et aux obligations.

Le droit coutumier musulman prévoit des obligations nées d'un délit et des obligations nées d'un contrat. Tout dommage causé délibérément ou par négligence ou inexpérience donne droit à des dommages et intérêts. Le droit prévoit des règles relatives aux parties au contrat, aux principes du contrat, et à l'objet et à la nature du contrat. Le droit coutumier musulman interdit l'usure, mais la mise en œuvre de l'interdiction est souple[①].

Les dispositions du droit coutumier musulman, en matière d'architecture des mosquées, concernent principalement : la salle de prière, le minaret, le sanctuaire, la plateforme de prière, la salle de l'enseignement, la salle de bain, la salle du conseil, les lumières dans le hall et l'interdiction d'idolâtrie.

Le raffinement et l'apport du droit coutumier musulman chinois s'illustrent dans le domaine de la fiscalité.

En outre, il existe un certain nombre de règles coutumières concernant

---

[①] Voir Chen Shengqing (sous la direction de), *Histoire des systèmes juridiques étrangers*, Peking University Press, août 1982, pp. 158-166.

les religieux et la gestion des mosquées.

4. Le contenu du droit coutumier catholique et protestant chinois

Le droit coutumier catholique et celui du protestantisme chinois, tout en conservant la base du droit canonique, ont connu une certaine évolution en Chine.

Le droit canonique chrétien a une portée plus large, incluant le régime des ordres religieux, les normes relatives au droit de propriété et aux obligations, ainsi que les normes sur le mariage, la famille et les successions.

(1) Le régime des ordres ecclésiastiques. Il s'agit du système qui définit la hiérarchie et l'administration du clergé chrétien. Le droit canonique prévoit que le pape est le chef suprême de l'Église chrétienne et qu'il a une juridiction suprême et complète sur l'Église, sur la moralité de tous ses membres, et sur la discipline et la gouvernance de l'Église. Le pape a le pouvoir de convoquer les conciles religieux, d'approuver les résolutions des conciles, de nommer et de révoquer les évêques, de les muter et de délimiter l'étendue de leurs diocèses. Le pape est le magistrat suprême de la justice ecclésiastique, et les affaires les plus importantes de l'Église sont soumises au pape pour examen. Le pape lui-même n'est soumis à aucune autre juridiction.

Au-dessous du pape se trouvent les archevêques, les évêques, les prêtres. Encore au-dessous, on trouve les moines et nonnes. Le droit coutumier canonique prévoit un système épiscopal, système dans lequel l'évêque est la principale autorité et jouit des pouvoirs sur tous les biens et objets sacrés relevant de sa juridiction et cumule des pouvoirs législatifs et judiciaires. Le prêtre (curé) est chargé de veiller à l'exécution des ordres de l'évêque et des sacrements par les clercs et les fidèles relevant de sa juridiction, c'est-à-dire à l'application du droit coutumier canonique. Il existe une hiérarchie stricte entre les différentes fonctions religieuses.

(2) Droits et devoirs du clergé. Le droit coutumier canonique prévoit que l'ecclésiastique qui exerce des activités religieuses a le droit de recevoir des pensions ecclésiastiques et assure la juridiction sur sa paroisse. Il bénéficie des privilèges de courtoisie dus à son rang ainsi que de divers privilèges judiciaires et est exempté du service militaire. En même temps, l'ecclésiastique doit remplir certains devoirs, tels que le devoir de méditation

quotidienne et d'examen de conscience, le devoir de prêcher la foi et de remplir fidèlement ses fonctions. Le devoir des ecclésiastiques de rang supérieur est d'observer la chasteté et de résider dans leur propre église.

(3) Droit des biens et des obligations. Le droit coutumier canonique, qui attache une grande importance à la préservation de la propriété foncière et des biens ecclésiastiques, prévoit des règles relatives à l'acquisition, à la conservation et à la gestion des terres et des biens meubles, ainsi qu'aux sanctions en cas d'atteinte à la propriété des biens ecclésiastiques. Le droit coutumier canonique interdit le profit et tout prêt d'argent avec intérêt. L'exploitation d'une entreprise à des fins lucratives est interdite. L'Église est compétente pour tout contrat dans lequel les cocontractants ont juré d'honorer leurs dettes. Le droit coutumier canonique connaît également le crédit hypothécaire.

(4) Mariage, famille et successions. Le droit coutumier canonique exige qu'un mariage soit célébré par une cérémonie religieuse consistant en la prononciation des vœux de mariage, la bénédiction de l'Église et l'enregistrement du mariage, et précise les conditions d'interdiction et d'annulation du mariage. Il impose la monogamie et interdit strictement le divorce. La règle de l'autorité patriarcale et maritale dans la famille est défendue par le droit canonique. Le droit coutumier canonique prévoit que les tribunaux ecclésiastiques ont le pouvoir d'authentifier les testaments et de superviser l'exécution des successions, ainsi que le pouvoir d'organiser les successions *ab intestat*, mais uniquement en ce qui concerne les biens meubles[①].

En ce qui concerne les normes de conduite, le droit coutumier catholique chinois a hérité principalement du droit coutumier canonique, avec quelques aménagements mineurs adaptés à la société chinoise et aux traditions locales.

Le christianisme protestant, communément appelé christianisme en Chine, est la religion chrétienne la plus influente en Chine. Il compte de nombreux églises et ordres, chacun ayant ses propres règles coutumières. Dans le Yunnan, par exemple, il existe des ordres chrétiens continentaux méthodiste, anglican chinois, pentecôtiste, adventiste du septième jour,

---

① Voir Zhang Mengmei et Zheng Zhujun (sous la direction de), *Nouvelle histoire des systèmes juridiques étrangers*, China University of Political Science and Law Press, mars 1991, pp. 151-157.

d'assemblée de Dieu, luthérien, quaker, avec des règles coutumières légèrement différentes.

## *III. La nature et les caractéristiques du droit coutumier chinois des religions*

### 1. La nature du droit coutumier chinois des religions

Le droit coutumier chinois des religions est né et a été formé avec l'émergence, la formation et l'introduction de diverses religions dans la société chinoise. Il a servi les religions pour promouvoir leur développement et a donc un caractère religieux. En même temps, le droit coutumier religieux chinois est l'une des composantes des règles de comportement de la vie en société, et a donc une certaine influence et un certain impact sur la société. Il a aussi des aspects séculiers.

Bien entendu, en tant que partie intégrante du système religieux, le droit coutumier religieux chinois reste principalement marqué par les caractéristiques de la religion. La formation et le perfectionnement du droit coutumier religieux visent à renforcer les croyances religieuses et à protéger les activités religieuses. Le contenu du droit coutumier religieux est principalement basé sur les doctrines et les écrits classiques des religions et se focalise sur la croyance. La mise en œuvre du droit religieux dépend du soutien des organisations religieuses et fait partie intégrante des activités religieuses. Sans les religions et leurs organisations, le droit coutumier religieux chinois n'aurait pas existé.

### 2. Les caractéristiques du droit coutumier chinois des religions

Par rapport aux droits coutumiers des principales religions du monde et aux autres droits coutumiers chinois, le droit coutumier chinois des religions a ses propres caractéristiques.

(1) Le droit coutumier chinois des religions présente ainsi les caractéristiques suivantes : en premier lieu, les droits coutumiers des principales religions du monde ont tous exercé une influence considérable sur la législation étatique. Le droit coutumier chrétien a eu un impact majeur à la fois sur l'élaboration de la législation et sur l'administration de la justice en Occident. Au Moyen Âge en Europe occidentale, il a pris le pas sur le

droit de l'État. Le droit coutumier de l'islam a aussi inspiré le droit séculier et le système juridique arabe. Le droit coutumier du brahmanisme dans l'Inde ancienne a eu une grande influence sur le droit des pays du sous-continent et de l'Asie du Sud-Est et a historiquement inspiré le système juridique indien. Le droit coutumier chinois des religions, en revanche, a eu peu d'influence sur le droit de l'État ; il a toujours existé en Chine en tant que lois religieuses et n'a jamais influencé les lois laïques respectées par tous les membres de la société. Au contraire, il a été soumis à un certain degré de contrôle et de domination par la législation de l'État.

Deuxièmement, au regard du contenu, le droit coutumier des principales religions du monde est assez vaste, couvrant non seulement les activités religieuses, les droits et les devoirs des professionnels religieux et des croyants, les institutions religieuses et leur fonctionnement tels que l'initiation et la déchéance, le culte et le jeûne, mais aussi les normes régissant le mariage et les successions, les dettes et les créances, la propriété, les crimes et les sanctions, ainsi que l'organisation des tribunaux et les procès. Le droit coutumier chinois des religions est plus simple dans son contenu, avec des normes relatives aux organisations religieuses et aux régimes religieux, et ne concerne fondamentalement pas la vie séculière ; il est limité aux relations au sein des organisations religieuses. Un tel droit coutumier religieux ne peut pas ignorer les dispositions de la législation étatique.

Enfin, au regard des sources, le droit coutumier des grandes religions du monde a des sources multiples : le droit coutumier chrétien est issu de la Bible, des recueils d'édits pontificaux, des résolutions des conciles et de certaines normes du droit romain. Le droit coutumier islamique, outre le Coran comme source fondamentale, a été enrichi des hadiths, de la jurisprudence religieuse, du droit coutumier local et étranger. Les sources du droit coutumier brahmanique dans l'Inde ancienne étaient encore plus complexes. Relativement parlant, les sources du droit coutumier religieux chinois, en particulier celles du droit coutumier taoïste né en Chine, sont relativement simples : il est issu des classiques du taoïsme et n'a pas d'autre source.

(2) Par rapport aux autres droits coutumiers chinois, les caractéristiques du droit coutumier religieux chinois sont les suivantes : en premier lieu, le

droit coutumier religieux et les religions sont étroitement liés et interdépendants ; les normes religieuses et les normes juridiques sont combinées pour former un ensemble. L'émergence, le développement, le contenu et l'efficacité du droit coutumier religieux chinois dépendent tous de l'existence et du développement des religions, et sont étroitement liés à celles-ci. Bien que d'autres droits coutumiers chinois soient liés aux religions et influencés par elles, ils sont loin d'être proches et encore moins symbiotiques.

Deuxièmement, quant à son champ d'application, le droit coutumier religieux chinois ne s'applique qu'aux organisations religieuses, aux clergés et aux croyants. Il n'est pas contraignant pour les tiers.

Troisièmement, en termes de coercition, le droit coutumier religieux chinois est basé sur la discipline intérieure et s'appuie sur la force divine qui est principalement une contrainte d'ordre spirituel. Celle-ci conjugue à la fois la coercition de la loi et la coercition religieuse et se distingue des autres systèmes de coutumes chinois.

Enfin, le droit coutumier religieux chinois a un caractère égalitaire. Le droit coutumier religieux chinois prévoit l'égalité des statuts, de la croyance, du travail entre les adeptes et, comme le droit coutumier bouddhiste, prône l'égalité de tous les êtres vivants. Cette égalité est encore plus prononcée dans sa mise en œuvre.

L'égalité de la coutume religieuse n'est pas seulement formelle, c'est une égalité basée sur la suprématie de la foi et de la divinité. Le droit coutumier religieux montre une égalité dans la protection et la promotion du culte des divinités personnalisées et idolâtrées, à travers la croyance au pouvoir surnaturel du néant pour équilibrer l'esprit afin d'atteindre le nirvana.

En un sens, cette égalité dans le droit coutumier religieux chinois reflète l'égalité des adeptes face au Tout-Puissant. Dans le brahmanisme, Brahman est considéré comme le seul créateur véritable et suprême qui a créé tout l'univers et le monde sur terre. L'islam croit qu'Allah est unique, absolu et éternel. Le christianisme considère Dieu comme suprême, tout-puissant, omniscient, omniprésent et le seul vrai Dieu qui a créé le monde et est le Seigneur suprême de l'univers. Par conséquent, en présence d'une telle divinité, chaque croyant apparaît extrêmement petit et se trouve sur un pied d'égalité.

Il convient de noter que les caractéristiques susmentionnées du droit coutumier religieux chinois sont analysées dans une perspective globale. En fait, le droit coutumier chinois des différentes religions a ses propres spécificités, et le droit coutumier de chaque religion est unique.

## *IV. Le rôle du droit coutumier chinois des religions*

Le droit coutumier religieux chinois, faisant partie des religions chinoises, joue un rôle important dans la sauvegarde du statut des religions, dans le développement de celles-ci, dans le renforcement des croyances et dans le maintien de l'ordre dans les lieux religieux.

### 1. Sauvegarder le statut des religions et promouvoir leur développement

L'émergence d'une religion donne naissance et façonne un droit coutumier qui à son tour maintient et garantit l'existence et le développement de la religion. À travers des règles systématiques et complètes, des croyances, des structures organisationnelles et divers rituels, le droit coutumier religieux chinois consolide le statut des religions dans la société et recherche le soutien de l'État et des gouvernements locaux, l'accroissement de sa puissance économique et la création des conditions de son développement. Par exemple, le droit coutumier taoïste prévoit que « ceux qui violent la législation de l'État soient expulsés », évitant ainsi une confrontation avec l'État qui dispose d'une armée et d'un système administratif, et posant les bases de la survie et du développement du taoïsme. Pour des raisons propres à la nature de la culture traditionnelle chinoise, les religions chinoises sont incapables de rivaliser avec l'État et avec l'autorité séculière, si bien que les dispositions du droit coutumier des religions sont motivées par la survie des institutions religieuses et visent à éviter un conflit direct avec l'autorité séculière. En fait, à en juger par les effets de leur mise en œuvre, le droit coutumier religieux chinois a effectivement joué un rôle significatif en la matière.

### 2. Le renforcement de la croyance

Le droit coutumier religieux chinois intègre d'abord dans son système certains codes de conduite d'origine séculière, tels que ne pas voler, ne pas porter de fausses accusations, être honnête, juste, etc., en y ajoutant un contenu religieux issu de son propre système de croyances afin de les rendre plus coercitifs. Plus précisément, le droit coutumier religieux chinois prévoit des rituels religieux plus stricts, afin que les croyants s'impliquent davantage grâce à des activités vivantes et imaginatives. Cela renforce leur adhésion aux organismes religieux et leurs croyances. Le droit coutumier religieux chinois prévoit un système d'étude et de lecture des écritures afin de faciliter l'accès des croyants aux classiques religieux, de stimuler leur motivation à étudier les dogmes, et de renforcer leur conscience religieuse. Le droit coutumier religieux chinois prévoit également des œuvres caritatives telles que la création d'auspices, d'écoles, d'orphelinats ou de crèches, afin de stimuler l'intérêt du monde séculier pour la foi et de cultiver leur conscience religieuse.

3. Le maintien de l'ordre dans les lieux de culte

Le droit coutumier religieux chinois régit les relations entre les membres de la communauté religieuse et leurs droits et obligations respectifs, afin d'assurer les activités ordonnées et normales au sein des organisations religieuses et dans les lieux de culte. Une partie importante du droit coutumier bouddhiste est consacrée à la réglementation de la conduite quotidienne de l'abbé, des moines et des nonnes, pour assurer la solennité des lieux religieux.

Le droit coutumier religieux chinois contribue à la stabilité de l'ordre social et à la préservation des intérêts généraux de la société par la réglementation et la restriction des organisations religieuses, du clergé et des croyants en général.

La religion est un phénomène socioculturel ancien et universel dans l'histoire de l'humanité et « la théorie générale du monde, son compendium encyclopédique[①] ». L'impact du droit coutumier religieux chinois restera donc également durable et profond.

---

① Karl Marx, « Critique de la philosophie du droit de Hegel. Introduction », dans Marx Engels, *Œuvres choisies*, vol. l, People's Publishing House, juin 1995, p. 1.

# Chapitre 6 Le droit coutumier des sociétés secrètes

Les sociétés secrètes sont des groupes de personnes ayant des objectifs et des pratiques rituelles spécifiques. Elles mettent en place des règles strictes pour se livrer à des activités sociales, politiques et religieuses. Elles sont généralement divisées en deux catégories : des sectes secrètes telles que l'église du Lotus blanc et des gangs tels que Tiandihui (*天地会*, « Société du Ciel et de la Terre ») et la Bande verte.

Les sociétés secrètes connaissent de nombreuses normes organisationnelles, normes rituelles et normes de comportement pour discipliner leurs membres et maintenir leur communauté. Ces normes constituent le droit coutumier des sociétés secrètes. Le droit coutumier des sociétés secrètes chinoises est riche et d'une grande variété avec une efficacité souvent plus forte que celle de la législation étatique. Ce chapitre est consacré aux sociétés secrètes, notamment leur apparition, leur évolution et leur contenu, et à l'analyse de leurs caractéristiques, de leur rôle, afin de tenter une étude la plus complète possible du droit coutumier des sociétés secrètes chinoises.

## *I. L'émergence et le développement du droit coutumier des sociétés secrètes en Chine*

Le droit coutumier des sociétés secrètes chinoises est né avec celles-ci, mais à quand remonte la plus ancienne société secrète chinoise, où elle est née, comment est son organisation, quel est son nom, qui l'a fondée, nul n'est capable de répondre à ces questions. Selon les annales historiques, à la fin de la dynastie Sui, dans le district Jiao, apparurent une « société noire » et une « société blanche ». Sous la dynastie Song, un certain Li Jia rassembla des partisans pour créer « She Ming She » (*设命社*, « Société du Destin »), d'autres individus formèrent la « Ba Wang She » (*霸王社*, « Société du Roi Hégémon »). À Yanzhou, il y eut une « Wang Ming She » (*亡命社*, « Société des Condamnés »). Mais l'apogée des sociétés secrètes remonte au milieu de la dynastie Qing. Pendant cette période, les sociétés secrètes se multipliaient, se répandaient et gagnaient en influence. Les sociétés secrètes se formaient souvent dans un contexte social tendu et marqué par des conflits intenses, des expropriations foncières violentes et une forte augmentation des vagabonds sans terre et sans travail. Le droit coutumier des sociétés secrètes chinoises en est également issu.

À proprement parler, les sociétés secrètes, dotées d'un ensemble de normes systématique et complet et d'une certaine organisation pour assurer la mise en œuvre du droit coutumier, firent leur apparition sous la dynastie Qing. Auparavant, bien qu'il y ait quelques sociétés secrètes disposant de règles internes dispersées, ces normes étaient loin de pouvoir être qualifiées de droit coutumier.

En raison de l'objectif spécifique de ces sociétés secrètes, à savoir la restauration de la dynastie Ming, ou la rébellion contre l'Église, ou l'autodéfense, ou le vol des riches, la plupart d'entre elles s'engagèrent dans une activité antigouvernementale ou antisociale, et ne purent opérer que dans la clandestinité. Afin de maintenir leurs membres dans la foi et la dévotion, elles ont établi des préceptes et des règles de conduite dès leur création.

Le droit coutumier des sociétés secrètes chinoises est apparu avec l'émergence des sociétés secrètes. La naissance des sociétés secrètes impliquait celle du droit coutumier ; la formation d'une société secrète annonçait en même temps la constitution de son droit coutumier.

À mesure que les sociétés secrètes évoluaient, le droit coutumier devenait de plus en plus sophistiqué et rigoureux, s'enrichissant de nouveaux éléments et de perfectionnements.

## *II. Les différentes coutumes des sociétés secrètes chinoises*

Les sociétés secrètes chinoises étaient nombreuses, avaient des objectifs différents et un large éventail d'activités, et opéraient dans de nombreuses régions. Elles exerçaient une grande influence sur la société chinoise. Les coutumes des sociétés secrètes pouvaient être classées en plusieurs catégories.

### 1. Selon que la société secrète était de nature religieuse ou politique, on peut distinguer le droit coutumier des sectes secrètes et le droit coutumier des partis secrets

Tao Chengzhang a souligné dans son article « Sur l'origine des sectes » que « toutes les sectes dites Wenguo, Bagua, Shenquan, Zaili et autres sectes sont sans exception des branches du Lotus blanc. Toutes les sociétés dites de la Triade, des Trois points, de Gelao, sont des branches de la société Tiandihui[①] ». En raison de cette différence entre les sociétés secrètes à caractère politique et les sectes, leurs droits coutumiers différaient également. Par exemple, le droit coutumier des sociétés secrètes à caractère politique prévoyait une cérémonie solennelle d'intronisation et le recrutement de membres par serment, tandis que selon le droit coutumier des sectes, les adeptes étaient recrutés par prosélytisme. Les différentes branches des sociétés secrètes au sein des deux catégories ci-dessus avaient leur propre droit coutumier.

2. Les sociétés secrètes rurales, errantes ou urbaines avaient leurs propres coutumes[②]

Le droit coutumier des sociétés secrètes rurales reflète les caractéristiques de ces dernières : « rassemblement la nuit et dispersion le jour » et « bandits lorsqu'ils sont rassemblés, villageois lorsqu'ils se dispersent[③] ». Ce droit avait moins de contenu et une application plus souple.

Le droit coutumier des sociétés secrètes errantes reflète la complexité de leurs membres. Ces sociétés avaient des activités imprévisibles et étaient des alliances par serment ; les règles étaient peu homogènes et leur mise en œuvre était stricte avec une force contraignante importante. Le droit coutumier des sociétés secrètes urbaines reflétait la dimension importante de ces sociétés, la vaste étendue de leurs activités et leur influence. Le système normatif était complexe et sa mise en œuvre était extrêmement stricte.

3. Les différentes sociétés secrètes selon la région

Sur le plan géographique, le Gang vert opérait à Shanghai, la Société des amis du taoïsme à Anqing, et le Gelaohui (*哥老会*, « Société des Frères

---

[①] Tao Chengzhang, « Sur l'origine des sectes », dans *La Révolution Xinhai,* vol. 3, Shanghai People's Publishing House, 1957, p.100.

[②] Voir Cai Shaoqing, *Sociétés secrètes en Chine*, Zhejiang People's Publishing House, août 1989, pp. 12-14.

[③] *Livrets des rapports de Liu Zhongcheng*, vol. 7, « Rapport sur la poursuite des membres de gangs », dixième mois de la neuvième année de règne de Tongzhi de la dynastie Qing.

aînés ») dans le Sichuan, avec leurs propres règles. Les sociétés secrètes de chaque région avaient des coutumes différentes en termes d'organisation, d'argot, de règles et de préceptes.

## *III. Le contenu du droit coutumier des sociétés secrètes chinoises*

En raison des caractéristiques secrètes et antigouvernementales des sociétés secrètes, leur droit coutumier était à la fois étendu et autonome et d'une grande précision sur la structure organisationnelle, la cérémonie d'initiation, les règles et les serments, l'argot et les punitions.

### 1. La structure organisationnelle

Les sociétés secrètes accordaient une grande attention à la fiabilité de l'organisation et à l'unité interne, c'est pourquoi il existait de nombreuses dispositions dans le droit coutumier des sociétés secrètes concernant la structure organisationnelle, le chef et ses fonctions ainsi que la division du travail entre les cadres. Le droit coutumier révèle que les sociétés secrètes à caractère politique avaient une pratique patriarcale en interne et leur organisation était basée sur le modèle familial traditionnel clanique chinois. C'est le cas du Gang vert qui établissait un système hiérarchique strict et un régime de succession entre maîtres et apprentis sur le modèle des relations père-fils. Le Tiandihui et le Gelaohui prévoyaient des relations de collaboration sur le modèle de la fratrie. Les sectes pratiquaient un régime patriarcal dirigé par un gourou, avec un système organisationnel bien défini.

(1) Le Gang vert était une organisation verticale à caractère patriarcal, avec des seniors et des juniors selon son droit coutumier. La relation maître-disciple était au cœur des relations entre les membres du gang et elle s'appuyait sur le principe « maître et disciple comme père et fils, copains comme frères » pour maintenir la cohésion de l'organisation. Une hiérarchie était établie selon une liste de deux fois vingt-quatre caractères, le rang (génération) de chaque membre étant déterminé par le « caractère » qui lui était attribué. Les vingt-quatre premiers caractères étaient : « qing jing dao de wen cheng fo fa, ren lun zhi hui, ben lai zi xing, yuan ming xing li, da tong wu jue » (*清净道德, 文成佛法, 仁伦智慧, 本来自性, 元明兴礼, 大通悟觉*) ; les vingt-quatre derniers caractères étaient : « wan xiang yi gui, jie lu chuan bao, hua du xin hui, pu men kai fang, guang zhao qian kun, dai fa xiu

xing » (*万象依归, 戒律传宝, 化渡心回, 普门开放, 光照乾坤, 代发修行*[1]). Certains livres secrets énuméraient également la suite des vingt-quatre mots : « xu jie kun ji, shan rei ke qin, yi hua zhuan chen qing zhao bao kui, yi zhi ying cun wan xiang tong liu » (*绪结崑计, 山芮克勤, 宜华转忱, 庆兆报魁, 宜执应存, 挽香同流*). À la veille de la République populaire de Chine, le Gang vert était à sa vingt-quatrième génération.

(2) La structure organisationnelle du Tiandihui. Le Tiandihui (également connu sous le nom de « Triade ») fait partie du Gang Hong (clan Hong). Sa structure organisationnelle s'inspirait des structures familiales, c'est-à-dire du « système des cinq familles », mais dans une configuration horizontale. Hirayama Shu, dans son livre *Histoire des sociétés secrètes chinoises*, écrit : « Lors de l'établissement de la société, il y avait cinq grandes guildes, chacune étant répartie sur plusieurs provinces[2]. » De plus : « Le chef de la guilde était appelé le 'Premier ministre', ou 'Maréchal', et son nom commun était 'Grand Frère'. Le chef du rang en dessous était le 'Maître de l'encens', communément appelé le 'Pionnier'. Le suivant était le 'Bâton rouge' chargé d'exécuter la punition des membres. Les suivants étaient les 'Chaussures de paille' qui occupaient le niveau le plus bas pour exécuter les ordres[3]. » On constate que les dispositions du droit coutumier étaient très complètes en termes de structure organisationnelle, de gouvernance et de fonctions des chefs.

(3) La structure organisationnelle de Gelaohui. Le Gelaohui faisait également partie du clan Hong et était généralement connu sous le nom de « Gang Rouge ». Sa structure organisationnelle variait d'un endroit à un autre, mais elle était fondamentalement la même partout. Chaque organisation locale était divisée en « Montagne », « Salles », « Encens » et « Eau », et, en dessous de chaque salle, il y avait huit salles intérieures et huit salles extérieures.

Les salles intérieures constituaient le noyau de Gelaohui, elles déterminaient les objectifs et la direction et exerçaient les fonctions de gouvernance et de recrutement des membres. Elles disposaient des fonctions

---

[1] Zeng Keli, *Une histoire générale du gang Qing*, Wuxi Tengyangzhai, 1935.

[2] Hirayama Shu, *Histoire des sociétés secrètes chinoises*, Hebei People's Publishing House, mai 1990, p. 32.

[3] Hirayama Shu, *Histoire des sociétés secrètes chinoises*, Hebei People's Publishing House, mai 1990, p. 35.

et pouvoirs suivants : le Zongtang était le chef général. Le Zuotang, le chef adjoint, qui devait assister le Zongtang dans la gestion des affaires du gang, était chargé de la gestion du personnel. Le Peitang était chargé des affaires financières. Le Mengtang était chargé des affaires politiques et de l'inspection et était assisté par des personnes âgées, réputées et au fait des affaires de l'organisation. Le Litang avait la charge de la rédaction des documents et de l'élaboration des règlements et des rituels avec l'aide des personnes ayant un certain niveau d'éducation. Le Guantang réglait les conflits internes. Le Zhitang était responsable de l'exécution des missions. Le Xingtang était chargé de faire respecter les règlements. Dans certaines régions, les huit salles intérieures portaient le nom de « Long, Meng, Xiang, Zuo, Pei, Xing, Zhi, Li » (*龙, 盟, 香, 佐, 陪, 刑, 执, 礼*). Le chef de l'encens occupait le rang le plus élevé, il y avait également des Huyin et Xinyi (pour exécuter des missions temporaires). Il n'existait pas de modèle fixe dans l'organisation des huit salles intérieures du Gelaohui, et elles variaient quelque peu d'un endroit à un autre. La répartition des tâches entre les huit salles était précise et chacune avait ses propres fonctions sans interférer avec celles des autres. Les questions importantes étaient discutées et décidées par l'ensemble des huit salles.

Les huit salles extérieures étaient des salles secondaires, dirigées par les huit salles intérieures. Les responsabilités étaient réparties en dix postes : la direction générale, la planification, la finance, cinq postes de chargé d'affaires (application des sanctions, recueil des aveux, médiation, communication, réception), le chef des patrouilles, la gestion des mérites, le responsable des nouvelles recrues et de leur promotion ainsi que le responsable des affaires routinières.

Ceux des huit salles extérieures qui s'illustraient pouvaient être promus dans les huit salles intérieures. Les postes n'étaient pas inamovibles, une promotion à plus de trois échelons était possible pour mérite. Les nouvelles recrues étaient placées en fonction de leur statut social et de leurs compétences, mais seulement pour les huit salles extérieures[①].

(4) Structure organisationnelle de la secte du Lotus blanc. La structure de la secte du Lotus blanc s'apparentait à une structure familiale : le Grand

---

[①] Voir Cai Shaoqing, *Sociétés secrètes en Chine*, Zhejiang People's Publishing House, août 1989, pp. 51-54.

maître de la secte était à son sommet et son poste était soit transmis par voie successorale, comme c'était le cas dans l'ordre Rongmen, ou hérité par l'un de ses disciples directs, comme c'était le cas dans la secte des Huit trigrammes, une autre branche de la secte du Lotus blanc. Les chefs du deuxième niveau de la secte étaient mandatés par le maître pour diriger les membres sous leur responsabilité, collecter des fonds et payer des tributs au Grand maître. Les niveaux inférieurs étaient dirigés par des maîtres dont le poste était transmissible à leurs disciples, et ainsi de suite. Cela conduisit à ce que la secte du Lotus blanc devienne comme une grande famille avec des relations hiérarchiques strictes entre maîtres et disciples①.

(5) La secte des Huit trigrammes. La secte des Huit trigrammes était la branche la plus influente de la secte du Lotus Blanc. Ses ramifications et zones d'activité étaient réparties en huit directions autour du chef Liu qui dirigeait la secte. Les huit trigrammes de la secte, Qian, Kan, Gen, Zhen, Xun, Li, Kun, Dui (*乾, 坎, 艮, 震, 巽, 离, 坤, 兑*), étaient chacun dirigé par un chef nommé respectivement « Ji », « Guo », « Zhang », « Wang », « Chen », « Gao », « Liu », « Qiu » (*姬, 郭, 张, 王, 陈, 郜, 刘, 邱*) ; selon le modèle patriarcal féodal, les postes de maître et de chef étaient héréditaires. Le chef du trigramme dirigeait six Yao (*爻*) dont chacun était dirigé par un Zhenren et composé des personnels chargés de différents services et ayant des pouvoirs différents. En bas de la pyramide se trouvaient les adeptes②.

2. La cérémonie d'initiation

Le droit coutumier des sociétés secrètes organisait de manière détaillée les rituels d'initiation, rituels qui avaient une forte connotation religieuse et secrète. Les rituels des diverses sociétés secrètes étaient différents, mais ils étaient tous solennels pour indiquer que l'adhésion à l'organisation était un événement d'une grande importance pour les sociétés secrètes.

(1) La cérémonie d'initiation du Gang vert. Pour rejoindre le Gang vert, il fallait suivre la procédure prescrite par le droit coutumier du Gang, notamment accomplir les rituels de Baishi (*拜师*, salutation du maître) lors du petit office de l'encens ou grand office de l'encens.

---

① Voir Pu Wenqi, *Les Sectes en Chine*, Zhejiang People's Publishing House, octobre 1991, pp. 176-178.

② Voir Cai Shaoqing, *Sociétés secrètes en Chine*, Zhejiang People's Publishing House, août 1989, pp. 130-133.

La personne qui souhaitait intégrer le Gang devait d'abord trouver un intermédiaire (parrain), et par le biais du parrain demander le consentement du maître (le maître initial) afin de trouver un prédicateur parmi les personnes qui connaissaient bien l'histoire du gang et l'argot du gang. À la date convenue, il était conduit par le parrain afin d'effectuer la « cérémonie Baishi » devant le maître initial, en présentant à celui-ci, avec un peu d'argent, la « carte de disciple » sur laquelle figuraient son nom, son lieu d'origine, sa date de naissance et les noms de trois générations d'ascendants.

Si le maître estimait que le candidat était qualifié, un « petit office de l'encens » était organisé pour rendre hommage au maître conformément au droit coutumier du Gang vert. Il existait deux types d'offices : les offices temporaires et les offices formels. Un office de l'encens temporaire était relativement simple et pouvait être organisé à tout moment et en tout lieu, il suffisait d'offrir de l'encens aux maîtres ancestraux selon un rituel cérémonial. Chaque geste, comme s'incliner ou s'agenouiller, était soumis aux mêmes exigences qu'un office de l'encens formel.

Les rituels d'un petit office de l'encens formel étaient assez complexes selon le droit coutumier. Devant les tablettes des trois ancêtres Weng (翁), Qian (钱) et Pan (潘), étaient placés trois paires de chandeliers, alignés sur les côtés ; trois brûleurs d'encens étaient alignés au milieu ; un futon était placé au sol, une tablette du « petit ancêtre » était placée devant l'entrée, avec une paire de chandeliers, un brûleur d'encens et un futon. Ceux qui assistaient à l'office devaient se laver le visage, se brosser les dents et purifier leur esprit. Après l'hommage aux ancêtres, le maître initial donnait des instructions au nouveau disciple avant de le présenter à ses aînés et condisciples. Dans certains cas, le prédicateur (ou le maître initial) faisait une présentation sur l'histoire du Gang vert, sur le chef du gang, sur les emblèmes du gang, sur le maître et le rang du novice, ainsi que sur différentes règles du gang et sur la fraternité. La dernière cérémonie consistait à raccompagner les ancêtres.

Outre les offices de l'encens initiatique, le gang pratiquait également l'office de l'encens délibératif selon le droit coutumier (pour délibérer sur le règlement de différends, pour aider aux funérailles et aux mariages, pour collecter des fonds et procéder au partage), l'office de l'encens criminel (pour interroger les délinquants du gang et décider des punitions), et un grand office de l'encens de clôture (refus de tout nouveau disciple ou cessation du gang)[①].

(2) La cérémonie de serment de la société Tiandihui. Lors de l'intégration à la Tiandihui, le droit coutumier imposait l'installation sur la table d'offrande d'une tablette spirituelle portant le nom du moine Hong Er, ainsi qu'un seau à riz (qui représente le siège de la Tiandihui) dans lequel étaient déposés un drapeau à cinq couleurs, deux épées (pour illustrer leur volonté de renverser la dynastie Qing), des ciseaux (pour déchirer les ténèbres), une règle (pour mesurer le comportement des membres) et un miroir de bronze (pour éclairer le bien et le mal). Au commencement de la cérémonie de serment, l'animateur, avec une épée à la main, demandait à l'assistance de passer sous l'épée, enseignait l'argot du Gang et tuait un poulet pour en récupérer le sang qui serait mélangé à l'alcool et bu par tous. Parfois, un feu était allumé derrière la table des offrandes. Il fallait sauter par-dessus le feu et boire une gorgée d'eau pour « faire face à l'eau et au feu ». De toute la cérémonie, la prise de l'alcool mélangé de sang et le serment de sang étaient les gestes les plus importants[②].

(3) Cérémonies d'initiation et d'intégration à la Gelaohui. Pour la Gelaohui, la cérémonie d'initiation revêtait une importance capitale. Tous les chefs à proximité et tous les notables locaux et marchands étaient invités à la cérémonie. Hirayama Shu la décrit ainsi dans *Histoire des sociétés secrètes chinoises* : « Au centre de la scène sont installés les cinq ancêtres et le saint Guan et d'autres dieux, ainsi que des lettres d'entrée et de sortie sur du papier rouge. La lettre d'entrée comporte des serments versifiés au ciel et à la terre, ainsi que les rangs des membres et les règlements. La lettre de sortie est la notification à l'adresse de tous les autres chefs locaux ; elle est semblable aux lettres d'entrée. Dès que les membres sont arrivés, le chef annonce aux esprits les deux lettres, d'entrée et de sortie. Après la lecture, chaque membre salue les esprits et prête serment. Le serment doit être prononcé en toute sincérité sous peine de punition[③]. » Lors de la cérémonie,

---

[①] Voir Archives nationales de Chine n° 2, *Essentiel des gangs sous la République de Chine*, Archives Press, avril 1993, pp. 68-94.

[②] Voir Jin Laofo, *Les règles secrètes du milieu marginal des trois religions et des neuf doctrines*, Hebei People's Publishing House, mai 1990, pp. 21-26.

[③] Hirayama Shu, *Histoire des sociétés secrètes chinoises*, Hebei People's Publishing House, mai 1990, p. 84-85.

les chefs de la société donnaient des ordres, notamment l'ordre d'initiation, l'ordre d'ascension du grand maître, l'ordre du lot d'or, l'ordre des bougies, l'ordre d'installation et l'ordre des confidents.

La cérémonie d'initiation de la Gelaohui était aussi appelée « cérémonie d'émission de billets ». Chaque nouvel entrant recevait un « billet » (billet en tissu) sur lequel étaient imprimés le mont, la salle, l'encens, l'eau et les slogans internes et externes ; sur les quatre coins étaient imprimés les mots « culte, héritage, faveur et fraternité », avec les noms des frères jurés sous chaque mot, ainsi que le nom, le prénom et la date de naissance du frère juré. La cérémonie d'initiation se déroulait généralement en pleine nuit. Une table d'encens était installée sur laquelle étaient installées les tablettes des esprits telles que celle de l'empereur Guan. Sur les côtés étaient suspendus des drapeaux de couleur. Des brûleurs d'encens et des chandeliers étaient placés devant la table. Au début de la cérémonie, chacun devait se laver, ensuite, le Grand frère était invité à sortir, un poulet était sacrifié au moment du serment, le sang du poulet était mélangé à de l'alcool avant d'être bu. La cérémonie prenait fin après le discours de clôture du maître[①].

(4) Cérémonie d'initiation au Lotus blanc. Selon le droit coutumier du Lotus blanc, l'admission n'était possible que sur recommandation et après la cérémonie d'initiation. Il fallait d'abord faire un vœu (serment), payer une somme d'argent, recevoir l'enseignement auprès du maître des textes sacrés (rouleaux de textes sacrés de la secte), des formules secrètes et des préceptes. Le nom et le lieu d'origine du candidat étaient écrits sur un papier jaune et brûlés (pour suggérer son inscription auprès de Yuan Sheng Lao Mu), et un contrat lui était remis à la fin (sorte de permis de retourner à la maison ultérieurement)[②].

(5) La cérémonie d'initiation de la secte des Huit trigrammes. La cérémonie d'initiation prévue par le droit coutumier de la secte des Huit trigrammes était relativement simple, l'entrée dans la secte se faisant généralement par le salut du maître qui pouvait être n'importe quel membre senior de la secte. Au commencement de la cérémonie, trois bâtons d'encens et trois bougies étaient allumés. Le candidat se prosternait devant les

---

① Voir Cai Shaoqing, *Sociétés secrètes en Chine*, Zhejiang People's Publishing House, août 1989, pp. 55-60.

② Voir Cai Shaoqing, *Sociétés secrètes en Chine*, Zhejiang People's Publishing House, août 1989, p. 125.

ancêtres, le grand maître, le chef de la branche, son maître. Ce dernier lui transmettait le « Chant des disciples », le serment, les incantations, les textes sacrés ainsi que les techniques de respiration[①].

3. Les règlements des gangs et des sectes

Ces règlements constituaient un élément important du droit coutumier des sociétés secrètes chinoises qui les utilisaient pour encadrer le comportement de chacun de leurs membres, afin d'assurer leur survie et leur développement.

(1) Les règlements du Gang vert. Les règlements du Gang vert étaient complexes, systématiques et complets. Il y avait les Dix règles du gang, les Dix interdictions, les Dix commandements, les Dix obligations, les Dix règles de prédication, les Neuf interdits et les Dix interdits[②].

Les Dix règles du gang formaient le droit coutumier du Gang vert : 1) interdiction de trahir le maître et les ancêtres ; 2) interdiction de défier les anciens ; 3) interdiction de nuire aux autres pour ses propres intérêts ; 4) interdiction de voler ou de commettre un adultère ; 5) interdiction de se montrer imprudent à l'extérieur (parler avec prudence, ne pas introduire au gang des gens peu recommandables) ; 6) interdiction de s'immiscer dans les affaires d'autrui ; 7) interdiction de perturber l'application des règles du gang ; 8) interdiction de perturber la hiérarchie ; 9) interdiction d'ouvrir les vannes pour libérer l'eau ; 10) interdiction de s'en prendre aux plus faibles[③].

Il existait également les « Dix règles domestiques » (voir la section consacrée à la « mise en œuvre » ci-dessous), les « Trente-six vertus d'Anqing » et les « Dix règles du gang des ports à sec ».

(2) Le serment de la Tiandihui. Le code de conduite de la Tiandihui, extrêmement riche et contraignant, était constitué principalement des « Trente-six serments du clan Hong », des Dix articles, des Vingt-et-un règlements, des Dix interdictions, des Dix pénalités, des Dix-huit livres de la loi, des Dix paragraphes et des Dix règles disciplinaires. Les « Dix articles »

---

[①] Voir Cai Shaoqing, *Sociétés secrètes en Chine*, Zhejiang People's Publishing House, août 1989, p. 133.
[②] Li Guoping, *Sur les origines du Gang vert*, Shanghai Wenyi Publishing House, août 1990, pp. 165-175.
[③] Cai Shaoqing, *Sociétés secrètes en Chine*, Zhejiang People's Publishing House, août 1989, p. 97.

du clan Hong étaient les suivants : 1) servir l'État avec loyauté ; 2) servir les parents avec piété ; 3) respecter l'ordre de la fratrie ; 4) être en harmonie avec les voisins ; 5) faire preuve de droiture ; 6) être bienveillant et juste ; 7) respecter ses beaux-frères et ses belles-sœurs ; 8) être bienveillant en tant qu'aîné et solidaire en tant que cadet ; 9) observer les règles de l'encens ; 10) se faire confiance et s'entraider.

(3) Les règlements de la Gelaohui. Le droit coutumier de la Gelaohui prévoyait de nombreuses règles dont les plus importantes étaient les Dix articles, les Dix grandes règles du gang, les Quatre serments.

Les « Dix articles » étaient : « Servir l'État avec loyauté, servir les parents avec piété, respecter la fraternité, être en harmonie avec les voisins, respecter les lois et les règles, être droit et intègre, soigner l'apparence, être travailleur, être digne de confiance. » Les « Dix grandes règles du gang » étaient les suivantes : « Interdiction de révéler les activités du gang, interdiction des querelles internes, interdiction de pillage, interdiction d'enfreindre les règles du gang, interdiction d'introduire des bandits dans le gang, interdiction d'agresser les femmes du gang, interdiction de l'inceste, interdiction des recels, interdiction de la désobéissance, interdiction de quitter le gang[①]. »

(4) Les règles de la secte du Lotus Blanc. Les règles de la secte du Lotus blanc étaient relativement simples, à savoir les Trois conversions et les Cinq préceptes, la Conversion aux Trois Joyaux, et l'abstinence de meurtre, de vol, de débauche, de consommation de viande, d'alcool et de mensonge.

(5) Les préceptes de la secte des Huit trigrammes. Les principales règles de la secte des Huit trigrammes étaient : apprendre à être une bonne personne respectueuse du chef ; se convertir aux Trois Joyaux ; observer le jeûne sous peine de se transformer en pus et en sang.

4. L'argot

Afin de ne pas révéler l'identité des membres des sociétés secrètes, le droit coutumier des sociétés secrètes prévoyait l'utilisation de langages codés, de l'argot ou des jargons comme moyen de communication entre eux.

Pour le Gang vert, le secret le plus important était les Trois bandes et les

[①] Voir Cai Shaoqing, *Sociétés secrètes en Chine*, Zhejiang People's Publishing House, août 1989, pp. 60-61.

Neuf générations, c'est-à-dire la bande du maître d'initiation, la bande du prédicateur, la bande du maître initial ainsi que de leurs maîtres, grands maîtres et arrières grands maîtres. Ceux qui se souvenaient des trois bandes et des neuf générations étaient reconnus comme membre du gang et pouvaient circuler librement. En outre, il y avait des « questions-réponses du gang », ainsi que les différentes façons de poser la tasse de thé comme code pour établir des contacts entre les membres du gang. Le Gang vert avait aussi des mots tabous, comme « Cheng fan » (*盛饭*, se servir du riz), car le « Cheng » (*盛*) est homonyme de « Sombrer » (*沉*). Il était à éviter pour les bandes qui naviguaient. Le comportement des membres faisait l'objet de règlements. Par exemple, il fallait franchir le seuil de la porte en levant d'abord le pied gauche, il ne fallait pas se laver le visage à l'horizontale, il ne fallait pas rouler le col et les manches vers l'extérieur, etc.

Le langage codé de la Tiandihui était très complexe. La « formation des tasses de thé » en est un bon exemple[①]. La formation était divisée en deux catégories : déploiement et contre-mesure. Il existait également un grand nombre de mots d'argot : ceux pour nouer une rencontre avec d'autres gangs, ceux pour nouer des contacts, ceux pour rendre visite à des amis, etc.

## *IV. La mise en œuvre du droit coutumier des sociétés secrètes et la sanction des contrevenants*

Afin de garantir le droit coutumier des sociétés secrètes et de renforcer l'unité des membres face aux forces extérieures, les sociétés secrètes prévoyaient généralement des sanctions spécifiques à l'encontre de ceux qui avaient violé le serment du gang.

### 1. L'application du droit coutumier du Gang vert et des « Dix règles domestiques »

Dans le Gang vert, le maître était chargé de contrôler le respect des règles du gang par ses disciples, et de réprimander et de punir ceux qui commettaient des infractions aux règles et notamment aux « Dix règles domestiques », à savoir :

(1) L'auteur d'une première infraction était blâmé ou, si le cas était

① Sur la « formation des tasses de thé », voir Xiao Yishan, *Histoire des sociétés secrètes modernes*, Yuelu Shusha, juillet 1986, pp. 359-377, et Cai Shaoqing, *Sociétés et partis politiques secrets modernes en Chine, Appendice*, Zhonghua Shuju, octobre 1987.

grave, puni avec l'instrument disciplinaire. En cas de récidive, le mot « offense » était tatoué avec de l'encens sur le bras du contrevenant qui était ensuite expulsé. La trahison était punie de la peine de mort : l'auteur était attaché à une ancre et brûlé vif.

(2) En cas de désobéissance aux parents, le contrevenant était blâmé ou, si le cas était grave, puni avec l'instrument disciplinaire. En cas de récidive, le mot « indigne » était tatoué avec de l'encens sur la poitrine du contrevenant qui était ensuite expulsé. Le contrevenant ayant commis le parricide était attaché à une ancre et brûlé vif.

(3) Celui qui aurait désobéi pour la première fois aux instructions du maître ou agit de manière présomptueuse était blâmé ou puni avec l'instrument disciplinaire si le cas était grave. En cas de récidive, le mot « vilain » était tatoué avec de l'encens sur le bras du contrevenant qui était ensuite expulsé.

(4) Celui qui avait manqué de respect envers un supérieur pour la première fois était blâmé ou puni avec l'instrument disciplinaire si le cas était grave. En cas de récidive, le mot « insolent » était tatoué avec de l'encens sur le corps du contrevenant qui était ensuite expulsé.

(5) Celui qui, pour la première fois, s'était approprié des biens appartenant à des membres du gang en profitant de son statut, était blâmé si le cas était léger, et puni avec l'instrument disciplinaire si le cas était grave. En cas de récidive, le mot « exaction » était tatoué avec de l'encens sur le bras du contrevenant qui était ensuite expulsé.

(6) Celui qui avait agressé un membre du gang pour la première fois était blâmé, et puni avec l'instrument disciplinaire si le cas était grave. En cas de récidive, le mot « violence » était tatoué avec de l'encens sur le bras du contrevenant qui était ensuite expulsé.

(7) Celui qui avait commis des actes immoraux interdits par la législation de l'État pour la première fois était blâmé si le cas était léger et puni avec l'instrument disciplinaire si le cas était grave. En cas de récidive ou de crime grave, le mot « malfrat » était tatoué avec de l'encens sur le bras du contrevenant qui était ensuite expulsé.

(8) Celui qui avait offensé les immortels, le Bouddha, le Bodhisattva et toutes les religions pour la première fois était blâmé si le cas était léger et puni avec l'instrument disciplinaire si le cas était grave. En cas de récidive,

le mot « outrage » était tatoué avec de l'encens sur le bras du contrevenant qui était ensuite expulsé.

(9) Celui qui était oisif, qui se livrait à des actes d'extorsion, se battait ou qui refusait d'obtempérer était blâmé si le cas était léger, ou puni avec l'instrument disciplinaire si le cas était grave. En cas de récidive, le mot « ingrat » était tatoué avec de l'encens sur le bras du contrevenant qui était ensuite expulsé.

(10) Celui qui avait calomnié pour la première fois les membres du gang était blâmé si le cas était léger, ou puni avec l'instrument disciplinaire si le cas était grave. En cas de récidive, le mot « effronté » était tatoué avec de l'encens sur le bras du contrevenant qui était ensuite expulsé[1].

On note que le Gang vert sanctionnait les contrevenants aux règles du gang selon les circonstances : blâme, tatouage, expulsion, exécution et, dans certains cas, des coups de bâton ou de canne.

<u>2. Les règles disciplinaires de la Tiandihui</u>

Afin de garantir la mise en œuvre du serment et des règles de la Tiandihui, celle-ci avait élaboré « 21 principes » tels que : « Quiconque commet un crime et implique d'autres membres est puni de mort si le cas est grave, ou puni de la mutilation des oreilles si le cas est léger. » Ou encore « 10 interdictions » telles que : « Il faut respecter les femmes de ses frères ; les frères mariés doivent résister aux plaisirs charnels ; une femme qui se comporte mal encoure la mutilation des oreilles, un frère qui est avide de plaisir est puni de mort. »

Les principales formes de punition de la Tiandihui étaient les suivantes : peine capitale (lynchage ou exécution au couteau) ; peine sévère (enterrement vivant ou noyade) ; peine légère (six coups de couteau ou quarante coups de bâton, rétrogradation, mutilation de l'organe génital ou exclusion à vie).

<u>3. L'application du droit coutumier de la Gelaohui et la sanction des contrevenants</u>

La Gelaohui disposait d'une organisation et d'un personnel spécial

---

[1] Archives nationales de Chine n° 2, *Essentiel des gangs sous la République de Chine*, Archives Press, avril 1993, pp. 67-68.

dédiés à l'application des règles et au contrôle du respect de celles-ci. Les Huit salles intérieures avaient en leur sein une chambre criminelle chargée d'appliquer les règles, ainsi qu'une chambre spéciale d'exécution. Les Huit chambres extérieures disposaient également d'un personnel spécial chargé de faire respecter les règles du gang.

Pour ceux qui avaient violé le droit coutumier, la Gelaohui prévoyait huit châtiments sévères consistant en la peine de mort en cas de : (1) révélation de secrets du gang ; (2) désobéissance ; (3) désertion ; (4) trahison ; (5) introduction clandestine d'étrangers ; (6) recel ; (7) agression de membres du gang ; (8) agression de femmes de membres du gang.

Le gang accordait une grande importance à ses secrets et les protégeait par des punitions très sévères : « La moindre astuce de la jungle ne peut être révélée ni à ses parents ni à sa femme, sous peine de se faire percer de sept trous » (c'est-à-dire trois coups de couteau qui transpercent chaque jambe plus un coup dans le bras gauche).

Une chansonnette était enseignée aux membres du gang afin qu'ils se souviennent des règles disciplinaires : « Si des frères des quatre rangs supérieurs se rebellent, ils se crèvent les yeux ; si des frères des quatre rangs intermédiaires se rebellent, ils prendront leurs propres couteaux et se transperceront ; si des frères des quatre rangs inférieurs se rebellent, on leur donnera trois coups de couteau et six trous ; si des frères du dernier rang se rebellent, les quarante coups de bâton rouge les attendront[①]. »

### *V. Les caractéristiques du droit coutumier des sociétés secrètes chinoises*

Le droit coutumier des sociétés secrètes chinoises a évolué avec le développement des sociétés secrètes. Les règles des gangs se sont multipliées progressivement, ont pris des formes différentes et ont été appliquées très sévèrement. Le droit coutumier des sociétés secrètes chinoises se distingue du système de droit coutumier chinois par ses objectifs de résistance aux autorités et d'assistance mutuelle, par un système hiérarchique, par une superstition religieuse, et par la cruauté des punitions et des exécutions.

---

① Voir Cai Shaoqing, *Sociétés secrètes en Chine*, Zhejiang People's Publishing House, août 1989, p. 62.

1. L'Assistance mutuelle et la résistance au pouvoir

L'objectif du droit coutumier des sociétés secrètes chinoises était de préserver l'unité et la cohésion internes, d'organiser une assistance mutuelle entre les membres des gangs, et de résister conjointement à la répression et à la persécution par le gouvernement et les autres forces de la société. L'émergence et le développement des sociétés secrètes étaient liés à la concentration foncière à grande échelle qui avait obligé un grand nombre de paysans à quitter leur pays natal pour gagner leur vie ailleurs, se trouvant ainsi isolés, sans soutien moral. Pour répondre à ce manque, le droit coutumier des sociétés secrètes instaura une assistance mutuelle entre leurs membres et une résistance commune face au gouvernement. Par exemple, le premier article des *Règlements de la société de la Lance rouge* annonçait clairement que le but de la société était de s'armer pour se défendre et vivre heureux et en paix. C'était à la fois le but de la société de la Lance rouge et aussi celui de ses règlements. Le droit coutumier de la société de la Lance rouge fut ainsi établi sur cette base. Un autre exemple est celui des sociétés du clan Hong, telles que la Triade ou la Tiandihui qui avaient pour objectif de « s'opposer à la dynastie Qing pour restaurer la dynastie Ming ». Leur droit coutumier était constitué aussi autour de cette résistance. Le droit coutumier d'autres sociétés secrètes était également marqué par ces caractéristiques.

Afin d'atteindre leur objectif d'aide mutuelle et de résistance, le droit coutumier des sociétés secrètes prévoyait l'interdiction de toute révélation des secrets du gang, même aux parents, aux enfants, ou à l'épouse, sous peine de punitions très sévères.

Les cérémonies étaient souvent organisées à la campagne et en pleine nuit, comme le prévoyaient les règlements de la Gelaohui, lesquels interdisaient la présence de toute personne étrangère et mettaient en place un système de surveillance par des personnes dédiées. Ainsi, lors d'un office de l'encens du Gang Vert, des gardes se tenaient à l'entrée de la salle. Les pactes secrets, le langage codé, les signes (gestes des doigts, des mains, formation des tasses de thé) étaient autant de caractéristiques propres au droit coutumier des sociétés secrètes.

2. La hiérarchie et la superstition

Qu'elles soient de nature politique ou sectaire, les sociétés secrètes étaient toutes marquées par une hiérarchie rigoureuse, et le droit coutumier garantissait cette hiérarchie.

Au sein d'une secte, « les fidèles ne sont pas mis au courant des affaires du Secrétaire ; le Secrétaire n'est pas informé des affaires du Patron et le Patron ne peut s'immiscer dans les affaires du Grand Patron[1] », sous peine de sanctions sévères imposées par les règlements de la secte. L'ordre hiérarchique se traduisait dans le droit coutumier selon lequel les droits et les devoirs des membres n'étaient pas identiques, et les membres d'un rang inférieur devaient obéir aux ordres de ceux appartenant aux rangs supérieurs et assumer plus de devoirs, tandis que les membres des rangs supérieurs bénéficiaient souvent de certains privilèges. Leurs positions pouvaient également être héréditaires, transmises de génération en génération, parfois de père en fils.

La superstition était omniprésente dans le droit coutumier des sociétés secrètes, en particulier dans les règles rituelles : l'admission de nouveaux membres, les offices de l'encens, d'adhésion à la société ou à la secte, s'organisaient dans une atmosphère mystérieuse, sous serment et en invoquant une divinité. Selon le droit coutumier de la Tiandihui, la prise d'alcool mélangé de sang était le rituel le plus important. Il fallait également passer sous des couteaux, au-dessus d'un brasier et boire de l'eau, car cela signifiait que celui qui transgresserait les règles serait lynché, et « qu'il ne fa[llait] reculer ni devant l'eau ni devant le feu ». Les couteaux, épées, miroirs, règles, ciseaux avaient tous une signification et une évocation particulières.

Les sectes secrètes mettaient davantage l'accent sur les serments et les incantations qui étaient indispensables. Par exemple, la société de la Lance rouge pratiquait des procédures complexes d'invocation et de raccompagnement des esprits, de prosternation devant les divinités, d'invocation de Guanyin, de l'empereur Guan, de Zhou Gong, de Lishan Laomu et de divers guerriers fantastiques, le tout pour séduire de nouveaux adeptes, en leur faisant croire au pouvoir surnaturel.

---

[1] Tao Chengzhang, « Examen des origines et du développement des religions », dans *La Révolution Xinhai,* vol. 3, Shanghai People's Publishing House, 1957, p. 100.

Le droit coutumier des sociétés secrètes protégeait la croyance en des divinités et le culte démoniaque et renforçait les idées religieuses, des croyances particulièrement présentes dans le droit coutumier des sectes.

3. La cruauté

Afin d'assurer l'autorité et le caractère sacré du droit coutumier, ce dernier prévoyait des sanctions sévères pour punir les contrevenants, ces sanctions étant cruelles, barbares et impitoyables.

Les méthodes de punition dans la Gelaohui comprenaient le lynchage, l'enterrement vivant ou la noyade, toutes donc extrêmement cruelles. Les « Dix règles domestiques » du Gang Vert comprenaient, dans la droite ligne des règles des sociétés esclavagistes, des punitions sous forme de « tatouage » ou la punition qui consistait à brûler vif le contrevenant attaché à une ancre. La Tiendihui punissait les contrevenants en leur coupant les oreilles ou en leur infligeant des coups de bâton. *Les Consultations du ministère de la Justice*, un livre datant de la septième année du Yongzheng de la dynastie Qing, relatait une affaire qui s'était passée au sein de la branche de Jiaqing du Gang Vert. Un chef du gang donna l'ordre à son neveu Zhao Yu, sous le prétexte d'une faute insignifiante, de couper l'oreille d'un marin nommé Yan Huisheng qui travaillait sur le navire d'un dénommé Meng Youde. « Tout est décidé par le 'maître' (vieil homme), à savoir attacher, brûler, couper l'oreille et les tendons, sans aucun scrupule, une véritable atrocité[①]. »

Le caractère sévère et brutal du droit coutumier des sociétés secrètes est également mis en évidence par les trois poèmes : « La loi familiale sévère effraie même le diable, l'empereur Qianlong m'a donné un bâton. Tu es battu pour avoir enfreint la loi, si tu l'enfreins encore une fois, c'est le feu qui te brûlera » ; « L'ordre est donné par le maître, la loi familiale est sans pitié. Quiconque enfreint les règles du gang, subira le même sort, jeune ou vieux » ; « Les ancêtres ont transmis dix règles du gang, pour punir toute transgression. Aujourd'hui tu es averti, la prochaine fois tu monteras sur l'ancre[②]. »

---

[①] *Shi Yi Zhi Zhe* (*史贻直折*, « Rapports de Shi Yizhi »), annexe *Shao Lu Xing Bu Zi Wen* (*抄录刑部咨文*, Transcription d'un document du ministère de la Justice), dans *Historical Materials*, n° 2.

[②] Archives nationales de Chine n° 2, *Essential des gangs sous la Republican de Chine*,

## *VI. Le rôle du droit coutumier des sociétés secrètes*

Le droit coutumier, dès la formation des sociétés secrètes, jouait un rôle important dans l'encadrement des membres, le maintien de l'unité, le renforcement de la cohésion interne, l'organisation des actions contre le gouvernement pour résister à l'oppression de celui-ci, et assurait ainsi avec force l'existence et le développement des sociétés secrètes.

### 1. Encadrer le comportement des membres et maintenir l'unité du groupe

Le droit coutumier, avec ses diverses règles et pactes, encadrait le comportement des membres et prévoyait les conséquences qui en résultaient en traitant sévèrement les contrevenants. Tous les membres devaient le respecter scrupuleusement, ce qui permettait de maintenir l'ordre, d'assurer l'unité et la solidarité au sein du groupe, mais également de garantir que la société secrète puisse survivre et se développer en secret dans un environnement de répression gouvernementale.

Le droit coutumier imposait aux membres de la société secrète des exigences et des règles vastes et strictes, concrètes et minutieuses. Elles portaient sur la piété filiale, l'entente fraternelle, l'harmonie avec les voisins, mais aussi sur des qualités personnelles telles que l'apparence physique, le travail et la probité. Il y avait aussi des dispositions en matière relationnelle au sein du gang, telles que l'interdiction de violer les règles du gang, de divulguer les affaires du gang, d'entrer en conflit avec d'autres membres du gang, d'introduire des bandits, de trahir le maître, de bouleverser l'ordre des rangs et de bafouer les codes du milieu. Seule une application stricte des règles permettait de garantir l'unité de l'organisation, d'obtenir des avantages matériels du monde extérieur, d'éviter l'extermination de la société secrète par le gouvernement et d'atteindre des objectifs politiques ou sociaux.

### 2. Assurer l'existence et la sécurité des membres

Le droit coutumier des sociétés secrètes prenait en compte les moyens de subsistance et la sécurité des membres en leur garantissant nourriture, vêtements et abri, par le biais de diverses dispositions. À cet égard, le droit

---

Archives Press, avril 1993, pp. 66-67.

coutumier des sociétés secrètes à caractère politique garantissait principalement la subsistance des membres, tandis que celui des sectes se concentrait plus sur les aspects sécuritaires.

Les sociétés secrètes à caractère politique assuraient principalement la subsistance de leurs membres en mettant en place diverses solutions telles que le partage des aliments. Par exemple, lors de la révolte des Taiping, la Tiandihui du Guangxi instaura les « maîtres du riz ». Chaque maître du riz ouvrit une salle pour fournir des repas aux membres ; tous les biens pillés par ces derniers y étaient également centralisés, ce qui assurait la subsistance des membres sans domicile et démunis. À la même époque, des sociétés secrètes à caractère politique dans la province du Hunan appliquaient également un système de « fourniture d'argent et de nourriture ». Les Nian (捻子) dans le Huabei pratiquaient un système de pillage collectif et de partage du butin sur place. Lors de la révolution Xinhai, la société Longhua du Zhejiang déclarait : « Les terres sont la propriété de tous, (...) tout le monde pourra en profiter et avoir de quoi manger[①]. »

Les sectes secrètes à caractère politique, quant à elles, se souciaient davantage de la santé et du besoin spirituel de leurs adeptes. Elles résistaient aux agressions et harcèlements extérieurs et assuraient la protection de la vie, des biens et de la sécurité des adeptes au sein du groupe. Le droit coutumier faisait appel au culte des divinités et à la foi et s'inspirait soit du confucianisme, du bouddhisme ou du taoïsme pour former son propre dogme. Le but était de montrer aux adeptes la direction et les pratiques pour éloigner les maladies et les désastres et entrer dans le monde merveilleux, faisant ainsi naître un espoir dans le cœur des adeptes en détresse en leur apportant un réconfort spirituel.

De nombreuses sectes, comme la société de la Lance rouge, enseignaient des arts martiaux d'autodéfense et rassemblaient leurs adeptes pour s'opposer aux forces extérieures et protéger la vie et les biens de leurs membres.

### 3. La résistance au gouvernement

Le droit coutumier des sociétés secrètes prônait toutes sortes de pillage

---

① *Statuts de la Long Hua Hui*, cités dans Shen Weibin, « Réflexions sur une affirmation historique », dans *Exploration and Controversy*, n° 10, 2004.

par divers moyens et de rumeurs pour provoquer des rébellions dans leur lutte contre le gouvernement et contre l'exploitation et l'oppression féodales. Il avait ainsi un aspect antigouvernemental et antisocial. Dans la Chine ancienne, les sociétés secrètes ont toujours eu une image de rebelles et de destructrices de l'ordre en place et le droit coutumier des sociétés secrètes a toujours joué un rôle dans ce sens.

## *VII. La manifestation du droit coutumier des sociétés secrètes dans la réalité*

Après la naissance de la République populaire de Chine, les sociétés secrètes ont perdu leur raison d'être. Une série de purges et de frappes mirent fin à leur existence sur le territoire chinois[1]. Ayant perdu les conditions de son existence, le droit coutumier des sociétés secrètes a disparu aussi. Cela étant, certaines personnes ont conservé dans leur esprit des concepts et des idées hérités du droit coutumier des sociétés secrètes.

Par exemple, Han Xinxian, le chef de la secte Qingfengdao (*青峰道*) dans les districts Feixi et Shucheng de la province de l'Anhui, créa dans les années 1950 une bande. Il faisait circuler des rumeurs de catastrophes et organisa une émeute avec trente et une personnes, tuant et blessant trois agents de la sécurité publique. En 1958, trente-neuf « empereurs » furent arrêtés dans l'ensemble du pays, impliquant vingt-quatre sectes.

Un « Grand prêtre » de la « Voie des Saints » dans le Jilin fut arrêté en 1955 et condamné à quatre ans d'emprisonnement. Il avait plus de soixante et onze ans lorsqu'il fut relaxé en 1979, mais peu après, il recommença à prêcher auprès de plus de cent adeptes.

Wang Duanqin rejoignit le « Guanzhong Tan » (*贯中坛*) en 1947 avant de devenir un prédicateur taoïste, réunissant plus de trois cent cinquante disciples à Yibin, dans le Sichuan. Après la libération de 1949, il changea de nom pour se faire appeler « Che Shilun » et se cacha dans le canton de Lianhua du comté de Xuyong, dans la province du Sichuan, où il se fit passer pour un indigent en 1952 et faisait de « bonnes œuvres » comme un « philanthrope ». En 1981, sa véritable nature reprit le dessus : il organisa

[1] À Taiwan, Hong Kong et Macao, les sociétés secrètes existent depuis longtemps et le droit coutumier des sociétés secrètes joue toujours un rôle. Voir notamment Chi Tsung-hsien, *The Night Pot – The Truth about Taiwan's Triads*, Huayi Press, octobre 1987.

« Xianwangdao » (*先王道*), enrôla sept mille cent cinquante adeptes, dont seize prédicateurs, et s'en prit aux politiques décidées par le PCC durant la troisième session plénière du onzième Comité central.

En 1980, dans le comté de Shang de la province du Henan, un prédicateur taoïste qui avait été condamné à dix ans de prison organisa un « État de la lumière » et s'autoproclama « Roi ». Il désigna sa « Reine » ainsi que des « généraux » et « fonctionnaires ».

En 1982, dans le district Wei de la province du Hebei, un chef taoïste de la secte « Haoxingdao » (*好行道*), Jia Runsheng, séduisit des adeptes par la superstition et prétendit pouvoir guérir les maladies par exorcisme et procéda en mai de la même année à une répétition d'« intronisation ».

La secte Yiguandao (*一贯道*) était particulièrement active. Selon le *Quotidien du peuple*, en 1984, un paysan de la province du Sichuan a cru en la Voie menant au ciel et toute sa famille a péri. Les membres de la secte recrutaient des adeptes en prétendant pouvoir guérir les maladies. En rejoignant la secte, les adeptes pouvaient être soignés s'ils étaient malades et pouvaient éviter les maladies s'ils n'étaient pas malades. Quiconque leur demandait une consultation devait d'abord adhérer à la secte. Nombreux étaient ceux qui dépensèrent de l'argent sans toutefois pouvoir se débarrasser de leur souffrance physique ou morale. Zhang Yuqing, chef de la Yiguandao du district Ye, dans le Henan, utilisait de la boue, de l'herbe, des plumes de poulet, des crottins de chèvre et des excréments pour préparer des « médicaments » à l'intention des patients, ce qui ne faisait que porter gravement atteinte à leur santé. Zhang Yuqing profitait de l'occasion de soigner des patientes atteintes de maladies mentales pour les violer. Dans certaines régions, la Yiguandao profitait des superstitions pour lancer des rumeurs et s'en prenait au PCC et au système socialiste pour saboter la politique de réforme et d'ouverture du PCC. Ils revendiquaient le titre d'« empereur » et tentaient de restaurer le régime dynastique.

Avec la mise en œuvre de la politique d'ouverture de la Chine, les contacts avec les pays étrangers se sont multipliés et face à l'interaction et la coexistence entre divers cultures, idéologies, convictions et modes de vie, ainsi qu'à l'intensification des conflits d'intérêts, les sociétés secrètes en Chine continentale sont redevenues actives et cela s'est manifesté également sur le plan du droit coutumier.

Ces gangs modernes ont des structures souples et peu organisées, aussi leur droit coutumier est-il assez pauvre et simple. Il s'agit essentiellement de dispositions relatives à l'obéissance au chef du gang, à l'interdiction de divulguer les affaires du gang, aux actions communes, au partage des joies et des difficultés et aux sanctions (telles que le blâme et la torture), avec une force contraignante généralement moindre. Il est très différent du droit coutumier des anciennes sociétés secrètes en termes de contenu, de forme et d'efficacité.

Bien sûr, il y a aussi des gangs modernes similaires à des mafias qui ont des règles plus précises, comme la Weiminhui (*为民会*, « Société pour le Peuple ») dans le nord, dont les règles sont proches du droit coutumier des sociétés secrètes anciennes : 1) protéger la réputation et les intérêts de l'organisation ; 2) interdiction de trahir l'organisation et ses membres ; 3) obligation de porter secours aux membres de l'organisation lorsqu'ils sont attaqués par des étrangers ; 4) interdiction stricte de tromper le chef de l'organisation. Toute personne qui enfreint les règles ci-dessus recevra un avertissement si le cas est léger, et une sanction lourde si le cas est grave.

Par exemple, à Taiyuan, dans le Shanxi, il y a eu un gang Qinglongbang (*青龙帮*, « Bande du Dragon Vert ») qui avait douze dispositions, « trois peines capitales » et « neuf interdictions », passibles de coups de bâton ou de la peine capitale.

Un certain nombre de gangs modernes ont également des règles qui prévoient d'écrire une lettre avec leur sang, de boire de l'alcool mélangé avec du sang, de se faire tatouer ou de sélectionner le chef à travers des tournois, afin de renforcer le sentiment d'appartenance des membres au gang et l'unité interne.

En outre, le langage codé (l'argot) est très répandu et existe dans toutes les régions. Par exemple, les voleurs utilisent les termes suivants : « ouvrir la fenêtre du ciel » (faire la poche supérieure), « retourner la planche » (fouiller sous les vêtements), « lever le couvercle » (porter un sac), « toucher la bourse » (voler le portefeuille), « le travail de truelle » (couper avec un rasoir). Ce sont des mots d'argot extrêmement courants. Il existe ainsi un grand nombre d'expressions secrètes d'une grande variété et avec des caractéristiques régionales.

On peut s'attendre à ce que, avec le développement de l'économie marchande en Chine, un plus grand écart de niveau de vie, et les liens de plus en plus étroits avec les pays étrangers, des sociétés secrètes semblables à celles de la Chine ancienne réapparaissent (en fait, des gangs bien organisés ont été découverts dans diverses régions) et se développent, et que le droit coutumier des sociétés secrètes reprenne des couleurs comme à l'époque ancienne et réaffirme son influence en Chine continentale. À cet égard, nous devrions être vigilants et prendre des mesures vigoureuses pour faire face à cette situation de manière appropriée après avoir mené des recherches approfondies et des analyses scientifiques.

Il convient d'observer que nous vivons dans une époque de pleine transition entre une société agricole traditionnelle d'économie naturelle et planifiée et une société industrialisée moderne à économie de marché, ce qui constitue un stade de développement social très complexe et rend possible la renaissance de sociétés secrètes et de leur droit coutumier. Dans le passé, les personnes ne parlaient pas aisément des incivilités ou des comportements antisociaux, pensant qu'exposer le côté sombre de la société et étudier ce phénomène était un acte de dénigrement. Cette vision s'est avérée erronée. Rechercher la vérité à partir des faits est le point de départ de la recherche scientifique ; cacher la vérité ne résout pas les problèmes. Le but de la révélation et de l'étude du droit coutumier des sociétés secrètes chinoises est d'obtenir une compréhension objective et complète de ce droit, et, sur cette base, d'analyser son rôle, de révéler sa substance et de se prémunir contre ses dangers, afin que les normes de ces sociétés secrètes perdent progressivement de leur efficacité et tendent finalement à s'éteindre.

Dans son ensemble, le droit coutumier des sociétés secrètes chinoises s'écarte de la justice et de la liberté qui sont les valeurs fondamentales du droit. En philosophie du droit, le droit est un ensemble de normes sociales qui guide et fait avancer la société par l'ajustement des relations sociales et constitue une garantie pour les membres de la société dans la recherche de la vérité, de la bonté et de la beauté. Le droit doit être étroitement associé à la civilisation. Le droit coutumier des sociétés secrètes chinoises est caractérisé par la cruauté, la hiérarchie et la superstition qui sont contraires à l'essence du droit et à l'esprit de la loi. Il est donc contraire à la recherche du développement social. En ce sens, le droit coutumier des sociétés secrètes chinoises n'a que l'apparence du droit. Par conséquent, le droit coutumier des sociétés secrètes chinoises ne peut progresser en même temps que la société chinoise. Il n'est que le produit d'une certaine période historique de la société chinoise ; sa vitalité est limitée. Il est encore moins probable qu'il surpasse le droit promulgué par l'État pour former des normes sociales dominantes de la société chinoise.

# Chapitre 7 L'émergence et le développement du droit coutumier des minorités ethniques de Chine

Le droit coutumier des minorités ethniques de Chine est constitué des normes de conduite formées progressivement par les peuples des minorités ethniques chinoises au cours de leurs activités et de leurs habitudes de vie pendant des milliers d'années. Transmis de génération en génération et respecté par les membres d'un même groupe ethnique, il a joué un rôle actif dans la sauvegarde des intérêts communs de la nation, le maintien de l'ordre social, la promotion du développement social ainsi que la transmission de la culture. L'étude et la recherche du processus de formation et de développement du droit coutumier des minorités ethniques, ainsi que de son contexte social et de ses raisons historiques, revêtent une grande importance pour une compréhension correcte du droit coutumier des minorités ethniques, pour retracer l'origine du droit et pour comprendre la culture juridique primitive de l'humanité.

## *I. L'émergence du droit coutumier des minorités ethniques de Chine*

Le droit coutumier des minorités ethniques s'est formé progressivement dans les pratiques des différentes minorités ethniques pour satisfaire aux besoins de survie et de reproduction. « La production a une double nature : d'une part, la production de moyens d'existence, d'objets servant à la nourriture, à l'habillement, au logement, et des outils qu'ils nécessitent ; d'autre part, la production des hommes même, la propagation de l'espèce. Les institutions sociales sous lesquelles vivent les hommes d'une certaine époque historique et d'une certaine région sont déterminées par ces deux sortes de production : par le stade de développement où se trouvent d'une part le travail et d'autre part la famille[1]. » Étant donné que la production et le mariage sont les plus étroitement liés à la vie humaine, les règles

---

[1] Friedrich Engels, « L'Origine de la famille, de la propriété privée et de l'État », in *Œuvres choisies de Marx et Engels*, tome IV, Maison d'édition du people, juin 1995, p. 2.

primitives du droit coutumier des minorités ethniques devraient apparaître et émerger dans les domaines de la production et du mariage. On peut en trouver des preuves dans les chansons anciennes de certaines minorités ethniques.

La vieille chanson des Miao *Mariage entre frère et sœur* reflète la première forme de famille humaine – la famille de sang. Le contenu principal de la chanson est le suivant : après le Déluge, il ne restait que deux personnes dans le monde, le frère Jiang Yang et sa sœur (ou le fils et la fille de Jiang Yang, selon une autre interprétation). Afin de perpétuer la race humaine, ils se mirent à la recherche de quelqu'un à épouser, mais en vain. Ils interrogèrent le Bambou. « Il n'y a plus personne dans le monde, dit le Bambou, allez vous marier vous deux ! » Très en colère de cette réponse, le frère et la sœur coupèrent le Bambou. Quand ils demandèrent plus tard à la Courge, à la Citrouille et aux autres, ils eurent la même réponse. Finalement, ils s'adressèrent à Dieu (Ga Liang Ga Dui, *嘎亮嘎对*) qui leur répondit de la même manière. Le frère et la sœur n'y croyaient toujours pas. Cependant, après avoir constaté que les deux meules qu'ils avaient roulées séparément du haut de la montagne se trouvaient ensemble en bas, ils furent obligés de se marier. Après le mariage, ils donnèrent naissance à une boule de chair (fœtus anormal). Dieu leur dit de la dépecer. Ils la dépecèrent en douze morceaux et les dispersèrent dans la montagne ; les morceaux se transformèrent en êtres humains[①]. Ce mythe du mariage laisse entendre que le mariage entre frère et sœur n'est pas « naturel » (selon Engels), mais il s'agit d'un dernier recours. Cela montre qu'à l'époque du mythe, le mariage consanguin était interdit. Cette interdiction est une expression du droit coutumier ; c'est la genèse du droit coutumier des minorités ethniques.

« À l'origine des mariages, il était interdit aux gens du même nom de famille de se marier, le mariage n'étant autorisé qu'aux personnes portant des noms différents. (Pour se marier), un trajet de trente-six jours de route ne paraîssait pas proche, celui de quarante jours n'était pas trop loin ; (durant le voyage), la robe neuve de la jeune fille se réduisit en chiffons, des asticots naquirent des gâteaux de riz glutineux et des poissons salés. La jeune fille Suoyan mourut à mi-chemin, et la jeune fille Suoyi tomba d'épuisement à

[①] Tian Bing, rédacteur, *Vieilles chansons des Miao – Mariage entre frère et sœur*, juin 1979, Presse populaire du Guizhou, pp. 253-280.

mi-chemin », raconte *Abolition de l'interdiction du mariage de même nom*, poème épique de l'ethnie Dong. Par conséquent, plus tardivement : « L'interdiction du mariage de même nom de famille étant abolie, les cousins éloignés peuvent désormais s'unir en couple[①] ». Ce poème épique reflète l'application stricte de la règle de ne pas épouser les membres du même clan par les ancêtres Dong après qu'ils se sont libérés du mariage consanguin. Deux clans qui sont devenus deux blocs matrimoniaux inséparables doivent s'acquitter de leurs obligations matrimoniales, quelle que soit leur distance. La règle de non-mariage entre personnes portant le même nom de famille, telle que reflétée dans le poème épique, est en fait le droit coutumier primitif du peuple Dong.

Au cours de leur longue pratique matrimoniale, les ancêtres des différents groupes ethniques ont constaté que les mariages consanguins causaient de grands dommages aux capacités physiques et intellectuelles de leurs membres. Le fœtus anormal issu du mariage entre frère et sœur, tel que présenté dans la vieille chanson des Miao *Mariage entre frère et sœur*, est le reflet mythologique des défauts biologiques causés à la progéniture par les mariages consanguins. Afin d'assurer une reproduction normale et saine de leurs membres, les ancêtres des différents groupes ethniques ont progressivement développé une règle de droit coutumier de ne pas se marier entre les gens de même nom de famille, excluant les mariages de sang et les remplaçant par des mariages extraethniques. Cette règle, observée depuis longtemps et encore aujourd'hui, est héritée de génération en génération. Ceux qui ne s'y conformaient pas étaient punis par des mesures coercitives à travers l'opinion publique et l'exclusion de la communauté. L'autorité du droit coutumier était ainsi établie et préservée.

Parallèlement, pour maintenir la survie et la reproduction de l'ensemble du clan dans des conditions où le niveau de productivité était extrêmement bas, il devait y avoir des règles coutumières similaires à celle de ne pas se marier entre membres de même nom de famille pour assurer le bon déroulement des activités de production telles que la chasse, la cueillette et la pêche, par exemple en établissant un travail commun où tous les membres

---

① La *Chanson sur les origines des Dong*, similaire à *Abolition de l'interdiction du mariage de même nom*, raconte également la vie des hommes anciens et leur statut matrimonial. Équipe de rédaction, *Brève histoire du peuple des Dong*, octobre 1985, Presse des Nationalités du Guizhou, p. 124.

choisissaient leur méthode de travail en fonction de la division naturelle du travail, c'est-à-dire de leur spécialité physique, et une consommation commune, en particulier pour garantir la consommation des principales forces de travail. Bien sûr, ceci n'est qu'une supposition et une déduction, en attente de confirmation par l'archéologie, l'anthropologie et les épopées mythologiques.

Quoi qu'il en soit, on peut conclure de la règle sur l'interdiction de mariage entre personnes portant le même nom : 1) que le droit coutumier des minorités ethniques est apparu pour la première fois dans le domaine matrimonial, la régulation des relations matrimoniales pour assurer la reproduction ethnique étant une fonction essentielle du droit coutumier ; 2) que le droit coutumier des minorités ethniques remonte à l'époque de la famille « punaluenne », c'est-à-dire à l'époque du mariage de groupe exogamique ; 3) que le droit n'est pas apparu avec l'émergence des classes et de l'État, qu'il n'est pas simplement un produit des conflits de classe irréconciliables ni un phénomène propre à la société de classe ; 4) que le droit ne reflète pas seulement la volonté de la classe dominante, mais aussi celle de tous les membres de la société dans son ensemble à certaines périodes de l'histoire.

Apparu à l'époque de la société clanique matrilinéaire, le droit coutumier a ensuite évolué à mesure que le niveau de productivité augmentait et que la société se développait. Sur le plan matrimonial, au début, le droit coutumier encourageait et protégeait le mariage de groupe exogamique, puis il l'interdit au profit du mariage apparié, comme cela est chanté dans un paragraphe d'*À propos des chansons anciennes* des Miao : dans le passé « tout le monde se batait pour les belles filles ; tout le monde se précipitait vers les belles filles » ; ainsi, grand-père Gaoxue et grand-mère Wuning firent boire aux filles une potion qui les plongea dans un sommeil profond et les emmenèrent dans une grotte. Les laides furent mises au fond de la grotte, tandis que les belles furent mises à l'entrée. Les hommes furent appelés à faire leur choix. Ceux qui couraient vite virent les belles filles à l'entrée : croyant que les filles à l'intérieur seraient plus belles, ils continuèrent leur recherche. Ceux qui couraient moins vite eurent les belles filles à l'entrée. Les premiers, mécontents, réclamèrent l'échange. Grand-père Gaoxue et grand-mère Wuning n'y consentirent pas, affirmant qu'« on garde ce qu'on a obtenu, qu'il soit beau ou laid ; ce que le frère aîné gagne appartient au frère aîné, tandis que le frère cadet garde ce qu'il a obtenu ». « Grand-père Gaoxue fit les règlements, grand-mère Wuning fit les règlements. Faire les règlements, c'était comme construire un mur, c'était comme fixer une poutre ; les montagnes peuvent être franchies, mais les règlements ne peuvent pas être transgressés①. » Les règlements ici font partie du droit coutumier. Comme on peut le constater, le droit coutumier a joué un rôle important dans la promotion du mariage apparié, en restreignant et interdisant les mariages de groupe exogamiques.

Plus tard, la communauté matriarcale cède la place à la communauté patriarcale. Les liens du sang commencent à se desserrer graduellement. À mesure que se développe le mariage monogame, les familles individuelles commencent également à se former. Le droit coutumier des clans a aussi changé et le champ de régulation s'est élargi en même temps. Au cours de cette période, les règles coutumières concernant la « vengeance du sang » commencent à émerger. « Quand une personne est tuée, non seulement les membres de son clan, mais aussi les fantômes de ses ancêtres, demandent une vie en compensation ; il s'agit ainsi de la vengeance du sang, qui est en fait un principe basé sur 'la responsabilité collective②' ».

À cette époque apparaît le droit coutumier du jugement divin. Le concept de l'adoration divine et l'esprit de culte des fantômes sont utilisés pour sauvegarder les intérêts communs du clan et punir les violations du droit coutumier. « La preuve de la culpabilité ou de l'innocence repose souvent sur les pouvoirs surhumains. Le pouvoir de jugement est dévolu aux dieux. On recourt aux méthodes de divination pour chercher l'avis des dieux. Les paroles adressées aux dieux sont des questions simples, demandant une réponse en 'oui' ou 'non'③. » Les besoins sociaux et les croyances spirituelles des gens ont fait que le jugement divin a constitué une partie importante du droit coutumier dans les conditions historiques de la société de l'époque et a occupé une place importante dans la vie des membres du clan.

① Section du Guizhou, Société chinoise de recherche sur le folklore, *Matériaux de la littérature populaire*, vol. 6, publication interne, 1985, pp. 130-133.

② Lin Huixiang: *Anthropologie culturelle*, édition février 1991, The Commercial Press, p. 207.

③ Lin Huixiang, *Anthropologie culturelle*, édition février 1991, The Commercial Press, p. 208.

La société « ne s'est maintenue qu'en se plaçant sous la protection des dieux et du glaive de la loi[1]. »

## *II. Le développement et l'évolution du droit coutumier des minorités ethniques de Chine*

Avec l'amélioration du niveau de productivité et le développement de la société, le droit coutumier des minorités ethniques s'est également développé. Le développement du droit coutumier des minorités ethniques peut être divisé en plusieurs étapes : le droit coutumier des clans, qui est à l'origine du droit coutumier des minorités ethniques à l'époque de la société clanique primitive (avant l'apparition de la propriété privée des moyens de production) ; le droit coutumier des minorités ethniques est à son apogée à l'époque suivant celle de l'apparition de la propriété privée, mais avant celle de l'émergence des classes et de l'État ; avec l'émergence des classes et de l'État, le droit coutumier des minorités ethniques a progressivement changé, ayant revêtu une certaine couleur de classe et d'inégalité ; le droit coutumier de types « stèle » est une forme particulière qui a marqué son passage à la législation étatique.

### 1. Le droit coutumier des clans, l'origine du droit coutumier des minorités ethniques

Au cours de la période de la société clanique primitive avant l'émergence de la propriété privée, le droit coutumier se manifestait principalement dans le mariage, la production, la distribution, la vengeance du sang et le jugement divin, afin de consolider l'unité du groupe clanique et de sauvegarder les intérêts communs de l'ensemble du clan.

C'est dans le domaine du mariage que l'évolution du droit coutumier a été la plus marquée, avec, comme mentionnée plus haut, le passage du mariage de groupe exogamique à la monogamie, en passant par le mariage apparié. Ce droit coutumier laisse une certaine trace dans la vie moderne et contemporaine de nombreuses minorités ethniques. Par exemple, la pratique de la « maison publique » dans certaines régions des Dong. La maison publique est à la fois un lieu où les jeunes hommes et les jeunes femmes se

---

[1] Paul Lafargue, *The Evolution of Property from Savagery to Civilization*, traduction chinoise par Wang Ziye, Shanghai Joint Publishing Press, mai 1978, p. 77.

parlent d'amour et un lieu où ils ont parfois des rapports sexuels entre eux. En entrant dans une maison publique, un homme et une femme peuvent se présenter comme mari et femme et avoir des relations sexuelles sans être soumis à la critique de l'opinion publique ou violer le droit coutumier. Cependant, la relation entre l'homme et la femme se dissout une fois qu'ils sont sortis de la maison publique. Cette relation est essentiellement un héritage du droit coutumier pour le mariage apparié. Autre exemple, dans de nombreuses régions Dong, les relations matrimoniales sont encore relativement laxistes et faciles à dissoudre ou à former. Ce type de mariage facilement dissoluble ou formable est caractéristique du mariage apparié. Les pratiques des Dong selon lesquelles « une femme mariée n'habite pas chez son mari » et « on invite la nouvelle épouse » héritent pour leur part du droit coutumier matrimonial de la société clanique patriarcale. En raison du développement social inégal, les minorités ethniques ont conservé un grand nombre de vestiges du système du mariage de groupe et du pouvoir matriarcal, tels que le mariage précoce des ethnies Wa, Yao, Pumi, Jino, Naxi de Yongning et Yi ; la maison publique des ethnies Lisu, Jingpo, Hani, Miao, Wa, Achang et Derung ; le Fangliao[①] de l'ethnie Li ; la pratique d'enlèvement de la mariée des ethnies Dai, Zhuang, Jingpo et Hani ; le lévirat[②] chez les Nu, Lisu, Yi, Wa et Zhuang. Le mariage « Azhu[③] » chez les Naxi de Yongning dans la province du Yunnan est même considéré comme un vestige vivant du droit coutumier ancestral des clans.

En termes de production et de distribution, la norme de base du droit coutumier clanique est de travailler ensemble, de distribuer la nourriture de manière égale et d'interdire de manger ou de prendre davantage. Cette espèce de droit coutumier communiste primitif est encore visible dans la production et la vie de nombreuses minorités ethniques. Chez les Ewink et les Oroqen, on partage le gibier à parts égales parmi les chasseurs ou les

---

[①] Fangliao (放寮) : lorsque les filles atteignent un certain âge, elles quittent la maison de leurs parents et emménagent dans des huttes ressemblant à des boudoirs où elles peuvent sortir avec des petits amis ou avoir des relations sexuelles avec eux (note du traducteur).

[②] Pratique selon laquelle une femme épouse le frère de son mari à la suite du décès de ce dernier (note du traducteur).

[③] Azhu (阿注) signifie « ami ». Selon ce système matrimonial, les hommes et les femmes, sans mariage officiel, vivent et travaillent ensemble au domicile de leurs mères. La famille de la femme garde les enfants qui portent le sang de la mère et héritent des biens par règle (note du traducteur).

familles « Wulileng[1] » ; ceux qui arrivent sur le champ après la chasse du gibier ont droit à une part[2]. Les Kirghiz conservent la tradition originelle de partager le gibier de manière égale : lorsque les chasseurs ramènent leur gibier, ils partagent la viande avec les autres. Lors de la chasse à pied, même les personnes arrivant sur les lieux de chasse ont leur part[3]. Lorsque les Derung pêchent en groupe, leurs récoltes sont réparties de façon égale. Les Hezhen collectent les fruits et les légumes sauvages en partenariat et les distribuent de manière égale, quel que soit l'âge.

La vengeance du sang reflète la conception primitive du crime dans les sociétés tribales anciennes, qui était la forme initiale du droit coutumier en matière pénale et des pratiques de résolution de conflits des minorités ethniques. Les traditions de combats armés aux temps modernes chez les Yao, Jingpo, Wa, Bai, Lisu, Li, Tibétains et Yi peuvent être considérées comme une continuation et une rémanence du droit coutumier de la vengeance du sang dans la société clanique primitive. Les rituels sacrificiels avant le combat et les cérémonies de réconciliation après le combat revêtent encore une forte couleur primitive. Sous l'influence du droit coutumier de la vengeance du sang, le droit coutumier tibétain considère le vol de biens appartenant à la tribu comme une infraction différente du vol de biens à l'extérieur de la tribu, ce dernier étant passible d'une peine plus légère, voire nulle, et son auteur pouvant même être considéré comme un héros[4]. Il en va de même pour le droit coutumier des Yi : celui qui vole les biens de sa famille doit payer dix fois plus d'indemnités ou même être condamné à mort, tandis qu'en cas de vol des biens d'une famille étrangère ou d'un autre groupe ethnique, il suffit de les rendre, sans punition. Si l'on vole les biens d'une famille ennemie, on est souvent considéré comme un héros[5].

---

[1] Le mot « *wulileng* » (*乌力楞*) signifie « les descendants » dans la langue des Oroqen, « les descendants » d'un même parent ; un « wulileng » est une famille patrilinéaire (note du traducteur).

[2] Voir Qiu Pu, *Le Développement de la société Ewink*, Presse du peuple de Shanghai, septembre 1978, pp. 207-208.

[3] Équipe de rédaction du *Journal de la Région autonome de Xinjiang*, *Enquête sur l'histoire sociale de la société kirghize*, The Ethnic Publishing House, mai 2009, p. 84.

[4] Équipe de rédaction du Sichuan, *Enquête sur l'histoire sociale des Tibétains dans le comté de Ganzi, province du Sichuan*, Presse de l'Académie des sciences sociales du Sichuan, juin 1985, p. 165.

[5] Équipe de rédaction du Yunnan, *Enquête sur l'histoire sociale des groupes ethniques de Yi du Sichuan, Guangxi et Yunnan*, Maison d'édition populaire du Yunnan, décembre 1987,

Le jugement divin est une méthode pour trancher les différends et conflits entre les membres du clan, soutenue par les esprits surhumains[①]. Ce droit coutumier existe depuis longtemps parmi les minorités ethniques chinoises et joue un rôle positif dans le maintien de l'ordre social et la promotion du développement social.

2. Le développement du droit coutumier des minorités ethniques après la formation de la propriété privée

Après la formation de la propriété privée des moyens de production et l'apparition des classes et du pouvoir local arriva la période la plus florissante du développement du droit coutumier des minorités ethniques, au cours de laquelle celui-ci est devenu graduellement mature, perfectionné et a évolué en un système autonome, régissant les relations sociales dans tous les domaines du groupe ethnique et jouant ainsi un rôle extrêmement important dans la vie sociale.

Au cours de cette période, la commune patrilinéaire a été remplacée par la commune rurale. Grâce à l'utilisation d'outils en fer, à l'amélioration des outils de production et à l'élévation continue du rendement du travail, les produits ont commencé à être en excédent, de sorte que le concept de propriété privée et le régime de la propriété privée familiale des moyens de production ont été progressivement instaurés, que les interactions sociales sont devenues plus fréquentes et que les conflits et différends sur les droits se sont multipliés. C'est précisément dans ce contexte social et dans cette structure économique que le droit coutumier des minorités ethniques s'est développé de manière globale, reflétant pleinement sa nature de démocratie primitive.

Nous faisons ci-après une analyse concrète de la situation et des caractéristiques du droit coutumier des minorités ethniques au cours de cette période.

Le peuple Jino, qui vit dans la montagne Jino de Jinghong du Yunnan, était encore au stade final du développement de la société primitive avant la

---

p. 217.

① Ces dernières années, de nombreux travaux de recherche en la matière ont été publiés en Chine. Pour plus d'informations sur le jugement divin, voir notamment *Jugement divin* de Xia Zhiqian (Shanghai Joint Publishing Press, août 1990), *Étude sur le jugement divin* de Deng Minwen (Maison d'édition populaire de Guizhou, juin 1991), et *Sorciers et sorcellerie* de Song Zhaolin (Presse des nationalités du Sichuan, mai 1989).

libération en 1949. La communauté rurale de l'ethnie Jino est composée de villages où cohabitent les membres de clans différents (à l'exception de certains villages constitués de familles patriarcales). La forme de base de la propriété foncière communautaire reconnue par le droit coutumier est la propriété publique, et elle est divisée en trois formes, à savoir la propriété de la communauté, la propriété publique des clans ou des grandes familles patriarcales, et la propriété privée des familles cellulaires, la propriété publique étant la forme principale. Les Jino connaissent le régime du chef de village. La communauté villageoise dispose habituellement de deux chefs, position dévolue aux plus âgés des deux noms de famille les plus anciens de la communauté, la seule condition pour être élu étant l'ancienneté. Conformément au droit coutumier, les chefs gèrent la production et la vie, organisent les sacrifices religieux et arbitrent les différends. Les chefs sont exemptés de travail et ne reçoivent pas de rémunération. Le droit coutumier des Jino revêt une forte coloration de démocratie primitive[①].

Les "Kuan" (款), qui existent chez les ethnies Dong, Miao, Buyei et Sui des provinces du Hunan, du Guizhou et du Guangxi, sont des organisations sociales liées aux communes rurales ; leur pacte, droit coutumier de Kuan, reflète les caractéristiques des communes rurales. Le pacte du Kuan revêt une grande cohésion interne et une force de résistance externe. Il s'est formé naturellement au cours d'une longue vie sociale, ou d'un accord de tous les membres sous une certaine forme. Ces organisations présentent les caractéristiques suivantes : premièrement, quelle que soit leur taille, elles sont de caractère régional, limitées à une zone déterminée, sans effet en dehors de la zone ; deuxièmement, elles revêtent une nature claire de démocratie primitive, le chef de village et la tête du Kuan étant élus par le peuple et le pacte approuvé par tous ; troisièmement, la coopération des Kuan, c'est-à-dire l'union entre les villages, est issue d'une volonté commune (la dimension peut être grande ou petite, la durée peut être longue ou courte ; tout est basé sur un accord), constaté par le serment ou l'inscription sur une stèle, sur une base d'autonomie et de spontanéité ; quatrièmement, le pacte est la norme la plus élevée, la tête du Kuan étant le

---

① La Société chinoise de l'Anthropologie, *Recherches anthropologiques*, China Social Sciences Press, janvier 1984, pp. 290-296.

plus haut dirigeant et ayant autorité suprême[1]. La tête du Kuan et la position de chef du village sont des postes occupés par des personnes âgées réputées pour leur prestige, leur impartialité et leur connaissance du droit coutumier ; leur poste n'est pas héréditaire. La tête du Kuan et le chef du village participent habituellement aux travaux de production, sans privilège.

De ce fait, nous pouvons voir que le droit coutumier des minorités ethniques pendant cette période constitue des normes importantes pour la sauvegarde des intérêts généraux de la société et le maintien de l'ordre social. Comme les divisions de classe ne sont pas encore claires et que la disparité entre les riches et les pauvres n'est pas encore évidente, la négociation, la révision et l'application du droit coutumier se font avec une forte coloration de démocratie primitive. Au cours de cette période, le droit coutumier des minorités ethniques non seulement reconnaît les droits de propriété et de possession des villages et des clans, mais aussi protège les droits de propriété privée et de possession des familles cellulaires, ce qui reflète les caractéristiques de l'époque. Le contenu du droit coutumier est également assez large, couvrant les aspects principaux et fondamentaux de la vie sociale. Le droit coutumier de la plupart des minorités ethniques de Chine est de cette période.

### 3. L'évolution du droit coutumier des minorités ethniques après l'émergence de la hiérarchie et des classes

Après l'émergence de la hiérarchie, des classes et du pouvoir local, le droit coutumier des minorités ethniques a commencé à évoluer. Durant cette période, en raison de l'appropriation privée des moyens de production et de l'apparition de grandes quantités de produits excédentaires, de la division entre riches et pauvres, de la formation de classes et de l'instauration d'un pouvoir local dans certaines zones ethniques, le droit coutumier des minorités ethniques a pris une certaine nature hiérarchique, la volonté du peuple étant dominée par celle de certaines couches sociales. Le droit coutumier a évolué, passant de la protection des intérêts généraux de l'ensemble de la société à la protection des intérêts sociaux et de certains

---

[1] Shi Jizhong, « À propos de Xitong », *Journal de l'université Minzu* de Guizhou (édition des sciences sociales), n° 4, 1990. Le terme « Xitong » (*溪峒*) désignait autrefois le regroupement de certaines minorités ethniques dans le sud-ouest de la Chine.

intérêts hiérarchiques particuliers. Il se trouvait ainsi dans une phase de transition vers un droit étatique marqué par un caractère de classe nettement affirmé.

Avant la réforme démocratique des premières années de la République populaire de Chine, la société Jingbo s'était développée à un stade où les communes rurales avaient tendance à se désintégrer et à se transformer en une société de classes. Le droit coutumier reflétait, d'une part, les vestiges du système communal primitif et, d'autre part, la réalité de la division de classes dans le régime Shanguan (山官, « officier montagnard »). Les Shanguan, nobles héréditaires issus des communes rurales primitives, se divisaient en trois catégories (grand, moyen et petit), et disposaient chacun de leur propre territoire au sein de laquelle ils exerçaient un pouvoir automone. Il n'existait pas d'organisation politique unifiée de plus haut niveau au-dessus des territoires relevant des Shanguan ni de relations de subordination entre ces derniers. Les membres du ressort d'un Shanguan étaient divisés en trois classes : les officiers, les gens ordinaires et les esclaves. Le droit coutumier établit des limites hiérarchiques strictes et interdit les mariages entre les membres de classes différentes. Les Shanguan étaient des aristocrates et jouissaient de divers privilèges.

Avec le développement du régime Shanguan, le droit coutumier a lentement changé, reflétant le développement du système de la propriété privée et du concept de hiérarchie dans la société. En outre, les Shanguan, pour leur propre intérêt, utilisaient le droit coutumier pour étendre leur influence, en l'interprétant ou le modifiant à leur avantage. Par exemple, après le transfert aux rizières, les « travailleurs officiels » se sont transformés en « travailleurs blancs » pour les Shanguan, de sorte que l'enthousiasme des membres est devenu peu élevé. Cependant, afin de faire travailler les gens dans les rizières des Shanguan, ceux-ci utilisaient le droit coutumier pour affirmer que : « Ne pas participer au travail officiel, c'est une violation des principes de nos ancêtres. » Afin de punir arbitrairement ceux qui étaient récalcitrants, on leur ordonnait de tuer un poulet pour que tout le monde le partage ou on doublait leur charge de travail, etc. Dans certaines régions, le droit coutumier ne pouvait plus rien faire contre les Shanguan, comme ceux de Bangwa, à Longchuan, qui, par abus de leurs privilèges politiques, tuaient les gens à leur guise et s'emparaient des terres des autres, dépassant ainsi largement les limites du droit coutumier. Toutefois, les Shanguan ne pouvaient pas contrôler complètement le droit coutumier : ils ne pouvaient pas se séparer complètement du peuple et mener des actes de façon arbitraire, sinon, ils auraient également pu être sanctionnés par le droit coutumier. Par conséquent, la plupart des Shanguan n'osaient généralement pas trop s'écarter du droit coutumier et maltraiter les gens ouvertement. Seule la hiérarchie est reflétée dans le droit coutumier qui est en pleine évolution[1].

La hiérarchie et l'inégalité sont plus évidentes et plus marquées dans le droit coutumier de l'ethnie Yi à Liangshan. Ce dernier est devenu un outil d'exploitation et d'oppression des masses d'esclaves par leurs maîtres, excepté en ce qui concerne le maintien de certaines traditions du système social du clan primitif selon lesquelles on réserve les mêmes droits démocratiques pour certains membres du même clan. Le droit coutumier de l'ethnie Yi est basé sur des relations hiérarchiques et met l'accent sur les sanctions unilatérales de la classe esclavagiste des Yi noirs contre les masses d'esclaves qui sont inférieures à Qunuo (*曲诺*). Au sein d'un même clan, les Yi noirs ou les Quhuo (*曲伙*) de même niveau peuvent généralement être traités conformément au droit coutumier. Cependant, les sanctions imposées par le droit coutumier sont inégales entre les grandes et les petites branches familiales, les familles puissantes et ordinaires. En général, le droit coutumier ne peut être appliqué qu'au sein d'un même clan, en particulier au sein d'une même branche familiale. Il peut y avoir quelques différences dans l'application du droit coutumier entre les branches familiales, et entre les clans ; bien que le contenu du droit coutumier soit le même, son application est souvent affectée par le déséquilibre des pouvoirs : il ne peut être traité selon les principes d'un même clan ou d'une même branche familiale.

Le caractère inégal et la nature hiérarchique du droit coutumier du peuple Yi s'illustrent sur le plan de la possession et de la protection de la personne, des créances, des affaires pénales et matrimoniales, etc. Les maîtres peuvent voler les wazi (*娃子*, « esclave »), mais ces derniers ne peuvent voler les maîtres sous peine de sanctions sévères ; les mariages entre les Tusi (*土司*) ou les Yi noirs et les classes inférieures sont strictement

[1] Gong Peihua, *Étude sociale du système Shanguan de l'ethnie Jingbo*, Presse de l'université de Zhongshan, septembre 1988, pp. 94-95.

interdits ; les relations sexuelles entre les femmes de la classe dirigeante et les hommes des classes subalternes sont strictement interdites, les contrevenants pouvant être mis à mort ; les Tusi, les Tumu (*土目*) et les Yi noirs sont les propriétaires et les protecteurs, tandis que les Qunuo, les Waga (*瓦*) et les Xiaxi (*呷西*) sont les personnes qui sont possédées ; la plupart des Qunuo et quelques riches Waga sont les personnes qui sont protégées. Les sanctions contre les contrevenants au droit coutumier reflètent également la volonté des maîtres d'esclaves, tels que les Tusi ou les Yi noirs①.

Avec la concentration croissante des terres, le fossé entre les riches et les pauvres s'est creusé et le droit coutumier de l'ethnie Miao à Chengbu au Hunan et à Longsheng au Guangxi a également été marqué par la hiérarchie des classes. En particulier, avec la mise en place d'institutions dirigeantes au niveau de la préfecture et du comté, les chefs de Kuan sont devenus des agents de la classe dirigeante soumettant le peuple Miao. Les fonctionnaires féodaux se servaient des organismes de Kuan qui n'étaient devenus que des coquilles vides. Pendant le règne de Kangxi, Wang Qian, magistrat du comté, a établi le système « Li Jia » (*里甲*) pour mieux gérer les affaires fiscales. Ce système se compose de 8 Li, répartis chacun en 10 Jia (10 ménages adjacents pour chaque Jia) ; au sein de chaque Jia, le ménage qui possède le plus de terres et de récoltes prend le rôle de chef se chargeant des affaires intérieures du Jia. Chaque Li a deux chefs : l'un, communément appelé le « Vieux de Li », le poste étant confié à un vieil homme qui s'occupe de la lutte contre les vols et cambriolages à des fins de propagande et d'éducation ; l'autre, connu sous le nom de « chef céréalier » et responsable des affaires financières et des céréales, percevait les impôts②. De cette façon, bien qu'il existe encore les organismes de Kuan dans la partie nord de Chengbu dans la province du Hunan, le Vieux de Li prend le rôle de tête de Kuan, qui est devenu ainsi le représentant de la classe dirigeante dans cette région des Miao. Plus tard, les chefs de village et de groupe ne sont plus élus par les Miao, mais nommés par les responsables locaux de la dynastie Qing, le gouvernement Qing utilisant ainsi leurs pouvoirs pour soutenir le règne. La nature du droit coutumier change alors, de sorte qu'il

---

① Hu Qinggou, *Les Formes sociales de l'esclavage dans l'ethnie Yi à Liangshan*, China Social Science Press, mai 1985, pp. 278-282.

② Règne de Daoguang, dynastie Qing, Baoqing Fu Zhi – Jiang Li Biao (*宝庆府志 • 疆里表*, « Archives de la préfecture Baoqing, rapports sur le territoire »).

est au service du règne de la dynastie centrale.

Certains droits coutumiers sont également soumis à la révision et à la modification par les autorités, comme ce qui est indiqué dans l'ordonnance de la préfecture Longsheng de la onzième année du règne Tongzhi de la dysnastie Qing :

« Les peuples de Longsheng ont établi des règlements pour gérer les affaires locales… en plus de réponses officielles et d'amendements, l'application des règlements se fait par un édit porté à la connaissance de tous ; tout le monde doit se conformer aux règlements et se comporter correctement, et ne doit pas désobéir aux règlements ou se rendre coupable d'un quelconque délit[①]. »

On peut y voir clairement l'influence de la classe dirigeante de l'État sur le droit coutumier des minorités ethniques.

Cette évolution du droit coutumier des minorités ethniques est conforme aux règles générales du développement de la société et du droit, reflétant le développement économique et l'amélioration du niveau de productivité des minorités ethniques, ainsi que les progrès et les développements sociaux dans les zones des minorités ethniques.

4. Les caractéristiques du droit coutumier des minorités ethniques de type stèle

En retraçant le processus d'émergence, de développement et d'évolution du droit coutumier des minorités ethniques, on ne peut ignorer un droit coutumier unique : celui de type « stèle ».

Le droit coutumier de type stèle fait référence à celui de l'ethnie Yao, à Dayaoshan du Guangxi, dont le texte est gravé par écrit sur une stèle (ou planche de bois) une fois établi. La stèle est érigée lors d'une cérémonie afin que le droit soit respecté et non violé. La pratique du droit coutumier de ce type existe également chez les peuples Dong, Shui, Miao et Maonan.

À l'origine, le texte du droit n'était pas gravé sur la stèle. Les Miao du village Fanpai, Taijiang dans la province du Guizhou, devaient ériger une pierre sur le site de la réunion chaque fois qu'ils s'entendaient sur un droit

---

① Équipe de rédaction de la Région autonome des Zhuang du Guangxi, *Enquête sur l'histoire sociale des Zhuang,* tome 1, Presse des nationalités du Guangxi, mai 1984, p. 105.

coutumier, pour montrer que les règles de droit coutumier étaient aussi fortes que la pierre et ne pouvaient pas être changées facilement ; sinon on était condamné par les dieux et on ne serait pas récompensé①. Les Yao de Hualan qui vivent dans la région de Liuxiang, Jinxiu du Guangxi, utilisent une hache pour donner trois coups sur la stèle quand on l'érige sans inscription, en signe de leur détermination à respecter le texte juridique②.

Plus tard, avec le développement de la société, en particulier sous l'influence de la culture Han, de plus en plus de gens de toutes les ethnies ont accepté les caractères chinois et ont appris à lire et à écrire. Les stèles, qui étaient simplement un symbole de l'autorité du droit coutumier, se sont transformées en stèles gravées de textes de droit coutumier, dotées de la double signification de symbole de l'autorité du droit coutumier et de publication de textes de droit coutumier, illustrant le contenu riche et les structures multiples des normes de droit coutumier, des concepts de droit coutumier et des supports matériels de droit coutumier. Il s'agit d'un pas en avant important de ce droit. Le droit coutumier de type stèle des Yao du Guangxi est soit gravé sur une plaque de pierre érigée à l'endroit où s'est tenue la réunion pour établir le droit, soit inscrit sur une planche de bois au lieu d'une pierre, ou simplement écrit sur du papier et envoyé aux villages participant à la réunion pour affichage ou conservation. Le droit coutumier de l'ethnie Maonan est appelé « Longkuan » quand il est gravé sur une pierre et « Meiban » s'il est gravé sur un bois ; il est érigé à la jonction des villages, ou aux endroits que les passants fréquentent, tels que les bords de puits, les extrémités de ponts et les vallées, et est ainsi porté à la connaissance du public. Après la cérémonie de marche sur une roche pointue③, les Miao du village Aotou de Chengbu dans la province du Hunan écrivent le droit coutumier sur une plaque de bois, peinte avec de l'huile d'abrasin, et en font une « plaque de Kuan ». Ils érigent deux grumes de plus de 6 mètres sur une plateforme dédiée, les recouvrent d'un toit et accrochent la plaque là-haut

---

① Équipe de rédaction de la province du Guizhou, *Enquête sur l'histoire sociale des Miao*, Presse des nationalités du Guizhou, décembre 1986, p. 168.

② Équipe de rédaction de la Région autonome des Zhuang du Guangxi, *Enquête sur l'histoire sociale des Yao du Guangxi*, tome 1, Presse des nationalités du Guangxi, février 1984, p. 37.

③ On sélectionne une grosse roche de forme triangulaire, que l'on enfouit dans le sol en laissant dépasser l'angle pointu à la surface. Au moment où l'on annonce le texte du droit coutumier, le chef marche de son pied droit sur la roche et déclare que les habitants de la région doivent respecter le droit (note du traducteur).

sans que personne ne puisse l'endommager ou la prendre[1].

Le droit coutumier de type stèle relève toujours de la catégorie du droit coutumier par essence. Que ce soient la formulation, la modification, le contenu principal, les sanctions ou l'exécution des contrevenants, il n'est pas très différent du droit coutumier ordinaire. Le caractère unique du type stèle se manifeste principalement dans sa forme traditionnelle et ses concepts correspondants.

Dans de nombreux groupes ethniques, le droit coutumier est diffusé, hérité et transmis de génération en génération, principalement par la récitation orale, la narration, la transmission de comportements, l'imitation et l'apprentissage personnel. Ces formes fortement arbitraires manquent de rigueur et montrent les limites de la culture orale. En revanche, le droit coutumier de type stèle a des avantages évidents en matière de transmission et d'héritage. Il est plus clair, normatif, objectif et scientifique, et peut éviter les interprétations subjectives et arbitraires par les chefs et les doyens, et comporte moins d'aberrations dans sa transmission et son héritage. De cette façon, les infractions peuvent être punies conformément aux dispositions du droit coutumier. Par conséquent, le droit coutumier de type stèle reflète le désir et le concept des peuples de minorités ethniques d'agir conformément au droit, de résoudre les différends et de traiter les actes illégaux en stricte conformité avec les dispositions du droit coutumier. La mise en œuvre du droit coutumier repose davantage sur le droit coutumier lui-même, tandis que l'opinion publique, et même les épopées mythologiques, les légendes héroïques et l'histoire nationale ne sont plus les fondements principaux. En même temps, dans les régions où le droit coutumier de type stèle s'applique, le statut et le rôle des personnes âgées déclinent au fur et à mesure que le respect général pour les personnes âgées et expérimentées se transforme en admiration pour les personnes qui savent lire et écrire. La publication sous forme écrite rend possible la communication et favorise sa diffusion. Contrairement au droit coutumier traditionnel qui ne s'applique qu'à une zone restreinte faute de communication, le droit coutumier de type stèle s'applique à une zone plus large, en brisant le lien du sang et les limites

[1] Wu Zhongjun, « À propos de la pratique Kunhuo des Miao », *Journal of South-Central University for Nationalities* (édition philosophie et sciences sociales), n° 4, 1991. Kunhuo (*捆伙*), appelé également Huokuan (*伙款*), correspond ainsi à un pacte collectivement établi par la communauté.

géographiques. Par exemple, pour le droit coutumier du peuple Yao, il y a soixante-douze stèles qui s'appliquent à toute la montagne Yao, et cinquante-trois stèles à tous les villages de Panyao (une branche des Yao), le champ d'application en étant élargi.

Le droit coutumier sous forme de stèle est donc un type particulier du développement du droit coutumier des minorités ethniques. Il s'agit d'une forme transitoire du développement du droit coutumier des minorités ethniques vers le droit étatique.

### *III. Le droit coutumier des minorités ethniques de Chine, les tabous, le culte des totems*

Lors de l'étude et de l'exploration de l'apparition et de l'évolution du droit coutumier des minorités ethniques, il est nécessaire et utile de rechercher son rapport avec les tabous et le culte des totems.

#### 1. Le droit coutumier des minorités ethniques et les tabous

Le tabou, « un terme générique pour désigner certaines idées et pratiques restrictives concernant le comportement social et les pratiques religieuses [①] », a deux significations : d'une part, l'interdiction de l'utilisation arbitraire des objets divins respectés, d'autre part, l'interdiction de toucher les objets méprisés, impurs et dangereux.

Quant au rapport entre les tabous et le droit, certains pensent que le droit a pour origine les tabous[②]. Ce point de vue, bien que discutable, révèle sans aucun doute le lien étroit entre le droit, en particulier le droit coutumier, et les tabous. À mon avis, le droit coutumier des minorités ethniques a, au cours de son développement, été profondément influencé par les tabous qui ont eu un impact direct et général sur le contenu et la forme du droit coutumier. Cet impact est particulièrement visible au début du développement du droit coutumier des minorités ethniques.

Les tabous des minorités ethniques de Chine sont nombreux et variés, tels que ceux liés à la production, à la vie, au mariage, à la maternité, à la maladie, aux funérailles, et ceux d'ordre social. De nombreux tabous sont

---

① Wu Bing'an: *Folklore chinois*, août 1985, Presse de l'université de Liaoning, p. 279.

② Pour plus d'informations, voir Qiu Pu, *À propos des origines du droit*, dans Guizhou Ethnic Studies, n° 1, 1992.

eux-mêmes des normes du droit coutumier des minorités et doivent être respectés par tous les membres de la société. Par exemple, selon le droit coutumier de la chasse de l'ethnie Hezhen, chaque fois qu'on se rend sur un nouveau lieu de chasse, le chef tient un bâton de bois non brûlé complètement et amène tous les membres à s'agenouiller pour prier le dieu de la montagne ; les chasseurs ne sont pas autorisés à s'asseoir sur les grosses souches d'arbre qu'ils rencontrent sur le chemin[①]. De nombreuses normes du droit coutumier matrimonial des minorités ethniques découlent directement des tabous liés au mariage. Par exemple, mariage exogamique, mariage intraethnique, interdiction du mariage des gens portant le même nom de famille, des personnes de différentes générations ou de différentes hiérarchies, etc. Ces éléments importants du droit coutumier correspondent tous aux tabous des minorités ethniques en matière matrimoniale. Quant au grand nombre de tabous sur la négociation, la conclusion et la célébration du mariage, ils font partie intégrante du droit coutumier en matière matrimoniale, jouant un rôle dans la régulation des relations conjugales et le maintien de l'ordre social.

Les tabous sociaux ont également un impact important sur le droit coutumier des minorités ethniques. Par exemple, il existe de nombreuses normes sociales coutumières de l'ethnie Jingpo, dont un nombre considérable proviennent de tabous : quand on entre dans ou passe par un village à cheval, il faut descendre de cheval ; on ne peut pas entrer ou sortir à volonté par la porte-fantôme[②] quand on visite une maison d'autrui ; on ne peut pas toucher les longs couteaux que d'autres personnes portent souvent, etc.[③] Tout ceci est lié au culte des divinités.

Le droit coutumier des funérailles des minorités ethniques est également étroitement lié aux tabous funéraires, qu'il s'agisse du système funéraire, du lieu de sépulture, des rites funéraires (dépôt du cadavre, mise en cercueil, sacrifice et enterrement) et de la piété filiale, les tabous influençant ainsi fortement le droit coutumier.

---

① Équipe de rédaction, *Bref historique de l'ethnie Hezhen*, The Ethic Publishing House, juillet 2009, p. 215.

② La porte de nord-est où passent la plupart des mauvais esprits selon la géomancie chinoise (note du traducteur).

③ Équipe de rédaction de la province du Yunnan, *Enquête sur l'histoire sociale des Jingpo*, tome 2, The Ethic Publishing House, juillet 2009, p. 199.

Les tabous exercent également une influence importante sur la forme du droit coutumier des minorités ethniques. Par exemple, pour l'ethnie Qiang, une fois que tous les membres se sont réunis, on tue un poulet, on verse du sang sur un drapeau de papier que l'on place dans un champ ou dans une forêt ; le poulet est pendu à un arbre. Cela signifie que si quelqu'un viole le droit coutumier, il mourra comme le poulet[①].

L'impact des tabous sur le droit coutumier était initialement dispersé et individuel. Avec le développement de la société, ceux reconnus par la plupart des membres de la société sont devenus partie intégrante du droit coutumier, dotés du caractère obligatoire et faisant autorité du droit, offrant à la fois des garanties spirituelles et séculières.

Le droit coutumier des minorités ethniques ne se laisse cependant pas influencer passivement par les tabous. En reconnaissant certains tabous, le droit coutumier donne aux tabous une nature et une force juridiques, les protège activement, exigeant que tous les membres de la société se conforment à ces tabous par la nature obligatoire de la loi, les violations étant passibles de diverses sanctions. De cette manière, la conscience des tabous parmi les membres de la société est renforcée par le biais du droit.

Il existe, bien entendu, certaines différences entre les tabous et le droit coutumier des minorités, même si elles sont parfois extrêmement difficiles à distinguer. En termes de coercition, hormis la coercition divine, comme dans le cas du jugement divin, le droit coutumier prévoit principalement une coercition humaine, c'est-à-dire une punition sous forme de critiques, d'amendes, de châtiments corporels, de peine de mort et d'expulsion du clan ou du village, etc., tandis que la coercition des tabous est une coercition spirituelle et psychique, c'est-à-dire divine, où la punition est exercée par une force mystérieuse. En termes de punition, le droit coutumier des minorités ethniques impose une punition immédiate après coup, une punition ponctuelle après laquelle on peut retrouver une vie normale et être réintégré à la société. En revanche, la punition des tabous est toujours mécanique et indifférenciée : tous les contrevenants sont passibles de punition, quels que soient leurs motifs subjectifs ; la punition est de longue durée, voire imprévisible, pouvant être infligée à vie, et même s'étendre dans l'au-delà.

---

[①] Équipe de rédaction de la province du Sichuan, *Enquête sur l'histoire sociale des Qiang*, Presse de l'Académie des Sciences sociales du Sichou, janvier 1986, p. 96.

En termes de contenu, le droit coutumier des minorités ethniques est plus riche et plus systématique, tandis que les tabous, bien qu'également assez étendus, ne couvrent pas le domaine des droits et des obligations ; leur portée reste limitée, montrant des caractéristiques individuelles, éparses et spécifiques. En termes de fonction et de moyens, le tabou est principalement une forme de restriction, s'opposant à la liberté de pensée et de comportement et à la liberté de faire ce que l'on veut, tandis que le droit coutumier des minorités a en même temps une fonction de restriction et une fonction de protection ; au fur et à mesure que la société se développe, la fonction de protection devient de plus en plus dominante. Du point de vue du destin, les tabous sont indissociables de l'homme. Tant que la connaissance humaine ne peut pas encore pleinement comprendre les phénomènes naturels, les phénomènes sociaux et l'humanité elle-même, tant qu'il existe encore l'idée de fantômes et de dieux, les tabous ne peuvent pas disparaître. Quant au droit coutumier des minorités ethniques, il peut perdre son effet et disparaître du point de vue des normes et des systèmes, mais ses idées et sa conscience subsisteront longtemps dans l'esprit des peuples des minorités ethniques.

2. Le droit coutumier des minorités ethniques et le culte des totems

Il existe également un lien entre le droit coutumier des minorités ethniques et le culte des totems, ce dernier exerçant une certaine influence sur le développement du droit coutumier des minorités ethniques.

Le culte des totems est une croyance religieuse primitive née à l'époque clanique. En raison des limites de leurs capacités cognitives, les gens croyaient que leur clan avait un certain lien de sang avec un animal, une plante ou un objet inanimé. Ils vénéraient donc cet objet comme le totem de leur clan : ce dernier est devenu le protecteur et l'objet tabou du clan, et si le totem était une plante ou un animal, il était strictement interdit au clan de le tuer et de le manger. « Le culte totémique est en fait une forme de religion dans laquelle le culte de la nature, des plantes ou des animaux est associé au culte des fantômes (ou culte des ancêtres[①]). » Certains pensent même que « le totem est un emblème clanique[②] ». Le culte totémique exerça une certaine

[①] Zhu Tianshun, *Religion primitive*, Presse populaire de Shanghai, janvier 1978, pp. 56-57.

[②] Liang Juwang, « L'histoire du développement des ethnies Miao et autres », dans *Matières*

influence sur le droit coutumier des minorités ethniques, en particulier sur le contenu du droit coutumier à ses débuts, tandis que le droit coutumier des minorités protégeait le culte totémique en punissant les comportements qui mettaient en danger les totems.

Le culte totémique a eu une influence sur le contenu du droit coutumier des minorités ethniques. Par exemple, l'érable est le totem de l'ethnie Miao dans le sud-est du Guizhou. Le droit coutumier des Miao utilise l'érable sculpté comme preuve pour marquer un contrat de mariage et d'amour. « Sculpter ce bois, tout le monde lui fait confiance. » Le droit coutumier des Miao est également influencé par l'adoration de la mère papillon par les Miao dans le sud-est du Guizhou. Par exemple, selon le droit coutumier, la chanson *Mère papillon* ne peut être chantée en temps normal ; ce n'est qu'à l'occasion des fêtes, après le sacrifice des ancêtres avec du vin, de la viande et des repas, que les personnes âgées peuvent la chanter. Les gens des générations plus jeunes ne sont pas autorisés à la chanter et ceux qui enfreignent la règle doivent tuer un cochon et abattre un bœuf pour se racheter auprès de leurs ancêtres[①]. Les Dong utilisent le serpent dragon comme emblème ; les Gelao vénèrent la gourde ; le peuple Tujia respecte le tigre blanc. Tout ceci a une certaine influence sur le droit coutumier de ces ethnies. Le droit coutumier des minorités protège les objets totémiques de leur groupe ethnique et punit les actes qui portent atteinte au culte totémique.

Avec le développement de la société, la capacité des différentes ethnies à comprendre et à conquérir la nature s'est accrue. Le culte des totems a progressivement perdu de son influence dans la vie sociale, et son influence sur le droit coutumier des minorités ethniques s'est également affaiblie. Le culte des totems n'existe que très partiellement dans le contenu du droit coutumier des minorités ethniques.

---

*de référence des études ethniques,* vol. 11, institut des recherches ethniques de Guizhou, publication interne, 1982, p. 2.

[①] Wu Xinfu, « Sur les croyances religieuses et le culte du peuple Miao », dans *Journal of South-Central University for Nationalities* (Édition philosophie et sciences sociales), n° 2, 1988.

# Chapitre 8 Le contenu du droit coutumier des minorités ethniques de Chine (I)

Le contenu du droit coutumier des minorités ethniques de Chine est très riche, couvrant tous les domaines de la vie sociale, y compris les organisations sociales et les chefs, le mariage, la famille et l'héritage, les funérailles, les croyances religieuses et les relations sociales, la production et la distribution, la propriété, les créances, les affaires pénales, la médiation et le règlement des différends. Nous le présenterons de manière exhaustive en trois chapitres distincts.

Le droit coutumier sur les organisations sociales et les chefs gouverne la composition des organisations sociales, la désignation des chefs, leurs droits et obligations, etc. Le droit coutumier sur le mariage régule la formation du mariage, les procédures de mariage, les relations conjugales et le divorce. Le droit coutumier sur la famille et l'héritage régit les relations familiales, les relations parents-enfants, les relations d'héritage et de succession. Les funérailles, les croyances religieuses, les activités religieuses et les relations sociales suivent également des normes de droit coutumier.

## *I. Le droit coutumier gouvernant les organisations sociales et les chefs*

Le droit coutumier des minorités ethniques de Chine contient de nombreux éléments concernant la composition, les responsabilités des organisations sociales de chaque ethnie, ainsi que la désignation des chefs, leurs droits et obligations, ce qui nous permet de comprendre les stades de développement social et les règles de fonctionnement des différentes ethnies.

### 1. Le système Zhailao (寨老) du peuple Zhuang

Le peuple Zhuang a un dicton qui dit : « Chaque canton a son ancien, chaque village a sa tête. » Il pratique généralement le système Zhailao (« chef du village »).[1] Selon la coutume, la désignation du Zhailao se fait de

[1] Équipe de rédaction de la Région autonome des Zhuang de Guangxi, *Enquête sur l'histoire sociale des Zhuang de Guangxi,* tome I, Presse des nationalités de Guangxi, mai 1984, p. 14.

deux manières : soit en gagnant la confiance des villageois grâce à une conduite exemplaire et en étant reconnu comme un leader naturel, soit en étant élu démocratiquement par les villageois ou recommandé par un Zhailao âgé à la suite de son départ à la retraite approuvé par les villageois. Pour être Zhailao, on doit satisfaire aux conditions suivantes : être âgé, faire preuve d'impartialité et d'honnêteté, être disposé à servir les villageois, avoir une certaine capacité de travail et du courage, avoir une base de soutien parmi la population, etc. Leur mandat n'est pas fixe et sa durée dépend de l'efficacité et de la qualité de leur gestion, ainsi que de leur capacité à résoudre les problèmes.

Selon le droit coutumier, le Zhailao a pour responsabilités : 1) de diriger les villageois lors de l'élaboration du droit coutumier ; 2) de régler les différends par médiation et de sauvegarder l'ordre du village ; 3) de prendre en charge les biens publics de tout le village ; 4) d'exercer le pouvoir des sacrifices collectifs ; 5) de diriger tout le village lors de la construction des installations de production et de bien-être public, telle que la construction de routes, de ponts, l'excavation de puits, la plantation d'arbres, la protection des forêts contre les incendies et le développement des ressources hydrauliques, etc. ; 6) de parler au nom des villageois et gérer les affaires extérieures du village ; 7) de gérer l'organisation des villageois pour mettre en place des écoles et former des talents ; et 8) de présider diverses réunions, etc. Normalement, les affaires moins importantes du village sont traitées par le Zhailao seul, tandis que les problèmes majeurs doivent être traités avec le concours de ceux des villages voisins.

De plus, un ou deux assistants sont élus par les villageois sur proposition du Zhailao. Les conditions d'éligibilité sont les mêmes que celles du Zhailao, mais l'accent est mis sur les personnes d'âge moyen plutôt que sur les personnes âgées. Ils s'occupent essentiellement des activités de nature administrative, telles que l'organisation de réunions, la préparation de sacrifices, etc.

Selon le droit coutumier, les Zhailao ne sont généralement pas rémunérés. Dans certaines régions, si un plaignant perçoit une amende, il en prélève une partie et la remet au Zhailao à titre de rémunération. Parfois, si l'affaire est résolue sans amende, les personnes concernées paieront un peu d'argent au Zhailao. Habituellement, les parties concernées l'invitent à un banquet. Dans certaines régions, il y a des champs réservés aux Zhailao qui les cultivent eux-mêmes, en guise de rémunération[①].

2. Le système Yilang (*议榔*) des Miao

L'organisation sociale de l'ethnie Miao varie d'un endroit à l'autre selon le droit coutumier. Elle est appelée : « Yilang », « Goulang » (*构榔*) ou « Gouhang » (*勾夯*), ou « Conseil Yilang » et « Conseil Goulang », dans la plupart des régions du sud-est du Guizhou ; « Conseil Zaiyan » (*栽岩会议*) ou « Conseil Maiyan » (*埋岩会议*), de Congjiang du Guizhou à Damiaoshan du Guangxi ; « Hekuan » (*合款*) dans la plupart des régions de l'ouest du Hunan, et « Société Chunjiu » (*春酒会*) dans le comté de Fenghuang ; et « Conghui » (*丛会*) ou « Conseil Lishe » (*里社会议*) à Jinping au Yunnan. Bien que sous des appellations différentes, elles sont fondamentalement similaires par nature. Il s'agit d'alliances régionales sur les plans politique, économique et social qui établissent et mettent en œuvre le droit coutumier dans la société Miao. L'organisation du système « Yilang » peut être composée d'un clan, d'un village ou de plusieurs villages, et même de toute une région. Le droit coutumier des Miao est appelé « Statuts de Yilang », « Statuts de Goulang », « Statuts du Conseil Maiyan », « Articles de Kuan », « Règlement du groupe », « Écrits de raison », « Annonce de raison », etc. Avant chaque réunion, les chefs de village négocient le contenu de Yilang, puis convoquent une assemblée générale et, tenant à la main une lance et une pique (représentant le pouvoir et l'autorité), ils déclarent le contenu du droit coutumier comme convenu, ce dernier étant ensuite adopté par l'assemblée. Avant d'annoncer le nouveau droit coutumier, on doit réciter les règles importantes du droit coutumier héritées du passé. Parfois, on place un morceau de pierre sur le site de la réunion, indiquant que le droit coutumier est aussi fort que la pierre et ne peut pas être modifié facilement.

Les chefs des organisations sociales Miao sont parfois appelés « Tête de Yilang », « Loufang » (*娄方*), « Gaiwai » (*该歪*) ou « Fulou » (*扶娄*). Les chefs ne sont généralement pas soumis à des élections populaires et sont indépendants de l'état de leur richesse. Ils ont gagné naturellement leur prestige grâce à leur familiarité avec le droit coutumier, à leur sagesse, à leur

---

① Équipe de rédaction de la Région autonome des Zhuang de Guangxi, *Enquête sur l'histoire sociale des Zhuang de Guangxi,* tome I, Presse des nationalités de Guangxi, mai 1984, pp. 93-104.

honnêteté et leur zèle et à la confiance publique dans la résolution des conflits. Dans quelques régions, le rôle de chef est héréditaire et c'est le fils aîné qui succède à ce poste. Quant au chef de plusieurs villages ou d'une région, il est élu par les chefs des petits villages. Les chefs sont généralement des personnes âgées, très peu étant des personnes d'âge moyen.

Les responsabilités du chef sont définies par le droit coutumier, incluant principalement : 1) médiation et traitement des litiges relatifs à la propriété des terres, des sols et des forêts ; 2) médiation et traitement des conflits matrimoniaux et familiaux ; 3) médiation et traitement des affaires de vol ; 4) gestion des affaires extérieures en qualité de représentant de tout le village ; 5) à la demande des villageois, il peut déclarer ouverte ou fermée la chasse dans les montagnes et présider aux cérémonies de sacrifices. Le chef n'est pas rémunéré, après avoir effectué son travail, la personne concernée peut simplement l'inviter à un repas sans lui donner d'argent①.

### 3. Les systèmes Yaolao (*瑶老*, « vieux Yao ») et Shipai (*石牌*, « stèle ») de l'ethnie Yao

Selon le droit coutumier, le peuple Yao a deux sortes d'organisations sociales : Shipai et Yaolao.

Le système Shipai existe principalement chez les Yao du Guangxi, en particulier dans la région de Daiyaoshan (*大瑶山*). Il s'agit d'un système de l'ethnie Yao par lequel les principes relatifs au maintien de l'activité productive, à la sauvegarde de l'ordre social et de la sécurité publique sont convenus en tant que droit coutumier et sont respectés par tous les résidents après leur adoption à l'unanimité par les chefs de ménage participant à l'assemblée de l'organisation Shipai. L'application de ce droit coutumier est assurée par le chef Shipai, dirigeant naturel reconnu par la population locale. Selon le droit coutumier, le poste de chef n'est ni héréditaire, ni ne résulte d'une élection ; les chefs émergent tout naturellement par leur intégrité, leur éloquence, leur courage, et surtout par l'autorité qui s'affirme à travers leur travail de règlement de différends pour les masses. Certains d'entre eux sont formés par les anciens chefs. Les grands chefs à qui les habitants d'une union de villages font confiance doivent passer des épreuves relativement

① Équipe de rédaction de la province du Guizhou, *Enquête sur l'histoire sociale des Miao,* tome III, Presse des nationalités du Guizhou, avril 1987, p. 24.

plus longues. Une fois que le chef a gagné la confiance des masses, celles-ci lui feront toujours confiance jusqu'à sa mort s'il ne commet pas d'erreur majeure dans son travail, sinon il perdra naturellement son autorité.

L'organisation de base du système Shipai s'appelle Jia (甲), qui est généralement composé de plusieurs familles de proches parents réunies librement. En plus des obligations confiées par Shipai, Jia doit également entreprendre certaines activités liées à la production et aux sacrifices. La fonction de chef, connue sous la même appellation Jia, est héréditaire. On peut également vendre ce titre.

Il y a un ou deux chefs militaires temporaires dans l'organisation Shipai. Lorsqu'il y a une opération militaire, le chef Shipai désigne temporairement des chefs locaux courageux et de haut prestige pour diriger les forces armées composées de la population.

Le droit coutumier de l'ethnie Yao est établi à l'issue de l'assemblée Shipai. Avant la tenue de l'assemblée, quelques chefs Shipai, selon l'esprit traditionnel de l'ethnie, observent la tendance générale dont font preuve les phénomènes sociaux de l'époque et les faits marquants dans certains domaines, en déduisent les éléments clés après réflexion et analyse, et négocient un certain nombre de dispositions suivant les caractéristiques ethniques locales en tant que projet du droit coutumier de Shipai. On informe ensuite les habitants de la date et du lieu prévus pour l'assemblée. Les résidents convoqués à l'assemblée sont généralement les chefs de ménage de chaque foyer, et tous les participants paient leur propre frais de bouche.

La procédure de l'assemblée est la suivante : les participants se réunissent dans un endroit relativement large et plat à l'extérieur du village, les chefs choisissent parmi eux un représentant pour prononcer un « discours » devant le public ; ce dernier prononce article par article le projet du droit coutumier négocié à l'avance, et finit par un encouragement pour chacun à travailler ensemble pour se conformer au droit coutumier afin que la paix règne dans la région et que tout le monde puisse vivre en tranquillité et en aimant son métier. Une fois le « discours » terminé, très peu de personnes expriment des opinions différentes. Les participants adoptent le projet à l'unanimité sous une forme tacite ou par acclamations.

Après son adoption, certaines régions gravent le droit coutumier sur une plaque de pierre et la mettent à l'endroit où l'assemblée a eu lieu. Certaines l'inscrivent sur du bois au lieu de la pierre, d'autres encore l'écrivent sur du papier et les envoient aux villages participant à la réunion pour affichage ou conservation. Il y a des régions où le droit coutumier n'est pas gravé sur une plaque de pierre, mais où on érige une pierre légèrement rectangulaire et plate, en guise de Shipai. La pierre doit être érigée avant l'assemblée. Lors de l'érection de la pierre, une simple cérémonie sacrificielle doit être organisée.

Le nom de la plaque dépend de l'étendue des villages participants, du nombre de villages participants, du nombre de ménages participants, du lieu où la plaque a été érigée, etc., par exemple, Shipai général, Shipai de dix villages, Shipai de trois cent quatre-vingt-dix ménages, Shipai Ding Hai[1], etc.[2].

Le système Yaolao se trouve principalement chez les Yao de la province du Guangdong. Chaque village Yaopai[3] de la région Liannan des Yao est une unité de base, et chaque unité a ses propres Yaolao qui agissent conformément au droit coutumier. Leurs noms et fonctions sont les suivants : (1) Tianchanggong (天长公) : il est à la tête du village, nommé une fois par an et le poste est occupé par la personne la plus âgée du village. Dans certaines régions, il est élu et l'on ne peut faire qu'un mandat dans sa vie. Ses responsabilités consistent à gérer les affaires de la communauté, grandes et petites, à régler les litiges et à maintenir l'ordre. En cas de perte d'objets ou de meurtre, il est responsable de l'enquête et doit résoudre l'affaire ; en cas d'attaque de sa communauté ou par d'autres groupes ethniques, il doit convoquer une réunion de masse pour diriger la résistance contre l'ennemi ; il doit également participer à des réunions de coordination entre les villages et gérer les registres de passage de la montagne. Pendant son mandat, chaque ménage doit lui fournir une livre de riz tous les six mois en paiement de ses services. Il peut toucher un certain montant de rémunération lors du règlement d'un différend. En cas d'injustice ou de corruption, le peuple peut lui infliger une amende et même le révoquer en proposant un successeur.

(2) Chef de dragon : chaque « dragon » (unité sociale placée au-dessous

---

[1] Ding Hai (丁亥) : dans le cycle sexagésimal chinois, Ding est la quatrième des tiges célestes ; Hai est la douzième et dernière branche terrestre (note du traducteur).

[2] Équipe de rédaction de la Région autonome des Zhuang du Guangxi, *Enquête sur l'histoire sociale des* Yao, tome I, Presse des nationalités du Guangxi, février 1984, pp. 33-39.

[3] Yaopai : une branche de l'ethnie Yao (note du traducteur).

du village, divisée selon la région et les montagnes) désigne un chef pour un mandat d'une durée différente d'un endroit à l'autre (deux, trois ou cinq ans), et qui est en charge, en plus de gérer les affaires intérieures du dragon, d'assister Tianchanggong dans les affaires du village. Le chef de dragon a pour tâches principales d'aider Tianchanggong à poursuivre et arrêter les voleurs et régler les différends ; chaque année, le 15 décembre, il apporte de l'alcool chez le sorcier pour déterminer les affaires relatives aux travaux agricoles, comme défricher la montagne en janvier, labourer les champs en février, planter la montagne en mars, semer les grains avant le début de l'été, etc. ; au commencement de l'automne, il demande au sorcier de sélectionner les jours fastes pour construire les routes, désherber et entretenir les pavés, réparer les maisons qui fuient ; à la fin de l'année, il monte en hauteur et appelle en criant à la cantonade de faire attention aux incendies. En plus de la rémunération pour ses services, les familles du dragon lui versent chacune une livre de riz chaque année.

(3) Chef de mission : il s'agit d'un chef militaire qui émerge pendant des périodes exceptionnelles, notamment lors de combats armés. Chaque « dragon » sélectionne six personnes, généralement des jeunes adultes forts et courageux, qui doivent être nés sous le signe du « Wei[①] » selon leur heure de naissance. Ils peuvent toucher trois yuans d'argent par jour au moment du combat, et recevront des récompenses supplémentaires s'ils tuent ou capturent des ennemis ; en revanche, si quelqu'un ne s'adonne pas au combat ou l'abandonne, il est démis de ses fonctions. Leurs fonctions se terminent naturellement avec la fin du combat.

(4) Maître du temple et maître-brûleur d'encens : tous deux sont des personnalités en charge des affaires religieuses. Le maître du temple est la personne qui gère le temple, selon un mandat au terme indéfini, qui peut être à vie. Il entraîne les gens du village à adorer leurs ancêtres dans le temple lors de plusieurs festivals chaque année, recueille de l'argent et du riz auprès de tous. Le maître-brûleur d'encens brûle de l'encens pour les ancêtres du temple, et une fois élu, il sert à vie. Le maître du temple et le maître-brûleur d'encens sont récompensés par chaque ménage à raison de deux livres de riz chaque année.

[①] Wei (未), le huitième caractère cyclique des douze branches terrestres selon le cycle sexagésimal chinois (note du traducteur).

(5) Maître de l'eau pour l'irrigation et maître de l'eau pour la consommation. Aucune élection n'est requise pour désigner le maître de l'eau pour l'irrigation. Ceux qui sont prêts à remplir la fonction se rendent à la pente du fossé d'eau avant le lever du soleil le jour de la « rosée blanche[1] » et font un nœud avec le chaume le plus long ; celui qui fait le nœud en premier a le poste. Sa rémunération est basée sur la quantité moyenne de main-d'œuvre dédiée à la construction des fossés et le nombre moyen d'hectares dans la zone d'irrigation des fossés. Son obligation est d'assurer l'inspection une fois par jour et de réparer les petits trous dans le réseau ; pour les grands trous, il demande le concours des villageois afin de les réparer ensemble. Quant au maître de l'eau pour la consommation, celui qui désire le poste se présente au cours de l'assemblée locale et obtient le poste par l'approbation de tous. Il a pour responsabilité d'assurer l'approvisionnement de l'eau de consommation. Sa rémunération est calculée en fonction de la population, soit deux livres de riz ou trois livres de maïs par adulte par année, une livre de riz pour les enfants de sept à douze ans, et une demi-livre pour ceux de moins de sept ans.

Plus tard, il y a aussi les fonctions de chef Yao (*瑶长*) et de commis Yao (*瑶练*) dans le groupe ethnique Yao. Les chefs Yao pour la province du Guangdong sont nommés par le gouvernement et les postes sont héréditaires. Si un chef Yao gère mal les affaires ou ne raisonne pas bien, la population locale peut trouver un autre membre de sa famille pour le remplacer. Le chef Yao gère les diverses affaires internes et communique avec les autorités gouvernementales à l'extérieur. Il perçoit chaque année un traitement du gouvernement. Le commis Yao est l'adjoint du chef et reçoit les instructions de celui-ci. Le commis est sélectionné à tour de rôle chaque année. Il se rend chaque trimestre au bureau du gouvernement pour percevoir son traitement. Cependant, le système traditionnel Yaolao n'est pas brisé et les chefs continuent leurs travaux agricoles après leur nomination. C'est toujours le chef de dragon qui assure la convocation s'il arrive un événement dans le village. Il doit discuter avec les villageois âgés pour résoudre les affaires ; le jugement est rendu par l'assemblée locale conformément au droit

[1] « Rosée blanche » (*白露*), l'une des 24 périodes solaires du calendrier chinois (note du traducteur).

coutumier[1].

4. Le système union de Kuan (会款) de l'ethnie Dong

L'organisation sociale du peuple Dong est le Kuan (款). L'union de Kuan est une forme d'organisation inhérente à la communauté des Dong dont la fonction est de se réunir et de débattre. Selon le droit coutumier, l'union de Kuan est généralement établie sur la base d'un village. Ainsi, un grand village constitue une union, plusieurs petits villages se groupent pour constituer aussi une union, et plusieurs dizaines de villages établissent une fédération de Kuan qui gère les unions des divers villages sous son autorité. L'union de Kuan exerce deux fonctions : pour les affaires domestiques, elle peut désigner ou révoquer le Zhailao (寨老) et tenir des réunions et des débats ; à l'extérieur, elle peut appeler les membres à organiser la population pour résister aux envahisseurs étrangers. Le mode de réunion est différent selon le droit coutumier des diverses régions, par exemple, pour le groupe des Dong à Longsheng du Guangxi, s'il se passe quelque chose, c'est le Zhailao qui appelle à haute voix les villageois à se réunir au lieu de réunion du village pour mener des discussions. Pour le groupe des Dong à Shanjiang, on se réunit généralement à la place de la tour du tambour ; s'il se passe quelque chose, le Zhailao bat le grand tambour pour convoquer les villageois à la réunion. La plupart des décisions convenues lors de la réunion sont prises selon la décision des gens présents ; le Zhailao ne décide pas tout seul. Les Kuan organisent chaque année une grande cérémonie de « lecture de Kuan » et expliquent au public le pacte de Kuan (droit coutumier).

Certaines zones du groupe ethnique Dong organisent de manière irrégulière des « réunions d'enterrement de la roche ». Selon le droit coutumier, l'enterrement de la roche se fait de la façon suivante : on prend une ou deux roches plates de taille différente et on en met un tiers sous terre, la partie non enfouie étant gravée avec les articles du droit coutumier. Lors de l'enterrement, tout le village verse de l'argent pour acheter un grand taureau et quelques poulets et canards ; après les avoir tués, on mélange leur sang dans le vin ; tous les participants à la cérémonie doivent prendre un verre de vin et de sang pour prêter le serment suivant : partager les joies et

---

Équipe de rédaction de la province du Guangdong, *Enquête sur l'histoire sociale des Yao du comté autonome des Yao de Liannan*, Presse populaire du Guangzhou, février 1987, pp. 64-66.

les peines, ne pas entrer en collusion avec des inconnus pour porter atteinte aux siens ou s'allier avec les étrangers pour trahir les siens. Les contrevenants sont tués ou enterrés vivants.

Selon le droit coutumier du peuple Dong, chaque village doit avoir un Zhailao (le vieux du village) ou un chef de village. Un petit village en dispose d'un, alors qu'un grand village peut en avoir un ou deux. Le Zhailao est un homme honnête et bien implanté dans la société, enthousiaste pour les causes locales, volubile et pouvant nourrir les attentes de tous ; il est reconnu publiquement par le peuple, mais non élu formellement. Le Zhailao a des fonctions telles que : 1) présider les réunions de l'union de Kuan ; 2) faire respecter le droit coutumier (le pacte de Kuan) ; 3) rechercher la conciliation et régler les différends entre les villageois ; 4) en cas d'invasion par des bandits ou des militaires, organiser les villageois pour résister aux ennemis, déplacer des troupes en territoire ennemi et diriger les opérations. Le Zhailao ne reçoit pas de rémunération, mais lorsqu'il traite d'affaires débouchant sur des amendes, les parties concernées doivent lui payer une certaine somme pour ses services.

Le « six Yin et six Yang » est au cœur du droit coutumier du peuple Dong : les affaires Yin (*阴*) sont des crimes graves et les affaires Yang (*阳*) sont des délits mineurs. Les six affaires Yin comprennent : 1) ne pas voler les bœufs de labour ; 2) ne pas voler l'or et l'argent ; 3) ne pas abattre illégalement les arbres des montagnes ; 4) ne pas commettre de pillages ou de meurtres ; 5) ne pas collaborer avec l'ennemi (complicité interne et externe) ; 6) ne pas voler des tombes. Les six affaires Yang sont : 1) ne pas détruire la famille ; 2) ne pas tricher ou tromper ; 3) ne pas détourner l'eau des champs ; 4) ne pas commettre de larcins ; 5) ne pas déplacer les bornes frontalières ; 6) ne pas séduire la femme d'autrui[①].

5. Le village communautaire des Dai

L'organisation sociale de l'ethnie Dai est fondée sur des villages communautaires avec des frontières strictes entre eux. Le droit coutumier des Dai prévoit qu'un village communautaire dispose d'un Boman (*波曼*,

---

① Yang Tongshan et autres, *Les Coutumes rurales des Dong*, Presse des nationalités du Sichuan, juin 1983, pp. 239-241 ; Yang Jinfei, « Étude préliminaire sur le système Kuan des Dong », dans *Forum national*, n° 3, 1987.

« le père de village ») et d'une Meman (*咩曼*, « la mère de village »), qui ont pour fonctions principales : (1) de gérer la réinstallation des résidents, d'accepter de nouveaux membres au nom de la communauté villageoise, d'approuver les déménagements, etc. ; (2) de gérer les terres du village communautaire et d'en garder les frontières ; (3) de collecter les tributs et impôts au nom du seigneur ; (4) de gérer les affaires religieuses (y compris le financement des temples bouddhistes) ; (5) de gérer les affaires matrimoniales et de résoudre les différends civils, etc. Les pères et mères du village sont exemptés de toute charge fiscale ; en plus de leurs propres terres, ils ont droit à une terre de fonction qui doit être retournée quand ils quittent leurs fonctions.

En outre, la communauté villageoise comprend également les fonctions suivantes : (1) Le « Kunhan » (*昆悍*, « samouraï et adjudant »), qui, exempté de toute charge fiscale, assiste les père et mère du village à défendre la frontière commune de la communauté villageoise pour maintenir l'ordre public et pour punir les contrevenants au droit coutumier. (2) Le « Taoge » ( *陶格*, « personne âgée rurale »), élu par le village communautaire et exempté des corvées, qui joue principalement la fonction de transmission et de communication entre le haut et le bas, et qui peut également concilier les différends civils et familiaux. (3) Le « Boban » (*波板*, « préposé »), qui a pour fonctions de transmettre, communiquer et convoquer les réunions, d'accueillir les hôtes, d'envoyer les commis pour un service public, de prévenir les incendies, etc. Pendant son service, il est exempté de toute charge et bénéficie du « riz Boban » offert par tous les ménages à raison d'une part par ménage ; s'il y a des « champs Boban », c'est au Boban de les cultiver lui-même et les ménages n'ont alors pas besoin de lui verser du riz. (4) Le « Kunqian » (*昆欠*, « secrétaire »), qui aide les père et mère de village à gérer les registres de terres, d'argent et de céréales ; il est aussi exempté de toute charge. (5) Le « Naimao » (*乃冒*, « chef de la jeunesse masculine »), généralement un homme marié, qui conduit, aux moments des sacrifices et des fêtes de l'année, les jeunes non mariés à participer à diverses activités de jeu, de chant et de danse, à gérer l'amour entre les hommes et les femmes et à empêcher les jeunes de violer le droit coutumier. Les jeunes de l'extérieur du village doivent d'abord passer par le Naimao lorsqu'ils entrent dans le village pour courtiser les filles. (6) La « Naishao » (*乃梢*, « chef de la jeunesse féminine »), généralement une femme mariée dont les fonctions sont les mêmes que celles du Naimao. Le Naimao et la Naishao sont généralement élus pendant le festival de Songkran. (7) Le « Banmen » (*板闷*, « convoyeur d'eau »), responsable de la gestion de l'irrigation, qui bénéficie généralement des champs Banmen.

Chaque village communautaire dispose d'une assemblée délibérante composée des père et mère de village, du Taoge et du préposé, pour gérer les affaires quotidiennes. Une assemblée populaire est convoquée pour toutes les questions importantes relatives à la répartition des charges, à l'ajustement des terres, aux différends relatifs à l'aménagement hydraulique, aux différends civils, à l'approbation des départs et des retraits du village communautaire et à l'acceptation de nouveaux membres.

Plus tard, l'ethnie Dai a une organisation de « Guan » (*贯*), qui est le développement du village communautaire. Selon le droit coutumier, le Guan établit une chambre du conseil qui organise deux types de réunions : (1) la « Pengguan » (*朋贯*, « réunion ordinaire de la chambre du Conseil »), composée de quatre « Premiers ministres » et huit « ministres » (*卡真*), qui se tient tous les trois ou cinq jours pour discuter de la répartition des charges, de la médiation des différends, des amendes, etc. ; (2) la « Pengmeng » (*朋勐*, « assemblée plénière »), qui se tient généralement dans le temple bouddhiste pour discuter des affaires telles que les décisions sur la succession de « Zhaomeng » (*召勐*, « chef de Meng », c'est-à-dire Tusi, officier indigène) non héréditaire, sur le mariage ou le divorce entre Zhaomeng et « Meng » (parent consanguin du grand seigneur) ou avec des femmes étrangères, sur la nomination et la révocation du président et vice-président de la chambre du conseil, sur la création des alliances parentales avec des tribus étrangères, sur la déclaration de guerre ou la conciliation avec les tribus étrangères, sur le retrait du peuple après une défaite, sur la négociation de pétitions collectives en vue de réduire les charges, sur l'annulation des propositions non conformes aux décisions de la « Pengguan », etc. Avant la tenue de la Pengmeng, le Boban de la chambre du conseil bat le tambour. Au son du tambour, tout le monde se rassemble au temple bouddhiste[①].

---

① Comité de rédaction de la province du Yunnan, *Enquête sur l'histoire sociale des Dai (Xishuangbanna, vol. 2)*, Presse des nationalités du Yunnan, décembre 1983, pp. 32-44.

6. Le système « Shanguan » (*山官*, « officier montagnard ») des Jingpo

Le système Shanguan a longtemps prévalu dans la société Jingpo ; il peut en gros être divisé en deux types : l'un est « Gongsha » (*贡沙*) et l'autre est « Gonglong » (*贡龙*).

Selon le droit coutumier du peuple Jingpo, le « Gongsha » est un système social dans lequel le Shanguan représente de fait ou formellement les villages de sa juridiction et a le statut de chef suprême. Il existe également deux formes spécifiques différentes dans le système « Gongsha ».

(1) L'une réside dans le fait que le Shanguan détient un plus grand pouvoir et est le plus haut dirigeant politique de la juridiction. Il y a des Shanguan héréditaires et un système strict d'héritage légué au fils cadet. Les Shanguan jouissent d'un grand respect et leurs maisons sont plus grandes que celles des gens ordinaires. Les signes de la lune et du soleil en bois sont accrochés à leurs portes, et des bambous tranchants sont suspendus sous l'avant-toit. Selon le droit coutumier, les Shanguan ont un large éventail de fonctions et de pouvoirs : diriger la production, présider les cérémonies de sacrifices au cours des travaux printaniers et des récoltes d'automne ; gérer, ajuster et distribuer les champs ; donner leur accord aux demandes de déménagement ou d'emménagement ; servir d'arbitre pour régler les différends ; protéger la vie et les biens du peuple et aider le peuple à résoudre les difficultés de la vie ; représenter la région dans ses relations extérieures et décider de proclamer la guerre ou de négocier la paix avec l'extérieur. Le Shanguan a le droit de recevoir de l'argent des gens ordinaires, et ceux-ci ont l'obligation de lui offrir des cadeaux et de travailler pour lui à l'occasion des mariages, des deuils ou de la construction de maisons. Dans ce système, la division de la hiérarchie sociale est stricte ; les fonctionnaires, les personnes et les esclaves ont un statut social différent.

(2) Dans l'autre forme, le Shanguan reste héréditaire, mais l'héritage au fils cadet n'est pas strict, les gens ordinaires ne sont pas obligés de payer de l'argent au Shanguan. Bien qu'il participe officiellement à la médiation des différends et à la gestion des affaires intérieures du village, le Shanguan ne joue pas un rôle important ; il représente le village, mais ne peut en fait prendre aucune décision au nom du village. Le pouvoir décisionnel du village est entre les mains du « Silang » (*司郎*, « le chef »), le Shanguan

ayant perdu son leadership politique. Le Silang n'a pas le privilège d'exploiter les gens ordinaires.

Il existe une différence fondamentale entre le système « Gonglong » et le système « Gongsha ». Du point de vue du droit coutumier, les principales caractéristiques du système Gongsha sont les suivantes : il n'y a pas de Shanguan héréditaire et privilégié, la direction est assurée par des personnes talentueuses (qui sont ensuite remplacées par des personnes riches et compétentes) ; le pouvoir de juridiction du Shanguan est aboli, chaque village est indépendant et n'est pas subordonné l'un à l'autre ; il n'existe pas de privilège ni de charge dans le village ; les terres sont la propriété privée de leurs occupants et peuvent être mises en gage, vendues, louées, etc., sans ingérence des dirigeants ; les limites strictes entre les rangs sociaux sont également assouplies ; les migrations sont devenues plus libres. Dans la société « Gonglong », le système Shanguan est aboli.

Dans le système Shanguan, il existe encore un certain nombre de personnes qui assistent le Shanguan dans certaines affaires. Selon le droit coutumier du peuple Jingpo, les principales sont : (1) Zhaitou (chef de village). Le Zhaitou est choisi parmi les chefs des patronymes qui ne sont pas des fonctionnaires, et le poste est généralement détenu par une personne méritante (ou ses descendants), ayant surmonté tous les obstacles pour fonder le village (mais les chefs d'autres familles du même village peuvent également détenir ce poste s'ils en sont capables). Le Zhaitou a un statut élevé dans le village et est nommé par le Shanguan. Lors de son entrée en fonction, le Shanguan lui remettra un couteau, indiquant qu'il est chargé de gérer le village. Tous les conflits relatifs au mariage, au vol, à la terre, à la dette, etc., dans le village sont traités directement par lui ou conjointement avec les aînés de toutes les familles convoquées. (2) Les aînés de toutes les familles. Les chefs naturels de toutes les familles du village ont le statut d'aînés ; sans privilège, ils représentent les intérêts du village ou de leurs familles respectives. Ils sont responsables de la communication entre le Shuanguan et les gens ordinaires et assistent le Shanguan et le Zhaitou dans la gestion de certaines affaires du village. (3) « Lapo » (*腊颇*). Le Lapo est une personne qui est spécialisée dans les affaires agricoles. Il contrôle les saisons de production et annonce la fermeture des terres ou l'inauguration des travaux du sol. (4) « Guan » (管). Certaines juridictions sont trop grandes pour que les Shanguan puissent les gérer tout seuls, de sorte qu'ils désignent un certain nombre de villages pour être gérés par leurs proches, ces agents de Shanguan sont appelés « Guan ». Le Shanguan doit organiser une cérémonie solennelle à l'occasion de leur nomination. (5) L'Endao (*恩道*) n'a été institué que dans la juridiction du grand Shanguan et était à l'origine responsable des affaires quotidiennes auprès du public, telles que se déplacer pour faire des annonces et collecter l'impôt en grains. Plus tard, il est devenu un émissaire du grand Shanguan pour des services divers. En outre, bien que le Dongsa (*董萨*) soit une personne religieuse, il a un statut plus élevé dans la société Jingpo, en particulier certains grands Dongsa deviennent assistants des Shanguan et participent à la gestion de la société[①].

### 7. Le système Wolang (*窝郎*) des Wa

Le droit coutumier de la société Wa précise que le Wolang est la personne qui gère les maisons de tambours en bois, les activités religieuses et d'autres affaires. On fait la distinction entre les grands Wolang et petits Wolang, choisis par divination ou élection. Le titre de Wolang est héréditaire, généralement hérité par le fils aîné ; si le Wolang n'a pas d'enfants, le chef tribal tiendra une réunion pour sélectionner un héritier parmi les parents proches du Wolang. La forme démocratique y est toujours conservée. Cependant, le Wolang ne reste qu'un symbole. En fait, il ne joue aucun rôle important dans la société Wa et n'exerce pas d'influence sur la population. Celle-ci n'assume aucune obligation envers le Wolang.

Le vrai leader de la société Wa est le chef tribal qui est essentiellement élu, mais ce poste a aussi tendance à être une position héréditaire. Aux termes du droit coutumier, les conditions requises pour être chef tribal incluent : être volubile, être capable de bien traiter les affaires et avoir une bonne situation financière (la bravoure est souvent une condition supplémentaire). Le chef gère toutes les affaires internes et externes de la société Wa et joue un rôle important dans la vie sociale. Il n'a pas de privilèges, son travail pour la population étant essentiellement des services. Les « Moba » (*魔巴*) sont ceux qui président les activités religieuses de l'ethnie Wa. Ils interprètent également le droit coutumier. En outre, les

---

① Équipe de rédaction de la province du Yunnan, *Enquête sur l'histoire sociale des Jingpo*, tome III, Presse populaire du Yunnan, mars 1986, pp. 36-38.

« Zhumi » (*珠米*, « riches et fortunés ») ont un statut économique supérieur et donc un statut social plus élevé. Ils ont également joué un rôle de plus en plus important sur le plan politique. Lorsque le chef traite de questions importantes, il invite souvent les Zhumi à participer, et la gestion de nombreuses affaires est décidée en fonction des avis des Zhumi.

À propos des questions relatives à l'ensemble des villages et des incidents majeurs dans un petit village, le droit coutumier des Wa dispose qu'une réunion des chefs doit être convoquée en vue de trouver une solution. Tout chef, même le plus prestigieux, ne peut décider de façon arbitraire. Les questions importantes liées à l'ensemble des villages doivent être discutées et décidées par les principaux chefs de toute la zone. En ce qui concerne les questions majeures relatives à un village, ce sont généralement le chef du village et quelques chefs de la région qui participent à la discussion et à la résolution. La population concernée participe également à la discussion. Les gens qui ne sont pas directement impliqués dans l'affaire peuvent également y participer et prendre la parole. Dans toutes les réunions, on doit boire de l'alcool et on parle en buvant. Il n'y a pas de forme prescrite. Lorsque la discussion atteint un certain stade, l'organisateur ou un chef prestigieux prononce un discours de conclusion et propose des règles spécifiques. C'est la « résolution » de la réunion, qui doit être suivie par tout le monde.

Lorsqu'il y a une question particulièrement importante, et que la réunion des chefs ne peut ou n'ose prendre aucune décision finale, on doit convoquer une assemblée à laquelle tous les villageois ne sont pas tenus de participer, mais plutôt les personnes âgées, les autres étant libres. Enfin, le chef organisateur formule des observations finales fondées sur les déclarations de tous, comprenant les résolutions, les méthodes spécifiques pour traiter les problèmes, et appelle tout le monde à les suivre dans leur intégralité①.

8. Le « Hemu » (*合亩*, « ferme communautaire ») de l'ethnie Li

Selon le droit coutumier, la société des Li applique le système Hemu, qui est chargé de la gestion des différents domaines de la société, tels que la politique, l'idéologie, la production et la vie ; ses dirigeants sont appelés

---

① Comité de rédaction de la province du Yunnan, *Enquête sur l'histoire sociale du peuple Wa*, tome II, Presse populaire du Yunnan, novembre 1983, pp. 101-102.

« chef de mu » (亩头) et « chef de dong » (峒长). En cas d'invasion par des ennemis étrangers, le chef de mu doit battre les tambours et souffler dans une trompette, mobilisant les membres du Hemu pour résister avec des flèches ou d'autres armes. Le statut de chef de mu se transmet héréditairement par ordre de génération, c'est-à-dire lorsque le père est mort, c'est un oncle qui lui succède ; ce n'est qu'après la mort de tous les membres de la génération que le fils aîné peut prendre la relève ; s'il n'y a plus de frères de sang, ce sera un cousin germain du côté paternel qui héritera[①].

9. Le système « Halamokun » (*哈拉莫昆*) de l'ethnie Hezhen

Le droit coutumier de l'ethnie Hezhen dispose que l'organisation sociale de base est le « halamokun », qui gère les affaires des différents clans du peuple Hezhen. « Hala » et « mokun » ont initialement deux significations, le « hala » est le « nom de famille » en nüzhen, il signifie aussi le clan ; « halada » est le chef du clan. « Mokun » signifie « famille » ; « mokunda » est le chef de famille. Un « hala » peut avoir beaucoup de « mokun », alors qu'un « mokun » ne peut appartenir qu'à un « hala ». Le « halamokun » est composé de familles du même nom, mais les familles portant le même nom ne sont pas nécessairement d'un même « halamokun ». Certains pensent que le « halamokun » est un concept unifié qui ne peut pas être séparé. On croit généralement que le « halamokun » des Hezhen est en fait une ancienne famille et non un clan primitif.

Le chef du halamokun est halamokunda. Selon le droit coutumier, il existe trois façons de le désigner : la première consiste à élire quelqu'un de talentueux et prestigieux et faisant preuve d'intégrité dans le règlement des affaires ; la deuxième est la succession par le fils après la mort, à moins que le fils n'ait vraiment aucune capacité, et ne puisse pas remplir cette fonction (dans un tel cas, on élira une autre personne) ; la troisième est la nomination par le gouvernement, ce qui est néanmoins occasionnel. Le halamokunda gère les diverses affaires intérieures du clan, telles que les activités économiques, la vie, le mariage, les funérailles, etc. Les hommes et les femmes doivent obtenir le consentement du halamokunda pour se marier ; si le halamokunda s'y oppose, le mariage doit être abandonné. Les membres du halamokun sont égaux et le halamokunda n'a pas de privilège.

---

① Xing Guanying, *L'Ethnie Li*, Presse des nationalités, avril 1990, pp. 32-34.

Toutes les affaires intérieures du clan, grandes et petites, sont résolues au sein du halamokun. Si les affaires sont importantes, on pourra inviter les représentants d'autres halamokun afin d'y participer. En cas de différend ou de querelle entre les membres de deux halamokun, le règlement se fait par les halamokunda des deux parties sur la base des avis de chacun.

10. Le système « Maohong » (*毛哄*, « grande famille ») de l'ethnie Ewenki

Le Maohong sous le clan Ewenki est une organisation consanguine qui joue un rôle très important. Chaque Maohong a son propre chef de famille (maohongda). Le maohongda est le chef élu par tous les membres de la famille. Selon le droit coutumier de l'ethnie Ewenki, il est généralement âgé de plus de trente ans, intelligent, compétent, honnête et raisonnable. Quand un maohongda est devenu vieux, on procède à l'élection de son successeur. À cette occasion, le vieux maohongda convoque les personnes âgées de tous les ménages pour proposer la bonne personne pour lui succéder. Au cours de la réunion, les gens sont libres de proposer des candidats et d'expliquer la raison de leur choix. La décision est prise après l'approbation de tous. Lors de l'assemblée familiale, le vieux maohongda remet le registre généalogique de la famille au maohongda nouvellement élu. Les membres du maohong ont le droit de révoquer le maohongda. Celui-ci est puni s'il commet une erreur.

Le maohongda est chargé de gérer les affaires internes de la famille conformément aux dispositions du droit coutumier, et il convoque également la réunion de famille. Sa principale responsabilité est de maintenir le droit coutumier. En cas de relations inappropriées entre un homme et une femme, de discorde entre les pairs, de manque de respect et de piété filiale, d'abus d'alcool, de violence et de troubles, etc., le maohongda a le droit de convoquer les membres de la famille pour s'en occuper. Le maohongda a le droit de frapper un membre qui viole les dispositions du droit lors d'une réunion de famille, mais il n'a le pouvoir que de lui donner 60 coups de verge (25 coups dans certaines régions). Le maohongda ne jouit pas de privilège.

Selon le droit coutumier, il existe une unité économique de base « Wulileng » (*乌力楞*) dans certaines zones Ewenki. Chaque « Wulileng » a son propre nom, et la plupart d'entre eux sont nommés suivant un nom de clan, de personne ou de rivière. Tous les membres d'un « Wulileng » sont obligés d'élever les orphelins et ceux qui ont perdu leur capacité à travailler. Le chef du clan « Xinmamaleng » (*新玛玛楞*) doit être le vieil homme le plus autoritaire de « Wulileng ». Les jeunes et les femmes ne sont absolument pas en mesure d'occuper cette position. Le « Xinmamaleng » doit également être un excellent chasseur, avec une riche expérience, courageux et capable, bon à juger les choses. Il a les responsabilités suivantes : présider la réunion du « Wulileng » ; avoir le droit de répartir de façon uniforme les forces du « Wulileng » selon le changement de saison et les habitudes des bêtes ; désigner un personnel spécial pour chasser dans des lieux fixes (exceptée la chasse aux rongeurs) ; avoir la capacité de résoudre les différends à l'intérieur du « Wulileng » ; avoir le droit de décider du lieu de déplacement du « Wulileng » ; et pour certains, avoir le droit de redistribuer les rennes et les armes à feu au sein du « Wulileng[①] ».

<u>11. Le système hiérarchique tibétain</u>

Le droit coutumier tibétain dispose qu'une tribu est composée de plusieurs villages fortifiés, petits et grands, localisés dans une certaine zone géographique. Chaque tribu a un « hongbu » (*洪布*, « fonctionnaire indigène »), qui est le chef politique le plus élevé de la tribu et qui assume toutes les fonctions militaires et politiques à l'intérieur et à l'extérieur. Le poste du fonctionnaire indigène est héréditaire ; après sa mort, le meilleur de ses fils, non classés en fonction de leur ancienneté, prendra la succession. Si le fonctionnaire n'a pas de fils, un gendre adopté pourra être l'héritier.

Le vétéran (appelé « Gebo », *格波*) est l'assistant du fonctionnaire indigène. Le vétéran doit avoir des talents exceptionnels, être capable de bien parler ou d'avoir de brillants exploits militaires, jouir du prestige et être habile à parler des symboles figuratifs et à citer des classiques lors de la médiation de différends. Le vétéran est généralement une personne âgée, mais il peut être jeune s'il a du talent, a fait preuve d'héroïsme au combat et est recommandé par les chefs de village ou l'ancien vétéran, jouissant de la confiance de la population.

Chaque village a un chef (appelé « cuomi », *错米*) selon le droit coutumier tibétain. D'une part, il représente les villageois, d'autre part, il

[①] Wang Jingru, « Formes sociales des Ewenki utilisant des rennes », dans *Avancements dans les études ethniques*, Science Press, octobre 1958, pp. 75-83

obéit directement au fonctionnaire indigène et transmet les ordres du gouvernement. Il peut intervenir pour régler les différends dans le village, mais il n'a pas le droit de rendre un jugement si les parties ne sont pas satisfaites de sa décision. Celles-ci pourront alors faire appel directement au fonctionnaire indigène pour le règlement. Le chef du village ne bénéficie pas de privilèges. Sa position est héréditaire, mais son épouse et ses concubines ne peuvent en hériter. S'il n'a pas d'héritier, les habitants recommanderont publiquement l'homme le plus talentueux du village pour lui succéder. Dans certaines régions, il existe un chef adjoint. Sous le chef du village, il y a un ou deux émissaires ; il s'agit de personnes habiles recommandées par les villageois, qui se déplacent et transmettent les ordres pour le village.

Dans certaines régions tibétaines, comme Ganzi du Sichuan, des réunions des chefs ont lieu de temps à autre conformément au droit coutumier. La réunion des chefs constitue l'autorité suprême. On y discute et décide principalement des points suivants : sur le plan interne, consultation sur le traitement des affaires civiles et pénales importantes dans la région, édiction des mesures administratives, punition des actes illégaux ; sur le plan externe, décision sur les affaires de négociation et sur la déclaration de guerre aux ennemis, etc.

Les règles du droit coutumier de différentes régions tibétaines prévoient l'assemblée Menla (*门拉会议*). « Menla » signifie représentant des ménages officiels ; l'assemblée Menla est en fait une conférence des populations locales, qui se tient une ou deux fois par an. Le temps et le lieu de la réunion annuelle sont fixés et l'assemblée doit se tenir pendant sept à dix jours. Avant l'assemblée, une réunion préparatoire est organisée pour étudier et décider de l'ouverture de l'assemblée, des personnes à punir, des affaires juridiques à résoudre, de la proclamation du droit coutumier, etc. Au cours de l'assemblée, on proclame : les normes du droit coutumier qu'il est interdit de violer ; les noms de ceux qui ont violé le droit coutumier et les punitions correspondantes ; les procès traités, etc. Parfois, on y fait également des déclarations des revenus et on jure aux participants qu'il n'y a pas de corruption ou de tromperie.

On organise aussi des réunions de village. Ce genre de réunions porte principalement sur les affaires de production agricole qui, selon le droit coutumier, doivent avoir lieu après la plantation, le désherbage et la récolte.

Une fois que la réunion a décidé du moment de la plantation, du désherbage et de la récolte, la population peut commencer à travailler.

Le droit coutumier dispose que la société tibétaine comprend les échelons et les classes suivants : les fonctionnaires indigènes et chefs, les lamas de niveau supérieur du Temple ; les serfs – chaba (*差巴*) et keba (*科巴*, « esclave à vie ») ; les pauvres libres. Dans un certain sens, le fonctionnaire indigène dispose d'un pouvoir législatif sur le droit coutumier, et sa volonté représente la loi. Toutefois, l'adoption d'un nouveau droit coutumier d'importance majeure nécessite une décision de la part de la réunion des chefs et de l'assemblée Menla. Une grande partie du droit coutumier tibétain porte sur le maintien de l'autorité du chef. Par exemple, si un berger rencontre un chef, il doit descendre du cheval, maintenir bas son épée et sa lance, baisser la tête et maintenir les paumes vers le haut, sinon, ce sera considéré comme du mépris pour le chef ; quiconque ose s'enfuir sera, une fois retrouvé, dépossédé de la moitié ou de la totalité de ses biens et réduit en esclave ; il est interdit de s'opposer, de retarder ou de négliger tout ordre ou toute demande de paiement du chef, sinon on se verra infliger, selon les circonstances, une amende et même la confiscation de biens ; le fait d'agresser ou de contester l'autorité du chef ou d'un parent du chef est considéré comme un acte de félonie qui est passible de la peine de mort ou d'une peine lourde ou d'une peine d'esclavage ou de servitude ; les bergers doivent non seulement payer de nombreuses taxes, telles que la taxe sur le bétail, la taxe sur le beurre, la taxe sur le sel et sur les peaux d'agneau, mais ils doivent également supporter les dépenses de la famille du chef liées à tous les événements comme les noces et funérailles et à toutes les grandes réceptions ; ceux qui osent s'absenter ou être en retard à la réunion convoquée par le chef sont passibles d'une amende selon les circonstances[①].

12. Le système de branche familiale de l'ethnie Yi

Selon le droit coutumier, la branche familiale est la principale organisation sociale de l'ethnie Yi ; elle est reliée par la généalogie entre le père et le fils portant le même nom. Elle est divisée en sous-branche, petite branche (maison) et ménage. Il n'y a pas d'organisation de gestion

---

[①] Voir l'équipe de rédaction de la série « enquêtes socio-historiques sur le Tibet » : *Enquête sur l'histoire sociale des Tibétains*, tome IV, Presse du peuple tibétain, mars 1989, pp. 46-51

permanente fixe, mais chaque branche familiale a généralement un nombre variable de chefs. Il existe généralement trois types de chefs : « Suyi » (*苏易*), « Degu » (*德古*) et « Zhatao » (*扎套*). « Suyi » et « Degu » sont tous deux expérimentés, bien informés, compétents en droit coutumier et aptes à résoudre les différends conformément au droit coutumier. Ils peuvent donc devenir des leaders naturels dans leur propre branche et même au sein de plusieurs branches. Mais le statut du Degu est plus élevé que celui du Suyi. Ils n'ont pas été nommés ou élus par un organe quelconque, et il n'y a pas de disposition relative à leur révocation. Ils s'appuient principalement sur le droit coutumier pour régler les différends, présider aux réunions de la branche familiale, mobiliser, organiser, diriger et commander des combats contre les ennemis, arranger les compensations et les répartitions monétaires pour les vengeances, enfin demander au Bimo (*毕摩*) de faire des tours en cas de calamités telles que la grêle, les tempêtes, etc. Bien qu'ils reçoivent une rémunération des deux parties lors de la médiation de différends importants, ils n'ont pas de salaire fixe, ni de privilèges supérieurs à ceux des membres ordinaires de la branche familiale ou de pouvoirs coercitifs conférés par le droit coutumier. Leur fonction n'est pas héréditaire. Le « Zhatao » est celui qui fait preuve de courage dans la lutte contre les ennemis et qui est toujours aux premiers rangs du combat.

Le droit coutumier de l'ethnie Yi confère au chef une autorité considérable pour décider des affaires intérieures et extérieures à la branche familiale. Au cas où le chef ne peut pas résoudre tout seul un problème, une réunion de la branche familiale est convoquée. Ce type de réunions peut être divisé en deux catégories : « Jierjitie » (*吉尔吉铁*) et « Mengge » (*蒙格*). Pour la première catégorie, il s'agit de petits rassemblements de quelques chefs : on y invite parfois un petit nombre de membres de la branche familiale pour discuter de questions générales ou pour préparer une assemblée de tous les membres de la branche. Une telle assemblée de tous les membres s'appelle « Mengge ». La réunion « Mengge » n'a pas de durée fixe ; elle n'est convoquée qu'à la survenance d'un événement. Chaque branche familiale a un lieu de réunion fixe. Les discussions portent principalement sur des sujets tels que l'enlèvement d'une femme de la banche familiale ou d'un neveu, le meurtre d'un membre de la branche, une fille mariée maltraitée à mort par la famille de son mari, le refus d'une femme mariée de vivre chez son mari à l'âge de vingt-cinq ans, l'enlèvement d'un wazi (*娃子*, « esclave ») ou le meurtre d'un parent de la branche familiale, etc. Chaque membre de la branche familiale peut exprimer son opinion et, en cas de désaccord, l'avis du chef ou d'un aîné expérimenté est souvent déterminant. Une fois qu'une résolution a été adoptée, tout le monde doit l'exécuter de manière consciencieuse.

En outre, le droit coutumier du peuple Yi prévoit deux activités collectives de prestation de serment. L'une est « Zhaxiyixi » (*扎西依西*), qui signifie protéger les récoltes contre le vol. Elle a lieu une fois par an, en juin ou juillet, avant la récolte d'automne, et rassemble des membres de tous les rangs, qui apportent des poulets à abattre sur place et dissolvent leur sang dans du vin que les participants partagent et boivent en jurant de ne pas voler à l'avenir. L'autre est « Sixiemaxie » (*斯协马协*), qui signifie : « pas de coupe de bambou ou de bois ». Les participants boivent du vin mélangé à du sang et jurent de ne pas couper de bois ou bambou.

Le droit coutumier de l'ethnie Yi protège aussi strictement les relations hiérarchiques. Parmi les Heyi (*黑彝*, « Yi noir »), Qunuo (*曲诺*), Wajia (*瓦加*) et Gaxi (*呷西*), il existe des distinctions strictes en ce qui concerne les droits personnels et le degré de liberté, la propriété, les charges subordonnées et la servitude non rémunérée, et l'autorité parentale sur les enfants. Les Heyi font partie de la classe dirigeante de la société Yi et, à des degrés divers, possèdent en esclavage les wazi. Ils sont libres de disposer de leurs biens, de les utiliser et d'en être propriétaires à part entière, sans toutefois que la terre ne puisse être vendue à une famille étrangère, en particulier à une famille ennemie. En cas de défaut d'héritier direct, l'héritage doit revenir à la famille la plus proche de la branche familiale sans qu'on puisse en disposer arbitrairement. Le Qunuo jouit d'une certaine liberté et de droits personnels, il peut se déplacer librement dans la juridiction du seigneur et effectuer librement des visites d'affaires ou familiales. Bien que les Heyi ne soient pas autorisés à acheter et à vendre les Qunuo individuellement ou en famille, ni à les battre ou à les tuer discrétionnairement, ils peuvent les céder, et même en faire l'objet de paris. La disposition et l'utilisation par le Qunuo de ses propres biens sont soumises aux restrictions suivantes : la vente d'une terre est soumise au consentement du maître, qui dispose d'un droit de préemption ; si elle n'est pas utilisée, la terre pourra être vendue aux membres de la même branche familiale ; en cas d'absence d'héritier, les biens reviennent au maître. Les Wajia n'ont aucune liberté de mouvement. Les Gaxi n'ont aucun droit ni aucune liberté personnelle. Ils sont considérés comme des bêtes de somme et peuvent être achetés et vendus à volonté. Les wazi sont soumis à des charges subordonnées et à des servitudes non rémunérées pour le compte du maître, comme les dons, le partage des dépenses et les prêts à usure, etc.[①].

13. Système Awul (*阿吾勒*) de l'ethnie kazakh

L'organisation sociale de base stipulée par le droit coutumier des Kazakhs est l'awul, qui est principalement composé de proches parents du même grand-père ou de membres du même clan. Le chef d'awul (« awulba ») est généralement un propriétaire de troupeaux. Il a le droit de décider du temps de déplacement de l'awul sur les pâturages à chaque saison, d'utiliser à son gré les ressources humaines et animales des membres de l'awul, de décider du départ et de l'arrivée des membres de l'awul, de régler les différends internes et d'intervenir pour régler les différends entre les awuls, de participer à la détermination des tâches à accomplir par les éleveurs de l'awul, etc.

Le droit coutumier kazakh protège le statut et les intérêts de la noblesse (y compris les khan, les sultans, les « bi » [比[②]], les batur, les chefs tribaux, les chefs des ménages, les propriétaires de troupeaux et le haut clergé). Les bergers (y compris les bergers ordinaires, bergers pauvres, les kuwaitis, les bergers jialiqi) doivent respecter la noblesse. Les esclaves, qui travaillent principalement pour les chefs tribaux ou propriétaires de troupeaux riches, ont le statut le moins élevé. Ils peuvent être achetés ou vendus à tout moment aux foires ou utilisés comme objet d'amende, de troc et de dot, etc. Bien qu'ils puissent, après une certaine période de travail, accéder à la liberté personnelle et devenir des bergers dépendants, ils ne sont jamais autorisés à quitter les tribus auxquelles ils appartiennent[③].

---

① He Yaohua: « À propos du système de branche familiale des Yi à Lianshan », dans *China social Sciences*, n° 2, 1981.

② « Bi » (比) : les bi sont généralement issus de familles pastorales aisées, connaissent bien le droit coutumier tribal, sont doués pour la parole et sont reconnus comme médiateurs dans les conflits (note du traducteur).

③ Du Rongkun, « Sur le système féodal patriarcal nomade kazakh », dans *Journal de l'université des nationalités de Chine*, n° 1, 1989.

## *II. Le droit coutumier relatif au mariage*

Le droit coutumier relatif au mariage est une partie importante du droit coutumier des minorités ethniques de Chine. Le droit coutumier du mariage de divers groupes ethniques définit l'établissement des liens du mariage, la procédure de conclusion du mariage, les relations entre les époux et le divorce, etc. Il réglemente de manière globale les régimes matrimoniaux et les relations conjugales.

### 1. L'établissement du mariage

Le droit coutumier de diverses ethnies adopte un sens large sur l'établissement du mariage, dans la mesure où il englobe à la fois l'établissement des relations conjugales et la conclusion du contrat matrimonial. Les éléments essentiels de l'établissement du mariage, tels que les liens de parenté autorisant le mariage, les restrictions des mariages entre personnes de différentes classes sociales, les maladies interdisant le mariage et l'âge du mariage, sont spécifiés de manière relativement précise.

Selon le droit coutumier, les mariages chez les Zhuang sont en règle générale arrangés[①], les enfants n'étant pas autorisés à intervenir dans le processus de recherche d'un partenaire, mais également de conclusion et de célébration du mariage ; seuls quelques parents consultent leurs enfants avant les fiançailles, mais seulement à titre d'information et non pour prendre leur décision. Dans certaines régions, les jeunes hommes et les jeunes femmes sont libres dans leurs relations amoureuses, mais n'ont pas le droit de choisir leur conjoint ; le consentement de leurs parents est obligatoire s'ils veulent se marier officiellement. Les Zhuang se marient généralement au sein de leur propre clan et peuvent se marier au-delà de la cinquième génération, mais ils ne se marient pas avec le même nom de famille. Dans certaines régions, les Zhuang se marient avec les Han, mais pas avec les Yao. Il y a aussi des hommes Zhuang qui épousent des femmes Yao, mais les femmes Zhuang ne se marient jamais avec des Yao. Le mariage précoce est populaire parmi les Zhuang. On se marie généralement entre quinze et seize ans pour les hommes et entre treize et quatorze ans pour

[①] Équipe de rédaction de la Région autonome des Zhuang du Guangxi, *Enquête sur l'histoire sociales des Zhuang du Guangxi*, tome I, mai 1984, Presse des nationalités du Guangxi, pp. 133-134.

les femmes. Dans certaines régions, les enfants sont mariés à l'âge de sept ou huit ans, après avoir été fiancés par leurs parents dans les premières années de leur vie, ou à l'âge de deux ou trois ans.

Le droit coutumier du mariage des Miao dispose qu'on ne se marie pas entre personnes d'un même clan, entre cousins germains du côté maternel, entre personnes de groupes ethniques différents, et même entre personnes d'un même groupe ethnique, mais avec un mode vestimentaire différent pour les femmes. En outre, il existe des tabous et des restrictions superstitieuses sur le mariage tels que les différences d'apparence physique, l'absence de mariage entre personnes de générations différentes ou entre personnes au regard de facteurs liés à la date et à l'heure de naissance ou à l'ensorcellement, etc. Lors de la conclusion du mariage, il y a un système de mariage préférentiel entre les cousins et cousines issus respectivement de tantes ou oncles du côté paternel et d'oncles ou tantes du côté maternel ; l'accent est mis sur le fait que les deux familles doivent être de même rang social, et que la différence d'âge entre les deux personnes ne doit pas être trop grande : environ vingt ans pour l'homme et dix-sept ou dix-huit ans pour la femme. Sauf dans certaines régions où l'on pratique entièrement le mariage arrangé par les parents, les pratiques du mariage arrangé par les parents et de l'union libre entre les jeunes coexistent pour les groupes ethniques des Miao[①].

Le peuple Yi met en œuvre un système de mariage interne hiérarchique ; les mariages mixtes et les relations sexuelles entre les cinq classes différentes, à savoir Zimo, Heiyi, Qunuo, Wajia et Gaxi, sont strictement interdits. Les mariages mixtes et les relations sexuelles entre les différents niveaux au sein d'une même classe ne sont pas non plus autorisés. Le droit coutumier prévoit également l'exogamie pour les branches familiales et l'endogamie au sein du groupe ethnique. Ainsi, le mariage doit se faire entre les différentes branches familiales ; cette pratique est particulièrement stricte pour les Heiyi. En même temps, les Yi ne peuvent pas se marier avec d'autres ethnies, la conclusion du mariage étant strictement limitée à l'intérieur de leur propre groupe ethnique. En ce qui concerne la parenté par le sang et les mariages interdits, le droit coutumier de l'ethnie Yi interdit les

---

[①] Équipe de rédaction de la province du Guizhou, *Enquête sur l'histoire sociale des Miao,* tome III, Presse des nationalités du Guizhou, avril 1987, pp. 93-106.

mariages entre les membres de la famille en ligne directe, ce qui inclut non seulement les parents consanguins, mais également les parents adoptifs, ainsi que les beaux-parents et leurs beaux-enfants. Cependant, il y a une exception dans le cas de mariage par « transfert de maisonnée », où une belle-mère peut être mariée à son beau-fils (fils de son mari défunt). Le mariage est interdit entre frères et sœurs, entre cousins et cousines germains du côté paternel, et entre cousins et cousines germains du côté maternel. La préférence est donnée au mariage entre les cousins et cousines issus respectivement de la tante ou l'oncle du côté paternel et de l'oncle ou de la tante du côté maternel. Le droit coutumier de l'ethnie Yi ne précise pas l'âge du mariage, mais considère généralement que les femmes peuvent se marier à n'importe quel âge impair entre sept et vingt-cinq ans, dix-sept ans étant le plus propice ; pour les hommes, il est conseillé de se marier vers l'âge de vingt ans. Dans la société Yi, les jeunes hommes et femmes sont libres dans leurs relations amoureuses, mais le mariage n'est pas libre ; non seulement les parents ont le droit d'arranger le mariage de leurs enfants, mais ils en ont l'obligation[①].

2. La procédure de conclusion du mariage

Le droit coutumier du mariage des diverses minorités ethniques régit notamment les conditions formelles de la conclusion du mariage, à savoir les fiançailles et la procédure et la cérémonie de mariage, qui revêtent des caractéristiques distinctes dans chaque groupe ethnique.

Selon le droit coutumier, les mariages des Dai se concluent sous quatre formes : l'homme épouse une femme ; l'homme vit dans la famille de son épouse ; l'homme vole une femme et l'épouse ; l'homme enlève une femme en vue de l'épouser.

(1) L'homme épouse une femme. Lorsqu'un homme épouse une femme de façon régulière, il faut suivre des procédures telles que l'envoi d'un entremetteur pour arranger le mariage, la demande formelle aux parents de la jeune fille, la conclusion officielle du mariage, le paiement d'une somme d'argent à la famille de la fiancée et l'offre à cette dernière de viande, de vin, de roseaux, de tabac, de thé, etc. Ensuite, on demande au bouddha ou à un

① Équipe de rédaction de la province du Yunnan, *Enquête sur l'histoire sociale des Yi du Sichuan, Guangxi et Yunnan*, Presse populaire du Yunnan, février 1987, pp. 220-223.

ancien de choisir un jour faste pour le mariage. Le jour où l'on va chercher la mariée, il faut attendre jusqu'au soir avant que les parents de celle-ci acceptent de la laisser partir. Une série de cérémonies de mariage a lieu après l'arrivée de la mariée à la maison de l'homme.

(2) L'homme vit dans la famille de son épouse. Lorsque l'homme choisit de vivre dans la famille de son épouse, il faut également suivre des étapes telles que l'intervention d'un entremetteur, l'engagement et la célébration du mariage ; cependant, l'homme peut être exempté du paiement de la somme d'argent à la famille de la nouvelle mariée. C'est à la charge de la famille de la jeune fille de préparer le repas de noces. Le soir même, l'homme est envoyé chez les parents de la fille, accompagné de deux couples d'hommes et femmes âgés, ainsi que de ses amis intimes.

(3) Le vol de la mariée. Si la famille de l'homme est pauvre, incapable de payer l'argent exigé, ou si la proposition est rejetée par les parents de la fille, l'homme peut voler la fille avec le consentement de cette dernière. Lorsque l'homme a réussi à voler la fille, il doit lancer des pétards, tandis que la fille doit faire semblant d'appeler au secours. L'homme soudoie alors ceux qui viennent au secours de la fille avec des pièces d'argent qu'il a préparées. Le lendemain, on envoie un entremetteur aux parents de la fille pour demander le mariage. Devant le fait accompli que leur fille a été volée, les parents n'ont d'autre choix que de consentir à ce mariage. Selon le droit coutumier des Dai, une fois qu'une fille est volée, elle appartient à l'homme qui l'a volée, personne d'autre n'a le droit de l'épouser.

(4) L'enlèvement de la mariée. Cela se produit généralement lorsque l'homme aime la femme, mais que celle-ci n'y consent pas. Dans certains cas, l'homme peut voler les vêtements de la femme avant de procéder à l'enlèvement, ce qui lui sert d'excuse. La famille de la femme a le droit de demander une réparation pour l'enlèvement sans consentement. Comme punition, on exige généralement une quantité plus importante d'argent, de vin, de viande, etc.[①].

Selon le droit coutumier, les hommes et les femmes Naxi ont une certaine liberté dans leur vie sexuelle avant et après le mariage, et ils peuvent rechercher des partenaires appelés « Azhu » (阿注). Les jeunes hommes et

[①] Zhao Shilin et autres, *Culture de l'ethnie Dai*, Presse des nationalités du Yunnan, juin 1997, pp. 172-178.

femmes peuvent ouvertement se lier avec des Azhu avant le mariage, sans que quiconque ne puisse intervenir. Certaines femmes déjà fiancées peuvent également fréquenter des Azhu sans trop de problèmes, sauf si leurs futurs maris s'y opposent. Une femme mariée ne peut pas fréquenter ouvertement un Azhu. Les limites pour l'union avec un Azhu sont similaires à celles posées pour le mariage : le lien avec l'Azhu s'établit généralement au sein du groupe ethnique, et dans très peu de cas avec un autre groupe ethnique. Tout lien d'un Azhu avec une femme est basé sur l'argent ; il doit lui offrir de nombreux cadeaux.

Il y a une certaine différence entre la façon avec laquelle se noue un lien temporaire avec un Azhu et un lien fixe. Le droit coutumier reconnaît qu'un lien temporaire implique généralement que l'homme se rende chez la femme pour rester avec elle. Tandis que le lien fixe est basé sur une relation établie dans la vie et dans les activités économiques ; il n'y a généralement pas d'entremetteur, mais on doit obtenir le consentement des parents des deux côtés. Il est courant qu'un homme vive ouvertement dans la maison d'une jeune fille pendant plusieurs années avant de retourner chez lui avec sa Azhu, ou de former un ménage à part avec elle. Dans la majorité des cas, ils deviendront un couple marié quelques années plus tard. Selon le droit coutumier, deux ans après l'établissement du lien fixe, ni l'homme ni la femme ne peuvent s'engager dans un lien d'Azhu temporaire ou de long terme avec un autre. Si l'une des parties viole cette règle, l'autre partie et ses proches ont le droit d'intervenir, jusqu'à ce qu'une lutte armée soit organisée entre les deux hommes Azhu. La plupart des enfants nés hors mariage dans la relation d'Azhu vivent avec leur mère, et un petit nombre vivent dans la maison de leur oncle maternel. Très peu sont élevés par les hommes Azhu. Ils jouissent du même statut que les enfants légitimes.

Dans certaines régions Naxi, le phénomène du suicide comme martyre est très courant ; celui ou celle qui n'est pas mort après la tentative de suicide fera l'objet de discrimination par le public. Le fait qu'une partie ne soit pas décédée peut provoquer des conflits entre les deux familles[①].

Selon le droit coutumier, les procédures pour la conclusion du mariage de l'ethnie Tu comprennent : (1) Proposition du mariage par des

---

① Équipe de rédaction de la province du Yunnan, *Enquête sur les formes sociales et familiales du peuple Naxi dans le comté autonome Ninglang des Yi*, Presse populaire du Yunnan, mars 1987, pp. 52-63.

entremetteurs. Les parents du garçon envoient deux entremetteurs dans la maison de la jeune fille avec le hada, du vin et du pain cuit à la vapeur pour proposer le mariage. En cas de refus, la famille de la jeune fille retournera les articles dans leur état original (le pain doit être cuit à nouveau à la vapeur). En cas d'accord, seules les bouteilles vides seront retournées. Puis, on procède à la vérification sur la compatibilité du garçon et de la fille conformément aux huit caractères de chacun[①] ; (2) Engagement du mariage ; (3) Offre des cadeaux ; (4) Célébration du mariage[②]. De plus, le droit coutumier de certaines zones des Tu prévoit la coutume de « porter la tête du ciel », qui signifie le mariage d'une femme célibataire avec le ciel. Quand une fille atteint l'âge de dix-huit ans, elle change de coiffure la veille du Nouvel An, et organise la cérémonie de se marier avec le ciel (ou parfois avec la montagne, le rocher). De cette façon, elle peut passer la vie d'une femme mariée, vivre en concubinage avec d'autres et avoir des enfants. Une fille peut aussi fonder un ménage pour le compte de sa famille natale[③].

Le droit coutumier de l'ethnie Hezhen prévoit quatre manières de conclure les mariages, à savoir, l'introduction par un entremetteur, la discussion directe entre les parents des deux côtés, l'échange de filles pour marier les fils, et le fait de fiancer les enfants avant leur naissance. Il y a aussi le phénomène de la fiancée-enfant[④].

Pour conclure un mariage, la famille du garçon invite un médiateur capable de parler et de se comporter de manière équitable pour rencontrer la famille de la fille et négocier le mariage ; puis on entre dans l'étape du « petit cadeau », on discute des présents de mariage que la famille du garçon doit offrir à la famille de la fille, de la date de l'offre, et on échange les cartes d'engagement au mariage. La famille du garçon doit livrer les présents convenus à la date fixée à la famille de la fille ; s'il n'est pas en mesure de les livrer en totalité, la famille de la fille ne demandera pas la partie

---

① Huit caractères chinois tirés du cycle dont deux pour l'année, deux pour le mois, deux pour le jour, deux pour l'heure de la naissance. Une sorte d'horoscope susceptible de prévoir de destin d'une personne (note du traducteur).

② Équipe de rédaction de la province du Qinghai, *Enquête sur l'histoire sociale des Tu au Qinghai,* Presse populaire du Qinghai, novembre 1985, p. 132.

③ Équipe de rédaction de la province du Qinghai, *Enquête sur l'histoire sociale des Tu au Qinghai,* Presse populaire du Qinghai, novembre 1985, p. 124.

④ Adoption d'une petite fille comme future femme du fils des parents adoptifs (note du traducteur).

manquante. Les deux parties s'entendront alors sur la date du mariage. La date une fois fixée ne peut être changée par personne. Même s'il pleut ou s'il vente, le mariage sera célébré à temps. Lors de la cérémonie, on doit divertir les invités avec la viande du porc offert par la famille du garçon. Quand on tue le cochon, ses quatre pattes doivent être reliées au ventre, et on garde la tête et la queue. Le fiancé mange à une petite table, accompagné d'une seule personne. Le beau-père le divertit en lui offrant la tête du porc et envoie la queue du porc pour nourrir sa fille qui se cache dans la maison de quelqu'un d'autre, ce qui symbolise que la femme doit être docile et obéissante à son mari.

Le jour de la noce, la famille de la mariée n'envoie personne pour l'accompagner. C'est la famille du marié qui doit envoyer des gens pour l'accueillir. La cérémonie nuptiale se fait juste au moment où il fait jour avant que le soleil ne se lève. Quand le couple entre dans la chambre nuptiale pour vénérer les ancêtres et le dieu de la cuisine, un vieil homme qui n'est pas membre de la famille immédiate du marié, tenant à la main trois tiges de roseau d'environ trois à quatre pieds de long avec trois tissus rouges attachés au milieu, prodigue des instructions à la mariée en lui disant qu'elle doit être pieuse et soumise envers ses beaux-parents, respecter son mari, traiter les gens avec gentillesse et ne pas perdre son sang-froid, travailler dur et ne pas être paresseuse, ne pas répandre à l'extérieur les paroles propres à la famille ni transmettre à l'intérieur de la maison les rumeurs de l'extérieur, vivre en bonne entente avec la famille, etc.[①].

Le « youfang » (*游方*) est une pratique répandue chez les Miao. Il s'agit d'une activité selon laquelle les jeunes garçons et jeunes filles se courtisent et se livrent ouvertement à des relations amoureuses. Il existe de nombreuses dispositions du droit coutumier des Miao en ce qui concerne le youfang.

(1) Le lieu : le youfang ne doit être effectué qu'à un endroit précis, tandis que les autres endroits ne sont pas autorisés. Les endroits appropriés pour le youfang sont des terrains ou des pentes à l'extérieur du village, parsemés d'arbres et pouvant accueillir dix à vingt personnes accroupies. Dans de nombreuses régions, la proximité du marché est également considérée comme endroit idéal pour le youfang.

---

[①] Équipe de rédaction de la province du Heilongjiang, *Enquête sur l'histoire sociale du groupe ethnique Hezhen*, Presse des nationalités, juillet 2009, pp. 92-94.

(2) Le temps : le youfang n'est pas possible à tout moment de l'année. La saison la plus active est généralement de septembre jusqu'en février de l'année suivante selon le calendrier lunaire ; les périodes de repos agricole et les jours fériés sont des moments reconnus pour le youfang. Chaque fois qu'il y a des réunions importantes dans la région, cela peut également être le temps du youfang. En outre, selon les coutumes transmises de génération en génération, les régions ont également réservé un certain nombre de festivals dédiés au youfang, tels que « l'escalade de la pente ». Les règles concernant le youfang diffèrent aussi entre le jour et la nuit selon les régions.

(3) Le processus : le but principal du youfang est de trouver un partenaire, mais, dans un premier temps, on doit passer par une étape d'activité collective. C'est principalement par le chant qu'on exprime les sentiments d'amour, surtout au début, et plus tard par le dialogue. Grâce aux multiples contacts à travers le youfang, les deux jeunes ont atteint un certain niveau d'affection, le garçon peut alors exprimer son désir de mariage à la jeune fille. Si celle-ci ne s'y oppose pas, les deux peuvent échanger des cadeaux d'amour. Lors de l'échange de cadeaux, il est de coutume de donner un cadeau de la main gauche et de le recevoir de la main droite.

À l'occasion du youfang, on doit éviter de croiser les parents, les frères et les belles-sœurs de la jeune fille, ainsi que les frères adultes et les personnes âgées. Les frères germains de la fille ne doivent absolument pas être présents sur le lieu du youfang. Deux frères ne participent généralement pas ensemble à un youfang, ainsi qu'un oncle et un neveu ne se présentent pas ensemble dans un même endroit de youfang. On n'effectue généralement pas le youfang quand on passe la fête de fin d'année chez un invité, ni en cas d'obsèques dans le village, à moins qu'il s'agisse de la mort d'un enfant. Une fille ne peut pas participer au youfang lorsque quelqu'un dans sa famille est malade.

Après le mariage, les jeunes hommes et femmes peuvent toujours participer au youfang comme avant. Le youfang des hommes mariés est public, tandis que celui des femmes mariées est semi-public et elles ne peuvent pas apparaître sur le lieu de youfang du village de leur mari[①].

La procédure de conclusion du mariage pour les Miao comprend deux

---

① Équipe de rédaction de la province du Guizhou, *Enquête sur l'histoire sociale du groupe ethnique Miao*, tome III, Presse des nationalités du Guizhou, avril 1987, pp. 107-121.

parties : fiançailles et mariage. La cérémonie est plus solennelle quand il s'agit d'un mariage arrangé par les parents.

La partie fiançailles. (1) L'engagement d'un entremetteur : la famille du garçon invite comme entremetteuse une femme d'âge mûr qui vit en couple, qui a des enfants et est volubile, et qui connaît plus ou moins la famille de la fille ; si les deux familles se trouvent éloignées l'une de l'autre, on choisira un homme dans les mêmes conditions. (2) La proposition du mariage par l'entremetteur : la famille du garçon demande à l'entremetteur d'apporter des cadeaux à la maison de la femme le jour du cheval, de la vache, du mouton ou du rat, pour transmettre la proposition de mariage. En cas d'acceptation, on lui servira du vin et de la viande et on le retiendra pour passer la nuit ; dans le cas contraire, on lui servira un repas simple. (3) Le vin de fiançailles : on tue un poulet, on le fait cuire, et on lit le bon ou mauvais augure en regardant ses yeux. Si le résultat est bon, le mariage est officiellement confirmé et on boit du vin de fiançailles. (4) Le dîner de tout le village : le lendemain de la cérémonie du vin de fiançailles, la famille de la femme organise un dîner maison par maison pour divertir les invités de l'homme.

La partie du mariage. (1) La préparation avant le mariage. (2) L'accueil de la nouvelle mariée : la veille du mariage, la famille du garçon envoie respectivement quelques jeunes hommes et jeunes femmes (jusqu'à une dizaine ; selon les régions, le nombre total peut être pair ou impair) qui vivent avec leurs parents ou en couple marié et dont les familles ont de nombreux enfants, pour aller chercher la nouvelle mariée avec des cadeaux. (3) Le départ de la nouvelle mariée : les proches, jeunes et vieux, sont réunis dans la maison de la nouvelle mariée pour lui dire au revoir. Les jeunes hommes et femmes accompagnent alors la mariée jusqu'à la maison de l'homme avec les articles de la dot. (4) L'arrivée de la nouvelle mariée : on allume un feu devant la maison du marié et la nouvelle mariée doit le franchir en marchant sur les braises sans organiser de cérémonie de culte. (5) Le repas : la famille du marié rassemble le riz gluant envoyé par les proches, et la mariée en goûte seule. Si elle n'a pas le temps d'en goûter, elle prendra un peu de nourriture de chaque famille et la mettra sur le sol, geste signifiant le sacrifice aux ancêtres ; on retournera ensuite la nourriture aux différentes familles. (6) La mariée effectue des travaux symboliques tels que porter de l'eau et décortiquer du riz, etc. (7) Le banquet. (8) Le retour de la mariée chez ses parents. Le quatrième ou le treizième jour suivant le mariage, la mariée retourne vivre chez ses parents. Le mariage des Miao n'est qu'une union nominale au sens du droit coutumier, ce n'est pas le début de la vie conjugale entre les époux[1].

### 3. Les relations conjugales

Le droit coutumier de différents groupes ethniques prévoit aussi des dispositions sur les relations conjugales, le mariage pour le cas où le gendre habite chez ses beaux-parents, le remariage des veuves, le remariage des veufs et le transfert de foyer.

Le droit coutumier des Miao prévoit la monogamie. Après le mariage, le jeune couple passe par une période appelée « Zuojia » (坐家, « ne pas résider dans la maison du mari »), pendant laquelle la mariée continue de vivre chez ses parents : (1) Le début du Zuojia. En règle générale, la nouvelle mariée retourne à la maison de ses parents le quatrième jour après la célébration du mariage. Il y a une cérémonie lors du retour. (2) La durée du Zuojia dépend de deux facteurs : la rapidité de la conception (grossesse) et l'âge des mariés. (3) Les règles de la famille du mari pendant la période de Zuojia. Il y a des mariées qui ne rentrent dans la maison de leur mari que trois fois par an, en février pour laver les légumes, en avril pour cultiver les plantes de riz et en août pour la récolte des céréales. On envoie aussi quelqu'un pour la chercher s'il y a de grands événements dans la famille du mari, tels que des mariages ou des funérailles. Chaque fois, elle y reste jusqu'à une dizaine de jours. (4) Les activités de la nouvelle mariée au domicile de ses parents. La jeune femme pendant la période de Zuojia peut participer au youfang. Elle confectionne principalement des bretelles, des chaussures et des chapeaux pour ses futurs enfants. (5) La cérémonie de fin du Zuojia. Le moment venu, la mère de la mariée apporte du poulet, du canard, du vin et du riz glutineux à la maison de son gendre pour une cérémonie de tissage afin de mettre fin au Zuojia.

Le remariage des veuves est libre chez les Miao. Les veuves ayant des enfants doivent généralement obtenir l'accord préalable des parents de leur

---

[1] Équipe de rédaction de la province du Guizhou, *Enquête sur l'histoire sociale des Miao*, tome III, Presse des nationalités du Guizhou, avril 1987, pp. 132-137.

mari défunt avant de se remarier. La cérémonie de remariage est beaucoup plus simple que celle du premier mariage, et les jeunes célibataires doivent éviter d'assister à la cérémonie ou de toucher les cadeaux utilisés pour l'occasion. Avant ou après le remariage, le nouvel époux doit présenter une offrande spécifique (ou des pièces d'argent) lors d'un rituel en mémoire du défunt mari, comme un geste de respect et de dédommagement. Une veuve peut épouser un frère du défunt mari ou un frère du même clan, mais il ne s'agit pas d'une obligation prévue par le droit coutumier. Quant au déménagement de la mariée chez son nouveau mari, il suffit à ce dernier de choisir une date et d'envoyer une veuve pour montrer le chemin.

Le remariage est plus courant pour les veufs. Certains trouvent leur partenaire au youfang, d'autres par l'intermédiaire des marieurs. La cérémonie du remariage est relativement simple, un repas avec les gens du même clan, et rien d'autre. Quant à la femme, qu'il s'agisse de son premier mariage ou d'un remariage, elle vit avec son mari sans avoir à pratiquer le Zuojia.

Les Miao croient que c'est une honte pour un gendre de vivre chez ses beaux-parents après le mariage et que cela revient à trahir ses ancêtres. Ainsi, à moins d'une raison particulière, les gens n'iront jamais vivre chez les beaux-parents. Cependant, si un tel cas devait se présenter, l'homme conclurait un accord tacite avec la famille de sa femme selon lequel un de ses petits-enfants devra porter son nom patronymique[①].

Les Oroqen sont principalement monogames, et si la femme ne peut pas avoir d'enfants après le mariage, le mari peut se remarier. Quant au gendre qui rejoint la famille des beaux-parents, on distingue le cas de long séjour et celui de séjour limité. Le gendre ne change pas son nom patronymique. Après le décès de la sœur aînée, la sœur cadette peut épouser le beau-frère, mais la sœur aînée ne peut pas épouser le beau-frère après le décès de la sœur cadette. Après le décès du frère aîné, le frère cadet peut épouser la belle-sœur, mais le frère aîné ne peut pas épouser la belle-sœur après le décès du frère cadet. Si une veuve a un fils, elle n'est généralement pas autorisée à se remarier ; mais si sa famille insiste pour qu'elle se remarie, elle doit élever son fils jusqu'à un certain âge avant de pouvoir se remarier.

---

① Équipe de rédaction de la province du Guizhou, *Enquête sur l'histoire sociale des Miao,* tome III, Presse des nationalités du Guizhou, avril 1987, pp. 128-151.

En cas de remariage, elle doit laisser ses garçons et tous les biens, ne pouvant emmener que ses filles avec elle. Si sa famille demande de l'argent à la famille de l'homme avec qui elle se remarie, la famille de son mari défunt a le droit de se faire rembourser l'argent initialement payé pour le mariage[1].

Les Mongols sont principalement monogames, mais il existe aussi des cas de polygamie, surtout dans les familles aisées. Le droit coutumier dispose que des sœurs peuvent épouser un même homme ; celle qui se marie en premier est l'épouse légitime. Si les deux épouses d'un homme donnent naissance à des enfants la même année, peu importe qui vient en premier, quels que soient le mois et le jour, l'enfant né de l'épouse légitime est considéré comme l'aîné ; s'ils ne sont pas nés la même année, celui qui est né le premier est considéré comme l'aîné. Un frère cadet peut épouser sa belle-sœur après la mort de son frère aîné, et la veuve peut également vivre avec le frère cadet lama, mais un frère aîné ne peut pas épouser sa belle-sœur après la mort de son frère cadet. Il est courant qu'un gendre rejoigne la famille de ses beaux-parents. Si le gendre ne vit pas définitivement dans la belle-famille, il est tenu de laisser au premier enfant de son épouse le nom du beau-père, les autres enfants adoptant son propre nom. Toutefois, entre les Tayiji et les halachu (les bergers ordinaires), il est interdit d'héberger des gendres de façon permanente, mais seulement pour une durée limitée. Il n'y a aucune restriction au remariage d'une veuve : lorsqu'elle se remarie, elle ne peut pas emmener ses enfants ou les biens de son mari défunt, mais seulement sa propre part des biens. Si elle ne se remarie pas, elle peut épouser le frère cadet de son mari défunt, ou trouver un lama avec qui cohabiter. Lorsqu'elle cohabite avec un lama, elle ne peut plus se remarier avec une autre personne laïque. Pour l'ethnie mongole, il existe également les pratiques du « mariage nominal » et du « mariage par objet ». La pratique du « mariage nominal » consiste à ce qu'on épouse un lama et à prendre quelqu'un d'autre comme mari nominal, puisqu'un lama n'est normalement pas autorisé à se marier. Quant à la pratique du « mariage par objet », au cas où une femme non mariée ne se marie pas après être tombée enceinte, elle pourra, par l'adoration du feu (ou fourneau), désigner comme mari un objet,

---

[1] Équipe de rédaction de la Région autonome de Mongolie-Intérieure et autres, *Enquête sur l'histoire sociale des Oroqen,* tome II, Presse des nationalités, juin 2009, pp. 81-83.

tel qu'un bâton enflammé, un couteau mongol, une faucille de feu ou une bouteille à priser (cet objet doit appartenir à un homme vivant ou à un propriétaire clairement déterminé) ; elle pourra ainsi adopter la coiffure des belles-filles et donner naissance à des enfants. Ses enfants ne feront alors pas l'objet de discrimination, puisque considérés comme naturels①.

Selon le droit coutumier, les Tibétains pratiquent principalement la monogamie. Il y a peu de familles pratiquant la polyandrie. Il s'agit plutôt du cas où un frère aîné prend une épouse que tous ses frères épousent également. Lorsqu'un frère grandit, selon ses capacités, s'il peut épouser une autre femme et quitter la maison pour s'installer ailleurs, la vie de cohabitation avec l'épouse de son frère aîné ou cadet prendra fin. S'il ne peut pas en épouser une autre, ils vivront alors ensemble. La polygamie ne se rencontre qu'occasionnellement dans les familles qui prennent un gendre. Par exemple, dans une famille de plusieurs sœurs, si l'une d'entre elles prend un homme comme mari, les autres sœurs pourront s'attacher à lui sans vouloir se marier, de sorte qu'elles partagent le même mari avec leur sœur. Il existe également des cas de polygamie par concubinage sous l'influence des Han. Dans les régions tibétaines, la pratique de prendre un gendre est très répandue, la cérémonie étant la même que celle de prendre une épouse, généralement sans contrat écrit. Les veuves ou les veufs se remarient de leur propre chef. Lorsqu'une veuve se remarie, elle doit abandonner son droit sur ses terres. Les enfants plus âgés restent dans la famille du premier mari, tandis que les plus jeunes peuvent être emmenés et doivent être rendus à la famille du premier mari lorsqu'ils sont plus grands. Le jour du remariage, la veuve est emmenée la nuit dans la famille du mari ; aucune cérémonie n'est organisée. Il y a aussi la pratique de « transfert de maisonnée ». C'est généralement le cas lorsque la belle-sœur (femme du frère aîné) devient attachée au frère cadet après le décès du frère aîné②.

---

① Yan Ruxian et autres, *Les Coutumes du mariage et des funérailles des minorités ethniques en Chine*, The Commercial Press, décembre 1996, p 50 ; Équipe de rédaction, *Une brève histoire de l'ethnie mongol*, Presse populaire de la Région autonome de Mongolie-Intérieure, novembre 1985, p 137.

② Équipe de rédaction de la série de recherches sur l'histoire sociale tibétaine, *Enquête sur l'histoire sociale tibétaine,* tome II, Presse populaire du Tibet, mai 1988, pp. 96-97 ; Chen Guangguo, « Code de conduite dans les zones tibétaines – une brève analyse des coutumes et du droit coutumier », dans *Journal of Xizang Minzu College*, n° 4, 1984.

4. Le Divorce

Le droit coutumier des différentes minorités ethniques prévoit en termes spécifiques les conditions, la procédure et les formalités du divorce, ainsi que l'entretien et la disposition des enfants et des biens après le divorce.

Le divorce chez les Yao est relativement libre. Le droit coutumier dispose qu'il doit y avoir un intermédiaire pour le divorce et que lorsqu'une personne veut divorcer, elle doit se rendre chez l'intermédiaire avec une carafe de vin et lui exposer les raisons et les conditions du divorce. L'intermédiaire se renseigne alors auprès des deux parties et de leurs parents et partage les informations recueillies avec chacun d'entre eux. Si les parties insistent pour divorcer, il leur prépare un contrat de divorce et apporte du vin au domicile des parents des deux parties, le contrat indiquant le montant de la compensation et le délai de paiement. Si les parents acceptent, ils boivent le vin avec l'intermédiaire pour exprimer leur approbation. Après le paiement, on brûle le contrat. Les deux parties paient des honoraires à l'intermédiaire pour son service. Si le contrat conclu au moment du divorce n'est pas exécuté dans le délai prescrit, l'intermédiaire et les parents sont considérés comme responsables. Dans certains endroits, le divorce est considéré comme définitif lorsque la femme prend un morceau de tissu, l'homme un couteau et qu'ils vont ensemble au pied d'une colline derrière le village afin que l'homme coupe le tissu avec son couteau. Après le divorce, les enfants sont généralement remis à l'homme ou, s'ils sont trop jeunes, sont élevés par la femme, puis rendus à l'homme lorsqu'ils sont plus âgés[①].

La rupture de l'engagement du mariage est assez facile pour les Wa. Le droit coutumier précise que l'homme peut rompre le mariage à sa guise, tandis que la femme doit rembourser le prix des porcs, du riz et du vin versés par l'homme au moment des fiançailles. La partie qui veut se séparer et propose le divorce est généralement condamnée par l'opinion publique ; quelle que soit la partie qui propose le divorce, l'épouse est tenue de rembourser l'argent versé par l'homme au moment du mariage. La procédure de divorce est simple : la partie qui propose le divorce prépare du vin et invite le chef du village, les parents et les proches des deux parties à prendre

---

[①] Équipe de rédaction de la Région autonome des Zhuang du Guangxi, *Enquête sur l'histoire sociale des Yao du Guangxi,* tome III, Presse des nationalités du Guangxi, août 1986, pp. 57-58.

un repas et à discuter du divorce[①].

Le droit coutumier de l'ethnie Naxi n'autorise pas le divorce ; les proches et même les tusi et les chefs servent rarement de médiateurs dans les cas de divorce. Si le couple ne s'entend pas et que l'homme et la femme ne peuvent pas vivre ensemble : si c'est la femme qui demande le divorce, l'homme pourra réclamer à la famille de la femme le montant qu'il lui a remis au moment du mariage ; en revanche, si c'est l'homme qui propose le divorce, la femme n'aura pas à rendre ce montant. En général, l'homme choisit de vivre séparément de sa femme ou de se rapprocher de ses frères et sœurs, puis trouve une azhu. La femme retourne généralement dans sa famille et cherche secrètement ou ouvertement un azhu ; lorsqu'elle a des enfants, elle rend l'argent à la famille de son mari et déclare ainsi le divorce. Quelques femmes prennent possession des biens de leurs maris et cherchent un azhu afin de fonder une famille sous prétexte qu'elles n'étaient pas désirées par leurs maris[②].

Le droit coutumier du groupe ethnique Bai prévoit que le divorce doit être constaté par une sculpture en bois ou un document écrit. Après le divorce, la femme retourne vivre dans la famille de sa mère et ne doit pas rendre la dot de l'homme tant qu'elle ne se remarie pas. La dot doit être rendue lorsqu'elle se remarie et est généralement payée par le nouveau mari. La femme ne peut normalement pas intenter un divorce, sinon, elle devra rendre le double de la dot à l'homme. Au cas où les deux parties soutiennent que le divorce a été proposé par l'autre partie et que personne ne peut en témoigner, certaines régions font appel à la méthode de la « poche cousue » pour rendre le jugement. Un témoin coudra la couverture du couple en une grande poche et fera dormir l'homme et la femme dedans. Il enverra quelqu'un pour les surveiller. La personne qui déchirera la poche en premier perdra et sera considérée comme celle qui intente le divorce. En cas de rapport sexuel, celui qui refuse perdra. La partie perdante doit verser la compensation financière[③].

---

[①] Comité de rédaction de la province du Yunnan, *Enquête sur l'histoire sociale du peuple Wa*, tome II, Presse populaire du Yunnan, Novembre 1983, p. 107.

[②] Équipe de rédaction de la province du Yunnan, *Enquête sur la société et le matriarcat des Naxi de Yongning*, Presse des nationalités, juin 2009, pp. 162-164.

[③] Comité de rédaction de la province du Yunnan, *Enquête sur l'histoire sociale du groupe ethnique Bai*, Presse populaire du Yunnan, janvier 1983, p. 103.

Si un couple s'entend mal après le mariage, le droit coutumier du peuple De'ang autorise le divorce, mais impose certaines restrictions à la femme. Si c'est l'homme qui propose le divorce, il lui suffit de payer un à deux yuans et un seau de riz (environ trois livres) au chef du village, en expliquant sa demande. Le chef, après avoir offert le sacrifice au pieu du village ou au grand arbre vert (arbre sacré) en informe la femme ; celle-ci doit retourner à sa famille de sa propre initiative. Si le divorce est à l'initiative de la femme, elle devra indemniser l'homme financièrement. Après le divorce, les enfants vont à l'homme[1].

Le peuple Daur pense que le divorce est extrêmement indécent, c'est pourquoi le divorce est très rare chez eux. Si l'homme propose le divorce, il est généralement impossible de divorcer si les deux mokun (clan familial) ne sont pas d'accord. Très peu de divorces sont initiés par les femmes, sauf par celles qui ne peuvent plus vivre avec leur mari en raison des abus de ce dernier. Si une femme retourne chez sa mère pour réclamer le divorce, elle sera souvent mise à la porte. Si l'homme demande le divorce pour une faute imputable à la femme, elle sera grondée, voire battue par ses parents et ses aînés.

Lors du divorce, selon le droit coutumier, on charge une personne sans enfant de rédiger en pleine nature une lettre de divorce et on demande ensuite à l'homme et à la femme de la signer. Les deux en prennent une moitié comme preuve de leur divorce. La femme n'a pas le droit de prendre les enfants après le divorce et ne partage pas l'obligation de les entretenir[2].

Le droit coutumier ouïghour accorde au mari le privilège du « Talak » (répudiation) ; lorsque le mari dit « Talak » à sa femme, cela signifie la rupture de la relation conjugale. La femme n'est pas libre de divorcer ; elle ne peut proposer le divorce que si son mari est parti depuis de nombreuses années et n'a pas donné de nouvelles, ou s'il n'a pas vécu avec elle pendant six mois et ne lui fournit ni nourriture ni vêtements. Un divorce peut généralement être obtenu après le dépôt d'une plainte auprès de l'imam. En outre, le divorce ne pourra être obtenu que si la famille de la mère est puissante et si le mari donne son consentement. En cas de divorce, la femme

---

[1] Équipe de rédaction de la province du Yunnan, *Enquête sur l'histoire sociale du peuple De'ang*, Presse populaire du Yunnan, décembre 1987, p. 9.

[2] Morigendi, « Le droit coutumier de l'ethnie Daur », dans *Études ethnologiques* (VI^e^ série), Presse des nationalités, mars 1985, p. 275.

peut emporter ses biens propres. Les enfants seront pris en charge par la mère jusqu'à l'âge de sept ans et par le père lorsqu'ils seront plus âgés ; le père devra payer l'entretien des jeunes enfants qui sont temporairement pris en charge par la mère. Après le divorce, la femme ne peut se remarier qu'après une certaine « période d'attente ». La période d'attente est la suivante : cent jours si le mari dit « Talak » ; six mois et dix jours si le mari dit trois fois « Talak ». Pendant la période d'attente, l'homme prendra en charge les frais de subsistance[1].

## *III. Le droit coutumier en matière de famille et d'héritage*

Les minorités ethniques disposent d'un grand nombre de normes coutumières sur la famille et l'héritage qui réglementent les relations entre les parents et les enfants, les héritiers, les principes et les procédures des successions, etc.

### 1. Le clan familial, la famille, la relation parents-enfants

Par le biais du droit coutumier, chaque groupe ethnique confirme le statut et les fonctions de l'organisation familiale, prévoit l'autorité et les devoirs du patriarche ainsi que les droits et obligations des membres de la famille, et réglemente de manière spécifique la structure de la famille, les parents et la relation entre parents et enfants.

Les Zhuang ont un fort sens de la famille. Selon le droit coutumier, chaque clan familial dispose d'une tombe ancestrale commune et de champs en communauté. Chaque année, pendant le festival Qingming, les hommes, les femmes et les enfants du clan familial travaillent ensemble pour nettoyer les tombeaux ancestraux et y faire des offrandes. L'entraide au sein du clan familial est également courante et certaines familles possèdent leur propre temple des ancêtres.

Au sein du clan familial, il existe un ou plusieurs personnages semblables aux chefs de clan ; ceux-ci ne sont ni élus ni nommés, n'ont pas de mandat précis, se distinguent naturellement et sont en fait reconnus par le clan. Ils traitent des questions relatives au clan. Le clan est en quelque sorte responsable des principaux actes de ses membres. Si l'un de ses membres est condamné à une amende pour une infraction au droit coutumier et que la

[1] Ren Yifei et al, *L'Ethnie ouïghoure*, Presse des nationalités, octobre 1997, p. 157.

famille du contrevenant n'est pas en mesure de la payer en raison de difficultés financières, le clan partagera l'amende. Lorsqu'une personne commet un meurtre, les biens du clan familial du coupable seront souvent brisés par le clan du défunt. Si un crime grave est commis et que le délinquant ne se repent pas, il pourra être expulsé du clan après discussion et délibération au sein du clan.

La famille Zhuang est principalement une petite famille patriarcale ; les fils adultes et mariés vivent normalement dans des ménages séparés. Le père est le chef de famille et gère l'économie et la vie de la famille, organise le travail et la production de la famille et exerce le plein contrôle sur les biens de la famille. S'il n'y a pas de père, le frère aîné est le chef de famille. La femme a rarement la charge du foyer, sauf lorsque son mari est mort et que son fils est encore jeune et peu formé ; la mère prend alors la tête de la famille. Quand le fils est devenu adulte, on lui transfère la direction de la maison et le pouvoir économique. La place de la femme devient alors moins importante dans la famille.

Les parents ont le devoir d'élever, d'éduquer, de marier leurs enfants et de leur transmettre des biens. Ils ont également le pouvoir de les punir. De leur côté, les enfants ont l'obligation d'entretenir leurs parents et de les accompagner jusqu'à la fin de leur vie. Les parents vivent généralement avec leur enfant cadet lorsqu'ils sont âgés. S'ils n'ont pas de fils, ils pourront accueillir un gendre à la maison s'ils ont des filles. S'ils n'ont ni fils ni fille, ils pourront adopter un neveu d'un proche parent comme leur beau-fils ; dans le cas des veuves et des veufs, les frères s'entraident et prennent soin les uns des autres, tandis que les orphelins sont souvent confiés à d'autres pour être adoptés.

Dans la famille, la belle-fille n'est pas autorisée à s'asseoir près du beau-père et doit s'écarter lorsqu'elle rencontre le beau-père dans la maison ; elle apporte chaque jour de l'eau et de la nourriture aux beaux-parents. Un homme ne peut pas entrer dans le logement de sa belle-fille, de la femme de son neveu, de sa belle-sœur, et une belle-fille ne peut pas entrer dans le logement de ses beaux-parents. Dans certaines régions, les belles-filles ne sont pas autorisées à manger à la même table que les hommes ; lorsque des invités masculins viennent à la maison, elles doivent se cacher dans leur chambre ou dans la cuisine, ne pas sortir pour les rencontrer, et encore moins leur parler[1].

L'existence des clans est aussi très répandue chez les Miao, mais sans forme d'organisation précise. Le sens de l'appartenance au clan est très fort. Il existe entre les clans familiaux de nombreux usages relevant du droit coutumier. Premièrement, des relations de copropriété patrimoniale : notamment les collines claniques, les champs communs, les cimetières claniques, les arènes, les pentes pour le youfang, les ponts en bois, les collines où sont conservés les tambours. Deuxièmement, des relations de solidarité dans la production : par exemple, l'aide apportée aux veuves et aux veufs pour surmonter les difficultés de production, ainsi que l'entraide gratuite par échange de travail. Troisièmement, des relations de solidarité dans la vie quotidienne : telles que les prêts sans intérêt, le secours, le partage de la viande des bœufs morts, l'entraide lors de la construction de maisons, le partage de nourriture dans les tours de tambours, l'entraide en cas d'offrande aux fantômes et en cas d'incendie, le divertissement commun pendant les fêtes, l'offre de cadeaux par les membres du clan à l'occasion de fiançailles, l'entraide aux funérailles, etc. Il existe des chefs de clan naturels, dont certains sont le chef du village (寨头) ou le doyen du village (寨老).

Les familles Miao sont généralement petites ; la séparation des frères est le plus souvent causée par la discorde entre les belles-sœurs, mais il existe aussi des cas où les fils se séparent dès qu'ils se sont mariés. Selon le droit coutumier, on doit inviter l'ancien le plus réputé du clan à assister à la division de la famille. Le père présentera son plan de division des biens, tandis que la mère pourra également faire quelques ajouts et clarifications. Les fils n'ont généralement pas d'objections. Au cas où il y a des opinions divergentes, on peut apporter des ajustements nécessaires après consultation. La propriété familiale est généralement partagée à parts égales : lors du partage de la bonne terre, le frère aîné et le frère cadet choisissent chacun une part à tour de rôle, et lorsqu'on partage la mauvaise terre, le frère cadet et le frère aîné en choisissent chacun une, l'un après l'autre. La maison ne fait généralement pas l'objet de division, mais est souvent donnée à la personne avec laquelle les parents vivent.

Dans la famille, le père est le chef, qui dispose de toute autorité sur la

---

[1] Équipe de rédaction de la Région autonome des Zhuang du Guangxi, *Enquête sur l'histoire sociale des Zhuang du Guangxi*, tome I, Presse des nationalités du Guangxi, mai 1984, pp. 111-112.

disposition des biens familiaux. La femme fait l'objet d'une certaine discrimination. Elle peut adopter un fils, mais ne peut pas le faire toute seule après la mort du mari. Pour adopter un fils dans un clan, on doit choisir parmi ses propres neveux. Quand on choisit un enfant adopté parmi les proches, il faut aussi que la différence de génération soit considérée comme appropriée①.

La plupart des membres du groupe ethnique Yao vivent ensemble. Pour eux, le clan est un lien de sang plus éloigné, alors que la branche familiale est un lien de sang plus étroit. Dans la société Yao, le clan ne joue pas un rôle aussi important que la branche familiale.

Les membres d'une branche familiale sont très étroitement liés les uns aux autres. Selon le droit coutumier, les droits et obligations des membres de la branche familiale sont les suivants : premièrement, pas de mariage mixte ni d'adultère entre hommes et femmes ; deuxièmement, s'il y a des veuves et des veufs qui vivent seuls, on doit en prendre soin ; troisièmement, si une famille n'a pas d'héritiers, elle doit d'abord en choisir un au sein de la branche familiale (ce n'est que dans le cas où personne n'est trouvé au sein de la branche qu'on peut alors en choisir un à l'intérieur du clan) ; quatrièmement, s'il existe des propriétés dans la branche familiale sans héritier, les familles de la même branche doivent s'en occuper conjointement ; cinquièmement, si une famille vend sa terre, elle doit d'abord la vendre aux membres de la branche familiale, puis aux membres du clan, et s'il n'y a toujours pas d'acquéreur, elle pourra la vendre à l'extérieur ; sixièmement, dans certains clans, lorsqu'une personne âgée est décédée, les jeunes frères et sœurs et les jeunes de la même branche doivent porter le deuil pendant un certain temps en signe d'hommage ; septièmement, entraide et assistance mutuelle à l'occasion d'événements importants tels que le mariage et les funérailles ; huitièmement, organisation des sacrifices communs aux ancêtres.

Si un membre du clan ou de la branche familiale viole gravement le droit coutumier, il peut être expulsé du clan. Dans certaines régions, les Yao peuvent accepter dans leur propre branche des personnes qui ne partagent pas le même nom de famille et la même branche ; même des Han peuvent

---

① Équipe de rédaction de la province du Guizhou, *Enquête sur l'histoire sociale des Miao,* tome I, Presse des nationalités du Guizhou, décembre 1986, pp. 363-378.

être acceptés. Celui qui rejoint le clan doit d'abord trouver un frère assermenté. Après que les deux parties ont négocié et sont tombées d'accord avec la branche familiale, elles demandent au chef religieux de choisir une date et d'organiser la cérémonie d'adhésion au clan. On demande alors au chef religieux de réciter des soutras et de rendre hommage aux ancêtres et on invite tout le village à boire en déclarant que le nouveau venu rejoint officiellement tel clan et telle branche familiale et devient un frère proche de quelqu'un d'autre ; finalement, on lui offre un nouveau nom pour terminer la cérémonie. Les formalités d'adhésion varient en fonction de l'identité et de l'origine de la personne qui rejoint le clan. Tous ceux qui ont rejoint le clan ont les mêmes droits que les membres du clan en matière de banquet public, de recueil devant les tombeaux des ancêtres, de distribution de porc, etc.[①].

Les familles Naxi n'ont généralement pas de patriarche ni de chef qui soit au-dessus des ménages. Les membres les plus âgés du clan jouissent d'un statut supérieur et peuvent arbitrer les conflits au sein du clan, éduquer la jeune génération, accomplir les rituels ancestraux et présider à la division de la famille, etc. Pour les affaires extérieures, on confie leur règlement à une personne âgée jouissant d'un prestige reconnu. Chaque année, le clan organise des sacrifices collectifs aux ancêtres dans le site rituel céleste commun.

Le droit coutumier précise que tous les villages et tous les ménages doivent apporter leur concours aux activités économiques et à la construction des maisons, sans rémunération. Lors de l'emménagement dans une nouvelle maison, du mariage, de la naissance d'un enfant ou du choix d'un nom pour un enfant, toutes les familles du village sont invitées à un banquet et chaque famille envoie également des cadeaux.

La structure familiale est constituée de familles monogames patrilinéaires, de quelques familles de parenté matrilinéaires ou de grandes familles matrilinéaires, et de très rares familles duales. Chaque famille est dirigée par un chef, le plus souvent un homme ; seules quelques familles sans homme ou avec des hommes incapables de gérer le ménage sont dirigées par des femmes. Selon le droit coutumier, les principaux devoirs du chef de famille sont d'organiser la production, de planifier les dépenses, de

---

[①] Équipe de rédaction de la Région autonome des Zhuang du Guangxi, *Enquête sur l'histoire sociale des Yao du Guangxi,* tome I, Presse des nationalités du Guangxi, février 1984, pp. 328-332.

faire face aux créances et dettes extérieures, de gérer l'économie de la famille, de collecter l'argent et les biens pour les funérailles et les mariages au sein de la famille, d'éduquer les enfants, de recevoir les invités, d'organiser la vie, de gérer les réserves, etc. Le chef jouit d'un certain prestige au sein de la famille.

Les membres les plus âgés de la famille ont le statut le plus élevé et sont respectés par toutes les jeunes générations ; les enfants ont la responsabilité d'entretenir leurs parents. Le droit de disposition des principaux biens de la famille (terre, bétail, nourriture, etc.) est normalement entre les mains des hommes, tandis que les femmes ne sont généralement responsables que de la garde des biens et des objets de la vie familiale, des dépenses courantes ainsi que de certains prêts de la famille. Dans certaines familles matrilinéaires, les femmes ont également certains droits sur la gestion des affaires ou des biens du ménage. Les hommes et les femmes sont sur un pied d'égalité dans la famille[1].

Le droit coutumier des De'ang prévoit des familles monogames, et lorsque les enfants se marient, ils forment leurs propres familles. L'homme et la femme ont un statut égal dans la famille, l'homme représentant la famille en tant que chef de famille dans les activités sociales et la femme s'occupant du ménage. Les enfants atteignent leur majorité à l'âge de treize ans ; il n'y a pas de cérémonie pour célébrer la majorité, mais plutôt une distinction vestimentaire. Les filles portent des ornements en argent et des bandeaux, et les garçons portent un petit cylindre en argent à l'oreille gauche.

Dans certaines régions, on trouve de grandes familles avec plusieurs générations vivant ensemble, trois, cinq, voire une douzaine, de petites familles avec des liens de sang habitant ensemble dans une grande maison divisée en plusieurs petites pièces ; on travaille et on consomme ensemble, avec une certaine division du travail[2].

L'ethnie Li dispose d'un droit coutumier relatif à la rupture des liens familiaux. Lorsqu'un membre de la famille n'accepte pas les enseignements de la famille et a causé à plusieurs reprises des problèmes dans la société,

---

[1] Équipe de rédaction de la province du Yunnan, *Enquête sur les modèles sociaux et familiaux du groupe ethnique Naxi dans le comté autonome des Yi de Ninglang*, Presse populaire du Yunnan, mars 1987, pp. 50-63.

[2] San Yaohua, *L'Ethnie De'ang*, décembre 1986, Presse des nationalités, pp. 64-66.

violant le droit coutumier et entraînant de graves conséquences, et que la personne concernée est obstinée et ne se repent pas, les parents organisent un banquet et y invitent les frères et les amis ; ils annoncent alors devant la communauté du village la rupture des liens entre le père et le fils ou entre frères. Deux flèches sont alors placées au banquet et le chef du village, faisant autorité, coupe les deux flèches de fer avec une lame tranchante pour marquer la rupture des liens, chaque partie en gardant une à la rupture. Après la cérémonie, la personne objet de la rupture doit quitter immédiatement sa famille d'origine. Si, par la suite, elle cause des problèmes dans le village ou dans la société, elle en assumera toutes les conséquences, les membres de la famille d'origine n'étant plus responsables pour lui①.

Les Ewenke ne peuvent pas appeler par leur prénom leurs grands-parents, parents, oncles paternels et maternels, ainsi que leurs frères et sœurs aînés. Lorsque les grands-parents, les parents et les autres personnes âgées appellent leurs belles-filles et belles-petites-filles, ces dernières doivent immédiatement se lever et répondre. Chaque matin, les belles-filles doivent offrir à leurs aînés du tabac et leur apporter de l'eau pour se laver le visage. Le frère aîné n'est pas autorisé à s'asseoir en face de la belle-fille de son frère et la belle-fille du frère n'est pas autorisée à utiliser le sac à tabac utilisé par le frère aîné②.

La plupart des Yi vivent dans des communautés par nom de famille. Au sein du clan (branche familiale), on échange le travail et on s'entraide. Les personnes âgées, faibles, malades et handicapées peuvent trouver leur nourriture auprès du clan qui a également la charge d'élever les jeunes orphelins. Si un membre du clan est tué alors qu'il est innocent, tous les membres de la branche familiale devront le venger. Si quelqu'un est victime de brimades pour son mariage, le clan familial l'aidera à se venger. Le clan peut subventionner ceux qui doivent de l'argent pour payer les indemnités liées à un homicide, les dettes résultant d'un mariage ou de funérailles. Au cas où les membres d'une famille sont décédés sans laisser d'héritiers, leurs

① Bureau de la Commission des affaires ethniques de l'Assemblée populaire nationale, *Enquête sur l'union du groupe ethnique Li dans le canton de Maodao, comté de Baoting, préfecture autonome des Li et Miao de l'île de Hainan*, imprimé par le Bureau de la Commission des affaires ethniques de l'Assemblée populaire nationale, juin 1957, p. 213.
② Équipe de rédaction de la Région autonome de Mongolie-Intérieure, *Enquête sur l'histoire sociale des Ewenke*, Presse des nationalités, juillet 2009, pp. 93-95.

biens sont partagés au sein du clan familial. La branche familiale impose certaines restrictions sur le comportement des individus, la plus lourde punition étant généralement le bannissement de la branche. Si une personne est bannie de la branche familiale, elle n'est plus reconnue comme un membre du clan et n'est plus saluée lorsqu'elle rencontre les autres membres ; on ne lui fournit plus d'aide lorsqu'elle est victime de brimades ; elle ne sera pas non plus enterrée dans les tombes des ancêtres du clan et son corps ne sera pas inciné sur le territoire du clan. Si l'on se contente, lors de la réunion en vue de l'expulsion, de tuer un poulet et d'en boire le sang avec du vin, la personne en question pourra être réintégrée dans la branche familiale lors d'une réunion ultérieure si son comportement s'est amélioré, mais si l'on tue un poulet et fouette un chien en même temps, cela signifie que la personne expulsée ne pourra plus jamais être réintégrée①.

Les Tadjiks forment généralement des familles nombreuses, les fils ne quittant pas, normalement, la famille tant que leurs parents sont en vie, et maintiennent un système patriarcal strict. L'homme le plus âgé est généralement le chef de famille et est muni du pouvoir de décision. Les revenus de tous les membres sont versés au chef de famille ; ce dernier organise la vie de la famille. La fonction de chef de famille est héréditaire selon le droit coutumier et en règle générale, la mère prend le relais après la mort du père et le fils aîné succède à la mère quand celle-ci décède. Dans certaines régions, le fils aîné est le chef de famille après le décès du père, tandis que la mère ne l'est que si le fils est encore jeune. La belle-fille doit obtenir le consentement du chef de famille et de son mari pour retourner au domicile de sa mère, et doit rentrer à la maison à temps②.

## 2. L'héritage

Les différents groupes ethniques attachent une grande importance à l'héritage des biens familiaux. Il existe des règles coutumières fouillées sur l'héritage des biens : elles prévoient des dispositions spécifiques sur les héritiers, les principes et l'ordre de l'héritage, et le traitement des biens d'une famille éteinte.

---

① Hu Qingjun, *Forme sociale de l'esclavage des Yi de Liangshan*, Presse des sciences sociales de Chine, mai 1985, pp. 250-258.

② Équipe de rédaction du journal de la Région autonome ouïghoure du Xinjiang, *Enquête sur l'histoire sociale des Tadjik*, Presse populaire du Xinjiang, avril 1985, p. 24.

Le droit à l'héritage appartient en principe aux hommes pour les familles du groupe ethnique Zhuang. Le droit coutumier prévoit les règles d'héritage suivantes :

(1) Les biens de la famille sont divisés entre les fils une fois ces derniers devenus majeurs. Lors de la division, on invite comme témoins des proches tels que les oncles maternels et paternels, les tantes paternelles, ainsi que des membres âgés du clan familial, et on procède généralement à une consultation démocratique. Les parents mettent d'abord de côté une partie des terres pour leur de fin de vie ; elle sera, après leur décès, répartie de façon égale entre les fils. Dans certaines régions, lorsque les parents vivent avec l'un des fils, ce dernier cultive la terre à titre de pension alimentaire, et la terre lui sera dévolue pour compenser les frais funéraires après la mort des parents. En outre, une partie des terres est prélevée au profit du fils aîné, appelée « champ du fils aîné », reflétant le principe selon lequel le fils aîné obtient une plus grande part de l'héritage. À l'exception de ces deux parties, le reste des champs est divisé en parts dont le nombre équivaut à celui de fils suivant les critères de qualité, de distance et de taille. Les parts sont numérotées et chacun des fils prendra une part par tirage au sort.

(2) En général, les filles ne sont pas autorisées à hériter des biens. Toutefois, dans certaines régions, les filles qui ne sont pas domiciliées dans la famille de leur mari ont également droit à une part des biens ; cependant, une fois domiciliées chez leur mari, elles n'ont pas droit à une part. Pour les familles qui n'ont pas de fils, mais seulement des filles, on prend normalement un gendre, et la propriété peut alors être héritée par la fille. Dans ce cas, une infime partie de la terre doit être attribuée aux frères ou aux neveux les plus proches, sinon la dévolution des biens ne sera pas garantie sans cette reconnaissance des proches.

(3) S'il n'y a pas d'héritiers, une femme mariée, avec le consentement du clan familial, peut retourner à sa famille d'origine pour hériter des biens, mais elle doit également distribuer une petite partie de la terre aux proches et conclure un contrat afin de garantir la dévolution. Le gendre doit alors prendre le nom de famille de son beau-père.

(4) Si le mari meurt sans enfant, la femme pourra se remarier en prenant un mari pour s'occuper de la maisonnée ; le mari recruté aura le droit d'hériter des biens. Toutefois, une petite partie de la terre doit également être

attribuée aux frères ou neveux afin d'obtenir leur consentement ; on doit aussi conclure un pacte pour garantir la régularité du droit de propriété des biens hérités.

(5) S'il n'y a pas d'enfants, le mari peut, avec le consentement du clan familial, désigner de son vivant l'un de ses neveux ou demander à un garçon d'une famille éloignée d'être son fils adoptif pour hériter de ses biens. Dans ce cas, il doit également distribuer une partie de la terre à ses neveux afin d'obtenir leur consentement au sein d'un acte qui garantira le droit de succession de l'enfant adoptif. Si l'on n'a pas de fils adoptif ou d'héritier désigné, les biens sont partagés à parts égales entre les frères ou les neveux après le décès.

(6) Les biens d'une famille éteinte sont répartis à parts égales entre le clan familial ou entre les familles plus éloignées, ou, s'il n'y a pas de clan familial, deviennent la propriété du village[①].

Le droit coutumier du peuple Jingpo précise que c'est le plus jeune fils qui hérite des biens familiaux. Celui-ci garde la maison ancestrale et hérite de tous les biens de ses parents, tandis que ses frères aînés se séparent généralement de la famille pour vivre ailleurs une fois mariés. Ils ne reçoivent que quelques ustensiles de ménage. Si la propriété est grande, chacun des fils aînés en reçoit une part ; la part résiduelle et celle laissée aux parents seront transmises au fils cadet. Si la propriété est petite, elle sera entièrement laissée au fils cadet. Le fils cadet a un statut plus élevé que les fils aînés ; ceux-ci doivent respecter leur famille et leur frère cadet. Lorsque leur famille et leur frère cadet rencontrent des difficultés, ils doivent les aider autant que possible. Le mari et la femme ont le droit d'hériter des biens de l'autre. Les filles n'ont généralement pas le droit d'hériter. Si les parents n'ont pas de fils et que leur fille n'est pas encore mariée, elle pourra hériter des biens familiaux après la mort des parents ; ou, si elle est mariée, mais a enterré les parents ou a « accompagné leurs âmes[②] », elle pourra également hériter des biens de ses parents, sinon les biens iront au plus proche parent qui a enterré les parents ou a accompagné leurs âmes. Une fille qui prend un mari a aussi le droit d'hériter des biens[③].

---

① Équipe de rédaction de la Région autonome des Zhuang du Guangxi, *Enquête sur l'histoire sociale des Zhuang du Guangxi,* tome I, Presse des nationalités du Guangxi, mai 1984, p. 115.

② Acte de guider le fantôme au ciel (note du traducteur).

③ Équipe de rédaction de la province du Yunnan, *Enquête sur l'histoire sociale des Jingpo,*

Selon le droit coutumier, la propriété tibétaine est dévolue selon la ligne patrilinéaire. Quel que soit le nombre d'enfants, un seul d'entre eux hérite des biens familiaux, tandis que les autres entrent au monastère comme lamas ou partent dans d'autres familles. Habituellement, les Tibétains procèdent rarement à la division des familles. À Songpan et Nanping, dans la province du Sichuan, il y a des cas de divisions en raison de discordes entre frères. Lorsque la famille est divisée, certaines terres dites « terres de pension » sont laissées aux parents, le reste étant divisé à parts égales entre les enfants. Toutefois, lorsqu'une femme se marie, elle ne peut pas emporter l'intégralité de sa part avec elle, mais seulement une partie qui est prise comme dot (les coiffes de la mère, quelle que soit leur valeur, sont dévolues à la fille), le reste revenant à la famille. Dans le cas où elle prend un mari, elle a droit à la totalité.

L'héritier de la famille, une fois établi, prend une épouse. Lorsque les parents sont âgés, il peut remplacer le père comme « chef de la famille », son épouse devenant alors, afin de gérer l'ensemble des biens, femme au foyer à la place de la mère. Quant à l'héritage, il n'y a pas de règles coutumières spécifiques, mais en général, il revient souvent au fils cadet. Le choix de l'héritier peut également être basé sur l'exécution d'un testament des parents ou être déterminé en fonction des capacités des enfants ; il existe de nombreuses familles où une femme est le chef de famille, surtout dans le cas où elle prend un mari. Les enfants naturels peuvent également hériter des biens familiaux et jouir du même statut social et des mêmes biens que les enfants légitimes. Si un couple n'a pas d'enfant, ils peuvent adopter un enfant pour qu'il devienne leur héritier. Dans certains cas, un gendre rattaché à la famille de ses beaux-parents peut hériter des biens si leur fils biologique devient lama dans un monastère.

S'il n'y a pas d'héritier, tous les biens meubles familiaux (y compris le bétail, les meubles, les vêtements, etc.) sont remis au monastère et les lamas sont invités à réciter les sutras, en guise de paiement pour la « transcendance » du défunt. Les maisons et les terrains sont repris par le village ou la tribu, et transférés à quelqu'un du village ou de la tribu qui forme un nouveau ménage.

L'héritage des biens tibétains est une illustration claire du principe selon

---

tome III, Presse des nationalités du Yunnan, mars 1986, p. 44.

lequel : « Ceux qui se marient et partent à l'extérieur obtiennent moins, ceux qui restent dans la famille obtiennent plus. » Tout membre qui a quitté la famille, qu'il s'agisse d'une fille qui se marie ou d'un garçon qui rejoint une autre famille comme gendre, est réduit à un rang secondaire pour le partage des biens familiaux, la valeur de la dot qui l'accompagne ne dépassant généralement pas un tiers de la part des biens[①].

Chez les Ewenki, l'héritage est généralement égal pour tous les fils, alors que les filles n'ont pas droit au partage. Un gendre permanent recruté a le droit d'hériter des biens de son beau-père. Selon le droit coutumier, un fils adopté a généralement le droit d'hériter des biens de son père adoptif. Cependant, il existe plusieurs cas : (1) Si le père adoptif n'a pas fait de testament, le fils adopté a le droit d'hériter de la totalité des biens. (2) Si, après avoir accueilli le fils adopté, le père a un autre fils, le fils adopté et son propre fils se partageront à l'avenir les biens familiaux à parts égales, mais il existe des cas où le fils adopté n'aura droit qu'à un tiers des biens. (3) Si le père adoptif décède peu après l'arrivée du fils adopté et que la mère adoptive se remarie, le fils adopté sera renvoyé à ses parents biologiques ; les biens du défunt seront en principe hérités par ses proches et frères, mais on pourra toutefois en réserver une partie au fils adopté.

Si le défunt n'a ni enfant ni membre en ligne directe pour hériter de ses biens, il y a trois options : (1) Si le défunt n'a pas laissé de testament, les biens sont hérités par les descendants proches du défunt ; ces derniers sont responsables des funérailles et de l'enterrement du défunt. Si les descendants proches sont trop nombreux pour être déterminés, c'est au « Maohongda » ou à une personne âgée de nommer l'héritier le plus proche selon l'arbre généalogique de la famille. Cependant, les gens ne veulent normalement pas hériter des biens d'une personne sans héritier direct. (2) En général, un neveu issu d'une sœur du défunt n'a pas le droit d'hériter de ses biens, l'héritage allant uniquement aux neveux qui portent le nom du défunt. Un neveu issu d'une sœur ne peut hériter des biens de son oncle défunt que si celui-ci a établi un testament attesté par un proche parent. (3) Si le défunt a laissé un dernier mot pour transférer ses biens à quelqu'un d'autre, aucun

---

[①] Chen Guangguo, « Code de conduite dans les zones tibétaines – une brève analyse des coutumes et du droit coutumier », dans *Journal of Xizang Minzu College*, n° 4, 1984 ; Équipe de rédaction de la série de recherche sur l'histoire sociale tibétaine, *Histoire sociale tibétaine*, tome II, Presse populaire du Tibet, janvier 1988, p. 99.

parent n'a le droit d'intervenir : la personne désignée par le défunt avant sa mort bénéficie de l'héritage[1].

Selon le droit coutumier des Oroqen, les biens sont dévolus aux fils après le décès de leurs parents. Si les frères vivent séparément, les parents présideront à la répartition des biens. S'il y a un désaccord et qu'il ne peut être résolu, c'est l'oncle maternel qui prendra la décision finale. Si le défunt n'a pas de fils, ses biens pourront être dévolus au plus proche parent masculin selon les cinq générations du clan familial. Un gendre qui a rejoint la famille a le droit d'hériter de la succession de son beau-père, à condition qu'il gère correctement les affaires consécutives à la mort de son beau-père. Un fils adopté a le droit d'hériter des biens de son père adoptif. Si le défunt n'a pas de parents proches de sexe masculin, ses filles non mariées pourront hériter de ses biens. Si le défunt a désigné par testament un héritier de son vivant, la personne désignée aura le droit d'hériter[2].

Selon le droit coutumier, il existe trois types d'héritage pour le groupe ethnique Gaoshan : biens fonciers, biens ancestraux et biens meubles.

(1) Héritage des biens fonciers. En général, les fils héritent des biens à parts égales lors du partage du patrimoine familial, tandis que les filles mariées, ou fils qui ont quitté la famille pour rejoindre celle de leurs beaux-parents, n'ont pas le droit d'hériter des terres ; une fille qui habite à la maison avec son mari passé dans la maisonnée reçoit une part plus petite, mais n'a pas le droit de partager les champs de montagne et les vergers. Le fils aîné a le droit de premier refus quant aux bons champs les plus proches de l'aqueduc. Il arrive qu'une fille reçoive en dot un petit morceau de rizière lorsqu'elle se marie. La maison de famille, en principe, est un bien utilisé par une seule génération et ne peut être divisée ou transmise en héritage. Lorsque le père décède, la maison est démolie et les fils se partagent les matériaux de construction, à l'exception du fils aîné qui a le privilège d'acquérir le pilier central. Le terrain de la résidence est dévolu au fils aîné, ou, s'il dispose déjà d'une résidence, à un de ses frères qui a besoin de construire une maison. Le terrain résidentiel ne peut pas être divisé de quelque manière que ce soit.

---

Qiu Pu et al., *Forme sociale primitive des Ewenki*, Zhonghua Book Company, février 1962, p. 130.

[2] Qiu Pu, *Le Développement de la société des Oroqen,* Presse populaire de Shanghai, septembre 1978, pp. 208-209.

(2) Héritage des biens ancestraux. Il s'agit des biens symboliques hérités des ancêtres dans la ligne paternelle, tels que les cornes de sacrifice, les couteaux en bois, les festons, etc., et qui ne peuvent être divisés. En outre, tout objet qui n'a qu'un seul exemplaire, comme les poches en argent pour hommes, les poches en bois pour femmes, les bijoux en argent, etc., doit être conservé par le fils aîné et peut être toutefois emprunté par ses frères en cas besoin. Si le fils aîné décède prématurément ou n'a pas de descendance, un frère cadet héritera selon l'ordre des héritiers. En l'absence d'héritiers masculins, la transition de l'héritage est effectuée par des descendants masculins.

(3) Héritage des biens meubles. Les meubles et ustensiles de la maison sont répartis entre les fils ; le reliquat ne pouvant être partagé est dévolu au fils aîné. Le bétail et les récoltes sont divisés à parts égales entre les fils, le reliquat qui ne peut pas être partagé allant au fils aîné. Les filles n'ont aucun droit et ne peuvent recevoir que des cadeaux lors des fêtes. Quant aux effets personnels, ceux du père sont partagés à parts égales entre les fils, et ceux de la mère, entre les filles ; les biens ne pouvant être partagés à parts égales vont au fils aîné ou à la fille aînée. En cas de manque d'héritiers masculins ou féminins dans une génération, les biens, en fonction de leur nature, peuvent être attribués à la lignée paternelle, hérités par des parents collatéraux, conservés collectivement ou encore transmis aux descendants du sexe opposé jusqu'à ce que la situation revienne à la normale à la génération suivante[①].

Selon le droit coutumier, l'héritage des biens chez les Ouïghours est généralement dévolu aux frères et sœurs. Les personnes âgées sans enfant sont prises en charge jusqu'à leur mort par leurs frères et sœurs et leurs neveux. Ceux qui ont perdu leurs parents en bas âge sont élevés par leurs frères et sœurs et leurs neveux, lesquels cependant ne peuvent disposer des biens des premiers. Si une personne âgée n'a pas d'enfant ou si c'est un mineur qui a perdu ses parents en bas âge, s'il n'a pas de frère ou de sœur, ni de neveu ou de nièce, et que les autres parents collatéraux ne sont pas responsables de son entretien ni ne disposent d'un droit à hériter, il revient alors aux imams de la mosquée de désigner, par consultations publiques, la

① Chen Guoqiang et Lin Jiahuang, *Culture du groupe ethnique Gaoshan*, Presse Xuelin, avril 1988, pp. 105-108.

personne qui assurera son entretien ou son éducation ; après son décès, tous ses biens seront utilisés pour les frais funéraires ou récupérés par l'église en tant que « waqf » (瓦哈甫).

L'héritage familial est généralement distribué de la manière suivante selon une ligne directe :

(1) Une femme ne peut recevoir que la moitié de ce que reçoit un homme. C'est le principe le plus fondamental.

(2) En cas de décès du mari, s'il y a des enfants, la femme reçoit un huitième de l'héritage et le reste est réparti parmi les enfants légitimes du mari ; en cas de décès de la femme, s'il y a des enfants, le mari reçoit un quart de l'héritage de la femme et le reste est réparti parmi les enfants. En cas de décès du mari, s'il n'y a pas d'enfant, la femme reçoit un quart de l'héritage et le reste est réparti parmi les proches parents du mari ; en cas de décès de la femme, s'il n'y a pas d'enfant, le mari reçoit la moitié de l'héritage et le reste est réparti parmi les proches parents de la femme.

(3) Lorsque le défunt a des enfants et des parents encore en vie, le père a droit à un sixième de l'héritage, le reste étant réparti entre les enfants ; si le défunt a ses parents encore en vie, mais sans enfant, le père reçoit après le règlement des dettes, deux tiers de l'héritage et la mère un tiers. Si le défunt n'a ni enfants ni père, mais que la mère est encore en vie, la mère reçoit un sixième de l'héritage, le reste étant partagé entre les frères et sœurs du défunt. Si le défunt n'a ni enfants ni père et qu'il n'y a pas de frères ou sœurs, la mère recevra un tiers de l'héritage et le reste sera considéré comme étant sans héritier. Cependant, si le défunt laisse un conjoint survivant, la mère recevra le tiers de l'héritage après avoir prélevé la part réservée au conjoint ; le reste sera considéré comme étant sans héritier.

(4) Si le défunt n'a qu'une sœur du même père et aucun autre proche parent, la sœur recevra un tiers de l'héritage ; le reste sera traité comme étant sans héritier. Si le défunt a plus de deux sœurs du même père, ces sœurs recevront deux tiers de l'héritage et le reste sera traité comme étant sans héritier.

(5) Si le défunt n'a qu'un gendre membre de la famille et aucun autre proche parent, le gendre recevra un huitième de l'héritage. Les enfants adoptés n'ont aucun droit et les enfants de l'ex-mari n'ont le droit d'hériter que des biens de leur mère.

(6) Sur trois générations, si le père décède en premier, le petit-fils peut ne pas recevoir l'héritage du grand-père, mais s'il est spécifié dans le testament du grand-père que le petit-fils doit recevoir quelque chose, alors le petit-fils peut hériter[1].

Le droit coutumier de l'ethnie Tadjik dispose que les fils ont le droit d'hériter et que l'héritage de leurs parents est divisé à parts égales entre tous les fils. En l'absence de fils, l'héritage est transmis aux frères ou aux neveux vivant dans la même grande famille. Concrètement : (i) L'héritage du père est entièrement transmis aux fils, le fils aîné ayant le droit de gérer l'héritage ; la mère et les filles non mariées sont à la charge des héritiers. (ii) Même s'il y a plusieurs frères, s'ils ont déjà constitué leur propre foyer, lorsque le mari meurt dans un ménage indépendant et qu'il n'a pas de fils, et que la femme ne se remarie pas, l'héritage revient à la femme. (iii) Si les parents sont décédés et qu'ils n'ont pas de fils, une fille mariée peut hériter, mais, en général, seulement si son mari a rejoint sa famille après le mariage. Si la fille est jeune et n'a pas atteint l'âge du mariage, elle peut bénéficier de l'héritage si elle va vivre chez des proches. (iv) Les filles déjà mariées n'ont pas le droit de participer à la distribution de l'héritage. Si le défunt n'a aucun héritier, l'héritage ira généralement à l'église[2].

Selon le droit coutumier de l'ethnie She, les frères se partagent l'héritage à parts égales, mais le fils aîné peut obtenir une part légèrement plus grande. Si le fils aîné a également un fils aîné, il peut d'abord prélever une partie du terrain, environ équivalente à la part de chaque frère, puis le reste est réparti équitablement entre tous les frères. Dans certains cas où les terres sont limitées, on peut simplement accorder une attention particulière au fils aîné. Lorsque les parents sont en vie, il faut conserver une partie des biens pour subvenir à leurs besoins, puis après leur décès, cette part est répartie équitablement entre les frères. Les frères non mariés pourront obtenir une part plus importante appelée « dot de la femme ». Les filles n'ont aucun droit d'héritage dans la famille, mais s'il n'y a pas de fils, on peut

---

[1] Ren Yifei et al, *Les Ouïghours*, Presse des Nationalités, octobre 1997, p. 157 ; Cao Hong, « La famille traditionnelle et l'évolution de la fonction familiale des Ouïghours », dans *Journal de l'École normale du Xinjiang, Édition de philosophie et sciences sociales*, n° 1, 1999.

[2] Équipe de rédaction de la série de la Région autonome ouïghoure du Xinjiang, *Enquête sur l'histoire sociale des Tadjik*, Presse populaire du Xinjiang, avril 1985, pp. 67-68.

marier sa fille à un gendre rattaché à la famille : elle aura ainsi le droit d'hériter des biens familiaux[1].

## *IV. Le droit coutumier relatif aux funérailles, aux croyances religieuses et aux interactions sociales*

Les différentes minorités ethniques réglementent les funérailles, les croyances religieuses et les interactions sociales par le biais du droit coutumier, de sorte que tous les aspects de la vie sociale sont régis par des normes sociales.

### 1. Les funérailles

Le droit coutumier relatif aux funérailles concerne principalement le régime funéraire, le lieu de sépulture, les rites funéraires (dépôt du cadavre, mise en cercueil, sacrifice, enterrement) et la piété filiale.

Selon le droit coutumier, le peuple Zhuang a généralement recours à l'enterrement.

Lorsqu'une personne décède, les enfants et les proches du défunt lavent tout son corps avec de l'eau, lui coupent les cheveux et le rasent quand il s'agit d'un homme, et quand il s'agit d'une femme, la coiffent et la maquillent ; on lui met par la suite des vêtements nouveaux. Au centre de la salle principale, un lit est placé sur deux bancs et recouvert d'un tissu blanc, sur lequel on pose le défunt recouvert aussi d'un tissu blanc. Lorsque le chef religieux fixe le moment propice, on commence la cérémonie de mise en cercueil. La mise en cercueil se fait avec l'aide des amis et des proches, des enfants et des neveux du défunt. On met un tissu blanc (papier blanc) sur le fond du cercueil et une ou plusieurs couches de tissu blanc sur le corps ; on y place certains vêtements et objets pour accompagner le défunt. Lorsque le cercueil est fermé, les membres de la famille pleurent.

Le cercueil doit être conservé à la maison en attendant que des parents et des amis éloignés viennent présenter leurs condoléances ; en même temps, on offre des sacrifices au défunt et on attend le moment propice pour l'enterrement. Le cercueil est généralement conservé à la maison pendant un

---

[1] Institut de recherche des nationalités de l'Académie chinoise des sciences et Équipe d'enquête sur l'histoire sociale des minorités ethniques dans la province du Fujian, *Rapport d'enquête sur l'ethnie She de Wang Shen-dong, village Qingjie, commune populaire de Shanmen, comté de Pingyang, province de Zhejiang*, publication interne, octobre 1958, p. 36.

à quatre jours, en fonction de l'âge du défunt et de la date des funérailles. Dans la plupart des cas, on invite cinq ou six prêtres ou maîtres taoïstes pour organiser les rites de transcendance de l'âme du défunt lors desquels les enfants en deuil doivent écouter en s'agenouillant et brûler du papier-monnaie. Lorsqu'ils viennent présenter leurs condoléances, les beaux-parents font également un don. Les personnes en deuil reçoivent des foulards en tissu blanc ou des vêtements de deuil en fonction de leurs affinités avec le défunt. Il faut alors choisir un moment propice pour les funérailles. On enterre le mort dans le cimetière familial. Les tombes des personnes âgées sont marquées d'une stèle funéraire et gravées d'inscriptions, tandis que celles des enfants ou des personnes mariées sans enfant ne peuvent pas être marquées. Le deuxième jour après l'enterrement, on doit faire un rond autour de la tombe avec des offrandes de papier-monnaie, puis à chaque fête annuelle du jour des Morts.

Les fils et filles portent des vêtements de deuil blancs et des coiffes blanches pendant quarante-neuf jours. Pendant cette période, les fils en deuil ne sont pas autorisés à prendre un bain, à se raser la tête, à porter des chaussures en tissu ou à participer à des activités récréatives[1].

Les Miao pratiquent surtout l'enterrement. La période de condoléances est très courte, l'enterrement a généralement lieu le jour même du décès. On ne choisit pas le moment de l'enterrement et on ne prête pas attention au fengshui[2] ou aux « veines du dragon ». Les rituels sont aussi très simples.

Lorsqu'une personne âgée est gravement malade, on doit généralement avertir sa famille, surtout lorsqu'il s'agit d'une mère. Après son dernier souffle, les membres de sa famille vont chercher de l'eau pour lui laver le visage et les pieds, et demandent à un ancien, qui est habituellement un ami du défunt, de lui changer les vêtements. Il y a des règles pour le nombre de vêtements : une seule paire de pantalons, une, trois ou cinq pièce(s) de hauts, un nombre pair étant à éviter. La tenue vestimentaire suit les règles coutumières selon lesquelles les vêtements des morts sont enveloppés de gauche à droite contrairement à ceux des vivants. Toute personne âgée de plus de soixante ans doit se faire arracher une dent, au cas où elle a toutes ses

[1] Équipe de rédaction de la Région autonome des Zhuang du Guangxi, *Enquête sur l'histoire sociale des Zhuang du Guangxi,* tome I, Presse des nationalités du Guangxi, mai 1984, pp. 62-64.

[2] Fengshui (风水) : géomancie chinoise (note du traducteur).

dents au moment de son décès.

Il n'y a pas de rituels particuliers lorsque les amis, les parents ou la famille présentent leurs condoléances, et il n'y a pas de cérémonie de « courbettes ». Dans certaines régions, une cérémonie d'« ouverture de la route » est organisée la nuit du décès afin d'introduire l'âme du défunt vers le paradis ; elle est menée par un maître des fantômes ou une personne de la famille qui connaît le rituel. Les objets funéraires sont enveloppés dans la ceinture du défunt. Ceux offerts par les membres de la famille sont à gauche, et ceux offerts par les proches sont à droite ; une cérémonie de « mogacha » (signifiant « récolte des grains ») est organisée avant qu'on ne creuse la tombe. Lors des funérailles, les femmes, telles que les filles et les belles-filles, s'arrêtent à l'extérieur de la porte ou à la sortie du village. Pour les familles riches, il existe un autre rituel de « pressage du cercueil » qui consiste en des funérailles somptueuses durant lesquelles on tue le bétail et on offre un repas pour assurer un enterrement en paix.

Les personnes décédées à la suite d'un meurtre, un suicide, une noyade, une chute, de complications liées à l'accouchement, d'un gonflement du corps, une intoxication ou à cause de certaines maladies rares ne sont pas autorisées à être ramenées à la maison pour le deuil ; généralement, aucune cérémonie funéraire n'est organisée. Le corps est directement transporté vers un lieu d'inhumation non familial. À l'issue de trois, cinq ou dix ans après l'enterrement, la plupart des corps sont exhumés et incinérés, puis leurs cendres sont transférées vers un autre lieu de sépulture[①].

Les Bai pratiquent généralement l'inhumation dans des cercueils en terre. Chaque famille dispose d'un cimetière commun ; les limites entre les cimetières communs des différentes familles sont strictement définies. Selon le droit coutumier, tous les hommes mariés avec enfants et épouse, en particulier les personnes âgées ou de haut rang, bénéficient de funérailles solennelles après une mort naturelle ; elles comprennent des rituels tels que les adieux, le lavage du corps, la veillée, la mise en cercueil, la sortie du cercueil, l'isolement de l'âme[②], l'enterrement, la chasse aux fantômes, etc. En revanche, les personnes mineures, les adultes non encore mariés, les

---

① Équipe de rédaction de la province du Guizhou, *Enquête sur l'histoire sociale du groupe ethnique Miao,* tome I, Presse des nationalités du Guizhou, décembre 1986, pp. 183-189.

② Ce qui signifie : séparer les âmes des vivants de celle du défunt et empêcher la mort d'enlever l'âme des vivants (note du traducteur).

hommes mariés sans descendance et leurs épouses (y compris les femmes ayant accueilli un mari au domicile et leurs époux), ou encore les personnes décédées de manière anormale – par exemple : par lapidation, par balle, par chute de falaise, par noyade, par accouchement difficile, etc. –, ne reçoivent généralement pas de funérailles importantes. Ils sont enterrés le jour même de leur décès, ou le lendemain au plus tard. Ces personnes ne peuvent pas être enterrées dans le cimetière familial, mais dans un coin de terre en bordure des champs ; l'inhumation est faite à la hâte[1].

Les Naxi pratiquent la crémation, à l'exception de certaines régions, comme Lijiang, où l'on pratique l'enterrement. Le droit coutumier exige que la famille endeuillée signale le décès aux membres du clan et aux voisins du village dès que la personne est décédée. On invite un homme d'âge moyen ou un Daba qui connaît bien les rituels funéraires à présider la cérémonie. Après avoir lavé le cadavre, on l'attache avec une corde comme s'il était assis en position accroupie ou avec les membres inférieurs pliés, on le met dans un sac en lin ou en toile blanche, on noue solidement l'ouverture du sac et on le met dans une grotte en terre creusée préalablement dans le sous-sol de la pièce principale, le cadavre faisant face à la porte ; ensuite, on le recouvre d'un pot en fer ou d'une planche en bois ou d'un gabion, puis on le scelle avec une couche de terre, la première pelletée de terre étant mise par le fils ou le neveu. Dans certains cas, le corps est placé dans un cercueil quand celui-ci est prêt.

La durée de conservation du corps varie ; c'est le lama ou le Daba qui choisit le jour pour brûler le corps. Le point de crémation est soit un terrain fixe pour la famille ou pour ceux du même nom, soit un lieu de crémation commun pour ceux qui sont mariés et âgés de plus soixante ans de la même famille ou du même nom ; ceux qui ont moins de soixante ans ou ceux qui meurent de façon non naturelle sont incinérés dans un autre lieu de crémation ; les filles non mariées et les lamas partagent le même lieu de crémation. Avant la crémation, une cérémonie d'adieu est organisée. On ramasse une partie des cendres des pieds à la tête et on les met dans une pochette de lin d'environ un *chi* de long et cinq *cun* de large[2] qui sera placée

---

[1] Comité de rédaction du Yunnan, *Enquête sur l'histoire sociale des Bai*, Presse populaire du Yunnan, 1983, pp. 43-52.

[2] Chi (尺) et cun (寸) : unité de longueur chinoise. Un chi = 1/3 mètre ; 10 cun = 1 chi (note du traducteur).

dans le cimetière commun de la même famille[1].

Le droit coutumier tibétain prévoit quatre modes d'enterrement : les funérailles célestes, les funérailles dans l'eau, la crémation et l'enterrement. Lorsqu'une personne est morte, c'est au lama de décider par divination le mode de funérailles à adopter, mais il considère le plus souvent le mode en fonction de la situation familiale du défunt. Les funérailles célestes sont les plus courantes. Les funérailles dans l'eau sont les plus courantes pour les enfants de moins de cinq ans, tandis que la crémation et l'enterrement sont les principaux modes pour les personnes décédées des suites d'une maladie infectieuse ou les femmes décédées en couches.

Après le décès d'une personne, on prévient les amis et les parents et on demande aux lamas de réciter des sutras pour « ouvrir le chemin ». Les amis et les parents envoient du beurre ou de l'huile claire pour allumer les lampes et éclairer le défunt. En général, les sutras sont récités pendant trois jours, tandis que le lama choisit la date de l'enterrement par divination. Les corps ne restent pas plus de sept jours à la maison après leur décès. Après l'enterrement, on récite les sutras pendant trois jours pour les familles riches, tandis que les familles pauvres ne le font pas. La plupart des familles n'établissent pas de tablette spirituelle et ne portent pas le deuil, à l'exception de certaines régions fortement influencées par le peuple Han. Quel que soit le mode adopté, après l'enterrement, il faut installer des drapeaux de prière pour le défunt. Croyant fermement que le défunt peut « renaître », les Tibétains ne sont pas aussi attristés que les Han de la mort d'un membre de leur famille et ils attachent une grande importance à la récitation des sutras pour la « transcendance[2] ».

Le peuple Oroqen pratique généralement les funérailles par le vent ou l'enterrement, tandis que les femmes enceintes sont incinérées après leur mort. Les personnes âgées ayant des enfants doivent rester dans le « pilier des immortels[3] » pendant trois à cinq jours avant d'être embaumées. Les

---

[1] Comité de rédaction de la province du Yunnan, *Enquête sur l'histoire sociale des Naxi,* tome III, Presse des nationalités du Yunnan, mars 1988, pp. 12-14 ; Comité de rédaction de la province du Yunnan, *Enquête sur l'histoire sociale des Naxi,* tome II, Presse des nationalités du Yunnan, décembre 1986, pp. 34-37.

[2] Équipe de rédaction des séries de recherche sur l'histoire sociale des Tibétains, *Enquête sur l'histoire sociale des Tibétains*, tome II, Presse populaire du Tibet, janvier 1988, pp. 105-106.

[3] Construit avec une trentaine de poteaux de bois en forme de parapluie semi-ouvert, recouvert d'écorce de bouleau, de peau de chevreuil ou de tissu (note du traducteur).

jeunes décédés sont embaumés le jour même ou le lendemain de leur décès. Lors de l'embaumement, on met le harnais, la vaisselle et les sacs à tabac utilisés par le défunt et, dans le cas d'un homme, un arc et des flèches, dans le cas d'une femme, des outils en cuir et une boîte à couture. Au moment des funérailles, il faut demander au chaman de prier ; le conjoint et les enfants du défunt doivent se rendre sur sa tombe pour brûler du papier.

Selon le droit coutumier, les enfants du défunt et les proches parents jusqu'à cinq générations du clan sont tenus de porter le deuil du défunt. Si le défunt est une femme avec des enfants, le mari portera le deuil pendant trois mois, tandis que la durée de deuil sera réduite à sept ou huit jours s'il n'y a pas d'enfant. Si le défunt est un homme, sa femme et ses enfants doivent porter le deuil pendant trois ans. Pendant la période de deuil, ils ne sont pas autorisés à se couper les cheveux, à porter de nouveaux vêtements, à participer à des activités récréatives, à se disputer avec d'autres personnes ou à se remarier. À la fin de la période de deuil, la personne en deuil ne peut pas enlever elle-même les vêtements de deuil, mais doit demander à un homme et une femme d'un autre clan de l'aider à les enlever. Après le décès d'une personne âgée, des offrandes sont faites chaque année pendant une période pouvant aller jusqu'à trois ans, la plus solennelle étant la fête d'anniversaire, où tous les parents et amis du défunt viennent assister au rituel. À la sortie, lorsque les enfants ou les proches et amis du défunt passent devant sa tombe, ils doivent lui rendre hommage en offrant des cigarettes et en se prosternant. Les funérailles des veufs et des veuves sont gérées par les familles du « Wulileng » par le biais de consultations ; il n'y a généralement pas de cérémonie d'anniversaire[1].

## 2. Les croyances et les activités religieuses

La vie religieuse occupe une place importante dans la vie sociale des minorités ethniques, de sorte que le droit coutumier de chaque groupe ethnique réglemente les croyances religieuses, les professionnels de la religion, les activités religieuses et les fêtes religieuses.

Le peuple Miao vénère ses ancêtres et croit aussi aux fantômes et aux dieux. Les principaux rituels ancestraux sont le « Daga » (打嘎) et le

[1] Qiu Pu, *Le Développement de la société Oroqen*, Presse populaire de Shanghai, septembre 1978, pp. 210-211.

« remboursement de l'argent », etc. Selon le droit coutumier, les rituels sont conduits par des cousins qui sont familiers avec les rituels. Le « Daga » a lieu après la mort d'une personne ; il est présidé par le chef des prêtres, le chef des intendants ou le maître d'autel, etc., tandis que d'autres personnes présentes chantent et battent le tambour et que les enfants en deuil se prosternent. La cérémonie se déroule dans la salle principale, puis se déplace à l'extérieur de la maison pour la « marche dans la cour ». À minuit, on organise la cérémonie de sacrifice. Le lendemain à l'aube, un pavillon est construit sur le sol devant la porte, on y organise la cérémonie de « remise du sacrifice » qui se termine par l'abattage du bétail et la cuisson de la viande pour le sacrifice.

Les Miao ne vénèrent pas les objets naturels tels que le bois et la pierre ; le culte des objets fabriqués par l'homme est limité au Bodhisattva de la terre. Les fantômes et les dieux peuvent être divisés en deux catégories : les « bons dieux » et les « mauvais esprits ». Lorsqu'il s'agit de prier les « bons dieux » et d'offrir des sacrifices, le chef de famille s'en occupe lui-même ; lorsqu'il s'agit de dissiper les « mauvais esprits » et d'offrir des sacrifices, on fait appel à un sorcier pour présider la cérémonie. Les rituels de prière aux « bons dieux » sont très élaborés et coûteux, avec trois types de rituels : le « cochon en cage de feu », le « fantôme de truie » et le « tai-san impérial », ainsi que les rituels de maître Luban (le créateur de l'architecture et de la charpenterie chinoises) en cas d'établissement d'une nouvelle maison.

Les sorciers, ou « mila » (*迷拉*) sont ceux qui divinisent et dissipent les fantômes ; ils ne sont pas séparés du travail productif et ne font pas de la sorcellerie leur profession. Avant de dissiper les « mauvais esprits », le mila effectue d'abord une divination (divination par les œufs ou par le riz) pour déterminer de quel type d'esprit il s'agit, puis il prépare un sacrifice pour dissiper les démons. Lorsqu'il accomplit le rituel, le sorcier ne reçoit aucune récompense, sauf un repas[1].

Dans de nombreuses régions Miao comme le sud-est du Guizhou, il y a une activité régulière consistant à tuer des taureaux pour le culte des ancêtres et appelée « festival des tambours ». Il s'agit d'un événement courant pour

[1] Équipe de rédaction de la province du Guizhou, *Enquête sur l'histoire sociale des Miao,* tome II, Presse des nationalités du Guizhou, avril 1987, pp. 63-72.

une famille, avec de nombreuses festivités complexes, qui dure pendant quatre ans, depuis la nomination du responsable des tambours, le ramassage des tambours doubles, le retour des tambours simples, l'abattage des arbres pour fabriquer les tambours simples, l'abattage des taureaux et des cochons, jusqu'à l'envoi des tambours simples dans la grotte. Il existe un certain nombre de règles coutumières en la matière, telles que les cinq chefs de tambours qui président les festivités, à savoir le premier, le deuxième, le troisième, le quatrième et le cinquième chef de tambours, chacun ayant ses propres fonctions. Le premier chef est le plus important, et le poste est confié généralement à un jeune marié simple et honnête, dont le père ou le grand-père doit être décédé depuis le dernier festival des tambours. En raison des coûts supplémentaires, du temps requis et des nombreuses restrictions, peu de gens sont disposés à prendre le rôle de premier chef ; cependant, ceux qui refusent catégoriquement risquent l'expulsion du clan et du village. Les quatre autres chefs sont également élus par le village et sont chargés de recevoir les gendres, de fournir du bois pour fabriquer des bancs, de jouer du lusheng[①] pour ouvrir la voie, de garder secrètement le « bol de jade » et ne le montrer à personne pour éviter de le perdre. Dans le même temps, on doit acheter et élever des bovins à cette fin et qui ne participent pas aux activités agricoles. L'abattage des bovins a lieu le douzième jour d'octobre et est précédé d'un examen par un contrôleur de bétail. Durant les quatorze jours après l'abattage des bovins, les activités spéciales des festivités atteignent leur apogée. Au mois d'octobre de l'année suivant l'abattage des bovins, on célèbre le festival des tambours par l'abattage des cochons, qui durera aussi quatorze jours consécutifs. Dans quelques régions où l'on célèbre le « festival des tambours blancs », il n'y a pas de tambours ni de chef des tambours, et aucune restriction ; les autres activités sont plus ou moins les mêmes que pour le « festival des tambours rouges » tel que présenté ci-dessus[②].

Selon le droit coutumier, les dieux et déesses vénérés par les Yao sont nombreux et complexes. Outre quelques dieux humains de leur propre ethnie, il existe des dieux du confucianisme et du taoïsme, ainsi que des

---

[①] Lusheng (芦笙) : orgue à bouche local (note du traducteur).

[②] Équipe de rédaction de la province du Guizhou, *Enquête sur l'histoire sociale des Miao,* tome I, Presse des nationalités du Guizhou, décembre 1986, pp. 247-266.

dieux humains des Zhuang et des Han portant des noms réels ; ceux-ci peuvent être divisés grosso modo en sept catégories, telles que les dieux des origines de l'humanité, les dieux de la nature, les dieux ethniques, les dieux des ancêtres, les dieux de la protection, les dieux des grands maîtres et les dieux des bêtes. On trouve des temples dans presque tous les villages, de quelques-uns à une douzaine, les principaux étant les temples du dieu de l'agriculture.

Les principales cérémonies de sacrifice comprennent : le sacrifice du dieu de l'agriculture, le rituel du Hongmen, les actes méritoires (faire des actes méritoires signifie : demander aux moines ou aux prêtres taoïstes de réciter les Écritures et de confesser afin de transcender les morts), le sacrifice au dieu errant, le sacrifice au roi Pan (*盘王*, considéré comme l'ancêtre de la nation), le sacrifice au roi Gan (*甘王*, héros de la nation), le Dujie (*度戒*, rituel de passage à l'âge adulte), le rituel à la déesse des fleurs, etc. En outre, il existe d'autres activités religieuses à l'occasion des maladies et d'autres grands événements comme les mariages et les funérailles, tels que la chasse aux petits fantômes, l'envoi de mauvais esprits, l'envoi de grands fantômes, la rupture des six Jia (*甲*, le premier des dix troncs célestes dans l'astrologie chinoise), l'ouverture d'une pente pour favoriser la naissance, la suppression des obscénités, l'installation d'un nom, la collecte de fleurs, l'installation d'un dragon, la chasse aux démons, la construction d'un pont, la bénédiction d'un mariage, l'accueil d'une mariée, l'offrande de vin aux dieux lors du mariage, la cérémonie de transcendance du défunt, le rituel devant la tombe, le creusement d'une tombe et le déplacement de sépulture, l'installation des poutres pour la construction d'un logement, l'installation d'un sanctuaire pour placer les tablettes d'esprits ancestraux, le choix d'une date propice, etc.

Les chefs religieux du peuple Yao sont les sorciers (Shigong ou maîtres rituels), les Daogong (prêtres taoïstes) et les « immortels » (personnes qui dialoguent avec les êtres surnaturels). Les Shigong, maîtres rituels et Daogong sont assez cultivés et sont considérés comme des personnes compétentes et respectées, mais ils n'exercent pas leurs fonctions à plein temps ; l'enseignement se fait surtout sous forme d'accueil de disciples. Les « immortels » sont souvent considérés comme étant possédés par des esprits et ont été choisis après un examen. Ils ont pour rôle principal de « vérifier la présence de fantômes ». Les Shigong et Daogong sont aussi politiquement dominants, puisqu'ils exercent le rôle de la plupart des chefs de stèle. Selon le droit coutumier, les Shigong, Daogong et « immortels » sont rémunérés par ceux qui les invitent à accomplir leurs actes ; ils ont chacun leur propre expertise lorsqu'ils sont appelés à prier pour les gens et à chasser les mauvais esprits[①].

Les Tibétains croient généralement au lamaïsme, avec des sectes rouge, blanche, noire, etc., qui se distinguent par la couleur des bonnets que les moines portent. Les Tibétains ont un grand respect pour les bouddhas vivants et les lamas. L'influence de la religion imprègne tous les aspects de la vie quotidienne, les coutumes et les tabous des fêtes, faisant de la religion la force la plus puissante de la société tibétaine. Le contenu du droit coutumier est très riche en la matière. C'est un honneur d'être lama. S'il y a deux garçons dans une famille, il doit y avoir un lama, et s'il y a trois garçons, deux doivent être lamas. Il y a aussi des cas où tous les garçons sont envoyés au monastère pour être lamas, tandis que les filles et les gendres qui rejoignent la famille héritent de l'entreprise familiale.

Les Tibétains sont toujours respectueux lorsqu'ils voient le Bouddha vivant et demandent à être « trempés » (c'est-à-dire qu'il leur touche le sommet de la tête) ; lorsque le Bouddha vivant sort, les habitants des villages situés le long du chemin lui offrent leurs cadeaux les plus précieux. S'ils sont malades, ils demandent au lama de réciter les sutras, et lorsqu'ils partent faire des affaires ou rendre visite à des amis dans des endroits éloignés, ils doivent d'abord demander au lama de faire une divination.

Chaque foyer tibétain possède des drapeaux de prière devant la porte, un moulin à prières à l'intérieur de la maison et une table d'offrandes pour le Bodhisattva. Les hommes et les femmes ont également un « gawu » (boîte-pendentif) en argent accroché à leur poitrine et contenant des reliques comme les cheveux du Bouddha vivant. Ceux qui ont plus de vingt ans tiennent un chapelet de boules de Bouddha dans leurs mains et chantent les louanges du Bouddha dès qu'ils ont un moment de libre. Les hommes et les femmes de plus de quarante ans ont également un petit moulin à prières à la main et qu'ils tournent sans cesse en scandant : « Om mani padme hum. »

---

① Équipe de rédaction de la Région autonome des Zhuang du Guangxi, *Enquête sur l'histoire sociale des Zhuang du Guangxi*, tome V, Presse des nationalités du Guangxi, janvier 1986, pp. 102-104, 219-220.

Les Tibétains se rendent souvent au monastère de Lama pour tourner leur moulin à prières, notamment lors d'occasions festives ou pour des affaires, le nombre de tours étant déterminé par la divination ; ils font souvent des pèlerinages dans les trois principaux monastères de Lhassa[①].

Le peuple Qiang croit au polythéisme primitif et n'a pas d'organisation ou d'institution religieuse. Les principales divinités qu'ils vénèrent sont les dieux du ciel, du soleil, de la montagne, de la maison, des moutons, etc. Il existe des sorciers Qiang – Duan Gong, qui sont étroitement liés à la vie et à la production du peuple Qiang. Selon le droit coutumier, le Duan Gong jouit d'un statut considérable. Il s'agit généralement d'un paysan qui ne quitte pas son emploi. Lorsqu'un Qiang est atteint d'une maladie ou fait face à des événements malencontreux, il doit demander à un Duan Gong de faire de la magie. Le Duan Gong ne se base pas sur des écritures ; il a été formé oralement par son maître. Le mouton est le principal objet de sacrifice pour prier les dieux et les fantômes. Le sacrifice à la montagne est la plus grande fête religieuse.

Les rituels du Duan Gong sont divisés en trois autels : l'autel supérieur, l'autel médian et l'autel inférieur. L'autel supérieur est consacré aux affaires divines : par exemple les rites de remerciement au Ciel après les récoltes, l'accomplissement de grands vœux, ainsi que les vœux et les offrandes liés aux enfants, à la maladie des parents, ou encore à la construction et à la rénovation des habitations. L'autel médian est dédié aux affaires humaines, comme la protection contre les influences négatives, la purification, l'éloignement des esprits maléfiques et l'attirance de la prospérité et de la richesse. Cela inclut également les rituels pour guérir les maladies causées par des esprits malins et les cérémonies pour célébrer les mariages et les funérailles en honorant les dieux. Enfin, l'autel inférieur est réservé aux affaires liées aux esprits maléfiques, telles que les exorcismes pour chasser les esprits malins et les rituels pour éloigner les esprits maléfiques associés aux décès violents[②].

Les Ouïghours pratiquent l'islam et l'influence de la religion est encore

---

① Équipe de rédaction du Sichuan, *Enquête sur l'histoire sociale des Tibétains dans la préfecture Ganzi du Sichuan*, juin 1985, Presse de l'Académie des sciences sociales du Sichuan, pp. 289, 300, 311-313.

② Yu Ronggen, dir., *Droit coutumier de l'ethnie Qiang*, Maison d'édition de Chongqing, décembre 2000, pp. 301-303.

plus forte. Le droit coutumier divise les croyants en quatre catégories selon leur degré de croyance religieuse: (1) les « xieliyeti » (*些里耶提*), qui sont des croyants ordinaires ; (2) les « kailibati » (*开里把提*), qui, en plus d'observer les règles générales de la religion, jeûnent secrètement de quelques dizaines de jours à trois mois chaque année ; (3) les « halikati » (*哈里卡提*), qui passent leurs journées à chanter et à prier, indifférents à la vie, à leurs épouses et enfants et aux biens ; (4) les « mailibati » (*买里把提*), qui sont les « sages » au-dessous des « saints ». La fonction de chef religieux est héréditaire ; ce n'est qu'en l'absence d'un successeur que les villageois peuvent en choisir un nouveau, et lorsqu'un nouveau est choisi, le droit d'utiliser les terres de la mosquée est transféré au nouveau successeur①.

Les Naxi, conformément au droit coutumier, croient principalement en leur propre religion Dongba, mais aussi au lamaïsme et au taoïsme. La religion Dongba est une religion polythéiste primitive qui vénère la nature, les fantômes et les ancêtres. Ses activités religieuses concernent tous les aspects de la production et de la vie, comme le culte des cieux, le culte des ancêtres, les mariages, les funérailles, le choix d'un nom, les festivals, la recherche de la longévité, la prière pour l'année, la prière pour la naissance d'un fils, la divination, le choix des jours ou moments propices, le traitement des maladies, l'élimination des fléaux, la transcendance, la chasse aux fantômes, etc. La religion Dongba n'a pas d'enseignements systématiques, pas de temples pour les activités religieuses ni d'organisation unifiée. Le Dongba se transmet généralement de génération en génération avec peu d'apprentis. Il n'y a pas de hiérarchie ; cependant, il existe des différences de niveau dues à des capacités différentes comme la maîtrise des écritures et des arts martiaux. Le prêtre Dongba peut se libérer du travail et recevoir une certaine rémunération à partir des activités religieuses, sans avoir de privilèges particuliers. La religion Dongba possède des écritures rédigées dans leurs propres calligraphies, pictographique et phonétique, qui sont très instructives et constituent une encyclopédie du peuple Naxi. De plus, chaque famille vénère le dieu de la cuisine dans la partie supérieure de l'étang de feu. Le dieu de la cuisine est le centre de la vie religieuse et des sacrifices ;

---

① Équipe de rédaction de la Région autonome ouïghoure du Xinjiang, *Enquête sur l'histoire sociale de l'ethnie ouïghoure*, Presse des nationalités, mai 2009, p. 4.

chaque famille organise des sacrifices de routine plusieurs fois par jour[1].

Comme les groupes ethniques du nord tels que les Hezhen, les Oroqen, les Daur et les Mandchous, les Ewenki croient généralement au chamanisme et vénèrent également « bainacha » (*白纳查*, dieu de la montagne) et « aojiaole » (*敖教勒*, dieu des ancêtres). Chaque clan a son propre chaman selon le droit coutumier, et après la mort du vieux chaman, son frère cadet, sa sœur cadette ou son propre fils hérite du titre. Le chaman jouit d'un grand prestige dans la société, mais n'a pas de privilèges. Il est chargé d'interpréter tous les esprits, les sources de chance, de malchance et de maladie, ainsi que l'« aojiaoer » (*敖教尔*, droit coutumier) du clan. Le chaman est tenu de soigner les malades de son clan (en chassant les fantômes par la danse de dieux) ; si les gens de son clan le lui demandent et qu'il refuse, selon le droit coutumier, on pourra l'attacher avec la corde en cuir de ses vêtements et le forcer à pratiquer la danse des dieux. Le rassemblement le plus important pour le chamanisme Ewenki est « aominaleng » (*奥米那楞*), auquel participe tout le clan. Il s'agit essentiellement d'une occasion pour le vieux chaman d'enseigner au nouveau chaman et de prier pour la paix et la prospérité du clan. Les fonds, les moutons, les bovins et les chevaux nécessaires au rassemblement sont apportés par les membres du clan dans la mesure de leurs possibilités[2].

### 3. Les interactions sociales

Les minorités ethniques disposent également de règles coutumières en matière d'interactions sociales ; elles précisent les principes, l'étiquette et les précautions à prendre.

Le droit coutumier des Dai dispose que les étrangers ne sont pas autorisés à entrer dans la pièce intérieure de la maison et, en cas de violation, les deux parties peuvent être sanctionnées financièrement. Si une personne séjourne dans la maison d'une autre personne sans le consentement de cette dernière, ou monte dans le bâtiment en bambou à l'insu du propriétaire, ce dernier peut lui infliger une amende. Si un propriétaire découvre qu'une personne qui séjourne dans la maison s'est rendue dans une autre famille

---

① Comité de rédaction du Yunnan, *Enquête sur l'histoire sociale du peuple Naxi*, tome II, Presse des nationalités du Yunnan, décembre 1986, pp. 57-60.

② Qiu Pu et al., *Forme sociale primitive des Ewenki*, Zhonghua Book Company, février 1962, p. 132.

pour se laver le visage, il pourra lui infliger une amende. Si une personne, ayant lavé du riz dans la maison où elle habite, se rend dans une autre maison pour le faire cuire, le propriétaire de cette dernière pourra lui infliger une amende s'il est informé de la situation. Le tatouage est populaire chez les Dai, et surtout chez les hommes ; ceux qui n'en ont pas sont soumis à une forte pression sociale. Les tatouages des femmes sont généralement des tatouages locaux, principalement sur les mains et les poignets. Dans le mois qui suit le tatouage, aucun étranger n'est autorisé à visiter le domicile de la personne tatouée et sur la porte duquel on met une marque. En outre, il existe de nombreux tabous pour les personnes tatouées, comme ne pas manger ce que les autres ont goûté, ne pas passer sous le pont ou sous le plancher du bâtiment en bambou, sous une jupe tubulaire de femme en séchage, sous l'abri des luffas ou sous l'auge du ruisseau en bambou, etc.[1].

Le droit coutumier Jingpo s'oppose à l'oisiveté. La personne oisive fait l'objet de discrimination par les villageois. Toute personne doit participer à toutes les activités et manifestations religieuses du village, sinon celle-ci ne recevra pas d'aide en cas de difficultés. On doit descendre de cheval lorsqu'on traverse un village. Lorsqu'on se rend chez quelqu'un pour jouer, il est interdit d'emprunter la porte-fantôme (porte arrière) pour entrer ou sortir. Il est également interdit de toucher les piquets fantômes situés devant la maison d'autrui, ni d'uriner ou de déféquer près de chez eux. Il est interdit de toucher les longs couteaux que les autres portent habituellement sur ceux, et les femmes en particulier n'ont pas le droit d'y toucher. Ceux qui emménagent ou qui déménagent doivent demander l'autorisation préalable du Shanguan (officier montagnard) ou du chef du village. Les personnes qui emménagent doivent offrir une petite bouteille de vin au Shanguan. Ceux qui partent enlèvent symboliquement les piquets servant à attacher leur bétail, signifiant ainsi la rupture des leurs liens avec le village[2].

Selon le droit coutumier De'ang, il est interdit, dans un bâtiment en bambou, de faire du bruit, de chanter, de cracher, de marcher sur le bois du foyer ou de prendre sans autorisation les affaires du propriétaire. Les invités et les amis doivent entrer et sortir du bâtiment en bambou par l'échelle en

---

[1] Équipe de rédaction de la province du Yunnan, *Enquête sur l'histoire sociale des Dai (Xishuangbanna, vol. 8)*, Presse des nationalités du Yunnan, juin 1985, pp. 104-105.

[2] Équipe de rédaction de la province du Yunnan, *Enquête sur l'histoire sociale du groupe ethnique Jingpo,* tome IV, Presse populaire du Yunnan, mai 1986, p. 111.

bambou de l'entrée principale, et il est interdit de traverser les chemins qui ne sont plus empruntés. Lorsqu'un jeune homme vient rendre visite à une jeune fille, il ne peut entrer ou sortir que par la porte de derrière. On doit enlever ses chaussures pour monter dans la maison et le bâtiment en bambou. Lorsque l'on cuisine dans la nature, il est interdit de poser les deux pieds sur le bois de chauffage ou de traîner une théière.

Chez les Li, en cas de conflits graves, les femmes insultent en crachant devant la personne visée pour exprimer leur mépris envers cette personne. En cas de querelles amoureuses entre femmes, elles se vengent en se déchirant mutuellement les vêtements ou en se coupant le visage avec une faucille. Pour les hommes, lorsqu'ils insultent quelqu'un, ils utilisent des malédictions en mentionnant les noms des ancêtres décédés de la personne visée, afin de l'humilier et de lui porter malchance. Selon le droit coutumier, les malédictions et les gestes les plus terribles sont : piétiner violemment le sol avec les pieds et pointer le doigt vers le ciel en proférant des malédictions. Il y a aussi des malédictions accompagnées de battements de tambour, ou encore des malédictions prononcées pendant l'acte d'uriner, etc. Afin d'éviter la propagation des maladies et de la peste, le droit coutumier exige que des feuilles soient accrochées aux intersections du village pour empêcher les étrangers d'entrer dans le village. À l'occasion de la naissance d'un enfant ou de cochons, de l'ensemencement des graines ou du brassage du vin de riz, on suspend des feuilles à l'entrée de la maison pour empêcher les étrangers d'y entrer. Le signe de suspendre des feuilles est connu comme « étoiles interdites », et tout le monde doit observer cette règle partout où il y a des étoiles interdites.

Selon le droit coutumier de l'ethnie Daur, on doit présenter ses respects aux anciens et aux aînés de la même génération, et se prosterner devant les anciens lors du Nouvel An ou lors d'un mariage ou de funérailles. Lorsqu'on sort pour rendre visite, on doit saluer les personnes âgées quand on entre dans la maison, puis s'asseoir sur le bord du lit et leur offrir des cigarettes. Sur la route, on doit se baisser et laisser le chemin aux personnes âgées. Les femmes ne sont pas autorisées à monter à l'arrière d'un véhicule ou à monter sur le toit d'une maison. Il est interdit de pointer vers les gens des objets pointus comme des couteaux, des ciseaux ou des baguettes[①].

---

[①] Morigendi, *Le Droit coutumier de l'ethnie Daur*, dans « Études ethnologiques » (VI^e série),

La société mandchoue est plus stricte dans ses rituels et possède un droit coutumier plus riche dans ce domaine. Exemples : « petits rituels » pour trois jours, et « grands rituels » pour cinq jours. Ainsi, si les jeunes ne voient pas les aînés pendant trois jours, ils devront les saluer quand ils les voient ; de même, s'ils ne les ont pas vus pendant cinq jours, les jeunes devront leur faire « bethe bukdambi », c'est-à-dire que les hommes devront faire une semi-génuflexion, la main droite tenant le genou, et les femmes devront s'accroupir avec les mains sur les genoux. S'il y a des invités à la maison, les jeunes devront venir les saluer en faisant une semi-génuflexion. Dans la famille mandchoue, la belle-fille sert ses beaux-parents avec le plus grand soin. Chaque jour, après s'être levée tôt, elle verse d'abord de l'eau pour ses beaux-parents avant de se rendre à la cuisine ; à table, la belle-fille donne du riz à ses beaux-parents avant de pouvoir se servir[①].

Le droit coutumier mongol exige que les femmes portent un chapeau ou un turban, un gilet et des bottes lorsqu'elles accueillent des invités pour faire preuve de respect. Les hommes ne portent que la mandarine (une espèce de robe courte) quand ils reçoivent des invités. Après le départ d'un invité, on ne doit pas jeter de la poussière ou frapper le sol en feutre, ni le faire lorsqu'un invité entre dans la maison. On ne doit pas actionner des ciseaux dans le vide sans raison. Il est également tabou pour quelqu'un qui n'est pas son maître de toucher un jeune chameau avec les mains[②].

Les Tibétains attachent une grande importance aux rituels ; la remise de hada est un protocole important dans leurs relations. À statut social égal, on se fréquente ; à statut différent, celui qui est de rang inférieur offre des cadeaux à celui qui est de rang supérieur qui, conformément au droit coutumier, peut les accepter sans bouger et sans avoir à offrir des cadeaux en retour.[③]

---

Presse des nationalités, mars 1985, pp. 274-275.

① Zhang Guoqing, « Étude préliminaire sur les tabous et les coutumes des minorités ethniques dans le Nord-Est du temps ancien », dans *Échanges académiques*, n° 6, 1998.

② Cai Zhichun et al., *La Culture mongole*, Presse des sciences sociales de Chine, août 1993, p. 450.

③ Équipe de rédaction pour la série de recherches sur l'histoire sociale tibétaine, *Enquête sur l'histoire sociale de l'ethnie tibétaine,* tome III, Presse populaire du Tibet, juin 1989, p. 52.

# Chapitre 9 Le contenu du droit coutumier des minorités ethniques de Chine (II)

Le droit coutumier des minorités ethniques de Chine est très riche en ce qui concerne les activités économiques, la propriété et le droit des obligations. Il réglemente la production agricole, l'organisation de la chasse, la distribution du gibier, l'organisation de la pêche et la distribution des produits de la pêche, la cueillette, le droit de propriété en général, le droit de possession et d'utilisation des terres dans les montagnes et les forêts, le droit de possession des pâturages, le droit de possession et d'utilisation des lieux de pêche, la vente et la mise en hypothèque des terres, la location, l'emploi, le prêt d'argent, l'échange des marchandises, etc. Le droit coutumier régit les relations de production, protège les activités productives, sauvegarde les droits de propriété et les créances des villages, des familles et des individus, et promeut le développement social.

## *I. Le droit coutumier relatif à la production et à la distribution des biens*

Au cours de millénaires de travail productif, les différentes minorités ethniques chinoises ont élaboré de nombreuses règles coutumières, tant sur l'agriculture que sur l'élevage et la chasse et que sur la pêche et la cueillette, ce qui a contribué au développement de la production et à la consolidation de la stabilité sociale.

### 1. La production agricole

Les minorités ethniques, en particulier celles du sud, ont de nombreuses règles coutumières sur l'organisation de la production agricole, les dates de travail, l'aide mutuelle à la production, l'utilisation des outils de production, etc.

L'un des éléments les plus importants du droit coutumier des Yao est lié à la production agricole. Chaque année en février et en août, lors des sacrifices printanier et automnal du village, le chef (ancien du village) doit prononcer un « discours » à la communauté pour annoncer le droit coutumier qui doit être respecté lors de la production agricole. Les règles du sacrifice de février incluent des dates spécifiques pour le trempage des graines de riz, la préparation des pépinières, le labourage et le nivellement des champs de riz, ainsi que la transplantation de jeunes plants de riz (tous les villageois sont tenus de le faire la même journée) ; la coupe de l'herbe (engrais vert) ne doit se faire qu'après un coup de canon, personne n'étant autorisé à se précipiter pour être le premier ; l'irrigation des champs doit se faire par les canaux d'irrigation traditionnels et il est interdit de creuser ou de modifier ces canaux ; quand quelqu'un d'autre vient de labourer un champ, il faut attendre trois jours avant qu'on puisse emprunter ce champ pour irriguer les champs en aval ; lors du labourage et du nivellement des champs, les bovins doivent suivre les anciens sentiers désignés et il est interdit de passer sur les champs où cela n'est pas autorisé ; il est aussi interdit de prendre les sacs de nourriture et les outils de labourage des autres ; si quelqu'un remarque que l'eau d'un champ voisin s'écoule, il doit aider à colmater les fuites ; après le Qingming, personne ne doit laisser sortir ses poulets, canards ou cochons. Les règles du sacrifice d'août comprennent l'interdiction de pénétrer dans la vieille montagne ; l'interdiction de laisser les poulets, les canards et les cochons se nourrir dans les champs ; l'interdiction de prendre de la nourriture et du riz sans autorisation ; quand on marche sur la route en portant des gerbes de riz, ceux qui sont rassasiés doivent dévier leur route et laisser partir ceux qui ont le ventre affamé ; l'interdiction de voler des graines de tung et de thé (on doit attendre que le propriétaire finisse le ramassage avant de les récupérer). Les Yao ont encore de nombreux tabous en matière de production agricole, tels que l'interdiction de travailler certains jours, l'interdiction d'utiliser des bovins ou de transporter du fumier certains jours, etc.[①].

La plupart des régions montagneuses du peuple Dai pratiquent un système de jachère sur brûlis. Le riz sec est planté une fois tous les huit ans, tandis que le maïs est planté une fois tous les trois ans. Chaque ménage coupe sa terre séparément, tandis que le brûlage se fait le même jour. L'ensemencement se fait plutôt par échange mutuel de travail, le propriétaire invitant les hommes et les femmes par couple. Les travailleurs invités

---

[①] Équipe de rédaction de la Région autonome des Zhuang du Guangxi, *Enquête sur l'histoire sociale des Yao du* Guangxi, tome I, Presse des nationalités du Guangxi, février 1984, pp. 68-69.

apportent leurs propres repas ; l'hôte ne sert que du poulet et du poisson. La coutume veut que l'on commence à semer au milieu du champ, le chef de la famille et la maîtresse de maison érigeant quatre piquets de bois d'environ une personne de haut au milieu du champ en un quadrilatère. On plante huit unités au milieu avant de commencer à semer tout autour. Il y a aussi des règles pour la récolte. Ainsi, les huit unités qui ont été semées en premier doivent être récoltées en dernier. Au moment du tallage, chaque famille doit offrir des sacrifices (quatre poulets dont un sert de sacrifice au ciel). Dans certaines régions, chaque année, avant le début de la production agricole, le chef de quartier donne un avis verbal sur la place du marché : appelé « appel au voisinage », il indique que la saison est arrivée et que l'on doit semer les plants de riz ; pour protéger les cultures, il faut clôturer les champs, attacher le nez des bovins, enchaîner les cochons avec des triangles en bois, et garder les chiens sous contrôle, etc.[1].

Le droit coutumier des Jingpo dispose qu'avant le labourage printanier, on doit offrir des sacrifices au temple officiel, sinon nul n'est autorisé à couper, brûler ou planter la terre ; un étranger qui vient au village pour cultiver la terre doit remettre un seau de grains pour le sacrifice au temple officiel ; il est interdit de couper et de planter dans une montagne seul ; il est interdit de faire des feux sauvages sans motif, et quiconque fait un feu sauvage est puni à hauteur d'un bœuf ou d'un cochon ; il est interdit de couper, brûler ou planter la terre devant le temple officiel. Avant les semailles de printemps, une fois le sacrifice terminé, une cérémonie de semis a lieu sur la terre du Shanguan (officier montagnard), avec le Dongsa[2] récitant un mantra. Puis, deux jeunes hommes et deux jeunes femmes sélectionnés à l'avance sèment les graines : les femmes utilisent une petite houe de bambou pour creuser un trou et semer les graines, les hommes derrière elles recouvrent le sol avec un balai en bambou pour enterrer les graines. Certains villages enterrent aussi un cochon pour que les esprits de la terre puissent en profiter, tandis que d'autres offrent tous les trois ans un bœuf par l'entremise du Shanguan : une fois abattu, le bœuf est enseveli et dédié ainsi aux esprits de la terre. Avant la récolte d'automne, tout le monde

---

[1] Comité de rédaction de la province du Yunnan, *Enquête approfondie sur la société Dai de Xishuangbang,* tome I, Presse des nationalités du Yunnan, décembre 1983, pp. 34-35.

[2] Dongsa (*董萨*) : chef religieux de l'ethnie Jingpo, principal communicateur et successeur de la culture Jingpo (note du traducteur).

dans la région, hommes, femmes, vieux et jeunes, se rend aux maisons du Shanguan et du chef du village pour une « cérémonie de dégustation ». Ensuite, chaque famille peut commencer à récolter. Après la récolte du nouveau grain, avant le battage, on offre un sacrifice au tas de grains, et avant de le mettre dans la grange, une cérémonie est organisée pour appeler les esprits du grain[①].

Le droit coutumier du peuple Hani prévoit la présence d'agents publics dans chaque canal, avec deux chefs élus pour leur impartialité, leur prestige parmi les membres qui utilisent le canal et leur capacité à traiter les violations de l'accord sur l'utilisation de l'eau. Le chef de canal est un poste bénévole qui ne reçoit aucune rémunération. En outre, il y a des surveillants de canal qui doivent avoir de l'expérience dans la gestion des canaux et la distribution de l'eau, afin d'utiliser et de distribuer l'eau de manière judicieuse, et de s'assurer que l'eau est disponible dans chaque rizière pour garantir la croissance du riz. L'embauche du surveillant de canal est discutée lors d'une réunion, et si le surveillant précédent est compétent, il reste en poste, sinon, un autre est nommé à sa place. Chaque ménage prend en charge la rémunération du surveillant ; cette dernière est fixée en fonction de la taille du canal. Les canaux sont creusés de façon collective, chaque foyer participant aux travaux ; ceux qui n'y contribuent pas paient une certaine somme d'argent. Chaque canal dispose de fonds publics, conservés et utilisés par le surveillant. Le chef du canal est responsable des activités religieuses de nature rituelle. Le vol d'eau entre les ménages est interdit[②].

Les Yi ont également une coutume d'entraide de travail dans les activités agricoles. Elle comprend principalement : (1) L'échange de main-d'œuvre. Il existe ainsi un échange de travail dans les activités de production, soit entre les travailleurs manuels, soit entre les travailleurs manuels et les animaux (bovins), deux travailleurs manuels s'échangeant contre un bovin. (2) L'invitation au travail. Toute personne qui ne peut pas travailler en raison d'un manque de main-d'œuvre ou d'une maladie demandera à ses amis et à ses proches de l'aider à travailler gratuitement ; le déjeuner est fourni par le ménage qui en fait la demande. En outre, à partir

---

① Équipe de rédaction de la province du Yunnan, *Enquête sur l'histoire sociale des Jingpo*, tome III, Presse des nationalités du Yunnan, mars 1986, p. 15.

② Comité de rédaction du Yunnan, *Enquête sur l'histoire sociale des Hani*, Presse des nationalités du Yunnan, juin 1982, p. 51.

du troisième jour du troisième mois du calendrier lunaire, s'il pleut, aucun travail ne sera effectué pendant trois jours ; s'il ne pleut pas, aucun travail ne sera effectué pendant sept jours, ni aucun broyage, vannage ou coupe de bois[1].

2. L'organisation et la production de la chasse

Comme la plupart des minorités ethniques vivent dans des zones montagneuses, il existe de nombreuses règles coutumières concernant l'organisation et la production de la chasse, en particulier pour certains groupes ethniques dans le nord.

Selon le droit coutumier, les Hezhen pratiquent la chasse collective. L'organisation de la chasse se fait de façon temporaire : les gens se regroupent librement, cherchant généralement à faire participer les parents de sang ou les amis proches, mais les étrangers qui souhaitent y participer sont acceptés. Les participants à la chasse collective sont tous des hommes et la grande majorité est jeune et forte.

La chasse est menée par un chasseur expérimenté, impartial, plus âgé et bien familiarisé avec le terrain. Il est choisi par tous les membres pour être le « chef » (chasseur de têtes). Il connaît la zone de chasse et c'est lui qui choisit le terrain de chasse. Il consulte les membres quand il a affaire à des problèmes majeurs, tels que la division du groupe, l'étude du logement, de la nourriture, du terrain et de la durée de chasse, le partage du gibier, etc. Le chasseur de têtes n'a pas de privilèges.

Lors de la chasse, les Hezhen suivent de nombreuses normes de droit coutumier, telles que : (1) Chaque fois qu'on se rend dans un nouveau lieu de chasse, le chasseur de têtes, tenant un bâton non encore brûlé à fond, conduit tous les membres à s'agenouiller pour implorer les dieux de la montagne : « Qu'on nous protège de façon que nous menions bien la chasse et rapidement (c'est-à-dire plus de proies ; au cas où certains jeunes chasseurs disent des mots étranges, que les dieux de la montagne les en excusent). » (2) Il faut faire ce qu'on a à faire dans les montagnes vertes (dans la forêt vierge), et ne jamais dire des choses étranges ou trompeuses, comme : « Je vais avoir beaucoup de gibier demain. » On ne doit pas dire

---

[1] Équipe de rédaction de la province du Yunnan, *Enquête sur l'histoire sociale des Yi du Yunnan*, Presse populaire du Yunnan, octobre 1986, p. 308.

combien de gibier on va avoir avant de l'avoir obtenu, sinon on va offenser les « dieux de la montagne » et on n'obtiendra pas de gibier. (3) Il est interdit aux chasseurs de s'asseoir sur les grosses souches d'arbre dans la montagne, car on pense qu'elles sont réservées aux dieux de la montagne ou au vieux chasseur de têtes pour s'asseoir dessus. (4) Après avoir mangé dans la cabane de chasse, on doit bien nettoyer le feu, bien fermer la poêle à plat et mettre les ustensiles de table dans un ordre approprié. Il est interdit de secouer le pot ou de le frapper lorsqu'il est suspendu à la fourche d'un arbre. Il est également absolument interdit de tourner la marmite avec un couteau. (5) Les femmes ne sont pas autorisées à s'asseoir sur les fusils de chasse, les balles et les outils de chasse ; elles ne sont pas autorisées à s'asseoir sur les vêtements portés par les hommes ou à passer par-dessus. (6) Lorsqu'on rencontre d'autres chasseurs dans la montagne, on doit les inviter dans la cabane et leur offrir un repas avant de les laisser repartir. (7) Au cours d'une expédition de chasse, lorsqu'il est effectivement impossible de capturer du gibier, il est permis, à titre tout à fait exceptionnel, qu'un chasseur se rende dans la cabane des autres et prenne à leur insu une petite quantité de sel ou de tabac en feuilles[1].

Selon le droit coutumier, les Daur se regroupent en coopération quand ils partent à la chasse loin de chez eux ; ce n'est qu'à proximité du village qu'ils peuvent chasser seuls. L'organisation de la chasse qui part loin s'appelle « Anag » (*阿纳格*). La personne la plus âgée du groupe prend le rôle de « Tatanda » (*塔坦达*, chasseur principal) ; elle détermine la direction de la chasse, organise le travail collectif et préside au partage des produits. Lorsque l'Anag est formé, on choisit un bon jour pour partir. Avant le départ, on tue des cochons et des moutons et on mange ensemble ; les voisins et les proches se présentent à la porte pour les accompagner. L'homme le plus âgé lève un grand bol de vin et prononce quelques mots de bon augure, puis il prend lui-même une gorgée de vin et passe le bol aux chasseurs pour qu'ils boivent à leur tour. Après avoir bu le vin, Anag se met en route. Lorsqu'ils rencontrent un ovoo[2] en chemin, ils y ajoutent des pierres, accrochent des bandes de tissu rouge au mât du drapeau et font des prosternations. Au

[1] Équipe de rédaction, *Brève histoire du groupe ethnique Hezhen*, Presse populaire du Heilongjiang, août 1984, pp. 185-186.
[2] Ovoo : tas de pierres sacrées (note du traducteur).

moment du repas, les chasseurs lèvent leur bol de riz avec les deux mains en attendant que le chef « Tatanda » dise « Bainacha » (*白那查*, dieu de la montagne) avant de manger.

Chez les Daur, il existe également une forme d'« Anda » (signifiant ami ou frère vertueux ; elle est devenue par la suite une forme de coopération par le travail) lors de la chasse, dans laquelle une famille riche apporte les moyens de production et le chasseur partage la moitié du gibier avec la famille riche. Si la prise de chasse est trop faible ou si le chasseur n'a rien obtenu, et qu'il est endetté envers la famille riche, il reviendra l'année suivante et donnera la moitié de ce qu'il aura obtenu à la famille riche. À part les moyens de production apportés par la famille riche durant la première année, la nourriture et les munitions de la deuxième année sont toujours fournies par la famille riche①.

Les Miao chassent principalement pendant les mois d'hiver ; lorsque les montagnes sont fermées par la neige, on invite une dizaine d'amis à aller chasser dans les montagnes, alors que d'habitude la chasse des moutons de roche et des loutres se fait seul. Quand on chasse, il faut éviter les mots qui portent malheur. Lorsque l'on chasse en groupe, il est de coutume de tuer un poulet pour rendre hommage au Bodhisattva et de réciter : « Nous allons chasser dans les montagnes, si l'on a des prises, on les partagera à parts égales, mais si l'on n'en a pas, on laissera tomber. » Cela signifie que tout le monde y participe de son plein gré, et que chacun recevra une part du gibier. S'il y a un accident, on en prendra soi-même la responsabilité, et on n'aura rien à reprocher à ses collègues chasseurs. S'ils rentrent les mains pleines, les chasseurs offriront des foies de gibier au Bodhisattva en guise de remerciements②.

Le droit coutumier du peuple Derung prévoit deux types de chasse : individuelle et collective. Lorsque la chasse est menée collectivement, elle est commandée par des chasseurs expérimentés ; chacun apporte sa propre nourriture et ses armes et on s'associe volontairement. Pour que l'on sache clairement qui a touché la bête, chaque personne a des flèches différentes, faciles à identifier. Chaque famille accroche le crâne et les cornes des bêtes

---

① Morigendi, *Le Droit coutumier de l'ethnie Daur*, dans « Études ethnologiques » (VI$^{e}$ série), Presse des nationalités, mars 1985, p. 275.

② Équipe de rédaction de la province du Guizhou, *Enquête sur l'histoire sociale des Miao*, tome I, Presse des nationalités du Guizhou, décembre 1986, p. 135.

chassées à une poutre en bois, une porte, ou un poteau, en signe de bravoure et de réussite. Au sein d'un même clan, il existe des terrains de chasse communs et dont l'accès est réservé aux membres du clan ; les membres d'autres clans ne sont pas autorisés à y chasser sans le consentement des membres du clan. Les terrains de chasse sont principalement délimités par des pics de montagne et des vallées fluviales. Si un membre du clan pénètre sur le terrain de chasse d'un autre clan à la poursuite d'un animal sauvage, la moitié de la prise sera donnée au propriétaire du terrain[1].

3. La distribution des produits de la chasse

Le droit coutumier de chaque groupe ethnique réglemente également le principe de la distribution des produits de la chasse, son étendue, ainsi que la quantité et l'ordre de la distribution, etc.

Le peuple Oroqen chasse sous forme d'« Anag » ; la partie commercialisée du produit de la chasse et la peau des animaux sont distribuées à parts égales entre les chasseurs. La viande des animaux est distribuée de façon égale parmi les ménages dans la plupart des zones du périmètre de « Wulileng ». Dans l'« Anag », les chasseurs et les « Tugaqin » (*吐嘎钦*, « cuisinier ») reçoivent tous une part, de même que les veuves qui les accompagnent à la chasse. Les autres femmes, si elles ont déjà des hommes de la famille participant à la chasse, ne recevront qu'une part discrétionnaire, ou tout au plus une demi-part. S'il n'y a pas assez de peaux, elles sont distribuées à tour de rôle, c'est-à-dire que celles prises par A sont distribuées à B, celles de B à C, etc. Le chasseur est chaque fois exclu de la distribution de sa propre prise. En pratique, pour la distribution, une peau d'orignal est considérée comme deux parts, la peau de cerf ou de chevreuil est comptée comme une part. Dans la chasse collective « Anag », la distribution se fait à parts égales, quelle que soit la quantité de chevaux ou de moyens de subsistance apportés par chaque personne. Lorsqu'on chasse seul, la partie commercialisée des produits de chasse et les peaux appartiennent au chasseur. Dans la plupart des régions, la viande est distribuée à parts égales parmi les ménages du périmètre de « Wulileng », tandis que dans d'autres régions, seule une petite quantité est distribuée à chaque ménage de façon

---

[1] Luo Yu, *Culture matérielle du Yunnan : volume pour la cueillette, la pêche et la chasse*, Presse de l'éducation du Yunnan, novembre 1996, p. 293.

discrétionnaire. Si un chasseur est en train de dépecer un chevreuil après la chasse et qu'un autre chasseur tombe dessus, le premier le laissera dépecer le chevreuil et lui donnera une grande partie de la viande après le dépeçage①.

Selon le droit coutumier, les chasseurs Daur adoptent la répartition égale du produit de la chasse. Le produit de la chasse est distribué par le Standa (*斯坦达*, le chef) qui le répartit en tas en fonction du nombre de personnes de l'Anag, les tas étant équilibrés entre eux autant que possible en termes de variété et de quantité. À l'issue de la division par le Standa, s'il y a des irrégularités dans la répartition, on pourra suggérer des ajustements. C'est le plus jeune qui fait le choix en premier, et le dernier tas reviendra au Standa. Dans certaines régions, on range les couteaux ensemble, et le Standa les jettent respectivement sur les tas de proies divisés par lui ; chacun prendra le tas sur lequel son couteau a été jeté. Postérieurement, il y a eu aussi la pratique de partager l'argent après la vente du produit de chasse. Si un sanglier est abattu, la tête sera distribuée à la personne qui l'a tué. Si un chasseur poursuit un animal sauvage et qu'il est tué par un autre chasseur, la prise sera divisée à parts égales entre les deux. Une fois un renard chassé, on doit allumer un tas d'herbes sur place ; toute personne qui arrive sur place alors que la fumée est en cours peut participer au partage②.

4. L'organisation et la production de la pêche et la distribution des produits de la pêche

Le droit coutumier de certaines minorités ethniques régit en partie l'organisation de la pêche, la période et les lieux de la production de la pêche et la distribution des produits, etc.

Le peuple Yao a de nombreuses règles coutumières sur la pêche, dont les principales sont : (1) La période de pêche annuelle s'étend du sacrifice printanier en février à celui de l'automne en août. (2) La période de pêche par nasse de bambou et celle de pêche à la ligne sont les mêmes. (3) Pas de pêche au filet ni d'empoisonnement des poissons à aucun moment. (4) Lorsqu'un membre de la famille est malade et qu'on doit offrir des sacrifices aux fantômes avec des poissons, on est autorisé à pêcher quelques poissons

① Qiu Pu, *Le Développement de la société des Oroqen*, Presse populaire de Shanghai, septembre 1978, pp. 207-208.

② Morigendi, « Le droit coutumier de l'ethnie Daur », dans *Études ethnologiques* (VIe série), Presse des nationalités, mars 1985.

sur la plage, mais peu cependant. (5) Lorsqu'une personne âgée de la famille est décédée, on ne peut pêcher sur la plage que pendant une journée, sans limites en quantité. (6) Si quelqu'un d'autre attrape des loches dans le champ par une nasse, le propriétaire du champ ne peut pas détruire la nasse ou la jeter hors du champ[1].

Les Naxi ont des zones de pêche fixes, les « Niyi » (*尼意*). Les limites de chaque Niyi sont inviolables selon le droit coutumier ; si une partie franchit la limite, les poissons pêchés seront confisqués. On pratique la pêche collective en bateau avec des filets. Dans chaque Niyi, une ou deux douzaines de personnes organisent un « Qiude » (*丘得*, groupe) et choisissent un « Wumei » (*屋梅*, chef) expérimenté pour diriger la pêche, organiser la main-d'œuvre et présider à la distribution des poissons. Les pêcheurs sont principalement des hommes et les poissons pêchés sont distribués le jour même. Chaque famille de pêcheurs participant au Qiude doit respecter le droit coutumier ; les membres du Qiude ont également le droit de bloquer les poissons à l'intérieur du Niyi. Dans les rivières, les Naxi pratiquent généralement l'encerclement des poissons par filet, avec quatre hommes organisés de manière ponctuelle, trois pour tenir le filet et un pour tirer la corde. Dans une telle organisation de pêche *ad hoc*, celui qui a le filet et la corde est l'initiateur, il peut obtenir une part plus importante lors de la distribution[2].

Pour le peuple Hezhen, la pêche s'organise généralement par famille, mais la pêche collective n'est pas rare. Selon le droit coutumier, les partenariats de pêche ne sont pas fixes ni de longue durée, mais sont formés par une association volontaire, le plus souvent parmi les personnes les plus proches ou celles qui sont liées par le sang ou la famille. Dans le partenariat, une personne plus âgée, ayant de l'expérience dans la pêche, est choisie comme « chef », qui organise la division du travail, dirige la pêche et choisit le lieu de pêche. S'il y a quelqu'un qui tient des propos déplacés, ou s'il y a des disputes, c'est le chef qui se charge de persuader et d'éduquer les gens ; le chef est aussi responsable de la réparation des hameçons, du

---

[1] Équipe de rédaction de la Région autonome des Zhuang du Guangxi, *Enquête sur l'histoire sociale des Yao du Guangxi*, tome I, Presse des nationalités du Guangxi, février 1984, p. 191.

[2] Équipe de rédaction de la province du Yunnan, *Enquête sur les formes sociales et familiales du peuple Naxi dans le comté autonome Yi de Ninglang*, mars 1987, Presse populaire du Yunnan, pp. 27-29.

raccommodage des filets et d'autres travaux méticuleux. Le chef ne jouit pas de privilèges. Ceux qui sont compétents en matière de pêche se consacrent volontairement plus à la pêche, tandis que ceux qui sont moins compétents font plus de cueillette de bois de chauffage, de cuisine et de transformation des poissons, etc. Si plusieurs familles pêchent dans la même zone, on doit respecter le système de rotation convenu et on ne doit pas agir arbitrairement. En même temps, on ne peut pas intervenir dans les zones où les autres ont déjà mis des hameçons et des filets. Si quelqu'un n'a vraiment pas de zone de pêche, les pêcheurs discuteront d'une solution, dans un esprit de solidarité et d'assistance mutuelle. Il existe également de nombreuses normes coutumières relatives à la pêche, telles que l'interdiction pour les femmes enceintes ou en période de menstruation de monter sur les bateaux de pêche ou de se rendre sur les lieux de pêche ; si une personne qui participe à la pêche a un décès dans sa famille, elle doit traverser un feu allumé sur place à son arrivée sur le lieu de pêche ; les participants à la pêche ne sont pas autorisés à prononcer des mots étranges ou raconter des blagues, etc.[①].

5. La cueillette

Certains groupes ethniques disposent d'un droit coutumier en matière de cueillette.

Les Hezhen cueillent les fruits et les légumes sauvages généralement en groupe, avec en tête quelqu'un qui connaît bien la géographie du lieu, la participation étant volontaire. Normalement, tous les membres partagent les produits sur un pied d'égalité, quel que soit leur âge. Si la cueillette se fait de façon individuelle, on gardera ce qu'on a recueilli. Si un voisin n'est pas en mesure de cueillir des légumes ou des fruits et qu'il n'a rien à manger, on lui en offrira quelques-uns. Lors des activités de cueillette, lorsqu'on rencontre une statue divine ou que l'on passe devant un temple, il ne faut pas dire de bêtises ou toucher aux idoles en bois, mais se prosterner devant la divinité et dire : « Je me prosterne devant le dieu, et ne soyez pas offensé si nous faisons quelque chose de mal. » Les règles coutumières sont plus nombreuses quand on creuse pour chercher du ginseng dans la montagne.

---

[①] Équipe de rédaction de la *Brève histoire du peuple Hezhen*, *Brève histoire du peuple Hezhen*, Presse populaire du Heilongjiang, août 1984, p. 169.

Les chercheurs de ginseng doivent se prosterner devant le dieu de la montagne tous les matins, et aussi le soir lorsqu'ils rentrent dans leurs huttes. Lorsqu'une personne trouve du ginseng, il doit crier « bâton-marteau », et les autres demandent alors quel « bâton-marteau », la personne répondra tel ou tel « bâton-marteau ». On ne doit pas prononcer de gros mots ou de bêtises①.

En général, chez les Ewenki, ce sont les femmes qui se chargent de la cueillette. Elles s'associent volontairement et choisissent parmi elles une personne âgée, prestigieuse et expérimentée comme « Tadanda ». La cueillette peut aussi s'organiser dans le cadre d'une famille. Pendant la journée, on peut chanter librement, mais la nuit, il est interdit de chanter, d'allumer un feu ou de verser de l'eau dessus ; les pots doivent être manipulés avec précaution. La règle de distribution est que ce qui est cueilli revient à celui qui l'a cueilli②.

Sans l'autorisation de leur chef, les Tibétains ne sont pas autorisés à se rendre dans les « montagnes sacrées » pour y déterrer, sous peine d'amende, des herbes médicinales telles que le cordyceps sinensis, la frillaire, la gentiane à feuilles larges et l'anemarrhenaceae. Ceux qui ont l'autorisation du chef doivent lui remettre la moitié des herbes qu'ils ont déterrées. Ils ne sont cependant pas autorisés à abattre les arbres sacrés, ni à franchir la frontière pour couper du bois de chauffage sous l'autorité d'un autre chef. En cas d'infraction, ils sont assujettis à une amende, doivent rendre le bois qu'ils ont coupé et se voient confisquer la hache utilisée pour couper le bois et la corde pour le transporter③.

## *II. Le droit coutumier en matière de propriété*

Le droit coutumier en matière de propriété des minorités ethniques comprend principalement : la propriété générale des biens ; la propriété, la possession et l'utilisation des terres de montagne et des forêts ; la possession des prairies ; la possession des pâturages ; la possession et l'utilisation des

---

① Équipe de rédaction de la *Brève histoire du peuple Hezhen*, *Brève histoire du peuple Hezhen*, Presse populaire du Heilongjiang, août 1984, p. 203.

② Qiu Pu et autres, *La Forme sociale primitive du peuple Ewenki*, février 1962, Bureau chinois des livres, pp. 128-129.

③ Équipe de rédaction du Sichuan, *Enquête sur l'histoire sociale tibétaine dans le comté de Ganzi, province du Sichuan*, juin 1985, Presse de l'Académie des sciences sociales du Sichuan, p. 209.

zones de pêche, etc. Le droit coutumier relatif à la propriété, à la possession et à l'utilisation des terres de montagne et des forêts en particulier est extrêmement riche et détaillé.

1. La propriété des biens généraux

Le droit coutumier dans ce domaine régit principalement les sujets de la propriété, l'acquisition des biens, les catégories de biens et la disposition des biens, etc. Les biens généraux désignent ici les biens autres que les terres dans les montagnes et les forêts.

Le groupe ethnique Yao dispose d'un droit coutumier de « marquage » pour définir la possession de biens. Il suffit de mettre un nœud attaché avec du chaume sur les bambous, le bois de chauffage ou les gibiers pour montrer que ces biens appartiennent à quelqu'un et personne d'autre ne pourra ainsi les prendre. Le marquage avec quelques nœuds autour d'une terre en friche indique que celle-ci a déjà un propriétaire et que personne d'autre ne pourra venir la cultiver. En dehors des terres, des montagnes, des forêts et des rivières communales, les Yao suivent principalement un système privé familial, les familles possédant des biens tels que des rizières, des champs de montagne, des bois, des maisons, des jardins, des outils, des meubles et du bétail. La propriété privée des membres de la famille est principalement constituée de leur épargne privée (argent) et de la petite portion de terre qu'ils achètent avec leur épargne (terre privée), ces biens se trouvant alors à leur disposition et non à celle de leur famille. Quant à l'argent privé et à la terre privée des parents, il appartient à ces derniers de décider s'ils seront donnés à l'un ou plusieurs des enfants pour qu'ils en jouissent à l'avenir, sans qu'ils soient partagés à parts égales entre les frères[1].

Lorsqu'un couple Dai vit chez les parents de la femme, il peut accumuler sa propre richesse en travaillant à l'extérieur de la maison, cultivant des champs et des légumes, élevant des cochons et des poulets, voire en élevant des bovins ou en faisant du commerce, ce qui est conforme au droit coutumier. Lorsque le couple se sépare officiellement de la famille des parents de la femme, ceux-ci et les parents du mari doivent lui donner une partie des animaux d'élevage et des outils de production, tandis que les

[1] Équipe de rédaction de la Région autonome des Zhuang du Guangxi, *Enquête sur l'histoire sociale des Yao du Guangxi*, tome III, Presse des nationalités du Guangxi, août 1985, p. 36.

amis et les proches lui offrent des poulets et autres volailles, et que le village l'aide à construire le logement et lui attribue des terres. Certains enfants non mariés de familles riches ont leurs propres biens, comme un élevage de porcs et de poulets, et les hommes cultivent leur part personnelle de terre. Dans certaines régions, les Dai adopte la méthode coutumière de possession des biens par marquage. Lorsqu'un villageois coupe du bois de chauffage, il en prend également possession par marquage en coupant l'écorce d'un arbre à l'endroit où il a l'intention de couper du bois[1].

Les terres du peuple Jingpo relèvent essentiellement de la propriété privée, qu'il s'agisse de rizières, de terres sèches, de champs de tabac, de jardins, de champs de sarrasin ou de forêts de bambous. Tous les outils de production, le bétail, les habitations et les ustensiles quotidiens sont la propriété de familles ou de particuliers. Les forêts et les bambous qui ne sont pas plantés par des particuliers sont la propriété collective du village ; ils peuvent être coupés librement, à l'exception de ceux qui se trouvent autour du village ; les personnes qui ne font pas partie du village ne sont autorisées à en couper qu'après l'accord du chef de village[2].

Le droit coutumier des Oroqen dispose que les chevaux et les chiens de chasse sont la propriété privée des familles. Les chevaux sont généralement gardés séparément et utilisés de façon exclusive par la famille. Les fusils, couteaux et haches de chasse, les supports de fusils, les harnais pour chevaux et les outils en cuir cuit sont également la propriété privée de chaque famille et sont généralement utilisés par les individus séparément. Les outils de production tels que les bateaux en écorce de bouleau, les harpons, les filets de pêche et les sifflets à cerfs sont également la propriété privée de chaque famille, mais ne sont pas utilisés de façon exclusive par les individus ; chacun peut donc les prendre et les utiliser. Le « pilier des immortels » et l'entrepôt sont également la propriété privée de chaque famille[3].

Les Mongols utilisent des marques pour indiquer la propriété du bétail,

---

[1] Comité de rédaction de la province du Yunnan, *Enquête sociale globale des Dai de Xishuangbanna*, tome II, Presse des nationalités du Yunnan, octobre 1984, p. 126 ; Comité de rédaction de la province du Yunnan, *Enquête sociale globale des Dai de Xishuangbanna,* tome I, Presse des nationalités du Yunnan, décembre 1983, p. 123.

[2] Équipe de rédaction de la province du Yunnan, *Enquête sur l'histoire sociale des Jingpo,* tome III, Presse des nationalités du Yunnan, mars 1986, p. 6.

[3] Qiu Pu, *Le Développement de la société des Oroqen,* Presse populaire de Shanghai, septembre 1978, pp. 204-205.

les marques faisant foi en cas de litige. Le droit coutumier prévoit deux types de marques : le marquage au fer rouge (pour les chameaux et les chevaux) et la coupe des oreilles (pour les ovins et les bovins). Les marques pour les ovins et les bovins sont plus simples, pour autant qu'une marque déterminée par la famille soit coupée sur leurs oreilles et qu'elle ne soit pas la même que celle des troupeaux voisins. La marque pour les chameaux et les chevaux est plus compliquée, car il faut en concevoir le motif puis la commander chez le forgeron. Certains conçoivent eux-mêmes les motifs, d'autres font appel au lama ou à un voisin âgé compétent et respecté par tous. Les motifs doivent être conçus de manière à ne pas reproduire ceux des familles voisines et à être « de bon augure » pour la reproduction du troupeau. Le troupeau de chameaux et de chevaux d'une famille est marqué de la même forme. Si un chameau ou un cheval acheté à un tiers comporte déjà une marque, on doit appliquer la nouvelle marque sur le dessus de la marque originale[①].

Le droit coutumier de l'ethnie Gaoshan divise la propriété en quatre niveaux d'unités, à savoir la tribu (village), les groupes de descendance patrilinéaire, les clans familiaux, et les individus.

(1) Propriété communale tribale. Il s'agit des biens communs de la tribu ; ils ne sont accessibles à personne d'autre qu'aux membres de la tribu. Les biens communs de la tribu comprennent les routes, les villages, les sources d'eau, les dalles de pierre et toute la végétation adjacente aux routes ; il s'agit principalement des ressources naturelles pouvant être utilisées sans avoir été développées par le travail humain. Sont également inclus les biens construits par la tribu, tels que les maisons de réunion, les portes tribales, les tours de guet, les cimetières, les chapelles, les maisons de repos, etc.

(2) Biens appartenant à des groupes de descendance patrilinéaire. Les groupes de descendance patrilinéaire sont des groupes de parenté territoriaux, formés par les liens entre les maisons familiales ; leurs biens communs comprennent à la fois les propriétés foncières développées collectivement et les marques de propriété à usage collectif. Les marques du groupe patrilinéaire, qui peuvent être utilisées pour marquer une propriété à usage privé plutôt que la propriété elle-même, comprennent les marques des

[①] Cai Zhichun et autres, *La Culture de l'ethnie mongole,* Presse des sciences sociales chinoises, août 1993, pp. 233, 236.

bateaux de pêche, les marques d'exploitation forestière et les marques des oreilles de mouton.

(3) Biens du clan familial. Le clan familial est la plus grande unité bénéficiant de la propriété privée. Il existe principalement deux types de biens : les biens immobiliers, tels que la terre, la maison familiale et les biens immobiliers attachés à la terre et à la maison, et les biens mobiliers, comprenant tous les biens vivants et inanimés qui peuvent être déplacés, tels que le bétail, la nourriture, les armes ancestrales, les ustensiles de cuisine, les meubles, les outils de production, les petits bateaux de pêche, les os de corne de sacrifice, etc.

(4) Biens personnels. Les biens relevant de cette catégorie sont ceux qui résultent d'une utilisation personnelle efficace et de créations spéciales, constituant ainsi un symbole personnel d'honneur ; ils comprennent les vêtements, les outils et les armes, les créations personnelles et les œuvres d'art, les objets de valeur (plaques d'or, pièces d'argent, monnaies, perles ornementales, coquillages, etc.), ainsi que les biens immatériels (compétences personnelles acquises, pratiques chamaniques, paroles de chansons, compétences en danse, etc.). Les biens des femmes incluent également ceux apportés de la famille maternelle[①].

2. La propriété, la possession et les droits d'utilisation des terres et des forêts

Ce type de droit coutumier régit principalement les sujets, les types de propriétés, les droits d'utilisation, les limites et les signes de délimitation de la propriété des forêts et des terres.

Selon le droit coutumier, les terres des Zhuang peuvent être divisées en trois catégories : les terres officielles, les terres communes et les terres privées. Les terres officielles sont les terres détenues par les fonctionnaires indigènes au nom de la politique. Elles comprennent les « terres de servitude » (terres confiées par un fonctionnaire indigène aux métayers qui ne sont pas tenus de payer les redevances ou de donner une part de la récolte, mais fournissent chaque année du travail au fonctionnaire indigène à titre gratuit), les « terres des sentinelles » (terres offertes au chef des sentinelles par le fonctionnaire indigène), les « champs de formation » (champs destinés

[①] Chen Guoqiang et Lin Jiahuang, *La Culture de l'ethnie Gaoshan*, avril 1988, Maison d'édition Xuelin, pp. 105-108.

à la formation des soldats), les « champs d'apprentissage vertueux », les « champs pour la garde du sceau » (champs donnés par le fonctionnaire indigène à son épouse chargée de la garde du sceau officiel), les « champs des soldats » (champs destinés à l'entretien des soldats sentinelles), etc. Les terres communes comprennent le champ du clan (champ de la vapeur et de la dégustation, champ du sacrifice aux dieux de la montagne), le champ du temple, le champ de réunion (champ acheté avec le don collectif aux fins de couvrir les dépenses des affaires religieuses et des rassemblements), le champ du bateau de transition (donné à la personne en charge du bateau de transition pour les frais de subsistance), le champ alloué pour le service du contrôle des chevaux, le champ réservé au chef du village, etc. Les terres privées sont principalement détenues par des fonctionnaires et des propriétaires fonciers ; les paysans pauvres possèdent aussi quelques terres, mais peu nombreuses. Les collines arides et les terres incultes appartiennent pour la plupart aux fonctionnaires indigènes, aux sentinelles et aux chefs de village. Dans certaines régions, les terres situées sur les pentes cultivables sont libres d'accès et appartiennent à ceux qui les défrichent[①].

Le droit coutumier du peuple Dong divise la possession de la terre en plusieurs formes : possession par tout le village, possession par la grande famille, possession par la petite famille et possession privée. Les terres appartenant à l'ensemble du village comprennent le champ du temple, le champ pour le ferry gratuit, le champ pour les ponts, etc., qui sont généralement achetés avec les dons des villageois, dont les revenus sont utilisés pour les dépenses du temple, la réparation du couvent et le soutien des moines, enfin l'achat du bois pour la construction de bateaux et de ponts. La propriété collective d'une grande famille est une forme de possession par les résidents d'un même nom de famille et d'un même clan (ancêtres lointains). Il s'agit principalement des biens non divisés laissés par les ancêtres, tels que les terrains de montagne, les pâturages, les cimetières, les étangs à poissons et les rivières. La plupart des terrains de montagne sont des forêts ou des collines stériles éloignées du village ; elles peuvent être cultivées librement par tous les résidents du clan, mais ne peuvent être achetées, vendues, mises en gage ou transférées. Les terrains de montagne

---

① Équipe de rédaction de la Région autonome des Zhuang du Guangxi, *Enquête sur l'histoire sociale des Zhuang du Guangxi*, tome II, Presse des nationalités du Guangxi, décembre 1985, pp. 4-11.

sont généralement délimités par des ruisseaux, de vieux arbres et des rochers ; certains sont délimités par des bambous plantés. Les étrangers ne sont pas autorisés à pêcher arbitrairement dans les sections de rivière possédées par la grande famille. Quant aux biens collectifs des petites familles, il s'agit des terrains de montagne, des rivières, des cimetières, des pâturages et des champs ancestraux occupés par les familles de même nom et d'un même clan. Les membres ont le droit de les utiliser, mais pas le droit d'en disposer. Les terres en possession privée sont généralement des champs cultivés dont l'on peut disposer librement[①].

Pour les Dai, les terres sont détenues soit directement par les seigneurs, soit par la communauté ou de manière privée, chaque mode impliquant des droits différents selon le droit coutumier. Les terres détenues directement par les seigneurs comprennent : les terres de pacification (terres héréditaires appartenant directement au seigneur suprême), les terres de Tusi (terres héréditaires appartenant directement aux grands seigneurs et dont la plupart sont soumises à une rente de servitude), les terres de traitements (terres attribuées par le seigneur suprême ou les Tusi à leurs vassaux à titre de traitements ; elles ne sont pas héréditaires et doivent être remises lorsque ces derniers quittent leur fonction officielle), les terres des chefs (terres utilisées comme rémunération par les chefs de la communauté villageoise et non héréditaires), etc. Les terres communales sont divisées en terres du clan et terres villageoises ou terres communes villageoises. Les terres du clan ne peuvent être transmises qu'au sein d'un même clan, et ne sont pas intégrées au village ; on doit les retourner au clan en cas de déménagement. Tout étranger qui défriche un champ sur les terres communes du clan doit payer un loyer au clan durant trois ans, et le champ sera fusionné avec les terres du clan dans les cinq ans. Les terres villageoises ou terres communes villageoises sont une « propriété collective sous occupation privée », réparties parmi les membres de la communauté villageoise sur une base familiale, et qui doivent être rendues à la communauté villageoise lorsqu'on déménage ou se sépare de la communauté. Elles comprennent aussi, en petit nombre, les terres de la montagne du dragon, celles du rituel des fantômes et des temples bouddhistes, etc.

---

[①] Équipe de rédaction de la Région autonome des Zhuang du Guangxi, *Enquête sur l'histoire sociale des Dong du Guangxi*, Presse des nationalités, juin 2009, pp. 108-111.

La forme la plus importante de propriété foncière chez les Dai est le champ de part ou de charge. Alors que les seigneurs profitent du droit coutumier en matière de répartition des terres communales pour leur propre bénéfice, la communauté villageoise conserve formellement une « propriété collective sous occupation privée ». Les membres de la communauté villageoise ne disposent que du droit d'utilisation des champs de part et ne peuvent pas les mettre en gage, ni les acheter ou les vendre ; ils sont tenus de payer aux seigneurs une certaine somme en nature et leur fournir une certaine quantité de travail. Tout homme parmi les membres de la communauté villageoise qui se marie et a une famille a le droit de réclamer ou est contraint d'accepter le champ de part. Tout homme qui perd son appartenance à la communauté villageoise, s'éloigne du village, perd sa force de travail ou meurt. En tant que principal travailleur, il doit rendre la terre à la communauté villageoise. Les terres sont distribuées périodiquement, généralement sur la base des ménages, et les nouveaux ménages ont le droit de réclamer leur part de terre. Lorsque l'une des situations suivantes se présente, on discute alors de l'ajustement des terres : (1) lorsqu'une personne divise sa famille ou prend un gendre en dehors du village et fonde une nouvelle famille ; (2) lorsque la communauté villageoise accepte d'accueillir de nouveaux membres provenant de l'extérieur du village ; (3) lorsqu'une personne qui manquait de main-d'œuvre ou ne voulait pas cultiver la terre demande une part de terre ; (4) lorsqu'une personne détenant une part de mauvaise terre demande un échange de terre ; (5) lorsqu'une personne ne veut plus cultiver la terre et la rend à la communauté villageoise ; (6) lorsqu'une personne quitte le village et rend sa part de terre ; (7) lorsqu'un ménage qui a rendu sa terre à la suite d'un déménagement rentre au village quelques années plus tard et demande sa part de terre, etc. En général, la division des terres se fait au début du huitième mois du calendrier Dai (le sixième mois du calendrier solaire, c'est-à-dire avant le labourage des champs). Que les terres soient divisées ou non, il est de coutume d'organiser une réunion de distribution chaque année. La réunion de distribution se tient au temple bouddhiste ou chez le chef principal du village. Il y a principalement deux méthodes de distribution : la répartition égale aléatoire (on divise la terre en plusieurs portions égales et on écrit les noms de chaque ménage sur des bâtons de bambou, la décision se faisant par tirage au sort ; ou on demande à une personne analphabète d'insérer les bâtons de bambou dans les portions de terre, chaque ménage identifiant sa part par son nom) et les ajustements basés sur les terres précédemment cultivées. Cette dernière méthode est souvent adoptée par la plupart des villages et des communautés ; elle peut se réaliser en pressant, fusionnant, séparant, creusant, reconstituant ou échangeant la terre. Les terres privées sont peu nombreuses. Il existe trois types de terres privées, à savoir : celles que les paysans avaient défrichées et qui, selon le droit coutumier, auraient dû être intégrées aux parts de terre après cinq ans, mais qui n'ont pas été incluses dans l'intégration ou l'ajustement ; celles de clans dont l'occupant est relativement fixe et qui ne font plus l'objet d'une distribution au sein du clan ; celles appartenant aux descendants latéraux de l'aristocratie dans certaines régions[①].

Les Wa n'ont pas beaucoup de terres communales, à l'exception de celles cultivées ensemble par des personnes du même nom, la récolte étant gérée par un chef pour couvrir les dépenses communes des familles du même nom, et celles détenues ensemble par quelques villages (chaque village peut les exploiter, mais ne peut pas les vendre). Les terres sont en majorité des propriétés privées. Les propriétaires ont le droit de planter des piquets, des pierres ou même d'empiler des pierres autour de leurs terres comme bornes, sur lesquelles personne ne peut empiéter.

Le phénomène de culture conjointe étant très courant, le droit coutumier reconnaît les droits et intérêts suivants : (1) Les terres non distribuées laissées par les ancêtres sont cultivées en commun par les frères et leurs descendants. (2) Les terres cultivées ensemble par les personnes du même nom leur appartiennent conjointement ; les graines et la force de travail sont mises en commun, on partage les récoltes. (3) Une relation d'exploitation conjointe entre deux familles en vue d'une mise en valeur commune ou à la suite d'une hypothèque sur la terre, comme le cas où une partie met en hypothèque la moitié des droits fonciers et s'associe ensuite au créancier hypothécaire, ou qu'une relation conjointe créancier-débiteur se forme à la suite d'une dette ; elle prendra généralement la forme d'un paiement par le débiteur au créancier d'une part de la récolte à titre de compensation. (4)

---

① Comité de rédaction du Yunnan, *Enquête sur l'histoire sociale des Dai (Xishuangbanna, vol. 2),* Presse des nationalités du Yunnan, décembre 1983, pp. 4-9.

Une relation d'exploitation conjointe est formée lorsqu'un ménage sans terre loue un champ à un ménage propriétaire, et que le locataire et le propriétaire cultivent le champ conjointement. (5) Une relation d'exploitation conjointe est formée avec un parent ou un frère lorsqu'il manque temporairement de la main-d'œuvre sur un champ lui appartenant. (6) Une partie qui manque de terres, d'outils de production, de semences ou de main-d'œuvre, s'associe avec une autre partie en vue d'une exploitation conjointe. Sauf cas particulier, les deux parties contribuent à parts égales aux semences et à la main-d'œuvre et partagent la récolte à parts égales[①].

Selon le droit coutumier de l'ethnie Bai, les montagnes et les forêts relèvent toutes de la propriété collective et quiconque peut y chasser, cueillir, couper du bois de chauffage ou défricher un terrain par le feu. La propriété collective des terres est principalement constituée de terres claniques et de terres familiales. Ces terres ne peuvent être achetées ou vendues ; le cultivateur n'a que le droit de les utiliser et non de les posséder. Les terres communales sont généralement délimitées par des objets naturels, mais certaines sont également marquées par des piquets, des bâtons de bambou, des pierres et des nœuds d'herbe. S'il y a des actes individuels d'empiètement au-delà des limites, cela peut conduire à des litiges fonciers et même à des bagarres armées. Quiconque vend la terre communale sera expulsé de la famille, ne sera pas autorisé à vivre dans le village et n'aura plus le droit de cultiver la terre communale. Les terres privées comprennent à la fois la propriété familiale individuelle et la propriété conjointe (deux ou trois familles se partageant la terre). En général, les terres sous propriété conjointe ne sont pas divisées ou morcelées ; il n'y a pas de limites pour indiquer que telle ou telle partie appartient à telle famille. Dans des cas exceptionnels, il est possible de vendre sa part à un autre, mais uniquement avec le consentement des autres copropriétaires. Les terres en indivision sont cultivées en commun. En cas de pénurie de terres à cultiver, on peut en louer aux familles et ménages possédant plus de terres et leur donner une partie de la récolte en guise de récompense[②].

Le droit coutumier de l'ethnie De'ang dispose que les terres sèches sont

---

① Comité de rédaction de la province du Yunnan, *Enquête sur l'histoire sociale du peuple Wa,* tome II, Presse populaire du Yunnan, novembre 1983, p. 65.

② Équipe de rédaction de la province du Yunnan, *Enquête sur l'histoire sociale des Bai,* tome II, Presse populaire du Yunnan, mars 1987, pp. 81-82.

communales et que tous les membres de la tribu sont libres de cultiver leurs propres friches communales, sans restriction. On adopte généralement la méthode d'« occupation par encerclement », en laissant des marques autour de la terre. Il y a deux types de marques : l'un consiste à couper l'herbe autour de la terre et l'autre à faire une croix sur les arbres autour de la terre. Chaque village a ses propres limites pour les terres sèches arables, les terres forestières et les terres de pâturage. Pour les arbres et bambous qui sont la propriété commune du village, les membres d'un autre village devront les acheter s'ils en ont besoin. L'argent reçu est conservé par le chef pour les futures dépenses officielles. Les rizières sont généralement des propriétés privées et peuvent être achetées, vendues ou mises en hypothèque par celui qui les possède. Les fondations des maisons et les jardins occupés par chaque famille demeurent la propriété du propriétaire de la maison. Dès qu'une famille quitte le village, sa maison, son jardin et les différents arbres fruitiers qui y sont plantés reviennent tous au village ; le droit coutumier interdit aux gens de les acheter ou vendre discrétionnairement[1].

Pour le groupe ethnique Lisu, la propriété est presque entièrement détenue par des individus, des terres aux forêts ; l'acquisition initiale de la propriété privée se fait par marquage (avec des pierres, des bottes de paille, des marques gravées sur les arbres, etc.) Les communautés tribales, familiales et villageoises ne possèdent que des terres en friche non cultivées et une petite partie de la forêt alpine. En outre, il existe un type de petites exploitations collectives par des familles, généralement limitées à deux familles, qui partagent la terre, travaillent ensemble et distribuent les produits de manière égale. Les deux familles ont le droit de mettre en hypothèque ou de vendre leur propre part de terre. Le droit coutumier prévoit une amende pour l'appropriation arbitraire de la terre d'autrui et le remboursement de la terre. Dans le cas d'une forêt appartenant à un clan ou à plusieurs familles, la coupe du bois nécessite le consentement de tous et le paiement d'une somme d'argent qui reviendra au clan ou aux familles. Si l'on coupe du bois sans un tel consentement, une amende est imposée, qui représente généralement plusieurs fois la somme d'argent devant être versée initialement.

---

[1] Équipe de rédaction de la province du Yunnan, *Enquête sur l'histoire sociale de l'ethnie De'ang*, Presse des nationalités du Yunnan, décembre 1983, p. 101.

Chez les Daur, avant la libération des terres en friche à la fin de la dynastie Qing, les terres n'appartenaient à personne, mais étaient partagées par le peuple Daur qui était libre de les cultiver. Ce n'est que quand on prenait une terre d'autrui abandonnée pendant moins de trois ans que l'on devait demander le consentement du cultivateur initial. À cette époque, la possession des terres par les Daur n'était pas permanente, mais commençait avec le défrichement et se terminait la troisième année après leur abandon. À la fin de la dynastie Qing avec la libération des terres incultes, des terres publiques telles que les pâturages ont été attribuées gratuitement aux Daur, ainsi que des terres pour leurs moyens de subsistance personnelles. Étant donné que la quantité de friches de subsistance réservées est supérieure à leur capacité de culture, les Daur ont un sens plutôt faible de la propriété privée des terres. Ce n'est que dans le cas où l'on occupe les fondations et le jardin de maison des autres qu'on doit payer une certaine somme d'argent comme compensation. Selon le droit coutumier, on doit payer quelques seaux de céréales pour construire une maison sur un terrain de quelqu'un d'autre[①].

Le droit coutumier du peuple Yi dispose que les terres appartiennent principalement à des particuliers, sauf quelques terres communes. Parmi les terres communes, il y a celles détenues conjointement par l'ensemble d'une branche familiale, tout achat ou vente devant être accepté par tous ses membres après discussion ; le chef de la branche familiale n'a pas le droit de les vendre seul. Les droits de possession ne sont pas limités par des frontières hiérarchiques. Les membres de la branche familiale peuvent aller couper du bois ou cultiver la terre sans en informer préalablement leur famille. Si une personne étrangère a besoin de bois, elle doit d'abord en informer le chef de la branche familiale ; ce n'est qu'après avoir obtenu l'autorisation qu'elle pourra couper du bois en payant une certaine somme d'argent. Cet argent sera utilisé pour les dépenses publiques. En outre, il existe des terres communes appartenant à l'ensemble du village ; il s'agit principalement de collines stériles et de terres incultes pouvant être cultivées par n'importe quel paysan du village. Dans un village, c'est toujours le nom de famille qui compte le plus grand nombre de ménages qui gère de telles

---

① Morigendi, « Le droit coutumier de l'ethnie Daur », dans *Études ethnologiques* (VI^e^ série), Presse des nationalités, mars 1985, p. 275.

collines stériles et terres incultes. Les Yi noirs étaient libres d'occuper les terres, mais elles ne pouvaient pas être vendues à des branches familiales extérieures, surtout à des branches familiales ennemies. Les Qunuo avaient le droit de posséder la terre, mais pour la vendre, ils devaient obtenir le consentement de leur maître, qui disposait du droit de premier refus. Les Wajia étaient encouragés par leur maître à acheter des terres, cependant ils jouissaient d'un droit de propriété foncière limitée, avec de nombreuses restrictions : outre l'autorisation préalable du maître en cas de vente et outre le fait que la propriété allait au maître s'il n'y avait pas d'héritier, il existait aussi beaucoup d'interférences de la part du maître[1].

3. La possession de pâturages et de prairies

Les minorités ethniques, en particulier les nomades, ont de nombreuses normes coutumières sur les modes d'occupation, les droits de possession et d'utilisation, les lignes de démarcation et la répartition des pâturages et des prairies.

Selon le droit coutumier, la possession des pâturages Ewenki peut être divisée en deux types : la possession habituelle et la possession féodale. La possession habituelle : chaque unité de pâturage a son propre site nomade fixe tout au long de l'année, en fonction de la saison. Ainsi se forme la possession habituelle année après année. Cependant, comme il n'y a pas de limites claires entre les pâturages, il y a souvent d'autres personnes qui y font paître. Néanmoins, les personnes extérieures n'ont généralement pas le droit de faire paître dans les prairies entourant les pâturages habituels de chaque unité ; même l'utilisation par les autres de ces pâturages comme lieux de sépulture fera l'objet de refus. La possession féodale : ce sont les grandes familles d'éleveurs, riches et chargées de fonctions officielles, qui s'approprient les pâturages en vertu de leurs privilèges politiques et de leur pouvoir économique. Selon le droit coutumier du peuple Ewenki, il y a différents cas de possession des pâturages : (1) Dans les années de brûlage, les vieilles herbes sont brûlées, la terre est chaude, les prairies ne cessent de pousser et sont abondantes, de sorte que le problème d'occupation des pâturages ne se pose pas. (2) Dans les années où l'on ne procède pas au

[1] Équipe de rédaction de la province du Yunnan, *Enquête sur l'histoire sociale des groupes ethniques Yi du Sichuan, Guangxi et Yunnan*, Presse populaire du Yunnan, février 1987, pp. 112-119.

brûlage, les herbes peuvent être bonnes ou mauvaises. La coutume veut que celui qui fauche régulièrement les herbes d'un certain endroit en ait la possession et que personne d'autre ne puisse y faucher librement les herbes[1].

Les pâturages des Daur appartiennent à la communauté et sont accessibles à tous sans restriction. Conformément au droit coutumier, les pâturages proches d'un abri (camp d'hiver) sont occupés et utilisés par le propriétaire de l'abri ; on n'y mène pas le bétail (y compris le bétail du propriétaire) en pâture pendant la saison de végétation. Les Daur occupent les champs de foin avec Yanli (clan d'origine) comme unité. Chaque Yanli divise les champs de foin en plusieurs sections en fonction du nombre de têtes de bétail et les attribue à chaque ménage. Une fois le champ alloué, il est possédé et utilisé par chaque ménage de manière permanente, mais ne peut être mis en gage ou échangé. Pendant la période de végétation, le propriétaire du champ a le droit d'empêcher les autres d'y pénétrer pour faire paître leurs troupeaux[2].

Le droit coutumier mongol dispose que les pâturages sont possédés par les éleveurs individuellement et que l'utilisation des pâturages par chaque éleveur est libre, chaque éleveur pouvant occuper régulièrement les pâturages sur lesquels il vit et fait paître ses bêtes habituellement, mais sans avoir de droit de propriété. Les limites des pâturages sont généralement définies par ce qui est (principalement pour des moutons) à portée du camp, c'est-à-dire une étendue sur laquelle les moutons peuvent se déplacer en un jour, et sont souvent constituées par des lignes de démarcation naturelle comme des montagnes ou des collines. Les limites ne sont connues que des éleveurs et des familles d'éleveurs voisines. Il n'existe pas de bornage ni de kilométrage exact. La possession des pâturages est généralement marquée par le forage de puits, la construction d'enclos, l'érection de sacs et la construction de maisons. Historiquement, il y a d'abord un puits, puis un enclos, puis une maison, la maison étant le signe le plus important de la possession d'un pâturage. Les litiges relatifs à la possession des pâturages sont rares ; la plupart d'entre eux sont dus à l'affluence lors du « pâturage

---

[1] Équipe de rédaction de la Région autonome de Mongolie-Intérieure, *Enquête sur l'histoire sociale du peuple Ewenki,* Presse populaire de Mongolie-Intérieure, novembre 1986, pp. 390-391.

[2] Morigendi, « Le droit coutumier de l'ethnie Daur », dans *Études ethnologiques* (VIe série), Presse des nationalités, mars 1985, p. 275.

itinérant », les premiers venus étant insatisfaits et les derniers venus se disputant pour l'utilisation de l'eau de puits et des pâturages, ou à l'occupation des pâturages hivernaux des autres jusqu'en juillet ou en août. Lorsqu'il y a un litige, il s'agit souvent d'une simple querelle, les gens se parlant et se réconciliant ; celui qui a raison selon l'avis de tous (conformément au droit coutumier) reste, celui qui n'a pas raison s'en va ; sinon, on peut recourir au chef du village pour émettre un jugement[①].

Les prairies et les pâturages des Tibétains relèvent, en apparence, de la propriété de la communauté tribale, mais en réalité, ils sont possédés par la classe des éleveurs, le pouvoir étant entre les mains des chefs. Cependant, le droit coutumier précise que personne, y compris le chef, n'est autorisé à vendre ou donner à autrui les pâturages tribaux. Il existe des frontières claires entre les pâturages occupés par les tribus et les monastères ; franchir ces frontières pour faire paître le bétail est une affaire sérieuse qui donne lieu à des disputes, voire à des bagarres.

La répartition des pâturages varie d'une tribu à l'autre selon le droit coutumier : (1) Chaque famille n'a pas de pâturage fixe et, chaque saison, lors de la rotation des pâturages, le grand chef convoque les chefs des petites tribus sous son autorité et annonce la date et la zone de transhumance. Le grand chef désigne d'abord son lieu de résidence et son pâturage, puis une certaine zone est attribuée à chaque ménage par tirage au sort ou par d'autres moyens. La saison suivante, on procède encore une fois à la distribution de la même manière. (2) La principale méthode de distribution est la suivante : le chef distribue les pâturages entre les petites tribus sous son autorité, puis celles-ci les distribuent à chaque famille ; une rotation des pâturages est ensuite effectuée chaque saison à l'intérieur de la zone distribuée. Chaque famille peut hériter de ses ancêtres le droit d'utilisation des pâturages fixes. Au bout d'un certain temps, le chef doit ajuster l'utilisation des pâturages. Les modalités sont grosso modo les suivantes : premièrement, le chef récupère les pâturages des ménages sans héritier et les redistribue à d'autres ménages, les nouveaux propriétaires supportant les charges et les taxes des

---

[①] Comité des nationalités de l'Assemblée populaire nationale, *Enquête sur la situation de la bannière d'Alxa, Ligue Bayannuur, Région autonome de Mongolie-Intérieure,* tome II, publication interne du Comité des nationalités de l'Assemblée populaire nationale, juin 1958, p. 26 ; Cai Zhichun et al., *Culture mongole*, China Social Science Press, août 1993, pp. 224-225.

pâturages qui leur sont attribués. Deuxièmement, lorsque le troupeau d'un éleveur augmente et que les pâturages qui lui ont été attribués ne sont plus suffisants, il envoie un cadeau au chef pour faire une demande d'extension ; le chef lui transfère les pâturages d'un éleveur dont le troupeau a diminué ou d'un éleveur pauvre ou en faillite. Le montant de la taxe est également ajusté en conséquence. Troisièmement : un ménage étranger qui s'adresse à un chef de tribu avec un cadeau, s'engage à payer les taxes et les charges et à respecter toutes les normes coutumières de la tribu, peut obtenir du chef, des pâturages. Quatrièmement, si un éleveur viole le droit coutumier et que ses biens sont confisqués, ou s'il vit en vagabondage et en mendicité à cause d'une faillite, le chef récupèrera les pâturages. En outre, le chef peut décider de louer le pâturage à une autre tribu, moyennant un loyer qui ne va pas à la tribu pour l'usage commun, mais au chef lui-même.

Les bergers doivent déplacer leurs pâturages et faire paître leur bétail selon le périmètre alloué par le chef et suivant la date fixée par celui-ci ; si le déplacement se fait avant la date fixée, ils se verront infliger une amende d'une vache ; il en va de même pour tout retard dans le déplacement. Si l'on retourne sur le pâturage d'origine après le déménagement pour démonter le fourneau ou ramasser les bouses, on aura aussi une amende à hauteur d'une vache.

Le droit coutumier interdit le pâturage hors limites. Si un mouton dépasse la limite du terrain, il peut être abattu pour être mangé, sa peau étant restituée au propriétaire du bétail ; si une vache dépasse la limite du terrain, on lui coupe la queue et on la chasse hors de la limite. On devra alors offrir au chef une partie de la viande du mouton ou quelques poils de la queue de la vache, selon les cas. Si le bétail d'un éleveur franchit la limite et entre dans le pâturage du chef, il sera généralement confisqué et le propriétaire sera battu ou grondé par le chef ; dans les cas graves, un tiers ou la moitié de ses biens seront confisqués, l'éleveur pouvant même être considéré comme rebelle à l'encontre du chef et réduit ainsi en esclavage. Tous ses biens sont alors confisqués[①].

---

[①] Équipe de rédaction du Sichuan, *Enquête sur l'histoire sociale tibétaine dans le comté de Ganzi, province du Sichuan*, juin 1985, Presse de l'Académie des sciences sociales du Sichuan, pp. 237-238.

4. La possession et l'utilisation des lieux de pêche

Dans le droit coutumier des minorités ethniques, un petit nombre de règles portent sur la possession et l'utilisation des lieux de pêche, comme le mode de possession et les restrictions d'utilisation des lieux de pêche.

Le droit coutumier du peuple Hezhen dispose que les lieux de pêche relèvent de la propriété commune et qu'il n'y a pas de possession privée. À l'origine, lorsque l'on pêchait, celui qui arrivait le premier sur les lieux de pêche était le premier à mettre l'hameçon et le filet. Si, dans un même lieu de pêche, il y avait trop de monde en raison d'un trop grand nombre d'hameçons et de filets posés, et qu'il était impossible de faire naviguer un bateau, de poser les hameçons ou de lancer les filets, tous ceux qui se rendaient sur le lieu de pêche se réunissaient de leur propre initiative et, après une brève concertation, décidaient de l'ordre de pose des hameçons et des filets ou délimitaient une zone de pêche temporaire. Cependant, lors de la saison de la pêche du grand saumon, on délimitait des zones de pêche fixes. Celui qui avait découvert un lieu de pêche pouvait y pêcher année après année, de sorte qu'il était reconnu que ce lieu de pêche lui appartenait et que personne d'autre ne pouvait aller y pêcher. Si, pour une raison quelconque, une famille ne disposait pas d'endroit où pêcher et qu'elle devait pêcher sur le lieu de pêche d'une autre personne, elle devait négocier avec cette dernière et obtenir sa permission avant de pouvoir y pêcher. En général, les pêcheurs prennent soin les uns des autres①.

Il n'y a pas de cas d'occupation privée ou collective des lieux de pêche pour les Daur. Toutefois, les zones de pêche situées à proximité des villages le long des rivières Nengjiang et Nemor sont possédées collectivement par les villages voisins ; les personnes extérieures aux villages doivent payer une part des poissons capturés lorsqu'elles viennent y pêcher. Ce phénomène de possession n'existe pas pour les autres rivières②.

## *III. Le droit coutumier relatif aux créances*

Avec le développement de la société, l'augmentation des échanges et, en particulier, le développement de la propriété privée et de la monnaie

---

① Équipe de rédaction, *Une brève histoire de l'ethnie Hezhen*, Presse populaire du Heilongjiang, août 1984, p. 165.

② Morigendi, « Le droit coutumier de l'ethnie Daur », dans *Études ethnologiques* (VI^e série), Presse des nationalités, mars 1985, p. 275.

marchandise au cours d'une centaine d'années, les minorités ethniques ont connu des progrès correspondants en matière d'achat, de vente et de mise en gage de terrains, de location, d'emploi, de prêt et d'échange de marchandises. Ainsi est apparu le droit coutumier relatif aux créances qui ne cesse de s'enrichir et de s'améliorer.

1. La vente et l'achat de terrains

Le droit coutumier des différentes minorités ethniques prévoit des dispositions sur les conditions, l'étendue, les formalités, le contrat et même le prix de vente des terrains.

Lorsque les Miao vendent un terrain, les membres de leur clan jouissent d'un droit de préemption en vertu du droit coutumier. Même si le prix est convenu avec un acheteur extérieur, si un membre du clan le désire, et que le prix offert par ce membre n'est pas inférieur à celui de l'acheteur extérieur, il devra laisser le terrain au membre du clan. On peut conclure un contrat pour la vente du bien. Seul l'acheteur invite les membres des familles des deux parties, le chef du village et l'intermédiaire à prendre un repas, appelé « repas d'intermédiaire » ; en même temps, l'acheteur envoie dix livres de céréales à chacun des oncles et des frères du vendeur, appelés « céréales de la maison » ; l'intermédiaire est récompensé par l'acheteur et le vendeur en recevant vingt livres de céréales ou quarante à cinquante centimes de chaque partie. Ce n'est qu'après le « repas d'intermédiaire » et l'acceptation des « céréales de la maison » que la vente est officiellement établie ; à l'avenir, si une partie revient sur ses engagements, toutes les personnes qui ont pris le « repas d'intermédiaire » ont l'obligation de témoigner.

Selon le droit coutumier des Miao, « on vend un champ, mais pas la digue ». Ainsi, lors de la récolte d'automne de la première année suivant l'achat du champ, l'acheteur, selon le droit coutumier, doit généralement, comme « supplément pour acheter la digue », donner au vendeur dix livres de céréales pour chaque pièce d'argent du prix de vente de sa récolte. En outre, en fonction du nombre de champs qu'il a achetés, l'acheteur doit également donner au vendeur vingt à trente livres de céréales par champ, en signe de « soin[①] ».

Les Lisu pratiquaient l'échange de terres, qui est la forme rudimentaire

[①] Équipe de rédaction de la province de Guizhou, *Enquête sur l'histoire sociale des Miao*, tome I, Presse des nationalités du Guizhou, décembre 1986, pp. 143-144.

de la vente de terres. Selon le droit coutumier, les terres échangées incluent les champs de courge, les terres volcaniques, les terres cultivées et même les jardins. En échange, on reçoit des céréales, des meubles de tous les jours, du bétail, des outils de production, etc. Si la personne cédant la terre souhaite récupérer le terrain, il suffit de restituer exactement ce qu'elle a reçu auparavant, et la terre lui revient alors. La procédure d'échange est simple, pour autant que les deux parties soient d'accord. Dans quelques cas, on sculpte du bois en guise de preuve. Dans d'autres cas, il n'y a pas d'intermédiaire ni de sculpture en bois ou autre preuve, on ne fait qu'un tour du terrain pour connaître son emplacement. L'échange de terrains se fait dans certains cas au-delà du cadre du clan familial①.

Selon le droit coutumier du peuple Hezhen, lorsqu'une terre est vendue, le locataire qui cultive cette terre a la priorité, suivi par les voisins. La vente de terres a généralement lieu après la récolte automnale ou avant les labours de printemps, rarement après les labours de printemps et avant la récolte automnale. Lors de la vente, on invite quelques intermédiaires à négocier le prix de la terre et à rédiger l'acte de vente ; on signe l'acte, puis on organise un banquet, ensuite le titre de propriété de la terre est remis à l'acquéreur qui acquitte le prix en même temps ; ainsi est close la vente②.

Le droit coutumier des Tibétains stipule que les terres situées à l'intérieur de la porte frontalière de Songpan appartiennent à des particuliers et peuvent être librement mises en hypothèque ou en vente. Le prix de la terre se calcule sur la base de la superficie de culture d'un seau de semence, allant de soixante à cent pièces d'argent pour les terres de barrage de rivière, de trente à cinquante pièces d'argent pour les terres de colline et de dix à vingt pièces d'argent pour les terres de haute montagne. Les terres situées à Mao'ergai appartiennent également à des particuliers ainsi qu'en témoignent des actes de vente et d'achat. Le prix de la terre est calculé sur la base de la superficie de culture d'un baril de semence qui est de quatorze pièces d'argent pour une bonne terre, dix pièces d'argent pour une terre moyenne et cinq/six pièces d'argent pour une mauvaise terre. Selon le droit coutumier, la vente de terres doit se faire dans l'ordre des membres de la famille d'abord,

---

① Équipe de rédaction de la province du Yunnan, *Enquête sur l'histoire sociale des ethnies Lisu, Nu et Lemo (branche des Bai)*, Presse populaire du Yunnan, août 1985, pp. 29-46.

② Équipe de rédaction, *Brève histoire du peuple Hezhen*, Presse populaire du Heilongjiang, août 1984, pp. 192-193.

puis des proches parents et des voisins, et nécessite le paiement de « l'argent pour remercier l'intermédiaire », de « l'argent de signature », de « l'argent de rédaction de l'acte de vente », de « la taxe foncière » et des « frais de transfert », etc.①.

Selon le droit coutumier des Yi, on doit, pour la vente d'une terre, obtenir le consentement du maître, qui dispose de la priorité d'achat, avant de la proposer aux membres de la branche familiale ; en général, on ne peut pas la vendre à une branche familiale contre laquelle il existe des griefs. Les terres arables de Wajia (*瓦加*) ne peuvent pas être achetées ou vendues et, dans certaines régions, les restrictions à l'achat ou à la vente de terres sont plus strictes. La vente se fait généralement par le biais d'un intermédiaire, et lorsque les deux parties s'accordent sur un prix, la vente est conclue sans contrat écrit. À cette occasion, l'acheteur doit tuer un poulet ou un mouton et inviter à un festin public les voisins, certaines personnes de la branche familiale et l'intermédiaire, etc.②.

Une fois la vente conclue, l'acheteur doit payer une rémunération à l'intermédiaire, généralement cinq pour cent du prix du terrain. Lorsque le vendeur est pressé de vendre, la rémunération de l'intermédiaire peut être légèrement augmentée. En cas de litige ultérieur sur le terrain, l'intermédiaire est obligé de témoigner. Si l'intermédiaire est décédé, c'est son fils qui lui succède.

Le droit coutumier des Tu dispose que les terres appartenant à un Tusi ne peuvent être vendues librement, mais le Tusi a le droit d'échanger des terres avec d'autres Tusi ou des particuliers, ou de construire des maisons sur ces terres. En général, lorsque la vente d'un terrain est convenue, en plus du prix du terrain, l'acheteur doit payer une somme d'argent à trois parties : l'intermédiaire, la personne qui a rédigé le contrat et les proches du vendeur (car le contrat doit être cosigné par les proches du vendeur pour être valide). Le montant de ces trois sommes n'est pas fixe, mais généralement l'intermédiaire et les proches reçoivent des montants égaux ; la personne qui

---

① Équipe de rédaction du Sichuan, *Enquête sur l'histoire sociale tibétaine dans le comté de Ganzi, province du Sichuan*, juin 1985, Presse de l'Académie des sciences sociales du Sichuan, pp. 156, 174, 199.

② Équipe de rédaction de la province du Yunnan, *Enquête sur l'histoire sociale des Yi du Sichuan, du Guangxi et du Yunnan*, Presse populaire du Yunnan, février 1987, p. 46 ; Équipe de rédaction de la province du Yunnan, *Enquête sur l'histoire sociale des Yi du Yunnan*, Presse populaire du Yunnan, octobre 1986, pp. 72, 174 et 199.

a rédigé le contrat reçoit environ le double de la somme de l'intermédiaire. En outre, l'acheteur est tenu d'offrir un repas avec du vin. À l'époque où les Tu n'avaient pas d'écriture indigène et où personne ne savait lire le chinois ou le tibétain et ne pouvait faire de contrat écrit, on cassait une pierre ou un os en deux parties lors de la vente d'une terre, l'acheteur et le vendeur en détenant une en guise de preuve. Dès qu'il y eut des personnes pouvant lire et écrire, on les invita en qualité de garant à rédiger un acte. L'acte était rédigé normalement en une seule page[①].

2. La mise en gage de terres (sorte d'hypothèque)

En plus de l'achat et de la vente de terres, il existe de nombreuses pratiques de mise en gage de terres par les différentes minorités ethniques, ce qui a donné naissance au droit coutumier relatif aux droits de gage foncier, aux procédures, aux actes, à la durée, au prix et au rachat de gage foncier.

Pour les Zhuang, le prix de la mise en gage de terres, convenu par les deux parties, n'est qu'environ la moitié du prix de vente ferme. En général, le propriétaire qui met en gage ses terres ne cherche pas un prix élevé afin de faciliter le rachat ultérieur. Le gage n'est pas soumis aux intérêts fixes qui sont le produit du terrain mis en gage. Si le champ est cultivé par l'emprunteur sur gage, le prêteur vient au champ chaque année à la récolte d'automne pour partager le produit. Selon le droit coutumier, la mise en gage de la terre doit être conclue par un intermédiaire et constatée par un contrat. Le contrat doit spécifier la durée de rachat (généralement trois ans) ; si le prêteur ne rachète pas le terrain avant le terme, il ne peut plus le racheter même s'il en a les moyens. Par conséquent, au cas où le terrain mis en gage ne peut être racheté, on doit recourir à l'intermédiaire initial qui demande au prêteur d'ajouter une somme supplémentaire comme indemnité ; les deux parties signent un nouvel acte, le contrat initial étant ainsi rompu. L'intermédiaire reçoit une somme d'argent appelée « rémunération pour l'intermédiaire[②] ».

Chez les Miao, il y avait moins de terres mises en gage que celles qui

---

[①] Équipe de rédaction de la province du Qinghai, *Enquête sur l'histoire sociale des Tu du Qinghai*, Presse populaire du Qinghai, novembre 1985, pp. 72, 102-103.

[②] Équipe de rédaction de la Région autonome des Zhuang du Guangxi, *Enquête sur l'histoire sociale des Zhuang du Guangxi,* tome I, Presse des nationalités du Guangxi, mai 1984, pp. 86-87.

étaient vendues, à raison d'environ une pour quatre. Le prix de la mise en gage était d'environ la moitié du prix de vente, ou les deux tiers. La durée du gage était généralement de trois ans, certains gages étant fixés pour dix ou huit ans. Cependant, il ne s'agit pas d'un engagement rigide, car même après l'expiration de la durée de gage, tant qu'on en a l'argent, il est possible de racheter à tout moment, et il est même possible que le fils rachète ce que le père a mis en gage. Le droit coutumier donne la priorité au clan familial, le gage ne pouvant être accordé à un étranger d'un autre clan familial ou d'un autre village que si l'on n'a pas de parent proche ou si le prix offert par les parents proches est inférieur à celui de l'étranger. Lors de la conclusion d'un gage, il faut que les deux clans familiaux témoignent, mais il n'est pas nécessaire d'organiser un banquet ou de rédiger un contrat formel[①].

Les objets de la mise en gage des Dong sont généralement des garanties de prêt, dont les champs d'eau, les collines de tung et de thé, etc. Le gage est généralement assorti d'intérêts. Le droit coutumier impose certaines formalités pour la mise en gage. Le constituant du gage demande à un intermédiaire de négocier avec l'autre partie ; puis le preneur en gage prépare du vin et de la viande, invite l'intermédiaire et les parties concernées à être présents ; les deux parties signent l'acte de gage et en détiennent chacune une copie, qui servira de preuve au cas où l'on revienne sur l'engagement pris. Dans certains cas, aucun acte n'est établi. Il suffit que le constituant du gage demande à l'intermédiaire de se mettre d'accord avec l'autre partie. La propriété du terrain reste au propriétaire initial, qui le cultive ; le prêteur sur gages reçoit chaque année une part de la production à titre d'intérêt. La durée du gage est limitée à trois ans ; s'il n'est pas racheté après cette période, le terrain sera vendu. La vente se fait toujours en fonction de la valeur réelle, c'est-à-dire que le prix sera augmenté à hauteur du prix de marché, s'il est au rabais, et le terrain sera transféré au créancier gagiste[②].

Le droit coutumier des Lisu exige que la mise en gage des terres soit négociée par un intermédiaire et que l'acte soit rédigé en caractères chinois, dont les deux parties et l'intermédiaire détiennent chacun un exemplaire. Le

---

① Équipe de rédaction de la province du Guizhou, *Enquête sur l'histoire sociale des Miao,* tome I, Presse des nationalités du Guizhou, décembre 1986, p. 144.

② Équipe de rédaction de la Région autonome des Zhuang du Guangxi, *Enquête sur l'histoire sociale du groupe ethnique Dong du Guangxi*, Presse des nationalités, juin 2009, p. 117.

prix du gage est généralement inférieur au prix de marché du terrain. Le gage est rachetable dès que l'argent est disponible, quelle que soit la durée, et s'il n'y a pas d'argent pour le racheter, il est mis en gage pour toujours, ce qui constitue en fait une vente①.

Selon le droit coutumier des Qiang, le montant du gage est en général de cinquante pour cent du prix de la terre ; le propriétaire initial peut racheter la terre. Les formes de mise en gage sont : (1) Mise en gage avec une durée fixe. Le prix du gage est de soixante à soixante-dix pour cent du prix du terrain, et s'il n'est pas racheté après la date d'expiration, il pourra être vendu à quatre-vingts pour cent du prix du terrain. (2) Mise en gage pour une durée indéfinie. La période de rachat est variable. Le preneur en gage rend le terrain après avoir reçu l'argent, le prix du gage étant à quarante/cinquante pour cent du prix du terrain. (3) Gage locatif. Le prêteur sur gages paie un petit montant de loyer au propriétaire initial pour montrer que la propriété au terrain appartient toujours à ce dernier. (4) Gage hypothécaire. Le débiteur, lorsqu'il emprunte de l'argent, met son terrain en garantie ; si la dette ne peut être payée à l'échéance, le terrain reviendra au créancier. (5) Gage sans impact sur les charges. Après la mise en gage du terrain, le propriétaire initial est toujours responsable des charges fiscales relatives au terrain②.

Pour l'ethnie Tu, au départ, les accords de prêt sur gage pour les terres n'étaient pas rédigés par écrit. Selon le droit coutumier, une simple pierre ou une plaque d'os était cassée en deux moitiés, et chaque partie en conservait une comme preuve. Ce n'est que plus tard, lorsque de plus en plus de personnes ont su lire et écrire, qu'on a adopté la forme du contrat écrit. En général, les terres mises en gage n'étaient pas rachetées à intervalles réguliers, et pouvaient l'être dès que l'argent était disponible, de sorte que le contrat était généralement rédigé comme suit : « Si l'argent est disponible, le contrat sera terminé le jour même ; sinon, le prêteur sur gages cultivera la terre pendant de longues années. » Le contrat est généralement rédigé en deux exemplaires. Lorsqu'une terre est mise en gage, les charges fiscales y afférant sont transmises au nouveau preneur. Il y a parfois quelques familles riches et puissantes qui refusent d'assumer les charges liées aux terres mises

---

① Équipe de rédaction de la province du Yunnan, *Enquête sur l'histoire sociale des ethnies Lisu, Nu et Lemo (branche des Bai)*, Presse populaire du Yunnan, août 1985, p. 128.

② Équipe de rédaction du Sichuan, *Enquête sur l'histoire sociale des Qiang*, Presse de l'Académie des sciences sociales du Sichuan, janvier 1986, p. 89.

en gage, les propriétaires doivent alors continuer à les supporter. Il n'est pas nécessaire de payer l'intermédiaire, le rédacteur du contrat ou ceux qui ont rendu service pour la mise en gage de la terre et il suffit que la famille preneuse leur offre un repas avec du vin. Le prix de mise en gage est d'environ deux à trois yuans par mu① de terre sèche plate et d'environ un yuan pour les terres sèches de montagne②.

3. La location

Le droit coutumier de différentes minorités ethniques sur la location couvre principalement le montant de la location, le régime de location, les formalités et les contrats de location, etc.

Le droit coutumier des Zhuang prévoit que la location varie en fonction du statut du détenteur de la terre. (1) Une personne qui cultive la terre de fonction d'un fonctionnaire indigène doit généralement fournir à ce dernier un travail ou des biens spéciaux en échange, principalement sous forme de travail agricole. Le bail ne peut pas être retiré librement et est hérité de génération en génération, de père en fils. Un petit nombre de locataires de terre payent un loyer en nature, à raison de la moitié ou de trois pour sept de la récolte. (2) L'exploitation des terres publiques prend généralement la forme de sous-location, sans contrat. Il s'agit généralement d'un fermage en nature. Si le locataire ne cultive plus la terre lui-même, il pourra céder le bail à d'autres. Dans certains cas, on ne paie aucun loyer et on ne verse aucun grain, mais on effectue chaque année une certaine quantité de travail. (3) Quant à la location des terres privées d'un propriétaire foncier ou d'un officier, sauf caution du chef du clan, on doit généralement établir un contrat de gage écrit dont le contenu comprend le montant du loyer, la valeur de la terre mise en gage, la durée, etc. Si le locataire n'arrive pas à payer le loyer selon la durée convenue, le gage sera rompu. Le montant du loyer est généralement de cinquante à soixante pour cent de la récolte. La plupart des locataires doivent travailler pour le propriétaire foncier pendant un certain nombre de jours chaque année③.

---

① Mu (亩), unité de mesure, 1 mu = 1/15 d'hectare (note du traducteur).

② Équipe de rédaction de la province du Qinghai, *Enquête sur l'histoire sociale des Tu du Qinghai*, Presse populaire du Qinghai, novembre 1985, pp. 72-73, 103.

③ Équipe de rédaction de la Région autonome des Zhuang du Guangxi, *Enquête sur l'histoire*

La relation de tenure la plus importante chez les Yao existait entre le « seigneur de la montagne » et les « habitants de la montagne ». Lorsqu'un habitant de la montagne loue une terre à un seigneur de la montagne, il doit selon le droit coutumier passer par les procédures de signature du contrat et d'invitation au repas avec du vin. Le loyer peut être payé en nature, en argent, ou partiellement sous forme de travail. Dans la pratique, il y a souvent un mélange de différentes formes de baux fonciers[①].

Les formes de rentes foncières en nature sont les suivantes : (1) Plantation des arbres en vue de reboiser la montagne. Après avoir obtenu une terre, l'habitant de la montagne n'a pas à payer de loyer, il lui suffit de planter des arbres avant de rendre la terre au seigneur de la montagne. Après l'octroi de la terre, on plante généralement des arbres la deuxième année suivant la coupe, puis des cultures parmi les jeunes arbres ; lorsque les arbres ont grandi et que la terre est épuisée, celle-ci est rendue au seigneur de la montagne avec les arbres lorsqu'il n'est plus possible d'y planter des cultures. Dans certains cas, en plus de la plantation d'arbres, le locataire doit payer une quantité fixe de biens ou d'argent. Dans d'autres cas encore, les arbres sont fournis et plantés par le seigneur de la montagne ; le locataire n'est responsable que de leur entretien. Ceci peut être considéré comme une forme de loyer en industrie. (2) Système de sous-location. La totalité de la production est divisée entre le « seigneur de la montagne » et l'« habitant de la montagne » selon une certaine proportion, par exemple, division en trois parts (une pour le seigneur, deux pour le locataire), division à 2:8 (2 pour le seigneur, 8 pour le locataire) ou division à 3:7, etc. (3) Système de loyer fixe. Le montant du loyer est fixé lors de la négociation du bail ; le loyer est acquitté en une seule fois ou par échelonnement, conformément au montant convenu par les deux parties en fonction de la qualité du terrain.

En cas de loyer payé en argent, il existe un système de loyer fixe, qui est le même que le système de loyer fixe en nature du point de vue de la forme, du fond et des formalités. Il y a aussi des habitants de la montagne qui paient la rente foncière en argent par unité de ménage ; cette forme est utilisée pour la location des collines de chaume.

---

*sociale des Zhuang du Guangxi,* tome II, livre 1, Presse des nationalités du Guangxi, décembre 1985, pp. 12-14.

[①] Équipe de rédaction de la Région autonome des Zhuang du Guangxi, *Enquête sur l'histoire sociale des Yao du Guangxi,* tome I, Presse des nationalités du Guangxi, février 1984, p. 432.

Outre le loyer en nature et le loyer en argent, il existe encore un petit nombre de locataires qui payent leur loyer sous forme de travail. Ainsi, le locataire doit fournir au seigneur de la montagne quelques jours de travail non rémunéré pendant les labours de printemps et les récoltes d'automne chaque année. Ceci est précisé parfois dans l'acte.

La relation de location entre les Dong existe principalement dans le domaine de la location des champs. Les procédures de location peuvent être simples ou complexes. Dans les cas simples, le locataire demande le consentement du propriétaire, et les deux parties peuvent discuter du montant et de la durée du bail. Dans les cas complexes, le locataire demande d'abord à un intermédiaire de parler du bail au propriétaire, et après avoir reçu le consentement préliminaire du dernier, le locataire offre du vin et de la viande à l'intermédiaire et au propriétaire ; on rédige en même temps un contrat indiquant la durée et le montant du bail, qui est scellé par les deux parties et l'intermédiaire.

Les loyers sont principalement en nature, moins sous forme de travail et très peu en argent. Il existe deux types de loyers en nature : un système de loyer flexible qui dépend de la récolte, et un système de loyer fixe. Les loyers flexibles peuvent être divisés en trois catégories, à savoir : six contre quatre (six pour le propriétaire et quatre pour le locataire), deux contre un et moitié-moitié. Le système de loyer fixe est basé sur un montant fixe de loyer, dont le montant est déterminé par le propriétaire foncier et accepté par le locataire. La fourniture de travail n'est pas explicitement mentionnée dans l'acte au moment de la négociation du loyer, mais la coutume veut que le propriétaire ait le droit de recourir à la main-d'œuvre du locataire[①].

Il y avait très peu de location au sens économique du terme pour les propriétaires fonciers Dai. Dans le cadre du système de seigneurie où les serfs recevaient des parts de terre du seigneur, le travail non rémunéré était la forme la plus courante, le loyer en nature et le loyer en argent occupant une place secondaire. Le droit coutumier dans ce domaine est unique. Outre le labourage des terres des seigneurs, les serfs effectuaient des travaux publics tels que la construction de routes, de ponts, le creusement des canaux et le service militaire, tandis que certains fournissaient aux seigneurs de tous

[①] Équipe de rédaction de la Région autonome des Zhuang du Guangxi, *Enquête sur l'histoire sociale des Tong du Guangxi*, Presse des nationalités, juin 2009, pp. 184-186.

niveaux, divers services domestiques et professionnels comprenant plus de cent types de services. Le loyer en nature était développé sur la base du loyer sous forme de travail ; chaque année, les serfs versaient à leur seigneur une certaine quantité de grains, de meules de foin, de bois de chauffage, etc. Les communautés villageoises disposant de terres abondantes prélevaient un loyer en nature à raison de dix pour cent des récoltes produites quand elles louaient des terres communes à des étrangers.

Pour s'acquitter de leurs charges, les seigneurs Dai ont établi une organisation descendante de répartition des charges appelée « système Huoxi » (*火西制*). À l'intérieur de chaque communauté villageoise, un système de « Heizhao » (*黑召*) s'est formé de manière ascendante. Les Heizhao avaient pour but de partager équitablement les charges féodales et incluaient les éléments suivants : (1) Incarnation du concept de charges liées à la terre et aux personnes, où les charges étaient liées à la possession de terres. Pendant la période allant de quinze ans jusqu'au mariage, on parlait de période de charge d'apprentissage ; après le mariage jusqu'à l'âge de cinquante ans, c'était la période de charges officielles ; et après l'âge de cinquante ans, c'était la période de libération des charges. (2) Des lignes de partage des charges qui étaient consolidées par la possession commune de terres obtenue grâce aux charges partagées. (3) Une méthode moyenne de répartition des charges qui combinait les charges individuelles et les lignes de partage des charges. Les charges de travail étaient réparties en rotation avec différentes méthodes. Certains utilisaient des registres pour enregistrer ; d'autres marquaient le type de travail sur des morceaux de bambou, transmis par foyer ; certains inscrivaient les noms des foyers sur des morceaux de bambou, les suspendaient au mur avec des cordes et les retiraient l'un après l'autre une fois la charge terminée ; d'autres utilisaient quatre tubes de bambou pour diviser le travail en quatre catégories, inscrivaient les noms des foyers sur des piquets de bambou, faisaient un trou dans le haut de chaque tube, y inséraient les piquets et retiraient le piquet correspondant après le service d'un foyer, puis inséraient un autre piquet pour le prochain. Tous les tributs versés aux grands et petits seigneurs étaient également répartis en rotation et partagés équitablement[①].

---

[①] Équipe de rédaction de la province du Yunnan, *Enquête* sur *l'histoire sociale des Dai (Xishuangbanna, vol. 2)*, Presse des nationalités du Yunnan, décembre 1983, pp. 14-26.

Malgré le fait que les terres étaient essentiellement privées, les Jingpo avaient pour coutume de « demander la terre à cultiver » ; selon cette coutume un ménage sans terre ou avec peu de terre pouvait négocier un prêt auprès d'un ménage disposant de terres nombreuses pour un ou deux ans, en offrant à ce dernier un petit cadeau (comme du thé, des bandes de cire, des pièces d'argent, etc.) en échange de l'autorisation de cultiver le lot de terre désigné. En général, aucune rémunération n'était exigée. Certains donnaient des produits de la récolte au propriétaire foncier après la récolte. Dans certaines régions, il existe également des relations de location, tant à loyer flexible qu'à loyer fixe, sans contrat écrit et pour des durées variables, principalement payées en nature. Dans l'ensemble, les relations de location des Jingpo n'étaient pas très développées[①].

Au début, les Hezhen ne louaient pas de terres. Ce n'est qu'à la fin de la dynastie Qing et au début de la République de Chine que les baux ont commencé à apparaître, principalement avec des agriculteurs Han. Généralement, on donnait en bail les friches après remise en état. Le loyer était faible la première année, augmentait quelque peu la deuxième année, mais n'augmentait plus après la troisième année. Dans certains cas, les occupants remettaient directement les friches aux locataires pour qu'ils les cultivent eux-mêmes, et aucun loyer n'était exigé pendant les premières années : on commençait à percevoir le loyer après trois ans. Il existe également des cas où l'occupant d'une friche s'associait à quelqu'un pour la cultiver avant de la louer à d'autres. Il y a aussi ceux qui embauchaient des personnes pour travailler la terre en friche avant de la donner en location. Les Hezhen recouraient plutôt au « recrutement de cultivateurs » comme forme de location. Selon le droit coutumier, il y avait deux types de recrutement : l'un nommé « cultivateurs extérieurs », où le locataire apportait le bétail, la main-d'œuvre, la nourriture et les semences, tandis que le bailleur ne donnait que la terre ; lors de la récolte d'automne, les deux parties se partageaient proportionnellement la quantité de grains récoltés. L'autre est le celui de « cultivateurs internes », où le locataire ne contribuait qu'à la main-d'œuvre et mangeait chez le propriétaire, toutes les semences, la nourriture, le bétail et les dépenses étant à la charge du propriétaire ; lors

---

[①] Équipe de rédaction de la province du Yunnan, *Enquête sur l'histoire sociale des Jingpo*, tome III, Presse des nationalités du Yunnan, mars 1986, p. 27.

de la récolte d'automne, le grain était divisé entre les deux parties selon le ratio convenu. Il existait deux types de loyers : le loyer en nature et le loyer en argent, le montant dépendant de la superficie et de la qualité du sol. Il n'y avait pas de loyer sous forme de travail. Dans le cas d'un loyer en nature, le type et la quantité de céréales à payer étaient précisés à l'avance dans le bail①.

Les Mongols louent des terres sans tenir compte des mu, mais des « cercles » ou des « blocs » selon le droit coutumier ; ils discutent du loyer d'un bloc ou d'un cercle de terre rempli d'eau pendant quelques jours. Lors de la location d'un terrain, un contrat est généralement établi, précisant le loyer et la durée, et stipulant que si le terrain est repris ou retiré avant l'expiration du bail, on est alors puni par une amende de cent kilos de riz blanc. Le propriétaire perçoit souvent plusieurs années de loyer à l'avance, en plus d'une caution du premier locataire. En plus du loyer, le propriétaire foncier exige également du bois de chauffage, des légumes, des moutons ou du porc de la part du locataire, le montant dépendant des circonstances de l'autre partie. Cela peut être précisé dans le contrat de bail, ou perçu en supplément sans avoir été fixé clairement au moment de la conclusion du contrat. Le locataire ne peut pas sous-louer à une autre personne le terrain qu'il a loué, sinon le propriétaire a le droit de le reprendre. Dans la pratique, ce n'est pas toujours le cas : il existe des cas où le titulaire du bail sous-loue le terrain à d'autres personnes ou où il loue le terrain à d'autres personnes en son nom propre②.

Les principales formes de location prévues par le droit coutumier de la nationalité Hui sont : (1) Loyer fixe : le loyer est de huit litres à un boisseau (cent-cinquante livres) par lot de terre (trois mu et demi). En outre, le locataire est également responsable des diverses charges et contributions en nature pour le terrain, qui doivent être acquittées comme convenu peu importe si l'année a été bonne ou mauvaise, sinon, elles seront converties en argent pour lequel des intérêts seront facturés à un taux annuel de trente/quarante pour cent. Si la dette est devenue importante, le propriétaire reprendra la terre et obligera les hommes à travailler pour lui comme

---

① Équipe de rédaction, *Brève histoire du groupe ethnique Hezhen*, Presse populaire du Heilongjiang, août 1984, pp. 194-195.

② Équipe de rédaction de la Région autonome de Mongolie-Intérieure, *Enquête sur l'histoire sociale des Mongols*, Presse des nationalités, juin 2009, p. 79.

travailleurs à long terme et les femmes à cuisiner et à effectuer divers travaux domestiques pour lui.

(2) Partenariat. Il existe plusieurs formes de partenariat. Dans certains cas, c'est le propriétaire foncier qui fournit la terre, les animaux de la ferme, les semences et certains outils, et qui prend soixante pour cent des récoltes ; dans d'autres cas, le propriétaire foncier ne fournit que la terre et prend la moitié des récoltes ; dans d'autres cas encore, le propriétaire foncier fournit les semences, les animaux de la ferme et les outils agricoles et prend la moitié des récoltes après déduction de semences, la terre étant exploitée par le locataire.

(3) Prise en charge des contributions en grain. Le propriétaire loue la terre aux locataires, soixante-dix pour cent de la récolte revenant aux locataires et trente pour cent au propriétaire ; les locataires sont responsables de toutes les charges sur la terre. Dans certaines régions, les locataires sont tenus de payer en même temps une somme équivalente à la contribution des corvées pour le compte du propriétaire.

(4) Culture avec semences empruntées. Le paysan dispose de la terre, des animaux de la ferme et du matériel agricole, mais emprunte des semences au propriétaire foncier pour la culture ; il doit ainsi partager la récolte avec le propriétaire foncier à parts égales et lui rendre la moitié des semences.

Le bail se renouvelait généralement une fois par an ; on devait à cette occasion inviter le propriétaire et l'intermédiaire à dîner, sinon il était difficile de renouveler le bail. Lors du renouvellement du bail, le locataire devait payer « l'argent pour la signature ».

Le droit coutumier du peuple Qiang prévoit cinq modes de location : (1) le partage de la récolte, où le propriétaire et le locataire se partageaient à égalité les produits principaux et les sous-produits au moment de la récolte. (2) Le loyer fixe, le montant du loyer étant déterminé à l'avance ; il était payé conformément aux règles fixées, quelle que soit la récolte. Le loyer fixe était généralement accompagné d'une caution versée à l'avance par le locataire au propriétaire sous forme d'une somme d'argent ou en nature ; si le locataire n'était pas en mesure de payer le loyer, il était déduit de la caution comme convenu. (3) La location d'une terre en gage. Dans ce cas, un paysan mettait ses terres en gage au propriétaire foncier, puis les louait à nouveau pour les exploiter afin de gagner sa vie ; il payait au propriétaire un loyer comme convenu. (4) Le paysan était obligé de mettre en gage et de louer la terre deux fois, de sorte qu'il n'obtenait que le quart de la récolte totale. (5) Le loyer sous forme de main-d'œuvre, où le locataire louait une terre du propriétaire foncier et effectuait également des travaux pour ce dernier pendant les périodes de travail agricole intense en guise de loyer[1].

Selon le droit coutumier des Yi, la location n'était pas constatée par un acte écrit et était basée principalement sur le loyer en nature, complété par un loyer monétaire ou similaire. Les locations assorties d'une caution étaient rares. On payait la caution généralement pour s'assurer que le propriétaire ne reprenne pas les terres louées ; et dans ce cas, le loyer était un peu moins élevé.

Il y avait deux formes de loyer en nature. (1) Partage à égalité : la récolte était répartie à parts égales entre le propriétaire et le locataire en fonction de la production de l'année ou le propriétaire prenait le tiers de la récolte si les semences étaient fournies par le locataire. (2) Loyer fixe : le loyer représentait environ vingt à quarante pour cent de la récolte et devait être payé, quel que soit le rendement de l'année. D'un commun accord, le loyer en nature pouvait être payé en argent ; il y avait aussi ceux qui payaient le loyer exclusivement en argent. Dans certains cas, on versait du sel à la place du loyer, allant d'un à un catty et demi de sel pour un terrain d'un litre de semences. Dans la région Yi du Sichuan, les locataires étaient également tenus d'effectuer un grand nombre de travaux non rémunérés et de charges, connus sous le nom de « travail blanc ».

Pour la mise en valeur des terres en friche, il était d'usage qu'on discute avec le propriétaire et convienne avec ce dernier du montant du loyer avant de démarrer le défrichage. En cas de terres en montagne, généralement, on ne payait le loyer que trois ans après le défrichage et la plantation.

Dans certaines régions, il existait également une forme de location appelée « bail avec emprunt », qui est une combinaison de loyer foncier et d'usure. Lorsque les paysans en difficulté empruntaient de l'argent aux familles riches, ils devaient hypothéquer un certain nombre de terres et accepter de payer un loyer annuel qui dépassait souvent le rendement des

---

[1] Yu Ronggen, ed., *Le Droit coutumier de l'ethnie Qiang*, Maison d'édition de Chongqing, décembre 2000, pp. 57-58.

terres mises en hypothèque.

Si, pour une raison quelconque, les locataires n'arrivaient pas à acquitter le loyer, certains le payaient l'année suivante sans majoration d'intérêts ; d'autres convertissaient le loyer impayé en emprunt et payaient l'année suivante le principal et les intérêts ou confiaient leurs enfants aux créanciers comme Jiaxi (esclave) pour couvrir leurs dettes. Enfin d'autres mettaient des terres en hypothèque pour acquitter leurs dettes[1].

Il existait deux modes de location de terres chez les Tu. Les propriétaires fonciers généraux et les propriétaires fonciers monastiques. Le droit coutumier reconnaissait deux formes de loyer : le loyer sous forme de fourniture de travail et le loyer en nature. Le loyer versé sous forme de travail est connu sous le nom de « corvée » ; le propriétaire foncier ne recevait aucun loyer, mais le locataire devait, en fonction de la quantité de terre louée, effectuer une partie ou la totalité des travaux pour le propriétaire foncier. L'autre type est celui où le propriétaire foncier louait deux ou trois mu de terre au paysan sans loyer, ce dernier devant travailler pour le propriétaire foncier de manière régulière, sur appel, sans être rémunéré, mais en étant toutefois nourri. En général, un paysan qui louait un terrain d'un quart de mu devait servir dix à vingt jours par an, sous réserve de travaux de fauchage. Quant aux travaux de portage du blé et de l'arrachage des herbes, trois jours étaient comptés comme un seul jour.

Il existe deux modes de paiement du loyer en nature : l'un consiste en un partage à parts égales. Le propriétaire mettait en location une partie des terres et fournissait une paire de bovins et une partie des semences (généralement un tiers), tandis que le métayer fournissait la main-d'œuvre et d'autres outils de production ; la récolte était alors partagée à égalité. Les contributions au grain public, au fonds de chevaux et les servitudes relevant de la terre louée étaient entièrement à la charge du métayer. De plus, celui-ci devait offrir des cadeaux au propriétaire le jour de l'an et à l'occasion de fêtes. Pour l'autre mode, le propriétaire fournissait la terre et une moitié des semences, le paysan fournissait la main-d'œuvre et les outils agricoles ; la récolte était généralement répartie à raison de soixante ou soixante-dix pour

[1] Équipe de rédaction de la province du Yunnan, *Enquête sur l'histoire sociale des Yi du Sichuan, du Guangxi et du Yunnan*, Presse populaire du Yunnan, février 1987, pp. 39-40 ; Équipe de rédaction de la province du Yunnan, *Enquête sur l'histoire sociale des Yi du Yunnan*, Presse populaire du Yunnan, octobre 1986, pp. 16, 69-71.

cent pour le propriétaire et de quarante ou trente pour cent pour le paysan. Chacune des deux parties assumait la moitié du fardeau du grain public, du fonds de chevaux et des servitudes. L'offre de cadeaux au propriétaire le jour de l'an ou à l'occasion de fêtes était facultative. On pratiquait également le loyer fixe, le loyer étant généralement un boisseau pour une terre de 1/4 mu[①].

4. L'emploi

Le droit coutumier des minorités ethniques en matière d'emploi réglemente principalement les types d'emploi, les salaires, la durée, les procédures, etc.

Le droit coutumier des Miao prévoit trois modes d'emploi : long, mensuel et à la journée. Selon la force de la main-d'œuvre, les salaires des travailleurs de longue date étaient divisés en trois classes : la classe supérieure est de seize à vingt yuans (en pièce d'argent) par an, la classe moyenne de dix à quatorze yuans, et la classe inférieure de quatre à six yuans. Les employeurs procédaient souvent à des retenues sur les salaires. Le travail des travailleurs de longue date était très lourd et leurs moyens de subsistance étaient précaires ; beaucoup n'avaient pas les moyens de se marier. La situation des enfants travailleurs était encore pire. Les travailleurs mensuels étaient moins nombreux et leur salaire dépendait de la force de leur travail. Les travailleurs journaliers étaient plus nombreux. Il y avait aussi ceux qui n'avaient pas les moyens d'emprunter de l'argent et qui prenaient des emplois à court terme pour des familles riches. Les employeurs payaient à l'avance le salaire (le plus souvent sous forme de riz) ; pendant la haute saison, les employeurs pouvaient appeler les travailleurs à tout moment sans délai. Les salaires de cette main-d'œuvre achetée à l'avance étaient généralement inférieurs (voire deux fois moins élevés) aux salaires de la saison agricole[②].

Lorsque les Yao travaillaient chez leurs maîtres, quelle que soit la durée de travail, les employeurs leur fournissaient des repas conformément au droit coutumier. Ils leur donnaient à manger ce qu'ils mangeaient eux aussi, les

---

① Équipe de rédaction de la province du Qinghai, *Enquête sur l'histoire sociale des Tu du Qinghai*, Presse populaire du Qinghai, novembre 1985, pp. 19-21.

② Équipe de rédaction de la province du Guizhou, *Enquête sur l'histoire sociale des Miao*, tome I, Presse des nationalités du Guizhou, décembre 1986, pp. 146-147.

considérant souvent comme des membres de leur famille. Les salaires étaient payés en argent (le salaire annuel d'un ouvrier de longue date était de douze pièces d'argent en moyenne) ou en nature (comme du riz[①]).

En plus du travail à court terme (travail journalier, travail mensuel et travail contractuel) et du travail à long terme (travail rémunéré et travail de portage), le droit coutumier du peuple Hechen prévoyait les modes d'emploi suivants : (1) Travail par échange. Cela signifie que les personnes ayant peu de terres, pas de force de travail animale et peu d'outils agricoles, échangent avec d'autres personnes leur travail contre la force animale et des outils agricoles pour cultiver leurs propres terres. Selon le droit coutumier, une journée de travail est comptée comme une unité de travail, et une journée de travail pour un animal, qu'il s'agisse d'un buffle ou d'un cheval, est comptée également comme une unité de travail. (2) Travail sous-traité. Il s'agit de sous-traiter les terres agricoles à d'autres et de convenir à l'avance par contrat oral de la méthode de labourage de printemps, du nombre de labourages d'été, de la récolte d'automne, de la partie qui prendra en charge la nourriture pour les hommes et l'alimentation du bétail, ainsi que le nombre d'unités de travail et la somme d'argent à payer, etc. Le paiement est divisé en deux, la moitié étant versée au moment du labour initial et l'autre moitié étant décidée d'un commun accord. (3) Vente de services. Les familles ayant peu de terres à cultiver, mais disposant de suffisamment d'animaux de trait et de charrues vendent leurs services.

Il existe deux types de salaires pour la main-d'œuvre salariée : le salaire en nature et le salaire en argent. Le salaire en nature prend généralement la forme d'aliments, dont on distingue les « grains fixes » et les « grains terrestres ». Pour les « grains fixes », on convient de la quantité de grains donnée pour une année de travail. Les « grains terrestres » (travail au sol) signifient que l'employeur utilise les céréales récoltées sur un certain terrain comme salaire des employés. Il en existe deux types spécifiques : l'un est le « choix de jeunes plantes », c'est-à-dire qu'après la pousse des jeunes plantes, on laisse le travailleur à long terme choisir un bon champ de culture comme salaire. Le travailleur ne peut pas choisir au coup par coup, il ne peut sélectionner qu'un morceau de terre entier. L'autre est le « choix de

---

① Équipe de rédaction de la Région autonome des Zhuang du Guangxi, *Enquête sur l'histoire sociale des Yao du Guangxi*, tome I, Presse des nationalités du Guangxi, février 1984, pp. 159-161.

l'automne » (cueillette des grains), ce qui signifie qu'en automne, lorsque les cultures sont à terme, on demande au travailleur de longue date de sélectionner une bonne parcelle de terre avec des graines pleines et mûres ; toute la récolte de la parcelle lui appartiendra.

Quant au salaire en argent, on fixe généralement la somme d'argent gagnée en une année, payée en monnaie officielle de Jilin ou en pièces d'argent, ou par certains en « argent brut » (billets d'argent émis par les maisons de commerce locales). Il existe plusieurs modes de paiement, le moins courant étant le paiement du salaire de toute l'année en une seule fois au commencement du travail ; il y a des cas où l'on paie la moitié du salaire de toute l'année à l'avance au commencement du travail, ces deux modes exigeant la garantie d'une maison de commerce pour éviter que le travailleur ne démissionne avant le terme. Le mode de paiement le plus courant est le paiement fractionné, qui est généralement payé en trois versements : au commencement du travail, à la récolte d'automne et à la fin de l'automne ou de l'année.

La date de commencement du travail pour les travailleurs de longue durée se situe généralement entre le cinquième et le quinzième jour du premier mois du calendrier lunaire, ou le premier jour de février. La fin du mois de novembre du calendrier lunaire est la date de la fin du travail. Il y en a aussi qui finissent le travail entre le quinzième et le vingtième jour de décembre. Les jours de repos pour les travailleurs de longue date comprennent généralement le jour où l'on commence à travailler, la veille du début du désherbage, la fête des bateaux-dragons, la fête de la mi-automne et le lendemain de la fermeture du champ. De plus, il y a trois jours de repos à l'occasion des opéras joués sur les scènes dans le village ou dans les villages ou bourgs voisins. Le temps de repos pendant la journée varie d'un jour à l'autre en fonction de la saison agricole[1].

Les travailleurs tibétains engagés sont principalement des bergers. Selon le droit coutumier, il existe deux types de bergers : les bergers à long terme et les bergers à court terme, qui ont tous une durée de travail déterminée et un salaire convenu à l'avance, tout en jouissant d'une liberté personnelle. Les travailleurs à court terme sont principalement employés

---

[1] Équipe de rédaction, *Une brève histoire du peuple Hezhen*, Presse populaire du Heilongjiang, août 1984, pp. 193-194.

pendant la saison de production pour effectuer des travaux physiques lourds tels que le transport et la coupe du bois de chauffage. Tout décès de bétail ou perte de biens doit être indemnisé par les travailleurs. En outre, il existait également des wazi dans les régions tibétaines, c'est-à-dire des esclaves à vie, qui n'avaient aucune liberté personnelle[1].

Le droit coutumier des Qiang prévoit cinq formes d'emploi : (1) l'emploi des travailleurs de longue date. Chaque travailleur de longue date doit cultiver au moins un seau de graines de terre (avec une récolte de plus de cinq dan[2]). En plus de la culture, il doit régulièrement couper du bois, porter de l'eau, récolter des plantes médicinales, cuisiner et effectuer toutes sortes de tâches domestiques pour le propriétaire. Les rémunérations varient et ne sont pas uniformément définies. Certaines personnes ne reçoivent pas de salaire en plus de la nourriture fournie, mais seulement une tenue en toile de lin par an, tandis que d'autres reçoivent huit seaux de maïs, etc. L'utilisation de méthodes telles que l'« entrée en gendre » ou l'adoption de fils pour engager des travailleurs de longue date de manière détournée est assez courante. Lorsqu'il s'agit d'engager un gendre, un contrat est rédigé, spécifiant que le gendre doit travailler honnêtement sans résistance, sinon il sera « chassé de la famille à coups de bâtons ». (2) L'échange de travail contre les travaux de bétail. Ceux qui n'ont pas les moyens d'acheter des bœufs sont contraints d'échanger leur main-d'œuvre avec les travaux de bétail. Il faut généralement le travail de huit/dix ou même quatorze personnes pour échanger le travail d'un bœuf. (3) Le forfait pour sarclage. Le propriétaire foncier confie le sarclage de ses terres au paysan sur la base d'un travail à forfait. Le sarclage se fait généralement deux fois pour une terre à un seau de semences, ce qui nécessite au total quarante journées de travail ; le propriétaire ne paie qu'un seau de maïs comme rémunération. (4) L'emploi de journaliers. Les journaliers sont généralement payés seulement un litre de maïs par jour. (5) L'échange de laine contre des travaux journaliers. Un catty de laine équivaut à quatre unités de travail.

Le droit coutumier ouïghour prévoit des formes d'emploi telles que les travailleurs à long terme, les travailleurs à court terme et les servantes. De

---

[1] Équipe de rédaction de la série d'enquête sur l'histoire sociale tibétaine, *Enquête sur l'histoire sociale tibétaine,* tome III, Presse populaire du Tibet, juin 1989, p. 307.

[2] Dan (石), unité de mesure. 1 dan = 50 kilos (note du traducteur).

nombreux travailleurs à long terme ont un contrat à durée déterminée selon lequel ils travaillent pour le compte d'un propriétaire pour rembourser leurs dettes. Le contrat précise la rémunération annuelle, les travaux qu'ils doivent faire, leur durée, et porte le sceau du grand imam. La rémunération est réalisée généralement en nature. Il y a deux catégories de travailleurs à long terme : ceux qui se spécialisent dans les travaux agricoles et ceux qui labourent pendant la haute saison et effectuent des travaux domestiques pendant la saison creuse. Les travailleurs à court terme sont principalement employés pendant la haute saison au moment des cultures de printemps et de la récolte en automne. Ils sont payés environ deux kilos et demi de blé ou deux kilos de farine la journée. Les servantes, pour leur part, effectuaient principalement les tâches ménagères, sans salaire la plupart du temps. Les propriétaires ne leur fournissaient que des vêtements usés pour se couvrir et leur donnaient juste de la nourriture restante pour se nourrir[①].

5. L'emprunt et le prêt

Le droit coutumier des différentes minorités ethniques prévoit également les types, procédures, contrats et taux d'intérêt d'emprunt et de prêt, et impose diverses sanctions à ceux qui ne remboursent pas leurs dettes.

Le contenu et la forme des prêts de l'ethnie Zhuang sont très variés. Le droit coutumier prévoit des procédures différentes. Les prêts impliquant une somme importante doivent être constatés par un contrat. Il existe deux types de contrats, dont l'un s'appelle « acte en bois » : il s'agit d'un petit morceau de bois ou de bambou d'environ quatre pouces de long, coupé en deux pièces, avec des marques gravées dessus pour enregistrer la somme, chacune des deux parties tenant une pièce comme preuve. L'autre type est l'acte sur papier. Tous les deux exigent qu'un intermédiaire se porte garant et donne en garantie des terres, des immeubles ou du bétail. Si l'argent n'est pas remboursé à l'échéance, l'intermédiaire est chargé de régler la dette. Que la garantie soit constituée de terres, de bétail ou de chevaux, elle pourra être convertie en argent pour compenser la dette, si cette dernière n'est pas remboursée.

On peut distinguer principalement trois catégories de prêt chez les

---

① Équipe de rédaction de la série de la Région autonome ouïghoure du Xinjiang, *Enquête sur l'histoire sociale des Ouïghours*, mai 2009, Presse des nationalités, pp. 21-23.

Zhuang : le prêt d'argent, le prêt de céréales et le prêt de viande. (1) Prêt d'argent : la durée du prêt est variable et le taux d'intérêt est généralement de trois pour cent, mais peut atteindre quatre ou cinq pour cent de la somme ; s'il est calculé en céréale, le taux d'intérêt est d'un à deux boisseaux de céréales pour un yuan en argent. (2) Prêt de céréales : c'est la principale forme d'emprunt chez les Zhuang. On emprunte pendant les mois de pénurie alimentaire et on rembourse la dette après la récolte. L'intérêt est généralement de cinquante ou soixante pour cent (cinquante ou soixante kilos pour cent kilos de céréales) ; il y a aussi des prêts usuriers où l'on rembourse le double de ce qui est emprunté. (3) Prêt de viande : on emprunte du porc pour le vendre et acheter ensuite des céréales, ou échanger directement du porc contre des céréales. En général, le taux d'intérêt pour cent kilos de porc est de cent kilos de céréales.

En outre, les Zhuang empruntent également du bétail. En cas d'emprunt d'une vache, l'éleveur peut l'utiliser pour labourer les champs ; si la vache donne naissance à des veaux, ceux-ci seront répartis à parts égales entre les deux parties, l'excédent revenant au propriétaire en cas de nombre impair de veaux. Dans le cas d'emprunt d'une truie, les deux parties ont respectivement droit à la moitié des porcelets ; l'excédent va à l'éleveur après répartition égale. Dans le cas du prêt d'un porc pour la viande, le propriétaire et l'éleveur reçoivent chacun la moitié de la viande après l'abattage et toutes les entrailles du porc vont à l'éleveur. Dans le cas du prêt d'une jument, le propriétaire et l'éleveur recevront chacun la moitié des poulains. On emprunte aussi des poussins ou canetons pour l'élevage.

Les Zhuang louent également des bovins, aucun contrat n'étant exigé dans ce cas. Selon le droit coutumier, le locataire est responsable des bovins qui se perdent ou meurent lors du labourage, à l'exception de ceux qui meurent de chutes ou de morsures de tigre dans les montagnes. Le principal coût de la location de bétail est le paiement du loyer sous forme de céréales, qui est d'environ quatre cent vingt-cinq kilos de céréales par tête et par an pour les gros bovins, de deux cent quatre-vingts kilos pour les bovins moyens et de deux cent dix kilos pour les petits bovins. Quelques-uns louent des bovins en échange d'une force de travail. Le locataire offre ainsi une vingtaine de journées de travail chaque année au propriétaire de bovin[1].

---

[1] Équipe de rédaction de la Région autonome des Zhuang du Guangxi, *Enquête sur l'histoire*

Les opérations d'emprunt et de prêt chez les Miao se produisent rarement à l'intérieur du village, mais plutôt à l'extérieur du village. Le droit coutumier limite le taux d'intérêt annuel des prêts à cinquante pour cent au maximum et ne permet pas le calcul d'intérêts composés ; le clan familial a une obligation de remboursement à la place du débiteur lorsque la dette n'est pas acquittée.

Lorsqu'une personne extérieure au village emprunte de l'argent, elle doit faire appel aux intermédiaires, donner en garantie des terres et apposer ses empreintes digitales sur le livre de comptes du créancier. Dans certains cas, un acte doit être établi à titre de preuve. Il y a des prêts d'argent ou de céréales avec un taux d'intérêt nominal de cinquante pour cent, mais qui peut dans la réalité aller jusqu'à deux cents/trois cents pour cent. Le taux d'intérêt du prêt à l'intérieur du village est généralement de cinquante pour cent par an. Toutefois, pour les petits prêts entre paysans ou entre membres d'un même clan familial, aucun intérêt n'est perçu. Pour les prêts de grosses sommes qui sont remboursables au cours d'un an, les intérêts sont calculés sur le nombre effectif de mois. Les prêts alimentaires, en revanche, sont calculés sur la base d'une année, quelle que soit la durée du prêt. La plupart d'entre eux sont contractés après la plantation des semis et doivent être remboursés avec les intérêts après la récolte.

En outre, les Miao ont deux formes particulières d'emprunt : l'emprunt de bébés truies et l'« emprunt par participation ». Il y a deux façons d'emprunter un bébé truie : l'une est qu'une fois que la truie est adulte, elle appartient toujours au propriétaire ; lorsque la truie donne naissance aux porcelets, l'éleveur en donne un au propriétaire. L'autre est qu'une fois que la truie est adulte, le propriétaire et l'éleveur se partagent à égalité les porcelets nés de la truie ; à l'issue du troisième cycle de partage, la vieille truie appartiendra à l'éleveur.

L'« emprunt par participation » est une sorte de prêt d'entraide, initié par un ménage en difficulté qui sert de chef de file. Une douzaine de personnes sont invitées à participer, chacun contribuant moins d'un yuan chaque fois. Le montant total du premier cycle de collecte de fonds est affecté d'abord au chef de file. On procède à une collecte de fonds tous les six mois ou à un

---

*sociale des Zhuang du Guangxi,* tome I, Presse des nationalités du Guangxi, mai 1984, pp. 35 et 220.

espace de temps fixe, ceci autant de fois qu'il y a de personnes participantes. L'ordre selon lequel les fonds collectés seront affectés est convenu par discussion après la première collecte attribuée au chef de file. Ceux qui ont reçu l'argent sont tenus, chaque fois qu'ils paient ultérieurement le montant fixe, de verser cinquante pour cent supplémentaires à titre d'intérêt pour ceux qui reçoivent l'argent ultérieurement[①].

Le droit coutumier des Dong prévoit deux types de prêts : les prêts sans intérêt et les prêts usuraires. Le prêt sans intérêt est une forme d'emprunt et de prêt qui se pratique librement et volontairement au sein de la communauté paysanne ; il ne nécessite pas d'intermédiaire comme témoin ni d'acte écrit comme preuve. Il s'agit en général du prêt de céréales, la durée étant généralement limitée à un ou deux mois. En cas de retard dans le remboursement, une garantie ou des intérêts de vingt pour cent doivent être prélevés.

Pour le prêt usuraire, l'emprunteur doit d'abord demander à un intermédiaire d'annoncer le prêt au prêteur. Après l'approbation de ce dernier, l'emprunteur prépare du vin et de la viande et invite l'intermédiaire et le prêteur au repas. Le prêt est constaté par un acte, signé et scellé par les trois personnes. L'intermédiaire reçoit un certain montant de rémunération, versé par l'emprunteur. Les prêts usuraires ne pourront pas être conclus sans garantie. On distingue trois types de prêts usuraires : les prêts de céréales, les prêts d'argent et les prêts d'huile. Le taux d'intérêt annuel est généralement de cinquante pour cent pour les prêts de céréales et de trente pour cent pour les prêts d'argent ; le taux d'intérêt est plus élevé si l'on applique les intérêts mensuels et journaliers. Quant aux prêts d'huile, le taux d'intérêt se situe entre trente et soixante-dix pour cent, généralement cinquante pour cent. Les prêts de céréales et d'huile sont souvent sujets à une exploitation quand ils sont convertis en argent.

Il existe d'autres formes d'emprunt et de prêt chez les Dong, telles que les « emprunts de bovins », les « emprunts de porcs » et les emprunts pour élever des poissons. Quand on prête des bovins pour l'élevage, les veaux nés des vaches sont répartis selon le principe « trois parts pour le propriétaire et une part pour le locataire ». En cas d'élevage d'un porc emprunté, le prix de

---

① Équipe de rédaction de la province du Guizhou, *Enquête sur l'histoire sociale des Miao,* tome I, Presse des nationalités du Guizhou, décembre 1986, pp. 148-150.

vente après l'abattage est partagé à parts égales après déduction du coût de départ, c'est-à-dire après déduction du poids du porcelet au profit du propriétaire ; le reste sera partagé de façon égale entre les deux parties. Pour la pisciculture, le partage se fait à parts égales.

En outre, dans certaines régions, il existe également la forme du prêt avec « compensation par le travail », selon laquelle le travail est utilisé comme une contrepartie pour emprunter des céréales ou de l'argent aux familles aisées, mais le salaire de compensation est généralement la moitié du salaire journalier d'un travailleur ordinaire[①].

Le droit coutumier des Dai dispose que les dettes contractées par les parents et les grands-parents doivent, après leur mort, être remboursées par leurs fils et petits-fils, selon le montant exact emprunté, sans avoir à payer d'intérêts. Certains allaient même jusqu'à spécifier que si le débiteur décédait sans avoir remboursé sa dette, ou s'il était incapable de le faire de son vivant, alors ses enfants devaient être vendus pour rembourser la dette. En outre, si une personne emprunte des céréales à une autre personne avant la saison de récolte, elle doit fournir du travail au moment de la récolte pour compenser la dette. Il faut quatre journées de travail pour compenser le prêt d'un dan de céréales[②].

Les Wa connaissaient de nombreux types de prêts, notamment d'argent, de céréales, de bétail (bovins, mules, chevaux, etc.), de volailles, de sel et de thé, etc. Le taux d'intérêt annuel pour les céréales, l'opium et l'argent était généralement de cinquante à cent pour cent, et les intérêts composés n'avaient pas cours. Les intérêts étaient principalement convertis en nature. Il y avait aussi des dettes de bœuf, où dix livres de bœuf étaient remboursées en deux seaux de grain, et des dettes de truies, où les familles riches prêtaient leurs truies aux pauvres pour qu'ils les élèvent, les porcelets nés après le prêt étant partagés équitablement, la propriété des truies appartenant toujours au propriétaire ; si une truie mourait de maladie, chacun prenait une moitié de la viande. Si la dette n'était pas remboursée et le retard était important, le créancier pouvait saccager la maison du débiteur, enlever sa vache ou enlever un membre de sa famille. Si le débiteur n'avait pas de

---

① Équipe de rédaction de la Région autonome des Zhuang du Guangxi, *Enquête sur l'histoire sociale des Dong du Guangxi*, Presse des nationalités, juin 2009, pp. 115-117.

② Équipe de rédaction de la province du Yunnan, *Enquête* sur *l'histoire sociale des Dai (Xishuangbanna, vol. 6)*, Presse des nationalités du Yunnan, mai 1984, pp. 30-84.

vache, le créancier pouvait prendre la vache de toute personne du même village ou portant le même nom de famille que le débiteur. Le droit coutumier des Wa voulait que les dettes et les créances soient héritées de père en fils ; il existe une obligation selon laquelle les personnes portant le même nom de famille que le débiteur devaient concourir au remboursement des dettes.

Dans la société Wa, il y avait aussi des détentions d'esclaves dues principalement aux emprunts d'argent. Le droit coutumier des Wa est très riche à propos de l'asservissement des esclaves par leurs propriétaires, de la vente des esclaves, du statut des esclaves et du rachat des esclaves.

Comme le créancier avait le droit de prendre les enfants du débiteur comme esclaves sur la base de la créance, le droit coutumier des Wa consacrait la vente des êtres humains. Dans le cadre de la vente d'êtres humains, il existait un métier d'intermédiaire qui agissait en tant que témoin de la conclusion d'un contrat oral pour la vente d'êtres humains et recevait une rémunération pour ce service. Lorsqu'un enfant était mis en vente à cause d'une dette ou de la pauvreté, on informait généralement en premier lieu les personnes portant le même nom de famille ; si personne d'entre elles ne voulait le prendre, on l'offrait à ceux portant un autre nom de famille ou venant d'un autre village. Lors de la vente, le prix était généralement exprimé sur la base de pièces d'argent, de bétail, d'opium, d'armes à feu, etc.

En termes de nourriture et de logement, les esclaves étaient semblables à leurs maîtres et étaient toujours autorisés à participer à divers rassemblements et activités dans la vie sociale ; aucune exclusion ou discrimination à l'égard des esclaves n'était imposée. Cependant, les esclaves étaient subordonnés en personne au maître et devenaient la propriété de ce dernier. Si un esclave était considéré comme inactif ou avait un mauvais comportement, le maître avait le droit de le gronder ou de le vendre ; si l'esclave commettait un crime grave, le maître avait le droit de l'enfermer, de le priver de nourriture et de boisson, voire de l'exécuter.

Dans le même temps, le droit coutumier permettait aux esclaves de devenir fils adoptés de leur maître à condition qu'ils fussent obéissants, qu'ils travaillassent bien et qu'ils fussent considérés par leurs maîtres comme ayant un « bon cœur » ; dans ce cas, ils devenaient membres de la famille du maître. La promotion d'un esclave au statut de fils adopté faisait l'objet d'une cérémonie religieuse. Une fois que le fils adopté était devenu membre de la famille du maître, il ne pouvait plus se marier avec un membre du clan, et était traité comme un fils du maître en termes d'héritage. L'enfant adopté avait une obligation d'assistance mutuelle envers son maître (père adoptif) et une obligation mutuelle de remboursement des dettes avec les personnes portant le même nom de famille que ce dernier.

Le droit coutumier permettait à l'esclave masculin de se marier lorsqu'il atteignait la majorité et, après le mariage, de se séparer de son maître, commençant ainsi à échapper à l'esclavage. Cependant, il n'était pas complètement libre tant qu'il n'avait pas payé l'argent de son rachat et restait redevable à son maître d'une certaine période de travail non rémunéré.

Un esclave asservi en raison d'une dette, quelle que soit la durée de sa condition d'esclave, disposait toujours du droit de se racheter ou de se faire racheter par sa famille, les intérêts étant calculés comme ce qui avait été convenu. Dans la pratique, il était difficile de réaliser le rachat[①].

Au sein de l'ethnie Ewenki, les relations de prêt et d'emprunt existent depuis longtemps ; le droit coutumier est riche en la matière. Les prêts concernent principalement le bétail, comme les chevaux pour l'équitation, les vaches laitières, les moutons pour les festivals et les danses chamaniques, le bétail pour le service, mais aussi la nourriture et l'argent. Selon le droit coutumier, on doit rendre le même bétail que celui que l'on a emprunté et l'animal rendu doit être plus gros que celui qui a été emprunté ; s'il s'agit d'une femelle qui a été empruntée, on doit la rendre avec ses petits. Il y a des cas où l'on rend des bovins en contrepartie de moutons empruntés. Il est également courant d'emprunter des moutons et de la nourriture et de rembourser en échange de la fourniture d'un travail. Par exemple, si l'on emprunte un mouton de quatre ans, on donnera au propriétaire de l'animal un travail à temps partiel pendant quatre mois ou six mois. La plupart des prêts et emprunts du peuple Ewenki n'ont pas de procédures fixes ni d'acte contractuel ; les deux parties ont généralement des relations économiques ou des liens de sang. Si le débiteur ne prend pas l'initiative de rembourser le prêt, ou si le débiteur ne le rembourse pas, le créancier aura le droit de lui saisir son bétail.

---

[①] Équipe de rédaction de la province du Guizhou, *Enquête sur l'histoire sociale des Wa*, tome II, Presse des nationalités du Guizhou, décembre 1988, pp. 95-98.

Les Ewenki pratiquent également la location de bovins. Si on loue un bœuf seul (uniquement de début avril à fin avril), le loyer est de quatre à huit dou de millet ; si la location est accompagnée des outils de production (articles obligatoires tels que la charrue), le loyer est de vingt et un dou de millet (environ six cents livres), ce qui est très élevé. Il existe un autre prix de location de bovins : si l'on loue un bœuf pour planter plus de terre alors qu'on dispose de tous les outils de production, le loyer à régler en automne est de douze pud (mesure de grain) de millet par tête de bétail pour la période du début à la fin des labours de printemps (ne dépassant pas un mois), soit quarante-huit pud (équivalent à mille cinq cent trente-six livres) pour quatre têtes de bétail. Si la location est établie avant les labours de printemps, le loyer sera renégocié entre les deux parties en cas de mauvaise récolte. En cas de circonstances particulières telles que le vent, la sécheresse ou la grêle, le loyer peut être réduit à la discrétion du propriétaire du bétail à la demande de l'emprunteur[①].

Lorsque les Hui empruntent de l'argent, ils doivent généralement conclure un acte conformément au droit coutumier, en utilisant des terres et des biens immobiliers comme garantie. Si le prêt n'est pas remboursé à l'échéance, le créancier se rend au domicile du débiteur et prend en garantie des articles d'une valeur bien supérieure à celle de l'objet du prêt et demande au débiteur de rembourser la dette dans un délai déterminé. Si la dette n'est toujours pas remboursée à l'expiration du délai, ces articles appartiendront automatiquement au créancier.

Il existe de nombreuses formes d'emprunt et de prêt, dont les principales sont : (1) Le « roulement de l'âne noir », également connu sous le nom de « compte d'or ». C'est un prêt contracté par les Shawa[②] avant de partir travailler dans les champs aurifères. Généralement emprunté en mars et remboursé en septembre, il leur permet de subvenir à leurs besoins et à ceux de leur famille pendant cette période. Le taux d'intérêt est très élevé, le plus souvent cent pour cent. En général, les biens ou l'argent empruntés sont convertis en équivalent en or pour le calcul. (2) La « triple conversion ».

---

① Qiu Pu et autres, *La Forme sociale primitive du peuple Ewenki*, février 1962, Bureau chinois des livres, pp. 84-87.

② Shawa (沙娃), mot utilisé dans le dialecte du Qinghai pour désigner le groupe de personnes pauvres qui quittent leurs maisons et leurs villages pour se rendre dans l'ouest du Qinghai afin de chercher de l'or pour gagner leur vie (note du traducteur).

C'est-à-dire que les biens, l'argent et l'or sont convertis entre eux ; l'exploitation se fait par la conversion. (3) Le « petit portant le vieux », ce qui signifie que les intérêts dépassent le principal. (4) L'« épluchage des deux côtés », également connu sous le nom de « coupe des deux bouts ». Ainsi, lors de l'emprunt, la valeur est convertie à un taux élevé ; lors du remboursement, la valeur est convertie à un taux bas, ce qui désavantage le débiteur des deux côtés.

Les emprunts et les prêts chez les Tibétains sont relativement courants et il existe également des règles coutumières à cet égard. Si le prêt est en nature (orge, huile de ghee, etc.), le taux d'intérêt est de cinquante pour cent pour l'emprunt au printemps et le remboursement à l'automne, soit deux parts à l'emprunt et trois parts pour le remboursement ; s'il s'agit d'un prêt monétaire, l'intérêt annuel est de vingt-cinq à cinquante pour cent. Si la dette n'est pas remboursée, le créancier peut, après un procès, confisquer les biens meubles du débiteur et dont la valeur est à peu près équivalente au montant total du principal et des intérêts empruntés ; le créancier peut également obliger le débiteur à lui fournir un service d'une certaine durée à titre de compensation. Il existe également des cas où le créancier, sans recourir à la justice, apporte le bétail du débiteur ou confisque les biens de ce dernier.

En outre, il existe également la pratique de louer des animaux pour la pâture, principalement des yaks femelles laitières, tandis que le prêt de yacks mâles et de moutons est moins courant. Dans de rares cas de pians[①] laitières, le coût de prêt est particulièrement élevé. La durée du prêt est généralement d'une année, et en cas de prêt sur plusieurs années consécutives, le loyer est négocié une fois par an.

Pour le prêt d'un yack femelle avec de jeunes yacks de l'année même, le loyer est de dix à quinze livres d'huile de ghee. Le prêt de yacks femelles qui ont vêlé depuis un an bénéficie d'une réduction de moitié. S'il s'agit de la location d'un troupeau de yacks femelles, on prendra la moyenne du troupeau. Si on loue un pian femelle qui a vêlé l'année en cours, le loyer est de vingt à trente livres d'huile de ghee. Le prêt de pians femelles qui ont vêlé depuis un an bénéficie d'une réduction de moitié. Pour le prêt de yacks mâles, certains partagent la laine arrachée à égalité avec le propriétaire ;

---

[①] Le pian (犏牛) est une génération hybride issue du croisement entre le yak et le bœuf domestique (note du traducteur).

d'autres n'en gardent qu'une petite part, la grosse partie allant au propriétaire. On peut également tondre les yacks femelles, mais en général, le locataire pourra ne pas remettre la laine au propriétaire si c'est lui qui s'occupe d'équiper les petits yacks de corde complète.

Pour dix moutons loués, la laine de neuf moutons est remise au propriétaire, le locataire ne pouvant conserver que celle d'un seul mouton. Il est interdit, sous peine d'indemnité, de blesser ou laisser mourir les agneaux. En cas de blessure ou de décès de l'animal loué, il sera indemnisé avec un animal du locataire. Si le locataire n'a pas d'animal pour indemniser, il pourra payer avec d'autres biens, ou s'il ne peut pas payer, il sera réduit en esclavage et condamné à mener des travaux forcés pour la famille du propriétaire pendant une certaine période d'années, ou sera réduit en esclavage complètement[①].

Le droit coutumier de l'ethnie Qiang prévoit de nombreuses formes d'emprunt, y compris l'usure, connue sous les noms de « rouleau d'âne », « gain de saut périlleux » ou « pied haut jaune ». L'intérêt est généralement supérieur à deux cents pour cent et peut atteindre quatre cents pour cent ; il est calculé au taux composé tous les deux ans. Si le débiteur n'arrive pas à rembourser sa dette, le créancier peut prendre sa marmite et enlever son bétail. Il existe également des dettes générales dont le taux d'intérêt est inférieur à celui de l'usure, avec des taux d'intérêt annuels de vingt et trente pour cent ou des taux d'intérêt mensuels de vingt et trente pour cent.

Le prêt mutuel entre paysans est très courant chez les Qiang. Selon le droit coutumier, les principales formes sont : (1) « Réunion de cycle ». Il s'agit d'une tontine d'une certaine somme d'argent avec un certain nombre de participants. La réunion est complète après un tour, le taux d'intérêt étant de trois pour cent. Lorsque la réunion est terminée, et que chaque participant a obtenu son tour, l'intérêt est de trente pour cent ; le chef de file obtient soixante pour cent pour avoir présidé la réunion. Un tour est habituellement d'un an, mais il peut aussi y avoir deux tours par an. (2) « Réunion de tête de crochet ». La réunion est généralement composée de dix personnes, avec un

---

[①] Équipe de rédaction de la série de recherches sur l'histoire sociale tibétaine, *Enquête sur l'histoire sociale tibétaine,* tome II, mai 1988, Presse populaire du Tibet, pp. 82-88, 141-146 ; Équipe de rédaction du Sichuan, *Enquête sur l'histoire sociale tibétaine dans le comté de Ganzi, province du Sichuan*, juin 1985, Presse de l'Académie des sciences sociales du Sichuan, p. 23.

certain montant de pièces d'argent ou d'autres matériaux comme fonds de roulement ; chacun bénéficie de son tour selon le tirage au sort, le taux d'intérêt étant de quarante pour cent. La huitième personne « rembourse le principal avec les intérêts », c'est ce qu'on appelle « monter au septième, mais pas au huitième ». Le principal et les intérêts sont réglés en totalité à la fin de la réunion ; on fait habituellement deux tours par an, ou un seul tour. (3) « Mise à niveau ». Cette forme est la même que la « réunion de cycle », toutefois le chef de file n'obtient pas d'intérêts, mais dispose d'un tour supplémentaire, le taux d'intérêt annuel étant de quarante pour cent. (4) « Réunion des brebis ». La famille hôte prépare un banquet ; chaque personne invitée à la réunion offre une brebis qui ne sera rendue au propriétaire initial qu'après que le troupeau aura grandi, ceci sans intérêt.

La méthode de calcul des intérêts est différente selon le type de biens empruntés. Si l'on emprunte un seau de maïs au printemps, on devra payer des intérêts de deux ou trois seaux de maïs à l'automne. Quand on emprunte du poivre, il faudra rendre du poivre, avec un intérêt mensuel de trois livres et demi pour l'emprunt de dix livres. Quand on emprunte du porc gras, on remboursera par la main d'œuvre, généralement une journée de travail pour cinquante grammes de porc gras[1].

6. L'échange des marchandises

Le droit coutumier des différentes minorités ethniques comporte également un petit nombre de dispositions sur le troc.

Selon le droit coutumier, les Zhuang réalisent les transactions soit par troc, soit par le biais de paiements en argent. Ils n'aiment pas marchander en général. Il existe de nombreux éléments que les Zhuang n'ont pas l'habitude de mesurer, mais simplement de compter par tête, pièce ou tas, comme les poulets, les poissons, les petits porcs, les vaches, les chevaux, le bois de chauffage, les fruits, etc. L'emballage des marchandises est également particulier : les porcs sont emballés dans des cages en bambou en forme d'olive ; les poulets dans des cages en bambou avec un fond large et une bouche plate ; les poissons avec du chaume à travers les branchies ; la viande est étirée en longues bandes, puis repliée à l'aide de grilles de bambou et

[1] Équipe de rédaction du Sichuan, *Enquête sur l'histoire sociale des Qiang*, janvier 1986, Presse de l'Académie des sciences sociales du Sichuan, pp. 90-91.

portée en triangle aigu ; le sel est enveloppé dans des feuilles de tung pour former un cône ou enveloppé dans des baguettes et attaché avec du chaume enroulé en diagonale. La plupart des foires sont des marchés de jour, mais certaines ont lieu le matin. Il existe de nombreux tabous dans le domaine du marché et des affaires, comme le fait d'éviter de manger du riz mal cuit avant de prendre la route ; dans certaines régions, il est tabou de voir une femme se peigner les cheveux ou d'aller au marché quand on garde le deuil. Pour ouvrir un magasin, on doit choisir un jour propice, offrir des sacrifices aux ancêtres, afficher les images du dieu de la richesse, allumer des pétards et offrir une fête aux invités[①].

Pour les Yao, les activités d'échange de marchandises reposent principalement sur de petits marchands des régions Han situées en dehors des montagnes. Le droit coutumier de l'ethnie Yao protège les marchands qui entrent dans les montagnes pour faire du commerce et interdit le vol ou le meurtre de marchands étrangers. Le troc est la forme d'échange la plus courante, seuls les biens plus chers en grande quantité étant échangés sous forme d'argent. Les Yao n'ont généralement pas d'activités de commerce, et il y a très peu de marchés dans la région Yao. Les jours de marché, les Yao se rendent dans les foires de la région Han[②].

Les foires des Dai étaient plus prospères et disposaient généralement de dates et de lieux fixes. Le souverain désignait un chef de rue afin de gérer le commerce sur le marché, de collecter les taxes, de maintenir l'ordre, de régler les différends survenant sur le marché et d'enterrer les étrangers sans abri décédés sur le marché. Des cérémonies religieuses en l'honneur des dieux de la rue étaient régulièrement organisées, avec un grand festival tous les trois ans et lors duquel des chiens et des poulets étaient sacrifiés. Les frais nécessaires pour les rituels étaient couverts par les taxes perçues dans la rue. Le droit coutumier prévoit que la vente à bas prix et l'achat à prix élevé, ainsi que l'achat en petite quantité et la vente en grande quantité, sont interdits. Il est interdit de faire des affaires avec deux balances et deux

---

① Équipe de rédaction de la Région autonome des Zhuang du Guangxi, *Enquête sur l'histoire sociale des Zhuang du Guangxi,* tome I, Presse des nationalités du Guangxi, mai 1984, pp. 88-89.

② Équipe de rédaction de la Région autonome des Zhuang du Guangxi, *Enquête sur l'histoire sociale des Yao du Guangxi,* tome I, Presse des nationalités du Guangxi, février 1984, pp. 208-215.

paniers, tout comme de s'impliquer dans la spéculation[1].

Les Yi n'avaient pas de marchands distincts issus de l'agriculture ni de producteurs de marchandises indépendants. Quand les Yi s'engageaient dans le commerce, ils faisaient souvent le commerce de quelques produits de première nécessité, comme le sel et le tissu, en échange de céréales et d'opium destinés à la consommation locale ou à la revente ailleurs. La valeur monétaire était la forme d'échange la plus courante, mais le troc était également utilisé de manière occasionnelle. Dans le cas des petits commerçants, le troc était la norme, ayant pour contrepartie habituelle des céréales[2].

Les Tadjiks n'avaient pas de commerçants professionnels. L'échange de marchandises était limité aux marchands extérieurs et en petites quantités ; généralement un mouton ne pouvait s'échanger que contre deux rouleaux de tissu de fabrication locale. Le concept de monnaie ou de billets de banque était presque inexistant dans l'esprit des gens ; le mouton était la « contrepartie habituelle », faisant office de monnaie d'échange[3].

---

[1] Comité de rédaction de la province du Yunnan, *Enquête sur l'histoire sociale de l'ethnie Dai de Dehong*, tome II, Presse populaire du Yunnan, février 1984, p. 47.

[2] Équipe de rédaction de la province du Yunnan, *Enquête sur l'histoire sociale des Yi du Yunnan*, Presse populaire du Yunnan, octobre 1986, pp. 41-42.

[3] Équipe de rédaction de la série de la Région autonome ouïghoure du Xinjiang, *Enquête sur l'histoire sociale des Tadjiks*, Presse populaire du Xinjiang, avril 1985, p. 31.

# Chapitre 10 Le contenu du droit coutumier des minorités ethniques de Chine (III)

Un aspect important du droit coutumier des minorités ethniques de Chine est le droit en matière pénale, qui définit de manière détaillée et complète les peines encourues en cas d'infractions telles que le meurtre, l'homicide involontaire, les coups et blessures, le vol, le viol, l'adultère, les dommages à la propriété, la violation de l'intérêt public, le braquage et l'enlèvement, ceci afin de protéger la vie et la propriété des membres des groupes ethniques, de maintenir un ordre social normal dans les zones ethniques et de promouvoir le développement de la société.

Le droit coutumier relatif à la médiation et au règlement des conflits est un autre aspect fondamental du droit coutumier des minorités ethniques de Chine. Il établit des règles claires sur les éléments liés à la médiation et au jugement, tels que les procédures, le personnel, les résultats, le jugement divin et les combats armés, afin de résoudre les conflits dans les zones ethniques, de sanctionner les violations du droit coutumier et de défendre l'autorité et la dignité du droit coutumier.

## *I. Le droit coutumier pénal*

Afin de maintenir un ordre social normal et de garantir la sécurité des personnes et des biens ainsi que le bon déroulement de la production et de la vie des membres, les minorités ethniques disposaient d'un grand nombre de règles coutumières en matière pénale visant à sanctionner des actes tels que le meurtre et les coups et blessures, le vol et les dommages à la propriété, le viol et l'adultère et les atteintes à l'intérêt public.

### 1. Sanction pour homicide volontaire

Les groupes ethniques interdisaient strictement l'homicide et imposaient des sanctions encore plus sévères en cas d'homicide volontaire, telles que la mort, les châtiments corporels et le paiement d'une indemnité compensatrice pour la vie ; le choix de la sanction était fait en fonction des moyens de commission et des conséquences de l'homicide, de l'identité de la victime et de celle du meurtrier.

Selon le droit coutumier Zhuang, la sanction pour meurtre d'une personne était généralement la peine capitale ; si on ne parvenait pas à attraper le meurtrier, sa famille devait payer le « prix de la vie » et soutenir les parents et les enfants mineurs du défunt. Lorsqu'un meurtre était perpétré, des dizaines de proches et d'amis du défunt se rassemblaient dans la maison du meurtrier et abattaient des porcs et des bœufs pour se nourrir ; ils ne partaient qu'après avoir encaissé l'indemnité ou conclu un accord à l'amiable. Si deux personnes partaient en voyage d'affaires et que l'une d'entre elles ne revenait pas et si, au terme de trois ans, on ne savait pas si elle était toujours vivante, celle qui était revenue était considérée comme coupable de meurtre.

Si un mari tuait sa femme, il devait être enterré vivant sous le corps de la femme. Plus tardivement, dans la majorité des cas, c'était la famille du mari qui devait payer une indemnité aux beaux-parents, selon une somme fixée par ces derniers. Au cas où le mari n'arrivait pas à payer l'indemnité, il devait payer de sa vie. Dans certaines régions, on amenait le mari aux autorités pour le faire incarcérer après le versement de l'indemnité. Si un mari maltraitait sa femme à mort ou si celle-ci se suicidait à cause de maltraitance, c'était assimilé à un cas de meurtre de la femme.

Si une femme tuait son mari, elle était enterrée vivante sous le corps de son défunt mari ou était mise à mort « par écartèlement » ou « en chevauchant le cheval » (un supplice ancien par lequel on brûlait un délinquant à mort en l'attachant sur un récipient en acier en forme de ventre de cheval que l'on chauffait avec un feu de bois).

Si quelqu'un violait une femme et tuait son mari, on pouvait alors le tuer si on n'arrivait pas à le capturer ; à défaut, on pouvait confisquer tous ses biens. S'il était pris, il devait payer l'indemnité pour la vie et était également condamné à une amende aussi élevée que possible en fonction de ses biens. Ensuite, il était envoyé en prison après le versement de l'amende. Pendant sa détention, il recevait une fessée par semaine. S'il ne pouvait pas payer l'argent, il était tué ou emprisonné à vie[①].

Le droit coutumier des Mongols disposait que celui qui avait tué une

---

[①] Équipe de rédaction de la Région autonome des Zhuang du Guangxi, *Enquête sur l'histoire sociale des Zhuang du Guangxi,* tome II, Presse des nationalités du Guangxi, décembre 1985, pp. 244-245.

personne devait payer de sa vie, même pour le meurtre d'un subordonné par son maître. Il n'était pas possible d'expier le crime par des moyens matériels ou pécuniaires. Ce n'était que si un travailleur était mort pendant la garde du bétail en raison de sa désorientation, ou pour d'autres raisons, que l'employeur pouvait réparer le décès par des moyens matériels et pécuniaires, en plus d'une amende pour le bétail (allant d'une à neuf bêtes), de coups de planche ou de fouet, ou de détention pendant un certain temps[①].

Toutefois, dans certaines zones de minorités ethniques, en raison de la faible croissance démographique due à l'environnement géographique naturel, en particulier les conditions de vie relativement dures, la vie est davantage valorisée. Cela se reflète dans le droit coutumier de minorités ethniques telles que les Jingpo, les Yao et les Kazakhs ; il impose aux meurtriers une punition économique (peine patrimoniale) au lieu de la peine de mort.

Le droit coutumier du peuple Jingpo n'infligeait normalement pas la peine de mort à un meurtrier, mais le paiement de l'indemnité pour la vie de la victime, huit à dix bœufs en général. En outre, la compensation devait être basée sur le principe de la compensation homomorphe, comme deux ou trois livres de laine pour les cheveux, une agate ou quarante taels d'argent pour le cerveau, deux pierres précieuses pour les yeux, deux pierres de silex pour les oreilles, quatre grands couteaux pour les mains et les pieds, huit lances pour les côtes, une urne pour l'estomac, un chapelet de perles pour les intestins, un trépied de fer pour les reins, un fusil pour la colonne vertébrale, un pot pour le cuir chevelu, deux vêtements ornés de bulles d'argent pour le corps, etc.

Dans certaines régions des Jingpo, après un meurtre, les proches, les amis et les voisins de la victime se rassemblaient par dizaines pour rester près du temple officiel du village du meurtrier, et plantaient autant de pieux que le nombre de personnes qui étaient venus. Ils se mettaient à abattre le bétail de n'importe quelle famille du village pour se nourrir, puis les officiels de la montagne et les chefs de village des deux côtés venaient négocier les termes de la compensation jusqu'à ce que la famille de la victime soit satisfaite. Les indemnités étaient généralement lourdes et étaient souvent

---

[①] Cai Zhichun et autres, *Culture mongole*, Presse des Sciences sociales de Chine, août 1993, pp. 372-373.

versées avec l'aide des proches du meurtrier. En général, l'indemnisation était plus légère pour les meurtres commis par les officiels et plus lourde pour ceux commis par les gens ordinaires.

Si quelqu'un commettant un adultère était surpris par le mari, celui-ci pouvait le tuer sur place, ce qui n'était pas un crime selon le droit coutumier ; aucune compensation n'était alors exigée[1].

Pour les Yao, quiconque avait commis un meurtre était tenu de « payer pour la vie », quel que soit son âge, homme ou femme. Les Yao croient que les femmes ont plus de valeur que les hommes, car elles peuvent perpétuer la lignée familiale. Ainsi, l'indemnité était de neuf cent quatre-vingt-dix yuan en argent pour le meurtre d'une femme, et de deux cent seize yuan dans le cas du meurtre d'un homme. Dans le même temps, lorsqu'un meurtre était commis, les parents et les proches de la victime se réunissaient chez le meurtrier. Un intermédiaire servait de médiateur pour fixer le montant de l'indemnité ; si l'on n'arrivait pas à s'entendre sur l'indemnité, le conflit pouvait se transformer en une bagarre armée. L'indemnité pouvait inclure le prix pour la perte de la vie, l'argent pour les larmes (indemnisation pour les larmes versées par les proches du défunt), les frais d'enterrement (coût de l'enterrement du défunt), les frais de maintien en vie (pension pour les proches du défunt) et l'argent du foyer (coût des porcs et des bovins abattus pour les repas). Tous ces frais, s'ils n'étaient pas payés dans les délais prévus, étaient doublés ou triplés. Si la personne concernée n'était pas en mesure de payer, c'était son clan familial qui devait payer[2].

Selon le droit coutumier kazakh, dans le cas où un membre du clan était tué par un membre d'un autre clan, le clan du défunt devait venger sa mort et faire payer l'auteur du meurtre en lui ôtant la vie. Cependant, la punition était souvent remplacée par des amendes, le bétail étant utilisé pour payer le prix de la vie. Le prix de la vie variait selon le statut du défunt, avec une grande différence entre nobles et roturiers. Les roturiers devaient payer le prix de sept vies pour avoir tué un noble, alors que les nobles payaient beaucoup moins pour avoir tué un roturier. Le prix de la vie d'une femme valait la moitié de celui d'un homme. Un parent qui tuait son enfant, une

---

[1] Équipe de rédaction de la province du Yunnan, *Enquête sur l'histoire sociale des Jingpo*, tome III, Presse des nationalités du Yunnan, mars 1986, p. 15.

[2] Équipe de rédaction du Guangdong, *Enquête sur la société des Yao du comté autonome des Yao de Liannan*, Presse populaire du Guangdong, février 1987, p.78.

femme enceinte qui tuait son mari, ou le maître qui tuait son esclave pouvaient être exemptés de punition[1].

Le droit coutumier de l'ethnie Tu disposait que si l'on tuait une personne, on devait payer le prix de la vie, qui était négocié entre les deux parties, le minimum étant de deux cents taels d'argent. Plus tard, lorsque l'argent n'était plus utilisé, le bétail et les céréales étaient utilisés pour convertir le prix en argent. Il n'y avait pas de prix standard, cela dépendait de la richesse de la famille. Parfois, lorsque le prix était trop élevé, les parents et amis du meurtrier ainsi que les villageois en étaient tous redevables, ce qui pouvait impliquer beaucoup de monde. Une fois le prix payé, le meurtrier n'était plus puni. En d'autres termes, l'auteur du meurtre pouvait soit payer, soit subir une peine.

Lorsqu'un meurtre était commis, notamment lorsqu'un mari tuait sa femme ou une femme se suicidait à la suite des mauvais traitements de son mari, les proches du défunt se réunissaient chez le meurtrier pour « manger la vie », détruisant sa maison et les ustensiles et enlevant le bétail à volonté. Tant que l'affaire n'était pas résolue, ils restaient chez le meurtrier, mangeaient et buvaient et ne partaient que lorsque la famille du meurtrier avait payé l'indemnité. Les « mangeurs de vie » épuisaient souvent les biens de l'auteur du meurtre et ruinaient sa famille.

Les Tibétains punissaient les meurtriers en leur tirant les muscles, en leur crevant les yeux et en les jetant dans la rivière, ou en leur faisant payer le prix de la vie. En cas d'homicide, le camp de la victime envoyait des troupes pour se venger. Si le meurtrier leur offrait du bétail pour environ cent yuans en guise de frais pour repousser les troupes, cela indiquait qu'il s'inclinait et reconnaissait sa culpabilité et qu'il était prêt à négocier un accord. Le prix de la vie variait selon la région et l'identité du défunt, et s'élevait généralement à cinq cents/mille yuans, avec un prix supplémentaire pour la tête, les mains et les pieds dans le cas où le défunt était riche ou un petit chef. Les chevaux et les armes du meurtrier revenaient à la famille du défunt ; les proches et les amis du meurtrier étaient condamnés à une amende d'un cheval par foyer. Le meurtrier devait acheter des sutras et les offrir au monastère. Une fois le litige résolu, les deux parties se réconciliaient. La

---

[1] Jiang Chonglun, ed., *Histoire et culture de l'ethnie kazakhe*, Presse populaire du Xinjiang, juin 1998, p. 191.

famille du meurtrier remettait alors à la famille du défunt un certain nombre de bêtes, cette dernière en gardant un tiers, et deux tiers allant au médiateur. Lorsque le litige était terminé, on rédigeait un accord qui était conservé par le chef. Si un étranger tuait un membre d'une famille locale, la peine était encore plus lourde[①].

Il existe, bien sûr, en vertu du droit coutumier des minorités ethniques, d'autres formes de punitions contre le meurtre. Par exemple, en dehors de la peine capitale, les Ewenki pouvaient également punir un meurtrier par l'exil ou l'expulsion de la tribu. Le droit coutumier des Naxi prévoyait la réclusion à perpétuité pour les meurtriers.

2. Sanction pour homicide involontaire

Le droit coutumier de diverses minorités ethniques imposait des peines relativement légères pour les homicides involontaires ; les normes en la matière étaient peu nombreuses.

Selon le droit coutumier des Zhuang, en cas d'homicide involontaire, l'auteur était responsable de l'enterrement du défunt et de l'entretien des membres de sa famille jusqu'à la mort en ce qui concernait ses parents et jusqu'à l'âge adulte en ce qui concernait ses enfants. Cela se produisait le plus souvent lors de la chasse[②].

Le droit coutumier de l'ethnie Lisu prévoyait que, lorsqu'une personne en état d'ivresse avait commis un homicide involontaire, elle devait d'abord présenter des excuses, puis payer de sa vie ou verser de l'argent pour la vie du défunt.

Pour les Yi, si un passant était tué innocemment au cours d'un conflit entre deux parties, ou si la mort était accidentelle (par exemple, une morsure de chien, un meurtre par négligence, une mort due à la consommation involontaire de drogues, etc.), la punition était légère en droit coutumier et

---

① Équipe de rédaction de la province du Sichuan, *Enquête sur l'histoire sociale des Tibétains dans le comté de Ganzi, province du Sichuan*, Presse des sciences sociales du Sichuan, 1985, p. 104 ; Équipe de rédaction de la série de données de l'enquête sur l'histoire sociale des Tibétains, *Enquête sur l'histoire sociale des Tibétains,* tome III, Presse populaire du Tibet, juin 1989, p. 47.

② Équipe de rédaction de la Région autonome des Zhuang du Guangxi, *Enquête sur l'histoire sociale des Zhuang du Guangxi,* tome II, Presse des nationalités du Guangxi, décembre 1985, p. 193.

prenait le plus souvent la forme du paiement d'une indemnité et d'excuses[1].

Selon le droit coutumier des Ewenki, si une personne tuait quelqu'un à cause d'une décharge accidentelle d'arme à feu, elle devait prendre en charge tous les frais d'enterrement et offrir à l'épouse ou aux membres de la famille du défunt deux bons bœufs comme prix de la vie ôtée.

Dans la région des Oroqen, lorsqu'une personne était tuée par erreur, l'auteur de l'homicide devait soutenir les membres de la famille de la victime jusqu'à ce qu'ils puissent gagner leur vie de manière indépendante, ou les indemniser par un certain nombre de chevaux[2].

3. Punition pour coups et blessures

Pour les bagarres et les blessures qui se produisaient dans la société, le droit coutumier des différents groupes ethniques exigeait généralement des excuses et une compensation pour les frais médicaux, etc.

Selon le droit coutumier des Zhuang, la personne qui blessait quelqu'un lors d'une bagarre était responsable des soins médicaux de la personne blessée jusqu'à sa guérison. Si l'on n'arrivait pas à sauver la vie du blessé, le cas était traité comme un homicide. Cependant, si l'on sauvait la vie du blessé, mais qu'il était handicapé à vie et incapable de travailler, il était pris en charge jusqu'à sa mort par l'auteur de la blessure. En cas de blessure par négligence, l'auteur de la blessure devait fournir des soins médicaux à la personne blessée ; toutefois, si celle-ci décédait malgré les soins médicaux, l'affaire était traitée comme un cas d'homicide involontaire. Si le blessé était handicapé à vie malgré les soins médicaux, aucune indemnité ne lui était versée puisque l'affaire n'était pas intentionnelle et que les deux parties avaient subi des pertes[3].

Conformément au droit coutumier Miao, lorsqu'une personne agressait une autre sans raison, elle devait offrir du vin en guise d'excuses ; si l'agression entraînait des blessures, en plus d'offrir du vin, on devait

---

[1] Équipe de rédaction de la province du Yunnan, *Enquête sur l'histoire sociale des Yi du Sichuan, du Guangxi et du Yunnan*, Presse populaire du Yunnan, décembre 1987, pp. 216 et 217.

[2] Qiu Pu, *Développement de la société Oroqen*, Presse populaire de Shanghai, septembre 1978, p. 212.

[3] Équipe de rédaction de la Région autonome des Zhuang du Guangxi, *Enquête sur l'histoire sociale des Zhuang du Guangxi*, tome II, Presse des nationalités du Guangxi, décembre 1985, p. 24.

également payer les frais médicaux ; dans les cas graves, on se voyait infliger une amende de dix livres de vin et d'un mouton pour « se racheter ». Dans le cas d'une bagarre injustifiée entre deux parties, le coût du « vin d'excuses » était partagé par les deux parties①.

Si quelqu'un était blessé dans une bagarre, les Jingpo recherchaient d'abord la cause de la blessure selon le droit coutumier (on faisait la distinction si la blessure était causée par un coup, une arme, une brûlure, etc.). Si l'on blessait quelqu'un à la suite d'une bagarre provoquée par une rancune, ou par négligence, on était généralement responsable des frais médicaux. En cas de blessure intentionnelle, on confisquait l'arme et on imposait une indemnité, normalement lourde②.

Pour les Oroqen, lorsqu'il y avait une bagarre entre deux personnes, les deux devaient être punies par des coups de bâtons ; si l'une des personnes décédait à la suite de la bagarre, l'autre partie n'assumait aucune responsabilité③.

Le droit coutumier tibétain interdisait aux bergers de se battre entre eux. Lorsque quelqu'un était blessé dans une bagarre, la sanction comprenait : (1) Le paiement d'une amende. En cas de blessure, les deux parties étaient d'abord condamnées à une amende d'un cheval ou d'une somme de cent yuan chacune, sans avoir à vérifier qui avait tort et qui avait raison. (2) Le montant en compensation du préjudice. L'auteur de la blessure devait payer au blessé la moitié sous forme de bétail. (3) Les armes de l'auteur de la blessure revenaient à la famille du blessé. (4) Les frais pour la récitation des sutras. L'auteur de la blessure devait payer à la victime les frais pour la récitation des sutras.

Si personne n'était blessé dans la bagarre, la sanction comprenait : (1) Le paiement d'une amende. Les deux parties se voyaient d'abord infliger une amende d'un montant variable. On procédait ensuite au règlement du différend par médiation. (2) Les frais du règlement. S'il était impossible de constater qui avait raison et qui avait tort, chaque partie se voyait infliger

① Équipe de rédaction de la province du Guizhou, *Enquête sur l'histoire sociale des Miao* tome III, Presse des nationalités du Guizhou, avril 1987, p. 25.

② Équipe de rédaction de la province du Yunnan, *Enquête sur l'histoire sociale du groupe ethnique Jingpo,* tome III, Presse des nationalités du Yunnan, mars 1986, p. 161.

③ Qiu Pu, *Développement de la société Oroqen*, Presse populaire de Shanghai, septembre 1978, p. 212.

une amende d'un montant égal ; si l'une des parties était responsable, elle était condamnée à une amende d'un montant variable. Si une personne se voyait arracher une tresse de cheveux, ceci était considéré comme un cas grave ; s'il s'agissait de la tresse du chef berger, du chef de village ou de leurs enfants, l'amende était encore plus élevée[①].

4. Sanctions en cas de vol

La partie la plus importante du droit pénal coutumier des minorités ethniques portait sur la répression du vol. Tous les groupes ethniques interdisaient strictement le vol et faisaient de la protection de la propriété publique ou privée une mission importante du droit coutumier.

Selon le droit coutumier des Zhuang, la sanction en cas de vol variait en fonction de l'objet volé : (1) Vol de bétail et de chevaux. En plus d'ordonner au voleur de restituer les biens volés ou de payer une compensation en fonction du prix (la valeur d'origine en basse saison agricole et le double en haute saison), on lui imposait une amende en fonction de sa richesse, ou on le traduisait en justice en vue d'un emprisonnement s'il n'avait pas d'argent (dans certaines régions, en fonction de la somme volée, le voleur était envoyé aux autorités pour y être emprisonné, à hauteur d'un mois d'emprisonnement pour chaque yuan volé ; il devait effectuer des travaux d'intérêt public pendant un certain temps après avoir purgé la peine). Si le délinquant était un récidiviste et qu'on avait déposé deux plaintes ou plus à son encontre, une fois arrêté, il était emprisonné à vie ou était exécuté directement, et il était dispensé de rendre les biens volés. Lorsqu'un voleur volait une maison ou était surpris sur la route et refusait d'être arrêté, il était autorisé de l'abattre sur place. (2) Vol de céréales. En plus d'ordonner au voleur de restituer tous les biens volés, on pouvait lui infliger une amende en fonction de sa richesse, le blâmer publiquement ou lui demander d'effectuer des travaux publics pendant une certaine période comme punition. Certains se voyaient infliger une amende de dix livres de vin et deux poulets ; ces derniers devaient être livrés à tous les membres du village pour être

[①] Équipe de rédaction du Sichuan, *Enquête sur l'histoire sociale des Tibétains dans la préfecture Ganzi du Sichuan*, Presse de l'Académie des sciences sociales du Sichuan, 1985, p. 165 ; Équipe de rédaction des matières d'enquête sur l'histoire sociale des Tibétains, *Enquête sur l'histoire sociale des Tibétains*, tome III, Presse populaire du Tibet, juin 1989, p. 47.

consommés ensemble. S'il n'avait aucune possession, on lui faisait signer une promesse de payer l'amende jusqu'à la récolte d'automne. Les récalcitrants étaient expulsés du village. En cas de récidive, la peine était doublée en fonction du montant de la peine précédente, en plus de la restitution des objets volés ; et ainsi de suite, mais il n'était pas puni de mort. (3) Vol de vêtements et d'autres cultures que les céréales. Le voleur était sommé de rendre les biens volés et faisait l'objet de critiques sévères en public.

Dans certaines régions des Zhuang, en cas de vol de tissus ou de vêtements, le propriétaire informait les habitants du village après avoir signalé le vol au chef de village, en demandant au voleur de livrer dans la soirée les biens volés à un endroit désigné afin que le propriétaire puisse les récupérer le lendemain matin. Si, au bout de trois jours, personne n'avait rendu les biens, le propriétaire en informait le chef de village et demandait à chaque ménage de se porter garant au moyen d'une garantie mutuelle ; si tous les ménages acceptaient de se porter garants, l'enquête était suspendue. Si l'on découvrait par la suite le voleur, la peine était doublée pour son garant, tandis que l'auteur du vol n'était plus considéré comme coupable. Si personne dans le village n'acceptait de se porter garant pour quelqu'un, le propriétaire pouvait supposer que celui-ci était le voleur et le poursuivait pour les biens volés[①].

Le droit coutumier des Miao interdisait strictement le vol. Dans certaines régions, comme la montagne Damiao dans le Guangxi, il existait des règles coutumières inscrites sur des rochers interdisant spécifiquement le vol ; le contenu principal en était : (1) ne pas creuser ou fouiller les champs des autres ; (2) ne pas voler les carpes dans les champs des autres ; (3) ne pas voler les porcs et le bétail des autres ; (4) ne pas couper les arbres pour la protection du village, les arbres panoramiques, ne pas détruire les vieilles forêts publiques ou voler les arbres de la communauté ; (5) ne pas piller les granges contenant les récoltes d'autrui ou voler les récoltes d'autrui ; (6) ne pas voler les melons, les légumes, les poivrons, le coton, l'indigo, etc.,

---

① Équipe de rédaction de la Région autonome des Zhuang du Guangxi, *Enquête sur l'histoire sociale des Zhuang du Guangxi*, tome II, Presse des nationalités du Guangxi, décembre 1985, pp. 242 et 191 ; Équipe de rédaction de la Région autonome des Zhuang du Guangxi, *Enquête sur l'histoire sociale des Zhuang du Guangxi*, tome I, Presse des nationalités du Guangxi, mai 1984, p. 276.

d'autrui ; (7) ne pas voler le bois de chauffage d'autrui ; (8) ne pas voler les champignons d'autrui ; (9) ne pas voler les animaux tels que les rats, la volaille, les poissons pris dans des pièges ou des collets installés par autrui. En cas de violation, en plus des critiques et de la restitution des biens volés, le contrevenant était puni d'une ou deux livres de vin en guise d'« excuse ». En cas de multiples récidives (jusqu'à la troisième fois), la famille du contrevenant devait inviter la famille victime du vol à manger et devait lui verser sept taels et sept pièces d'argent. Elle annonçait en public que le contrevenant était expulsé de la famille et était à la disposition de la personne qui avait été volée. La même sanction s'appliquait à ceux qui recelaient les objets volés et ne dénonçaient pas le vol[①].

Selon le droit coutumier des Yao, ceux qui volaient des bois de chauffage, des sapins, du riz, des patates douces, des melons, des légumes, des poulets, des canards, des porcs et des chiens devaient être condamnés à une amende d'un montant variable et à une amende doublée en cas de désobéissance, voire être condamnés à mort en cas de récidive. Toute personne surprise à s'infiltrer dans une maison pour voler un cochon devait être punie de mort ; toute personne surprise à voler dans une maison était traitée comme un bandit et devait être punie de mort. Celui qui avait volé des bovins était condamné à une amende de soixante-douze yuans, et celui qui était pris en flagrant délit était puni de mort. Celui qui était surpris à voler des outils agricoles et des articles ménagers était condamné à une amende de vingt-quatre taels d'argent et était puni plus sévèrement s'il ne payait pas. L'argent des amendes était principalement utilisé pour acheter du vin et du tofu pour servir les habitants de tout le village. Si la personne elle-même n'avait pas les moyens pour payer l'amende, sa famille le faisait à sa place[②].

Le droit coutumier des Jingpo imposait des peines lourdes aux voleurs, comme le remboursement de quatre bœufs pour le vol d'un seul, ainsi qu'un mang[③] et une arme à feu si le voleur était entré dans une étable. Dans

---

① Équipe de rédaction de la province du Guizhou, *Enquête sur l'histoire sociale des Miao* tome I, Presse des nationalités du Guizhou, décembre 1986, p. 394 ; Équipe de rédaction de la province du Guizhou, *Enquête sur l'histoire sociale des Miao,* tome III, Presse des nationalités du Guizhou, avril 1987, p. 25.

② Équipe de rédaction de la Région autonome des Zhuang du Guangxi, *Enquête sur l'histoire sociale des Yao du Guangxi*, tome I, Presse des nationalités du Guangxi, février 1984, pp. 40-67.

③ Mang (铓) : instrument de cuivre à percussion (note du traducteur).

certaines régions, les voleurs devaient payer une compensation selon le principe homomorphe, par exemple, on exigeait au voleur de poulets une robe de dragon pour les plumes. La peine pour le vol d'opium était doublée. Si l'on volait un objet dans une maison, en plus de payer une compensation pour l'objet même, on devait généralement payer un mang et une arme à feu. Si l'on forçait des armoires ou placards, en plus de payer un mang, on devait tuer un poulet et un porc pour les offrir aux fantômes①.

Selon le droit coutumier des Wa, en cas de vols occasionnels de biens sans grande valeur, le voleur devait rembourser intégralement ou doubler la valeur des objets volés et offrir du vin en guise d'excuse. Si le voleur n'en avait pas les moyens, son clan était solidairement responsable de l'indemnisation. Si le voleur ou son clan refusait de payer, la victime du vol avait le droit de prendre les enfants, les bœufs ou d'autres biens du voleur ou de son clan. En cas de vol dans un village étranger, la victime avait le droit de prendre des bœufs de tout habitant du village voleur, et ensuite, le propriétaire des bœufs pris pouvait réclamer le remboursement au voleur ou à son clan. Les voleurs récidivistes étaient souvent mis à mort, parfois tués par leur père ou leurs frères, parfois exécutés par des personnes du même nom de famille, et parfois, après délibération publique menée par le chef de village, étaient condamnés à mort②.

Selon le droit coutumier des De'ang, si une personne volait de l'argent ou des grains, elle devait rendre tous les biens volés au propriétaire. Si les objets volés avaient été consommés et qu'on n'était pas en mesure de les rendre, il suffisait d'utiliser des feuilles de bananier ou des pousses de bambou pour envelopper trois paires de paquets de thé et de tabac de la taille d'un pouce, de les plier en croix, de les fermer avec des épingles de bambou, de les placer sur une petite assiette et de présenter ensuite une paire au chef du groupe, une paire au patriarche et une paire au propriétaire des objets volés, en signe de repentir et de reconnaissance de l'erreur, promettant de ne plus voler les biens d'autrui. Entre-temps, le voleur devait préparer un repas de vin et de nourriture pour inviter le chef, le patriarche et le propriétaire à dîner pour exprimer sa gratitude, et ainsi, il pouvait éviter de compenser à

---

① Équipe de rédaction de la province du Yunnan, *Enquête sur l'histoire sociale des Jingpo*, tome III, Presse des nationalités du Yunnan, mars 1986, p. 15.

② Comité de rédaction de la province du Yunnan, *Enquête sur l'histoire sociale des Wa*, tome II, Presse populaire du Yunnan, novembre 1983, p. 25.

nouveau le propriétaire. Si l'on soupçonnait qu'une personne avait volé, mais sans preuve, on demandait au chef et au patriarche de servir de médiateur, lesquels persuadaient les deux parties de s'entendre à l'amiable[①].

Pour le peuple Hezhen, en cas de vol, le « halamokunda » (chef de clan) donnait une réprimande verbale ou des coups de planche conformément au droit coutumier, selon la gravité de la faute et son impact. Dans certaines régions Hezhen, le voleur était fouetté sur les fesses avec des tiges d'osiers[②].

Le droit coutumier des Daur traitait différemment le vol selon les circonstances. Si quelqu'un coupait illégalement des branches de saules qui poussaient le long d'un passage public, il était puni en faisant don d'un porc, partagé entre tous les membres du Mokun (village) ; le voleur devait reconnaître sa faute en public. En cas de vol de cultures appartenant à autrui, le voleur devait porter sur son dos les récoltes volées, accompagné de plusieurs hommes du Mokun, et se rendre devant chaque foyer pour reconnaître sa faute en criant : « J'ai volé les cultures d'untel, que personne d'autre ne suive mon exemple, je ne referai plus cela à l'avenir. » Si le voleur refusait de crier, les hommes qui l'accompagnaient avaient le droit de le battre publiquement[③].

Le droit coutumier du peuple Yi distinguait trois types de vol : « noir », « fleur » et « blanc ». Si une personne était surprise en train de cambrioler une maison, de jour ou de nuit, et qu'elle tuait la personne qui l'avait surprise, cela était qualifié comme un vol « noir ». La sanction consistait en une peine de mort incontestée, accompagnée de la restitution des biens volés et d'une compensation financière, le montant de la compensation étant supérieur à la normale. Si le vol se produisait au sein d'une même branche familiale, il était considéré comme un vol « fleur ». Le voleur devait non seulement rendre les biens volés, mais aussi présenter des excuses formelles à la famille lésée. Si le vol concernait des biens à l'extérieur ou appartenant à un autre groupe ethnique, il était classé comme un vol « blanc », avec la sanction la plus légère consistant à restituer les biens volés une fois que le vol était dévoilé.

---

① Équipe de rédaction de la province du Yunnan, *Enquête sur l'histoire sociale des De'ang*, Presse populaire du Yunnan, décembre 1987, pp. 40-41.

② Liu Zhongbo, *Le Peuple Hezhen*, Presse des nationalités, septembre 1981, p. 7.

③ Morigendi, « Le droit coutumier de l'ethnie Daur », dans *Études ethnologiques* (VI$^{e}$ série), Presse des nationalités, mars 1985, p. 277.

Si un subordonné volait les biens d'un Yi noir, ou si un wazi volait les biens de son maître, ce dernier pouvait imposer diverses punitions, voire la mise à mort. Dans le cas inverse, si le maître volait un wazi, ou qu'un Yi noir volait un subordonné, le wazi victime du vol ne pouvait rien faire ; le droit coutumier ne lui donnait pas le droit de se plaindre ou de recourir à la justice. Le vol des biens de la branche familiale était puni d'une compensation décuplée ou même de la peine de mort[1].

Le droit coutumier du peuple Gaoshan divisait les actes de vol en plusieurs catégories, telles que vol simple, le pillage, l'abattage de bois déjà marqué par d'autres, le déplacement de bornes sur les terres des autres et l'appropriation des terres d'autrui, enfin le détournement des dispositifs d'irrigation des canaux d'eau d'autrui. Outre la restitution de l'objet volé, l'indemnisation dépendait des circonstances du vol. Si l'objet était pris dans une maison où il était normalement conservé, l'offre d'un pot de vin pouvait être suffisante en guise d'excuses ; si l'objet était pris dans une boîte fermée, dans les cas plus graves, l'indemnisation pouvait prendre la forme d'un cochon, d'un pot en fer, d'un râteau en fer, etc. En cas de récidive, le voleur devait être battu et humilié.

Le droit coutumier kazakh punissait sévèrement le vol. Si une personne était prise en train de voler, elle devait payer trois à neuf fois le montant des objets volés. Si le voleur était tué sur place lors de son arrestation au cours d'une lutte, aucune compensation pour le décès n'était requise. Le voleur capturé pouvait être fouetté de vingt à soixante coups de fouet sans passer par un procès. Si le voleur décédait pendant les soixante coups de fouet, aucune compensation n'était nécessaire. En cas de récidive, c'est-à-dire lors de la deuxième ou troisième infraction, la sanction pouvait être une amende équivalant à un demi-kun (le « kun », 昆, étant l'unité de base des indemnisations en nature en droit coutumier kazakh, équivalant à cent chevaux, deux serviteurs, deux chameaux et deux armures ; ou alternativement, mille moutons, ou trois cents chevaux, ou cent chameaux), un kun entier ou la peine de mort. Si le voleur était incapable de payer, ses biens pouvaient être confisqués ; ou bien, il pouvait être condamné aux

[1] Équipe de rédaction de la province du Yunnan, *Enquête sur l'histoire sociale des Yi du Sichuan, du Guangxi et du Yunnan*, Presse populaire du Yunnan, décembre 1987, p. 216.

travaux forcés ou soumis à la torture[1].

Pour l'ethnie She, si quelqu'un volait de petites choses en raison de la pauvreté, il n'y avait pas de punition, mais de simples réprimandes. Si le vol impliquait des biens de valeur, le voleur devait offrir du vin et payer une amende. Dans certaines régions, si un voleur était capturé, il pouvait être violemment battu, tant que cela ne mettait pas sa vie en danger ; cela n'était pas considéré comme une violation du droit coutumier[2].

5. Sanctions pour le viol

Le viol, constituant une violation des droits de la femme et donc des droits du mari et des parents, est puni par tous les groupes ethniques. Le droit coutumier prévoyait des sanctions différentes selon des critères tels que la victime, les moyens, l'identité des personnes concernées, etc.

Selon le droit coutumier des Zhuang, le cas de viol était traité de la manière suivante : le mari ou les membres de la famille de la femme violée pouvaient mobiliser quelques dizaines de personnes afin de se rendre chez le violeur et tuer du bétail pour manger ; ils ne partaient pas avant qu'une amende fixée en fonction de la richesse du violeur ne leur soit payée. Dans certaines régions, l'amende était de 3,6 ou 7,2 yuans (changée plus tard en sept cent vingt pièces de cuivre) ou le double ; en plus, le violeur devait offrir un repas avec du vin pour se « blanchir » et il pouvait ensuite être condamné à un certain nombre d'heures de travaux d'intérêt général. Dans certains cas, le violeur était également tenu de faire des aveux. Si le mari de la femme découvrait le viol sur-le-champ, le violeur pouvait être tué sans conséquences juridiques, mais l'amende pouvait être exemptée. En cas de récidive, le violeur pouvait être emprisonné pendant quelques années par les autorités, avec une punition corporelle de deux cents à trois cents coups de fouet sur les fesses. Si une personne commettait des viols dans plusieurs endroits, et que cela était signalé plus de trois fois, la peine de mort était prononcée[3].

---

[1] Équipe de rédaction de la Région autonome ouïghoure du Xinjiang, *Enquête sur l'histoire sociale des Kazakhs*, Presse populaire du Xinjiang, avril 1986, p. 81.

[2] Équipe d'enquête sur l'histoire sociale des groupes ethniques du Fujian, *Rapport d'enquête sur l'ethnie She à Wangshendong, brigade Qingjie, commune populaire de Shanmen, comté de Pingyang, province du Zhejiang*, publié par l'institut d'études ethniques de l'Académie chinoise des sciences, octobre 1958, p. 36.

[3] Équipe de rédaction de la Région autonome des Zhuang du Guangxi, *Enquête sur l'histoire*

Dans la zone ethnique des Miao, si un homme d'un village étranger violait une femme du village, conformément au droit coutumier, on en informait ses parents pour qu'ils viennent présenter des excuses ; les chefs de village des deux côtés résolvaient le problème ensemble. Le violeur était non seulement blâmé, mais aussi puni d'un repas avec « du vin et du mouton pour se soumettre à la raison ». La même sanction était appliquée lorsqu'un homme du village violait une femme d'un autre village. Si un homme non marié violait une femme mariée et était attrapé, il était « battu à nu avec une canne » et puni d'un repas avec « du vin pour se soumettre à la raison[1] ».

Le droit coutumier des Yao prévoyait que si quelqu'un violait une femme non mariée et qu'il était trouvé à l'intérieur de la maison, il était chassé tout simplement. S'il s'agissait d'une femme mariée qui était violée, le violeur était sévèrement battu et condamné à une amende de soixante-douze yuans (l'argent était perçu par la personne qui attrapait le violeur) ; s'il désobéissait, il était condamné à une amende de deux cent quarante yuans ; s'il désobéissait à nouveau et soulevait un tollé général, il pouvait se voir confisquer toute sa fortune. Si une veuve était violée, elle devait se défendre elle-même, et personne d'autre n'avait à prendre sa défense. À cet égard, la protection du droit coutumier variait d'une personne à l'autre[2].

Dans l'ethnie Dong, il était plus fréquent que les riches violent les femmes des pauvres, tandis que les cas où les pauvres violaient les femmes riches étaient rares. Si un homme riche violait une femme pauvre (qu'elle soit mariée ou non), il était soumis à de lourdes sanctions en vertu du droit coutumier. La personne sanctionnée devait payer une amende si elle en avait les moyens, sinon elle devait effectuer des tâches spécifiques, telles que parcourir le village en portant un chapeau haut ou être enfermée dans une étable à cochons. Une partie de l'amende était destinée à la famille de la femme comme « argent d'apuration », et le reste revenait à la communauté. En ce qui concerne les cas où un homme pauvre violait une femme pauvre, la punition dépendait de la richesse de la famille du coupable. S'il n'avait

---

*sociale des Zhuang du Guangxi*, tome II, Presse des nationalités du Guangxi, décembre 1985, pp. 192 et 243.

[1] Équipe de rédaction de la province du Guizhou, *Enquête sur l'histoire sociale des Miao,* tome III, Presse des nationalités du Guizhou, avril 1987, p. 25.

[2] Équipe de rédaction du Guangdong, *Enquête sur la société des Yao du comté autonome des Yao de Liannan*, Presse populaire du Guangdong, février 1987, p. 78.

pas d'argent, il devait parcourir le village en portant un chapeau haut.

Selon le droit coutumier du peuple Jingpo, en cas de viol d'une femme, l'auteur du viol devait offrir un sacrifice aux esprits en faveur de la femme, en la revêtant de nouveaux vêtements « pour lui laver la face ». Sinon, la jeune femme risquait de ne pas pouvoir se marier à l'avenir et l'homme était alors responsable de prendre soin d'elle jusqu'à la fin de sa vie. Après cela, la jeune femme pouvait se marier sans problème ultérieur. Dans certaines régions, en cas de viol d'une femme non mariée, l'auteur du viol devait payer « un bœuf pour lui laver la face » et offrir un sacrifice aux esprits pour la famille de la femme en tuant le bœuf. En plus de cela, une amende supplémentaire de deux à trois bœufs était imposée comme compensation. En cas de viol d'une femme mariée, la situation était traitée comme une atteinte aux droits de son mari, ce qui conduisait généralement à un sérieux conflit. L'amende pouvait atteindre plus d'une dizaine de bœufs. De plus, l'auteur du viol devait offrir aux familles de la jeune fille et du mari respectivement dix « bœufs pour laver la face[①] ».

6. Sanctions pour adultère

Le droit coutumier de différents groupes ethniques interdisait sévèrement l'adultère, un comportement affectant l'ordre social, et imposait diverses sanctions spécifiques.

Selon le droit coutumier des Zhuang, en cas d'adultère, si le mari découvrait la situation, il avait le droit de tuer les deux fautifs sur place sans conséquences juridiques. Si l'époux trompé capturait l'homme adultère, il pouvait le châtier physiquement, mais aucune amende n'était imposée. La femme impliquée était généralement renvoyée chez ses parents et n'était plus unie par le mariage. Dans ce cas, son mari pouvait épouser une autre femme, alors que la femme infidèle n'avait plus le droit de se marier librement. Même si elle le faisait, elle ne pouvait pas épouser l'homme avec qui elle avait eu une relation adultère. De plus, elle devait obtenir le consentement préalable de son ex-mari et avoir un document écrit comme preuve. Sinon personne n'osait l'épouser. Lorsque la femme se remariait, elle devait rembourser à son ex-mari le double de la dot et tous les (ou une

---

[①] Xu Hongbao, « Une brève étude sur le droit coutumier de l'ethnie Jingpo », *Recherches sur les minorités ethniques*, n° 3, 1984.

partie des) cadeaux initialement offerts lors du mariage. Lors de la rédaction du certificat de divorce, l'ex-mari recevait un paiement de un yuan par doigt pour chaque doigt qu'il apposait sur le document (il devait apposer les deux mains, sinon personne n'osait l'épouser).

Après avoir commis l'adultère et conçu un enfant illégitime, la femme devait reconnaître son partenaire adultère, sinon elle était punie d'écartèlement. En cas de reconnaissance, elle était épargnée du supplice, mais était renvoyée chez ses parents pour rester célibataire jusqu'à ce que son ex-mari lui permette de se remarier, tandis que lui était libre d'épouser une autre femme. Quant à l'amant, un groupe dirigé par l'ex-mari se rendait chez lui pour tuer du bétail et des porcs, organisant un festin sur place. On lui imposait de lourdes amendes en fonction de sa richesse et on ne se retirait qu'après le paiement des amendes. Dans certaines régions, l'amant était condamné à une amende de trente-six ou soixante-douze yuans, tandis que la famille de la femme était punie en offrant un taureau au gendre, en plus des frais de festivités avant et après le jugement. Lorsque la femme se remariait, elle devait remettre la totalité de la dot à son ex-mari. Si l'amant souhaitait épouser la femme, il devait réunir tous les cadeaux et la dot que l'ex-mari avait offerts lors du mariage et les envoyer à ce dernier[1].

Conformément au droit coutumier des Miao, si un homme marié et une femme commettaient un adultère, ils étaient, selon les circonstances, soit critiqués publiquement, soit punis d'un repas avec « du vin et du mouton pour revenir à la raison », le coût étant partagé par les deux parties. Dans certaines régions, l'homme commettant un adultère devait dédommager le mari de la femme adultère en lui versant quelques dizaines de taels d'argent. Si un homme et une femme mariés commettaient l'adultère et étaient pris par le mari ou les membres du clan, selon les circonstances, soit l'homme seul étai puni, soit tous les deux étaient « battus à nu avec une canne » et punis en offrant un repas avec « du vin pour revenir à la raison ». Les bovins, ovins et porcins tués pour le repas étaient tous à la charge de l'homme. Si un homme non marié et une femme mariée commettaient un adultère et étaient surpris par le mari de la femme, la punition était la même que pour le cas d'un

[1] Équipe de rédaction de la Région autonome des Zhuang du Guangxi, *Enquête sur l'histoire sociale des Zhuang du Guangxi*, tome II, Presse des nationalités du Guangxi, décembre 1985, pp. 192 et 243.

adultère marié, c'est-à-dire « battu à nu avec une canne[1] ».

Selon le droit coutumier des Yao, si un homme était surpris en train de commettre l'adultère avec une femme mariée, on le faisait défiler dans les rues après l'avoir déshabillé et en lui faisant sonner une cloche pour attirer l'attention du public. Il était puni d'une amende et n'était libéré que deux ou trois jours après. Dans le cas d'une veuve, si les deux étaient en veuvage, ils n'étaient poursuivis par personne[2].

Les femmes Jingpo ont une vie sexuelle relativement libre avant le mariage. L'adultère n'était pas considéré comme un délit en vertu du droit coutumier. Cependant, si une femme avait un enfant naturel après des relations sexuelles avec un homme, elle était indemnisée : il s'agissait d'un bœuf pour le sacrifice aux fantômes, d'un mang et d'un sutra. L'homme devait également offrir une vache laitière s'il voulait conserver l'enfant. En cas d'adultère de la femme avec une autre personne, le droit coutumier considérait cela comme une violation des droits du mari. Si le mari surprenait sa femme en flagrant délit d'adultère, il pouvait la tuer sur place ainsi que son amant sans être coupable, sans avoir à indemniser, simplement en offrant un bœuf pour « nettoyer le village ». De plus, si le mari saisissait les preuves de l'adultère de sa femme, il pouvait aller discuter avec l'amant et réclamer plus d'une douzaine de bœufs en compensation, voire répudier sa femme. Un homme qui trompait sa femme et l'abandonnait devait indemniser le double de la dot[3].

Chez les Wa, si l'adultère entre deux personnes portant le même nom de famille était découvert, on commençait, selon le droit coutumier, par faire des remontrances. Si cela ne portait pas ses fruits, on pouvait se rendre chez l'homme adultère et saccager sa maison. Cependant, si l'homme parvenait à offrir deux porcs et à préparer de l'alcool pour servir les villageois, l'affaire était souvent close. En cas de relations sexuelles ou de harcèlement envers une femme mariée, l'homme pouvait subir de sévères sanctions, allant de l'enlèvement de son bétail à la destruction de sa propriété, voire sa propre

---

[1] Équipe de rédaction de la province du Guizhou, Enquête sur l'histoire sociale des Miao, tome III, Presse des nationalités du Guizhou, avril 1987, p. 25.

[2] Équipe de rédaction du Guangdong, *Enquête sur la société des Yao du comté autonome des Yao de Liannan*, Presse populaire du Guangdong, février 1987, p. 78.

[3] Équipe de rédaction du Yunnan, *Enquête sur l'histoire sociale des Jingpo*, tome III, Presse des nationalités du Yunnan, mars 1986, p. 126.

mort. Si le mari légitime pensait que sa femme avait eu des relations sexuelles avec quelqu'un d'autre, il avait souvent tendance à la répudier. Aucun autre homme ne pouvait convoiter une jeune fille déjà fiancée sous peine que celle-ci soit punie par son fiancé et que ce dernier lui demande alors de payer un cochon, prenne son bétail ou saccage sa maison[①].

Pour les Bai, un jeune homme et une femme qui avaient des relations sexuelles en amour libre n'étaient pas punis par le droit coutumier tant que la femme ne tombait pas enceinte. Si la femme était enceinte, on examinait d'abord si l'un et l'autre étaient déjà fiancés. S'ils n'étaient pas fiancés, l'homme pouvait suivre la procédure normale et épouser la fille avant qu'elle n'accouche. Si l'homme était déjà fiancé ou ne voulait pas épouser la fille, il devait la dédommager en lui payant une « somme d'humiliation ». Si la fille était déjà fiancée, son fiancé pouvait refuser de l'épouser ; la fille devait lui rembourser la dot et le dédommager en lui payant une « somme d'humiliation ». La majorité de ces coûts étaient supportés par l'homme adultère. Lorsqu'une femme mariée était prise en flagrant délit d'adultère, son mari pouvait battre sévèrement l'homme adultère et même lui donner des coups de couteau ; cependant, il n'était pas autorisé à le tuer. Le coupable était tenu de payer une « somme d'humiliation ». Le mari pouvait demander le divorce et ordonner à sa femme adultère de retourner chez ses parents[②].

Le droit coutumier des Lisu disposait que si un homme commettait un adultère avec une femme mariée et que le mari de cette dernière l'apprenait, on devait le remettre au chef du village pour trouver une solution. L'amende était très lourde et la femme adultère devait payer sa part, appelée « argent pour laver la honte ». Si le problème n'était pas résolu de manière satisfaisante, il pouvait déboucher sur des bagarres armées[③].

Le droit coutumier Derung interdisait qu'une femme ait un amant après le mariage. Une fois découvert, l'amant devait payer une marmite, un trépied, du vin, de la viande, etc. ; la femme devait avouer sa faute à son mari ; le chef convoquait les membres de la famille pour blâmer l'amant en

---

① Comité de rédaction de la province du Yunnan, *Enquête sur l'histoire sociale du peuple Wa* tome II, Presse populaire du Yunnan, novembre 1983, p. 130.

② Équipe de rédaction de la province du Yunnan, *Enquête sur l'histoire sociale des Bai* tome II, Presse populaire du Yunnan, mars 1987, p. 13.

③ Wang Hengjie, *L'Ethnie Lisu*, Presse des nationalités, novembre 1987, p. 128.

public[1].

Pour le peuple Oroqen, les jeunes hommes et femmes célibataires qui s'enfuyaient en raison d'amour étaient, lorsqu'ils étaient capturés, soumis à des bastonnades, voire à la torsion des cuisses avec une sangle de cheval ; dans certains cas, ils pouvaient même être condamnés à mort. Si un homme et une femme du même clan avaient des relations inappropriées, les sanctions étaient encore plus sévères, allant jusqu'à la pendaison[2].

Pour les Tibétains, si un berger tombait amoureux et commettait un adultère avec la fille de son chef, ou si une femme commettait un adultère après son mariage, ceci était considéré comme un crime grave, passible de peine de travaux forcés de longue durée, d'esclavage ou de mort. Dans la région Mula au Ganzi, un homme et une femme qui avaient eu des relations adultères ont tous deux été condamnés à une amende de deux cents à cinq cents yuans tibétains après le procès et ont dû s'engager à ne pas répéter l'infraction. Dans la pratique, les hommes qui commettaient des adultères étaient souvent expulsés ou réduits en wazi ou travailleurs de longue durée ; les femmes adultères étaient condamnées à avoir le nez coupé[3].

Selon les circonstances et l'identité des parties, le droit coutumier du groupe ethnique Yi classait les relations sexuelles irrégulières entre hommes et femmes, telles que l'adultère, en trois catégories, à savoir « noir », « fleur » et « blanc ». Les relations sexuelles entre une femme de Yi noir et une personne d'un statut inférieur, qu'il s'agisse d'un adultère ou d'un viol, constituaient l'acte le plus grave ; considéré comme « noir », l'homme et la femme étaient condamnés à mort. Au sein d'une branche familiale (qu'il s'agisse d'une relation entre sœurs, oncles, neveux ou petits-enfants), tout acte d'adultère, de flirt ou de relations douteuses était considéré comme « noir » et donnait lieu à une exécution. Un acte d'adultère, de flirt ou de relations douteuses entre personnes de deux branches familiales différentes, mais liées, par exemple entre un oncle de ligne maternelle et une nièce de ligne paternelle, ou entre un grand-père paternel et une petite-fille de ligne

---

[1] Comité de rédaction de la province du Yunnan, *Enquête sur l'histoire sociale de l'ethnie Derung,* tome II, Presse des nationalités du Yunnan, août 1985, p. 84.

[2] Qiu Pu, *Le Développement de la société Oroqen*, Presse populaire de Shanghai, septembre 1978, p. 212.

[3] Équipe de rédaction du Sichuan, *Enquête sur l'histoire sociale des Tibétains dans le comté de Ganzi, province du Sichuan*, Presse de l'Académie des sciences sociales du Sichuan, juin 1985, p. 166.

maternelle, était aussi considéré comme « noir » et donnait lieu à une exécution.

Les liaisons adultères entre tantes, oncles ou cousins sans lien conjugal étaient considérées comme « fleur ». Il existait deux cas spécifiques. Dans le premier cas, le plus grave, si la femme était déjà mariée à quelqu'un d'autre, l'homme adultère était condamné à une amende de cent à deux cents taels. Et si l'acte sexuel donnait naissance à un enfant, l'amende était plus lourde, généralement basée sur l'argent que la femme avait reçu au moment du mariage (cinq cents/six cents taels). Dans le second cas, si la femme n'était pas encore mariée, l'homme adultère se contentait d'offrir aux parents de la femme un cheval (ou une somme d'argent équivalente), puis offrait un banquet avec du porc en guise de compensation et d'excuses (en général, le banquet n'était organisé que si l'adultère donnait naissance à un enfant).

Les relations sexuelles entre un maître masculin et une esclave féminine étaient considérées comme « blanches ». Ce n'était rien aux yeux des Yi, mais le maître devait être condamné par l'opinion et tourné en dérision par le public[1].

Chez les Tu, si un homme séduisait la femme d'un autre homme et que celui-ci l'apprenait, on faisait appel aux anciens de la région pour une médiation. Une première solution était de se rendre dans la maison du mari avec du vin et des cadeaux en guise d'excuses. L'autre solution était que le mari lui cédait sa femme pour un prix allant de cinquante à cent kilos de blé, le tout constaté par un acte écrit. Lorsqu'un homme devait céder sa femme séduite par un autre homme, il faisait l'objet de mépris par le public ; la femme était alors appelée « survivante à soi-même » (c'est-à-dire une mauvaise personne). L'acte de cession ne pouvait pas être rédigé à la maison, et encore moins sur la terre de quelqu'un d'autre, mais devait être rédigé dans un terrain désert loin du village ; le scribe demandait des honoraires élevés pour rédiger l'acte[2].

7. Sanctions pour les dommages aux biens

Afin de protéger la propriété privée, le droit coutumier des différents

[1] Équipe de rédaction de la province du Yunnan, *Enquête sur l'histoire sociale des Yi du Sichuan, du Guangxi et du Yunnan*, Presse des nationalités du Yunnan, février 1987, p. 216.
[2] Guo Jing, *L'Ethnie Tu*, Presse des nationalités, février 1990, p. 92.

groupes ethniques définit également les principes et les méthodes spécifiques visant à punir les dommages à la propriété.

Selon le droit coutumier, pour les dommages causés par les animaux aux cultures d'autrui, les Zhuang versent une compensation en fonction des dégâts. Mais si seulement une petite quantité de plantes (une dizaine) est touchée, aucune compensation n'est requise, un simple rappel au propriétaire des animaux suffit. Lorsqu'un cochon piétine les cultures, le propriétaire du champ peut le tuer et lui couper la tête pour la manger, puis il informe les habitants du village pour qu'ils procèdent eux-mêmes à une vérification ; le propriétaire de l'animal se rendra dans le champ pour récupérer le corps. Dans certaines régions des Zhuang, si un cochon n'est pas gardé dans un enclos, ou si, même dans un enclos, par inadvertance il dévore des cultures, on pourra le tuer ; le propriétaire récupèrera alors la moitié du cochon, le reste sera donné à tout le village. Si quelqu'un tue le chien d'une autre personne, il doit payer une compensation en fonction du prix du chien ; sinon celui il devra protéger la famille de son propriétaire contre tout vol et sera responsable de tout vol qu'elle subirait avant qu'un nouveau chien ne soit adopté[①].

Selon le droit coutumier des Dai, si un bœuf ou un cheval pénètre dans un potager et mange des melons ou des légumes, l'animal sera rendu à son propriétaire qui devra compenser les dommages dont la valeur est convenue après une vérification par le village. Si on attrape un bœuf qui s'est introduit dans un potager, qu'on ne le signale pas au propriétaire de l'animal et que le bœuf meurt, le propriétaire du potager devra compenser le dommage au propriétaire de l'animal, tandis que ce dernier devra rembourser au premier les pertes causées au potager. Toute personne, conduisant un bœuf, un cheval ou un âne sur une digue de champ fraîchement battue ou sur un champ nivelé le jour même et prêt à être planté, est passible d'une amende. Quiconque fait passer un bœuf, un cheval ou un âne dans une rizière qui vient de fleurir ou dans laquelle les épis sont déjà abaissés est passible d'une amende[②].

---

① Équipe de rédaction de la Région autonome des Zhuang du Guangxi, *Enquête sur l'histoire sociale des Zhuang du Guangxi,* tome II, Presse des nationalités du Guangxi, décembre 1985, p. 245.

② Comité de rédaction du Yunnan, *Enquête sociale globale des Dai de Xishuangbanna,* tome II, Presse des nationalités du Yunnan, octobre 1984, p. 28.

8. Sanctions pour atteinte à l'intérêt public

Le droit coutumier des minorités ethniques prévoit également des sanctions pour les infractions contre l'intérêt public telles que la collusion avec l'extérieur pour mettre en danger la sécurité du village, l'insulte aux anciens, l'affront aux supérieurs, le défi aux dieux, etc.

Le droit coutumier des Zhuang régissait le traitement des atteintes aux « veines de dragon[1] » et aux orientations. Lorsqu'une personne, en défrichant des terres derrière un autre village ou un cimetière d'autrui, commettait une offense aux veines du dragon ou à l'orientation géographiquement reconnue de ce village, on pouvait l'en dissuader et interdire les travaux. La personne pouvait alors passer outre en déterrant les ossements par exemple. Cependant, par la suite, en cas de malheurs ou de pertes de biens ou de bétail dans le village, la responsabilité complète en incombait au défricheur. En cas d'incendie détruisant les maisons d'autrui, le fautif pouvait ne pas être poursuivi si sa propre maison était également consumée. Si seulement les maisons des autres étaient incendiées, des indemnisations devaient être versées, et en cas de pertes importantes, le coupable pouvait être tenu de tout rembourser, même jusqu'à la ruine de sa famille et de ses biens[2].

Si un Miao adressait des paroles blessantes à quelqu'un et que celui-ci les réfutait, le droit coutumier voulait que l'on ait recours au chef du village pour assurer une médiation ; la partie perdante devait offrir de l'alcool en guise d'excuse. Si une personne accusait faussement quelqu'un d'autre, elle était punie en « offrant de l'alcool pour admettre son tort » une fois la vérité établie. Quiconque mettait le feu à une montagne ou à une maison pouvait être jeté dans le feu et brûlé vif sur place[3].

Le droit coutumier Yao imposait une amende de soixante-douze yuans pour un incendie ou la perte de trois maisons à cause d'un incendie par négligence ; si plus de trois maisons étaient détruites, la sanction était

[1] Les veines de dragon (龙脉) : terme de fengshui désignant les lieux cardinaux (note du traducteur).

[2] Équipe de rédaction de la Région autonome des Zhuang du Guangxi, *Enquête sur l'histoire sociale des Zhuang,* tome II, Presse des nationalités du Guangxi, décembre 1985, p. 245.

[3] Équipe de rédaction de la province du Guizhou, *Enquête sur l'histoire sociale des Miao,* tome III, Presse des nationalités du Guizhou, avril 1987, pp. 25-26.

calculée à raison de soixante-douze yuans par maison. Quiconque mettait le feu à une montagne était condamné à une amende d'environ dix yuans s'il brûlait une forêt privée ; s'il brûlait une forêt publique, il devait payer les frais de lutte contre l'incendie en déboursant de l'argent pour acheter de l'alcool ; si le départ de feu était accidentel, il pouvait ne pas être poursuivi. Les pilleurs de tombes étaient condamnés à une amende. Une personne atteinte de la variole et qui infectait d'autres personnes était également condamnée à une amende. La connivence avec un étranger au détriment des siens était strictement interdite. Celui qui était complice d'étrangers pour voler les siens ou qui forgeait des accusations pour compromettre les autres et causer des problèmes était puni par la mort, voire par la mise à mort de toute sa famille. Pour ceux qui hébergeaient des bandits ou les aidaient, leurs terres et leurs biens étaient confisqués[①].

Selon le droit coutumier des Dai, si une personne d'un village pénétrait dans un autre village pendant le « sacrifice du dragon », elle était punie par une part même du sacrifice ; si un bœuf ou un cheval entrait dans le village ou passait par le pont de bambou de ce dernier, l'animal devait être tué et la moitié du corps revenait au village. Quand quelqu'un passait par le centre d'un autre village en portant un fardeau et que celui-ci tombait par terre, il était condamné à payer la moitié de ce qu'il portait. Si quelqu'un passait par un autre village avec une tenue négligée (cheveux ébouriffés, pantalons retroussés), ou si un étranger entrait dans le village où il y avait un mort non enterré, il était puni. Les charrettes tirées par des chevaux n'étaient pas autorisées à entrer dans le village, ni quelqu'un transportant un grand arbre, sous peine d'une amende pour le sacrifice aux dieux du village. Celui qui portait un couteau n'était pas autorisé à entrer dans la maison d'autrui. Le contrevenant était condamné à une amende de quinze yuan, une bouteille d'alcool, une grappe de noix de bétel et une paire de bâtons de cire à sacrifier aux dieux la maison. Si l'on soufflait dans la corne de taureau[②] pendant le jour et la nuit, sans raison, ou si l'on battait le tambour la nuit alors qu'il n'y avait pas de guerre, on était condamné à des amendes selon le droit coutumier[③].

---

① Équipe de rédaction du Guangdong, *Enquête sur la société des Yao du comté autonome des Yao de Liannan*, Presse populaire du Guangdong, février 1987, p. 78.

② La corne de taureau est instrument de musique (note du traducteur).

③ Comité de rédaction de la province du Yunnan, *Enquête sur l'histoire sociale des Dai*

Le droit coutumier des Jingpo interdisait l'abattage des forêts situées à proximité des temples officiels, les contrevenants étant passibles d'amendes. Si l'on faisait des coupes dans les forêts publiques et qu'on les vendait, le prix en était confisqué. Une famille seule n'avait pas le droit de couper et de cultiver une parcelle de terrain. De même, elle n'était pas autorisée à mettre le feu à son gré, sous peine de se voir infliger une amende d'un bœuf ou d'un cochon. En cas d'attaques personnelles telles que de fausses accusations et des insultes, une compensation en nature était exigée. Si quelqu'un était accusé de vol et qu'il s'avérait qu'il s'agissait d'une fausse accusation, l'accusateur devait restaurer la bonne réputation de celui qu'il avait accusé à tort et le dédommager d'un « bœuf pour se laver la face ». Il était considéré comme la forme la plus grave de violence verbale de maudire quelqu'un par « mort lors de l'accouchement » (c'est-à-dire de mourir en donnant naissance à un enfant) ; ceci donnait souvent lieu à des conflits qui ne pouvaient être résolus que par une compensation matérielle importante avec « rappel à la raison[①] ».

Selon le droit coutumier des Wa, quiconque divulguait des secrets du village (principalement les affaires militaires) entraînant des conséquences graves était puni par l'ensemble du village par la confiscation des biens familiaux comme sanction la moins lourde ou par l'expulsion du village comme sanction la plus lourde ; si aucune conséquence sérieuse ne s'en était suivie, le contrevenant était en général réprimandé sévèrement par la population et le chef du village. Un homme adulte qui fuyait la guerre sans raison était réprimandé par le chef et la population ; il risquait même de voir sa maison pillée. Chaque ménage était tenu de participer aux travaux publics (tels que la construction de routes et de réservoirs d'eau), et ceux qui ne le faisaient pas étaient réprimandés par le chef ou punis (en payant par exemple une certaine quantité de céréales[②]).

Les montagnes publiques des Naxi étaient, en temps ordinaire, fermées à la sylviculture. Il était interdit de les déboiser à tort et à travers, à l'exception des mauvaises herbes et des arbres morts. Elles étaient gérées par

---

*(Xishuangbanna, vol. 8)*, Presse des nationalités du Yunnan, juin 1985, pp. 103-104.

① Équipe de rédaction de la province du Yunnan, *Enquête sur l'histoire sociale des Jingpo*, tome III, Presse des nationalités du Yunnan, mars 1986, pp. 42 et 79.

② Comité de rédaction de la province du Yunnan, *Enquête sur l'histoire sociale des Wa*, tome II, Presse populaire du Yunnan, novembre 1983, p. 25.

un « fonctionnaire de montagne ». Celui-ci pouvait confisquer la hache et la machette de tout contrevenant ; ce dernier devait alors les racheter avec de l'argent. Ceux qui mettaient le feu à la montagne étaient également condamnés à des amendes.

Pour l'ethnie Hezhen, après la mort d'une personne âgée, les gens qui se trouvaient loin de chez eux devaient rentrer à la maison avant les funérailles ; s'ils rentraient en retard, ils étaient battus de quinze à vingt coups de planche selon le droit coutumier①.

Le droit coutumier des Tibétains prescrivait des sanctions sévères pour ceux qui volaient des biens dans les temples, perturbaient les montagnes sacrées ou abusaient des arbres sacrés (comme en creusant pour des plantes médicinales). Les contrevenants étaient dépouillés de leurs vêtements, un de leur pied était attaché avec une corde, puis ils étaient suspendus à l'envers, fouettés, et une croix était brûlée sur leur front avec un fer chaud. Ensuite, on leur faisait porter un chapeau en papier dans le cadre d'une cérémonie d'exorcisme, avant de les expulser du territoire pour chasser les esprits. Si quelqu'un tentait de s'évader sans succès et était rattrapé, il était soumis à des coups de fouet, suivi d'une peine d'emprisonnement. Après avoir purgé sa peine, il devait payer une amende (composées d'un Hada, d'une peau de léopard ou d'un bœuf domestiqué, et d'une peau de renard ou d'une peau de loup). Une fois l'amende réglée, la personne était ensuite envoyée résider dans les endroits où les corvées étaient les plus lourdes et les plus difficiles. Toute personne qui résistait aux corvées, en plus d'être fouettée trente fois, était condamnée à une peine doublée②.

9. Sanctions pour vol avec violence

Certains groupes ethniques disposent d'un droit coutumier qui punit les actes de vol avec violence.

Le droit coutumier des Zhuang prévoyait qu'un bandit pris dans une affaire de vol était condamné simplement à rendre les biens volés ou à payer une compensation du prix des biens volés. Dans le cas d'un récidiviste, outre la restitution de tous les biens volés, il devait être emprisonné pendant

① Comité de rédaction de la province du Yunnan, *Enquête sur l'histoire sociale du peuple Naxi,* tome II, Presse des nationalités du Yunnan, décembre 1986, p. 33.
② Équipe de rédaction du Sichuan, *Enquête sur l'histoire sociale des Tibétains dans le comté de Ganzi, province du Sichuan*, Presse des sciences sociales du Sichuan, juin 1985, p. 166.

l'équivalent d'un mois par yuan du prix des biens volés. Si le coupable refusait ou était incapable de payer, il était emprisonné jusqu'à sa mort. Dans des circonstances particulièrement graves, la peine de mort était appliquée directement. Si des bandits opéraient dans une région sans être capturés, les habitants de cette région étaient tenus responsables. De même, si le vol se produisait sur un chemin désert, le chef de village responsable de cette zone était tenu d'en porter la responsabilité[①].

Selon le droit coutumier, les Miao punissaient les voleurs par pendaison[②].

Le droit coutumier des Yao prévoyait une amende de trois cents taels d'argent et la mise à mort pour ceux qui volaient sur la route ou assassinaient des gens en chemin[③].

10. Sanctions pour l'enlèvement de femmes

Certains groupes ethniques, comme les Zhuang et les Yi, disposent d'un droit coutumier pour traiter les enlèvements de femmes.

Le droit coutumier des Zhuang disposait qu'en cas d'enlèvement, le ravisseur pouvait être tué sur place s'il était attrapé. Sinon, il devait payer une compensation en fonction de la valeur de la femme enlevée (c'est-à-dire la dot offerte par son mari au moment du mariage). À une époque ultérieure, on donnait la priorité au paiement de la compensation, l'exécution à mort n'étant prononcée que si le ravisseur était jugé incapable de payer. Si on n'arrivait pas à attraper le ravisseur et qu'on ne pouvait trouver aucune trace de la femme enlevée, mais qu'on la retrouvait plus tard, elle pouvait être ramenée à la maison directement ; si la femme avait donné naissance à un enfant, on pouvait reprendre la mère et l'enfant. Dans ce cas, la personne qui avait acheté la femme ne pouvait pas intervenir, sinon il était accusé de vol et voyait ses biens confisqués. Si l'enlèvement avait lieu dans la maison de son mari, les beaux-parents s'y rendaient pour la réclamer, et l'homme était tenu de payer une prime pour la retrouver. Si elle n'était pas retrouvée dans

---

① Équipe de rédaction de la Région autonome des Zhuang du Guangxi, *Enquête sur l'histoire sociale des Zhuang du Guangxi,* tome II, Presse des nationalités du Guangxi, décembre 1985, pp. 244, 191.

② Équipe de rédaction de la province du Guizhou, *Enquête sur l'histoire sociale des Miao,* tome III, Presse des nationalités du Guizhou, avril 1987, p. 25.

③ Équipe de rédaction du Guangdong, *Enquête sur la société des Yao du comté autonome des Yao de Liannan,* Presse populaire du Guangdong, février 1987, p.78.

les trois ans, il devait payer pour sa vie, mais le cas n'était pas traité comme un féminicide. Si l'enlèvement avait lieu dans la maison des beaux-parents, l'homme pouvait leur demander de la récupérer (les Zhuang ont une règle coutumière selon laquelle la femme n'habite pas dans la maison du mari ; elle ne vient y habiter qu'après avoir donné naissance à un enfant), ou leur demander d'envoyer une deuxième femme, du même âge que la précédente, sinon ils devaient lui rembourser la dot en argent et les cadeaux qu'ils avaient reçus pour le mariage. Il arrivait qu'un gendre rassemblât des dizaines de personnes pour se rendre chez ses beaux-parents et y tuer des porcs et des bœufs pour se nourrir. Des amendes étaient imposées en fonction de la richesse des beaux-parents. Ils ne partaient qu'après avoir collecté suffisamment d'argent[1].

Le droit coutumier des Yi expulsait de la branche familiale ceux qui enlevaient par séduction les femmes d'autrui et ne payaient pas de compensation. Si le contrevenant se rendait chez les parents de la femme enlevée avec du bétail, de l'alcool et de l'argent en guise d'excuses, et que la femme et son ancien mari accomplissaient les formalités de dissolution du mariage, il pouvait épouser la femme et rentrer chez lui pour réintégrer sa branche familiale. Si quelqu'un enlevait frauduleusement une femme de sa branche familiale, ou une femme mariée de cette branche, à des fins de vente ou de concubinage, toute la branche et les autres femmes mariées de cette branche devaient sacrifier des animaux et proférer des malédictions ; la personne impliquée était exécutée. Celui qui enlevait frauduleusement une femme d'une branche familiale proche, à des fins de vente ou de concubinage, devait rendre la femme et payer une compensation. En cas de refus de rendre la personne, une compensation égale au double de la dot et des frais de mariage devait être payée, avec des excuses au mari et à la branche familiale de celui-ci. Sinon, cela pouvait provoquer des conflits entre les branches familiales. Si quelqu'un volait et vendait un enfant de sa propre branche familiale et qu'il n'arrivait pas à le racheter, il devait en payer le prix comme compensation. Si l'enfant était racheté, en plus de le rendre à ses parents, le voleur devait payer un lingot d'argent et inviter les

---

[1] Équipe de rédaction de la Région autonome des Zhuang du Guangxi, *Enquête sur l'histoire sociale des Zhuang du Guangxi,* tome II, Presse des nationalités du Guangxi, décembre 1985, p. 244.

parents à un repas avec de l'alcool et de la viande[①].

## *II. Le droit coutumier de la médiation et des jugements*

Afin de garantir l'autorité et la dignité du droit coutumier et de le faire respecter par tous les membres, les différentes minorités ethniques disposaient de règles coutumières relatives à la mise en œuvre du droit coutumier et au traitement des violations du droit, en établissant les principes, les organes, les procédures de médiation, d'examen et de règlement des conflits en cas de violation du droit coutumier, ainsi que deux moyens particuliers de résolution de conflits, à savoir le jugement divin et le combat armé. Le droit coutumier procédural est une partie importante du droit coutumier des minorités ethniques de Chine.

### 1. La médiation et le jugement

Malgré l'absence d'organisme et de personnel spécialisé pour la mise en œuvre du droit coutumier, les minorités ethniques disposaient de nombreuses règles coutumières en matière de médiation, d'examen et de jugement, avec des dispositions détaillées sur l'organisation, les responsabilités et les pouvoirs du personnel de médiation et de jugement, les principes et les procédures, ainsi que les moyens de sanction et l'exécution des décisions, fournissant ainsi une base pour la résolution des affaires criminelles et des litiges d'ordre civil.

La plupart des Zhuang adoptaient une attitude pacifique face aux violations du droit coutumier afin d'éviter autant que possible d'aggraver la situation en essayant de réduire un problème majeur à un mineur et un problème mineur à rien du tout. En général, les violations du droit coutumier faisaient l'objet de médiations ou de jugements par les anciens du village, qui pouvaient demander à la personne concernée de présenter des excuses, de remplir ses obligations et de payer des dommages et intérêts, ou lui imposer des amendes ou des travaux forcés. Si l'affaire était compliquée et que le problème était trop important pour être résolu par les anciens du village, on convoquait la réunion des anciens ou l'assemblée des villageois pour discuter et prendre une décision ; la personne concernée était

---

[①] Yang Huaiying, ed., *Étude du système juridique de la société esclavagiste des Yi de Liangshan*, Presse des nationalités du Sichuan, avril 1994, pp. 87-88.

généralement punie d'une amende. Ceux qui avaient commis des fautes graves et ne se corrigeaient pas après des avertissements répétés étaient condamnés à des châtiments corporels, à l'expulsion de la tribu et même à la peine capitale. Il y avait également des cas où on livrait les délinquants aux autorités gouvernementales pour être sanctionnés. Les méthodes d'exécution de la peine de mort comprenaient la noyade dans une rivière (ou dans un étang), l'ensevelissement, l'écartèlement et la « chevauchée » (on mettait le feu dans un récipient en acier rempli de bois et ressemblant au ventre d'un cheval et on y attachait le condamné pour le brûler vif[①]).

Selon le droit coutumier des Yao, chaque fois qu'un différend survenait, il était impératif de solliciter le chef Shipai (*石牌头人*) ou Yaolao (*瑶老*) afin de le régler ; c'est ce qu'on appelait le « recours aux anciens ». Si le chef était du même village, on le notifiait verbalement ; s'il habitait loin, on utilisait une tige de chaume insérée dans le trou carré d'une pièce de monnaie en cuivre, repliée et tordue pour former une petite corde, en guise de preuve. On portait ensuite cette corde à la maison du chef pour le convier à traiter l'affaire. Lorsque le chef arrivait à la maison, on commençait par l'inviter à partager un repas simple (pour les affaires importantes comme la ligature ou la bastonnade, on tuait alors un porc pour le chef). Ensuite, le chef et les anciens s'asseyaient de part et d'autre de la table, les deux parties en conflit exposaient leurs arguments, et ceux qui avaient du mal à s'exprimer pouvaient faire appel à des parents ou frères pour plaider en leur nom. À chaque argument avancé, une tige de chaume (d'environ trois pouces) était déposée sur la table. Une fois les arguments exposés, le chef ramassait les tiges de chaume. Une fois que la première partie avait exposé ses arguments, la seconde partie exprimait également ses raisons, réfutant les arguments de l'autre en déposant également des tiges de chaume pendant son discours. Ce processus se répétait plusieurs fois jusqu'à ce que les deux parties aient présenté tous leurs arguments. Le chef rendait ensuite son jugement en se basant sur les arguments présentés par les deux parties (parfois en menant une enquête auprès des voisins immédiats des deux parties). Lors du verdict, chaque partie était informée séparément de la décision.

---

① Équipe de rédaction de la Région autonome des Zhuang du Guangxi, *Enquête sur l'histoire sociale des Zhuang du Guangxi,* tome I, Presse des nationalités du Guangxi, mai 1984, pp. 107-110.

Après le jugement, si l'une des parties n'en était pas satisfaite, elle pouvait recourir aux chefs de rang supérieur pour une autre décision. Cependant, quand on faisait appel à un nouveau chef, il était d'usage que le chef initialement saisi lui expose le déroulement de l'affaire et les motifs de sa décision. Le petit chef ne pouvait s'acquitter de sa charge qu'après avoir rapporté les détails du jugement au grand chef. Si l'une des parties restait insatisfaite du verdict du grand chef, elle devait l'inviter à partager un repas. Après le repas, cette partie devait remettre au chef les « huit sapèques et seize sapèques », démontrant ainsi sa détermination à entreprendre une action plus sérieuse contre l'autre partie. Il s'agissait de préparer deux pailles, l'une liée avec huit sapèques de cuivre, l'autre, seize. Après la remise des « huit sapèques et seize sapèques », le chef demandait d'abord un « code », appelé « remise du code », qui était soit une pièce de cuivre attachée à une paille, soit un bracelet. En même temps, la partie ayant remis le code exposait encore une fois les motifs de son refus du verdict. Le chef apportait ensuite les « huit sapèques et seize sapèques » à l'autre partie et lui transmettait les dires de la partie adversaire. Si l'autre partie n'acceptait pas le verdict, elle devait également remettre les « huit sapèques et seize sapèques » et un code au chef, qui étaient transmis à la première partie, exposant de son côté les arguments du refus. Le chef faisait des allers-retours entre les deux parties plusieurs fois pour les persuader ; si l'une des parties n'acceptait toujours pas le verdict, le chef devait rendre le code à l'autre partie, laissant les deux parties « déclarer le combat ». Une fois que le chef avait « rendu le code », les deux parties fermaient chacune leurs portes et bloquaient les allées pour commencer le combat. Une fois le combat déclenché, les deux camps, hommes et femmes, vieux et petits, ne sortaient pas, tandis que chacun demandait l'aide des personnes de son clan pour tenter d'attaquer l'autre camp. Le combat se terminait par la victoire de la partie ayant capturé des personnes de l'autre partie ou étant la plus forte. Une partie pouvait demander à l'autre de compenser « l'argent de la tête » des personnes capturées ou « l'argent pour le rachat de l'âme » des personnes tuées au combat, etc. En bref, le chef n'avait aucun pouvoir coercitif forçant les parties à accepter sa médiation[①].

---

[①] Équipe de rédaction de la Région autonome des Zhuang du Guangxi, *Enquête sur l'histoire sociale des Yao du Guangxi,* tome I, Presse des nationalités du Guangxi, février 1984, pp. 69-

Pour l'ethnie Jingpo, un litige était d'abord arbitré par les anciens de chaque nom de famille. En cas d'incapacité à trouver une solution, le litige devait être signalé au chef du village qui invitait alors le Shanguan (山官, officier montagnard), les anciens de chaque nom de famille et les anciens du village à participer à une médiation collective. Pendant la médiation, chacun exprimait son opinion, et le chef du village prenait une décision en fonction de l'avis de la majorité. En cas de désaccord avec la médiation, la partie accusée pouvait faire appel au Shanguan ou chef renommé d'un autre village pour servir de médiateur. En général, il n'était pas nécessaire d'envoyer des cadeaux ou de l'argent pour arbitrer les litiges, mais seulement d'inviter le chef, le Shanguan et d'autres à un repas. Cependant, une fois la médiation terminée, la partie victorieuse exprimait souvent sa gratitude en offrant de l'argent ou des cadeaux au chef, le montant étant variable. Les Shanguan et les chefs étaient aussi soumis au droit coutumier, tout comme les gens ordinaires. En cas d'infraction de leur part, on invitait les Shanguan, les chefs et les anciens des villages voisins à traiter le cas collectivement. Les litiges entre villages nécessitaient également la participation des Shanguan, des chefs, des anciens et des personnes concernées des villages impliqués, la personne assurant la présidence de la médiation étant décidée par le Dongsa (*董萨*, chef religieux) au moyen de la divination. Dans certaines régions, les litiges étaient principalement réglés par le Shanguan, le plus haut exécuteur du droit coutumier, qui rendait le jugement et assurait le maintien de l'ordre social. Lorsqu'un litige faisait l'objet de médiations, les parties étaient tenues « d'envoyer des cadeaux » ; l'amende versée à la victime après la médiation devait également être partagée en partie avec le Shanguan et les autres participants à la médiation. Les Jingpo n'infligeaient ni la peine de mort ni l'emprisonnement aux contrevenants au droit coutumier, optant généralement pour des sanctions compensatoires (en argent ou en nature[①]).

Le droit coutumier des Bai stipulait que les litiges entre des familles du même village ou entre différents villages étaient résolus par le chef du groupe local. Lors de la médiation, le chef du groupe convoquait les chefs de chaque clan familial pour une discussion commune. Au cours de la médiation, le chef utilisait une planchette de bambou d'une longueur d'un

70.

[①] Équipe de rédaction de la province du Yunnan, *Enquête sur l'histoire sociale des Jingpo,* tome III, Presse des nationalités du Yunnan, mars 1986, p. 42.

pied cinq pouces et d'une largeur d'un pouce. Chaque côté de la planchette représentait respectivement le plaignant et le défendeur. Chaque fois qu'ils exposaient un argument, le chef marquait une encoche de leur côté de la planchette. Une fois que les deux parties avaient exposé leurs arguments, le chef comptait les encoches de chaque côté de la planchette. La partie avec le plus d'encoches montrait que ses arguments étaient solides, tandis que celle avec moins d'encoches était considérée comme étant dans son tort, ce qui permettait de juger de la validité des arguments. On pouvait aussi utiliser des haricots de soja ou des cailloux. Celui qui énonçait un argument se voyait poser un haricot de soja ou un caillou devant lui : on tranchait le litige en fonction du nombre de haricots de soja ou de cailloux de chaque côté. Dans certaines régions, d'autres méthodes étaient utilisées pour résoudre les litiges familiaux, notamment l'intervention du « Cimo » (*此莫*, notaire du village), la consommation de vin de sang, la pêche aux pots d'huile, les bagarres armées ou même l'expulsion du village, etc.[①].

Pour les Derung, en cas de différend entraînant des disputes et une impasse entre les parties, la résolution était confiée au patriarche du clan familial conformément au droit coutumier. Pendant la médiation, les parties concernées présentaient leurs plaintes au patriarche, exposant les raisons et le déroulement des événements. Le patriarche, en se basant sur la gravité des circonstances et l'opinion des membres de la communauté, déterminait la culpabilité de chacun et décidait des compensations éventuelles. Parfois, le recours à une méthode appelée « pêche aux pots d'huile » était utilisé comme une sorte de jugement divin. La résolution des conflits pouvait prendre différentes formes : un règlement amiable entre les parties, une médiation en présence du patriarche avec seulement les parties concernées, une médiation publique avec la présence de tous les membres du clan, une médiation en présence de personnes âgées, ou encore une médiation entre les patriarches des deux familles. Au cours de la médiation, le médiateur prenait d'abord la parole, puis les parties exposaient leurs arguments. À chaque argument énoncé, le médiateur plaçait un petit bâton (bambou ou bois) du côté de la partie concernée. Il comptait enfin les bâtons, la partie ayant obtenu le plus de bâtons étant considérée comme celle ayant le plus

---

[①] Comité de rédaction de la province du Yunnan, *Enquête sur l'histoire sociale du groupe ethnique Bai,* tome II, Presse populaire du Yunnan, mars 1987, p.101.

d'arguments. Après l'annonce du résultat par le médiateur, les autres membres exprimaient leurs points de vue et présentaient de nouveaux éléments, et le médiateur ajoutait également des bâtons en fonction de ces nouvelles informations. En fin de compte, la partie avec le moins de bâtons devait admettre son tort. Sous une autre forme, les parties et leurs partisans respectifs se rangeaient en deux groupes ; le médiateur transmettait les discussions d'un groupe à l'autre, en écoutant les arguments des deux parties, et faisait converger leurs points de vue. Enfin, le patriarche prenait une décision définitive basée sur les vues de tout le monde, et les parties concernées célébraient la réconciliation en buvant ensemble[①].

Selon le droit coutumier des Li, la peine la plus sévère pour les violations graves du droit coutumier consistait à ligoter les mains et les pieds du contrevenant en public, à immerger son corps dans l'eau, puis à placer un nid de fourmis jaunes sur sa peau mouillée pour qu'elles le piquent. En ce qui concerne les violations moins graves, la principale sanction était généralement une amende. Si quelqu'un violait le droit coutumier, le « chef de mu » *(亩头)* convoquait tous les membres pour le condamner et le punir. Lorsque diverses affaires civiles et criminelles survenaient dans la communauté, le « chef de dong » (*峒长*) convoquait les « chefs de mu » pour s'en occuper. En cas de conflit entre des ménages, les membres de la famille, ou entre conjoints, le chef de mu était responsable de la médiation et de l'éducation[②].

Pour les Hezhen, toutes les affaires, grandes ou petites, au sein d'un clan étaient résolues en interne par le « Halamokun » (*哈拉莫昆*). En cas d'affaires importantes, des représentants d'autres « Halamokun » pouvaient être invités à participer. Sauf en cas d'absolue nécessité, on évitait de recourir aux autorités gouvernementales ; cela s'appliquait également aux affaires impliquant des vies humaines. Lorsque les pères et les oncles paternels punissaient leurs fils ou neveux, aucune intercession n'était efficace ; même les mères ne pouvaient pas intervenir. Dans de tels cas, seule l'intercession d'oncles maternels était efficace. Toutefois, si le père ou l'oncle avait déjà puni son fils ou neveu, par exemple en l'obligeant à

---

[①] Comité de rédaction de la province du Yunnan, *Enquête sur l'histoire sociale du groupe ethnique Derung,* tome II, Presse des nationalités du Yunnan, août 1985, p. 114.

[②] Zhan Ci, *Articles sélectionnés sur le système Hemu de l'ethnie Li,* institut d'études ethniques du Guangdong, publication interne, mai 1983, pp. 192, 221, 273.

s'agenouiller, l'oncle maternel ne pouvait pas prendre l'initiative de le libérer[1].

Pour les Tibétains, les problèmes mineurs, tels que les querelles et les bagarres, pouvaient être résolus par les anciens du village par médiation ; ces derniers rapportaient ensuite l'affaire au chef ou au fonctionnaire indigène. Les conflits plus importants, ainsi que les affaires civiles et pénales, en revanche, étaient de la compétence du chef en ce qui concernait leur jugement. Quant aux affaires impliquant des vies humaines (les peines de mort, les conflits sanglants entre ennemis, etc.), elles étaient discutées et jugées lors d'une réunion des chefs.

Au procès, les deux parties payaient d'abord les dépenses de la procédure conformément au droit coutumier (on exigeait quelquefois le dépôt d'une requête). Le jugement était rendu en fonction des facteurs comme la gravité des circonstances, la situation financière des deux parties, la relation des deux parties avec le chef et le fonctionnaire indigène, le versement ou non de pots-de-vin, etc. La moindre fausse déclaration en réponse à un interrogatoire pouvait servir de base à un verdict. Il n'y avait pas de droit d'appel après le verdict. Le jugement était rédigé en trois exemplaires dans certaines régions. Les sanctions pouvaient généralement être classées en deux catégories : les amendes et les châtiments corporels. Les châtiments corporels étaient nombreux et extrêmement cruels, comprenant notamment l'emprisonnement dans des cachots, la détention, l'exil, l'utilisation des fers aux mains et aux pieds, la suspension, le fouet à lanières, l'attache avec des chiens féroces, le bâtonnage, l'amputation des mains ou des pieds, le déchirement des tendons d'Achille, la coupe du nez, des oreilles, de la langue, des lèvres, et l'énucléation.

Le principe du droit coutumier concernant la peine capitale était le suivant : ne jamais prononcer la peine de mort, mais imposer une peine qui conduisait à la mort après un certain laps de temps. Ceci était lié aux croyances religieuses des Tibétains. Ainsi, bien qu'il existe toutes sortes de tortures mortelles dans les régions tibétaines, telles que mettre les prisonniers dans des sacs en peau de vache crue pour qu'ils meurent au soleil, les jeter dans des rivières ou sur des rochers, les traîner à mort par des chevaux, les

[1] Équipe de rédaction de *Brève histoire de l'ethnie Hezhen*, *Brève histoire de l'ethnie Hezhen*, Presse populaire du Heilongjiang, août 1984, pp. 185-186.

étrangler, les congeler à mort, leur arracher les intestins, il n'y avait pas d'exécution à coups de fusil, décapitation ou pendaison, qui donnaient immédiatement la mort. Il y avait aussi des empoisonnements, mais pratiqués en secret, non en vertu d'un jugement public. Dans les régions tibétaines du Qinghai, la décapitation comme forme d'exécution existait dans certains cas. La forme d'exécution la plus courante consistait à « allumer la lanterne céleste », c'est-à-dire à appliquer du ghee sur les cheveux et à y mettre le feu pour brûler le condamné à mort. Il n'était pas rare non plus que les prisonniers soient attachés dans un champ en altitude et meurent en se faisant mordre par des aigles[①].

Les litiges civils entre les Qiang, principalement liés aux dettes et aux affaires matrimoniales, étaient jugés par le chef du village. Dans les cas de divorce, si la demande émanait de l'homme, il devait verser sept taels d'argent à la femme ; si c'était la femme qui demandait le divorce, elle devait verser douze taels à l'homme. En cas d'incapacité à payer, la personne débitrice pouvait être contrainte à un service dans les résidences officielles de mandarins en tant que wazi ; dans certains cas, les deux parties en désaccord pouvaient être assignées à ce service. Pour les affaires criminelles, le coupable devait indemniser la famille de la victime en versant un montant correspondant à la valeur de la vie perdue, en plus des frais funéraires. Le dédommagement incluait également du saindoux de porc, des céréales et de l'alcool en guise d'excuse, le montant dépendant de la situation économique des parties concernées. Le chef utilisait généralement comme instrument de torture dix tiges de bois, chacune de l'épaisseur d'un pouce, attachées ensemble ; il frappait quarante ou cinquante coups sur les fesses de la personne condamnée. De nouvelles tiges étaient utilisées après chaque exécution. Il existait également des cas où un fouet était utilisé. Les criminels étaient détenus dans une « maison noire » à l'intérieur d'un enclos de bétail et étaient attachés avec des menottes aux mains et aux pieds. Les personnes ayant subi des châtiments corporels et ayant été détenues étaient stigmatisées socialement comme des individus déshonorés[②].

---

[①] Équipe de rédaction du Sichuan, *Enquête sur l'histoire sociale des Tibétains dans le comté de Ganzi, province du Sichuan*, Presse de l'Académie des sciences sociales du Sichuan, juin 1985, p. 105.

[②] Yu Ronggen, ed., *Droit coutumier de l'ethnie Qiang*, Presse de Chongqing, décembre 2000, pp. 202-211.

Pour les Yi, en cas de conflits internes au sein d'une branche familiale, il était fréquent de faire appel à un chef respecté par les deux parties pour la médiation. Si la médiation ne parvenait pas à un accord, les membres de la famille et les oncles maternels étaient mobilisés pour persuader les parties en désaccord. La compensation financière était déterminée en fonction du rapport de force et du rang social relatifs des deux parties. En cas de violation grave du droit coutumier, une assemblée générale de la branche familiale était convoquée pour traiter l'affaire. En principe, plus le statut était bas, plus la punition était sévère, quel que soit l'âge ; cependant, généralement, les femmes subissaient des peines moins sévères que les hommes. Les sanctions pouvaient prendre la forme de la peine de mort, comprenant des méthodes telles que le suicide forcé (pendaison, ingestion de poison, ouverture abdominale, noyade, saut d'une falaise), le meurtre (étranglement, pendaison jusqu'à la mort, noyade forcée, immersion dans l'eau avec des pierres, lapidation, meurtre à l'arme blanche, incendie, ensevelissement vivant, ligotage et jet dans un puits profond), des mutilations corporelles (flagellation jusqu'à la mutilation, section du talon d'Achille, amputation de la main droite, coupe des doigts, énucléation, coupe des oreilles, morsure du nez, coupe du nez, perforation du globe oculaire, etc.), et la détention (port d'un collier de déjection de cochon, port d'un cheval en bois aux pieds), etc.[①].

En cas de conflits internes entre les Tu, on demandait généralement aux anciens de servir de médiateur. Avant l'abolition de l'ancien régime, on recourait souvent aux tusi, aux fonctionnaires indigènes et à leurs subordonnés pour régler les conflits civils. La cour des tusi disposait d'une prison ; il y avait aussi des officiels chargés de collecter la nourriture, de rassembler les hommes, d'arrêter les criminels, etc. Les instruments utilisés par les tusi pour juger les affaires comprenaient des verrous en fer, des cordes en fer, des manilles, des menottes, des fouets en cuir, des planches et des bâtons ; les sanctions incluaient des amendes en argent, du bétail et du tissu rouge. Les biens confisqués étaient remis parfois aux monastères[②].

Pour les Kazakhs, les violations du droit coutumier étaient généralement

---

① Hu Qingjun, *Forme sociale de l'esclavage des Yi de Liangshan*, Presse des sciences sociales de Chine, mai 1985, pp. 278-282.

② Équipe de rédaction de la province du Qinghai, *Enquête sur l'histoire sociale des Tu du Qinghai*, Presse populaire du Qinghai, novembre 1985, pp. 11-12.

traitées par la médiation du chef tribal. On pouvait aussi déposait des plaintes auprès du khan. En cas d'inceste, de meurtre de frère ou sœur, ou de vol des biens des parents ou du conjoint, le clan familial avait le droit de juger l'affaire. Pour la vengeance, le coupable pouvait être remis aux proches de la victime. Pendant le procès, le principe de représailles équivalentes était généralement suivi, où le meurtrier payait de sa vie et celui qui avait causé des blessures à autrui devait perdre la partie correspondante de son corps. Les femmes n'étaient pas autorisées à témoigner ni à participer aux litiges. Les châtiments comprenaient l'exécution des proches parents, la peine de mort, l'amputation des membres, la flagellation, la déportation, la lapidation, la coupure des oreilles, l'amputation de doigts, la marche publique humiliante, l'ingestion de plomb fondu, le piétinement par des animaux, l'écrasement sous un poteau, le fouet, la suspension par une poutre, le port de menottes et d'entraves, la confiscation de biens, l'expulsion de la tribu, les travaux forcés, l'amende, etc. En outre, diverses peines corporelles pouvaient être remplacées par des amendes, suivant le principe de substitution de la peine par l'amende et un système de compensation fixe[①].

2. Le jugement divin

En raison des limites liées au stade de développement social et au progrès de la civilisation, de nombreux groupes ethniques avaient recours au jugement divin pour régler les différends difficiles et traiter les violations complexes du droit coutumier. Il s'est formé ainsi un droit coutumier relatif aux conditions d'application, aux types, aux méthodes et aux résultats du jugement divin.

Lors de la médiation des conflits, les Zhuang accordaient une grande importance aux preuves personnelles et matérielles, de sorte que les chefs n'osaient pas prendre de décision sur de nombreux cas qui pouvaient être jugés de manière raisonnable, et optaient plutôt pour une solution par « jugement divin ». La coutume spécifique était la suivante : les parties écrivaient leurs arguments, incantations, année et moment de naissance, préparaient un coq et plusieurs bougies parfumées, puis invitaient le chef et le maître taoïste à se rendre dans le temple. Là, le maître taoïste récitait

---

[①] Jiang Chonglun, ed., *Histoire et culture des Kazakhs*, Presse populaire du Xinjiang, juin 1998, pp. 102, 104 et 189.

d'abord les sutras pour invoquer les fantômes, puis les deux parties brûlaient « l'acte d'accusation yin » et tuaient en même temps le coq d'un coup de couteau pour régler l'affaire.

Dans certaines régions des Zhuang, le jugement divin était réalisé à travers la « pêche à l'huile » ou l'« incantation du jeu ». La pratique de la « pêche à l'huile » impliquait l'utilisation d'une grande marmite remplie de douze livres de graisse et d'un bracelet. Le tout était bouilli sur le feu, tandis que le maître taoïste nouait sept figures en paille autour de la marmite et récitait une incantation. Tous les habitants du village pêchaient l'un après l'autre le bracelet dans la marmite avec leurs mains. On croyait que si ce n'était pas le voleur, rien de mal ne lui arriverait. Si c'était le voleur, la marmite s'enflammerait et il devrait alors rembourser les pertes du propriétaire, tout en tuant un porc et un mouton pour nourrir tout le village en guise d'excuses. Si tout le monde restait sain et sauf lors de l'opération, cela signifiait que le propriétaire accusait à tort, et il devait alors préparer un banquet pour présenter des excuses à tout le village. Quant à la pratique de l'« incantation du jeu », le propriétaire préparait un chien, un chat et un gros coq, le chien représentant le suspect de vol et le chat le propriétaire. Lorsque le coq était tué, de l'encens était brûlé, des bougies étaient allumées et un sacrifice était offert au dieu de la terre ; le maître taoïste récitait des prières pour invoquer le dieu à surveiller. Si le chat mordait le chien, il n'y avait aucun doute quant à la culpabilité du suspect de vol, et il devait rembourser le propriétaire et payer une amende. Si le chien mordait le chat, cela signifiait que le propriétaire accusait à tort et il devait tuer un porc et un mouton pour inviter les anciens du village et l'accusé à manger ensemble, tout en présentant des excuses en personne[①].

Dans certaines régions, en cas de litige lié à un vol, le droit coutumier exigeait qu'on se rende au temple du roi Tonnerre pour un jugement divin. Avant le jugement divin, chaque partie au litige devait trouver un substitut à l'incantation. Si aucun substitut ne pouvait être trouvé, l'incantation devait être récitée par la personne elle-même. Ainsi, si la personne accusée de vol ne pouvait trouver un substitut à l'incantation, cela suscitait davantage de soupçons de la part de l'autre partie et de la communauté. La méthode de

[①] Équipe de rédaction de la Région autonome des Zhuang du Guangxi, *Enquête sur l'histoire sociale des Zhuang du Guangxi,* tome I, Presse des nationalités du Guangxi, mai 1984, p. 17.

jugement divin était très simple : une perche en bambou était utilisée, avec un petit panier accroché à une extrémité dans lequel on brûlait de l'encens. Le sorcier prenait le panier, récitant le sort au dieu, et les deux parties récitaient l'incantation devant le dieu. Ensuite, on sacrifiait un porcelet et un coq au dieu, en demandant à celui-ci de punir secrètement le voleur ou le faux accusateur.

Dans certaines régions des Zhuang, si tout le village était convaincu qu'une personne était suspectée de vol, mais qu'elle ne l'admettait pas, on organisait un jugement divin en coupant la tête d'un coq et en demandant le serment. Au lieu de demander le serment à la personne suspectée, le propriétaire volé, lui, exigeait de trouver une autre personne d'une famille plus riche pour prêter serment en son nom. Une fois le serment prêté, si l'on découvrait plus tard que la personne suspectée avait effectivement volé, celle qui avait prêté serment en son nom serait doublement punie et devrait inviter les habitants à boire pour clore l'affaire[1].

Pour les Yao, lorsque le chef Shipai (*石碑头人*) ou le Yaolao (*瑶老*) ne parvenait pas à un verdict, ou si l'une des parties n'était pas d'accord après le verdict, en plus de la possibilité d'un recours à la violence, on pouvait opter pour un jugement divin, impliquant la présence du chef Shipai pour observer et témoigner. Quatre modes de jugement divin étaient alors possibles.

(1) La décapitation d'un coq : en cas de désaccord sur les frontières d'une montagne, celui prêt à prendre l'initiative devait acheter trois coqs. Sur les frontières litigieuses de la montagne, il brûlait de l'encens et du papier, puis faisait un vœu au ciel en déclarant généralement : « Le ciel est au-dessus et la terre est en dessous ; le ciel a des yeux, la terre a des yeux ; quiconque usurpe le champ de la montagne verra son garçon et sa fille périr. » Après l'incantation, il coupait les têtes des coqs avec un couteau et jetait les coqs. Personne n'était autorisé à les ramasser pour les manger, sinon le jugement ne pouvait fonctionner. Celui qui avait coupé les têtes des coqs obtenait le champ de montagne en litige. En cas de différend entre deux parties, souvent une seule partie était prête à couper la tête des poulets, parce que les gens croyaient que le jugement divin était sévère et que quiconque

---

[1] Équipe de rédaction de la Région autonome des Zhuang du Guangxi, *Enquête sur l'histoire sociale des Zhuang du Guangxi,* tome I, Presse des nationalités du Guangxi, mai 1984, p. 276.

était déraisonnable serait puni après. Par conséquent, celui qui n'était pas raisonnable craignait souvent de couper la tête des poulets par crainte d'être puni par le dieu. De cette façon, la partie qui acceptait de le faire gagnait.

(2) L'entrée dans le temple de la communauté : chaque partie déterrait un morceau d'argile de la frontière de montagne en dispute et l'apportait au temple de la communauté pour prêter serment. Celle qui osait rendre hommage au dieu obtenait le champ.

(3) La mise en poche : les deux parties en litige s'accordaient sur une date et un nombre de jours, puis allaient dormir toutes les deux dans le temple de la communauté la nuit. Celle qui tombait malade pendant cette période perdait. Si aucune des parties ne tombait malade, le terrain contesté était divisé en parts égales. En plus de décider du gagnant ou du perdant du terrain, une somme d'argent était également en jeu. Celui qui tombait malade perdait non seulement le terrain contesté, mais aussi la somme d'argent convenue par les deux parties, qui pouvait être de trente-six, soixante-douze ou cent vingt yuans. La personne perdante était appelée « poche touchée ».

(4) Brûler de l'encens : pour les petits litiges, celui prêt à brûler de l'encens et à prêter serment le même jour obtenait l'argent ou le bien faisant l'objet du litige. L'endroit où l'on brûlait de l'encens et où l'on prêtait serment était généralement à l'extérieur du village, en plein air ou près d'une rivière, car cela n'était pas autorisé à l'intérieur du village[①].

Le droit coutumier du peuple Jingpo disposait que lorsqu'un litige ne pouvait être tranché, on invitait les dieux et les esprits à rendre leur jugement selon les formes suivantes :

(1) Divination avec du blanc d'œuf : la victime prenait un morceau de chaume dans chacune des maisons des personnes suspectées, y faisait une marque, puis invitait le Shanguan (officier montagnard), le chef, les anciens, le Dongsa (personne religieuse) et les voisins à être présents pour témoigner. En présence des personnes suspectées, on arrachait un petit morceau de chaque chaume et on les mettait dans un bol où l'on versait du blanc d'œuf que l'on remuait avec les morceaux de chaume ; celui dont le chaume était le premier à être recouvert de blanc d'œuf était considéré comme le voleur ou l'auteur d'un autre délit.

---

[①] Équipe de rédaction de la Région autonome des Zhuang du Guangxi, *Enquête sur l'histoire sociale des Yao du Guangxi,* tome I, Presse des nationalités du Guangxi, février 1984, p. 71.

(2) Pincement d'un œuf cru : le Shanguan faisait venir tous les suspects et leur demandait de pincer l'œuf avec la main tandis que le Dongsa récitait l'incantation ; celui qui cassait l'œuf était considéré comme celui qui avait commis le délit.

(3) Enterrement d'une tête de poulet : après avoir perdu quelque chose, le propriétaire lançait un appel pendant deux jours consécutifs dans le village pour informer le public de ce qu'il avait perdu et demandait qu'on lui rende l'objet s'il était trouvé. Si personne ne rapportait l'objet perdu, le propriétaire demandait au Dongsa de venir réciter une incantation, après quoi il coupait la tête d'un poulet vivant et l'enterrait dans le sol, maudissant celui qui avait volé l'objet en espérant qu'il mourrait.

(4) Combat des paludines : les parties préparaient chacune une paludine vivante, la marquaient, et demandaient au Shanguan et à d'autres personnes concernées de servir d'arbitre. Le demandeur mettait d'abord sa paludine dans un bol rempli d'eau, puis le défendeur y mettait doucement la sienne ; on les laissait se battre. Le propriétaire de la paludine qui gagnait était le gagnant, l'autre devait alors reconnaître sa défaite.

(5) Cuisson du riz : les deux parties enveloppaient la même quantité de riz dans un tissu de la même taille et les marquaient respectivement ; elles les mettaient dans la marmite avec un fil et les sortaient en même temps après un certain moment. La partie dont le riz n'était pas cuit (avec des graines crues) ou qui comptait le plus de graines crues était déclarée comme perdante.

(6) Pêche dans l'eau bouillante : sous la présidence du Shanguan et du chef, le Dongsa, après avoir récité l'incantation, mettait des pièces d'argent ou de cuivre dans une marmite remplie d'eau bouillante et demandait aux deux parties de récupérer en même temps les pièces avec la main. Celle dont la main était brûlée après avoir récupéré les pièces perdait ; plus la blessure était grave, plus elle était jugée fautive.

(7) Retenue de la respiration sous l'eau : c'était la scène la plus spectaculaire du jugement divin. Elle était généralement utilisée pour des affaires importantes qui ne pouvaient être résolues, telles que le vol de bétail, les litiges fonciers, etc., et était présidée par le Shanguan, le chef et le Dongsa. Les deux parties devaient demander l'aide financière de leur famille et leurs amis respectifs. Une fois que les deux parties avaient amassé vingt

ou trente bœufs, elles décidaient de tenir la cérémonie. Le troupeau de bovins était confié au Shanguan ; le temps et le lieu de la cérémonie étaient décidés par divination par le Dongsa. À cette occasion, les proches et amis des deux côtés étaient présents pour les soutenir ; les habitants des villages voisins venaient également assister à la cérémonie, l'atmosphère étant extrêmement tendue et sérieuse. Au début de la cérémonie, le Dongsa récitait l'incantation ; un vieil homme, respecté de tous, criait vers le ciel et demandait aux esprits de se révéler et de rendre justice ; puis on introduisait deux longues perches de bambou dans l'eau profonde d'une rivière ou d'un étang. Le Shanguan ordonnait alors aux deux parties de plonger dans l'eau en même temps en suivant chacune une perche. Celle qui retenait le plus longtemps sa respiration sous l'eau gagnait ; celle qui n'arrivait pas à retenir son souffle et remontait à la surface le premier perdait et était punie. Quel que soit le camp qui gagnait, on tirait immédiatement un coup de feu pour annoncer la victoire. On tuait un bœuf sur place pour le sacrifier aux fantômes et on invitait tout le monde à partager le sacrifice. Ensuite, les deux parties envoyaient chacune un bœuf au Shanguan en guise de récompense ; le reste des bovins était remis au vainqueur, qui les distribuait à sa famille et aux amis qui l'avaient soutenu.

De plus, il existait d'autres formes de jugement divin, comme la malédiction en brûlant des bâtons d'encens (appel au ciel), etc.[①].

Selon le droit coutumier des Wa, il existait plusieurs formes de jugement divin.

(1) Divination par le poulet. Si le voleur n'était pas pris en flagrant délit, le propriétaire demandait au sorcier de tuer un poulet pour effectuer la divination afin de découvrir le coupable. Avant la divination, le propriétaire identifiait une personne suspecte. Si la divination le confirmait, cette personne était considérée comme coupable ; sinon, on suspectait une autre personne, et ainsi de suite, jusqu'à identification du voleur. Une fois le voleur identifié, le propriétaire informait le « voleur identifié ». Si le suspect n'admettait pas sa culpabilité, on passait à la deuxième étape, où trois méthodes étaient possibles : le propriétaire et le suspect se donnaient la paume de la main ; les deux parties se frappaient mutuellement sur la tête ;

[①] Équipe de rédaction de la province du Yunnan, *Enquête sur l'histoire sociale des Jingpo*, tome III, Presse des nationalités du Yunnan, mars 1986, p. 126.

les deux se piquaient la main avec des bâtons de bambou, déterminant le fautif en fonction de la quantité de saignement. Si le saignement était identique, aucune partie n'était coupable et l'affaire était close. Si le saignement du propriétaire était plus important, il subissait la punition du « suspect » (généralement par l'enlèvement de ses porcs et de son bétail, voire le pillage de sa maison). Si le suspect était fautif, le propriétaire le punissait à sa discrétion, soit en lui demandant de compenser les pertes, soit en pillant sa maison, voire en le condamnant à mort. Si le propriétaire prenait le voleur en flagrant délit et que celui-ci refusait d'admettre sa culpabilité, on passait directement à la deuxième étape sans avoir besoin de tuer un poulet pour la divination. Si le propriétaire saignait ou perdait plus de sang, il était considéré comme fautif, tandis que le voleur surpris en personne était réputé innocent ; le propriétaire était puni par le « voleur de fait » à sa discrétion.

(2) Debout dans un trou en terre : si une personne avait perdu un objet et soupçonnait quelqu'un de l'avoir volé, mais que ce dernier niait l'accusation, on demandait à un intermédiaire de creuser un petit trou dans la terre, suffisamment grand pour accueillir les deux pieds côte à côte et d'environ vingt-cinq centimètres de profondeur. Le propriétaire se tenait d'abord dans le trou pendant que l'intermédiaire, tenant une planche de bois de soixante centimètres de long et d'environ six centimètres de large, la plaçait trois fois sur sa tête (sans recouvrir la tête avec un tissu), chaque fois pendant cinq secondes. Ensuite, le suspect subissait le même traitement trois fois également. Si l'un des deux ne parvenait pas à rester stable et que la planche tombait, il était considéré comme ayant perdu. Si, dans les deux cas, la planche tombait, ou au contraire, restait en place, l'affaire était considérée comme close. Sinon, celui qui avait perdu devait verser une compensation à l'autre partie en guise d'excuses.

(3) Prise de caillou : le propriétaire demandait à un intermédiaire de faire bouillir une casserole d'eau avec un caillou (ou un œuf) à l'intérieur. Il utilisait d'abord son bras pour retirer le caillou de l'eau bouillante, puis l'intermédiaire essuyait l'eau sur le bras avec un linge, attendant quelques minutes pour vérifier s'il y avait des cloques. Ensuite, le suspect retirait de la même manière le caillou de la casserole et l'intermédiaire essuyait également l'eau sur le bras avec le linge pour voir s'il y avait des cloques. Celui qui avait des cloques était considéré comme fautif et devait payer une

amende en guise d'excuses. Si les deux étaient dans le même état, personne n'était coupable et l'affaire était close[1].

Selon le droit coutumier, les Bai avaient un jugement divin unique appelé « la pêche à l'huile ». La pêche à l'huile (remplacée le plus souvent par de l'eau) était principalement utilisée lorsqu'une personne était accusée d'enlèvement ou de meurtre, ou encore de « meurtre d'une âme », crimes que la personne niait catégoriquement. Au préalable, on envoyait deux personnes dans les montagnes pour chercher de l'eau et des bambous, surveillées par deux autres envoyées respectivement par les deux parties. Les premières devaient ramener l'eau et les bambous dans le village d'une seule traite, sans être autorisées à s'arrêter en route. Ensuite, on installait une marmite dans un espace ouvert près du village pour faire bouillir l'eau. Un témoin élu par les deux parties se tenait debout près de la marmite, tenant un caillou blanc dans sa main. L'accusé qui allait pêcher le caillou trempait ses mains et ses vêtements dans l'eau froide de la maison, puis montait neuf marches, se prosternait à chaque pas et marchait jusqu'à la marmite. Face à l'eau bouillante, il levait les mains au ciel et criait : « Que Dieu voie clair, je ne suis pas coupable. » Ses compagnons de clan suivaient alors : « Que Dieu le bénisse, que ses mains ne fassent pas de cloques. » Tandis que les gens de l'autre camp criaient : « Dieu soit loué, que ses mains se boursouflent. » Lorsque tout était prêt, le témoin montrait le caillou au public et le jetait dans la marmite. La personne qui le pêchait poussait un grand cri et le retirait rapidement de l'eau en lançant ses mains en l'air ; le témoin récupérait le caillou. Dans le même temps, la personne était ramenée à son domicile sous haute surveillance, n'étant autorisée à rencontrer personne pour éviter toute tricherie. Au bout de trois jours, si la personne n'avait pas de cloques sur les mains, elle était considérée comme innocente et l'autre partie devait lui payer de l'argent ou lui remettre des biens (vaches, cochons, etc.) comme compensation ; dans le cas contraire, elle était reconnue coupable et devait payer de l'argent ou remettre des biens à l'autre partie. Si la personne était reconnue avoir éliminé une âme, elle était généralement expulsée du village en plus d'avoir payé de l'argent ou remis des biens comme compensation[2].

---

[1] Comité de rédaction de la province du Yunnan, *Enquête sur l'histoire sociale des Wa,* tome II, Presse populaire du Yunnan, novembre 1983, pp. 130-131.
[2] Équipe de rédaction de la province du Yunnan, *Enquête sur l'histoire sociale des Bai* tome II, Presse populaire du Yunnan, mars 1987, p. 101.

Les Ewenke pouvaient demander à un lama de pratiquer une forme de malédiction appelée « zhateha » (扎特哈) envers leurs ennemis, voleurs et bandits. Pour exécuter le zhateha, il était impératif de connaître le nom et l'âge de la personne visée. Lors de cette pratique, on devait préparer un objet appelé « chagdole » (查格多勒, constitué d'une substance triangulaire faite de farine de blé et d'huile, disposée dans un plateau en bois rouge) et le jeter ensuite dans la direction de la personne à maudire. Si l'exécution du zhateha était découverte par la partie visée, celle-ci pouvait également répliquer en effectuant à son tour un zhateha en représailles[①].

Chez les Tibétains, le jugement divin était utilisé sous plusieurs formes pour les cas douteux difficiles à trancher. Par exemple, dans le cas d'un vol, l'une des formes était la suivante : le plaignant et l'accusé devaient tous les deux prêter serment devant le dieu, puis on mettait de l'huile dans un pot et on la faisait bouillir jusqu'à ce que le pot soit rouge. On demandait à l'accusé suspect de repêcher avec sa main une hache en fer dans le pot d'huile ; le lendemain, on vérifiait si la main était brûlée ou non. Si oui, l'accusé était considéré comme coupable par « jugement divin[②] ». Une autre forme consistait à fouetter l'accusé pendant que le lama récitait un sutra (incantation) à côté. Un interrogatoire durait jusqu'à ce que le lama termine son sutra ; si l'accusé niait toujours sa culpabilité après neuf interrogatoires répétés (c'est-à-dire qu'il avait subi neuf tours de coups de fouet), il était immédiatement déclaré non coupable sur place, tandis que l'accusateur était contraint de lui donner une compensation en lui restituant des biens d'une valeur équivalente à ce qui avait été perdu.

En outre, on utilisait « la traversée de la corde sacrée » pour trancher une affaire. Pour ce faire, on attachait une corde devant la statue de Bouddha et on ordonnait aux personnes concernées de la traverser en penchant la tête. Celui qui avait la conscience coupable n'osait pas traverser ; on tranchait l'affaire de cette manière. Il y avait aussi le « port du ghau ». Le ghau était un porte-bonheur : celui qui n'osait pas jurer sur le ghau et le porter était considéré comme le perdant du procès.

Il y avait également « le tour des œufs de pâte frits » : l'intermédiaire

---

① Équipe de rédaction de la Région autonome de Mongolie-Intérieure, *Enquête sur l'histoire sociale des Ewenke*, Presse des nationalités, juillet 2009, p. 439.

② Chen Guangguo, « Aperçu sur les normes juridiques dans les régions tibétaines avant la réforme démocratique », dans *China social Science*, n° 6, 1987.

faisait tourner sur une assiette deux œufs de pâte frits à l'intérieur desquels on avait mis respectivement une note avec le nom de chaque côté ; la partie dont l'œuf portant son nom tombait le premier perdait le procès. Enfin, il y avait enfin « la pêche au caillou ». On mettait, dans un tonneau, deux cailloux de même taille et de même forme, un noir et un blanc ; on demandait à l'accusé de pêcher les cailloux, en remuant l'eau (pour dissimuler les cailloux). L'accusé perdait le procès s'il ramassait le caillou noir, au contraire, il gagnait s'il ramassait le caillou blanc[①].

Le droit coutumier des Yi prévoit les formes suivantes de jugement divin.

(1) Après le vol d'objets précieux ou de biens de valeur, lorsque le nom du voleur était inconnu, la victime faisait appel à un bimo (毕摩, « sorcier ») pour se rendre à son domicile. On attachait d'abord un poulet ou un chien au-dessus de la porte, puis on rendait publique la nouvelle. On exigeait le retour immédiat des objets volés, sinon le poulet ou le chien était frappé de malédictions. En cas de non-retour des objets volés, le poulet ou le chien était attaché à un rondin, placé au bord de la route, et le bimo prononçait des malédictions pendant toute la journée. L'animal agonisait et mourait après quelques jours de gémissements. Il arrivait parfois qu'on rende les objets par crainte des malédictions.

(2) En cas de vol ou d'assassinat, si l'on soupçonnait quelqu'un d'avoir commis le crime, que celui-ci refusait de l'admettre, et qu'il n'y avait aucune preuve, le médiateur ordonnait alors au suspect de prêter serment en frappant un animal et invitait le bimo à prononcer des malédictions. S'il s'avérait par la suite que c'était bien le suspect qui avait commis le crime, il était condamné à une amende et à d'autres sanctions.

(3) Prise du soc de charrue : pour lever un soupçon, on faisait tenir à la personne soupçonnée un soc de charrue brûlé au fer rouge dans ses mains et on vérifiait s'il était brûlé ou non ; le bimo présidait la cérémonie et l'intermédiaire servait de témoin.

(4) Pêche à l'eau bouillante : pour lever les soupçons, on demandait à la personne soupçonnée de prendre quelque chose dans de l'eau bouillante pour voir s'il serait brûlé ou non. Le bimo présidait la cérémonie et

---

[①] Équipe de rédaction du Sichuan, *Enquête sur l'histoire sociale des Tibétains dans le comté de Ganzi, province du Sichuan*, Presse des sciences sociales du Sichuan, juin 1985, p. 105.

l'intermédiaire servait de témoin.

(5) Mâcher du riz blanc : pour lever le soupçon, on demandait à la personne soupçonnée de mâcher du riz blanc et on voyait si le riz sortant de la bouche comportait du sang ou non. Le bimo présidait la cérémonie et l'intermédiaire servait de témoin.

(6) Battre un animal à mort avec la récitation de malédictions : la personne soupçonnée exprimait d'abord qu'elle avait fait l'objet de fausses accusations, puis battait un animal à mort pour montrer son innocence à l'autre partie. Certains buvaient aussi le sang de l'animal dissous dans de l'eau. Pour les petits délits, la présence d'un intermédiaire n'était pas exigée, en revanche, le jugement des affaires de grande importance devait être présidé par le bimo en présence d'intermédiaires.

Il existait également d'autres formes de jugement divin telles que la pêche au pot d'huile, le flottement de l'herbe à la lanterne, la recherche des cailloux et le sectionnement des bâtons, etc.[①].

3. Le combat armé

En raison de l'absence d'une institution reconnue et autorisée au sein de chaque minorité ethnique pour résoudre les conflits, les disputes entre clans familiaux, tribus ou villages étaient souvent conclues par des combats armés lorsque les tentatives de médiation avaient échoué. Ainsi, les combats armés sont devenus une méthode spéciale et ultime pour résoudre les conflits ; il existait de nombreuses normes coutumières concernant les participants aux combats, le moment, le lieu, le début, la fin et le traitement des victimes du combat.

Les Yao, en particulier ceux de la région de Liannan de la province du Guangdong, avaient une coutume appelée « lutte pour le bien ou le mal » ; elle consistait en un combat armé pour régler les différends. Il existait deux types de combats : à l'intérieur du village ou avec des ennemis hors du village. À l'intérieur du village, lorsque deux clans ou deux familles étaient en conflit et ne pouvaient trouver un compromis, cela pouvait donner lieu à un combat armé. Avant le début du combat, une grande réunion était généralement organisée dans le village ; les deux parties établissaient un

[①] He Yaohua, « À propos du système de branche familiale des Yi à Lianshan », dans *China social Sciences*, n° 2, 1981 ; He Yaohua, « Bimo dans la société des Yi », dans *Sciences sociales du Yunnan*, n° 2, 1988.

contrat détaillant le temps, le lieu et les règles du combat, ainsi que les normes d'indemnisation en cas de blessures infligées à des tiers (c'est-à-dire ceux qui ne participaient pas au combat). Ensuite, on annonçait le début du combat. Lorsque le combat commençait, l'une des parties tirait un coup de feu sur le champ de bataille, invitant l'autre partie à se présenter. Tous les hommes des deux côtés, qu'ils soient jeunes ou vieux, pouvaient devenir des cibles. Les femmes, conformément au droit coutumier, étaient libres de se déplacer. En cas de violation de cette règle et d'atteinte aux femmes, la situation pouvait devenir encore plus grave. Le combat ne prenait fin que lorsque les deux camps subissaient des pertes graves ou qu'un certain nombre de personnes étaient capturées. Les anciens d'une tierce partie intervenaient alors pour médier, et si les deux parties étaient prêtes à accepter, le combat prenait fin.

Les combats entre villages étaient encore plus importants et avaient souvent lieu sans qu'une déclaration officielle ne soit faite et sans accord préalable sur l'heure et le lieu. Conformément au droit coutumier, lors d'un combat armé, les prisonniers ne devaient pas être maltraités ; lors de la médiation à l'issue du combat, si le nombre de prisonniers échangés n'était pas correct, la partie qui n'avait pas récupéré tous ses prisonniers devait payer une rançon de trente-six yuan pour chaque prisonnier perdu. Aucune compensation n'était versée pour les personnes tuées au combat. Si les parties acceptaient la médiation, une date et un lieu étaient fixés pour une réunion générale ; les deux parties devaient d'abord cesser le combat, montrant ainsi leur détermination à tenir des pourparlers de paix. Lors des pourparlers, les hommes des deux camps se réunissaient et l'intermédiaire devait faire preuve de bon sens. Les deux parties élisaient des représentants parmi les personnes âgées et signaient un accord. On sacrifiait un poulet pour en extraire le sang et on le versait dans du vin. Une fois que les deux parties avaient bu le vin de l'union, les représentants des deux parties présentaient leurs excuses. Après la cérémonie, quelle que soit l'origine du combat, les deux parties se réconciliaient et oubliaient leurs vieilles rancunes[①].

Chez les Jingpo, le combat armé était souvent déclenché par des

---

① Équipe de rédaction du Guangdong, *Enquête sur la société des Yao du comté autonome des Yao de Liannan*, Presse populaire du Guangdong, février 1987, pp. 272-274.

questions de possession de terres et de biens. Tout le monde se transformait en combattants, les hommes jeunes et d'âge moyen de la juridiction ayant l'obligation de répondre à l'appel et à l'ordre du Shanguan (officier montagnard) pour défendre leurs proches, leurs voisins, leurs terres et les biens du village. En ce qui concerne le déploiement stratégique, le Shanguan devait consulter tout le monde, en se basant sur le droit coutumier et en observant un ensemble spécifique de cérémonies religieuses.

Selon le droit coutumier, avant un combat armé, une divination était effectuée pour fixer la date. Avant le départ pour le front, on distribuait du « bœuf poilu », c'est-à-dire coupé en petits morceaux avec ses poils et sa peau, aux proches, aux amis et même à ceux du ressort des Shanguan amis, en leur demandant de l'aide. Dans chaque morceau de bœuf, un bâton de bambou était inséré, sur lequel un code était gravé à l'aide d'un couteau, permettant aux proches et aux amis de déterminer le moment de l'action en fonction des marques du couteau : par exemple, une marque pour l'action du lendemain, deux marques pour celle du surlendemain, etc. On cas d'urgence, on ajoutait également des choses comme des plumes de poulet, du charbon de bois et des piments, etc. Les invités qui recevaient du bœuf devaient se rassembler pour participer au combat.

Si le combat se prolongeait et qu'une des parties proposait la paix, celle-ci invitait une partie neutre (non impliquée dans le combat) à envoyer à l'autre partie un paquet de paix composé d'une « feuille de bananier enveloppant des coquillages » pour marquer l'intention de faire la paix. Si l'autre partie acceptait de négocier la paix, elle renvoyait un paquet identique ; sinon, elle renvoyait un paquet contenant des piments et des cendres de charbon de bois. Pour négocier la paix, on choisissait une date et un lieu où les deux parties se rencontraient ; on sacrifiait un poulet, on buvait de l'alcool mélangé avec du sang de celui-ci et on organisait une grande cérémonie de paix. On préparait un tube de bambou et deux couteaux. Les deux parties faisaient des gravures sur le tube, puis le coupaient en deux, chacune tenant une moitié, symbolisant l'armistice. Dans certains cas, les deux parties retiraient chacune un morceau de bois brûlant du feu, et le Shanguan ou le Dongsa les éteignait avec un tube d'eau en bambou, signifiant que l'affaire était réglée. Selon l'accord entre les deux parties, celle qui avait tort devait payer à l'autre partie une compensation et lui rendre le bétail qu'elle avait pris[1].

Les Wa se livraient souvent à des combats armés en raison de la chasse aux trophées ou du pillage des biens. En cas de combat armé, bien qu'en général, on n'avertisse pas l'autre partie lorsque que l'on déclenche une attaque-surprise, on pouvait, conformément au droit coutumier, aussi lui envoyer des objets tels que des plumes de poulet, des piments, des balles, de la poudre à canon et du charbon de bois en guise d'avertissement. Parfois, on utilisait des gravures sur bois pour émettre un ultimatum, avec des motifs gravés dessus, obligeant l'autre partie à négocier la paix dans un certain délai, sous peine de l'attaquer. Le village qui avait reçu ces objets pouvait envoyer des gens avec de l'argent et des biens pour négocier la paix, ou ne pas y répondre et renforcer ses défenses et se préparer à des attaques éventuelles.

Les combats armés se terminaient généralement par la médiation. Selon le droit coutumier des Wa, celui qui proposait la réconciliation envoyait en premier du tabac à l'autre partie, indiquant ainsi sa volonté de fumer ensemble pour discuter de liens d'amitié. On joignait en même temps une gravure sur bois marquant le délai pour venir se réconcilier, une marque indiquant un jour. Si l'autre partie acceptait de négocier la paix, les chefs et les anciens des deux parties discutaient en détail au moment et au lieu convenus.

Une fois qu'un accord était trouvé, les deux parties organisaient une cérémonie officielle de réconciliation à la date et au lieu convenus. On choisissait généralement le sommet d'une colline entre les deux villages comme lieu de la cérémonie. À la date et au lieu convenus, la partie responsable de la compensation devait apporter de l'argent, du tabac et des bœufs pour indemniser l'autre partie. Pour commencer la cérémonie, les chefs de clan, de village ou les sorciers des deux villages se lavaient les mains ensemble ; un vieil homme invité par les deux parties à présider la réconciliation leur versait ainsi de l'eau. Avant de se laver les mains, les deux parties portaient un toast, récitaient leur histoire, les noms de leurs ancêtres et de ceux qui avaient été décapités, passaient en revue leurs fautes passées et juraient de vivre ensemble dans l'amitié et d'oublier les vieilles

[1] Équipe de rédaction du Yunnan, *Enquête sur l'histoire sociale des Jingpo,* tome III, Presse populaire du Yunnan, mars 1986, p. 127.

rancunes, puis elles se lavaient formellement les mains et plantaient une pierre au sommet de la colline comme symbole du respect conjoint de leurs engagements. Les deux parties se donnaient également des côtes de bœuf ou de la cire jaune percée comme symbole d'amitié et de communication. Après la cérémonie, la partie responsable de l'indemnisation remettait à l'autre partie les objets de la compensation ; puis on buvait et mangeait ensemble pour sceller la réconciliation[①].

Chez les Bai, comme il n'y a jamais eu d'organe unifié d'arbitrage et de jugement faisant autorité, on recourait normalement aux combats armés lorsque survenaient des litiges difficiles à régler entre les familles ou les villages.

Avant le combat, les deux parties devaient, conformément au droit coutumier, inviter les personnes du même clan familial ou du même village à y participer. La méthode d'invitation était très simple : on tuait un bœuf, chaque ménage du clan familial ou du village en recevant une part. Dès qu'on avait reçu le morceau de viande (ou de peau), on savait qu'il était arrivé quelque chose à telle famille et qu'il fallait lui apporter de l'aide. Lorsque les armes étaient prêtes, les deux camps tuaient des porcs, abattaient du bétail, préparaient le vin, invitaient les participants à manger et à boire, élisaient un chef militaire et décidaient de la date du combat armé officiel (généralement le jour du tigre ou du singe). Tous les hommes jeunes et forts étaient tenus de participer au combat selon le droit coutumier. Avant le combat, chacun mangeait un morceau de viande pour montrer qu'il ne se plaindrait pas même s'il mourait au combat. Une fois que les deux camps avaient pris position, ils priaient et offraient des sacrifices aux démons avant de pousser trois cris et de se lancer sur le camp ennemi. Les femmes ne participaient pas au combat, mais disposaient du droit de demander une médiation. S'il y avait trop de victimes d'un côté ou de l'autre, les femmes pouvaient courir vers le front, agiter leurs jupes ou leurs foulards et crier pour demander une trêve ; dans ce cas, on devait arrêter le combat, sinon les femmes médiatrices se suicidaient de honte. Selon le droit coutumier, il était interdit d'abattre une femme pendant le combat, sinon son clan maternel se soulevait pour la venger.

---

[①] Équipe de rédaction de *Brève histoire de l'ethnie Wa*, *Brève histoire de l'ethnie Wa*, Presse de l'éducation du Yunnan, février 1986, pp. 67-68.

S'il y avait un nombre égal de morts ou de blessés des deux côtés, le combat s'arrêtait de lui-même. En général, on demandait à un intermédiaire de jouer le rôle de médiateur. L'intermédiaire ne devait pas apporter d'armes lors de la médiation entre les deux parties qui ne devaient pas l'insulter ou le tuer, mais devaient le recevoir avec hospitalité. Au cours de la médiation, la partie avec le moins de morts devait indemniser l'autre partie avec le plus de morts. Le droit coutumier prévoyait que : (1) si le nombre de morts était égal des deux côtés, aucune indemnisation n'était normalement versée et chaque partie prenait elle-même sa part de responsabilité ; les personnes blessées et handicapées ne donnaient pas non plus droit à une indemnisation. Si le nombre de morts d'une partie dépassait celui de l'autre partie, la première pouvait réclamer à la seconde l'indemnisation du prix de la vie pour le nombre de morts en excédent. (2) Le montant de l'indemnisation devait être doublé, c'est-à-dire qu'il fallait livrer deux personnes pour un mort. (3) L'indemnisation ne devait pas nécessairement être faite sous forme d'êtres humains ; elle pouvait être versée en têtes de bétail ou avec d'autres objets. Généralement, huit bœufs valaient une personne ; en ce qui concerne les huit bœufs, on pouvait n'en livrer que quatre, le reste pouvant être remplacé chacun par un trépied, ou un poulet et un mouton. (4) Si le nombre de décès des deux côtés était égal, on devait verser une indemnisation séparément, selon que le défunt était une personne âgée, un jeune ou une femme ; en général, deux personnes âgées ou deux femmes valaient un jeune homme pour le calcul de l'indemnisation. (5) L'indemnité en espèces et en nature pour les décès était partagée par toute la famille ou tout le village. L'indemnité n'allait pas seulement aux familles des défunts, mais était distribuée à tout le clan familial ou tout le village, les familles des défunts pouvant recevoir une part plus importante. Parfois, lorsque la distribution n'était pas suffisante, les familles des défunts devaient même apporter certains de leurs biens pour compenser le manque à gagner. De plus, les familles des défunts pouvaient demander à l'autre partie de payer « l'argent de la déchirure ». (6) Une fois la médiation terminée, les deux parties offraient chacune un bœuf ou deux cochons qui étaient cuits sur le lieu du combat, ce qui s'appelait « rôtir du bœuf », cérémonie indiquant le règlement du conflit et la réconciliation des deux parties[①].

---

[①] Équipe de rédaction du Yunnan, *Enquête sur l'histoire sociale des Bai*, tome III, Presse

Les combats armés chez les Lisu étaient peu fréquents, principalement entre les clans, et dans une moindre mesure à l'intérieur d'un clan. Selon le droit coutumier, les deux parties d'un combat armé s'attaquaient par surprise, tuant ou blessant certains membres de l'autre partie, brûlant ses maisons ou volant ses animaux. Enfin, le combat était généralement arbitré par un intermédiaire ; on versait des indemnités aux familles des morts et des blessés, selon les circonstances[①].

Des litiges et des combats armés avaient souvent lieu entre les tribus tibétaines pour les pâturages, ou entre les tribus et les monastères pour les terres et les personnes.

Le droit coutumier au sein des tribus était très strict en matière de combat armé. Par exemple, si l'on était négligent lors de tours de garde, ou si l'on ne chassait pas en temps opportun les tribus étrangères qui venaient piller, on était alors condamné à livrer des bœufs, des chevaux ou des fusils ; celui qui n'avait pas les moyens de payer les amendes était réduit en esclavage. Ceux qui désertaient le champ de bataille ou qui divulguaient des informations étaient punis de mort. Ceux qui se battaient avec bravoure et accomplissaient des exploits exceptionnels étaient respectés de tous. Les trophées de combat revenaient au chef et les braves étaient récompensés. Les lâches étaient méprisés et étaient « balayés », c'est-à-dire bannis de la tribu, lors de l'assemblée tribale. Une fois cette punition prononcée, elle équivalait à une condamnation à mort dans la mesure où personne ne les acceptait partout où ils allaient. Les combats armés faisaient généralement l'objet de médiation par une tribu voisine amicale ou un monastère proche. Au cours de la médiation, les deux parties calculaient les dommages, y compris le prix de la vie pour les morts, l'indemnisation des blessés et la perte du bétail et des biens. Si la médiation était couronnée de succès, on organisait alors une cérémonie pour boire du vin de sang et jurer d'éliminer la haine entre les parties ; chaque partie devait alors payer au médiateur « les dépens » et « les frais de médiation », tandis que la partie perdante devait payer à la partie gagnante « l'argent des excuses », « l'argent de l'inclination » et « l'argent pour éliminer la haine ». Le médiateur recevait également de l'argent pour sa signature s'il apposait sa signature sur l'acte de réconciliation. Les coûts

---

populaire du Yunnan, avril 1991, pp. 102-103.

① Wu Jinfu et d'autres, ed., *L'Ethnie Lisu au cours moyen de la rivière Nujiang*, Presse des nationalités du Yunnan, avril 2001, p. 133.

associés au prix de la vie étaient répartis entre tous les membres de la tribu. Après un combat armé, de nombreux éleveurs se trouvaient souvent en faillite[1].

---

[1] Équipe de rédaction de la province du Sichuan, *Enquête sur l'histoire sociale des Tibétains dans le comté de Ganzi, province du Sichuan*, Presse des sciences sociales du Sichuan, juin 1985, pp. 257-258.

# Chapitre 11 La nature, les caractéristiques et les fonctions du droit coutumier des minorités ethniques de Chine

Dans les chapitres précédents, nous avons vu que le droit coutumier des minorités ethniques est riche et varié, couvrant un large éventail de sujets et formant un système autonome. Il a aujourd'hui encore une influence considérable dans les régions où habitent des minorités ethniques. Mais quelle est la nature du droit coutumier des minorités et quelles sont ses caractéristiques fondamentales ? Quelles sont les fonctions du droit coutumier des minorités en tant que normes sociales et juridiques ? Quelles sont la signification et les caractéristiques de la culture du droit coutumier des minorités ethniques ? Ce chapitre tente de répondre à ces questions et de fournir une compréhension globale du droit coutumier des minorités ethniques de Chine.

## *I. La nature du droit coutumier des minorités ethniques de Chine*

Le droit coutumier des minorités ethniques est hérité des coutumes primitives. Il s'agit d'un code de conduite reconnu et respecté par tous les membres d'un groupe ethnique au fil d'une longue période de production, de vie et d'interaction sociale. Son objectif est de maintenir des relations sociales et un ordre social favorables au groupe ethnique dans son ensemble. Par conséquent, le droit coutumier des minorités ethniques est une norme sociale autonome qui revêt une nature de démocratie primitive.

En ce qui concerne l'élaboration du droit coutumier, en tant que code de conduite communément reconnu par une partie des membres d'un groupe ethnique, ses dispositions, modifications et abrogations nécessitent la participation et l'approbation unanimes de tous les membres, suivant ainsi le principe de consensus général. Dans certaines régions et pour certains groupes ethniques, bien que ce soient principalement les chefs et les dirigeants qui délibèrent sur les dispositions et émettent leurs opinions préliminaires, celles-ci doivent néanmoins être unanimement adoptées par tous les membres pour prendre effet. Au cours de la délibération, tous les participants ont le même droit de parole et peuvent exprimer librement leurs opinions ; la décision finale est prise en fonction de l'opinion de la majorité. Par exemple, lors de l'élaboration du droit coutumier Shipai (*石牌*) de l'ethnie Yao, les chefs, sur la base de l'esprit traditionnel de l'ethnie, ont observé la dynamique générale et les aspects marquants des phénomènes sociaux, en en identifiant les éléments clés après réflexion et examen, et en rédigeant des articles en fonction des caractéristiques ethniques locales. Ensuite, on convoque l'assemblée générale de tous les habitants ; après discussion et débat, on adopte à l'unanimité le texte par acquiescement tacite ou par acclamation ; enfin, on pose une stèle (Shipai) pour montrer l'unité et l'engagement collectif. Le pacte du Kuan (*款*) des Dong se base également sur l'opinion publique, la décision étant prise par l'ensemble des membres réunis sur le terrain de la tour des tambours.

La nature de démocratie primitive du droit coutumier des ethnies minoritaires est encore plus évidente dans le choix des chefs et des dirigeants. Le Zhailao des Dong, le chef de Yilang des Miao, le chef de village des Maonan, le chef de la communauté villageoise des Lisu, etc., émergent naturellement dans la vie sociale grâce à leurs talents et leur prestige, c'est-à-dire qu'ils ne sont ni élus ni sujets à révocation ; ils perdent leur qualité de chef s'ils se comportent de façon injuste dans la gestion des affaires. Le chef des Wa, le patriarche (maohongda) chez les Ewenke et le halamokunda chez les Hezhen sont élus démocratiquement par tous les membres du village ou de la famille, chaque membre disposant du droit de vote et du droit d'être élu. Si le chef fait preuve d'injustice en violation du droit coutumier ou abuse de son pouvoir à des fins personnelles, on peut le destituer et choisir quelqu'un d'autre. Chez les Yao, il y avait des cas où l'on négociait secrètement une « prime » pour payer l'assassinat d'un chef continuant de faire le mal et détesté par le peuple, ou bien les membres de la tribu se rassemblaient pour l'arrêter et le tuer publiquement. Les chefs et les dirigeants ne sont pas exemptés de travail, et ne disposent pas de privilèges ni de rémunération fixe ; certains ne prennent même pas de repas chez la personne pour laquelle ils viennent de régler une affaire. Il s'agit donc d'un service gracieux qu'ils rendent.

La mise en œuvre du droit coutumier des minorités ethniques reflète fondamentalement le principe de l'égalité pour tous. Que ce soit un chef ou un membre ordinaire, un riche ou un pauvre, tous bénéficient de la protection du droit coutumier et doivent le respecter. Toute violation est sanctionnée. Par exemple, chez les Daur, ceux qui enfreignaient le droit coutumier, qu'ils soient des héros ou qu'ils aient des connexions à la cour impériale, ne pouvaient échapper à des sanctions ou bénéficier d'allègements de peine. Pendant le règne Xianfeng de la dynastie Qing, la réunion du Mokun a pendu conformément au droit coutumier un criminel dont le père était un garde de la cour, et personne n'a osé s'interposer. Par conséquent, les Daur ont un dicton : le droit coutumier est plus grand que n'importe quel fonctionnaire[①]. Le peuple Yao a également un proverbe disant : « Shipai est supérieur au ciel. » Cela signifie que devant le droit coutumier Shipai, tous les membres ont un statut égal et l'obligation de se conformer au droit coutumier ; cependant, ils ont aussi le droit d'être protégés par ce même droit. Le droit coutumier a le même effet pour tous ceux à qui il s'applique[②].

Une forte dimension démocratique se reflète également dans le traitement des violations du droit coutumier et l'application des peines. Pour les violations du droit coutumier, notamment pour les actes majeurs tels que le meurtre et le vol, l'assemblée générale de tous les membres décidait de la manière de punir selon le principe de l'unanimité. En ce qui concernait l'application des peines, le droit coutumier de nombreux groupes ethniques prévoyait que l'application se fît conjointement par tous les membres, avec la participation de tous. Les Yao avaient le droit de « lever le Shipai », ce qui signifie que le chef du Shipai rassemblait les chefs de tous les ménages de son ressort pour qu'ils se rendent ensemble sur le lieu du crime ou directement chez le délinquant pour le punir et faire respecter l'autorité du droit coutumier. Les Zhuang sanctionnaient également de manière collective celui qui violait le droit coutumier, travaillant ensemble pour maintenir l'ordre dans le village ou le clan familial afin de sauvegarder les intérêts généraux[③].

---

① Morigendi, « Le droit coutumier des Daur », dans *Études ethnologiques*, n° 6, Presse des nationalités, mars 1985, p. 278.

② Équipe de rédaction de la Région autonome des Zhuang du Guangxi, *Enquête sur l'histoire sociales des Yao du* Guangxi, tome I, Presse des nationalités du Guangxi, février 1984, pp. 34-35.

③ Équipe de rédaction de la Région autonome des Zhuang du Guangxi, *Enquête sur l'histoire sociale des Yao du Guangxi*, tome I, Presse des nationalités du Guangxi, février 1984, pp. 74-

Avec le développement de la société et l'évolution du droit coutumier des minorités ethniques, celui-ci a peu à peu acquis des nuances hiérarchiques, reflétant la volonté de tous les membres de l'ethnie et préservant les intérêts globaux des villages et des clans familiaux, tout en mettant en évidence la volonté des chefs et des dirigeants. Les nuances hiérarchiques et autoritaires sont particulièrement évidentes dans le droit coutumier des minorités ethniques qui avaient la forme de sociétés féodales et esclavagistes. Pour les minorités ethniques telles que les Tibétains, les Dai, les Yi et les Mongols, les chefs et les dirigeants profitaient de leur position politique privilégiée pour préserver leur avantage économique et culturel ainsi que celui de leurs partisans en utilisant le droit coutumier, ce qui permettait à ce dernier de conserver son caractère démocratique primitif tout en ayant des nuances hiérarchiques. Cependant, ceci ne représente qu'une petite partie du droit coutumier des minorités ethniques de Chine.

Les chefs tibétains, par exemple, avaient de nombreux privilèges, tels que l'amende pour les éleveurs qui disaient des choses incorrectes, l'amende pour ceux qui n'écoutaient pas les chefs, ou encore l'amende pour ceux qui n'étaient pas de bons éleveurs, et des peines plus lourdes pour ceux qui se bagarraient près de la tente du chef. Les chefs s'appropriaient également les bons pâturages et les bonnes sources d'eau ; ils exerçaient un contrôle spécifique sur les prairies, punissant ceux qui ne se conformaient pas aux règles. Lors de la résolution de conflits, les chefs percevaient des amendes ou des frais de médiation, dont le montant était souvent supérieur à celui reçu par la partie lésée. Ce genre de privilèges féodaux existait jusqu'à trente-six types répartis en sept catégories dans les tribus Aquhu de la province du Qinghai[①].

## *II. Les caractéristiques du droit coutumier des minorités ethniques*

En tant que norme sociale, le droit coutumier des minorités ethniques de Chine présente des caractéristiques de normativité, de généralité et de prévisibilité ; en tant que droit, il présente également des caractéristiques de contrainte, de stabilité et de variabilité ; enfin, en tant que droit coutumier

---

75.

① Équipe de rédaction de la province du Qinghai, *Enquête sur l'histoire sociale des Tibétains et des Mongols dans la province du Qinghai*, Presse populaire du Qinghai, octobre 1985, pp. 22-27.

des minorités ethniques, il présente des caractéristiques d'ethnicité et de régionalité.

1. L'ethnicité

Le droit coutumier des minorités ethniques est le reflet de la psychologie et de la conscience propres à chaque ethnie ; il s'est formé et développé avec la formation des différentes ethnies, et constitue un aspect important des caractéristiques ethniques et une expression éminente de l'ethnicité. Ainsi, le contenu et la forme du droit coutumier varient d'une ethnie à l'autre, chacune ayant ses propres caractéristiques. Par exemple, le droit coutumier des Ewenki n'autorise pas le divorce : cela est dû au fait que les Ewenki ont une population peu nombreuse, que les femmes constituent la principale force de travail, et qu'elles sont responsables de la reproduction ; l'interdiction du divorce est donc importante pour l'intérêt général de l'ethnie. De plus, dans le contexte des mariages impliquant des transactions financières, les femmes étaient considérées comme des biens familiaux. Elles n'étaient naturellement pas libres de disposer d'elles-mêmes, le divorce n'étant pas envisageable sans une justification valable. Par conséquent, le droit coutumier stipulait que si le divorce était absolument inévitable, il devait être décidé par les parents de deux côtés en tant que chefs de famille et propriétaires des biens familiaux ; si les parents n'étaient pas d'accord, le divorce n'était pas possible. Un droit coutumier aussi strict n'est pas courant chez les autres ethnies[1].

De même, le droit coutumier des Hezhen reflète leur organisation économique et sociale basée sur la pêche et la chasse, de sorte que son contenu présente des nuances culturelles distinctes concernant la pêche et la chasse ; le droit coutumier des Jingpo est le reflet de la culture agricole sur brûlis ; celui des Mongols et des Tibétains reflète les caractéristiques de leur culture nomade, chacun présentant une forte couleur ethnique. Le droit coutumier des minorités ethniques a exercé une influence importante sur le développement historique et la formation culturelle de ces peuples, jouant un rôle inestimable dans la constitution des qualités psychologiques communes de chacune des ethnies et dans la préservation de leur intégrité. Il n'est pas

[1] Qiu Pu et al., *Forme sociale primitive des Ewenki*, Zhonghua Book Company, février 1962, pp. 130-131.

étonnant que de nombreuses ethnies, comme les Jingpo, considèrent le droit coutumier comme leur âme.

Le droit coutumier est commun à tous les membres d'une ethnie, quel que soit leur rang ; il s'agit d'un code de conduite que tous les membres doivent suivre dans leur vie quotidienne et qui exerce sur tous un impact profond. Chaque membre de chaque ethnie est profondément imprégné et influencé par le droit coutumier dès sa naissance. Aucun aspect de la vie, que ce soit la naissance, la vieillesse, la maladie, la mort, les mariages, les célébrations ou les funérailles, ne peut échapper au respect du droit coutumier. Ainsi, chaque personne ressent naturellement une proximité et une identification innées envers le droit coutumier de son ethnie. La conscience et la perception du droit coutumier de chaque individu sont profondément teintées de la culture de sa propre ethnie.

2. La régionalité

La régionalité se réfère aux caractéristiques spatiales du droit coutumier des minorités ethniques, c'est-à-dire les caractéristiques géographiques ou locales de ces dernières. En raison des contraintes et des influences du cadre de vie, des conditions de survie, de la situation économique et du mode de vie de leur région respective, les minorités ethniques disposent d'un droit coutumier différent. Non seulement il existe des distinctions dans le contenu, la forme et la manière d'application du droit coutumier entre les différentes minorités ethniques de différentes régions, mais même à l'intérieur d'une même ethnie, en raison de grandes distances spatiales entre les lieux de résidence, leurs coutumes peuvent également différer. Bien sûr, lorsque différents groupes ethniques vivent ensemble et interagissent sur une longue période, leur droit coutumier tend à se rapprocher et à devenir plus cohérent.

Par exemple, le droit coutumier n'est pas tout à fait le même pour les deux villages Kongmudan et Pendu à Dehong au Yunan, bien que tous les deux appartiennent à l'ethnie Dai. Les conflits au sein du village Kongmudan faisaient l'objet d'une médiation menée par le Silang (le chef), les Shanguan, les chefs des différents patronymes et les anciens du village, chacun exprimant son point de vue au cours de la médiation ; le Silang prenait une décision sur la base de l'opinion majoritaire. Aucun cadeau ou argent n'était requis pour la médiation des conflits. À Pendu, en revanche, le droit coutumier prévoyait que les conflits au sein du village fussent principalement arbitrés par le chef de village ; on invitait parfois les Shanguan et les anciens du village, mais la décision appartenait au chef. Lorsqu'un conflit était soumis pour médiation, les deux parties devaient offrir des cadeaux, et celle qui donnait le plus avait le plus de chances de gagner. La partie lésée ne recevait qu'un tiers de l'amende, un tiers allant au chef et les autres participants se partageant l'autre tiers. La partie punie de l'amende devait aussi payer trois à trente yuans de demi-kai pour « l'argent pour le nettoyage du tribunal » et cinq à dix yuans de demi-kai pour l'argent pour le tabac et le thé[①]. Cette différence est même teintée de nuances hiérarchiques.

En raison de leur situation géographique et des différences de modes de vie et de valeurs qui en découlent, les Yao du Guangxi et les Yao du Guangdong diffèrent beaucoup en termes de droit coutumier. Par exemple, les Yao du Guangxi pratiquent le système d'organisation sociale Shipai, alors que les Yao du Guangdong ont le système Yaolao ; la mariée Yao du Guangxi vit dans la maison de son mari après le mariage et commence sa vie conjugale, alors que les Yao du Guangdong appliquent le droit coutumier selon lequel la mariée n'habite pas dans la maison de son mari. En revanche, parmi les ethnies du nord de la Chine, les Hezhen et les Daur ont leur droit coutumier basé sur Halamokun et les Ewenki et les Oroqen sur le « Wulileng ». Cette similitude se reflète également dans leur croyance au chamanisme, leur culte aux ours et le droit coutumier qui en découle. Le droit des minorités ethniques n'étant pas aussi uniforme que le droit étatique, cette régionalité montre la fragmentation et la diversité du droit coutumier ; on peut même dire que le droit coutumier de chaque groupe ethnique, de chaque village et de chaque clan familial d'un même groupe ethnique a ses aspects uniques et adaptés à leur environnement.

3. La nature contraignante

En tant que norme sociale et en tant que droit qui régit les comportements des gens et les relations sociales, le droit coutumier des

[①] Le « demi-kai » (*半开*) était l'unité de monnaie de la région Dai à l'époque (Équipe de rédaction du Yunnan, *Enquête sur l'histoire sociale des Jingpo,* tome III, Presse populaire du Yunnan, mai 1986, pp. 42-43).

minorités ethniques est indubitablement contraignant. Dans la mesure où il régit directement, globalement et spécifiquement la production, la vie et l'interaction sociale de chaque membre, la nature contraignante du droit coutumier des minorités est plus évidente et plus efficace que celle des lois étatiques. Partant de la sauvegarde de l'intérêt général de la société, le droit coutumier des minorités ethniques prévoit des sanctions plus spécifiques et plus systématiques contre les violations du droit ; les organes qui appliquent les sanctions font également autorité.

La nature contraignante se manifeste d'abord par une certaine forme d'isolement dans la vie quotidienne et les interactions sociales pour ceux qui enfreignent le droit coutumier. Pour ceux qui violent le droit coutumier de leur propre groupe ethnique, tous les membres doivent leur donner une éducation critique et les condamner. Dans la vie sociale, ils sont traités différemment et soumis à certaines restrictions. Par exemple, l'acte de tuer un porc ou un bœuf et d'offrir de l'alcool en signe de repentir est une forme de punition contraignante nécessaire pour rétablir une vie sociale normale. Les comportements en violation du droit coutumier sont souvent sanctionnés par des amendes ; ne pas payer ou payer moins signifie s'isoler du village ou du clan familial, ce que la plupart des gens n'osent pas faire, car cela entraînerait des sanctions coercitives plus sévères. En particulier, ceux qui sont expulsés du village ou du clan familial en raison de violations du droit coutumier sont isolés en dehors de la vie commune de l'ensemble du village ou du clan familial, bien que les méthodes et les degrés d'isolement puissent varier. Les expulsés sont rarement acceptés par d'autres villages ou clans familiaux, ce qui, dans un environnement de faible mobilité sociale et de difficile accessibilité, équivaut presque à une condamnation à mort. Pour ceux qui ont été expulsés, mais qui continuent de vivre dans leur village ou leur clan familial d'origine, les sanctions qu'ils subissent sont encore plus sévères. Les autres membres ne les approchent pas, n'interagissent pas avec eux et ne leur prêtent pas de feu ni ne leur parlent ; ils sont absolument exclus de toute participation à des activités collectives ou à des interactions publiques. Cet isolement et cette exclusion effective sont extrêmement douloureux, et d'autant plus difficiles à supporter en raison de la vie restreinte et de la nature indéfinie dans le temps de ces sanctions.

Une autre manifestation de la nature contraignante du droit coutumier des minorités ethniques est d'imposer divers châtiments corporels et des peines de mort à ceux qui violent gravement le droit coutumier. Cette forme de sanctions est souvent cruelle et sévère, dépassant même la force coercitive des lois de l'État. Le droit coutumier des minorités ethniques spécifiait de nombreuses formes de châtiments corporels, telles que la mutilation des mains et des pieds, l'énucléation, les coups de fouet, l'attache avec des chiens féroces, la coupe du nez, des oreilles, de la langue, des lèvres, etc., chez les Tibétains ; la lapidation, l'ingestion de plomb fondu, la pendaison, le port de menottes et de chaînes, etc., chez les Kazakhs. Pour l'ethnie Li, il y avait une peine consistant à attacher les mains et la poitrine du condamné, puis à l'immerger dans l'eau avant de placer une fourmilière sur son corps mouillé pour que les fourmis jaunes le mordent. Les formes d'exécution de la peine capitale étaient pour la plupart extrêmement cruelles, comme l'immersion dans un étang, l'ensevelissement vivant, l'écartèlement et la chevauchée, chez les Zhuang ; l'allumage d'une lanterne céleste, l'exposition au soleil du corps enfermé dans un sac en peau de vache, l'ablation du cœur, la traînée ou l'étranglement chez les Tibétains ; la strangulation chez les Oroqen. Chez les Yi, les exécutions comprenaient les suicides forcés (pendaison, empoisonnement, ouverture abdominale, noyade, saut d'une falaise) et les homicides (pendaison et fouettage, feu, exécution par couteau ou fusil, jet dans un gouffre, etc.). C'est avec cette nature contraignante que le droit coutumier des minorités ethniques a pu être mis en œuvre et jouer un rôle dans le maintien de l'ordre social normal des groupes ethniques.

4. La stabilité

Le droit coutumier des minorités ethniques est le fruit du long processus d'activités économiques et sociales des groupes ethniques. Il est devenu une norme sociale pour les peuples de chaque groupe ethnique grâce à l'héritage et au développement de génération en génération. Dès sa formation, il a régulé pendant longtemps les relations sociales et le comportement des gens, faisant preuve d'une indépendance relative et d'une forte vitalité. En particulier, le contenu essentiel et l'esprit fondamental du droit coutumier de chaque groupe ethnique sont une composante importante de la culture de l'ethnie. Le concept du droit coutumier est un aspect important de la conscience et de la mentalité ethniques, ce qui le rend encore plus stable.

Ainsi, le « prix pour la vie » a conservé une certaine vitalité chez les Tibétains malgré les vicissitudes du temps. Le droit coutumier des Yi sur la branche familiale est encore suivi. Des proverbes tels que : « Les singes dépendent des forêts, les Yi dépendent de leur branche familiale », « La force du cheval est dans sa taille, la force du bœuf est dans ses cornes, la force des Yi noirs est dans leur branche familiale » sont encore largement tenus pour vrais par de nombreux Yi. La coutume de prioriser les mariages entre cousins établie par le droit coutumier de l'ethnie Tujia a été transmise de génération en génération dans les régions Tujia. Elle est apparue dès les temps primitifs et a continué d'exister pendant la période de Tusi, ainsi qu'après l'abolition du système Tusi jusqu'à la veille de la libération. L'existence longue et stable du mariage Azhu (*阿注*) chez les Naxi de Yongning au Yunnan nous offre un exemple vivant de la forme de mariage de la société matrilinéaire clanique. Chaque membre des minorités ethniques est immergé dans l'atmosphère du droit coutumier de sa naissance jusqu'à sa mort et est influencé et façonné par le droit coutumier tout en apprenant constamment à imiter les autres. Cette influence latente et l'accumulation au fil du temps rendent le droit coutumier des minorités ethniques plus stable et plus inébranlable.

Le fait que le droit coutumier des minorités ethniques soit stable n'empêche pas qu'il présente également certains aspects de transformation. Avec l'avancée de l'histoire et le développement de la société, le droit coutumier des minorités ethniques connaît également une évolution constante. En un sens, la transformation est perpétuelle et absolue. Le droit coutumier, qui repose principalement sur la transmission orale et comportementale, a des limites considérables. Les différents individus ont tendance à l'interpréter et à l'appliquer en fonction de leurs propres critères et compréhension, ce qui peut entraîner des différences. En outre, l'évolution des conditions économiques et des modes de vie se reflète plus ou moins dans le droit coutumier. Par exemple, le contenu du droit coutumier Shipai des Yao mettait initialement l'accent sur la protection de la production et des biens, mais, plus tard, il a été particulièrement renforcé pour résister aux agressions violentes. Le droit coutumier des Zhuang a connu quelques changements notables au cours de la dynastie Qing. Avant l'ère Xianfeng, il mettait l'accent sur la préservation de la production et encourageait les gens à être tolérants les uns envers les autres. Après le règne de Tongzhi, en raison du désordre social, le droit coutumier a mis l'accent sur la lutte contre les bandits et les voleurs. De la fin du règne de Guangxu au début de la République, le droit coutumier s'est à nouveau concentré sur la protection des biens économiques et la punition sévère des voleurs.

Cette transformation du droit coutumier des minorités ethniques se reflète également dans la mise à jour de sa forme. À l'origine, les Dong n'avaient pas de système d'écriture et la date de leur naissance se transmettait oralement. Aussi, dans des villages comme Xiaoguang à Jianhe dans le Guizhou, on brisait des tiges de bambou pour constater les fiançailles entre jeunes hommes et jeunes femmes. Plus tard, après l'introduction de la culture des Han dans la région, le droit coutumier des Dong établit la pratique de « demander les huit caractères[①] ».

Bien sûr, de nombreux changements du droit coutumier sont le résultat de l'abandon ou de l'absorption par les peuples de réformes proactives et conscientes. Les Yao de Libo au Guizhou ont aboli la coutume matrimoniale des « sept bœufs » (mariage entre les cousins et cousines) par l'intermédiaire de leur chef, et ont rétabli la coutume des « quatre interdictions en matière de mariage » (interdiction de se marier avec d'autres groupes ethniques, interdiction de se marier avec d'autres branches des Yao, interdiction de se marier avec des personnes de la même ascendance, et interdiction de se marier avec les cousins ou cousines issus de tantes et oncles du côté maternel[②]).

La disparition progressive du droit coutumier Naxi de la « décapitation », ainsi que l'abandon par les Dai de l'obligation d'envoyer un garçon au temple pour devenir lama, représentent une autre forme de mutation du droit coutumier. Certains contenus et formes du droit coutumier de certaines ethnies ont tendu à disparaître parce qu'ils ont perdu leur raison d'être. Grâce à cette transformation constante, le droit coutumier des minorités ethniques continue de maintenir sa vitalité et sa force

[①] Les huit caractères indiquant l'année, le mois, le jour et l'heure de la naissance d'une personne, utilisés autrefois dans la prédiction de l'avenir (note du traducteur).
[②] Huang Hai, « Étude sur la culture traditionnelle des Yao de Nuhou et ses restrictions et réformes sur l'économie de marchandises », dans *Yao Studies* n° 1, édité par la Société des études de Yao, Presse des nationalités du Guangxi, décembre 1993, p. 145.

contraignante, témoignant de l'évolution de la civilisation et du progrès de la société.

En outre, le droit coutumier des minorités est également normatif, général et prévisible.

La nature normative du droit coutumier des minorités ethniques signifie qu'il établit des normes, des règles ou des modèles pour le comportement des gens, c'est-à-dire qu'il précise les conditions dans lesquelles les gens peuvent, devraient et ne devraient pas se comporter de telle ou telle manière, indiquant ainsi la direction à suivre pour les membres de leur propre ethnie. Le caractère général ou l'universalité fait référence au fait que le droit coutumier des minorités ethniques s'applique aux personnes en général, et non à des personnes spécifiques ; qu'il peut être appliqué de manière répétée dans un certain espace et un certain laps de temps, tant que les mêmes conditions sont réunies, et non pas de manière ponctuelle. La prévisibilité signifie que les membres de l'ethnie peuvent anticiper si leur propre comportement ou celui des autres est conforme aux exigences du droit coutumier et quelles seront les conséquences (tant positives que négatives) s'ils le respectent ou l'enfreignent.

Par exemple, chez les Miao du village Fanpai à Taijiang au Guizhou, le droit coutumier prévoit qu'une personne exclue de son clan familial ou de son village doit tuer un porc ou un bœuf et offrir un repas et des cadeaux pour lever la sanction. Ainsi, la même règle coutumière a été appliquée pour la révocation de l'exclusion du clan familial de Zhang Wunu, qui avait refusé d'être tête de tambour, pour la révocation de l'exclusion du village de Wan Dangjiu, qui avait refusé de participer à la construction d'une route, et pour la révocation de l'exclusion du grand-père de Tang Yongjiu, qui avait offensé son clan, tous ayant été soumis au même droit coutumier consistant à tuer un porc ou un bœuf et à offrir un repas et des cadeaux pour réparer leurs fautes[①]. Autre exemple, les Zhuang ont pour droit coutumier de placer des marques sur la porte de la maison familiale pour annoncer la naissance d'un enfant, avec du papier rouge ou de l'herbe verte pour un garçon et des feuilles vertes ou de jeunes tiges de céréale pour une fille, ce qui permet aux gens de voir d'un coup d'œil ce qu'ils peuvent préparer comme cadeaux de

---

[①] Équipe de rédaction de la province du Guizhou, *Enquête sur l'histoire sociale des Miao*, tome I, Presse des nationalités du Guizhou, décembre 1986, pp. 395-396.

félicitations, mots de félicitations et manières de présenter les félicitations. Cette coutume offre une prévisibilité assez évidente. Certaines ethnies ont coutume de tuer un poulet et d'en boire le sang avec de l'alcool lorsqu'on négocie selon le droit coutumier, indiquant ainsi que quiconque violerait le droit serait exécuté comme le poulet, afin que tous les membres puissent prévoir quelles seront les conséquences de leurs propres comportements ou de ceux des autres. Il est donc naturel que le droit coutumier des minorités ethniques, en tant qu'une sorte de norme sociale, dispose d'un caractère normatif, général et prévisible des normes sociales.

## *III. Les fonctions du droit coutumier des minorités ethniques*

Les fonctions du droit coutumier des minorités ethniques font référence à la manifestation de son impact sur la société. En tant que norme sociale, le droit coutumier des minorités ethniques joue un rôle important dans la vie sociale de chaque groupe ethnique. Il remplit des fonctions sociales telles que le maintien de l'ordre, la satisfaction des besoins individuels, la formation des rôles sociaux, la transmission de la culture ethnique, et d'autres fonctions dites normatives telles que l'orientation, l'évaluation, l'éducation, la contrainte et la prévision. Ces deux catégories de fonctions du droit coutumier sont interdépendantes et ne peuvent pas être séparées.

### 1. Les fonctions sociales du droit coutumier des minorités ethniques

Les fonctions sociales du droit coutumier sont comprises dans la perspective de la nature et de l'objectif du droit ; elles se réfèrent aux fonctions du droit coutumier dans la régulation des comportements des membres du groupe ethnique et donc dans la régulation des relations sociales et la sauvegarde des intérêts du groupe ethnique dans son ensemble.

(1) Maintenir l'ordre social

La fonction du droit coutumier des minorités ethniques se manifeste avant tout dans la protection de l'ordre normale de la production, de la vie et des interactions sociales. Il traite et sanctionne les comportements qui perturbent ou entravent l'ordre social, sauvegarde les intérêts globaux et communs du groupe ethnique, maintient l'ordre social et favorise le développement de la société.

Le droit coutumier de chaque groupe ethnique prévoit des sanctions pour les vols et les pillages, afin de protéger la propriété. Les sanctions varient selon les groupes ethniques et peuvent être très sévères. Par exemple, pour les Dong, les voleurs étaient généralement condamnés à une amende, mais les récidivistes pouvaient être privés de la vue ou enterrés vivants. Le vol d'or, d'argent et de bétail était considéré comme un crime grave et était puni de manière très sévère. Les Miao, en plus de critiquer les voleurs et les forcer à restituer le butin, avaient l'habitude d'exclure du registre familial et du registre du village ceux qui récidivaient trois fois. Les complices de vol et ceux qui ne dénonçaient pas étaient également punis. Le droit coutumier des Kazakhs disposait que si un voleur était tué en flagrant délit lors d'une arrestation avec lutte, aucune compensation n'était requise pour la vie perdue.

Les minorités ethniques se trouvent essentiellement dans une phase de développement de la société agricole traditionnelle, basée sur une économie naturelle en autarcie. Par conséquent, le droit coutumier protège la production agricole, la production pastorale, la pêche et la chasse dont les groupes ethniques dépendent pour leur survie, interdit les entraves ou les atteintes aux droits de propriété foncière, de pâturage, de terrain de pêche et de chasse, et punit les comportements contraires au droit coutumier. Par exemple, le droit coutumier des Lisu disposait que l'empiètement arbitraire sur les champs appartenant à autrui devait être puni d'une amende en plus de la restitution des parcelles. Le droit coutumier des Tibétains interdisait le pâturage hors des limites autorisées. Si un mouton sortait de ces limites, il pouvait être abattu et mangé, et seule la peau du mouton était rendue à son propriétaire. Dans de nombreuses régions des Miao, il y avait des dirigeants de la production agricole appelés « Huo Lu Tou » (*活路头*). Selon le droit coutumier du village Jiamian à Congjiang du Guizhou, personne ne pouvait semer avant les « Huo Lu Tou » ; tout contrevenant devait admettre sa faute en public et se voir infliger une amende consistant en un canard, trente portions de gâteaux de riz et une jarre de vin de riz, destinés à être partagés entre les « Huo Lu Tou » et la personne ayant signalé l'infraction. Si le contrevenant était récalcitrant, il était puni d'un bœuf dont la valeur était utilisée pour acheter des cochons tués et partagés avec les personnes concernées. C'est de cette manière qu'on maintient la production de toute la communauté dans un état d'ordre[1].

Le droit coutumier réglemente également les relations matrimoniales et familiales au sein du groupe ethnique, préservant ainsi l'ordre matrimonial et familial normal, garantissant le déroulement régulier de la reproduction et la pérennité de la population ethnique. Le droit coutumier détaille et couvre des aspects spécifiques tels que l'établissement du mariage (règles matrimoniales, âge minimum pour se marier, interdictions liées à des maladies, etc.), les procédures relatives à la conclusion du mariage (procédures d'engagement, cérémonie de mariage), le divorce, les relations entre époux, les relations parents-enfants, etc. Tous les membres du groupe ethnique doivent strictement respecter ces règles, sans quoi diverses sanctions sont appliquées. Par exemple, les Hezhen ont de nombreuses règles coutumières sur la parenté et la filiation qui, régissant les relations entre parents et enfants, entre époux, entre beaux-parents et belles-filles, entre oncles et neveux, entre frères et sœurs, préservent ainsi l'ordre matrimonial et familial normal.

En outre, le droit coutumier régit et réglemente également les relations entre les organisations sociales de l'ethnie, les chefs de tribus et les autres membres, les créances et les dettes, les ordres de succession, etc., réalisant ainsi l'harmonie sociale et maintenant l'ordre social.

(2) Satisfaire les besoins individuels

Les besoins humains sont multiples, comprenant à la fois des besoins biologiques tels que la survie, la reproduction et la sécurité, ainsi que des besoins sociaux tels que l'estime de soi, le développement et la communication. Ces besoins ne peuvent pas être satisfaits directement ou individuellement dans l'environnement naturel. Ils nécessitent une coopération avec les autres, en formant des groupes pour mener des activités collectives. Le droit coutumier d'une minorité ethnique confirme et définit le modèle de satisfaction des besoins de son peuple, en fournissant des conditions préliminaires pour la survie, la sécurité, la croissance et le développement individuel de ses membres ; il jetait ainsi les bases de la réalisation de la socialisation humaine.

Le droit coutumier, par le biais de sanctions et de mesures punitives

---

[1] Équipe de rédaction de la province du Guizhou, *Enquête sur l'histoire sociale des Miao,* tome II, Presse des nationalités du Guizhou, février 1987, p. 140.

contre des comportements tels que le meurtre, le vol, le viol, l'adultère, la collaboration avec les bandits et la trahison, assure la sécurité de la vie et des biens des membres du groupe ethnique en créant un environnement propice à leur survie, leur production et leur vie quotidienne. Chez les Yao, on dit que « Shipai est supérieur au ciel ». Le droit coutumier Shipai impose des sanctions sévères pour toutes les actions mettant en danger la vie, les biens et la survie ou la reproduction des membres de la communauté. Par exemple, He Shigui, habitant du village Dishui dans le comté Jinxiu au Guangxi, a commis des pillages et des actes nuisibles à la communauté, en collusion avec des bandits vivant dans les montagnes Yao. Après enquête, les Zhuang de la région ont organisé, suivant le droit coutumier Shipai, une expédition collective pour capturer He Shigui et sa famille, les ont tués tous les sept et ont confisqué tous leurs biens pour les vendre et partager l'argent avec les villages du même Shipai. Les villageois ont fait la fête ensemble en tuant des cochons et en achetant du vin pour manger et boire[①]. Cette protection de la vie et des biens des membres individuels est également répandue dans de nombreux autres groupes ethniques.

Le droit coutumier ethnique protège l'amour libre des jeunes hommes et femmes et répond aux besoins sociaux, aux besoins de liberté et aux besoins physiques des membres individuels en réglementant les pratiques telles que le « youfang » (*游方*), la « rencontre de filles » (*串姑娘*), la « maison publique » (*公房制*), le « Fangliao » (*放寮*) et le « port de la tête du ciel » (*戴天头*), etc. Le youfang du peuple Miao est une activité collective pour draguer les personnes du sexe opposé, chanter des chansons d'amour ou avoir des conversations intimes, jouer et s'amuser librement, satisfaire le besoin individuel de se faire des amis du sexe opposé et de se divertir. Le « jeu bushao » (*耍布少*) chez les Dai consiste en des activités sociales avec des jeunes filles célibataires ; il est à la fois une activité collective et une recherche d'amour individuelle. Satisfaire leurs besoins sociaux et physiques est une activité importante pour les jeunes hommes et femmes Dai ; elle est donc protégée par le droit coutumier.

En réglementant les funérailles, les croyances religieuses et les interactions sociales, le droit coutumier est d'une grande importance pour la

---

① Équipe de rédaction de la Région autonome des Zhuang du Guangxi, *Enquête sur l'histoire sociale des Yao du Guangxi*, tome I, Presse des nationalités du Guangxi, février 1984, p. 75.

croissance et le développement des membres des groupes ethniques. Les activités collectives, telles que le culte des ancêtres, les funérailles, les mariages, les festivals et la fête du Nouvel An, constituent non seulement de bons lieux et occasions pour les individus de montrer leurs talents, mais aussi d'excellentes occasions permettant aux jeunes d'acquérir des connaissances pertinentes, de se socialiser et de satisfaire leurs besoins sociaux, récréatifs et culinaires. Elles occupent donc une place importante dans la vie des membres individuels de chaque groupe ethnique.

(3) Cultiver les rôles sociaux

À travers des dispositions nombreuses et détaillées ainsi que des sanctions envers les contrevenants, le droit coutumier des minorités ethniques montre aux membres du groupe ethnique comment ils devraient se comporter, ce qu'ils ne devraient pas faire, quel type de personne est accueilli et respecté par la société, quel type de personne est méprisé et rejeté, quels sont les critères à remplir pour devenir un membre idéal de la société, etc., afin d'établir un modèle standard de comportement pour tous les membres, de renforcer leur conscience du rôle social et de les cultiver à travers la parole, l'exemple personnel ainsi que diverses activités collectives.

Par exemple, le droit coutumier des Hezhen dispose qu'un chasseur qualifié doit remplir les conditions suivantes : avoir de l'expérience à la chasse, être un bon tireur, connaître l'environnement géographique ; ne pas dire de paroles étranges et trompeuses, ne pas s'asseoir sur les souches d'arbres sciés ; bien éteindre le feu après avoir fini de manger et ne pas taper sur la marmite suspendue, inviter les chasseurs rencontrés dans la montagne à partager un repas dans sa cabane ; obéir à la répartition des tâches, etc. Cela montre aux gens qu'ils doivent fournir des efforts dans ces domaines pour devenir des chasseurs qualifiés, voire excellents. C'est seulement de cette manière qu'on peut devenir un chasseur apprécié et accepté par la société. Les critères et les attentes concernant d'autres rôles tels que fils, parents et belles-filles sont également définis par le droit coutumier des Hezhen, et ces normes sont personnalisées de manière émotionnelle à travers des idoles ethniques[①].

Le droit coutumier des Dai comprend également une grande quantité de

---

① Équipe de rédaction du Heilongjiang, *Enquête sur l'histoire sociale des Hezhen*, Presse des nationalités, juillet 2009, pp. 98-99, 143, 255-256.

règles concernant les normes et la formation des rôles sociaux. Par exemple, les grands-pères doivent prendre soin de leurs petits-enfants, les officiers doivent prendre soin des subalternes, et les dirigeants doivent prendre soin du peuple. Les hommes doivent respecter les normes suivantes : ne pas considérer leur femme comme un « chef », ne pas emmener leur femme lorsqu'ils font du commerce, ne pas nourrir leur femme et leurs enfants en empruntant de l'argent ou des céréales, et ne pas épouser les femmes qui se sont mariées trois fois. Les femmes doivent respecter les normes suivantes : ne pas considérer leur mari comme un travailleur subalterne et être chaleureuses envers leur famille et leurs amis. Les fils doivent respecter la norme suivante : ne pas abandonner leurs parents. Les belles-filles doivent respecter la norme suivante : ne pas passer devant leurs beaux-parents en portant une chaise.

Par le biais du droit coutumier, les Mongols ont également développé une méthode éducative pour former, en fonction des particularités de leur vie économique (bergers, cavaliers et guerriers), leurs descendants. Ils utilisent des légendes historiques et des récits pour éduquer leurs descendants, les guidant par l'exemple et l'expérience pratique dans la vie et la production. Ils encouragent le respect du droit coutumier et réprimandent sévèrement les violations de celui-ci, formant ainsi une génération de bergers compétents dans l'élevage, experts en équitation et chasse, capables de travailler dur, respectueux des aînés et prêts à s'entraider[①].

En plus de l'éducation positive, l'imposition de sanctions appropriées aux contrevenants au droit coutumier constitue un moyen important de cultiver les rôles sociaux, permettant ainsi aux membres du groupe ethnique de choisir correctement des modèles de rôle conformes aux exigences du droit coutumier.

(4) Transmettre la culture ethnique

La culture de chaque ethnie se développe grâce à la transmission de génération en génération, à l'accumulation, à l'héritage et à l'innovation. La transmission de la culture ethnique aux générations futures repose sur la communication orale, l'exemple pratique, l'enregistrement écrit et divers autres moyens matériels. Le droit coutumier, quant à lui, est le sommet de la

---

① Li Ying, « L'Éducation des Mongols des premiers temps », dans *Journal de l'université de Mongolie-Intérieure* (édition philosophique et sociale), n° 2, 1984.

culture ethnique. L'application et la codification du droit coutumier sont des activités culturelles importantes et constituent le principal moyen de transmission de la culture ethnique. Le droit coutumier des minorités ethniques joue un rôle crucial dans la promotion du développement culturel et dans la transmission de la culture ethnique.

Le droit coutumier des minorités ethniques est en fait une « encyclopédie » des différents groupes ethniques, couvrant tous les aspects de la vie sociale, y compris l'économie, la politique, la culture, les normes et les systèmes, ainsi que les idées, la conscience et la psychologie. Elle implique à la fois la culture matérielle et la culture spirituelle et englobe les aspects fondamentaux de la culture ethnique. Par conséquent, le droit coutumier est le principal support de la culture ethnique ; la transmission de génération en génération du droit coutumier est le processus de préservation, d'héritage et de transmission de la culture ethnique. La transmission des idées du droit coutumier d'une génération à l'autre est également un processus de continuité et de développement de la conscience, de la psychologie et de la vision culturelle ethniques. Le développement et l'évolution du droit coutumier de chaque ethnie en témoignent pleinement.

La codification et l'application du droit coutumier constituent des activités importantes de la diffusion et de la transmission de la culture ethnique. Les réunions de codification du droit coutumier, telles que la réunion Shipai des Yao, le conseil Yilang et le conseil Maiyan des Miao, l'union de Kuan des Dong, l'assemblée de masses et la réunion des chefs des Wa, la réunion de famille des Ewenke, la réunion Mokun des Daur, l'assemblée Menla des Tibétains, etc., ont pour objectif principal de promouvoir la culture ethnique, d'expliquer les traditions ethniques et de revisiter l'histoire de l'ethnie. Les histoires narrées par les chefs de tribu et les cérémonies d'installation de Shipai ou de la boisson du vin de sang renforcent la culture ethnique qui se transmet de génération en génération.

Les chefs de tribu et les chamans (tels que le Dongsa chez les Jingpo, le Bimo chez les Yi, le Dongba chez les Naxi, le Daogong chez les Zhuang, et les chamans des Hezhen, Oroqen, Ewenke, Daur et Mandchu) sont à la fois des spécialistes du droit coutumier de leur propre ethnie et des spécialistes de la culture ethnique. Ils sont les principaux intellectuels de chaque ethnie. Ils ont souvent une bonne connaissance de l'histoire, de la mythologie, de la poésie, de la généalogie, des calendriers, de l'astronomie de leur peuple, des coutumes locales et des produits géographiques, et une compréhension approfondie de l'esprit et de la conscience nationale de leur ethnie. Ainsi, lorsqu'ils interprètent et récitent le droit coutumier, président la codification et la mise en œuvre du droit coutumier et rendent des jugements divins, ils diffusent également la culture de l'ethnie.

Le droit coutumier des minorités ethniques contient de nombreuses règles concernant l'héritage et la transmission de la culture ethnique. Les Yao, par exemple, disposent d'un droit coutumier sur la pratique du rituel Dujie (*度戒*). Selon le droit coutumier des Yao de la région de Pingbian au Yunnan, le Dujie est un rituel religieux obligatoire pour les hommes adultes. Les hommes peuvent passer le Dujie dès l'âge de seize ans, mais doivent le faire avant l'âge de vingt-deux ans au plus tard. Un homme qui n'a pas passé le Dujie est ridiculisé par l'opinion publique, et il est presque impossible pour lui de se marier. Le rituel dure plusieurs jours et l'une des parties les plus importantes consiste à acquérir auprès des maîtres Dujie diverses connaissances religieuses ainsi que d'autres compétences nécessaires à l'âge adulte. De cette manière, les différentes composantes de la culture Yao sont profondément ancrées dans les esprits et ont été transmises de génération en génération. Le droit coutumier des Yi précise que la famille est chargée de l'éducation et de la formation des futures générations ainsi que de la transmission de la culture.

2. La fonction normative du droit coutumier des minorités ethniques

La fonction normative du droit coutumier des minorités ethniques se réfère à la réglementation, au contrôle et à la régulation du comportement des membres d'une minorité ethnique par leur propre droit coutumier. Cette fonction est perçue en considérant l'impact direct du droit sur le comportement des membres de la communauté, et vise à réguler et à contrôler leur comportement.

(1) Fonction directive

La fonction directive du droit coutumier des minorités ethniques consiste à orienter le comportement des membres de la communauté. Cette orientation peut être soit directive, soit sélective. Les normes interdisant certaines conduites relèvent de la première catégorie, tandis que les normes autorisant d'autres conduites relèvent de la seconde. Le non-respect de ces normes peut entraîner des conséquences juridiques et des sanctions. La fonction directive du droit coutumier vise à encourager ou à prévenir certains comportements, contribuant ainsi au maintien de l'ordre social dans les régions des minorités ethniques.

(2) Fonction coercitive

La fonction coercitive du droit coutumier des minorités ethniques consiste à sanctionner, à punir et à prévenir les comportements illégaux, contribuant ainsi à renforcer le sentiment de sécurité des membres de la communauté. Le droit coutumier prévoit diverses sanctions pour les actes de violation. La fonction coercitive permet de prévenir la violation des normes du droit coutumier. Elle revêt une importance majeure pour les autres fonctions normatives du droit coutumier.

(3) Fonction d'évaluation

La fonction d'évaluation signifie qu'en tant que norme sociale, le droit coutumier des minorités ethniques peut servir de norme de mesure pour déterminer si le comportement d'un membre de la communauté est légal ou illégal. Le droit coutumier n'est pas le fruit de la sagesse individuelle, mais plutôt le résultat de l'évolution à long terme des différents groupes ethniques. Il reflète la sagesse collective, selon laquelle « les masses sont plus aptes à rendre un meilleur jugement que n'importe quel individu[①] ». En tant que norme d'évaluation, le droit coutumier présente des caractéristiques claires et concrètes.

(4) Fonction prédictive

La fonction prédictive du droit coutumier fait référence au fait que les membres du groupe ethnique peuvent, sur la base des normes du droit coutumier, prévoir à l'avance comment les gens se comporteront les uns envers les autres dans des circonstances normales. Cette prévision donne aux gens un sentiment de sécurité par rapport à leurs droits et comportements légaux et les encourage à organiser leurs comportements pour favoriser l'établissement de l'ordre social.

(5) Fonction éducative

En tant que norme sociale, le droit coutumier des minorités ethniques a

---

① [Grèce antique] Aristote, *Science politique*, traduit par Wu Shoupeng, The Commercial Press, août 1965, p. 163.

également une fonction éducative, c'est-à-dire qu'il a un impact sur les comportements futurs de tous les membres de la communauté par sa mise en œuvre. Cela inclut à la fois l'effet éducatif, dissuasif et d'avertissement à travers la punition et la sanction des violations du droit coutumier sur les membres de la société dans les régions ethniques, ainsi que l'effet de démonstration important que les comportements légaux et leurs conséquences juridiques ont sur le comportement des membres de la communauté.

## *IV. La culture du droit coutumier des minorités ethniques*

### 1. La signification de la culture du droit coutumier des minorités ethniques

Au sens large, « la culture peut être définie comme des idées, des valeurs et des comportements communément partagés par un groupe et acquis par l'apprentissage[①] » ; « la culture est un complexe qui comprend des objets matériels, des connaissances, des croyances, des arts, des morales, des lois, des coutumes, ainsi que d'autres capacités et habitudes acquises par la société[②] ». La culture juridique est une partie importante de la culture humaine. La culture du droit coutumier des minorités ethniques, centrée sur le droit coutumier, est une partie unique de la culture juridique chinoise. Elle est naturellement formée et accumulée avec sagesse par les différentes ethnies au cours de leur longue histoire de développement, et se manifeste principalement par les normes, les concepts, la conscience et les comportements du droit coutumier, les mécanismes de fonctionnement de son système, ainsi que ses formes matérielles. Le droit coutumier d'une minorité ethnique est influencé et contraint par la culture globale de l'ethnie, tout en préservant son intérêt global, protégeant sa culture et favorisant le développement économique et social de la région ethnique.

Selon les angles d'analyse retenus, la culture du droit coutumier des minorités ethniques peut être classée de différentes manières. Du point de vue des sujets, la culture du droit coutumier minoritaire peut être divisée en plusieurs catégories telles que la culture du droit coutumier des Yao, des Wa, des Tibétains, des Hezhen et des Gaoshan, etc. En ce qui concerne le

---

① C. Ember, M. Ember, *Cultural Anthropology – Man & Civilization*, traduit par Du Binbin, Presse populaire du Liaoning, février 1988, p. 49.
② Sun Benwen, *Fondement culturel de la société*, World Book Office, 1932, p. 24.

contenu, il existe la culture du droit coutumier en matière d'organisation sociale, de mariage, de droit pénal, de propriété, de production, etc. Sur le plan géographique, on peut distinguer la culture du droit coutumier des Yao à Jinxiu du Guangxi, la culture du droit coutumier des Yao à Liannan du Guangdong, la culture du droit coutumier des Yi à Liangshan du Sichuan, la culture du droit coutumier des Yi à Weishan du Yunnan, etc. Ces perspectives multiples permettent de mieux comprendre la culture du droit coutumier des minorités ethniques.

2. La structure de la culture du droit coutumier des minorités ethniques

La culture du droit coutumier des minorités se compose de la notion, des normes, des comportements, ainsi que des formes matérielles correspondantes du droit coutumier. Sa structure interne englobe ces quatre aspects qui sont interconnectés et interdépendants.

(1) La notion du droit coutumier des minorités ethniques

Dans l'esprit de chaque peuple des différentes ethnies, la notion de droit est née dès la formation de sa propre ethnie. Elle est transmise de génération en génération par les paroles et les actes. Selon un proverbe du peuple Yao : « Le soleil brille le jour, la lune brille le soir ; les autorités ont leur loi, les Yao ont leur acte privé. » La notion « Shipai est supérieur au ciel » est profondément enracinée dans l'esprit des Yao depuis des générations. Le droit coutumier du peuple Yi de Liangshan est appelé « Erbi Erji » (尔比尔吉). Les chefs l'utilisent pour arbitrer les différends, débattre ou trancher les conflits ; les anciens l'utilisent pour éduquer et former les jeunes générations ; les chamans l'utilisent pour transmettre leur doctrine et leur enseignement, d'où les proverbes Yi : « Les montagnes ont des sources claires, les Yi ont leur Erbi », « Si les anciens ne parlent pas d'Erbi, les jeunes ne seront pas sages », et « Si les paroles représentent le fil, l'Erbi est l'aiguille d'argent ». Dans l'éducation orale et pratique transmise par les anciens aux jeunes générations des familles et des clans de toutes les ethnies, le respect du droit coutumier et de son autorité est l'élément le plus important. Que ce soit l'apprentissage des compétences et des techniques de travail, les coutumes et traditions de leur propre ethnie, l'histoire de leur propre ethnie et de leur propre famille, ou l'enseignement des héros, des proverbes, des dictons et de la conscience religieuse, tout est imprégné d'une forte conscience du droit coutumier. Les Dong ont méticuleusement enseigné à leurs descendants dès leur plus jeune âge l'esprit du droit coutumier, car ils ne voulaient pas être impliqués dans la punition de leurs propres parents, ou être gênés de tuer leurs propres porcs, vaches et moutons, ou présenter des excuses devant les villageois lors de banquets dans la tour du tambour. Cette éducation rigoureuse leur a permis d'établir solidement la notion traditionnelle du droit coutumier dans leur conscience. Dans la vie quotidienne, les différentes ethnies renforcent la notion de droit coutumier et la conscience du droit coutumier de leurs membres, en particulier de la jeune génération, par le travail, les fêtes, les cérémonies religieuses, les mariages et les funérailles, ainsi que les punitions pour violation du droit coutumier, afin de s'assurer que le droit coutumier s'enracine dans leur esprit.

(2) Les normes de droit coutumier des minorités ethniques

Au cours d'un long développement historique, chaque groupe ethnique a élaboré des normes de droit coutumier relativement systématiques et complètes, visant à réguler diverses relations sociales et à protéger les intérêts globaux de la communauté ethnique. Dans les trois chapitres précédents, nous avons présenté les principaux contenus du droit coutumier des minorités ethniques, notamment les normes relatives aux chefs traditionnels, aux affaires pénales, au mariage, à la famille et à l'héritage, à la propriété, aux créances, à la production et à la distribution, au deuil, aux croyances religieuses et aux interactions sociales, aux procédures de médiation et de règlement des conflits, etc. Le contenu est très riche. Les différents groupes ethniques ont élaboré ces normes de droit coutumier afin d'éviter les vols, de protéger les droits de propriété et la possession de biens, de garantir la sécurité personnelle, de protéger les droits à la vie et à la santé des membres de la communauté ethnique, de protéger les activités économiques, de réguler l'ordre familial et matrimonial et de maintenir l'autorité des parents, de traiter divers litiges et violations du droit coutumier et de maintenir l'ordre social. Ces normes de droit coutumier sont principalement transmises oralement, sous forme non écrite, tandis que certaines sont enregistrées par les personnes alphabétisées de la société et diffusées par la parole.

(3) Les comportements liés au droit coutumier des minorités ethniques

Les comportements de droit coutumier sont nombreux et fréquents dans la vie sociale des minorités ethniques. Tous les comportements qui découlent des normes de droit coutumier, tels que les accords, les amendements, les interprétations et les exposés du droit coutumier, ainsi que la conformité au droit coutumier, la sanction et la médiation pour les contrevenants, sont des manifestations extérieures du droit coutumier des minorités ethniques. La formation des chefs et des leaders, par exemple, peut être naturelle et obtenue par consensus social, élue (avec divers modes de scrutin), ou même héréditaire dans certains cas. Les sanctions contre les contrevenants varient également, impliquant parfois uniquement la personne concernée, mais parfois toute la famille, voire l'ensemble du village ou de la tribu. Les sanctions peuvent être économiques, matérielles, psychologiques, liées à la réputation, à la dignité ou à la personne, et peuvent même inclure des peines de mort ou des châtiments corporels. Chaque type de sanction a ses propres méthodes spécifiques. L'exécution des sanctions peut être collective, impliquant tous les membres, ou individuelle, effectuée par des parents tels que le père ou les frères, voire par l'auteur de l'infraction lui-même dans certains cas. Les formes de formulation, de modification, d'interprétation et de récitation du droit coutumier varient également d'une culture à l'autre, avec des méthodes distinctes et spécifiques. Par exemple, lorsqu'il est difficile de déterminer la vérité ou d'identifier le véritable coupable, de nombreuses minorités ethniques utilisent largement des méthodes de jugement divin pour résoudre les litiges. Ces diversités dans les comportements conformes au droit coutumier reflètent les caractéristiques de la culture du droit coutumier des minorités ethniques.

(4) La forme matérielle du droit coutumier des minorités ethniques

Les manifestations matérielles de la culture du droit coutumier des minorités ethniques sont riches en singularités. De nombreuses ethnies, telles que les Yao, les Dong et les Miao, utilisent la pierre et le bois comme formes d'expression et symboles de leur droit coutumier, lesquels sont exposés devant le public. Par exemple, chez les Yao, il y a les Shipai (stèle) : certaines sont gravées avec des textes du droit coutumier, tandis que d'autres consistent en une simple pierre de forme rectangulaire, avec une surface plate. Lors de cérémonies avec du sang de poulet et du vin, tous les participants expriment leur engagement à rester unis et à ne jamais enfreindre le droit coutumier sous peine de mort similaire à celle du poulet sacrifié. Certains utilisent même une hache pour faire trois coupes sur la pierre comme marque de la détermination collective à respecter le droit coutumier. Le peuple Dong adopte une pratique similaire en enterrant une roche.

Lorsque les Derung résolvent un différend conformément à leur droit coutumier, chaque fois que quelqu'un exprime un argument, le médiateur insère un petit bâton (en bambou ou en bois) du côté de cette personne. En fin de compte, la partie qui a le plus de bâtons gagne, ce qui signifie que ses arguments sont les plus forts. Lorsque les Bai arbitrent un conflit, le chef prend une plaque de bambou d'un pied cinq pouces de long sur un pouce de large. Les deux côtés du bambou représentent respectivement le plaignant et le défendeur. On grave une encoche sur le côté correspondant du bambou chaque fois qu'une partie présente un argument ; finalement, la partie qui compte le moins d'encoches perd. C'est de cette manière qu'on tranche le litige en jugeant quelle partie a raison et quelle partie a tort. Les petits bâtons et les plaques de bambou acquièrent une signification sacrée et une autorité dans ces cultures. Il y a beaucoup d'autres exemples similaires dans d'autres groupes ethniques.

En raison du développement lent de la société des minorités ethniques et des inégalités entre les différents groupes ethniques, cette forme matérielle de la culture du droit coutumier est très présente dans toutes les minorités ethniques et reflète la nature primitive de la culture du droit coutumier. Par exemple, lors d'un combat armé entre deux villages des Li, la partie perdante doit se soumettre à la partie gagnante en faisant couper la tête d'une flèche, qu'ils gardent chacun en signe de domination du vainqueur (le dragon) sur le perdant (le petit dragon[①]). Le « marquage » des Yao, le « numérotage » des Jingpo et l'« insertion d'étoile » des Li utilisent des herbes pour faire des nœuds ou tracent certains symboles sur des arbres ou des bambous pour indiquer la propriété et la possession. Les marques physiques de la culture du droit coutumier se manifestent également dans de nombreux autres aspects, reflétant la vivacité et la richesse de la culture du droit coutumier des minorités ethniques. Cette forme matérielle facilement compréhensible contribue à la diffusion de ces traditions dans la population.

---

[①] Zhan Ci, « L'effondrement de la commune familiale patriarcale », dans *Sélection d'essais sur le système Hemu du peuple Li*, institut d'études ethniques du Guangdong, publication interne, 1983, p. 211.

3. Les caractéristiques de la culture du droit coutumier des minorités ethniques

La culture du droit coutumier des minorités ethniques est un système de culture juridique unique qui combine la culture du droit ethnique et la culture du droit coutumier. Comparée à d'autres formes de culture juridique, telles que celles élaborées par l'État, la culture du droit coutumier des minorités ethniques présente les caractéristiques suivantes : collectivité, spécificité et analogie.

(1) Collectivité

Dans des conditions où la pensée individuelle et l'intelligence ne sont pas développées, les individus sont incapables de chasser des animaux sauvages, de résister aux catastrophes naturelles ou de repousser les ennemis envahisseurs en utilisant uniquement leurs capacités individuelles. Ainsi, les actions collectives et la force collective viennent pallier le manque de capacités individuelles, assurant la reproduction matérielle du groupe et la perpétuation de l'ethnie. C'est dans ce contexte que se manifeste la dimension collective de la culture du droit coutumier des minorités ethniques.

Le droit coutumier des minorités ethniques est élaboré, modifié et mis en œuvre au niveau de plusieurs villages ou de familles dans les régions ethniques, avec le village ou la famille comme unité de base. Les intérêts globaux du village ou de la famille prévalent sur les intérêts individuels des membres. Le droit coutumier vise à protéger les intérêts communs et globaux du groupe ethnique dans le but principal de maintenir l'ordre social et la stabilité du groupe ethnique ; il valorise la sécurité, l'ordre et l'égalité, reflétant ainsi le principe de primauté du collectif.

Au sein du droit coutumier des minorités ethniques, il est rare que chaque membre du groupe devienne réellement un sujet de droit ; sous l'emprise de la collectivité, il peut rarement agir ou s'abstenir d'agir de manière indépendante et autonome conformément aux dispositions du droit coutumier. Les gens n'osent pas quitter le groupe, ne veulent pas quitter le groupe et sont réticents à quitter le groupe. Par conséquent, la conception et la pensée juridiques collectives prédominent sur l'individu, ce qui, dans une certaine mesure, entrave sérieusement la croissance et le développement de la conception juridique de chaque membre. Par exemple, le droit coutumier sur l'achat de terres chez les Zhuang, Miao, Wa, Qiang et Mongol précise que le clan familial dispose d'un droit de préemption pour acheter des terres et que les terres ne peuvent être vendues à des clans ou villages extérieurs qu'après avoir recueilli l'avis de leur propre clan ou village. Le droit coutumier des peuples Tu, Qiang, Yi, Naxi et Zhuang prévoit que les biens d'une famille sans héritier au sein d'un village ou d'un clan appartiennent au village ou au clan, qu'ils ne peuvent pas être vendus en dehors du clan ou village. Les ethnies Nu, Lisu, Tibétaine, Jingpo, Naxi, Hezhen et Ouïghour ont toutes un droit coutumier sur le « transfert de maisonnée[①] » qui, ignorant les droits et intérêts individuels, privilégie les intérêts collectifs au détriment des intérêts personnels des personnes impliquées dans le mariage. Ceci est également illustré par le droit coutumier d'entraide en matière de production des Dong, Naxi, Qiang et Yi, ainsi que par le droit coutumier de nombreux groupes ethniques sur l'entraide pour les membres défavorisés. Cela montre que la culture du droit coutumier des minorités ethniques est une forme primitive de culture juridique.

(2) La spécificité

La culture du droit coutumier des minorités ethniques est fondée sur les expériences directes des membres de la communauté dans leur vie quotidienne, ainsi que sur les pratiques concrètes et les concepts traditionnels du droit coutumier. L'ensemble du système culturel juridique repose sur une relation étroite avec des éléments concrets et des expériences spécifiques. La reconnaissance de l'autorité du droit coutumier par les membres d'une ethnie est basée sur leur participation aux assemblées générales de tous les membres pour discuter, modifier, réciter et interpréter le droit coutumier. Ils ont personnellement ressenti la solennité lors de la cérémonie de boire du vin de sang et la rigueur de l'approbation unanime. Cette reconnaissance est également basée sur la participation et l'expérience des membres dans les sanctions et les mesures prises à l'encontre des contrevenants du droit coutumier, sur les témoignages tels que les exécutions, les châtiments corporels, l'expulsion de la communauté, etc. Si une partie a pu gagner un procès, c'est parce qu'on lui a donné plus de bâtons de bambou pendant la médiation, ou parce qu'il y avait plus de marques gravées sur le côté de la

[①] Par exemple, le mariage d'une femme avec un frère de son mari défunt (note du traducteur).

planche de bois représentant sa partie. Ces éléments concrets démontrent pleinement la force contraignante, sacrée et sérieuse du droit coutumier.

Cette spécificité de la culture du droit coutumier des minorités ethniques se manifeste dans de nombreux aspects. Par exemple, chez les Jingpo, la dignité des Shanguan (officier montagnard) pouvait être ressentie par les marques de la lune et du soleil en bois suspendues à l'entrée de leur maison, ainsi que par les morceaux de bambou pointus qui pendaient sous leur toit. Avant de partir au combat armé, les Jingpo offraient de la viande de bœuf avec des poils à leurs amis et proches, ainsi qu'aux villages amis, pour leur demander de l'aide. Ils y inséraient un bâton de bambou, sur lequel ils gravaient des marques indiquant l'heure. En cas d'urgence, ils pouvaient ajouter des plumes de poulet, du charbon de bois, du piment, etc.[①].

Les Wa, quant à eux, offrent des cadeaux tels que de la canne à sucre, des bananes, de la cire jaune, du tabac en herbe, des côtes de bœuf et du sel, pour montrer leur amitié après un différend entre villages[②]. Ces éléments et objets spécifiques expriment les concepts et les symboles du droit coutumier des différentes ethnies, montrant le manque de généralisation du droit coutumier des minorités. La culture du droit coutumier des minorités est donc simple, authentique, concrète et pleine de vitalité.

Dans le même temps, la culture du droit coutumier des minorités ethniques montre également sa nature figurative. Les différents groupes ethniques, en raison de leur niveau de développement culturel limité, ne peuvent s'éloigner des choses concrètes et de leurs expériences spécifiques. Par conséquent, ils ont recours à des représentations imagées pour réfléchir et expliquer les problèmes, exprimer leurs idées. La culture du droit coutumier des minorités ethniques repose largement sur des matériaux concrets et quotidiens, décrivant de manière indirecte les liens de cause à effet entre certains phénomènes ou événements. Bien que relativement simple et primitive, elle reste le fruit de la sagesse humaine, reflétant la proximité du droit coutumier des minorités ethniques avec la vie quotidienne

---

① Équipe de rédaction de la province du Yunnan, *Enquête sur l'histoire sociale des Jingpo*, tome III, Presse populaire du Yunnan, mars 1986, p. 127.

② Comité de rédaction de la province du Yunnan, *Enquête sur l'histoire sociale du peuple Wa*, tome II, Presse populaire du Yunnan, novembre 1983, p. 25. Voir aussi Wang Jian, *Étude préliminaire de la conscience primitive des minorités ethniques du Yunnan*, dans Sciences sociales du Yunnan, n° 3, 1987.

de leur peuple.

(3) L'analogie

En raison du stade de développement social, le droit coutumier des minorités ethniques ne peut pas procéder à des déductions purement théoriques en se passant d'objets concrets, mais toujours fait l'analogie entre une certaine expérience individuelle et une autre situation. L'incarnation la plus spectaculaire de cette caractéristique est que, lorsqu'ils s'accordent sur le droit coutumier, le modifient, l'interprètent et le font connaître, lorsqu'ils traitent les litiges et punissent les contrevenants, éduquent les générations futures, rendent la justice, condamnent le mal et font le bilan de leurs expériences, les différents groupes ethniques attachent une grande importance aux proverbes, aux mythes et aux légendes. Ils utilisent des techniques d'association, de comparaison, d'accumulation, de métaphore, de métonymie et d'exagération pour lier directement un phénomène spécifique du ciel, de la terre, des personnes et des choses au droit coutumier. Cela rend le droit coutumier plus populaire, plus réaliste, plus vivant et plus attrayant, renforce sa force de persuasion et son pouvoir d'influence, et montre la nature analogique de la culture du droit coutumier des minorités ethniques.

Par exemple, le droit coutumier des Yi enseigne aux gens à respecter les personnes âgées en disant : « Le vieux cheval connaît le chemin, les personnes âgées ont plus d'expérience[①]. » Le peuple Mulao exprime le respect exigé par le droit coutumier pour les parents, les enseignants et les aînés par analogie au travers d'une belle chanson : « Qui maltraite ses parents est aussi stupide qu'un bœuf ou un cheval et ne mérite pas la vie (...) Les élèves ne respectent pas leurs maîtres et les aînés, c'est comme les jeunes pousses qui ne peuvent pas devenir des arbres sans pluie (...) Qui méprise les vieux et les jeunes, les dragons piégés ne peuvent pas voler haut (...) Les pousses sèches ne peuvent pas chercher de l'eau au loin ; en cas d'urgence, il faut s'appuyer sur les voisins proches. »

Les Dong sont également habiles dans l'art poétique ; le droit coutumier des Dong est bien vivant, doté d'une forte coloration littéraire, mais compréhensible et mémorisable. Voici, par exemple, les termes du droit coutumier des Dong qui mettent en cause l'auteur d'un vol :

---

① Feng Li, « La Pensée traditionnelle des Yi à Liangshan et sa spécificité culturelle », dans *Études ethniques*, n° 4, 1988.

« L'un se pose sur un chrysanthème des jardins comme un coucou,
L'autre s'enfouit dans le chrysanthème comme un colibri,
L'un crie d'en haut, l'autre répond d'en bas,
On a attrapé tes mains, on a attrapé tes cheveux,
Tout le monde t'a vu, tout le monde en a entendu parler,
Qui a volé, si ce n'est pas toi[1] ? »

Ce genre de langage, par le biais de l'analogie, possède un pouvoir de persuasion extrêmement fort et recèle une grande sagesse ethnique. Chaque ethnie a développé une compréhension de l'ordre à travers l'observation de la nature, puis utilise cet ordre pour comprendre et appréhender les nouveaux phénomènes naturels, ainsi que les phénomènes sociaux régis par le droit coutumier. C'est de la sorte que la culture du droit coutumier des minorités ethniques revêt un caractère analogique.

---

[1] Yang Tongshan et al, *Les Récits des villages Dong*, Presse des nationalités du Sichuan, juin 1983, p. 242.

# Chapitre 12 Le droit coutumier des minorités ethniques dans la Chine contemporaine

Après la fondation de la République populaire de Chine, les régions des minorités ethniques ont connu une renaissance. Sous la direction du Parti, les divers peuples ethniques ont uni leurs forces pour avancer sur la voie prospère du socialisme, commençant ainsi à mener une vie libre et heureuse. À travers le mouvement de réforme démocratique et l'éducation socialiste, grâce à la transformation volontaire des us et coutumes par les peuples de toutes les ethnies, et avec le développement continu des forces productrices et de l'économie dans les régions ethniques, le droit coutumier des minorités ethniques a progressivement perdu sa base et sa valeur. Une nouvelle perspective du droit socialiste s'enracine de plus en plus dans l'esprit des peuples de toutes les ethnies.

Cependant, le droit coutumier ethnique reste, après tout, une composante importante de la culture ethnique, faisant partie des traditions profondément enracinées dans les vastes régions ethniques. La tradition, en tant qu'héritage culturel d'une société ou d'un groupe, constitue le symbole idéologique formé par les systèmes, croyances, valeurs et comportements créés par l'humanité dans le passé. Elle permet de maintenir une certaine continuité et unité entre les générations et les différentes phases de l'histoire, formant un code culturel permettant à la société de se créer et se recréer elle-même, tout en apportant de l'ordre et du sens à l'existence humaine[①]. Il convient de souligner en particulier que l'abolition d'une tradition doit être accompagnée en même temps par la création d'une nouvelle tradition plus adaptée aux temps et à l'environnement. Cependant, créer une nouvelle tradition est beaucoup plus difficile que de briser une ancienne tradition, ce qui montre la vitalité exceptionnelle de la tradition, qui ne peut pas être aisément supprimée de la scène historique. C'est précisément pour cette raison que le droit coutumier continue d'exercer une influence profonde dans les régions des minorités ethniques en Chine contemporaine. On peut trouver

---

[①] Voir E. Shils, *Tradition*, traduit par Fu Keng et Lv Le, Presse populaire de Shanghai, mars 1991, p. 3.

des traces de l'ancien droit coutumier dans tous les aspects de la vie des minorités ethniques, tels que les idées, les comportements et les institutions. Le droit coutumier produit encore des effets positifs ou négatifs dans les régions des minorités ethniques engagées dans la modernisation.

## *I. Le droit coutumier des minorités ethniques de Chine dans le monde contemporain*

### 1. La Convention de solidarité et les règles communautaires à Dayaoshan

L'influence du droit coutumier dans les régions des minorités ethniques est particulièrement évidente dans des domaines tels que les conventions de solidarité, les règles communautaires et les règles villageoises. Le système Shipai des Yao et le système Yilang des Miao continuent de jouer un rôle important dans la société contemporaine à travers des formes spécifiques.

Le système Shipai des Yao à Dayaoshan au Guangxi, en tant que droit coutumier basé sur des relations géographiques, a longtemps maintenu l'ordre de production et l'ordre social chez les Yao à Daoyaoshan, jouant ainsi un rôle important dans la vie sociale. Bien que, à la veille de la libération, le système Shipai ait été remplacé par les lois du Kuomintang, son influence, imprégnée des couleurs de la démocratie primitive, n'a pas disparu et ne peut pas disparaître complètement en raison de ses centaines d'années de présence dans la société Yao. Les Yao se guident consciemment en suivant les règlements de Shipai en tant que droit coutumier pour réguler leur comportement. À Dayaoshan aujourd'hui encore, les activités économiques et l'ordre social sont fortement imprégnés par l'esprit du droit coutumier des Shipai.

En 1951, le comté autonome Yao de Jinxiu, de la province du Guangxi, a adopté sous la forme de Shipai la *Convention de solidarité de Daoyaoshan*, renforçant l'unité ethnique, favorisant le développement de la production et assurant la stabilité sociale. Lors de la visite de la délégation du gouvernement central à Dayaoshan pour saluer les habitants de tous les groupes ethniques, on a convoqué, du 25 au 29 août 1951, une réunion des représentants de tous les groupes ethniques ; celle-ci avait pour thème central : « L'élaboration de la *Convention de solidarité de Dayaoshan* et la promotion de l'unité ethnique pour le développement de la production ».

Après des discussions en groupes, des modifications et des consultations approfondies, on a adopté solennellement dans l'après-midi du 28 août la *Convention de solidarité de Dayaoshan* à l'issue d'un vote. Le 29 août, la *Convention* a été gravée sur une stèle (Shipai) conformément à la tradition Yao ; les représentants de toutes les ethnies ont bu du vin de sang de poulet devant la stèle en conformité avec le droit coutumier pour exprimer leur engagement indéfectible[①]. Ceci est une illustration vivante de l'influence du droit coutumier dans les régions ethniques contemporaines.

À ce jour, cette influence est encore très profonde. La plupart des villages Yao, conformément à la tradition, ont établi des « règles communautaires », des « règles communales » ou des « règles villageoises » pour réguler les relations sociales dans leur communauté, dans le respect des lois promulguées par l'État. Ces règles communautaires et villageoises ont plus de poids que les lois étatiques et sont devenues une norme importante dans la vie sociale pour les diverses populations dans la région Yao. Des traces de droit coutumier sont évidentes dans leur contenu, le processus de leur élaboration et leur application, ce qui montre à quel point la tradition est puissante.

La région Yao n'est pas la seule à être fortement influencée par le droit coutumier : d'autres régions de minorités ethniques, comme la région Miao au sud-est du Guizhou, sont également sujettes à l'influence du droit coutumier et ont élaboré diverses règles communautaires et villageoises, des règlements visant à maintenir la responsabilité de production et à garantir la mise en œuvre des politiques rurales.

<u>2. Le rôle actif des branches familiales</u>

Le droit coutumier du peuple Yi est présent principalement dans les branches familiales. Celles-ci, du fait de leur longue histoire, sont enracinées dans l'esprit du peuple Yi et exercent une influence considérable et profonde non seulement dans l'histoire, mais aussi dans la vie quotidienne des Yi.

À partir des années 1970, les concepts du droit coutumier des Yi relatifs aux branches familiales ont montré une tendance de renforcement. Les

---

[①] Comité pour la codification de l'*Histoire du peuple Yao de Dayaoshan à Jinxiu*, *Histoire du peuple Yao de Dayaoshan à Jinxiu*, Presse des nationalités du Guangxi, février 1984, pp. 40-41.

branches familiales dans des endroits tels que Meigu et Zhaojue ont une résilience remarquable, avec des activités fréquentes comme « recherche des racines et de l'identité » et continuation généalogique[①].

Après la mise en place généralisée du système de responsabilité de production dans les régions Yi, le droit coutumier d'entraide a retrouvé sa force entre les membres des branches familiales notamment dans des domaines tels que les mariages, les funérailles, les catastrophes naturelles, les calamités humaines, ainsi que les travaux économiques. Par exemple, la famille d'Abilogori, spécialisée dans le transport forestier dans le comté de Meigu (préfecture de Liangshan) a signé un contrat en 1983 pour prendre en charge une montagne de mille deux cent soixante-quinze mu. Ils ont voulu semer des pins du Yunnan sur la montagne, mais les trois travailleurs de la famille n'étaient pas suffisants. Par conséquent, selon le droit coutumier traditionnel, la famille a fait appel à vingt-deux membres de la branche familiale et des proches. Tous ont travaillé ensemble avec détermination pendant sept jours pour achever la tâche dans les délais et avec succès. En général, l'entraide ne dépasse pas le cadre de la branche familiale et de la belle-famille, conservant ainsi les traces du droit coutumier originel de l'entraide basé sur la parenté. Bien sûr, à mesure que les temps changent et que la société se développe, les idées de l'économie de marché commencent à se répandre dans la région vaste de Daliangshan, et il n'est pas rare de voir des situations où une compensation est versée dans le cadre de l'entraide. Cette forme d'entraide se manifeste également de manière marquée lorsque les membres de la branche familiale sont touchés par des catastrophes naturelles ou des calamités humaines.

Dans les régions Yi aujourd'hui, les gens ont souvent recours aux branches familiales et suivent le droit coutumier traditionnel pour résoudre les conflits et régler les affaires en privé. Selon les enquêtes statistiques menées dans le village Huluo, canton de Zhuhe, comté de Zhaojue, en 1983, entre soixante-dix et quatre-vingts pour cent des litiges civils du village ont été résolus par la médiation des branches familiales, tandis que les trente à vingt pour cent restants ont été résolus par les autorités locales, dont beaucoup ont été résolus avec le concours des branches familiales. Une

---

① Il est à noter que la plupart des documents cités dans cette section proviennent de : *À propos des branches familiales des Yi du Sichuan* (édition interne, avril 1985) de la Société des études ethniques du Sichuan et de l'institut des études ethniques du Sichuan.

enquête menée dans le village Muzhaluo, dans le canton de Zhuhe, montre que la médiation des branches familiales a permis de résoudre soixante à quatre-vingts pour cent des conflits civils.

Les décisions prises par les branches familiales pour résoudre les conflits (certaines vont même jusqu'à ignorer les lois établies par l'État et les décisions des organes judiciaires) ont souvent une grande force de contrainte dans la société, et sont généralement respectées par la population locale.

La vitalité des branches familiales dans les régions Yi se manifeste également dans la pratique de la vengeance. Lorsqu'un conflit survient entre deux branches familiales, chaque membre a du mal à s'affranchir de son propre cercle familial, ce qui entraîne souvent des favoritismes en faveur des membres de la même branche familiale. Dans les cas les plus graves, cela peut conduire à la délimitation de frontières basées uniquement sur le facteur familial, créant ainsi une mentalité où seul l'intérêt de la branche familiale compte et où seul le droit coutumier est reconnu, ignorant les lois établies par l'État et les principes de justice. Cela peut conduire à des actes de force contre les plus faibles, générant ainsi de graves affaires criminelles où la force l'emporte sur la justice.

Sous l'influence du droit coutumier traditionnel, la pratique du mariage entre hommes et femmes de différents rangs sociaux reste aujourd'hui limitée à un certain degré dans la société Yi, la plupart des mariages étant encore conclus au sein d'un même rang social. Dans le canton de Qimu (comté de Zhaojue), entre 1957 et 1976, sur cinq cent soixante-trois mariages conclus, cinq cent vingt-sept étaient des mariages de même rang social, soit quatre-vingt-treize virgule six pour cent. Si le rang et la situation économique sont différents, mais proches, une certaine différence sera faite dans la fixation de la dot, ce qui permet de montrer la différence du rang social. Cependant, pour les mariages entre personnes de rangs très différents, les branches familiales interviennent pour les interdire. Le droit coutumier des mariages arrangés, des négociations de mariage et des « transferts de maisonnée » a été relancé avec l'activité croissante des branches familiales et leur omniprésence. Certains jeunes Yi ne sont pas d'accord avec les mariages arrangés par leurs parents, mais ils sont souvent soumis à des pressions pour se conformer au choix des parents, car les parents des deux parties échangent souvent des biens et de l'argent. Ceux qui refusent de se soumettre sont souvent victimes de conséquences malheureuses.

En outre, conformément à l'esprit de la branche familiale, la coutume d'avoir une famille nombreuse et des événements sociaux tels que les mariages, les funérailles et les cérémonies est très répandue dans les régions Yi d'aujourd'hui. L'objectif en est toujours le même que par le passé, à savoir la reconnaissance mutuelle en termes de justice sociale, le renforcement des liens de sang de la branche familiale ainsi que la consolidation du statut social de cette dernière. La vitalité du droit coutumier reste en effet vraiment robuste.

3. La pratique de la régulation de la compensation en cas de décès

L'une des composantes essentielles du droit coutumier tibétain est la régulation de la compensation en cas de décès, qui continue de se manifester de diverses manières dans la vie sociale actuelle des Tibétains, conservant ainsi une influence à ne pas sous-estimer.

Dans les régions tibétaines, en raison des besoins de la vie quotidienne, les gens portent généralement des armes à feu et des couteaux lorsqu'ils sortent. Les conflits dégénèrent souvent en affrontements violents, entraînant ainsi un nombre considérable de cas d'homicides et de blessures. Après de tels événements, que ce soit du côté de la victime et de ses proches ou du côté de l'auteur et de sa famille, on recourt généralement au droit coutumier. Ces affaires ne sont généralement pas signalées aux autorités, mais sont résolues en privé, avec une préoccupation particulière pour la question de la compensation en cas de décès. Les proches de la victime réclament souvent des indemnités élevées, tandis que la partie responsable s'engage volontairement à régler la question par le biais de médiations. Par exemple, dans la préfecture autonome tibétaine de Huangnan (province du Qinghai), on a recensé, entre 1986 et 1989, dix-huit cas de demandes de compensation pour le décès[①].

Bien que les autorités judiciaires traitent les affaires conformément aux dispositions pertinentes du *Code pénal de la République populaire de Chine*, il est assez courant que les victimes réclament une compensation pour la vie.

---

① Chen Guangguo, « Le droit coutumier tibétain et la construction de la civilisation spirituelle socialiste dans les régions tibétaines », dans *Études juridiques modernes*, 1989, n° 5.

Par exemple, dans le comté Gande de la préfecture autonome tibétaine Guoluo du Qinghai, un éleveur nommé Laoze a été condamné à trois ans d'emprisonnement par le tribunal populaire pour avoir causé la mort de quelqu'un. Après sa libération, les proches de la victime l'ont suivi et l'ont menacé avec un couteau tibétain. Plus tard, la mère de Laoze est intervenue pour plaider en faveur de son fils, acceptant finalement de verser une somme de six mille yuans comme « prix de vie » pour mettre fin à l'affaire[1].

Au cours des dernières années, les activités illégales et criminelles telles que les vols et les cambriolages de biens publics et privés ont augmenté de manière alarmante dans les régions tibétaines. Les principales cibles de ces actes de vol et de cambriolage sont les biens publics, mais certains criminels s'en prennent également aux biens des particuliers et des professionnels. Dans certaines régions, il existe même des « chaînes organisées » englobant le vol, le transport et la vente des objets volés. Dans ces cas-là, la communauté tibétaine a tendance à régler les affaires conformément au droit coutumier, en demandant la restitution des objets volés et une compensation équivalente.

Le phénomène des compensations monétaires pour la vie, les blessures, l'adultère ou le vol entraîne des conséquences graves dans les régions tibétaines actuelles. Peu importe la raison ou la légitimité des actions, si quelqu'un est tué ou blessé, une compensation financière doit être versée. Cela brouille la frontière entre crime et innocence, entre actes illégaux et légaux, et porte atteinte à la dignité et à l'autorité des lois établies par l'État.

En raison du montant élevé de la compensation, cela représente un lourd fardeau économique pour les agriculteurs et éleveurs qui se trouvent encore dans la pauvreté ou qui viennent tout juste d'en sortir. Les indemnités pour la vie non seulement appauvrissent les familles des auteurs, mais aussi causent du tort à leur clan familial et aux membres de leur tribu. Selon le droit coutumier, après avoir causé la mort d'autrui, l'auteur du dommage doit, outre le versement du prix de la vie, quitter son village ou sa tribu d'origine. Non seulement sa propre famille doit faire de même, mais tous ses proches doivent aussi s'installer ailleurs, sinon ils doivent racheter leur droit de résidence en payant une somme d'argent. Après avoir purgé sa peine de

[1] Société chinoise des études ethniques, *Études en ethnologie* (10e série), Presse des nationalités, mars 1991, p. 218.

prison, l'auteur ne peut s'installer que dans un autre endroit, mais il n'y a souvent pas de terres ou de pâturages pour subvenir à ses besoins. Pour survivre, certains prennent des risques et se tournent vers le vol, le pillage et même le meurtre, ce qui affecte la stabilité de l'ordre social.

Ce phénomène ne se limite pas aux régions tibétaines ; on constate également des cas de compensation pour la vie dans les régions actuelles des Yi. Lors de conflits quotidiens ou de disputes, si quelqu'un est blessé, la partie lésée tend souvent à demander une compensation en « prix de vie » conformément au droit coutumier, perpétuant ainsi un cycle de vengeance qui a souvent des conséquences sociales graves.

4. Les mariages « Axiao », « Anda » et « en partenariat » encore répandus de nos jours

Le droit coutumier des minorités ethniques exerce également une influence profonde sur les régions ethniques actuelles en matière de mariage et de famille. De nos jours, l'incarnation par excellence du droit coutumier consiste dans les mariages « Axiao » (*阿肖婚*), « Anda » (*安达婚*) et « en partenariat » chez les Naxi.

Le « mariage Axiao » est ce que le peuple Pumi appelle le « mariage Azhu » (*阿注婚*). « Axiao » est l'appellation mutuelle des partenaires impliqués dans le mariage ambulant chez les Naxi à Yongning dans le Yunnan, signifiant « amis partageant le même lit » (« xiao » signifie « coucher »). En réalité, il s'agit d'une forme de mariage ambulant sous le régime matriarcal. Cette coutume matrimoniale était assez répandue dans les villages Naxi au bord du lac Lugu à Yongning du Yunnan dans les années 1980. Des enquêtes ont montré que le mariage ambulant était la forme de mariage la plus courante dans la région, surtout parmi les jeunes : quasiment tout le monde le pratiquait, avec des variations seulement en termes de durée et du nombre de partenaires impliqués. Selon les statistiques des six cantons de Pingba dans le district de Yongning, le pourcentage de personnes ayant pratiqué le mariage ambulant dans chaque canton dépassait soixante pour cent, soit environ deux fois plus que le nombre de cohabitations et de mariages formels combinés. En 1980, une enquête menée par des experts en sociologie a révélé que le mariage Axiao représentait quarante pour cent de tous les mariages dans un canton du district de Yongning. Chez les Naxi de

Yongning, les gens ont souvent plusieurs Axiao (de longue durée et/ou temporaires). Comme l'a dit Senuo, un jeune homme de vingt et un ans du village Jiawa, dans le canton de Wenquan, et qui avait déjà eu huit Axiao : « Si une personne n'a qu'un seul Axiao dans sa vie, c'est comme un corbeau qui attend la mort d'un chien – tant pis pour lui[①]. »

Répandu chez les Naxi à Eya, le « mariage Anda » est aussi une sorte de mariage ambulant, qui se pratique principalement dans la jeunesse ; à l'âge adulte, le mariage en partenariat est plus populaire, c'est-à-dire que les frères partagent une femme ou les sœurs partagent un mari. Lors d'une enquête, Wamagu, âgé de soixante et onze ans, a déclaré : « Dans notre région d'Eya, nous trouvons d'abord un Anda, puis nous nous marions. J'ai été à Yongning, de l'autre côté de la rivière Jinsha. Là-bas, ils ne se marient pas, ils trouvent tous un Azhu. Les Azhu et les Anda sont assez similaires, mais il y a deux différences : premièrement, ils vivent avec les Azhu toute leur vie, tandis que nous ne cherchons des Anda que lorsque nous sommes jeunes ; deuxièmement, la façon de vivre est différente : l'Azhu habite chez la femme et c'est l'homme qui va chercher la femme. Nous avons des règles où l'homme va chercher la femme, mais aussi des situations où la femme va chercher l'homme, et cette dernière forme prévaut[②]. »

En outre, les dispositions du droit coutumier des diverses minorités ethniques sont encore en vigueur dans de nombreuses régions ethniques actuelles en ce qui concerne le mariage arrangé, le mariage pécuniaire, le mariage précoce, la « maison publique », l'enlèvement de la mariée, le « transfert de maisonnée », l'« interdiction de loger chez le mari », le divorce et les procédures de conclusion de mariage, etc., tandis que les lois établies par l'État en matière matrimoniale sont mises de côté et deviennent purement formelles. Par exemple, à Bianjiao, un village de quatre-vingt-treize foyers du district de Liuma du comté autonome Buyi et Miao de Zhenning, dans le Guizhou, cinquante-quatre couples se sont mariés de 1974 à 1984 ; quarante-quatre de ces mariages avaient été arrangés par les parents[③].

---

① Yan Ruxian et Song Zhaolin, *Le Matriarcat des Naxis de Yongning*, Presse populaire du Yunnan, décembre 1984, p. 97.

② Song Zhaolin, *Polygynie et Polyandrie*, Librairie Sanlian de Shanghai, juillet 1990, p. 34.

③ Wu Dahua et al, « Mariage dans les régions ethniques et législation », dans

5. Le marquage

Le droit coutumier relatif aux marquages est encore visible dans la société Yao aujourd'hui pour indiquer la propriété et l'appartenance des objets tels que le bois de chauffage, les produits de la montagne et les biens matériels ; en tant que code de conduite commun pour les gens, il a toujours une force contraignante stricte.

Dans les sociétés de minorités ethniques, selon le droit coutumier de la culture sur brûlis et du défrichage, les bois, les collines incultes et les forêts vierges entre les villages sont considérés comme des biens sans propriétaire que chacun a le droit d'occuper et d'utiliser selon le « principe du premier occupant ». Cela a conduit à des occurrences fréquentes de coupe anarchique, de dégradation des forêts et d'incendies délibérés. Un homme de quarante et un ans de l'ethnie Yi, nommé Li, a été influencé par les traditions coutumières et, à partir de 1980, a coupé plusieurs fois des arbres et provoqué des incendies pour défricher. Lors d'un de ces incendies, les flammes ont échappé à tout contrôle, détruisant une vaste étendue de forêts nationales et entraînant de lourdes pertes économiques. Un individu de l'ethnie Hani, nommé Pu, a également été influencé par le droit coutumier. En 1983 et 1984, il a coupé et brûlé à deux reprises les bois des fermes forestières voisines pour défricher les terres, ignorant les tentatives des travailleurs forestiers pour l'arrêter, entraînant des affrontements violents et causant des blessures handicapantes[①].

L'influence du droit coutumier est de nos jours très étendue dans les zones ethniques. Outre les domaines susmentionnés, elle se manifeste en matière de funérailles et de croyances religieuses, de prêts et d'héritage, etc. Cela mérite une grande attention.

## *II. Les raisons pour lesquelles le droit coutumier des minorités ethniques chinoises continue d'avoir un impact pratique*

Le droit coutumier des minorités ethniques continue d'avoir un impact, de jouer un rôle et d'être efficace dans les régions ethniques d'aujourd'hui. Il

---

*Études ethniques du Guizhou*, n° 2, 1986.

[①] Équipe de la rédaction, *Étude sur les criminels des minorités ethniques au Yunnan*, Presse de l'université de la Sécurité publique du peuple chinois, décembre 1990, pp. 25-27.

exerce une profonde influence sur la vie économique et sociale de ces régions, maintenant ainsi les minorités ethniques, qui commencent à peine à expérimenter l'économie de marché, sous l'ombre des traditions. Cette situation rend leur transition d'une société traditionnelle à une société moderne encore plus difficile.

L'étude des raisons pour lesquelles le droit coutumier continue d'exister et d'être efficace revêt sans aucun doute une signification positive. Elle nous permet de traiter correctement le droit coutumier en tant que culture ancestrale, de concilier ses relations avec les lois établies par l'État, de promouvoir le développement économique et social des régions de minorités ethniques et de favoriser la construction moderne.

Les raisons pour lesquelles l'influence du droit coutumier se fait encore sentir sont multiples et complexes, tant en termes de développement de la productivité économique qu'en termes sociohistoriques et culturels et de facteurs propres au droit coutumier lui-même. Nous devrions donc comprendre ce problème dans une perspective global, relationnelle et dynamique.

1. Les contraintes du niveau de développement de la productivité

Depuis la fondation de la République populaire de Chine, la productivité sociale dans les régions des minorités ethniques s'est améliorée dans une certaine mesure ; le Parti et le gouvernement populaire ont apporté leur soutien sous diverses formes pour aider ces régions à sortir de la pauvreté et à s'enrichir. Cependant, le mode socio-économique des régions ethniques, y compris la communauté primitive, l'esclavage, le servage et le féodalisme, était bien différent des modes actuels. La grande majorité des groupes ethniques ont un niveau de productivité sociale très bas, avec des modes de production plutôt primitifs et extensifs. Il est peu probable que cette situation puisse changer de façon significative en quelques décennies seulement.

Dans certaines régions montagneuses où les minorités ethniques sont concentrées, bien qu'une partie des terres soit cultivée de manière fixe et qu'une superficie déterminée soit consacrée à la culture du riz, les techniques de production primitives telles que la culture sur brûlis et la rotation des champs demeurent toujours significatives. Les minorités ethniques qui résident dans les plaines et les vallées continuent d'utiliser des techniques agricoles traditionnelles et des méthodes artisanales pour leur production. À ce niveau de productivité et de mode de production, le droit coutumier des minorités ethniques a naturellement sa base économique.

2. La prédominance de l'économie naturelle

Les différentes minorités ethniques de Chine ont connu un développement historique diversifié, ce qui a conduit à une diversification des structures de production économique. Cependant, les diverses régions ethniques sont restées au stade de développement de l'économie naturelle, la terre devenant la seule source matérielle de subsistance et de continuation des minorités ethniques. Après la Libération, grâce à la réforme démocratique et à d'autres mesures de développement économique, les régions ethniques ont éliminé la propriété privée foncière et ont réalisé un système de coopératives agricoles et de communes populaires. Cependant, cette structure de production reste encore dans le champ de l'économie naturelle, avec des modes de production simples et répétitifs. Après la troisième session plénière du onzième Congrès du Parti, les régions ethniques ont adopté un système de responsabilité de la production agricole familiale. La réforme et l'ouverture ont favorisé une grande libération des forces productives et l'émergence d'une économie de marché dans les régions ethniques. Pourtant, dans de nombreuses régions, l'économie naturelle reste encore prédominante.

Aujourd'hui encore, de nombreuses minorités considèrent le fait de faire du commerce comme quelque chose de déshonorant et estiment que vendre des marchandises sur un étal est peu honorable. La notion de commerce est d'une pénétration assez faible et le mépris envers l'activité commerciale reste assez fort. Le sous-développement de la division du travail social dans de nombreuses régions se reflète dans la structure économique basée essentiellement sur l'agriculture et l'élevage, avec peu d'échanges commerciaux sur les marchés et un nombre limité de personnes spécialisées dans le commerce et l'artisanat.

Même après la Libération, le développement économique dans les régions des minorités ethniques a apporté une certaine expansion de l'économie marchande. Cependant, la germination de l'économie marchande rivalise difficilement avec l'économie naturelle qui a perduré pendant des millénaires. Ainsi, elle ne peut pas suffire à briser les fondements de l'économie naturelle sur lesquels repose le droit coutumier des minorités ethniques. De plus, elle n'est pas encore assez puissante pour éliminer les conceptions et la conscience liées au droit coutumier.

3. L'impact de l'environnement géographique naturel

Bien qu'il ne soit pas l'unique facteur déterminant, l'environnement géographique naturel constitue l'une des conditions nécessaires qui influencent le développement et le visage des sociétés humaines. La plupart des minorités ethniques de Chine vivent dans des régions reculées, où les montagnes sont nombreuses et le terrain est complexe. Les hautes montagnes, les rivières tumultueuses, les vastes forêts et les vallées isolées créent une situation relativement fermée pour chaque région minoritaire. On vit et se reproduit de génération en génération dans un espace restreint.

Après la fondation de la République populaire de Chine, grâce aux efforts conjoints du Parti, du gouvernement et des populations des régions ethniques, la situation d'isolement quasi total a connu certaines améliorations ; toutefois, l'état général de la fermeture n'a pas été radicalement modifiée. Les limites dans le développement des transports et des communications, ainsi que les restrictions dans les échanges d'informations, ont considérablement entravé l'élargissement des horizons et l'acceptation de nouvelles idées et concepts par les différentes ethnies. De plus, l'environnement géographique naturel relativement difficile dans les régions ethniques rend la promotion et la diffusion de l'éducation juridique socialiste plus difficile, entravant ainsi la croissance de la conscience juridique socialiste. Par conséquent, plus les régions ou les villages sont isolés, plus l'influence du droit coutumier ethnique est grande.

4. L'existence étendue de la notion de droit coutumier

Bien que, depuis la fondation de la République populaire de Chine, les idées traditionnelles, les valeurs, les conceptions juridiques et éthiques des minorités ethniques aient connu des changements, l'environnement naturel fermé persiste toujours. Ce contexte naturel continue de dicter l'idéologie sociale, avec une économie naturelle fondamentale qui reste inchangée, préservant ainsi les bases qui permettent la continuité de la société agricole traditionnelle. Par conséquent, les structures profondes des conceptions traditionnelles du droit coutumier restent toujours très solides. Les membres des différentes ethnies conservent un fort sentiment d'attachement et de reconnaissance du droit coutumier sur les plans spirituel, psychologique et conceptuel. Dans de nombreuses situations, ils continuent de privilégier l'application du droit coutumier, considérant que s'en éloigner équivaudrait à abandonner les traditions de leur propre ethnie, et les priverait du contrôle de leur destin. Par conséquent, face aux épreuves et aux infortunes liées aux catastrophes naturelles et aux vicissitudes de la vie familiale, les membres des différentes ethnies cherchent toujours assistance et réconfort spirituel à travers le droit coutumier, afin de garantir leur sécurité et de satisfaire leur sens de l'honneur. Après l'ère de la réforme et de l'ouverture, ces conceptions traditionnelles du droit coutumier ont non seulement résisté aux chocs, mais ont même renforcé leur influence dans la vie sociale des minorités ethniques.

5. Les éléments positifs du droit coutumier

En tant que norme sociale élaborée, accumulée et transmise de génération en génération depuis des millénaires, le droit coutumier des minorités ethniques possède inévitablement des éléments rationnels et des aspects conformes au développement de l'histoire sociale et au progrès humain. Par exemple, le droit coutumier Bai, qui encourage la préservation des montagnes, des forêts et des sources d'eau, la protection de l'environnement écologique, le dévouement envers les œuvres caritatives, le travail acharné, la frugalité, le respect des enseignants, l'enthousiasme pour l'apprentissage et le progrès, a toujours une signification positive pour le développement socio-économique et la construction de la civilisation spirituelle dans la région Bai aujourd'hui. De même, le droit coutumier mandchou, mettant en avant le respect des personnes âgées, la piété filiale envers les parents, l'harmonie fraternelle et l'hospitalité, continue d'être respecté et suivi volontiers par les gens. Ainsi, le droit coutumier des minorités ethniques, en tant que principal support de la culture ethnique, est la principale incarnation de l'esprit national. Nombre de ses contenus, tels que l'entraide dans la production, les soins mutuels dans la vie quotidienne, le respect des personnes âgées et l'amour des enfants, l'aide aux pauvres, la prévention du vol et la protection de la production, sont positifs et bénéfiques à la construction de la civilisation matérielle et spirituelle socialiste. En conséquence, il bénéficie du soutien et de l'approbation des différentes communautés ethniques qui sont disposées à l'utiliser pour réguler leur comportement. Le droit coutumier, établi de longue date, ne manque pas de vitalité de nos jours.

6. La faiblesse relative des forces judiciaires et de maintien de l'ordre de l'État

Depuis la fondation de la République populaire de Chine, la construction du système juridique socialiste a connu des vicissitudes. La promotion de la démocratie socialiste et de l'éducation juridique n'a pas été suffisamment approfondie dans les régions des minorités ethniques. L'éducation à l'unité du système juridique socialiste et à l'autorité et à la dignité des lois établies par l'État est encore loin d'être adéquate. Il n'est pas encore possible de remplacer la conscience juridique du droit coutumier des différents groupes minoritaires par la conscience juridique socialiste.

Les populations des régions des minorités ethniques vivent généralement de manière dispersée, ce qui rend encore plus difficile l'application des lois étatiques par les organes judiciaires et de maintien de l'ordre du pays. L'étendue de la zone de compétence, le manque de ressources et la faiblesse des moyens de communication et de transport, tout cela affecte dans une certaine mesure la mise en œuvre des lois étatiques. Le fait que l'application de la loi par les autorités judiciaires et de maintien de l'ordre soit quelquefois partiale et que la sévérité des peines infligées soit incohérente nuit à l'autorité et à la dignité des lois étatiques ; cela affecte l'unification du système juridique socialiste. Au cours des périodes de « répression sévère », il y a également eu des cas de sanctions excessives. Tout cela contribue de manière indirecte à la prévalence généralisée et à l'influence continue du droit coutumier des minorités ethniques.

## *III. Le droit coutumier des minorités ethniques et les lois établies par l'État*

Le droit coutumier des minorités ethniques de Chine est un phénomène socioculturel très complexe, qui exerce une influence considérable sur le processus historique des différents groupes ethniques. Malgré les réformes démocratiques successives et l'éducation socialiste, le droit coutumier continue de jouer un rôle important dans la vie sociale de chaque groupe ethnique, et dans certains cas, il remplace même les lois établies par l'État, ce qui nécessite une réflexion approfondie et une approche prudente.

## 1. Le droit coutumier des minorités ethniques et les lois établies par l'État dans l'histoire chinoise

Avant d'examiner comment la Chine devrait gérer la relation entre le droit socialiste et le droit coutumier des minorités ethniques, nous croyons qu'il est indubitablement précieux de revenir sur la relation entre les lois établies par l'État et le droit coutumier des minorités ethniques dans les différentes dynasties de l'histoire chinoise.

La dynastie Qin a été le premier État féodal multiethnique unifié de l'histoire de la Chine, avec les Han comme principale ethnie et les minorités ethniques comprenant les barbares de l'Est, de l'Ouest, du Sud et les peuples Baiyue. Le *Code de Qin* comportait des dispositions spéciales sur les minorités ethniques et accordait une importance considérable à l'administration des régions à minorités ethniques. Le *Livre des Han postérieurs* rapporte : « Le roi Hui de Qin a annexé le centre de Ba et a nommé le chef des Ba comme chef des barbares. Les femmes de Qin ont été mariées à des hommes de cette tribu. Le titre de noblesse des gens de cette tribu ne devait pas être changé. » Ou encore : « Les meurtriers ont été autorisés à acquitter leurs peines en versant de l'argent[①]. » C'était en fait une façon de permettre aux minorités ethniques de se gouverner elles-mêmes et de confirmer la validité du droit coutumier.

Pour les diverses ethnies lointaines du sud-ouest, la dynastie Han a adopté un système leur permettant de pratiquer, en fonction de leurs caractéristiques propres, « l'autonomie » sous le règne de la dynastie centrale. Ce système consistait à « maintenir la politique de l'État, ne pas perturber les coutumes locales, réformer l'éducation, mais ne pas changer les mœurs ». Il est donc évident que cela a donné une certaine place au droit

① *Hou Han Shu – Nan Man Xi Nan Yi Li Zhuan* (*后汉书 • 南蛮西南夷列传*, « Le livre des Han postérieurs - Les barbares du sud et les barbares du sud-ouest »).

coutumier des minorités, en reconnaissant son application dans les régions ethniques.

Pendant la dynastie Liao, les Khitan appliquaient leur propre droit coutumier pour régir les affaires de leur peuple, tandis que les lois Tang étaient utilisées pour les Chinois. À l'époque du règne de l'empereur Shengzong de Liao, les lois stipulaient notamment : « Les Khitans et les Chinois qui se battent et tuent seront punis de manière inégale[①]. » Les lois des dynasties Xixia et Jin étaient toutes fondées sur le droit coutumier de leur propre peuple.

Pendant la dynastie Yuan, c'est le droit coutumier (Zhasa ou Grand Zhasa) qui a joué le premier et le plus important rôle en tant que base des institutions étatiques et des diverses relations sociales dans l'empire de Gengis Khan. L'importance du droit coutumier est évidente dans les paroles de Gengis Khan : « Désormais, si les nombreux rois et princes, ainsi que les nobles, les guerriers et les bourgeois, etc., qui sont sous les ordres du roi, négligent le Zhasa, cela ébranlera et peut-être détruira l'État. » Sur son lit de mort, Gengis Khan a même averti ses fils : « Après moi, vous ne pouvez pas changer le Zhasa[②]. » Plus tard, la dynastie Yuan a compilé un nouveau code, mais le droit coutumier a continué à avoir force de loi en vertu de ce code.

La dynastie Qing a élaboré de nombreuses réglementations pour réguler les relations entre les différentes ethnies et traiter des affaires dans les régions des minorités ethniques. En termes de quantité et de contenu, ces règles ont dépassé celles de toute autre dynastie antérieure et ont atteint le plus haut sommet de la législation nationale des ethnies de l'histoire chinoise. Outre les dispositions pertinentes du *Grand Code des Qing*, il existait également des lois spéciales telles que la *Loi des Hui*, la *Loi des Fan*, la *Loi des Mongols*, la *Loi des Miao*, le *Règlement de la Loi des Fan*, le *Règlement formulé par ordre impérial pour la région du Tibet* et le *Règlement de Li Fan Yuan*, etc. Le *Grand Code des Qing* prévoyait qu'à l'intérieur du territoire Miao, « tous les litiges entre les Miao d[evaient] être réglés conformément à la *Loi des Miao*, sans nécessiter l'intervention des

---

① *Liao Shi – Xing Fa Zhi* (*辽史 • 刑法志*, « L'Histoire de Liao - Droit pénal »).

② Cité d'après [Russ.] Berezin, *Le Zhasa de Genghis Khan*, dans Documents de référence sur l'histoire mongole (18e série), édité par institut de recherche sur l'histoire mongole de l'université de Mongolie-Intérieure, 1981. Voir aussi : Rashid al-Din, *Histoire universelle*, vol. 2, traduit en chinois, The Commercial Press, janvier 1983, p. 31.

lois officielles pour éviter de perturber la paix sociale[1] ». Ici, la *Loi des Miao* est en fait le droit coutumier. De manière similaire, l'État reconnaissait le droit coutumier sous forme de lois dans le *Règlement du Huijiang*, la *Loi des Mongols* et le *Règlement de Li Fan Yuan*, en particulier pour les pratiques telles que le « remplacement de la peine par une sanction » et le « serment solennel ». Tout en adhérant au principe de l'unification du système juridique national, la dynastie Qing avait élaboré et appliqué des mesures légales adaptées aux différentes régions des minorités ethniques frontalières (y compris la reconnaissance de certaines coutumes locales), réussissant ainsi à réguler les relations entre le gouvernement central et les régions périphériques, ainsi que les relations entre les différentes ethnies[2].

Pendant la période de la République de Chine sous la domination du Kuomintang, les affaires judiciaires criminelles dans toutes les régions tibétaines du Sichuan, du Tibet et du Qinghai étaient encore principalement jugées en fonction du droit coutumier qui existait avant la dynastie Qing. Les affaires judiciaires civiles étaient également en grande partie arbitrées par le droit coutumier de chaque région.

Il est clair que toutes les dynasties de l'histoire chinoise ont accordé une grande importance au droit coutumier des minorités ethniques. Lors de l'élaboration des lois, elles ont, dans le respect du principe d'unification du système juridique national, reconnu une certaine validité au droit coutumier. C'est une leçon précieuse que nous pouvons tirer de l'histoire chinoise.

### 2. L'attitude appropriée à l'égard du droit coutumier des minorités ethniques

Nous devons reconnaître que le droit coutumier joue un rôle important dans les régions ethniques actuelles. Les vastes populations des minorités ethniques ont une forte conscience du droit coutumier, et cette réalité objective est indéniable. Nous ne devons en aucun cas ignorer ce fait, ni l'éluder ou le dissimuler. Bien que depuis les réformes démocratiques, la

[1] *Da Qing Lv Li – Duan Fang Yu- Duan Zui Bu Dang* (*大清律例・断方狱・断罪不当*, « Le grand Code des Qing – condamnation inappropriée »), promulgué l'an 3 du règne Yongzheng.
[2] Pour plus d'informations sur ce sujet, voir les articles suivants : Zheng Qin, « Mesures juridiques pour gouverner les régions frontalières minoritaires pendant la dynastie Qing », dans *Études ethniques*, n° 2, 1988 ; Chen Guangguo et Lu Xiaoguang, « Étude préliminaire de la législation de la dynastie Qing sur les procédures militaires administratives contre les peuples mongol et tibétain au Qinghai », dans *Journal de l'institut des études ethniques du Qinghai*, n° 2, 1991 ; Chen Guangguo, « Une vue d'ensemble des normes juridiques tibétaines avant la réforme démocratique », dans *Sciences sociales chinoises*, n° 6, 1987, etc.

culture sociale, y compris la culture juridique, ait subi de grands changements dans les régions des minorités ethniques, diverses contraintes naturelles, économiques, historiques, réelles et conceptuelles font que le droit coutumier est encore largement présent et exerce son influence de manière latente ou ouverte. Seule une reconnaissance de cette réalité objective nous permettra de traiter correctement le droit coutumier des minorités ethniques, de gérer efficacement sa relation avec les lois établies par l'État, et de renforcer la construction du système démocratique et juridique socialiste.

La juste approche du droit coutumier des minorités ethniques est cruciale pour le développement économique, la stabilité sociale des régions ethniques, la modernisation et le développement de l'économie de marché dans ces régions, ainsi que pour l'unification du système juridique socialiste. Les groupes ethniques considèrent le droit coutumier comme une partie importante de leur culture et le valorisent profondément. Pour de nombreuses ethnies, le droit coutumier transmis de génération en génération est considéré comme la racine de leur existence. Dans le contexte de la situation où, par exemple, « les singes dépendent des bois, et les Yi dépendent de leur branche familiale », une gestion inappropriée du droit coutumier en matière de branche familiale pourrait blesser les sentiments du peuple Yi et entraîner des perturbations sociales. Depuis la fondation de la République populaire, notre Parti et le gouvernement ont accompli beaucoup de travail dans ce domaine et ont accumulé de riches expériences. Bien que des progrès aient été réalisés dans le traitement du droit coutumier, il y a aussi eu des leçons à tirer. En raison du manque d'enquêtes et de recherches approfondies, notre compréhension de la réalité et l'impact du droit coutumier des minorités ethniques sous l'ère socialiste est insuffisante. L'ignorance des sentiments profonds et de l'attachement fort des minorités ethniques au droit coutumier, ainsi que l'absence de politiques claires et pratiques conformes à la réalité, ont conduit à traiter de nombreux problèmes liés au droit coutumier comme une application particulière de la lutte des classes. Cela a engendré des erreurs dans les critiques et le traitement de la part des autorités ; ces leçons doivent être sérieusement prises en compte.

Dans le contexte actuel des niveaux de productivité, des relations de production et des conditions culturelles et intellectuelles, l'élimination totale du droit coutumier et l'interdiction complète de son influence dans les régions de minorités ethniques sont impossibles. En tant que phénomène historico-culturel, le droit coutumier ne peut s'éteindre du jour au lendemain ; son extinction implique un long processus qui ne peut se réaliser de manière subjective par la volonté humaine, mais dépend plutôt d'une amélioration considérable des forces productives, du développement avancé de l'économie de marché, et d'une grande transformation dans la pensée et la culture sociale. La conception et la pratique qui consistent à croire que l'élimination du droit coutumier peut être accomplie d'un coup par des ordres ou d'autres moyens coercitifs sont non seulement non scientifiques, mais également très préjudiciables. Sur une période considérable à venir, la recherche obstinée de l'avancement juridique et du progrès, tout en ignorant la forte vitalité inhérente de la culture juridique existante, nuira, en fin de compte, à l'autorité et à la dignité des lois étatiques dans les régions ethniques et compromettra leur efficacité et leur rôle dans ces régions, engendrant des effets négatifs et des impacts défavorables. « Qui trop se hâte reste en chemin. » Une approche précipitée se traduira par une situation où les avantages de l'ordre légal ne sont pas atteints, mais où les inconvénients de la perturbation de l'ordre moral sont déjà présents[①]. Ce n'est qu'en trouvant les points de convergence entre les lois étatiques et le droit coutumier des minorités ethniques, et grâce à des efforts sur le long terme et approfondis, que les premières pourront progressivement s'enraciner dans les régions ethniques et y jouer un rôle plus significatif.

Il faut noter que la conscience, les perceptions et les émotions des gens sont à plusieurs niveaux. Pour mener à bien la modernisation socialiste, renforcer l'unité nationale et développer l'économie des différentes ethnies, on ne peut, ni ne doit, exiger que les concepts juridiques, les émotions juridiques et la conscience juridique de toutes les populations ethniques soient entièrement uniformes et alignés sur la conscience juridique socialiste. Les changements dans les mentalités sont lents, mais leur pouvoir est considérable. Dans le cadre du maintien de l'unification du système juridique de l'État, permettre l'existence des concepts juridiques, des émotions juridiques, et de certaines forces du droit coutumier dans la population des minorités ethniques, a une signification positive. Cela

① Fei Xiaotong, *La Chine à la campagne*, Librairie Sanlian, juin 1986, p. 59.

contribue à mobiliser tous les facteurs positifs, renforcer la solidarité nationale, sauvegarder l'unité de la patrie, et promouvoir la modernisation dans les régions ethniques. C'est indubitablement bénéfique.

3. La concordance et les conflits entre le droit coutumier des minorités ethniques et les lois établies par l'État

L'influence actuelle du droit coutumier des minorités ethniques dans les régions ethniques comporte à la fois des aspects positifs et négatifs. Il contribue dans une certaine mesure à résoudre les litiges entre les individus, à stabiliser l'ordre social dans les régions ethniques, à renforcer l'unité ethnique, à développer la production et l'économie de marché dans les régions ethniques, et à promouvoir la construction des civilisations matérielles et spirituelles dans ces régions. En même temps, le droit coutumier des minorités ethniques porte gravement atteinte à la dignité et à l'unité du système juridique national et perturbe les activités normales des organes judiciaires et des forces de l'ordre de l'État, menaçant ainsi l'ordre social dans les régions ethniques.

Par conséquent, entre la législation socialiste et le droit coutumier des minorités ethniques, il existe à la fois une concordance et inévitablement des contradictions et des conflits ; les deux revêtent également une nature complémentaire.

(1) La concordance entre le droit coutumier des minorités ethniques et les lois établies par l'État.

Cela se manifeste principalement dans le fait que certains comportements interdits par le droit coutumier des minorités ethniques sont également interdits par les lois établies par l'État, tandis que certains comportements encouragés et soutenus par le droit coutumier des minorités ethniques sont aussi protégés par les lois étatiques.

Les actes de vol sont strictement interdits et punis par le droit coutumier ; ce dernier protège les droits de propriété des villages, des familles et des ménages. Par exemple, selon le droit coutumier des Zhuang, les voleurs sont punis de différentes manières en fonction de la valeur des objets volés, allant du remboursement, du simple au double, à l'amende, aux travaux forcés, à la déchéance de la citoyenneté du village ou même à la peine de mort. Les Daur, quant à eux, exigent que les personnes ayant volé les cultures d'autrui fassent des excuses publiques maison par maison[1]. Les lois établies par l'État, telles que la *Constitution*, le *Code pénal*, le *Code civil*, le *Code de l'administration de la sécurité publique*, etc., protègent également la propriété collective et individuelle, interdisent les actes de vol, et infligent des sanctions à ceux qui les enfreignent. Par conséquent, ces deux systèmes présentent des similitudes évidentes. Dans d'autres cas, comme l'interdiction du viol, du pillage et de l'homicide, l'esprit fondamental du droit coutumier des minorités ethniques est conforme aux lois établies par l'État.

Le droit coutumier des minorités ethniques protégeant la production agricole est très riche. Ainsi, chez les Yao, pendant la cérémonie du culte au dieu de la terre au printemps et à l'automne, il est de coutume que : « Après la fête de Qingming, aucun poulet, canard ou cochon ne sera autorisé à sortir ; si on voit de l'eau s'écouler du champ de quelqu'un d'autre, on doit aider à réparer les trous ; si un bœuf fait couler les fondations du champ de quelqu'un d'autre par des coups de pied, on doit aider à les réparer immédiatement[2]. » Les Zhuang ont également des dispositions du droit coutumier pour protéger la production, prévoyant que « quand on plante des céréales diverses précoces à l'endroit où les bovins et les moutons sont élevés, on doit garder les animaux de près lorsque les plantes sont à leur apogée ; et s'il arrive que les animaux se nourrissent de céréales, on doit compenser les pertes. Il est interdit d'imposer des amendes sous prétexte que les céréales ont été piétinées par des bovins et des moutons[3] ». De même, pour les Dong, il est interdit de détourner secrètement l'eau des champs ; sinon, c'est un délit. Ces éléments ne sont pas en contradiction avec l'esprit fondamental des lois établies par l'État et sont cohérents avec celui-ci.

Les dispositions du droit coutumier des minorités ethniques relatives aux relations entre parents et enfants sont également conformes à celles de la Constitution de l'État et de la loi sur le mariage. Le droit coutumier imposant de respecter les personnes âgées et d'aimer les enfants correspond aux

---

[1] Équipe de rédaction de la Région autonome de Mongolie-Intérieure et al, *Enquête sur l'histoire sociale des Daur*, Presse des nationalités, mai 2009, p. 186.

[2] Équipe de rédaction de la Région autonome desZhuang du Guangxi, *Enquête sur l'histoire sociale des Yao du Guangxi*, tome I, Presse des nationalités du Guangxi, février 1984, p. 68.

[3] Équipe de rédaction de la Région autonome des Zhuang du Guangxi, *Enquête sur l'histoire sociale des Zhuang du Guangxi Zhuang,* tome I, Presse des nationalités du Guangxi, mai 1984, p. 103.

dispositions de la Constitution, du Code pénal et de la législation sur le mariage et la famille. Le règlement des Yao relatif aux transactions commerciales dispose que « la vente de porcs malades est interdite et passible d'une lourde amende[①] », ce qui est similaire aux lois étatiques en vigueur.

Le droit coutumier des minorités ethniques et les lois étatiques sont tous les deux des normes sociales, faisant partie intégrante de la culture juridique humaine. Ils se forment sur la base de l'absorption et de l'héritage de la civilisation humaine, avec pour objectif commun de maintenir l'ordre social, de réguler les relations sociales, de promouvoir le progrès et le développement de la société. Ils ont indéniablement des similitudes et des points communs, en particulier en ce qui concerne l'attention et la protection de la dignité humaine et de la survie.

(2) Le conflit entre le droit coutumier des minorités ethniques et les lois étatiques de notre pays.

Ce conflit se manifeste par des divergences voire des oppositions entre le droit coutumier des minorités ethniques et les lois étatiques en vigueur. Il existe des conflits et des contradictions tant dans le domaine civil que pénal, et les procédures judiciaires sont également différentes. En tant que normes sociales, le droit coutumier des minorités ethniques et les lois étatiques ont des différences évidentes dans leur fondement, leur objectif, leur fonction et leur mise en œuvre.

Dans le domaine civil, le droit coutumier des minorités ethniques est principalement axé sur la famille, le clan et même le village en tant que propriétaires de biens, et les individus ont rarement la capacité de posséder et de gérer librement leurs biens en tant que propriétaires. En revanche, la *Constitution*, le *Code civil* et la loi successorale en vigueur dans notre pays disposent qu'en plus de l'État et de la collectivité, l'individu constitue le sujet principal de la propriété. Les lois étatiques en vigueur garantissent le statut et les droits de l'individu.

En ce qui concerne le mariage et l'héritage familial, le droit coutumier établit des pratiques telles que le mariage précoce, l'enlèvement de la

---

① Équipe de rédaction de la Région autonome des Zhuang du Guangxi, *Enquête sur l'histoire sociale des Yao du Guangxi*, tome I, Presse des nationalités du Guangxi, février 1984, p. 62.

mariée, le mariage par achat, le mariage arrangé, le « transfert de maisonnée », la « maison publique », la communauté de mari ou de femme, etc. Les divorces sont également relativement faciles et reflètent une culture patriarcale, le pouvoir parental, l'ignorance de la volonté individuelle, ce qui est en grande contradiction avec les principes et les dispositions de la loi étatique sur le mariage en matière d'égalité des sexes, de monogamie et de liberté matrimoniale. Le droit coutumier des minorités ethniques prive souvent les femmes de leur droit à l'héritage, ce qui contredit également la disposition de la loi étatique sur l'égalité des sexes en matière d'héritage. Le droit coutumier protège également le pouvoir des parents et leur accorde des pouvoirs étendus, ce qui ne se retrouve pas dans les lois étatiques en vigueur.

En matière de créances et de dettes, le droit coutumier autorise parfois la saisie de biens, de bétail, voire de terres et de maisons pour régler les dettes impayées. Parfois, il est même permis d'asservir les enfants du débiteur ou de faire travailler son conjoint en tant que serviteur. En revanche, la législation nationale ne touche jamais aux droits propres à la personne en cas de dettes impayées, les problèmes de propriété étant résolus strictement par des moyens matériels liés à la propriété.

Le conflit entre le droit coutumier des minorités ethniques et les lois étatiques est plus flagrant dans le domaine pénal. Le droit coutumier considère certains comportements comme légitimes, tandis que la loi étatique les considère comme des comportements criminels, dangereux pour la société.

Des méthodes de production primitives telles que le défrichage et le brûlis sont encore pratiquées par certaines minorités ethniques. Ces pratiques, qui conduisent souvent à la déforestation, au déboisement et à l'incendie des forêts, sont classées comme des crimes de vol, de déforestation et d'incendie et passibles de sanctions en vertu du droit pénal de l'État. En revanche, elles ne sont pas réprimées par le droit coutumier qui les considère comme des comportements légitimes et raisonnables[①].

Certains comportements soutenus et encouragés par le droit coutumier peuvent enfreindre les lois étatiques, constituant ainsi des délits ou des

---

① Équipe de rédaction du livre *Étude sur la criminalité des minorités ethniques au Yunnan*, *Étude sur la criminalité des minorités ethniques au Yunnan,* Presse de l'université de la Sécurité publique du peuple chinois, décembre 1990, pp. 24-27.

crimes tels que la détention illégale, l'intrusion illégale dans la résidence d'autrui, la destruction de biens, les blessures et le meurtre, et entraînant des sanctions de la part de l'État.

Les pratiques telles que le mariage précoce, la polygamie, la polyandrie, le mariage par enlèvement, et le système de « maison publique » stipulées par le droit coutumier des minorités ethniques peuvent potentiellement violer les lois étatiques, entraînant des accusations de viol (viol d'une jeune fille de moins de quatorze ans, viol collectif), ainsi que des accusations de bigamie. Les règles prévues par le droit coutumier telles que le mariage arrangé par les parents et le droit de mariage préférentiel pour les oncles et les tantes peuvent violer les lois étatiques, constituant des crimes d'ingérence violente dans la liberté matrimoniale d'autrui et de détention illégale. Les contenus tels que les droits parentaux et l'inégalité entre les sexes prescrits par le droit coutumier des minorités ethniques peuvent également conduire à des actes de maltraitance envers les membres de la famille, violant ainsi les lois établies par l'État.

Les conflits et les contradictions entre le droit coutumier des minorités ethniques et les lois établies par l'État se manifestent également dans l'application et le traitement des procédures judiciaires, ainsi que dans les modes de sanction. Le droit coutumier est plus spécifique dans ses effets : il ne peut être appliqué que dans une zone géographique limitée. En général, il n'y a pas d'organismes spécialisés pour l'exécution et la médiation. Les procédures sont également beaucoup moins complexes et strictes que celles définies par les lois établies par l'État. En particulier, lorsqu'un litige ou même une affaire criminelle survient dans les régions des minorités ethniques, il est courant de ne pas porter plainte auprès des organes judiciaires et d'application de la loi pour demander un jugement, mais plutôt de le résoudre conformément aux dispositions du droit coutumier. Parfois, il arrive qu'on traite à nouveau une affaire en vertu du droit coutumier après qu'un jugement a été rendu par un tribunal populaire, ce qui porte atteinte à l'autorité et à la dignité des lois établies par l'État.

En ce qui concerne les modes de sanction, le droit coutumier des minorités ethniques se base principalement sur des formes telles que l'amende, la confiscation, l'expulsion du village, les châtiments corporels, voire la peine de mort. Elles présentent des caractéristiques portant atteinte à la réputation et causant des souffrances physiques, se distinguant ainsi des formes plus civilisées de sanctions prévues par les lois établies par l'État. Certaines minorités ethniques du Guizhou, par exemple, continuent aujourd'hui à appliquer les « quatre 120 » en vertu du droit coutumier pour le vol de bœufs, de chevaux, de porcs et d'argent liquide, exigeant du contrevenant une amende de cent-vingt yuans d'argent, ainsi que la remise de cent-vingt livres de viande, de vin et de riz. Le contrevenant doit ensuite convier tous les membres du village à boire et présenter des excuses pour régler l'affaire[1]. Les divergences entre les deux normes sont bel et bien directes et évidentes.

(3) La complémentarité du droit coutumier des minorités ethniques avec le droit étatique chinois.

Les relations sociales régies par le droit coutumier des minorités ethniques comprennent plusieurs aspects que les lois étatiques ne réglementent pas, tels que les interactions sociales, les funérailles et les croyances religieuses, et qui ne sont régis que par le droit coutumier. En ce qui concerne les relations sociales qui sont régies à la fois par les lois étatiques et le droit coutumier, les règles du droit coutumier sont plus précises, plus détaillées et plus proches de la vie quotidienne des différentes ethnies, ce qui permet de combler les lacunes des lois étatiques plutôt fondées sur des principes et plus abstraites.

Le droit coutumier de chaque minorité ethnique définit généralement des valeurs telles que l'amour du travail, l'aide aux autres, le soutien aux personnes veuves et orphelines et l'engagement envers les œuvres caritatives. Par exemple, dans les pagodes, les pavillons et sur les « ponts de vent et de pluie » des régions Dong, pendant l'été, on peut voir fréquemment des membres dévoués de cette ethnie mettant des seaux d'eau de source à disposition des passants. Toutes ces actions sont volontaires, ne nécessitent jamais de désignation ou de rotation entre les ménages, et sont accomplies de manière anonyme et spontanée. Un tel droit coutumier constitue sans aucun doute un complément bénéfique aux lois établies par l'État.

[1] Zhang Zhiyong et Xia Yong, « Enquêtes et consultations sur les cas de détention illégale dans les zones de minorités ethniques », dans *Études juridiques modernes*, n° 1, 1989.

4. La gestion appropriée de la relation entre les lois établies par l'État et le droit coutumier des minorités ethniques

La relation entre les lois établies par l'État et le droit coutumier est un problème théorique complexe et une question délicate dans la réalité. Nous devrions aborder cette question avec sérieux et prudence, en tenant compte des intérêts pour l'uniformité du système juridique national, le développement social et économique des régions habitées par les minorités ethniques, le maintien de l'unité nationale, ainsi que la promotion de la construction de la civilisation spirituelle dans ces régions.

(1) Lors de la gestion de la relation entre les lois établies par l'État et le droit coutumier, il est impératif de respecter les principes suivants :

- Premièrement, l'unification du système juridique national, ainsi que l'autorité et la dignité des lois établies par l'État, doivent être préservées. Chaque ethnie, chaque région et tous les citoyens doivent respecter la *Constitution* et les lois étatiques. Aucune réglementation administrative ou locale ne doit être en contradiction avec la *Constitution* ou les lois.

- Deuxièmement, pour les dispositions du droit coutumier des minorités ethniques qui ne peuvent actuellement être remplacées, il convient de les considérer temporairement avec respect et reconnaissance, en prenant en compte le respect de la culture ethnique. Parallèlement, il est nécessaire de promouvoir activement la législation autonome et flexible.

Les lois actuelles en vigueur en Chine, telles que la *Constitution*, le *Code pénal* ou encore la *Loi sur l'autonomie régionale des minorités ethniques*, stipulent clairement que les régions autonomes ethniques ont le droit d'élaborer des règles alternatives ou complémentaires en fonction des caractéristiques ethniques locales dans le respect des principes du droit. Cela montre que les lois établies par l'État confèrent une certaine force au droit coutumier et reconnaissent son rôle dans les régions ethniques. Les lois établies par l'État respectent d'une manière ou d'une autre l'existence du droit coutumier des minorités.

Au cours des dernières années, certaines régions autonomes comme la Mongolie-Intérieure, le Xinjiang et le Tibet, certaines préfectures autonomes comme Ganzi, Aba et Liangshan dans la province du Sichuan, ainsi que certaines préfectures et certains comtés autonomes des provinces du Yunnan, du Gansu, du Guizhou, du Hunan et du Jilin, ont établi des règles flexibles ou complémentaires dans le domaine du mariage et de la famille. Ces règles ont en partie reconnu certains aspects du droit coutumier de diverses minorités ethniques en matière de mariage précoce, de formalités de mariage, de relations conjugales et de divorce, etc. La préfecture autonome des Dai et des Jingpo de Dehong, dans le Yunnan, a élaboré une réglementation antidrogue adaptée aux caractéristiques locales des crimes liés aux stupéfiants. Ces législations autonomes des minorités ethniques ont joué un rôle positif dans la vie sociale. Dans le futur, il est nécessaire de mener activement des travaux législatifs autonomes des minorités ethniques en accord avec la théorie de défense positive de la « correspondance sociale » (la pertinence des éléments constitutifs[①]), afin de coordonner efficacement la relation entre les lois établies par l'État et le droit coutumier.

- Troisièmement, dans la pratique judiciaire et de l'application de la loi, il convient de prendre en considération de manière appropriée les contenus pertinents du droit coutumier des minorités ethniques.

Les organes judiciaires et d'application de la loi nationaux, dans l'exercice de leurs fonctions judiciaires et d'application de la loi, doivent, en fonction des conditions réelles dans les régions de minorités ethniques, suivre le principe privilégiant l'éducation plutôt que la sanction, ainsi que la politique des « deux moins et un plus » (pour les criminels issus des minorités ethniques, il est nécessaire de maintenir une approche « moins d'arrestations, moins d'exécutions », et de faire preuve de plus d'indulgence dans le traitement).

Lors du traitement spécifique d'affaires, en particulier d'affaires criminelles, il est essentiel de prendre en considération à la fois la législation nationale et le droit coutumier des minorités ethniques et de faire référence aux dispositions du droit coutumier de manière appropriée.

Tout d'abord, si un comportement est considéré comme criminel selon

---

[①] La théorie de défense positive dite de la « correspondance sociale » (pertinence des éléments constitutifs) est proposée par certains juristes étrangers. Elle se réfère essentiellement au fait que, puisque les gens vivent dans un ordre éthique social établi par l'histoire, leur comportement ne peut en général dépasser le cadre autorisé par les normes de la vie sociale et les concepts sociaux courants. Par conséquent, les comportements conformes à cet ordre ne devraient pas être réglementés en tant que comportements illégaux ou criminels ; ils devraient bénéficier de la défense positive.

les lois étatiques, mais ne l'est pas au regard du droit coutumier des minorités ethniques, et que ce comportement ne présente pas nécessairement un danger social grave dans les régions ethniques et n'entraîne pas de conséquences néfastes, alors il peut ne pas être approprié de le traiter comme un crime.

Ensuite, dans le cas d'actes qualifiés de crimes graves par les lois étatiques, mais considérés comme des délits mineurs par le droit coutumier, les organes judiciaires nationaux ne sont pas tenus de se conformer strictement aux dispositions des lois étatiques. Ils peuvent infliger des peines plus légères ou atténuer les sanctions contre les délinquants.

Enfin, lors du règlement de divers litiges, les organes judiciaires des minorités ethniques devraient se référer aux méthodes de sanction du droit coutumier local et, dans certaines limites, privilégier les sanctions économiques autant que possible.

(2) Les références spécifiques au droit coutumier des minorités ethniques dans la pratique judiciaire chinoise[1].

En ce qui concerne les homicides, ceux survenus avant la Libération ne faisaient généralement pas l'objet d'enquêtes ou de poursuites sauf en cas de dénonciation, auquel cas une médiation devait être entreprise. Pour ceux qui, après la Libération, continuaient à commettre des meurtres, le principe était de leur infliger des sanctions légales nécessaires conformément au droit coutumier local.

Le paiement du prix de la vie ne doit pas être aboli précipitamment. Le maintien de cette pratique permet d'éviter la récurrence d'affaires de meurtre ou de blessure. En général, lors du traitement des affaires d'homicide conformément aux lois étatiques, les tribunaux ou le gouvernement cherchent à résoudre ces affaires par médiation, avec le concours des personnalités de haut rang issues des groupes ethniques ou religieux. Pour les pertes subies par la victime, la compensation est basée sur la moitié des biens d'une famille moyenne locale comme référence.

Pour les affaires de meurtre ou de blessure résultant de litiges tels que des conflits sectaires, des disputes liées aux pâturages, aux forêts, aux terres,

[1] Cette partie se réfère principalement à l'article de M. Chen Guangguo intitulé « Le droit coutumier tibétain et la construction de la civilisation spirituelle socialiste dans les régions tibétaines » (*Études juridiques modernes*, n° 2, 1989). Nous l'en remercions ici.

etc., le gouvernement intervient en invitant les dirigeants locaux et les personnalités de haut rang des groupes ethniques ou religieux à négocier une solution. Les personnes ayant causé des blessures graves ou la mort sont punies conformément aux lois étatiques, tandis que pour les autres participants, des mesures plus indulgentes sont prises en fonction de la situation.

En ce qui concerne les cas de viol, si la victime a porté plainte et que, après enquête, il est avéré qu'un crime a été commis, la responsabilité pénale doit être engagée. Cependant, la peine peut être allégée ou atténuée, généralement sans prononcer de peines lourdes. Pour les violeurs mineurs, l'arrestation n'est pas systématique, et la poursuite n'est pas engagée systématiquement : soit il est ordonné à leurs parents de les surveiller étroitement, soit le gouvernement peut les placer en détention à des fins correctionnelles.

Les criminels coupables de viol sur des fillettes de moins de quatorze ans sont généralement poursuivis pour leur responsabilité pénale conformément aux lois étatiques. Ceux qui ont commis des actes de viol de manière cruelle et odieuse, causant un grand préjudice à la santé physique et mentale des jeunes filles ou entraînant d'autres conséquences graves, doivent être punis sévèrement selon les lois étatiques. Cependant, en raison du droit coutumier, tel que le « port de la tête du ciel », la « maison publique », la « fréquentation d'une fille » et le « Fangliao », certains actes sexuels avec des fillettes de moins de quatorze ans ne sont généralement pas traités comme des viols.

Les familles polygames établies dans le passé, telles que les frères partageant une même épouse ou les sœurs partageant un même mari, ne devraient pas être jugées pour bigamie. Si de telles familles se forment à nouveau après les règlements supplémentaires de la loi sur le mariage, leurs relations matrimoniales doivent être dissoutes et le remariage doit être considéré comme invalide. Cependant, certaines régions, comme la région des Naxi à Yongning, peuvent bénéficier d'un traitement spécial.

Pour les cas de remariage et de prise de concubines en raison de l'infertilité ou de l'absence de garçon, une éducation critique doit être dispensée et les personnes remariées doivent être incitées à rompre leurs relations. Seuls les cas extrêmement graves impliquant des méthodes coercitives dans le remariage et la prise de concubines sont pénalement poursuivis conformément à la loi.

Il est réaffirmé que le mariage doit être enregistré, et tout divorce doit être traité par les autorités compétentes de l'État conformément aux procédures légales.

Les cas de vol et de cambriolage étaient généralement traités avec une certaine indulgence par le passé. Cependant, avec la mise en œuvre du système de responsabilité familiale pour la production agricole, les conceptions de propriété des biens des citoyens ont beaucoup évolué dans les régions de minorités ethniques. Par conséquent, une approche indulgente ne doit plus être systématiquement adoptée. Lors du traitement de l'affaire, il convient de se référer aux dispositions du droit coutumier. En plus de la peine d'emprisonnement, des amendes, la confiscation de biens ou des indemnisations pour les pertes subies peuvent être imposées.

Dans les cas de détention illégale impliquant uniquement la restriction de mouvement et ne causant que des pertes matérielles limitées, les autorités de sécurité publique peuvent les traiter conformément aux dispositions du *Règlement sur la gestion de l'ordre public*. Si la détention illégale est due aux actes de vol, à la traite des femmes ou à d'autres raisons attribuables à la victime, aucune mesure pénale n'est nécessaire et seule une éducation critique est envisageable.

Si la détention illégale entraîne des blessures graves ou la mort de la victime, l'auteur de l'infraction doit être poursuivi pénalement conformément aux lois étatiques ; en plus de la peine d'emprisonnement, des amendes et des confiscations de biens appropriées sont également prononcées.

Si la détention illégale entraînant des conséquences graves est commise par les membres de la famille, les proches ou les amis, contre une personne qui s'oppose au droit coutumier du mariage, le chef de file peut être tenu pénalement responsable ; cependant, en cas d'entente mutuelle après une médiation sans conséquences graves, aucune poursuite pénale n'est nécessaire, et une compensation appropriée peut être envisagée.

En cas de détention illégale résultant de combats entre familles, villages et ethnies, si les circonstances sont sérieuses et entraînent des conséquences graves, les personnes impliquées seront punies pour leur participation commune à un crime. Si les conséquences ne sont pas trop graves, les autorités locales, les représentants des groupes ethniques et les personnalités religieuses peuvent être convoqués pour une médiation conjointe.

En ce qui concerne les différends en matière de mariage, d'héritage, de dettes et de voisinage, ces litiges d'ordre civil peuvent être résolus par médiation en suivant les règles du droit coutumier des minorités ethniques, tout en respectant les principes des lois établies par l'État.

# Postface

Le livre est enfin terminé. Je le chéris avec un mélange de joie et de fatigue, car il est le fruit de mes efforts acharnés.

J'ai toujours aimé la recherche empirique, mais les difficultés parfois décourageantes qu'elle implique, telles que le manque de financement, la difficulté de trouver des partenaires académiques, la complexité des techniques empiriques et la pénibilité des enquêtes sur le terrain, m'ont mis à l'épreuve et m'ont tourmenté. Cependant, fidèle à mes convictions, j'ai persévéré et j'ai récolté les fruits de mes efforts ; je n'ai donc aucun regret.

Le droit coutumier chinois couvre un large éventail de sujets, ce qui le rend difficile à saisir, surtout pour quelqu'un comme moi dont les capacités et les connaissances sont limitées. Ce livre n'est qu'un résumé de mes réflexions préliminaires. Il est inévitable qu'il comporte des défauts et des lacunes et j'attends donc les critiques et les corrections. Je suis convaincu que le domaine de recherche du droit coutumier chinois est une mine d'or et un territoire fertile.

Ce livre est principalement basé sur les documents de diverses sources et sur mes propres enquêtes sur le terrain. Au cours de la rédaction, j'ai lu et consulté de nombreux travaux universitaires, des rapports d'enquêtes sur le terrain et diverses données, en reprenant les résultats de recherche de mes prédécesseurs. Je tiens à les remercier ici.

Mon professeur, M. Yu Ronggen, m'a accordé un soutien particulier, j'ai énormément profité de ses enseignements inlassables. Sa maxime « attraper un cheval » m'invite toujours à poursuivre mes efforts sans relâche. Malgré la chaleur de l'été et son temps très chargé, il a accepté de rédiger la préface de ce livre. Je lui suis profondément reconnaissant pour ses encouragements.

Lors de mes enquêtes sur le terrain, de nombreux organismes et particuliers m'ont apporté leur soutien et leur assistance exceptionnels en mettant à ma disposition des facilités nécessaires à mes travaux, ce qui me permet de me souvenir de moments sincères passés avec eux. Je remercie M. Qi Haibin, M. Gong Pixiang, M. Zhang Wenxian, M. Xia Yong, M. Jiang Shan et M. Ma Xiehua pour leurs encouragements et leurs conseils. Je remercie également M. Li Xihui, M. Wang Liangping et Mme Zhang Wenyu pour leur aide.

Je tiens particulièrement à remercier M. Huang Chufang. Sans sa vision, ce livre n'aurait pas pu être publié. Son travail remarquable a beaucoup contribué à l'amélioration de ce livre.

Mon épouse, Mme Luo Chang, s'est vivement intéressée à la préparation et à la rédaction de ce livre. Tout en préparant intensément son mémoire de master, elle s'est occupée des tâches ménagères pour créer des conditions favorables à mon travail. De plus, bon nombre des idées de ce livre sont nées de nos discussions. Le livre contient également une partie de son travail acharné. Je lui adresse mes remerciements.

Enfin, je dédie ce livre à mon grand-père, M. Gao Yongzhao. J'ai beaucoup appris de mon grand-père, qui a passé toute sa vie à cultiver la terre, et cela a exercé une profonde influence sur moi. Il me manquera pour toujours.

Gao Qicai,

juillet 1992, au bord du Lac du Sud, à Wuchang.

# Postface de l'édition révisée

Le temps passe vraiment vite. Douze années se sont écoulées depuis la première édition de ce livre. Au cours de cette période, la société chinoise a changé, le droit coutumier a changé, la recherche en droit coutumier a changé et moi aussi j'ai beaucoup changé.

Non seulement j'ai vieilli et mon travail et mon lieu de vie ont changé, mais j'ai également connu de nombreux changements dans mon être.

Bien entendu, ce livre est à l'origine de bon nombre de ces changements. C'est avec ce livre comme œuvre majeure que j'ai été nommé professeur ; sur la base de mon étude *À propos du droit coutumier* basée sur l'introduction de ce livre, j'ai postulé pour une maîtrise en droit à l'université de Wuhan ; avec ma thèse intitulée *Études sur le droit coutumier des minorités ethniques de Chine*, basée sur la partie du droit coutumier des minorités chinoises contenue dans ce livre, j'ai postulé pour un doctorat en droit à l'université des sciences politiques et du droit de Chine. Par conséquent, je suis sincèrement reconnaissant envers ce livre et n'oublierai jamais tous les changements qu'il m'a apportés.

Mes études académiques sont principalement axées sur le droit coutumier allant dans le sens de ce livre, sauf durant les dernières années où j'ai investi beaucoup de mon énergie au sujet de la justice en Chine. Ce livre a donc posé les bases de mes recherches académiques. À cet égard, je n'ai pas beaucoup changé, restant le même d'il y a plus de dix ans. Je suppose que ce n'est pas le comportement d'une personne intelligente, mais les gens simples ont aussi leur chance. J'envie les gens intelligents, mais, malheureusement, je ne le suis pas et je dois donc effectuer des travaux laborieux et pratiques.

Depuis sa publication, ce livre a exercé une certaine influence et a joué un certain rôle dans la promotion de la recherche sur le droit coutumier, ce qui me rend assez fier et heureux. Cela prouve que mon jugement est juste et que mon travail a un sens. Ce livre a même profité à pas mal de personnes. Par exemple, de ce que je sais, un étudiant d'une université du Sud a obtenu sa maîtrise grâce à un mémoire (*Exploration préliminaire du droit coutumier des Yao dans la région de Lingnan depuis la dynastie Qing*) rédigé en grande partie grâce à certains contenus de ce livre. De nombreux articles sont également basés sur les points de vue et les matériaux de ce livre, leurs structures s'inspirant également de ce livre. À ce propos, mes sentiments sont partagés. D'une part, cela montre que de nombreuses personnes ont lu ce livre, approuvent son contenu et témoignent de son influence, ce dont je me réjouis, mais d'autre part, copier ou même plagier ce livre n'est certainement pas conforme aux normes académiques et ne contribue pas à la promotion de la recherche sur le droit coutumier, ce à quoi je m'oppose bien sûr.

En raison du faible nombre d'exemplaires imprimés de ce livre, il y a souvent des gens qui me disent qu'ils n'arrivent pas à l'acheter. Je pense moi-même que ce livre a une certaine valeur académique, c'est pourquoi j'ai entrepris une révision et décidé d'en publier une version révisée.

Lors de la révision, j'ai principalement travaillé sur les aspects rédactionnels en corrigeant les erreurs et les omissions. En termes de contenu, mis à part les modifications et les ajouts majeurs apportés au système des procès au sein des clans dans le premier chapitre, j'ai essentiellement conservé l'édition originale sans apporter de modifications majeures.

Pour permettre aux lecteurs de comprendre mon point de vue sur l'étude du droit coutumier, j'ai ajouté comme préface de cette édition révisée mon article « À la recherche des caractéristiques chinoises dans la préservation de l'ordre. Mes recherches sur le droit coutumier et mes réflexions », pour expliciter mon expérience, mes connaissances de base et mes réflexions sur l'étude du droit coutumier au cours de ces dernières années. Cet article était à l'origine le sujet d'une conférence que j'ai donnée à l'université Minzu de Chine et a été écrit rapidement ; il n'est donc pas très fouillé, mais il reflète ma véritable expérience et mes pensées. Mes réflexions peuvent ne pas être très approfondies, une introspection lucide est certainement nécessaire et significative. Cet article a été publié dans la *Revue de l'université du Yunnan (section droit),* numéro 3, 2007. Je tiens à remercier le docteur Wang Qiliang pour l'attention qu'il a bien voulu porter à ce travail ainsi que pour sa compréhension.

L'article « Vue d'ensemble de la recherche en droit coutumier » est inclus en tant qu'annexe de la version révisée. Cet article résume l'essor, le parcours, les thèmes, le cadre d'analyse, les caractéristiques, les insuffisances et les avancées de l'étude du droit coutumier en Chine, offrant ainsi aux lecteurs des éléments permettant de comprendre le développement et la situation actuelle de l'étude du droit coutumier. Il complète le corps du livre et aide les lecteurs à avoir un aperçu sur l'étude du droit coutumier dans notre pays depuis l'édition initiale de ce livre. Une partie de cet article, intitulée « Chemin et réflexions sur l'étude du droit coutumier », a été publiée en 2007 dans le numéro 6 de la *Revue de l'institut des sciences politiques et du droit de la province du Guangxi* ; je remercie le professeur Wu Lian pour son appréciation.

M. Zhang Hongyang, étudiant de master de la faculté de droit de l'université de Tsinghua, a consacré son temps de repos pour m'aider à vérifier les épreuves ; je le remercie pour son travail sérieux et minutieux.

La révision et la réédition de ce livre ont bénéficié d'un grand soutien de la China Legal Publishing House. Je remercie le président Zhu Liming et le rédacteur en chef Du Zuodong pour leur soutien, ainsi que les directeurs Zhang Xuechun et Wang Yunyan pour leur travail acharné et leur dévouement.

Enfin, et surtout, je remercie tous ceux qui m'ont accompagné et soutenu dans ce travail. C'est grâce à vous que j'ai pu continuer à avancer !

Gao Qicai,
le 25 avril 2007, salle 505, bâtiment Mingli, faculté de droit,
université de Tsinghua.

# Postface de la troisième édition

Ce livre a été publié pour la première fois en avril 1995 par la Hunan Publishing House, il y a vingt-deux ans, et une version révisée a été publiée par la China Legal Publishing House en novembre 2008, cela fait neuf ans. De nombreux lecteurs ont fait savoir qu'ils ne pouvaient pas trouver le livre sur le marché et plusieurs éditeurs m'ont contacté pour une nouvelle édition. Je suis heureux que la Social Sciences Academic Press accepte de publier la troisième édition de ce livre en l'incluant dans la « Bibliothèque académique des œuvres de sciences sociales », ce qui permettra à davantage de jeunes amis de lire ce livre.

Une plus forte raison pour laquelle je souhaite publier une nouvelle édition du livre est que celui-ci n'est pas dépassé et a toujours une valeur aujourd'hui. Quand on lit ce livre aujourd'hui, il peut y avoir des lacunes dans son contenu, tant les recherches et enquêtes sur le droit coutumier en Chine ont fait des progrès significatifs au cours des vingt dernières années, ce qui fournit beaucoup de matériel détaillé pour compléter le livre. À part les parties sur le droit coutumier des clans, des sociétés secrètes et des minorités ethniques qui comportent brièvement du contenu depuis la fondation de la République populaire de Chine, les autres parties du livre n'explorent que le droit coutumier avant la fondation de la République. Le contenu du livre n'est donc pas complet alors que l'on devrait faire davantage attention au droit coutumier de la Chine contemporaine. Enfin, l'analyse théorique du livre est relativement faible et pourrait être améliorée. Cependant, dans l'ensemble, je pense que la structure de base, le cadre général, les points de vue principaux et les matériaux spécifiques du livre sont solides et ont été pleinement vérifiés par les faits. Je crois que non seulement dans le passé, mais aussi dans le présent et l'avenir, le livre pourra fournir certaines connaissances et inspirations pour les amis intéressés par le droit coutumier chinois et susciter chez les lecteurs un désir d'approfondir leur exploration dans ce domaine.

Je tiens beaucoup à ce livre, non seulement parce qu'il s'agit de mon premier livre et qu'il contient mes aspirations académiques et mes souvenirs de jeunesse, mais surtout parce qu'il est devenu une réalisation importante pour la communauté académique chinoise permettant d'explorer le droit coutumier chinois et de s'intéresser à la construction de l'ordre social chinois, et qu'il fait partie intégrante du développement des études de droit vernaculaire et local.

Pour permettre aux lecteurs de comprendre les progrès de la recherche sur le droit coutumier en Chine depuis la première édition de ce livre, j'ai ajouté dans la version révisée une annexe intitulée « Vue d'ensemble de la recherche en droit coutumier ». Cette annexe offre une discussion assez exhaustive de la recherche sur les questions relatives au droit coutumier en Chine jusqu'en 2007. J'y ai présenté mes opinions sur l'émergence de la recherche sur le droit coutumier, les chemins qu'elle a empruntés, ses thèmes, son cadre d'analyse, ses caractéristiques, ses insuffisances, ainsi que ses perspectives. Quant à la situation depuis 2008, hormis une augmentation du nombre d'écrits, mon point de vue fondamental reste inchangé par rapport à celui présenté dans « Vue d'ensemble de la recherche en droit coutumier ». Je pense que la recherche sur le droit coutumier en Chine a encore besoin de progresser de manière approfondie, que ce soit en matière de description des faits, d'analyse théorique ou de réflexion institutionnelle. Des efforts soutenus sont nécessaires pour approfondir la révélation des faits relatifs au droit coutumier, ainsi que pour promouvoir son développement dans le contexte de l'édification de l'état de droit. La recherche sur le droit coutumier en Chine doit encore surmonter l'état d'esprit superficiel, éviter de simples imitations, insister sur les enquêtes de terrain, accorder une importance à l'analyse empirique, souligner l'orientation théorique, s'inspirer de la continuité culturelle, et promouvoir le développement du droit coutumier dans la perspective de la construction de l'état de droit.

La recherche sur le droit coutumier en Chine doit accorder une attention particulière à la réflexion théorique, en approfondissant la discussion sur des sujets tels que la notion de droit coutumier, son histoire, ses fonctions, ses caractéristiques, ses catégories, ainsi que sur la relation entre les coutumes et le droit coutumier, le droit coutumier et la structure sociale, ou encore le droit coutumier et la culture sociale. En même temps, nous devons réfléchir aux questions théoriques fondamentales du droit coutumier, telles que la signification de la recherche sur le droit coutumier, l'objet de recherche et la portée des recherches. En poursuivant des efforts continus pour améliorer le niveau de la recherche sur le droit coutumier, nous pourrons consolider l'essence de la recherche, et promouvoir le développement de la science juridique propre à notre pays.

La recherche sur le droit coutumier doit suivre de près les tendances du développement social du pays, en particulier l'état d'avancement de l'édification de l'état de droit. Il convient de noter que l'article 10 de la *Loi générale sur le droit civil de la République populaire de Chine*, adoptée lors de la cinquième session de la douzième Assemblée populaire nationale le 15 mars 2017 et entrée en vigueur le 1er octobre 2017, dispose que « dans le traitement des litiges civils, les lois doivent être appliquées ; en l'absence de loi, les coutumes peuvent être appliquées, mais elles ne doivent pas violer l'ordre public et les bonnes mœurs ». Cette disposition établit clairement le statut du droit coutumier en tant que source formelle du droit. Cela soulève de nouveaux sujets pour l'étude du droit coutumier. Comment la coutume devient-elle droit coutumier ? Quelle est la différence entre la coutume en tant que fait et le droit coutumier en tant que norme ? Comment les tribunaux identifient-ils le droit coutumier ? Toutes ces questions nécessitent une enquête sérieuse et une réflexion approfondie.

Dans les enquêtes et recherches sur le droit coutumier, il est nécessaire, compte tenu des nouvelles caractéristiques de l'enquête, de l'expression, de la diffusion et de la réception, d'accorder une importance particulière à l'utilisation de moyens multimédias tels que la photographie et la vidéo pour enregistrer les manifestations du droit coutumier. En présentant le droit coutumier de la Chine contemporaine à travers des images et des vidéos réelles, vivantes et concrètes, on peut convaincre et influencer les gens avec des détails spécifiques, renforcer l'exploration et la réflexion sur les études du droit coutumier grâce aux domaines cinématographique et télévisuel, et tirer des expériences utiles de la production de documentaires et de l'anthropologie cinématographique et télévisuelle.

En même temps, il convient de prêter une attention particulière à la collecte et à la compilation des documents pertinents, tels que les conventions, les généalogies, les contrats, les décisions de règlement et les listes de cadeaux en relation avec le droit coutumier chinois, de recueillir et de préserver les objets liés au droit coutumier, afin de présenter une image vivante et authentique du droit coutumier chinois.

Dans l'édition révisée, j'ai ajouté une préface intitulée « À la recherche des caractéristiques chinoises dans la préservation de l'ordre. Mes recherches sur le droit coutumier et mes réflexions ». Elle retrace le processus de ma recherche sur le droit coutumier jusqu'en 2007 et présente mes connaissances et mes expériences dans la recherche sur le droit coutumier, ainsi que mes insuffisances personnelles dans la recherche. Au cours des dix dernières années, mon attitude fondamentale n'a pas changé, mais j'ai eu de nouvelles idées plus avancées sur la compréhension de la recherche en droit coutumier. Je pense que la Chine contemporaine se trouve toujours à l'ère du droit coutumier et que le droit coutumier joue un rôle plus important dans la vie sociale des gens que les lois édictées par l'État, notamment en matière de distribution des ressources sociales, de maintien de l'ordre social et de protection des intérêts des citoyens.

Je pense que la recherche en droit coutumier en Chine doit explorer différents aspects tels que les normes, les personnes et les cas. Dans les zones rurales de notre pays, le droit coutumier est transmis de nos jours principalement par les règles du village et les accords des villageois. Ces dernières années, j'ai prêté une attention particulière à la situation de ces règles et accords dans les zones rurales actuelles, en réfléchissant à leur contribution dans la transmission et la promotion du droit coutumier local afin d'approfondir notre compréhension de la norme du droit coutumier et de réfléchir à la relation entre le droit coutumier et la construction d'un état de droit et d'une société fondée sur ce dernier. À mon avis, les élites locales du droit sont les successeurs, interprètes et principaux créateurs du droit coutumier chinois ; ils jouent un rôle clé dans la transmission et l'évolution du droit coutumier. Par conséquent, j'ai commencé à enquêter et à réfléchir sur les élites locales du droit. Dans mes enquêtes sur le terrain, j'ai également porté une attention particulière aux affaires relatives au droit coutumier, en particulier aux cas typiques et influents.

Ces dernières années, mes recherches sur le droit coutumier ont principalement été menées dans trois endroits : le comté autonome Yao de Jinxiu, dans la Région autonome Zhuang du Guangxi, la ville de Cixi dans la province du Zhejiang et le comté de Jinping, préfecture autonome Miao et Dong de Qiandongnan de la province du Guizhou. Depuis 2004, j'ai mené des enquêtes sur le droit coutumier dans le comté autonome Yao de Jinxiu, et, en décembre 2015, j'ai publié un rapport intitulé « Transmission et promotion du droit coutumier de nos jours – Rapport d'enquêtes sur le terrain à Jinxiu, Guangxi » chez China Renmin University Press, qui a consolidé dix ans de mes enquêtes et réflexions. Ce rapport fait suite à ce livre dont il complète les lacunes concernant la discussion sur le droit coutumier de la Chine contemporaine. Il examine spécifiquement le droit coutumier depuis la fondation de la République populaire de Chine, en particulier au cours des trente dernières années. À partir de 2006, j'ai mené des enquêtes sur le droit coutumier dans le village Jiang de la ville de Cixi du Zhejiang dans les régions côtières de l'est de la Chine, et j'ai publié des travaux portant sur les coutumes relatives aux dons, aux fiançailles, à l'entraide, etc. À partir de 2015, j'ai enquêté sur les règles du village et les accords des villageois dans le comté de Jinping, préfecture autonome Miao et Dong de Qiandongnan du Guizhou, et j'ai publié des travaux sur la protection de l'environnement et le développement vert, le maintien de l'ordre social, la garantie des droits de l'homme, etc., grâce aux règles et accords locaux.

Depuis 2011, je dirige la série « Droit coutumier », qui comprend huit volumes au total, dont des ouvrages thématiques tels que *Droit coutumier en matière civile de la Chine contemporaine* (Law Press China, 2011), *Droit coutumier des minorités ethniques de la Chine contemporaine* (Law Press China, 2011), *Droit coutumier en matière matrimoniale et familiale de la Chine contemporaine* (Law Press China, 2012), *Droit coutumier de la Chine contemporaine sur la division de famille et la séparation de biens* (China University of Political Science and Law Press, 2014), *Droit coutumier en matière pénale de la Chine contemporaine* (China University of Political Science and Law Press, 2016), ainsi que des ouvrages synthétiques tels que *Normes sociales et ordre social de la Chine contemporaine – Le droit dans la vie quotidienne* (Law Press China, 2012), *Le droit non étatique de la Chine contemporaine* (China University of Political Science and Law Press, 2015), et des ouvrages de recherche tels que *Étude sur la reconnaissance légale des coutumes en Chine contemporaine* (Gao Qicai et al., Law Press China, 2013). À l'avenir, nous choisirons chaque année un thème et publierons une collection d'articles sur le droit coutumier.

Depuis 2013, j'ai également dirigé la série « Les élites locales du droit », qui comprend sept volumes publiés par China University of Political Science and Law Press, dont six biographies et une étude de recherche intitulée *Étude sur les élites locales du droit* (coédité par Gao Qicai, 2015). Les six biographies sont : *Pan Zhenwu, le chef des Yao de Gui* (par Gao Qicai, 2013), *He Peijin, le héros de Dongtingxiang* (par Gao Qicai et He Xin, 2013), *Wang Yulong, le villageois de Zhezhong* (par Gao Qicai et Wang Kai, 2013), *Mayidelesi, le vieil homme de Longyuanxiang* (par Gao Qicai et Ma Jing, 2014), *Zhang Rongde, l'homme bienveillant de Diandong* (par Lu Yan, 2014) et *Liu Kelong, le vieil homme de la minorité ethnique de l'est du Hubei* (par Gao Qicai et Liu Zhouqi, 2017). À l'avenir, nous continuerons à écrire et à publier des biographies de cette série si nous trouvons des personnages appropriés.

Pour préserver son état d'origine, cette troisième édition ne présente pas de changements importants dans son contenu. J'ai simplement ajouté un avant-propos intitulé « La Chine du droit coutumier », pour exprimer certaines de mes réflexions de ces dernières années. De plus, dans l'Annexe 2, j'ai ajouté les *Règles du village et accords des villageois de Fenzhan* (2016), pour les relier aux trois règles et accords précédents afin d'assurer la continuité et l'intégralité globale.

J'ai ajouté vingt photos, prises entre 2005 et 2007 lors d'enquêtes sur le terrain, pour une compréhension plus intuitive du droit coutumier chinois. Ces photos couvrent des régions telles que le Zhejiang, Jiangsu, Fujian, Hubei, Guangdong, Guangxi, Sichuan, Yunnan, Guizhou, Hebei, Shanxi, Gansu, Qinghai, Tibet, etc., et comprennent différents types de droit coutumier tels que le droit coutumier des clans, des villages, des métiers, des religions et des temples, des minorités ethniques, etc. Les contenus incluent le droit coutumier de la vie publique, des droits de propriété, des créances, du mariage, de l'entraide, des relations sociales, de la protection et du règlement des différends, etc.

En même temps, j'ai travaillé sur l'édition du texte, en unifiant le format, corrigeant les erreurs, normalisant les citations, pour répondre autant que possible aux exigences actuelles.

Bien que j'aie fait de mon mieux pour corriger le texte, en raison de mes capacités et de mes connaissances limitées, il y a sûrement encore des erreurs dans ce livre. J'espère que les lecteurs pourront me faire des critiques et suggérer des corrections.

M. Liu Xiaojun, rédacteur de la Social Sciences Academic Press, avec son enthousiasme pour soutenir le développement académique, a consacré des efforts considérables à la publication de ce livre. Je suis profondément honoré de collaborer avec un rédacteur aussi éclairé.

Wang Lihui, doctorante à la faculté de droit de l'université de Tsinghua, m'a aidé à traduire en anglais le résumé et la table des matières de cet ouvrage. Je tiens à la remercier pour son travail.

Au cours des deux dernières années, ma vie a connu des changements majeurs et j'ai acquis de nombreuses expériences de vie. J'ai ressenti de la colère, du regret, de la tristesse, de la confusion, de la réflexion et de l'éveil personnel, ce qui m'a permis de mieux comprendre le sens de la vie, les règles à suivre en tant qu'être humain et la façon de traiter les choses ; j'ai également une meilleure compréhension de moi-même. Le poème de Jorge Luis Borges (Argentin, 24 août 1899 – 14 juin 1988) « Tu n'es pas les autres » (*No eres los otros*) reflète bien mon état d'esprit. Je le cite ici pour le partager avec les lecteurs.

***No eres los otros***

Jorge Luis Borges

No te habrá de salvar lo que dejaron
Escrito aquellos que tu miedo implora;
No eres los otros y te ves ahora
Centro del laberinto que tramaron
Tus pasos. No te salva la agonía
De Jesús o de Sócrates ni el fuerte
Siddharta de oro que aceptó la muerte
En un jardín, al declinar el día.
Polvo también es la palabra escrita
Por tu mano o el verbo pronunciado
Por tu boca. No hay lástima en el Hado
Y la noche de Dios es infinita.
Tu materia es el tiempo, el incesante

Tiempo. Eres cada solitario instante.

Gao Qicai,
le 11 septembre 2017, cabinet de travail Jiuran.

## Annexe I : Noms de personnes

| Nom | Pinyin | Sinogramme |
|---|---|---|
| Cai Shaoqing | Cài Shǎoqīng | 蔡少卿 |
| Cai Zhichun | Cài Zhìchún | 蔡志纯 |
| Cao Hong | Cáo Hóng | 曹红 |
| Cao Xueqin | Cáo Xuěqín | 曹雪芹 |
| Chen Feng | Chén Fēng | 陈锋 |
| Chen Guoqiang | Chén Guóqiáng | 陈国强 |
| Chen Keyun | Chén Kēyún | 陈柯云 |
| Chen Laisheng | Chén Láishēng | 陈来生 |
| Chen Qixia | Chén Qǐxiá | 陈企霞 |
| Chen Sheng | Chén Shēng | 陈生 |
| Chen Shengqing | Chén Shèngqīng | 陈盛清 |
| Cheng Yi | Chéng Yí | 程颐 |
| Dai Yanhui | Dài Yánhuī | 戴炎辉 |
| Deng Minwen | Dèng Mǐnwén | 邓敏文 |
| Ding Ling | Dīng Líng | 丁玲 |

| Nom | Pinyin | Sinogramme |
|---|---|---|
| Du Rongkun | Dù Róngkūn | 杜荣坤 |
| Fan Chuo | Fán Chuò | 樊绰 |
| Fei Xiaotong | Fèi Xiàotōng | 费孝通 |
| Fei Zhengqing | Fèi Zhèngqīng | 费正清 |
| Feng Guifen | Féng Guìfēn | 冯桂芬 |
| Feng Li | Féng Lì | 冯利 |
| Feng Xiuqi | Féng Xiūqí | 冯修齐 |
| Gao Qicai | Gāo Qícái | 高其才 |
| Gong Peihua | Gōng Pèihuá | 龚佩华 |
| Gu Jiegang | Gǔ Jiégāng | 顾颉刚 |
| Guan Yu | Guān Yǔ | 关羽 |
| Gui Guzi | Guǐ Gǔzǐ | 鬼谷子 |
| Guo Jing | Guō Jǐng | 郭璟 |
| He Yaohua | Hé Yàohuá | 何耀华 |
| Hu Qinggou | Hú Qìnggōu | 胡庆钩 |
| Hu Qingjun | Hú Qìngjūn | 胡庆钧 |
| Huang Hai | Huáng Hǎi | 黄海 |

| Nom | Pinyin | Sinogramme |
| --- | --- | --- |
| Huang Junzai | Huáng Jūnzǎi | 黄钧宰 |
| Hui Xicheng | Huì Xīchéng | 惠西成 |
| Jiang Chonglun | Jiāng Chónglún | 姜崇仑 |
| Jin Laofo | Jīn Lǎofó | 金老佛 |
| Li Diaoyuan | Lǐ Diàoyuán | 李调元 |
| Li Guoping | Lǐ Guópíng | 李国屏 |
| Li Hua | Lǐ Huá | 李华 |
| Li Jinghan | Lǐ Jǐnghàn | 李景汉 |
| Li Tianbao | Lǐ Tiānbǎo | 李天保 |
| Li Ying | Lǐ Yīng | 李瑛 |
| Liang Juwang | Liáng Jùwáng | 梁聚王 |
| Liang Shuming | Liáng Shùmíng | 梁漱溟 |
| Lin Huixiang | Lín Huìxiáng | 林惠祥 |
| Lin Jiahuang | Lín Jiāhuáng | 林嘉煌 |
| Liu Bei | Liú Bèi | 刘备 |
| Liu Dachun | Liú Dàchūn | 刘大椿 |
| Liu Jinghua | Liú Jīnghuá | 刘经华 |

| Nom | Pinyin | Sinogramme |
|---|---|---|
| Liu Xiaojun | Liú Xiāojūn | *刘骁军* |
| Liu Yongcheng | Liú Yǒngchéng | *刘永成* |
| Liu Zhongbo | Liú Zhōngbō | *刘忠波* |
| Lu Ban | Lǔ Bān | *鲁班* |
| Lu Ciyun | Lù Cìyún | *陆次云* |
| Lu Xiaoguang | Lù Xiǎoguāng | *陆晓光* |
| Luo Guanzhong | Luó Guànzhōng | *罗贯中* |
| Luo Yu | Luó Yù | *罗钰* |
| Lü Dalin | Lǚ Dàlín | *吕大临* |
| Lü Dafang | Lǚ Dàfáng | *吕大防* |
| Mao Zedong | Máo Zédōng | *毛泽东* |
| Ma Weiya | Mǎ Wéiyà | *马维亚* |
| Morigendi | Mòrìgēndí | *莫日根迪* |
| Ouyang Xiu | Ōuyáng Xiū | *欧阳修* |
| Peng Zeyi | Péng Zéyì | *彭泽益* |
| Pu Wenqi | Pú Wénqǐ | *濮文起* |
| Qiu Pu | Qiū Pǔ | *秋浦* |

| Nom | Pinyin | Sinogramme |
| --- | --- | --- |
| Qu Dajun | Qū Dàjūn | 屈大均 |
| Quan Hansheng | Quán Hànshēng | 全汉升 |
| Ren Pin | Rèn Pìn | 任聘 |
| Ren Yifei | Rén Yīfēi | 任一飞 |
| Sang Yaohua | Sāng Yàohuá | 桑耀华 |
| Shen Weibin | Shěn Wèibīn | 沈渭滨 |
| Shen Zongling | Shěn Zōnglíng | 沈宗灵 |
| Shi Fengyi | Shǐ Fēngyí | 史凤仪 |
| Shi Jizhong | Shǐ Jìzhōng | 史继忠 |
| Shi Nai'an | Shī Nài'ān | 施耐庵 |
| Shi Peisheng | Shī Pèishēng | 施沛生 |
| Shi Zi | Shí Zǐ | 石子 |
| Song Zhaolin | Sòng Zhàolín | 宋兆麟 |
| Sun Benwen | Sūn Běnwén | 孙本文 |
| Sun Guohua | Sūn Guóhuá | 孙国华 |
| Tao Chengzhang | Táo Chéngzhāng | 陶成章 |
| Tao Xingzhi | Táo Xíngzhī | 陶行知 |

| Nom | Pinyin | Sinogramme |
|---|---|---|
| Wang Guowei | Wáng Guówéi | 王国维 |
| Wang Hengjie | Wáng Héngjié | 王恒杰 |
| Wang Jing | Wáng Jìng | 王静 |
| Wang Jingru | Wáng Jìngrú | 王静如 |
| Wang Lihui | Wáng Lìhuì | 王丽惠 |
| Wang Shijin | Wáng Shìjìn | 王士晋 |
| Wang Xiushun | Wáng Xiùshùn | 王锈舜 |
| Wen Zhengbang | Wén Zhèngbāng | 文正邦 |
| Wu Bangguo | Wú Bāngguó | 吴邦国 |
| Wu Bing'an | Wū Bǐng'ān | 乌丙安 |
| Wu Cheng'en | Wú Chéng'ēn | 吴承恩 |
| Wu Dahua | Wú Dàhuá | 吴大华 |
| Wu Han | Wú Hán | 吴晗 |
| Wu Jinfu | Wú Jīnfú | 吴金福 |
| Wu Xiaozhu | Wú Xiǎozhū | 武晓珠 |
| Wu Yungui | Wú Yùnguì | 吴云贵 |
| Wu Zhongjun | Wú Zhōngjūn | 吴忠军 |

| Nom | Pinyin | Sinogramme |
|---|---|---|
| Wu Xinfu | Wǔ Xīnfú | *伍新福* |
| Xia Yong | Xià Yǒng | *夏勇* |
| Xia Zhiqian | Xià Zhīqián | *夏之乾* |
| Xiang Guanying | Xiàng Guānyīng | *项关英* |
| Xin Jiaquan | Xīn Jiàquán | *辛稼轩* |
| Xu Hongbao | Xǔ Hóngbǎo | *许鸿宝* |
| Xu Shu'an | Xǔ Shù'ān | *许树安* |
| Xu Xiaoya | Xǔ Xiǎoyá | *许小牙* |
| Xu Zhenren | Xǔ Zhēnrén | *许真人* |
| Yan Jingyao | Yán Jǐngyào | *严景耀* |
| Yan Ruxian | Yán Rǔxiān | *严汝娴* |
| Yan Shu | Yán Shū | *晏殊* |
| Yang Huaiying | Yáng Huáiyīng | *杨怀英* |
| Yang Jinfei | Yáng Jìnfēi | *杨进飞* |
| Yang Tongshan | Yáng Tóngshān | *杨通山* |
| Yin Falu | Yīn Fǎlǔ | *阴法鲁* |
| Yu Minxiong | Yú Mínxióng | *于民雄* |

| Nom | Pinyin | Sinogramme |
| --- | --- | --- |
| Yu Ronggen | Yú Rónggēn | 俞荣根 |
| Yuan Mei | Yuán Méi | 袁枚 |
| Zeng Keli | Zēng Kělì | 曾可立 |
| Zhan Ci | Zhān Cí | 詹慈 |
| Zhang Fei | Zhāng Fēi | 张飞 |
| Zhang Gaofeng | Zhāng Gāofēng | 张高峰 |
| Zhang Guoqing | Zhāng Guóqīng | 张国庆 |
| Zhang Mengmei | Zhāng Mèngméi | 张梦梅 |
| Zhang Zai | Zhāng Zǎi | 张载 |
| Zhang Zhelang | Zhāng Zhéláng | 张哲郎 |
| Zhang Zhiyong | Zhāng Zhìyǒng | 张智勇 |
| Zhao Shilin | Zhào Shìlín | 赵世林 |
| Zheng Ding | Zhèng Dìng | 郑定 |
| Zheng Qin | Zhèng Qín | 郑秦 |
| Zheng Zhujun | Zhèng Zhǔjūn | 郑祝君 |
| Zhong Fulan | Zhòng Fùlán | 仲富兰 |
| Zhu Tianshun | Zhū Tiānshùn | 朱天顺 |

| **Nom** | **Pinyin** | **Sinogramme** |
| --- | --- | --- |
| Zhu Yong | Zhū Yǒng | *朱勇* |
| Zhu Ying | Zhū Yīng | *朱英* |
| Zhu Yuanzhang | Zhū Yuánzhāng | *朱元璋* |

# Annexe II : Noms des ethnies

| Ethnie | Pinyin | Sinogramme |
|---|---|---|
| Achang | āchāng zú | 阿昌族 |
| Bai | bái zú | 白族 |
| Blang | bùlǎng zú | 布朗族 |
| Bao'an | bǎoān zú | 保安族 |
| Buyi | bùyī zú | 布依族 |
| Coréen | cháoxiǎn zú | 朝鲜族 |
| Dai | dǎi zú | 傣族 |
| Daur | dáwòěr zú | 达斡尔族 |
| De'ang | déáng zú | 德昂族 |
| Derung | dúlóng zú | 独龙族 |
| Dong | dòng zú | 侗族 |
| Dongxiang | dōngxiāng zú | 东乡族 |
| Ewenki | èwēnkè zú | 鄂温克族 |
| Gaoshan | gāoshān zú | 高山族 |
| Gelao | gēlǎo zú | 仡佬族 |
| Han | hàn zú | 汉族 |

| Ethnie | Pinyin | Sinogramme |
|---|---|---|
| Hani | hāní zú | *哈尼族* |
| Hezhen | hèzhé zú | *赫哲族* |
| Hui | huí zú | *回族* |
| Jing | jīng zú | *京族* |
| Jingpo | jǐngpō zú | *景颇族* |
| Jino | jīnuò zú | *基诺族* |
| Kazakh | hāsàkè zú | *哈萨克族* |
| Kirghize | kēěrkèzī zú | *柯尔克孜族* |
| Lahu | lāhù zú | *拉祜族* |
| Li | lí zú | *黎族* |
| Lhoba | luòbā zú | *珞巴族* |
| Lisu | lìsù zú | *傈僳族* |
| Mandchu | mǎn zú | *满族* |
| Maonan | màonán zú | *毛南族* |
| Miao | miáo zú | *苗族* |
| Monba | ménbā zú | *门巴族* |
| Mongol | měnggǔ zú | *蒙古族* |

| Ethnie | Pinyin | Sinogramme |
|---|---|---|
| Mulao | mùlǎo zú | 仫佬族 |
| Naxi | nàxī zú | 纳西族 |
| Nu | nù zú | 怒族 |
| Oroqen | èlúnchūn zú | 鄂伦春族 |
| Ouzbek | wūzībiékè zú | 乌孜别克族 |
| Ouïghour | wéiwúěr zú | 维吾尔族 |
| Pumi | pǔmǐ zú | 普米族 |
| Qiang | qiāng zú | 羌族 |
| Russe | éluōsī zú | 俄罗斯族 |
| Salar | sǎlá zú | 撒拉族 |
| She | shē zú | 畲族 |
| Shui | shuǐ zú | 水族 |
| Tadjik | tǎjíkè zú | 塔吉克族 |
| Tatar | tǎtǎěr zú | 塔塔尔族 |
| Tibétain | zàng zú | 藏族 |
| Tu | tǔ zú | 土族 |
| Tujia | tǔjiā zú | 土家族 |

| **Ethnie** | **Pinyin** | **Sinogramme** |
| --- | --- | --- |
| Wa | wǎ zú | *佤族* |
| Xibe | xíbó zú | *锡伯族* |
| Yao | yáo zú | *瑶族* |
| Yi | yí zú | *彝族* |
| Yugur | yùgù zú | *裕固族* |
| Zhuang | zhuàng zú | *壮族* |

## Structures éditoriales du groupe L'Harmattan


**L'Harmattan Italie**
Via degli Artisti, 15
10124 Torino
harmattan.italia@gmail.com

**L'Harmattan Hongrie**
Kossuth l. u. 14-16.
1053 Budapest
harmattan@harmattan.hu

**L'Harmattan Sénégal**
10 VDN SICAP AMITIE 3
BP 45034 Dakar-Fann
direction@senharmattan.com

**L'Harmattan Cameroun**
Tsinga/Derrière polyclinique FECAFOOT
BP 11486 Yaoundé
Jacques.koukam@harmattan.fr

**L'Harmattan Burkina Faso**
Villa 281, secteur 23 623, rue 14.32
Ouagadougou
zagbie@outlook.fr

**L'Harmattan Guinée**
Almamya, rue KA 028 OKB Agency
BP 3470 Conakry
harmattanguinee@yahoo.fr

**L'Harmattan RDC**
185, avenue Nyangwe
Commune de Lingwala – Kinshasa
matangilamusadila@yahoo.fr

**L'Harmattan Congo**
219, avenue Nelson Mandela
BP 2874 Brazzaville
deunovmikhael@gmail.com

**L'Harmattan Mali**
Immeuble Mgr Jean Marie Cissé
Aci Hamadallaye
BP 145 Bamako
syllaka@yahoo.fr

**L'Harmattan Togo**
Djidjole – Maison Amela
face EPP BATOME
02 BP 20680 Lomé
didieramela11@gmail.com

**L'Harmattan Côte d'Ivoire**
Résidence Karl – Cité des Arts
Abidjan-Cocody
03 BP 1588 Abidjan
harmattan.ivoire@gmail.com

**L'Harmattan Bénin**
Rue 604, (Immeuble à l'entrée
de la rue UCAO- Cite de Saint-Jean)
Cotonou
stepcorpus@gmail.com


## Nos librairies en France


**Librairie internationale**
16, rue des Écoles
75005 Paris
librairie.internationale@harmattan.fr
01 40 46 79 11
www.librairieharmattan.com

**Librairie des savoirs**
21, rue des Écoles
75005 Paris
librairie.sh@harmattan.fr
01 46 34 13 71
www.librairieharmattansh.com

www.ingramcontent.com/pod-product-compliance
Lightning Source LLC
LaVergne TN
LVHW021134061026
849535LV00002B/234

# Le droit douanier, le commerce électronique et la dématérialisation